Otto Jaekel

Stammesgeschichte der Pelmatozoen

Otto Jaekel

Stammesgeschichte der Pelmatozoen

ISBN/EAN: 9783743307674

Hergestellt in Europa, USA, Kanada, Australien, Japan

Cover: Foto ©berggeist007 / pixelio.de

Manufactured and distributed by brebook publishing software
(www.brebook.com)

Otto Jaekel

Stammesgeschichte der Pelmatozoen

STAMMESGESCHICHTE

DER

PELMATOZOEN

VON

DR. OTTO JAEKEL

ERSTER BAND

THECOIDEA UND CYSTOIDEA

MIT 18 TAFELN UND 88 IN DEN TEXT GEDRUCKTEN FIGUREN

BERLIN
VERLAG VON JULIUS SPRINGER
1899.

Dem Andenken

an

Johannes Müller

den

Begründer der Echinodermen-Forschung.

Vorwort.

Der Aufgabe, die ich mir mit einer Stammesgeschichte der Pelmatozoen gestellt habe, hatte ich gehofft, mit geringerem Aufwand an Zeit und Darstellungsmaterial gerecht werden zu können. Unsere bisherige Kenntniss der älteren Pelmatozoen, namentlich der Cystoideen, erwies sich indess als so lückenhaft und unsicher, dass diese stammesgeschichtlich gerade besonders wichtigen Typen eine vollkommen neue Durcharbeitung und umfassende Darstellung nothwendig machten. Diese Umstände zwangen, den Rahmen des Werkes wesentlich zu erweitern. Ursprünglich auf einen Quartband wie der vorliegende berechnet, wuchs der Inhalt so, dass ich mich genöthigt sah, mit der Verlagsbuchhandlung eine Vergrösserung des Umfanges auf drei Quartbände zu vereinbaren. Für die hierbei sowie bei der gesammten Ausstattung des Werkes bewiesene aussergewöhnliche Liberalität bin ich der Verlagsbuchhandlung zu sehr grossem Danke verpflichtet. Trotzdem würde ich kaum in der Lage gewesen sein, dem vorliegenden Bande die obengenannte wünschenswerthe Vergrösserung bis zu seinem jetzigen Umfange an Text und Tafeln zu geben, wenn mir nicht das gütige persönliche Interesse meines hochverehrten Schülers in der Palaeontologie, des Geheimen Kommerzienrathes Herrn Friedrich Krupp in Essen, hierbei in freundlichster Weise zu Hülfe gekommen wäre. Mein Wunsch geht dahin, ihm wie auch der Verlagsbuchhandlung für die hochherzige Bethätigung ausserordentlichen Wohlwollens neben meiner persönlichen Dankbarkeit auch den Dank der Wissenschaft einzutragen.

Berlin, September 1899.

Dr. Otto Jaekel.

Inhalt.

pag.

Einleitung . . . . 1—5

Thecoidea . . . . . 6—51

Vorbemerkung 8

A. Die allgemeine Körperform 10

B. Das Skelet 11

C. Die Ambulacra 12

a) Die Saumplatten 14

b) Die subambulacralen Platten 16

D. Das Hydrophorensystem 21

E. Das Darmsystem 22

F. Das Muskelsystem 24

G. Das Nervensystem 25

H. Das Genitalsystem 25

J. Die Lebensweise 26

K. Die geologische Verbreitung 26

L. Die Ontogenie 28

M. Die Phylogenie . . 29

N. Die Systematik . . 32

I. Fam. Thecocystidae . 35

Stromatocystis 36

Cyathocystis . 42

Thecocystis 43

Cystaster 43

Edrioaster . 44

Dinocystis . . 46

II. Fam. Agelacrinidae 47

Hemicystites . 49

Agelacrinites . 49

Cystoidea . 53—436

Vorbemerkung 55

A. Die allgemeine Körperform 67

B. Das Integument und seine Skeletirung . . 70

C. Das Körperskelet . . . . . 71—79

a) Die Theca . 74

b) Der Stiel 77

pag.
D. Das Ambulacralsystem . . . . 79—104
a) Die Entfaltung der Radiärgefässe 80
b) Die Ausbreitung der Radiärgefässe ausserhalb des Peristoms . 82
c) Die Finger 87
d) Das Verhältniss der Finger zur Theca 96
e) Der Steinkanal und Madreporit . . 98
E. Die Thecalporen . . . . 101—124
a) Die Dichoporen . . 105
b) Die Diploporen 113
c) Das Verhältniss der verschiedenen Porenformen zu einander . 116
d) Die Funktion der Poren . 120
F. Das Coelom . . . 124
G. Der Darmtractus . . 127—137
a) Der Mund . 128
b) Der After 129
c) Die Drehung des Darmes . . 134
H. Der Parietalporus und das Genitalorgan . 137
Die physiologische Bedeutung des Parietalporus . 139
J. Das Nervensystem 143
Die Muskulatur 144
K. Die geologische Verbreitung . . . 144—155
a) Die vertikale Verbreitung . 146
b) Die horizontale Verbreitung 152
(Verzeichniss der böhmischen „Cystoideen“ Barrande's.)
L. Das Verhältniss der Cystoideen zu den übrigen Echinodermen . . 155
a) Ihre Stellung im Allgemeinen . . . 155
b) Die Herkunft der Cystoideen 159
M. Die phyletische Gliederung 161
a) Die Entwicklungsvorgänge im Allgemeinen 161
b) Die Beziehungen der Diploporiten zu den Dichoporiten . . 166
c) Die Stammform der Cystoideen 171
Stammbaum der Cystoideen . . . 174
N. Die systematische Eintheilung 174
I. Ord. Dichoporita . . . . 178—345
a) Die allgemeine Körperform 179
b) Das Thecalskelet . 179
c) Die Stielbildung . 181
d) Die Thecalporen . . 184
e) Das Ambulacralsystem 187
f) Das Darmsystem 188
g) Der Parietalporus und der Madreporit . 190
h) Die Gliederung der Dichoporiten . 191
A. Regularia . . . . . 193—291
Fam. Chirocrinidae 212
Chirocrinus . 212
Fam. Cystoblastidae 222
Cystoblastus . 223
Fam. Pleurocystidae . 230
Pleurocystites 231
Fam. Scoliocystidae . 235
Echinoencrinites 242

Erinocystis
Glaphyrocystis
Scoliocystis
Prunocystites
Schizocystis
Fam. Callocystidae
a) Unterfam. Glyptocystinae
Glyptocystites
b) Unterfam. Apiocystinae
Meckocystis
Apiocystites
c) Unterfam. Staurocystinae
Pseudocrinites
Staurocystis
d) Unterfam. Callocystinae
Hallicystis
Sphaerocystites
Callocystites
B. Irregularia
Fam. Caryocrinidae
Hemicosmites
Corylocrinus
Stribalocystites
Caryocrinites
Fam. Echinosphaeridae
Stichocystis
Caryocystites
Echinosphaerites
Amorphocystis
Fam. Tetracystidae
Rhombifera
Tiaracrinus
gen. ind. Heterocystites
II. Ord. Diploporita
a) Die allgemeine Körperform
b) Die Theca
c) Der Stiel
d) Die Entfaltung der Ambulacra
e) Die Finger
f) Die Thecalporen
g) Der Madreporit und der Steinkanal
h) Der Parietalporus
i) Das Coelom
k) Der Darmtractus
l) Die geologische Verbreitung
m) Die phyletische Entwicklung
Fam. Mesocystidae
Mesocystis
Asteroblastus
Blastoidocrinus

Inhalt.

	pag.
Fam. Sphaeronidae	390
Archegocystis	395
Sphaeronites .	396
Allocystites	398
Codiacystis	398
Calix . .	402
Lodanella .	404
Eucystis . . .	405
Fam. Aristocystidae	407
Aristocystites .	411
Trematocystis	413
Fam. Gomphocystidae	414
Pyrocystites . .	417
Gomphocystites .	419
Fam. Glyptosphaeridae .	421
Glyptosphaerites	423
Fam. Dactylocystidae .	425
Protocrinites .	430
Dactylocystis .	434
Litteratur-Verzeichniss	437
Alphabetisches Namen-Register	442

Errata.

pag. 60 Zeile 21 von oben statt „MÜLLER" lies „MILLER". Zeile 2 von unten statt „die anderen" lies „andere".

pag. 93 Zeile 11 von oben statt „*Mesocystis, Asteroblastus*" lies „*Glyptosphaerites*".

pag. 97 Zeile 12 von unten ist hinter „nicht" das Wort „immer" und hinter „Ambulacra" das Wort „auch" einzuschalten.

pag. 118 ist in der Tabelle unten „*Asteroblastidae*" zu streichen und die Zahl 1 bei *Mesocystidae* nach links in die vorderste Vertikalreihe zu rücken.

pag. 151 Zeile 2 von unten statt „ganz neue" lies „zwei isolirte"; letzte Zeile statt „geben" lies „gaben".

pag. 153 Anm. Zeile 8 von unten statt „*Heliocrinites*" lies „*Caryocystites*".

pag. 166 Zeile 12 von unten ist das Wort „erst" zu streichen.

pag. 167 Zeile 9 von oben statt „bei den" lies „bei verschiedenen". Zeile 19 von unten statt „Die ältesten Diploporiten die" lies „Aeltere Diploporiten wie".

pag. 168 Zeile 12 von unten statt „Diploporiten" lies „Sphaeroniden". Zeile 6 von unten statt „jüngeren" lies „einzelnen".

Einleitung.

Da die Biologie in der Folge lebender Generationen nur unbedeutende Veränderung der Thier- und Pflanzenformen kennen lehrt, und eine Stammesgeschichte in weit zurückliegende Phasen der Erdgeschichte führt, so sind wir zu ihrer Ermittelung wesentlich auf morphologische Dokumente angewiesen. Diese sind zweierlei Art. Es sind einerseits die aus dem phyletischen Zusammenhang ihrer historischen Entwicklung herausgerissenen Formen, die uns jetzt auf der Erde begegnen oder in den Erdschichten fossil überliefert sind. Jede derselben stellt in ihrer genetischen Isolirung weiter nichts als eine Summe von Qualitäten dar, die natürlich bei lebenden Formen grösser ist als bei den mehr oder weniger mangelhaft erhaltenen fossilen. Andererseits liegt im Gebiete der Embryologie die Folge von Veränderungen vor, die einzelne Formen in ihrer Ontogenie durchlaufen. Aus diesem Material haben wir durch Kombination unserer Beobachtungen eine Stammesgeschichte zu rekonstruiren, die nicht nur die verwandschaftlichen Beziehungen der Mitglieder des betreffenden Stammes, sondern auch den Sinn und die Wege ihrer formalen Differenzirung erklären soll.

Gegenüber den einzelnen Formen sind wir auf einen anatomischen und physiologischen Vergleich ihrer Qualitäten angewiesen. Aus den Summen von Vergleichen der letzteren ermitteln wir die grössere oder geringere Aehnlichkeit der einzelnen Formen, und aus einer Gegenüberstellung extremer Eigenschaften den Grad ihrer Differenzirung und Entfernung von einer einfachsten Grundform. Wenn die Ontogenien eine vollkommene Wiederholung der Phylogenie böten, so würden wir mit leichter Mühe die Ergebnisse beider Untersuchungen in Einklang bringen, jeder lebenden und fossilen Form in dem embryologisch festgelegten Rahmen ihren richtigen Platz anweisen können. Leider ist das nicht möglich, weil der ontogenetische Bildungsvorgang der einzelnen Organe theils nach rein formalen Grundsätzen erfolgt, theils durch ein Larvenleben an Verhältnisse angepasst ist, die dem historischen Entwicklungsgange der Träger durchaus fremd sind.

So bietet sich als einwandfreie Grundlage für eine Stammesgeschichte in erster Linie nur das Material, welches uns die Gegenwart und Vergangenheit an realen Vertretern des betreffenden Stammes kennen lehrt. Aus deren Organisation und geologischen Aufeinanderfolge haben wir den phyletischen Zusammenhang der Formen zu ermitteln und die Divergenz ihrer Eigenschaften zu entwickeln. Der Werth einer solchen Berechnung muss zunehmen mit der Menge der Fixpunkte, die uns durch die einzelnen Vertreter gegeben sind und besonders steigen mit der Menge derjenigen Formen, die verschiedene Stufen der stammesgeschichtlichen Entwicklung kennzeichnen. Wir finden, dass schon die lebenden Vertreter eines Stammes in der Regel auf sehr verschiedener Stufe der Differenzirung stehen, in viel höherem Maasse ist das aber natürlich der Fall bei dem Material, welches aus früheren Erdperioden überliefert ist. Nur wo solches in grösserer Menge vorliegt, werden wir überhaupt wagen dürfen, an die Aufstellung eines Stammbaumes heranzutreten.

Viele Formenkreise der organischen Welt scheiden deshalb für solche Betrachtungen aus, weil ihre Vertreter erhaltungsfähiger Skelettheile entbehrten oder ihre Entwicklung sich grösstentheils auf dem Lande vollzog, wo die Möglichkeiten einer palaeontologischen Ueberlieferung sehr viel geringer sind als im Meere. Aber auch die wenigen Formenkreise, die hiervon nicht betroffen sind, verhalten sich im wissenschaftlichen Werthe des uns zugänglichen Materiales sehr verschieden.

Wenn die Feststellung der Differenzirung und Entwicklungshöhe der Formen nur durch das Studium und den Vergleich ihrer Qualitäten möglich ist, so liegt es auf der Hand, dass die Zuverlässigkeit solcher Feststellungen von der Summe der beobachtbaren Faktoren abhängig ist. Diese Summe muss zunehmen mit der Steigerung der Specialisirung, sie muss grösser bei reich differenzirten, geringer bei einfach gebauten Organismen sein. Wenn wir einen Thiertypus wie die Protozoen definiren wollen, so können wir das fast nur dadurch, dass wir den vergleichsweisen Mangel bestimmter Qualitäten hervorheben. Wenn das grossentheils durch die Unvollkommenheit unserer subjektiven Beobachtungsorgane verursacht ist, so nimmt doch auch hier, namentlich aber bei fossilen Formen, die Summe an beobachtbaren Qualitäten auch objektiv sehr wesentlich ab.

An den lebenden Formen können alle Organe anatomisch untersucht werden, bei den fossilen zwar das Skelet, die übrigen Organe aber nur insoweit, als sie mit dem letzteren in formale Beziehung traten. Nur wenn das in ausgedehntem Maasse der Fall ist, und uns dadurch eine grössere Summe von Qualitäten zugänglich wird, lässt sich ein Urtheil über die Gesammtorganisation und damit über die phylogenetische Stellung einer fossilen Form gewinnen.

Wenn wir auf Grund eines derartigen Materiales befähigt sind, die vorhandenen Formen zu beurtheilen und entwicklungsgeschichtlich zu ordnen, dann erhält auch die Möglichkeit, ihre Ontogenie zu untersuchen, einen hohen Werth. Während dieses Moment bei allen ausgestorbenen Typen in Wegfall kommt, muss es bei den noch lebenden in dem Maasse an Bedeutung gewinnen, als wir Organsysteme bei den fossilen Vorfahren derselben in den Kreis unserer Beobachtungen ziehen können. In allen diesen Punkten bietet uns die Embryologie die Möglichkeit einer objektiven Kontrolle unserer Kombinationen.

Wenn wir unter diesen Gesichtspunkten das Material für eine Stammesgeschichte der Pelmatozoen ins Auge fassen, so finden wir bei ihnen die denkbar günstigsten Verhältnisse. Zu der stattlichen Zahl gegenwärtig lebender Formen kommt eine fast überwältigende Fülle ausgestorbener Typen aus allen Formationen vom Cambrium bis an die Schwelle der Gegenwart. Unter diesen sind alle erdenklichen Phasen formaler Entfaltung zu unterscheiden, von einfachsten sphärischen Formen, ohne Stiel, ohne Arme, bis zu den baumartig verzweigten Gestalten eines *Pentacrinus* oder einer *Actinometra*. Die Aussicht, in diesen Resten die Stammesgeschichte möglichst vollständig überliefert zu finden, ist hier ungewöhnlich günstig. Erstens sind die Pelmatozoen, wie alle Echinodermen, immer Bewohner des Meeres geblieben, es fallen also nicht, wie in vielen anderen Stämmen, grosse Formenkreise aus, die ihren Aufenthalt auf das Land verlegt haben und dort unmittelbar verwest oder mittelbar mit den sie umhüllenden lockeren Schichten später wieder zerstört wurden. Zweitens ist ihr Skelet an sich durch seinen Kalkreichthum vorzüglich zur Fossilisation geeignet und wird während derselben dadurch noch widerstandsfähiger, dass es in seinen Maschen kohlensauren Kalk aus dem den Körper umgebenden Schlamm und Meerwasser aufnimmt. Dazu kommt die reiche Gliederung des Skeletbaues, der ja bei allen Echinodermen in inniger Beziehung zu den Weichtheilen steht. Bei Pelmatozoen, deren Skeletelemente die Zahl mehrerer Millionen erreichen kann und die Organisation aller inneren Organe ausserordentlich scharf zum Ausdruck bringt, macht sich dieser Vortheil für die Beurtheilung der Weichtheile naturgemäss in höchstem Maasse geltend. Das Verständniss der z. Th. recht fremdartigen Formen wird ausserdem auch gegenüber den anderen Echinodermen dadurch wesentlich erleichtert, dass die biologischen Verhältnisse der sessilen Formen äusserst einfache sind. Bei dem Mangel lokomotorischer und solcher mechanischer oder nervöser Organe, die durch eine aktive Nahrungsaufnahme veranlasst werden, wird ihr Körperbau nach Art der Pflanzen durch einfache statische Momente geregelt. Schliesslich ist wenigstens bei einer der lebenden Formen die Ontogenie von vielen Forschern so eingehend untersucht worden, wie bei wenig anderen Thierformen.

Das waren die Erwägungen, die mich veranlassten, den vorliegenden Versuch einer Stammesgeschichte der Pelmatozoen zu wagen. Ich glaube das schliessliche Ergebniss meiner Studien nicht zu überschätzen; meine Auffassungen haben sich mit der Zunahme meiner Kenntnisse zu oft modificirt, als dass ich hoffen könnte, immer mit dem schliesslichen Ergebniss derselben das Richtige getroffen zu haben. Trotzdem meine ich aber, mich auf dem richtigen Wege zur Lösung der Aufgabe zu befinden, da mir die Fülle des Materiales und der Parallelismus getrennter Entwicklungsprocesse zu häufig Gelegenheit boten, die gewonnenen Anschauungen auf ihre Richtigkeit zu prüfen.

Auch die Kontrolle seitens der embryologischen Ergebnisse war dabei von höchstem Werth. Die Beziehungen zwischen der Ontogenie von Antedon und der Phylogenie ihrer Vorfahren erwiesen sich als viel enger, als man bisher vermuthet hatte.

Dieser vielfache Parallelismus entwicklungsgeschichtlicher Processe rechtfertigt auch, wie ich meine, weitere Gesichtspunkte für die Beurtheilung der Veränderung der Formen und deren Entwicklungsprocesse zu suchen und zu vertreten.

Man müsste es als Zeichen eines weitgehenden Sanguinismus betrachten, wenn Jemand heut schon die Descendenzlehre als eine in ihren Grundzügen festgelegte Wissenschaft betrachten wollte. Dass wir seit Darwin einen neuen und förderlichen Weg zur Erkenntniss des Wesens organischer Entwicklung eingeschlagen haben, weiss jeder Forscher, der praktisch auf diesem Gebiete arbeitet. Aber andererseits überzeugt uns doch ein Blick auf einzelne Kapitel der Selektionslehre — ich meine z. B. die Gesetze der Zuchtwahl und der darauf basirten Entstehung der Arten , dass sich viele Theile der Lehre zu einseitig auf einem der Gegenwart entnommenen Materiale aufgebaut haben. In diesen und manchen anderen Punkten muss das Studium eines grösseren Stückes realer Stammesgeschichte klärend auf unsere allgemeine Erkenntniss wirken, allein schon deshalb, weil wir dabei und dies würde damit zum ersten Male in grösserem Rahmen geschehen eine Probe auf unsere theoretische Rechnung machen. Ich werde übrigens aus nahe liegenden Gründen die Erörterung allgemeiner Gesichtspunkte an den Schluss des Werkes bringen und in einem „allgemeinen“ Theile von der Vorführung des thatsächlichen Materiales trennen.

Dass die so gewonnenen Resultate in sehr wesentlichen Punkten von den bisherigen Auffassungen der Pelmatozoen abweichen, wird Niemand erstaunlich finden, der einen Einblick in die Litteratur über Cystoideen gewonnen hat. Wo kaum zwei Autoren auch nur über die Auffassung der wichtigsten Organe des Körpers derselben Ansicht waren, wo bei der Isolirung des Materiales selten verwandte Formen von demselben Autor genauer mit einander verglichen wurden, konnte eine einheitliche Beurtheilung so komplicirt und mannigfaltig organisirter Formen unmöglich Platz greifen, und wohin auf dieser Grundlage phylogenetische Kombinationen ohne Studium der Formen führen konnten, das hat das neueste Werk E. HAECKEL's erwiesen.

Nach dem Gesagten bedarf es wohl keiner Rechtfertigung, dass in dem vorliegenden Werk die übliche Scheidung zwischen recenten und fossilen Formen, zwischen den Gesichtspunkten des Zoologen und denen des Palaeontologen fallen gelassen wurde. Ich habe mich bemüht, aus der unendlichen Fülle an sich gleichwerthigen Materiales dasjenige herauszugreifen, was für die morphogenetische Entwicklung und die phylogenetische Gliederung des Stammes von wesentlicher Bedeutung erschien. Dabei mussten manche Einzelheiten zurücktreten, manchen scheinbar unwesentlichen Verhältnissen eine grössere Beachtung eingeräumt werden.

Wenn ich auch sonst in der Behandlung des Materiales nicht immer ganz gleichmässig verfahren bin, so hatte das wesentlich praktische Gründe. In neuen Klassen, wie den Thecoideen und Carpoideen sowie bei den Cystoideen, hatte ich nahezu alle bekannten Formen in meinen Händen vereinigt. Da das in absehbarer Zeit kaum wieder der Fall sein dürfte, die Formen mangelhaft bekannt und im Ganzen artenarm waren, so hielt ich es für angezeigt, in diesem Falle die einzelnen Funde auch im systematischen Theil möglichst zu berücksichtigen, während ich in anderen Abtheilungen wie bei den Blastoideen und Cladocrinoideen vielfach auf bestehende Monographien verweisen zu können glaubte.

Um aber auch dem Systematiker das vorliegende Werk möglichst nutzbar zu machen, habe ich nicht nur die systematische Gliederung bis zu den Gattungen hinunter durchgeführt, sondern auch die Arten, deren Zahl ja im Allgemeinen hier nicht sehr gross ist, möglichst mit kurzen, diagnostischen Hinweisen versehen. Specialwerke und Monographien sind für die besondere Forschung doch nicht entbehrlich zu machen; so habe ich auf vollständige Litteraturangaben und Diagnosen verzichtet und mich damit begnügt, der Specialforschung durch knappe Citate an die Hand zu gehen.

Für die Benennung des hier behandelten Formenkreises habe ich den von LEUCKART vorgeschlagenen Namen **Pelmatozoa** (*Πέλμα* = Stiel) übernommen, wenn auch die Stielbildung vom rein morphologischen Standpunkt das Wesen dieses Typus nicht so scharf charakterisirt wie die Sessilität und die mit ihr in engster Beziehung stehende Ernährung durch Wimperbewegung der Tentakeln.

Der vorliegende erste Band des Werkes soll die Thecoidea und Cystoidea enthalten, der zweite die Blastoidea, Cladocrinoidea und Carpoidea, der dritte die Pentacrinoidea. In einem besonderen Abschnitt will ich die allgemeinen Ergebnisse dieser Untersuchungen möglichst übersichtlich zusammenstellen.

Von dem zunächst behandelten Material bereitete eine einheitliche kritische Bearbeitung der Cystoideen recht beträchtliche Schwierigkeiten, vor Allem weil das durchweg fossile Material relativ ungünstig erhalten, äusserst selten und in den verschiedensten Ländern und Museen verstreut ist.

Diese Nachtheile wurden mir aber durch die ausserordentliche Liberalität vieler Fachgenossen nach Möglichkeit ausgeglichen. Nachdem ich persönlich fast alle grösseren Sammlungen diesbezüglichen Materiales in Europa und Amerika durchsehen konnte, wurden mir durch deren Vorsteher die für meine Zwecke wichtigen Objekte fast ausnahmslos in bereitwilligster Weise zu genauerem vergleichenden Studium überlassen. An erster Stelle gebührt mein Dank meinem hochverehrten, leider inzwischen verstorbenen Lehrer E. Beyrich, der mir 1891 die Durcharbeitung der durch die Forschungen L. v. Buch's, Joh. Müller's und Beyrich's selbst berühmt gewordenen Crinoidensammlung des Berliner Museums für Naturkunde übertrug und mich hierbei noch längere Zeit durch sein scharfsinniges Urtheil unterstützte und förderte.

Von auswärtigem Material wurden mir die reichen Schätze russischer Cystoideen namentlich von Herrn Akademiker F. v. Schmidt in Petersburg zugänglich gemacht und von ihm, sowie von den Herren Inostranzew, Lahusen, Mickwitz, Nikitin, Baron v. Wöhrmann und v. Wahl auf lange Zeit zum Studium geliehen. In gleich zuvorkommender Weise stellte mir Herr Prof. F. Frech das Material seiner eigenen und der Breslauer Universitätssammlung nebst einigen seiner eigenen Beobachtungen zur Verfügung. Hierdurch kamen namentlich seltene Formen aus Nordamerika in meine Hände. Die Formen des schwedischen Silur wurden mir durch die Güte des Herrn G. Lindström, Gerh. Holm, C. Wiman zur Bearbeitung überwiesen. Die Barrande'sche Sammlung böhmischer Cystoideen konnte ich durch die Güte der Herren Prof. Ant. Fritsch und Dr. Jar. Perner in Prag eingehend untersuchen. Herr Geheimrath v. Koenen lieh mir werthvolle Stücke aus der Göttinger, Herr Prof. Benecke solche aus der Strassburger, Herr Geheimrath v. Zittel solche aus der Münchener Sammlung. Der Direktor der Geological Survey of the United States, Herr Walcott, sandte mir reiches Material namentlich amerikanischer Blastoideen. Vereinzelte Funde von Cystoideen wurden mir durch die Herren Prof. E. Koken in Tübingen, Dr. Beushausen, Dr. Denckmann, Dr. Loretz, Dr. E. Zimmermann, Hofkammerpräsident v. Goldbeck, sämmtlich in Berlin, Dr. C. Gottsche in Hamburg, Dr. E. Stolley in Kiel, Prof. Dr. Schlüter in Bonn, Prof. Dr. Holzapfel in Aachen, Prof. Dr. v. Loczy in Budapest freundlichst zur Verfügung gestellt.

Die Herstellung des Abbildungsmateriales ist von der hiesigen Kunstanstalt Meisenbach, Riffarth & Co. ausgeführt worden. Dabei fielen die lithographischen Arbeiten Herrn Vincent Uwira zu, der sich mit bewährter Genauigkeit und Sorgfalt der künstlerischen Darstellung der oft schlecht erhaltenen Objekte unterzog. Die Mängel in der Anfertigung der Textfiguren fallen dagegen dem Autor zur Last.

Allen den genannten Herren, die mein Werk so mit Rath und That unterstützten, sage ich für ihr freundliches Interesse und ihre Bemühungen meinen ergebensten herzlichen Dank.

Thecoidea.

Vorbemerkung. Der Begriff und Name Thecoidea wurde 1895 (II, 110) von mir aufgestellt und nach Inhalt und Umfang kurz charakterisirt. Er umfasst Formen, die in der Regel den Cystoideen untergeordnet waren: BILLINGS dagegen hatte drei hierher gehörige Formen: *Edrioaster*, *Agelacrinus* und *Hemicystis*, zu den Asteriden gestellt (1858, I, 85), allerdings dazu bemerkt: „When we know more of their structure, it is probable that they will be arranged as a suborder, for which the name Edrioasteridae would be appropriate, as it would suggest their sessile condition on the one hand, and on the other their affinity to the Asteridae". Dass ich den hier vorgeschlagenen Namen Edrioasteridae nicht für den genannten Kreis der inzwischen bekanntgewordenen Formen übernommen habe, hat wesentlich darin seinen Grund, dass ich erstens die vorliegenden Formen nur als Pelmatozoen, nicht als Asteriden betrachten kann, und dass zweitens die genannte Wortbildung nach den heutigen Regeln der Nomenklatur nur zur Bezeichnung einer Familie, nicht aber einer Klasse verwendet werden darf. S. A. MILLER theilte 1889 (III, 211) die palaeozoischen Vertreter seiner Klasse der Crinoidea in die Ordnungen der Palaeocrinoidea, Blastoidea, Cystoidea, Lichenocrinoidea, Agelacrinoidea, Cyclocystoidea und Myelodactyloidea. Abgesehen von der Haltlosigkeit dieser ganzen Eintheilung sind im Besonderen die Agelacrinoidea nur als fest gewachsene Formen charakterisirt. Die Aenderung von BILLINGS Namen Edrioasteridae in Agelacrinoidea bietet aber auch in sprachlicher Hinsicht keinen Vortheil, da der neue Name seine Träger nicht nur nicht charakterisirt, sondern ihre Beurtheilung durch die Endigung, die auf Arme hinweist, geradezu irreleitet.

Die Beurtheilung der Thecoideen in der wissenschaftlichen Litteratur lässt sich mit wenigen Worten dahin kennzeichnen, dass dieselben von SOWERBY (1826, I, 319) und BILLINGS (1858, I, 85) zu den Asteriden gestellt, von NEUMAYR (1881, I, 15) und STEINMANN (1890, II, 181) zwar den Cystoideen zugeordnet, aber als Stammformen der Asteriden, von E. FORBES (1848, II, 521) als Stammformen der Echiniden betrachtet wurden. Die übrigen Autoren, die sich eingehender mit ihrer Stellung im System beschäftigt haben, wie F. A. ROEMER (1851, III, 18), QUENSTEDT (1876, III, 705), v. ZITTEL (1879, I, 413), SEMON (1889, I, 26) haben sie den Cystoideen eingereiht, indem sie dieselben theils als besondere Familie betrachteten, theils der J. MÜLLER'schen Systematik der Cystoideen (Aporitidae) einfügten.

Definition. Thecoidea sind Pelmatozoen, deren 5 radiäre Ambulacralstämme keine Seitenzweige oder freie Arme treiben, sondern in ganzer Ausdehnung an den Körper gebunden sind und durch differenzirte Thecalplatten geschlossen werden. Der Körper ist kugelig, sack-, becher- oder scheibenförmig, frei oder mit der Unterseite ohne Stielbildung dem Boden oder Fremdkörpern aufgewachsen. Die Theca ist bisweilen noch lederartig mit schwach entwickelter Skeletbildung. Die Elemente der letzteren sind unregelmässig angeordnet, nur durch die Ambulacra pentamer unterbrochen, bisweilen noch mit Respirationsgruben versehen, aber ohne Thecalporen. Der Darm war solar gedreht. Der After ist auf der Oberseite interradial gelegen und mit kleinen, unregelmässig gelagerten oder grösseren, radial gestellten Plättchen geschlossen. Der Parietalporus und primäre Steinkanalporus können an der Theca fehlen. Die Geschlechtsorgane liegen innerhalb der Theca.

Nach der vorstehenden Definition gehören folgende Gattungen zu den Thecoidea:

*Agelacrinus**), Vanuxem, 1842.
Haplocystis, F. Roemer, 1851.
Hemicystis, Hall, 1852.
Cyclaster, Billings (non Cotteau 1856), 1857.
Edrioaster, Billings, 1858.
Cystaster, Hall, 1871.
Streptaster, Hall (ohne Definition).
Lepidodiscus, Meek & Worthen, 1875.
Cyathocystis, F. Schmidt, 1879.
Echinodiscus, Worthen & Müller, 1883.
Stromatocystis, Pompeckj, 1896.
Agelacystis, Haeckel, 1896.
Discocystis, Gregory, 1897.
Thecocystis, n. g.
Dinocystis, n. g.

A. Die allgemeine Körperform.

Die allgemeine Körperform der Thecoideen steht insofern der aller übrigen Pelmatozoen fremdartig gegenüber, als der Organismus keinerlei Anhangsorgane wie Stiel, Arme oder Proboscis aufweist, sondern einen in sich geschlossenen, mehr oder weniger gerundeten Körper darstellt. Dadurch, dass derselbe dem Boden aufruhte und in der Regel leicht angeheftet war, ist die Unterseite indifferent, entweder schwach gewölbt (*Stromatocystis, Edrioaster, Dinocystis, Cystaster*) oder abgeflacht (*Hemicystis, Agelacrinus*) oder in mässiger Breite am Untergrunde ausgebreitet (*Thecocystis, Cyathocystis*). Die Oberseite ist konvex gewölbt und mit 5 radiären Ambulacralrinnen versehen, in einem Interradius von dem After unterbrochen.

Die Pentamerie. Sehr bemerkenswerth ist die Erscheinung, dass die sämmtlichen Thecoideen streng regulär im Sinne der Pentamerie gebaut sind. Nur bei den jüngsten und höchst entwickelten Formen (*Agelacrinus*) sind vereinzelt Individuen mit 6 bezw. 7 Ambulacralstrahlen gefunden worden. Da die Thecoideen die anatomisch einfachsten Verhältnisse unter allen Pelmatozoen aufweisen, und auch die anderen cambrischen Echinodermen pentamer gebaut sind, so ist dadurch der Beweis geliefert, dass es auch die Stammform aller Pelmatozoen war. Diese Thatsache ist werth, hervorgehoben zu werden gegenüber der von den meisten Autoren vertretenen Annahme, dass sich die Pentamerie erst im Stamme der Pelmatozoen zur Konstanz entwickelt habe.

B. Das Skelet.

Die Skeletbildung der Thecoidea beschränkt sich Mangels äusserer Anhänge des Körpers auf die Entwicklung eines perisomatischen Skeletes, welches aus mehr oder weniger losen Verkalkungen in der Lederhaut (Cutis) entsteht. Das Hautskelet setzt sich — wenn wir von den später zu besprechenden, radiären Plattenreihen der Ambulacren absehen — in der Regel aus ungeordneten Kalkplättchen zusammen. Dieselben sind nahezu ungegliedert bei *Stromatocystis baltica* (Taf. II fig. 7), in Stern- oder Körnchenform anscheinend ziemlich lose in der Haut vertheilt (*Stromatocystis pentangularis* Fig. 5 pag. 37, *Thecocystis* Taf. I fig. 1), einander normal opponirt (*Stromatocystis* Fig. 8 pag. 40, *Edrioaster* Taf. II fig. 4; *Dinocystis*), nach oben schuppig übereinander gelegt (*Hemicystis*, *Agelacrinus* Taf. I fig. 6—7, Taf. II fig. 1—2) oder schliesslich im unteren Theil der Theca zu einem einheitlichen becherförmigen Stück verschmolzen (*Cyathocystis* Taf. I fig. 3).

Die interradialen Verkalkungen der Theca sind offenbar weder ihrer Lage noch ihrer Form nach beeinflusst von aktiv wirksamen Organen, sondern lediglich als Kalkausscheidungen in unbeweglichen Stellen der Haut entstanden. Sie entsprechen in dieser Hinsicht den Skeletbildungen der Kelchdecke der Crinoiden, während deren aborales Kelchskelett und die Skelettheile ihrer Arme durch bestimmte Spannungen und differenzirte Druckleistungen in bestimmte Formen und Stellungen gedrängt sind.

Verschmelzungsprocesse sind unter diesen Umständen leicht verständlich und auch thatsächlich vorhanden. So verwachsen die äusseren Plättchen bei Agelacriniden offenbar unbeweglich mit einander (Taf. I fig. 7) zu einem starren Rande, der der Unterlage fest aufgewachsen ist. Die Form der Verwachsung ist hier bedingt durch die Imbrication der Platten überhaupt. Diese selbst kann man wohl nicht in nähere Beziehung bringen mit der schuppigen Anordnung der Skeletplatten bei verschiedenen Echiniden, wo man diese Art der Skeletirung für primär anzusehen pflegt. Ohne auf diese Erscheinung im Allgemeinen eingehen zu wollen, möchte ich bezüglich der Agelacriniden die Ansicht aussprechen, dass deren Imbrication als Folge ihrer dorsoventralen Abflachung anzusehen sei. Wenn man sich vorstellt, dass ein ursprünglich rundlicher Körper eine bestimmte Zahl von Hautverkalkungen angelegt hat und durch horizontale Ausbreitung seine Höhe relativ verkürzt, so ist meines Erachtens diese aus Taf. I fig. 7 ersichtliche Imbrication der Skeletplättchen mechanisch vollkommen erklärt. Am weitesten ging die Verschmelzung bei *Cyathocystis*, der als „Rifftypus" ein Analogon zu der Kelchbildung von *Cotylecrinus*, *Cyathidium* und *Holopus* bildet. Auch die „Kelchdecke" ist hier durch Verschmelzung der interradialen Skeletanlage sehr vereinfacht. Die so entstandenen 5 grossen Platten (Taf. I fig. 3a) kann man als Oralia bezeichnen, muss sich aber vor Augen halten, dass die Einheitlichkeit dieser Skeletstücke durchaus nicht auf einer engeren Homologie mit den Oralien von *Antedon* zu beruhen braucht. Die Möglichkeit einer solchen Bildung war offenbar überall da gegeben, wo die Interradialfelder von früher Jugend an in ihrer Fläche unbeweglich waren. Die besondere Form, oder ich möchte sagen, der Umfang der Oralialbildung richtet sich dabei nach den besonderen Umständen des einzelnen Falles. Ist die Kelchdecke ganz unbeweglich, so erreichen die Oralia die denkbar grösste Ausbreitung, indem sie seitlich aneinander und aussen an den Oberrand des eigentlichen Kelches anstossen, wie dies z. B. bei *Haplocrinus* und *Myrtillocrinus* der Fall ist. Erhalten sich die Ambulacralrinnen ontogenetisch längere Zeit offen, so werden sie von besonderen Saumplättchen bedeckt, und die Oralia nehmen dann nur den Raum zwischen diesen ein (verschiedene Cyathocriniden); behält schliesslich die Kelchdecke dem Kelch gegenüber eine gewisse Beweglichkeit, so werden die Oralia auch peripherisch von den letzteren durch besondere Plättchen getrennt, wie bei *Holopus, Hyocrinus* und vielen palaeozoischen Crinoiden. Bei *Cyathocystis* ist beides der Fall, die Oralia erscheinen dann in ihrer kleinen Form, seitlich durch die ambulacralen Plattenreihen und aussen durch einen peripheren Plättchenkranz von dem „Kelch" getrennt (Taf. I fig. 3a). Es liegt auf der Hand, dass mit dem Wechsel des Umfanges auch die morphologische Bedeutung des Begriffes „Oralia" eine sehr verschiedene ist.

Während sich bei *Cyathocystis* das Thecalskelet unter starker Verdickung distal auf dem Boden ausbreitet, ist es bei verschiedenen Thecocystiden (*Cystaster, Edrioaster*) und bei den Agelacriniden auf der Anwachsungsfläche rückgebildet (Taf. I fig. 2a).

Die Thecoidea gehören zu den ältesten Organismen, deren Skelet kalkig war. Da sie also mit dem Auftreten kalkiger Ausscheidungen erscheinen, so liegt der Schluss hier ganz besonders nahe, dass ihrer palaeontologisch kontrollirbaren Entwicklungszeit eine Periode voranging, in der ihre Hautbildungen in unverkalktem Zustande verharrten und daher zur Fossilisation ungeeignet waren.

C. Die Ambulacra.

Auf die Bedeutung des Ambulacralsystemes im Gesammtorganismus möchte ich erst im allgemeinen Theile dieses Werkes näher eingehen. Hier sei zum Verständniss der zu besprechenden Bildungen nur Folgendes hervorgehoben. Bei den lebenden Echinodermen besteht das Ambulacralsystem aus einem den Mund umschliessenden „Ringgefäss" und den 5 Radiärgefässen, die von diesem ausstrahlen und die Länge und morphologische Sonderung der 5 Antimeren des Körpers bestimmen. In seinem ganzen Verlauf zeigt das Ambulacralsystem zarthäutige Ausstülpungen in Form von Blindsäcken. Das Ambulacralsystem ist als Ganzes räumlich abgeschlossen und nur durch besondere Organe, dem Steinkanal bezw. dem Hydrophorensystem mit der Aussenwelt in Verbindung, um von dort seinen lymphösen Inhalt zu ergänzen. Die Innenwände der grösseren Gefässe sind mit Flimmerepithel ausgekleidet, welches den lymphösen Inhalt in Bewegung erhält. Bei den Eleutherozoen sind dem Ringgefäss grosse (die Poli'schen Blasen), den Ambulacralfüssen zahlreiche kleine Ampullen angehängt, deren Kontraktion besonders dazu dient, den Inhalt in diese eben genannten Ausstülpungen zu treiben. Diese letzteren ragen immer frei in das Meerwasser, während die grösseren Gefässe in den verschiedenen Klassen der Echinodermen dem Körper verschieden tief eingelagert sind. Bei den Ophiuriden, Holothurien und Echiniden liegen sie in, bezw. unter dem Hautskelet, welches den kleinen

Ausstülpungen in besonderen Ambulacralporen Austritt gestattet. Bei den Pelmatozoen und Asteriden liegen die Radiärgefässe in freien Rinnen oberhalb des Skeletes.

Die physiologische Bedeutung des Ambulacralsystemes beruht wohl wesentlich auf zwei Funktionen, einerseits dem Gasaustausch, also der Athmung, andererseits der Ernährung im weitesten Sinne, und zwar letzterer unmittelbar bei den sessilen Pelmatozoen durch Wimperung von Nährstoffen nach dem Munde oder mittelbar bei den lokomobilen Eleutherozoen durch Fortbewegung des Körpers. In diesem Falle nimmt dann der Mund die Nahrung direkt durch besondere Funktionen auf.

Ontogenetisch sondert sich die erste Anlage des Ambulacralsystemes als „Hydrocoel" von der einen (linken) der beiden primären Coelomblasen ab und erscheint als Derivat der Leibeshöhle. Aus seiner ersten Anlage bildet sich zunächst das Ringgefäss; die 5 Radiärgefässe wachsen dann erst allmählich daraus hervor. Hiernach erscheint von den Theilen des Systems das Ringgefäss morphogenetisch älter zu sein als die Radiärgefässe. Phylogenetisch dürfte sich das gegenseitige Verhältniss dieser Theile aber derart entwickelt haben, dass anfangs der Körper noch nicht die für die spätere Echinodermennatur charakteristische Fünftheilung erlangt hatte, und die den Mund umstehenden Tentakeln noch direkte Ausstülpungen der Leibeshöhle darstellten. Dass sich das Ambulacralsystem in seiner hohen Specialisirung und funktionellen Wichtigkeit bei lebenden Formen ontogenetisch sofort als Ganzes sondert, scheint mir in physiologischer Hinsicht unerlässlich. Die Nothwendigkeit dieser einheitlichen Anlage erlaubt aber meines Erachtens keinen Rückschluss auf die Reihenfolge der phylogenetischen Differenzirung ihrer Theile. Wenn entgegen der üblichen Auffassung die Sonderung des Ambulacralsystemes von der Leibeshöhle phylogenetisch in den distalen Theilen, d. h. den Enden der Radiärgefässe begann, so müssten doch ontogenetisch die später central gelegenen Theile zuerst zur Sonderung kommen, weil der ganze Körper erst allmählich aus der Kugelform in die 5 Radien auswächst und weil gerade das Ringgefäss später mit der höchsten Leistung auch die feinste Differenzirung verbindet. Erst die Schwellung der Ausstülpungen führte zu dem Abschluss des ganzen Systemes; diese Schwellbarkeit ist aber sicher erst nachträglich in bereits vorhandenen Ausstülpungen entstanden und also sekundärer Bedeutung.

Die Ausstülpungen der Ambulacralgefässe werden je nach ihrer Funktion als Ambulacralfüsschen (Eleutherozoa) oder als Tentakeln (die sog. Mundtentakeln der Holothuria) oder als Vectakeln*) (Pelmatozoa) bezeichnet. In allen Ausbildungsformen dienen dieselben jedenfalls gleichzeitig zum Gasaustausche, also zur Athmung. Während nun bei den Eleutherozoen die aus dem Körper vorragenden Ambulacralfüsschen selbständige Funktionseinheiten darstellen, kommt bei den Vectakeln der Pelmatozoen — abgesehen von ihrer respiratorischen Thätigkeit — eine Funktionswirkung nur dadurch zu Stande, dass sie gemeinsame Flimmerbewegungen nach dem Munde zu ausüben und dadurch zwischen sich Nährstoffe dem Munde zutreiben. Dieser Funktionsweise entsprechend sind erstens die Vectakeln der Pelmatozoen wesentlich zahlreicher und zugleich kleiner als die Ambulacralfüsschen der Eleutherozoen, zweitens bilden sich ihrem Verlaufe folgend

*) E. HAECKEL, 1896 (II, 24) schlug für dieselben den Namen Subvectakel vor; ich halte aber die kürzere Form „Vectacula" für ausreichend.

zwischen ihnen förmliche Rinnen aus (das Subvectivsystem HAECKEL's), welche die sichere Fortführung der Nährstoffe nach dem Munde erleichtern. Die zweizeilige Stellung der ambulacralen Ausstülpungen bei den Echinodermen dürfte auf diese primäre Rinnenbildung von „Vectakeln" zurückzuführen sein: jedenfalls glaube ich die lokomotorische Funktion der „Ambulacralfüsschen" als die sekundäre betrachten zu müssen*).

Alle diese Theile sind weichhäutige Organe, die fossil nicht erhaltungsfähig sind; immerhin bieten uns Skeletbildungen, die zur Bedeckung oder zur Stütze der Vectakelrinnen gebildet werden, wichtige Anhaltspunkte für die Beurtheilung des ganzen Ambulacralsystemes.

a) Die Saumplatten.

Auf der Oberseite der Theca machen sich bei den Thecoideen 5 nach dem Scheitel geradlinig oder im Bogen zusammenlaufende Doppelreihen besonders gestalteter Plättchen bemerkbar, die in alternirender Stellung mehr oder weniger fest ineinandergreifen. Bei den älteren Thecoideen, namentlich bei der kambrischen *Stromatocystis* (vergl. Fig. 5 pag. 37), sind die den Ambulacren anliegenden Thecalplatten sehr wenig specialisirt. Sie sind klein und auch in ihrer Form nur dadurch von den übrigen Thecalplatten unterschieden, dass sie in der Richtung ihres Zusammenschlusses über den Radien komprimirt sind. Dabei macht sich ein allmählicher Uebergang in der Form von den normalen Thecalplatten zu den Saumplatten bemerkbar, insofern auch die den letzteren anliegenden Plättchen in der Richtung der Radien verlängert erscheinen. Diese übrigens nicht regelmässig ausgezeichneten Plättchenreihen sind beim Zusammensinken der Theca in den Radien fest aneinandergepresst und zugleich etwas ziegelförmig übereinandergeschoben, so dass die eigentlichen Saumplättchen oft nur als schmale, kurze Leisten den Verlauf der Radien kennzeichnen (Fig. 5 pag. 37). Erst allmählich haben sich dann die Saumplättchen stärker entwickelt; sie sind bei *Dinocystis* noch klein und schmal, aber bei *Edrioaster, Thecocystis, Hemicystis* und *Agelacrinus* zu grossen, fingerförmigen Stücken ausgebildet. Mit ihrer Form wird auch ihre Anordnung sehr regelmässig alternirend, während sich hierin bei *Stromatocystis* noch Unregelmässigkeiten finden.

Bei *Cyathocystis* legen sich die Saumplättchen ganzrandig, im geschlossenen Zustande ohne jede Unterbrechung an die seitlichen und gegenüberliegenden Nachbarplatten an. Auch am Centrum, wo diese Plattenreihen konvergiren, und die 5 obersten, interradial gelegenen Plättchen etwas grössere Dimensionen erreichen, zeigen sich keinerlei Poren, so dass die 5 radiären Plattenreihen einen vollständigen Verschluss der Theca herbeiführen. Da das Thecalskelet von *Cyathocystis* im geschlossenen Zustande (Taf. I fig. 3a) ausser der Afterlücke (A) keinerlei Oeffnungen aufweist, so kann es nicht zweifelhaft sein, dass die zur Ernährung nothwendigen Organe, d. h. Mund und Vectakelrinnen, unterhalb jener 5 Plattenreihen lagen. Der vorzügliche Erhaltungszustand des SCHMIDT'schen Originales lässt keinen Zweifel darüber bestehen, dass die genannten Organe bei geschlossenem Zustande der Theca in keinerlei

*) Eine morphologische Trennung des Subvectivsystemes HAECKEL's von dem eigentlichen Ambulacralsystem erscheint mir undenkbar, da die Vectakeln eben nur Ausstülpungen der Ambulacralkanäle sind. Die Formen der Pelmatozoen (seine „*Amphoridea*"), denen HAECKEL nur ein Subvectivsystem zuschrieb, sind auch in dieser Hinsicht ganz anders organisirt, als ihr Autor vermuthete, und geben zu derartigen Vorstellungen keinerlei Veranlassung.

Verbindung mit der Aussenwelt standen. Der Befund ist deshalb von grosser Bedeutung, weil diese Verhältnisse bei anderen Formen nicht so klar zu erkennen sind und diesbezügliche Missverständnisse nicht von vornherein ausschlossen. Bei allen Formen mit biegsamem Thecalskelet ist der Verschluss der 5 Plattenreihen meistens durch ungleichmässiges Zusammensinken der Fossilien mehr oder weniger stark gelockert, so dass bisweilen zwischen den zusammengehörigen Reihen eine Furche erscheint (Taf. II fig. 7, Taf. I fig. 1a); ausserdem ist auch der seitliche Zusammenhang der Plättchen oft gestört. Dazu kommt, dass sich bei verschiedenen dieser Formen starke Skulpturen auf den Skeletplättchen einstellen, die z. B. den ambulacral gelegenen Plättchen von *Agelacrinus* (Taf. II fig. 1) eine wesentlich komplicirtere Form verleihen als bei *Cyathocystis*. Hier sind dieselben an sich schon länger, fast fingerförmig, mit einem Fortsatz in einander geschoben und gelegentlich, wie bei *Agelacrinus Dicksoni* (Taf. II fig. 2a) mit buckelförmigen Anschwellungen auf der Aussenseite versehen. Die Buchten zwischen diesen erscheinen dann, wenn sie mit dunklem Gestein ausgefüllt sind, als Lücken zwischen den Plättchen. Billings gab bei *Edrioaster* in seiner ersten Beschreibung (1856, I, 292) je einen Porus zwischen zwei aufeinanderfolgenden Platten an; später (1859, I, 82) giebt er deren zwei an und bemerkt dazu: „The sutures between the ambulacral ossicles, in certain conditions of preservation, are enlarged so that the pores on each side are connected, and thus there appear to be two instead of four". Die letzteren Zahlen 2 und 4 beziehen sich auf die Poren in beiden Plattenreihen eines Radius, wodurch dann zwei und vier Porenreihen entstehen. Diese „Porenreihen" haben in der Litteratur viel Beachtung gefunden und sind im Besonderen schon für Billings und später für M. Neumayr, der sie als Durchtrittsöffnung von Ambulacralfüsschen ansah, Veranlassung gewesen, *Edrioaster* mit den Asteriden in Beziehung zu bringen (1889, VII, 420). Leider liegt mir von *Edrioaster* kein Material vor, an dem ich die genannten Angaben von Billings prüfen konnte, ich verdanke aber meinem Freunde, Prof. F. Frech in Breslau, die Zusendung eines Exemplares von *Agelacrinus Dicksoni*, Bill., an welchem Billings ebenfalls derartige Poren zwischen den ambulacralen Plättchen zeichnet (l. c. taf. VIII f. 3a, 4a). Nun kann ich aber seine l. c. p. 84 in diesem Falle selbst geäusserten Bedenken, ob die Gruben zwischen den Platten als Oeffnungen durchgehen, dahin bestärken, dass sie dies nicht thun, sondern dass es sich bei dieser Form nur um Grübchen der Oberflächenskulptur handelt. Dieselben umziehen, wie aus Taf. II fig. 2a ersichtlich ist, übrigens den ganzen Rand der Plättchen; an den Seiten sind sogar oft je drei Grübchen zu bemerken. Im Uebrigen zeigen dieselben je nach ihrer Entfernung vom Munde und je nach ihrer Lage im konvexen oder im konkaven Bogen des Ambulacrum sehr wechselnde Formen, deren Regellosigkeit allein schon beweist, dass es sich dabei nicht um morphogenetisch wichtige Organisationsverhältnisse handeln kann. Eine abgeriebene Stelle des mir vorliegenden Exemplares zeigt die Grenzen der Plättchen deutlich ohne Unterbrechung.

Da Billings bezüglich der ambulacralen Porenreihen von *Agelacrinus Dicksoni* wohl im Irrthum war, und auch sonst kein Verwandter von *Edrioaster* solche Oeffnungen aufweist, so scheint mir auch bei *Edrioaster Bigsbyi* Bill. die Existenz radialer Porenreihen noch nicht über jeden Zweifel erhaben. Wie dem aber auch sei, jedenfalls zeigt die Organisation verschiedener Gattungen unwiderleglich, dass die Ambulacra der Thecoideen solcher Poren nicht nothwendig bedurften. Ferner konnten auch ihre Träger in dieser Hinsicht nicht wie Asteriden organisirt sein, bei denen jene Poren zum Durchtritt der Ampullen dienen, die ihrerseits erst als eine sekundäre Folge erhöhter lokomotorischer Funktion zu betrachten sind. Ausserdem würde dieser Vergleich zu der Annahme zwingen, dass die Vectakelrinnen hier oberhalb der aufklappbaren Saumplatten gelegen waren. Man darf auch nicht vergessen, dass die Vectakeln der Pelmatozoen durch ihre Menge wirken müssen, während dieselben bei der kriechenden Lebensweise frei lebender Eleutherozoen gross, aber relativ gering an Zahl sind. Die Specialisirung nach der letzteren Richtung konnte unmöglich bei Thecoideen erfolgt sein, da sie unzweifelhaft sessil waren. Eine solche Specialisirung würden wir aber voraussetzen, wenn wir annähmen, dass *Edrioaster* nur ebensoviel Vectakeln als Saumplättchen besass.

Wenn demnach die Annahme, dass jene angeblichen Poren zum Durchtritt von Vectakeln dienten und damit eine Beziehung dieser Formen zu Asteriden oder Echiniden bewiesen, nicht richtig sein kann, so ist doch an sich die Möglichkeit nicht ausgeschlossen, dass bei einer Thecoideenform solche Poren für die Zufuhr des Wassers zur Respiration vorhanden waren. Diese Möglichkeit soll später bei Besprechung des Hydrophorensystems erörtert werden. Es genügt, für die folgenden Betrachtungen festgestellt zu sehen, dass die Thecoidea keine radial gelegenen Oeffnungen zum Austritt ambulacraler Organe besassen. Da auf den Saumplättchen jede Spur von Gelenkflächen fehlt, kann von der Existenz skeletirter, freier Anhänge des Ambulacralsystemes vollends keine Rede sein, weil solche von den Radiärgefässen ausgehen und in allen Fällen mit ihnen hätten kommuniciren müssen.

b) Die subambulacralen Platten.

Unter den bisher besprochenen ambulacralen Plattenreihen sind nun bei *Agelacrinus* besondere Skeletbildungen beobachtet worden. F. Roemer beschrieb 1851 (III, 374 [16]) als *Agelacrinus rhenanus* einen Steinkern bezw. den Abdruck einer Innenseite, welche statt der sonst bei *Agelacrinus* beobachteten zwei Plättchenreihen der Ambulacra deren nur je eine einfache zeigte. Roemer hielt diese eine Reihe jener Doppelreihe homolog und erblickte darin das wesentlichste Kennzeichen seiner Species. Er giebt dabei als befremdlich an, dass diese einfachen Plattenreihen auf dem Abdruck der Innenseite nach unten vertiefte Rinnen bilden, und schloss daraus, dass die ambulacralen Plättchen eine sehr beträchtliche Dicke haben mussten, da sie auch an der Aussenseite als erhabene Leisten vorträten. Ich war ursprünglich geneigt, hier eine irrthümliche Beobachtung infolge mangelhafter Erhaltung des Fossils anzunehmen. Mit dieser Darstellung Roemer's harmonirt nun aber eine Angabe von F. B. Meek (1873, III, 55) über ein eigenthümlich erhaltenes Exemplar von *Agelacrinus cincinnatiensis* Roem. Dieselbe lautet: „The shell*) had separated in such a manner as to take with it the underside of the agelacrinites, and leave its upper side in the matrix so situated as to expose its inner surface. The inner side of each arm or ray is here seen to be composed of a single series of quadrangular pieces that are not imbricating." Damit schliesst diese Angabe ohne näheren Hinweis auf die morphologische Bedeutung dieser Gebilde. Da nun hier sowohl wie bei dem

*) Gemeint ist eine Schaale von *Ambonychia*, auf welcher das betreffende Exemplar ansass.

Exemplar ROEMER's zweifellos die Innenfläche der Oberseite vorliegt, alle Agelacriniden aber an der Aussenseite zwei Plattenreihen in den Ambulacren aufweisen, und die innen beobachtete überdies nach ROEMER nach innen vorgewölbt ist, so war nach diesem Befunde nur die Auffassung möglich, dass die zwei Reihen der Aussenfläche und die eine Reihe der Innenfläche gesonderte, von einander unabhängige Skeletelemente darstellen.

Dadurch, dass mir noch während des Druckes dieser Bogen von Herrn Prof. ANT. FRITSCH in Prag gestattet wurde, Guttaperchaabdrücke der BARRANDE'schen Agelacriniden aus dem Untersilur Böhmens anzufertigen, erhielt ich einige sehr klare Bilder, die obige Beobachtungen vollkommen bestätigen. Ein gut erhaltenes Exemplar von *Agelacrinus bellulus* BARR., welches als Steinkern die Oberseite von innen zeigt und mit der Taf. III fig. 1 abgebildeten *Hemicystis latiuscula* BARR. sp. ident sein dürfte, habe ich noch Taf. III fig. 2 abbilden und dessen Beschreibung der Gattung *Hemicystis* einfügen können. Die Rinnen werden hier deutlich unterlagert von einer einfachen Reihe querverlängerter, etwas winklig vorgezogener Plättchen, deren Zahl nicht immer genau so gross ist wie die Zahl der Saumplättchen, sodass wohl bisweilen je 2 auf einer solchen subambulacralen Platte aufsitzen. Zwischen den zusammengeklappten Saumplättchen und den subambulacralen Platten ist ein Hohlraum sichtbar, der durch die letztgenannten Plättchen bis in die Nähe des Mundes vollständig abgeschlossen wird. Weder zwischen noch neben den Plättchen zeigen sich Zwischenräume oder Poren: die interambulacralen Schuppenplatten legen sich unmittelbar an den Seitenrand der subambulacralen Platten an.

F. SCHMIDT (1879, III, 3) glaubte bei *Cyathocystis* unterhalb der Ambulacralrinnen „Spuren einer inneren Doppelreihe von Ambulacralplättchen zu erkennen". Ich habe mich durch eingehendere Präparation von der Existenz einer Doppelreihe innerer Plättchen nicht überzeugen können, glaube aber wenigstens im distalen Theile der Ambulacra innere Skeletbildungen unterhalb der Rinne bemerkt zu haben. Dieses Lageverhältniss glaubte ich mir beim Studium des betreffenden Stückes dadurch erklären zu können, dass die Ambulacra im Verfolg ihres Wachsthums distal auf die zusammenstossenden Ecken der Oralia theilweise hinübergeschoben seien. Im Hinblick auf obige Beobachtungen und einige von meinem Freunde BATHER über diesen Punkt geäusserte Bedenken möchte ich diese Frage unentschieden lassen, bis uns reicheres Material eine direkte Klarstellung ermöglicht.

Durch die vorher angeführten Beobachtungen ist es jedenfalls sichergestellt, dass bei Thecoideen unterhalb der radiären Ambulacralgefässe plattige Skeletbildungen auftreten konnten, und die Frage ist nur die, wie wir dieselben morphologisch aufzufassen haben.

Nachdem ich zunächst vergeblich nach homologen Skeletelementen gesucht hatte, fand ich eine Angabe von JOH. MÜLLER in seiner Schrift über den Bau der Echinodermen (1854, I, 222). Er sagt dort bei Besprechung der Ambulacralrinnen der Kelchdecke von *Pentacrinus*: „Unter der weichen Auskleidung der Rinne liegen auch noch Täfelchen, welche schon in der Abhandlung über den *Pentacrinus* angezeigt sind. Zu einer Vergleichung mit den Ambulacralplatten der Seeigel und Seesterne schien es mir wichtig, gerade diese subambulacralen Täfelchen einer weiteren Untersuchung zu unterwerfen. Sie bilden unter der Rinnenhaut eine einzige also unpaare Reihe und sind mit den seitlichen, die Rinnen begrenzenden ambulacralen Tafeln durch eine feste Haut verbunden. Auf der mittleren Reihe der Täfelchen ist auf der Oberseite derselben ein Halbkanal ausgegraben, der zur Aufnahme des Ambulacralgefässes bestimmt zu sein scheint. Hiernach würde das Ambulacralgefäss wie in den Asterien auf der äusseren Oberfläche des Ambulacralskeletes und wie dort unter der weichen Haut der Ambulacralfurche seinen Sitz haben." JOH. MÜLLER glaubte für die beschriebenen Elemente innerhalb der Pelmatozoen in dem sog. Lancettstück der Blastoideen ein Homologon zu finden. Diese Annahme ist nicht mehr aufrecht zu erhalten, da das Lancettstück der Blastoideen zunächst nur zur Stütze der 4 ambulacralen Plattenreihen entsteht und erst sekundär zwischen diese sich einschaltet und so zum Träger der Radiärgefässe wird. Dagegen ist die Uebereinstimmung jener inneren Plattenreihen mit den fraglichen Skeletelementen von *Agelacrinus* wohl unbestreitbar. Dass es sich dabei um eine Homologie im engeren Sinne handelt, halte ich nicht für wahrscheinlich, da die Vorfahren der lebenden Pentacrinoideen solcher Plattenreihen entbehrten. Da aber die lokalen Verhältnisse für die Ambulacra in der Kelchdecke der lebenden Crinoiden ungefähr die gleichen sind wie für die Ambulacra der Thecoideen in ihrem ganzen Verlaufe, so glaube ich, dass die inneren Ambulacralplatten den gleichen Umständen ihre Entstehung verdanken und das gleiche Bild liefern, weil sie auf ähnlicher morphologischer Grundlage entstanden. Kalkausscheidungen treten ja vielfach bei Pelmatozoen sogar an Stellen auf, wo man ihnen gar keine aktive Funktion zuschreiben kann. Um wie viel mehr erscheint ihre Bildung motivirt, wo durch die Ambulacralfurchen die sonst skeletirte Fläche der Thecalwand, bei den Crinoiden also der Ventraldecke, eine Unterbrechung erfährt, und die genannten Plattenreihen zur Befestigung des seitlichen Zusammenhanges dienen. Dass ihre Anordnung und Form dabei durch das ihnen aufliegende Radiärgefäss beeinflusst wurde, erscheint selbstverständlich. Auch die bei den Thecoideen beobachteten Lage- und Formverhältnisse der inneren Ambulacralplatten sind sehr wohl vereinbar mit der Annahme, dass sie zur Stärkung der Körperwand sekundär unter Einwirkung der Radiärgefässe entstanden seien. Ihre Entwicklung könnte hier sogar noch besonders motivirt sein dadurch, dass sie als Widerlager bei der Zusammenbiegung der kräftigen Ambulacralplättchen dienen. Ihre Existenz wird dann bei Formen mit beweglichem Thecalskelet, wie es die Agelacriniden besassen, am meisten gerechtfertigt erscheinen. Daraus würde sich vielleicht ihr Mangel bei anderen Thecoideen erklären, obwohl das bisherige Fehlen diesbezüglicher Beobachtungen keineswegs den wirklichen Mangel dieser Elemente beweist. Da diese inneren Ambulacralplatten nach allen vorliegenden Beobachtungen undurchbohrt sind, so muss nicht nur die Tentakelrinne, sondern auch das Radiärgefäss selbst über denselben gelegen haben. Dieses Lageverhältniss der Ambulacra zum Körper bezw. zum Skelet lässt sich also nicht vergleichen mit dem der Echinoideen, bei denen das Radiärgefäss unter dem Skelet, die Ambulacralfüsschen aber frei aus demselben hervorragen. Ich glaube, dass bei den Echiniden die Einschaltung des Hautskeletes zwischen die Theile der Ambulacra dadurch veranlasst ist, dass die Ambulacralfüsschen bei der Lokomotion einzeln funktioniren und deshalb auch einzelne Haftstellen an ihrer Basis, d. h. also oberhalb der Radiärgefässe, benöthigen. Hier liegen dagegen alle Theile der Ambulacra offenbar über den inneren Ambulacralplättchen. Da also die Radiärgefässe der Ambulacra nicht über den äusseren und nicht unter den einwärts vorgewölbten inneren Platten verlaufen konnten, so müssen sie zwischen beiden gelegen haben. Damit lassen sich auch alle übrigen hierbei in Betracht kommenden Verhältnisse am besten in Einklang bringen. Die 5 Radiärstämme konnten dann wie bei den Eleutherozoen ihre Lage unmittelbar am Körper bewahrt haben, sie konnten sich wie bei diesen schon früh in den Ontogenieen am Körper ausbreiten und in dieser Lage funktioniren, ehe eine feste Skeletbildung begann. Diese letztere konnte sich dem Verlauf und der Grösse der Ambulacra genau anpassen und deren Schutz durch Differenzirung der ihnen anliegenden Platten übernehmen. Eine Zunahme der Skeletbildung, wie sie bei *Cyathocystis* vorliegt, beruhte offenbar nicht nur in einer quantitativ grösseren Kalkausscheidung, sondern auch in einer früher eintretenden Intensität derselben und erklärt dadurch die auffallend geringe Ausdehnung der Ambulacra in radialer Richtung (Taf. I fig. 3a).

Wir würden uns hiernach etwa folgendes Bild von der Organisation der Ambulacra der Thecoideen entwerfen können (Textfig. 1).

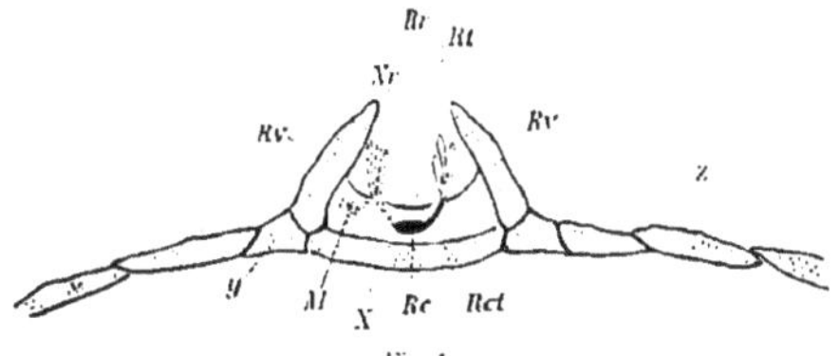

Fig. 1.

Schematischer Querschnitt durch ein Ambulacrum von *Agelacrinus.*

Rr Radiärrinne, Nr Radiärrinnennerv, Rt Vectakel, Rc radiäres Ambulacralgefäss, Rct Seitenzweig desselben, Z interradiale Skeletplatten, Y die dem Ambulacrum nächstgelegene Plattenreihe, Rv Saumplatten, X eine subambulacrale Platte, M die Lage von Saumplattenmuskeln.

Ich habe in der obigen Figur mit den Buchstaben M auf die Existenz von Muskelbündeln hingewiesen, deren Lage natürlich hypothetisch, deren Existenz aber unerlässlich war. Der Zusammenschluss der sehr kräftigen Saumplatten (Rs) bedurfte naturgemäss eines ziemlich kräftigen Muskelapparates, und man wird wohl nicht mit der Annahme fehlgehen, dass die Muskelfasern zunächst von einer Seitenreihe der Saumplatten nach der anderen hinübergespannt waren, da der Zusammenschluss, um überhaupt wirksam zu sein, von beiden Seiten erfolgen musste, dass dann aber nach Entwicklung subambulacraler Platten die Muskeln von der Seite her auf diesen Fuss fassten, wobei sie jedes Plättchen möglichst hoch fassten und doch unterhalb der Vectakelrinne nur wenig Platz beanspruchten.

Besonders hervorzuheben ist noch der absolute Mangel irgend welcher Armbildungen. Die ausgezeichnete Erhaltung einer *Cyathocystis* und anderer Formen lässt von der Existenz von Gelenkflächen oder Seitenzweigen an den Vectakelrinnen nichts erkennen, und die ganze Organisation der Ambulacra schliesst die Möglichkeit der Existenz freier Armbildungen auch vollständig aus. Selbst wenn man annähme, dass dieselben unskeletirt blieben — was sonst nicht der Fall ist —, so hätten selbst weichhäutige Organe dieser Art unter den geschlossenen Saumplatten der Ambulacra keinen Platz finden können. Die Tentakelrinnen mussten also auf dem primitivsten Ausbildungsstadium verharren, und nur je zwei Reihen von Tentakeln aufweisen. Da letztere bei den lebenden Crinoiden in Gruppen von je drei zusammenstehen, so hat das gleiche Verhalten vielleicht auch hier bestanden.

Eine bemerkenswerthe Erscheinung bei Thecoideen bildet die spirale Drehung der Ambulacra. Dieselbe findet sich bei *Agelacrinus*, *Edrioaster* und *Dinocystis* und wird uns in analoger Form später bei *Gomphocystis* unter den Cystoideen wieder begegnen. Die Drehung der Ambulacren erfolgt bei *Edrioaster* noch in wechselnder, allerdings für alle Radien gleicher Richtung, bei *Dinocystis* vom Munde aus nach links; auch bei allen jüngeren Formen weisen die 5 Radien dieselbe Drehung auf, wenn nicht das dem After von

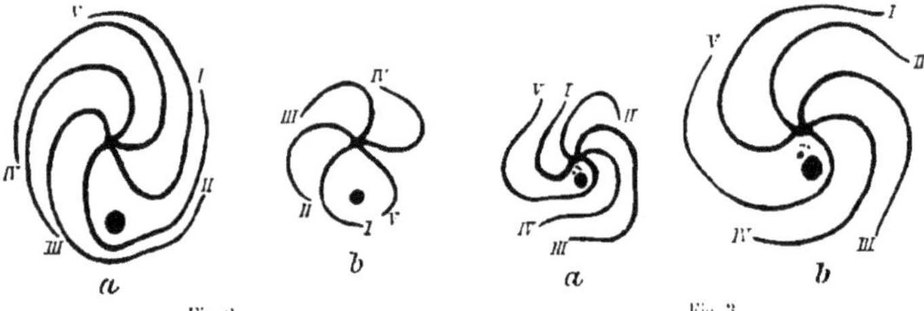

Fig. 2.

Projektion der Ambulacra von *Dinocystis* (a) und *Agelacrinus* (b).

Fig. 3.

Dieselben von *Gomphocystis* eines jüngeren (a) und eines älteren (b) Exemplares. I–V die 5 Radien.

links (in der Abbildung vom Beschauer rechts) anliegende Ambulacrum V (in einem Falle auch IV) bisweilen distal um den After in umgekehrter Richtung herumgreift. Diese Abweichung ist offenbar durch die Position des Afters bedingt und als abnorme Ablenkung zu betrachten. Die normale Drehungsrichtung erfolgt demnach auf die Vertikalaxe des Thieres bezogen von rechts nach links, also umgekehrt wie der Zeiger der Uhr, eine Richtung, die ich (1897, I, 30) als „contrasolar" bezeichnet habe (solarium = Uhr, also „solar" in der Richtung des Uhrzeigers).

In vorstehenden Textfiguren 2 a und b ist der Verlauf der Ambulacra von *Dinocystis* und eines *Agelacrinus* in eine Ebene projicirt. Zum Vergleich sind diejenigen von *Gomphocystis* (Textfig. 3) danebengestellt, um zu zeigen, dass der Verlauf bei dieser, zu den Diploporiten gehörigen Cystoidee umgekehrt, also solar ist (Taf. II fig. 8–10).

Wir werden später sehen, dass der solaren Richtung der Ambulacra von *Gomphocystis* auch die der übrigen diploporiten Cystoideen entspricht, insofern bei diesen an der ersten Gabelung der Ambulacra der Hauptstamm sich immer nach rechts, d. h. solar abbiegt.

D. Das Hydrophorensystem.

Irgendwelche Differenzirungen des Skeletes, die mit dem Hydrophorensystem der Crinoiden oder Cystoideen in Beziehung gebracht werden könnten, fehlen *Cyathocystis* vollständig. Weder eine Madreporenplatte, noch irgend welche Poren lassen sich in der Kelchdecke oder der Seitenwand der Theca nachweisen. Da Hydrophoren aber ohne Frage zur Speisung des Ambulacralsystemes vorhanden gewesen sein müssen, so können dieselben hier wohl nur im Bereich der ambulacralen Ausschnitte der Theca gesucht werden.

Bei *Hemicystis parasitica* macht J. HALL (1852, I, 246) eine Angabe über die Existenz von Poren neben der Mundöffnung. Wenn man auch seine Terminologie ändert — der After ist bei ihm Ovarialöffnung, der primäre Steinkanalporus wird als Oralöffnung angesprochen —, so ist seine Beschreibung doch sehr unbestimmt und auch mit seiner Abbildung des Originalexemplars nicht in Einklang zu bringen. Die letztere lässt keinen Porus ausser Mund- und Afteröffnung erkennen, und ich möchte glauben, dass HALL irgend eine zufällige, durch die Fossilisation bedingte Lücke in ihrer Bedeutung überschätzte, indem er nach der vermeintlichen Mundöffnung suchte. Ich habe, wie gesagt, auch bei Agelacriniden keinen derartigen Porus beobachten können, dagegen finde ich bei einem später abgebildeten Exemplar von *Hemicystis bellula* BARR. sp. siebartige, ornamentirte Stellen auf den 5, dem Mund interradial anliegenden Saumplättchen (Taf. III fig. 1).

Wenn in der That bei *Edrioaster Bigsbyi* BILL. Poren zwischen den Saumplättchen vorhanden waren, was mir, wie gesagt, noch fraglich erscheint, dann könnten dieselben ebenfalls nicht als Hydroporen angesprochen werden, weil solche dann durch besondere Kanäle mit der Leibeshöhle hätten kommuniciren müssen. Da die Plättchen, zwischen denen sie liegen sollten, aber unzweifelhaft als Saumplättchen beweglich inserirt waren, ist diese Möglichkeit im höchsten Maasse unwahrscheinlich. Möglich wäre nur, dass sie als einfache Poren eine Cirkulation des Meerwassers auf den Ambulacralrinnen auch im geschlossenen Zustande der Theca ermöglichten und dadurch ein Umspülen der Tentakel zum Zwecke der Respiration bewirkten.

Eine Madreporenplatte bezw. ein primärer Steinkanalporus, wie wir ihn bei Cystoideen vielfach finden werden, ist dagegen nirgends zu beobachten; ihr Fehlen am Skelet dürfte danach mit Sicherheit vorauszusetzen sein. Da nun zuleitende Röhren für das Ambulacralsystem sicher vorhanden gewesen sein müssen, so können wir nur annehmen, dass wie bei den Holothurien entweder ein einfacher Steinkanal bestand, aber von der Körperwand abgelöst in die Leibeshöhle geöffnet war, oder dass derselbe wie bei anderen Holothurien und vor Allem den lebenden Crinoiden durch eine Anzahl von Schläuchen ersetzt war, die vom Ringkanal aus in die Leibeshöhle hingen und aus Lacunen derselben Flüssigkeit aufsaugten. Im letzteren Fall müssten dann wieder besondere Poren das Meerwasser in die Leibeshöhle geführt haben, eine Funktion, die bei den Crinoiden die Poren der Kelchdecke, bei den Cystoideen die Thecalporen übernommen haben. Hier könnten solche nach obigem Befunde nur innerhalb der Ambulacralrinnen gesucht werden. Da uns hier durchweg sehr einfache Verhältnisse entgegentreten, so glaube ich, dass bei den Thecoideen der primäre Steinkanal bestand, aber mit der relativ spät eintretenden Skeletbildung noch nicht in Beziehung getreten war, sondern in der Nähe des Mundes unterhalb der diesen bedeckenden Saum- oder Deckplatten die weichhäutige Körperwand durchbohrte.

E. Das Darmsystem.

Für die Beurtheilung des Darmsystemes der Thecoideen sind uns nur wenige Anhaltspunkte gegeben. Klar liegen nur die Endpunkte des Verdauungstractus, Mund und After. Das stete Vorhandensein des letzteren beweist wenigstens, dass der Darm bei den Thecoideen sein primäres Verhalten bewahrt hat, während, wie bekannt, die Ophiuriden und Astropectiniden denselben durch Rückbildung des Afters in einen Blindsack umgebildet haben.

Der Mund liegt stets im Centrum der Oberseite an der Vereinigungsstelle der radiären Vectakelrinnen, welche die Nährstoffe in ihn zusammenführen. Er wird im geschlossenen Zustande durch die Saumplättchen der Ambulacra vollkommen überdacht. Ich glaube es nur der grösseren Breite der Ambulacren an ihrer Vereinigungsstelle zuschreiben zu müssen, dass die Saumplättchen in der Umgebung des Mundes in der Regel grössere Dimensionen annehmen, wie dies bei *Cyathocystis* (Taf. I fig. 3a), *Hemicystis* (Taf. I fig. 2) und *Agelacrinus* (Taf. I fig. 6) zu beobachten ist.

Der After wird durch Skeletstücke geschlossen, die entweder wie bei den meisten Cystoideen eine normale Klappenpyramide bilden, wenn das Thecalskelet eine starre Kapsel bildet (Taf. I fig. 3a), oder regellos radial angeordnet sind, wenn das Thecalskelet in sich beweglich war (Taf. I fig. 1a, II fig. 1, 2). Im letzteren Falle nehmen die die Afteröffnung bedeckenden Plättchen nach der Oeffnung meist allmählich an Grösse ab, wie dies z. B. in analoger Weise in dem Analfeld von *Pleurocystis* der Fall ist (Taf. XII fig. 5). Ich glaube, dass die letztere Art der Skeletirung des Afters für die Agelacriniden typisch ist, obwohl F. Roemer, Hall u. A. bei diesen meistens eine echte Klappenpyramide abgebildet haben. Die mir vorliegenden Exemplare von Agelacriniden wenigstens zeigten eine mehr oder weniger regellose Anordnung kleiner Plättchen. Nur bei der Taf. I fig. 7 abgebildeten Form des englischen Kohlenkalkes und bei der Taf. III fig. 1 abgebildeten *Hemicystis* scheinen die innersten Plättchen etwas grösser und starrer inserirt zu sein.

Eine echte Klappenpyramide, wie sie die meisten Cystoideen besitzen, liegt aber dabei nicht vor. Die Ausbildung der fingerförmigen Stücke, die nur lose zusammengreifen, erinnert dagegen an die Form des Afters, die ich gelegentlich in der biegsamen Kelchdecke von *Encrinus Carnalli* aus dem deutschen Muschelkalk beobachtet habe (1894. I. 159. Textfigur 2b). Bei *Stromatocystis* (Textfig. 8) legt sich die Haut am After nur zu unregelmässigen Falten zusammen. Hier liegt offenbar der primitivste Verschluss des Afters vor.

Die Lage des Afters ist äusserst konstant interradial an der Seite des Körpers, etwa um die halbe Länge des Radius vom Munde entfernt. Diese Lage des Afters entspricht der sessilen Lebensweise und stellt unter den gegebenen Verhältnissen den einfachsten Fall dar. Eine Ausdehnung des Analfeldes, wie sie bei Cystoideen vorkommt (Taf. XII fig. 5), oder eine Verlängerung des Enddarmes über die Körperwand hinaus, wie sie bei Clado- und Pentacrinoideen in mannigfaltigster Weise sich einstellt, ist bei Thecoideen nirgends zu beobachten. Auch hierin zeigen dieselben das denkbar einfachste Verhalten.

Hinsichtlich der besonderen Form und des Verlaufes des Darmtractus sind wir lediglich auf Kombinationen angewiesen, da uns weder besondere Platten (Analia) wie bei den Pentacrinoideen den Verlauf der Windung, noch verkalkte Darmwandungen selbst wie bei Cystoideen und Cladocrinoideen den Umriss und die Lage des Darmes kennzeichnen.

In Anbetracht des geschilderten primitiven Verhaltens des Darmes werden wir annehmen können, dass der Darm zwischen Mund und After eine einfache Schleife bildete. Die komplicirte spirale Aufrollung, wie sie der Darm der Echiniden zeigt, ist schon wegen ihrer Komplikation, vor Allem aber wegen der Mannigfaltigkeit ihrer Ausbildungsformen als sekundär zu betrachten und geht mit einer geringen Konstanz in der Lage von Mund und After Hand in Hand. Bei Thecoideen sind die letztgenannten Fixpunkte des Darmes aber wie gesagt äusserst konstant, noch viel mehr, als dies bei Pentacrinoideen und Holothurien der Fall ist. Man wird also zu der Annahme berechtigt sein, dass die Schleifenbildung des Darmes bei den Thecoideen sehr einfacher Art war.

Eine weitere Frage ist nun aber die, in welcher Richtung die Schleifenbildung erfolgte. Man könnte nach dem Befunde bei den lebenden Echinodermen ohne Weiteres annehmen, dass die Schleifenbildung allgemein dem Zeiger der Uhr, d. h. auf die Polaxe des Thieres bezogen von links nach rechts folgte, der Darm also, wie ich dies kurz bezeichnete (1897, I, 30), „solar" gedreht war. Nachdem sich nun aber zeigte, dass der Darm bei den Cystoideen und Cladocrinoideen recht eigenthümliche und von den lebenden Pentacrinoideen stark abweichende Verhältnisse darbietet, entsteht natürlich die Frage, wie sich die Thecoideen gegenüber dieser heterogenen Gestaltung innerhalb der Pelmatozoen verhielten.

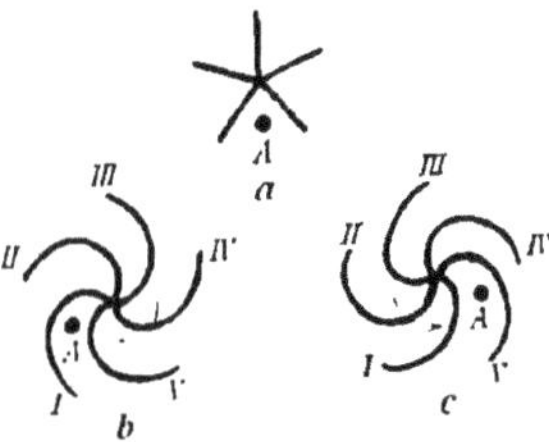

Fig. 4.
Schematisches Bild der Beziehung zwischen dem After und der Drehung der Ambulacra. I–V die 5 Radien. A der After.

Ich glaube, dass für die Beantwortung dieser Frage mehrere Momente entscheidend sind, die ich kurz besprechen möchte. Eine genauere Berücksichtigung analoger Verhältnisse kann erst im allgemeinen Theile dieses Werkes erfolgen. Ich wies darauf hin, dass bei verschiedenen Thecoideen und Cystoideen die spirale Drehung der Ambulacra eine mechanisch sehr einfach durchgeführte Verlängerung der ernährenden Vectakelrinnen bedeute und dadurch an sich physiologisch motivirt erscheine. Hierdurch wird aber die Regelmässigkeit in der contrasolaren Richtung dieser Drehung nicht erklärt.

Man geht bei der Betrachtung der Drehung der Ambulacra naturgemäss vom Munde aus und erhält dadurch die Vorstellung, dass die Randzone des Körpers solar oder contrasolar gegen das Centrum verschoben sei. Diese Auffassung ist aber offenbar eine willkürliche: man kann mit dem gleichen Recht die centralen Theile am Mund als die am stärksten gedrehten auffassen. Beide Anschauungen sind vom mathematischen Standpunkte durchaus gleichberechtigt. Wenn man nun sieht, dass bei Formen wie *Agelacrinus* (Taf. I fig. 7) die fest aufgewachsene Randzone in der Anordnung ihrer Skeletelemente keinerlei spirale Zugwirkung erkennen lässt, so muss man doch annehmen, dass eine Drehung nicht von ihr, sondern von den centralen Theilen des Körpers ausgeht. Die vorstehenden Figuren sollen das veranschaulichen.

Von den centralen inneren Theilen des Körpers kann hierbei nur der überall bei Echinodermen gedrehte Darm in Betracht kommen. Wir werden überdies bei Crinoideen und Cystoideen in mannigfaltigster Weise die Tendenz zum Ausdruck gebracht sehen. durch Vorschiebung des Afters in der Drehrichtung des Darmes die wahrscheinlich wie bei den lebenden Crinoiden respirirende Fläche des Enddarmes zu vergrössern. Bei *Edrioaster buchianus* baucht sich der Körper in solarer Richtung vor dem After seitlich stärker aus, während der Umriss der Theca hinter dem After einsinkt: auch dadurch kennzeichnet sich die Richtung und einfache Windung des Darmes (Fig. 9 pag. 45).

Wenn nun also eine bestimmte Biegung der Ambulacra mit einer umgekehrten Drehung ihres Centrums gleichbedeutend ist. und der Darm auf die Drehung des ganzen Körpers einen Einfluss ausübt. so konnte der Darm der Thecoideen nur solar gedreht sein.

Zu diesen Erwägungen kommt noch ein Moment, welches ich nicht für zufällig halten möchte. Wir wissen. dass bei den Pentacrinoideen und zwar schon bei silurischen Formen (JAEKEL, 1895, II, 115) ebenso wie bei den Larven von *Antedon* der After an das dorsale Vertikalmesenterium heranrückt, wobei das letztere dem Verlauf des Enddarmes ein Stück weit folgt. Bei den Pentacrinoideen liegt dieses Mesenterium solar. d. h. in der Drehrichtung hinter dem After und Enddarm und macht sich bei dem silurischen *Lecanocrinus* noch durch eine theilweise verkalkte Einfaltung der Leibeshöhle geltend. Nun zeigt das Taf. I fig. 7 abgebildete Exemplar von *Agelacrinus* bei Z eine auffällige Einbiegung des Randes, die ungefähr ebensoviel contrasolar gegen den After verschoben ist, wie der basale Ansatz des Vertikalmesenteriums bei *Lecanocrinus*. Wenn diese Einbiegung, was ich für wahrscheinlich halte, zu dem Vertikalmesenterium in Beziehung steht, dann liesse sich aus ihrer Lage ebenfalls nur auf eine solare Drehung des Enddarmes schliessen.

F. Das Muskelsystem.

Es wurde bereits pag. 19 darauf hingewiesen, dass zum Verschluss der Ambulacralrinnen ein besonderes System von Muskeln nothwendig war. Es scheint aber, dass die Thecoideen den übrigen Pelmatozoen gegenüber noch eine weitere Besonderheit hinsichtlich ihrer Muskulatur aufwiesen. Während die Holothurien, die Asteriden und ein Theil der Echiniden einen Hautmuskelschlauch besitzen, finden wir bei den Pelmatozoen die Hautmuskulatur in specialisirter Form auf die Gelenkflächen der Arme lokalisirt. Es scheint nun. dass die Thecoideen auch in diesem Punkte eine sehr primitive Ausbildung zeigen. Wir sahen. dass die Skeletplatten der Agelacriniden schuppig an einander liegen und die Theca der fossilen Individuen in der Regel ohne sonstige Störung stark eingesunken ist, indem sich die Platten in höherem Maasse übereinanderschieben. Wenn hier also für die Theca die mechanische Möglichkeit vorlag, auf einen geringeren Umfang zusammenzusinken. so ist es wohl wahrscheinlich. dass diese Möglichkeit zu Lebzeiten ausgenutzt. ja überhaupt erst durch eine entsprechende Funktion entstanden ist. Es kommt dazu. dass bei den primitivsten Thecoideen die Theca noch nicht starr, sondern lederartig biegsam war und die Skeletplättchen gewissermaassen als Einlagerungen enthält, so dass die Intensität der Skeletirung sogar hinter der verschiedener Holothurien zurückblieb. Wenn wir ausserdem eine gewisse Muskulirung der Körperwand für wahrscheinlich halten müssen, so wird doch anzunehmen sein, dass sie sehr primitiv war, dass sich weder durchgehende Züge von vertikalen noch von horizontalen Muskeln entwickelt hatten, sondern dass die Haut der Oberseite in ihrer Fläche eine ziemlich indifferente Kontraktionsfähigkeit besass. Nur die oben genannten Ambulacralmuskeln werden als specialisirte Derivate horizontal gelagerter Muskelfasern anzusprechen sein.

G. Das Nervensystem.

Ueber den Verlauf der Nerven lässt sich nur soviel vermuthen, dass 5 Züge derselben dem Verlaufe der Ambulacren folgten und nach Analogie der übrigen Pelmatozoen zwischen den Radiärgefässen und den Vectakelrinnen gelegen waren, wie dies in Textfigur I pag. 19 dargestellt ist. Ob von diesen oberflächlichen Nervenzügen ausser den Vectakeln auch das ganze System der Muskeln und Geschlechtsorgane innervirt wurde, oder dazu wie bei den lebenden Pelmatozoen tiefer gelegene Radiärstränge dienten, ist fraglich, letzteres aber wahrscheinlicher, da mindestens die Bewegung der grossen Saumplättchen auf sehr specialisirten Funktionen beruhte. Die Existenz der erstgenannten Nervenzüge setzt dann ferner eine cirkulare, den Mund umgreifende Verbindung als oralen Nervenring voraus. Derselbe dürfte entsprechend dem Verhalten in den Radien auch hier zwischen dem Ringgefäss des Ambulacralsystems und dem Mundepithel seinen Platz gehabt haben. Ueber sonstige Nervencentren wissen wir bei den lebenden Pelmatozoen wenig und können natürlich über ihre Lage bei den fossilen noch weniger vermuthen.

H. Das Genitalsystem.

Die Genitalorgane lagen bei den Thecoideen naturgemäss innerhalb der Theca, da diese äussere Anhänge nicht besass. Auch in dieser Hinsicht finden wir also ein Verhalten, wie es die Echiniden, Holothurien und Ophiuriden zeigen, und wie es auch für die Stammformen der Eleutherozoen vorauszusetzen ist. Die Thecoideen stehen darin den Crinoiden gegenüber, bei denen die Geschlechtsorgane mit den Ambulacren auf freie Arme gerückt sind. Bei den Cystoideen und Blastoideen lassen sich diese Verhältnisse nicht in allen Fällen entscheiden; um so wichtiger ist es, dass die Thecoideen darüber keinen Zweifel bestehen lassen, dass die Geschlechtsorgane auch im Unterstamm der Pelmatozoen ursprünglich innerhalb des eigentlichen Körpers lagen und erst sekundär auf die Arme gerückt sind. Für die Beurtheilung der betreffenden Verhältnisse bei den Cystoideen und Blastoideen sind damit wichtige Anhaltspunkte gegeben.

Da bei *Cyathocystis* wie gesagt ausser dem ganz normal geformten After keinerlei Porus in der Theca zu beobachten ist, so kann die Entleerung der Geschlechtsorgane hier nur von den Ambulacralfurchen aus erfolgt sein. Ob das bei allen der Fall war, erscheint bei der wechselnden Anlage dieses Organes fraglich; am Mund interradial gelegene, porenartige Grübchen bei *Hemicystis* (Taf. III fig. 1) können kaum als Genitalporen gedeutet werden, da sie nur in die Ambulacralrinnen, aber nicht in das Innere der Theca führten.

J. Die Lebensweise.

Ueber die Lebensweise der Thecoidea lässt sich nur wenig sagen, da dieselben erstens nur fossil bekannt, zweitens äusserst selten und drittens so einfach gebaut sind, dass ihr Skelet im Gegensatz zu den übrigen Pelmatozoen wenig Anhaltspunkte zur Beurtheilung ihrer Weichtheile bietet.

Dass die Thecoidea sessile Bewohner des Meeresbodens waren, kann selbst für die eine nicht festgewachsene Form (*Stromatocystis*) nicht zweifelhaft sein. Da ihre ambulacrale Seite halbkugelig gewölbt, ihre aborale aber abgeflacht war, da ferner die ambulacralen Saumplättchen wie bei den Agelacriniden stark vortretende Reihen bilden und schliesslich ihnen ein Gebiss fehlt, so kann diese Form nicht nach Art eines Asteriden gekrochen sein. Da ihr ferner alle äusseren Schwimmorgane fehlen, und sie andererseits ein wohl entwickeltes Hautskelet besass, so kann bei ihr auch von einer frei schwebenden Lebensweise keine Rede sein. *Stromatocystis* lag jedenfalls frei auf dem Boden, und dass sie hierin von den anderen fest gewachsenen Thecoideen abwich, ist vielleicht mit der Thatsache in Zusammenhang zu bringen, dass die bisher gefundenen Arten der Gattung auf sandigem Boden lebten, dessen Beweglichkeit einer Anheftung Schwierigkeiten bereitete. Die jüngeren Formen, namentlich die Agelacriniden, mochten sich jedenfalls ontogenetisch früh anheften, da sich bei ihnen z. Th. gar keine Skeletbildung auf der Anheftungsfläche entwickelt hat.

Bemerkenswerth ist die Regelmässigkeit, mit der sich die Agelacriniden des amerikanischen Silur auf den Schaalen von Brachiopoden, namentlich *Strophomena alternata* Conr. ansetzten. Nahezu mit derselben Regelmässigkeit finden sich die Individuen von *Hemicystis* im böhmischen Untersilur auf den eigenthümlichen hoch vierseitigen Gehäusen von Conularien, die man gewöhnlich als ausgestorbene Vertreter der Pteropoden betrachtet. Als solchen schreibt man ihnen eine frei schwimmende Lebensweise zu; demgemäss müsste man auch den auf ihnen sitzenden Agelacriniden eine wenigstens passive Lokomotion zuerkennen. Demgegenüber möchte ich betonen, dass mir eine Conularide aus dem englischen Obersilur vorliegt, deren Apex die unverkennbaren Spuren natürlicher Anheftung zeigt, und dass der gesammte pyramidenartige Aufbau des Skeletes wohl nur mit einer sessilen Lebensweise vereinbar ist. Es liegt also meines Erachtens kein Grund vor, wegen des vorliegenden Falles auf eine andere als eine sessile Lebensweise der Thecoideen zu folgern. Wenn J. Hall eine von ihm gefundene *Hemicystis*-Art als *Agelacrinus parasiticus* bezeichnete, so wollte er wohl damit nur das parasitenartige Aufsitzen auf Fremdkörpern charakterisiren, nicht aber auf eine wirklich parasitäre Lebensweise der betreffenden Form hinweisen. Eine solche ist naturgemäss mit der Organisation der Pelmatozoen unvereinbar.

K. Die geologische Verbreitung.

Die seltenen Funde von Vertretern der Thecoidea lassen kein zusammenhängendes Bild ihres Vorkommens und ihrer geologischen Verbreitung rekonstruiren. Es scheint bezüglich ihrer bathymetrischen Verbreitung nur soviel sicher zu sein, dass die erhaltungsfähig skeletirten Formen wesentlich Bewohner ufernaher Meerestheile waren. Alle ihre

Vorkommnisse weisen auf Ablagerungen hin, die sich in der Nähe der Küste, also wohl im Allgemeinen in mässiger Tiefe gebildet haben. Da aus älterer paläozoischer Zeit ja noch unzweifelhaft Tiefseebildungen in grösserer Verbreitung bekannt sind, so liegt der Grund ihres Fehlens in diesen vielleicht nur daran, dass ihnen dort zu ausreichender Skeletirung die nöthige Kalkzufuhr mangelte.

Die mineralische Zusammensetzung des Bodens scheint sonst für ihre Lebensverhältnisse gleichgültig gewesen zu sein. *Stromatocystis* ist bisher nur in Sandsteinen gefunden. *Agelacrinus* findet sich in kalkig-thonigen Schichten des nordamerikanischen Untersilur, in sandigen Kalksteinen des Eifeler Devon, in mergeligen Schichten des Kohlenkalkes von England, *Hemicystis* in Böhmen in mergelig-thonigen und in sandigen Schichten, die ursprünglich vor ihrer Auslaugung Kalk enthalten mochten, aber jetzt nur noch aus einem quarzitischen Sandstein bestehen, *Cyathocystis* in der Gegend von Reval in ziemlich reinem untersilurischen Kalksteine.

Die Thierreste, mit denen sie zusammenlebten, waren — soweit sie fossile Reste hinterlassen konnten — besonders Brachiopoden, die dieselbe Lebensweise hatten wie sie, Bryozoen, vereinzelte Mollusken, Würmer und Trilobiten. In den Schichten, in denen *Cyathocystis* gefunden ist, gehören Cystideen zu ihren häufigeren Lebensgenossen.

Soviel bekannt, ist das Vorkommen von Thecoideen auf die nördliche Hemisphäre beschränkt, indess hat dies wenig zu bedeuten, da die paläozoischen Schichten der südlichen Hemisphäre bisher nur wenig bekannt sind und bestimmbare Reste von Pelmatozoen in diesen überhaupt zu den grössten Seltenheiten gehören.

Die ältesten bisher bekannt gewordenen Thecoideen gehören den mittleren Schichten des Cambrium an und damit zu den ältesten bisher gefundenen Echinodermen. Die tief untercambrischen, d. h. also ältesten fossilführenden Schichten haben neben einigen Medusen-, hornschaaligen Brachiopoden, einigen Trilobiten und Würmerresten in *Medusites Lindströmi* ein Fossil kennen gelehrt, welches allerdings nach Form und Grösse an *Stromatocystis* erinnert. Vom Mittelcambrium an finden sich die Thecoideen in allen Schichten bis in den Kohlenkalk.

Die vertikale Verbreitung ist dabei im Besonderen folgende:

	Cambrium u. m. ob.	Untersilur unt. ob.	Obersilur unt. ob.	Devon u. m. ob.	Carbon
Thecocystidae					
Stromatocystis	1 7		—	—	—
Cyathocystis	—	1 4	—		—
Thecocystis	—	5	—	—	—
Cystaster	—	5	—	—	—
Dinocystis	—	9	—	—	—
Edrioaster	—	4 3			—
Agelacrinidae					
Hemicystis	—	7 4 5	—		
Agelacrinus	—	4 5	—	8 5	3 5

Die Zahlen bedeuten:

1 = russisch baltisches Gebiet. 3 = England. 4 = Canada. 5 = Vereinigte Staaten. 7 = Böhmen. 8 = Niederrhein. 9 = Frankreich.

Ich hob schon hervor, dass der Zeitpunkt des geologischen Auftretens der Thecoideen kaum einen Maassstab für ihr phylogenetisches Alter abgiebt, da ihre fossile Erhaltung lediglich von der grösseren oder geringeren Intensität ihrer Kalkausscheidung abhängt. In einer lederartig biegsamen und also an sich festen Haut, wie sie bei *Stromatocystis* und *Thecocystis* vorhanden war, ist offenbar der Grad ihrer Skeletirung von äusseren, also für den Organismus zufälligen Verhältnissen des Standortes abhängig. Unter diesen Umständen kann auch dem früheren oder späteren Auftreten der einzelnen Formen keine hohe phylogenetische Bedeutung beigemessen werden. In morphogenetischer Hinsicht dürfte allerdings der Beginn einer festeren Skeletirung wichtig genug gewesen sein, insofern verschiedene Organisationsverhältnisse dabei verhältnissmässig schnell in feste Formen gefasst wurden. So erklärt es sich wohl, dass uns im Untersilur mit einer Ausnahme sämmtliche Gattungen plötzlich entgegentreten.

Die Thecoidea sterben nicht so schnell aus, wie es vielleicht bei so primitiven Formen nach der Selektionstheorie zu erwarten wäre, sondern erhalten sich länger als die Cystoideen und ungefähr ebenso lange wie die Blastoideen, die Cladocrinoideen und drei Unterordnungen der Pentacrinoideen. In dem Maasse, wie sie sich dadurch als ein äusserst lebensfähiger Typus der Pelmatozoen erweisen, so gewinnen sie auch an systematischer Bedeutung durch ihre Konstanz und Selbständigkeit gegenüber den anderen höher differenzirten Pelmatozoen. Wir werden noch öfter in der Stammesgeschichte der Pelmatozoen wie übrigens auch sonst Belege dafür finden, dass sich die einfachsten Vertreter eines Formenkreises bei geringer Specialisirung phyletisch auffallend lange erhalten.

L. Die Ontogenie.

Die Ontogenie der Thecoideen lässt, soweit überhaupt Jugendformen bekannt sind, nur einige wenige und, ich möchte sagen, ziemlich selbstverständliche Erscheinungen hervortreten. Kleine Exemplare von *Agelacrinus cincinnatiensis* zeigen die spirale Drehung der Ambulacralrinnen in geringerem Maasse als erwachsene, sodass man daraus unmittelbar ersehen kann, dass die Ausdehnung der Wimperrinnen mit dem Alter zunimmt gegenüber der Flächenausdehnung der Oberseite des Thieres. Da letzteres seinem Inhalt nach etwa im Kubus zunimmt, wenn sich die Oberfläche im Quadrat vergrössert, so wird der räumlichen Vergrösserung des ernährungsbedürftigen Inhaltes durch eine später noch zunehmende Ausdehnung der Ernährungsorgane Rechnung getragen. Die Skeletplatten von *Agelacrinus* sind bei jungen Exemplaren klein und unter sich mehr gleichartig. Erst im späteren Wachsthum tritt die Differenzirung in die kleinen körnchenartigen Randplatten und die normalen Schuppen der oberen Seitenflächen ein. Schliesslich sind die kleinen Exemplare höher gewölbt und erinnern dadurch an Formen von *Hemicystites* (Taf. III fig. 1), während ältere Individuen namentlich am Rande sehr flach ausgebreitet erscheinen. Das Exemplar Taf. I fig. 6 dürfte einem jüngeren Altersstadium angehören, fig. 7 hat alle Kennzeichen eines ausgewachsenen. Junge Individuen von *Hemicystis*, wie sie mir aus dem Untersilur Böhmens vorliegen, verhalten sich hinsichtlich ihrer schwachen Skeletirung etwa wie die cambrischen Formen von *Stromatocystis*. In der lederartigen Haut sind Skeletelemente kaum zu unterscheiden.

M. Die Phylogenie.

Die Beurtheilung der phylogenetischen Stellung der Thecoideen zu den übrigen Echinodermen ergiebt sich aus dem Grade der Differenzirung ihrer einzelnen Organsysteme und aus der Zeit ihres geologischen Auftretens. Das letztere Moment kann meines Erachtens nur in zweiter Linie in Betracht kommen bei Formen, deren geologisches Auftreten mit der ersten Erhaltung organischer Reste überhaupt zusammenfällt und in hohem Maasse von der an sich unwesentlichen Intensität ihrer Kalkausscheidung abhängig ist. Neben der zuerst genannten, vergleichend anatomischen Berücksichtigung ihrer Organisation bietet leider die sonst so werthvolle Ontogenie nur Momente, die zwar mit dem zeitlichen Auftreten der Formen gut korrespondiren, aber, von dem Verhältniss von *Agelacrinus* zu *Hemicystis* abgesehen, keine besonderen Beziehungen einzelner Formen zu einander erweisen.

Da die Thecoideen unzweifelhaft Echinodermen sind, so läuft ihre phylogenetische Beurtheilung auf zwei Fragen hinaus. Die erste ist, welche Stellung die Thecoideen im Stamme der Echinodermen gegenüber den frei lebenden Eleutherozoen einnehmen, die zweite, welche besonderen Beziehungen sie zu den anderen, sessilen Echinodermen, den Pelmatozoen bieten.

Schon R. SEMON (1889, I, 27) wies in seiner ausgezeichneten Studie über wahre und vermeintliche Homologien im Stamme der Echinodermen nach, dass von einer Beziehung der Agelacriniden zu den Asteriden keine Rede sein könne. Das einzige Moment, welches abgesehen von einer gewissen äusseren Aehnlichkeit beider in Betracht kommen konnte, war die angebliche Besetzung der Ambulacren mit Poren bei *Edrioaster*. SEMON wies gegenüber M. NEUMAYR (1889, I, 15) darauf hin, dass die „Oeffnungen für die Ambulacralfüsschen, die also genau den Seesterncharakter zeigen", nach Analogie der Asteriden höchstens zum Durchtritt von Ampullen gedient haben könnten, dass sich solche aber nur bei kriechenden Echinodermen zur Schwellung der Saugfüsse fänden, und ihre Existenz bei sessilen Formen nicht angenommen werden dürfe.

EDW. FORBES begründete seine Auffassung, dass *Agelacrinus* von den Cystoideen zu den Echiniden überleite (1848, II, 521), nur mit dem Bemerken: „That it is possible the ambulacral avenues of all Echinidae are embodied arms, when embodied usually separated by ambulacral plates; that here we have the latter, but no avenues, for the arms themselves are the avenues freed from the body". Da wir jetzt wissen, dass nicht nur die Vectakelrinnen, sondern auch die Radiärgefässe in einer nach aussen geöffneten Rinne lagen (vergl. pag. 19), bei den Echiniden aber nur die locomotorischen Ambulacralfüsschen durch die Skeletkapsel hervorragen, so ist obige Auffassung nicht näher zu begründen. Es bedarf wohl auch kaum eines Hinweises, dass die sonstige Organisation der Thecoideen keinerlei direkte Beziehungen zu derjenigen der Echiniden aufweist.

Was bezüglich des Ambulacralsystemes von den Echiniden galt, gilt in noch höherem Maasse von den Holothurien, insofern auch bei diesen die Radiärstämme unter der Körperwand liegen. Es kommt hier noch dazu, dass die Holothurien durch die Ausbildung ihrer sogenannten Mundtentakeln ambulacrale Organe besassen, die den Thecoideen schon wegen ihrer ganzen Skeletbildung in der Umgebung des Mundes sicher fehlen mussten. Nur in einem Punkte bietet die Organisation der Holothurien wohl einige Berührungspunkte mit den Thecoideen, als bei diesen das Hautskelet z. Th. recht schwach entwickelt ist, z. Th. bezüglich der Imbrikation Analogien bei *Psolus* unter den Holothurien findet. So auffallend diese Beziehungen in einigen Fällen erscheinen, so wird man doch in ihnen keine echten Homologien erblicken können. Wir wissen mangels palaeontologischer Belege nicht, wann die Holothurien entstanden sind, aber auch wenn sie — was ich für wahrscheinlich halte — sich bereits im Cambrium vom Stamme der Echinodermen abgezweigt haben, so würde doch die Indifferenz einer geringen Skeletirung kein positives Merkmal einer direkten Beziehung abgeben. Die Imbrikation ist bei schwacher Skeletirung ein mechanisch so einfaches Moment, dass uns ihre selbständige Ausbildung in verschiedenen Klassen der Echinodermen nicht überraschen kann.

In der inneren Organisation könnten ja nähere Beziehungen von den Thecoideen speciell zu den Holothurien bestanden haben, aber annehmbar erscheint dies höchstens von dem Hydrophorensystem, welches sich bei beiden von dem Typus des einfachen Steinkanales mit einer Madreporenplatte freigemacht hat. Indess auch hier lassen sich die möglicher Weise vorhandenen, aber sicher nicht nachweisbaren Aehnlichkeiten wohl ebenfalls auf analoge Gestaltungsprocesse zurückführen.

Von einer genetischen Beziehung der Thecoideen zu den Ophiuriden kann wohl, so lange wir auf den Skeletbildungen fussen müssen, keine Rede sein.

Die Thecoideen erweisen sich vor Allem durch ihre Festheftung als sessil; wenn die cambrische *Stromatocystis* dem Boden nicht fest angewachsen, sondern „frei“ war, so spricht doch Alles dafür, dass sie wie ihre jüngeren Verwandten dem Meeresboden aufruhte und den Mund mit den Ambulacren nach oben richtete. Dass die Ausstülpungen der Ambulacralstämme nur als kleine indifferente Wimperorgane funktioniren konnten, geht daraus hervor, dass die sie umgebenden Skeletstücke einen vollständigen Verschluss über ihnen bildeten und durchaus passiv geformt erscheinen. Bei den Eleutherozoen, bei denen die einzelnen Ambulacralfüsschen eine bedeutende selbständige Funktion ausüben, sind die ihnen anliegenden Skeletelemente wesentlich als ihre Stützorgane geformt und specialisirt. Von solchen Differenzirungen ist an den einfachen Verschlussplättchen der Ambulacra einer *Cyathocystis* (Taf. I fig. 3a) oder einer *Hemicystis* (Taf. III fig. 1) nichts zu bemerken.

Das wichtigste Moment in der Beurtheilung der Pelmatozoen war durch die Erkenntniss gegeben, dass die Vereinigungsstelle der ambulacralen Tentakelrinnen als Mund aufzufassen ist. Das hat wohl schon J. Müller klar an den lebenden Formen erkannt, aber es hat lange gedauert, bis man diese Auffassung mit allen Konsequenzen auf die Beurtheilung der z. Th. recht abweichend gebauten fossilen Formen übertragen hat. Auch in dieser Hinsicht erweisen sich die Thecoideen als echte Pelmatozoen.

Der indifferente Verschluss der Mundöffnung beweist, dass die Nahrungsaufnahme durch letzteren eine passive gewesen sein muss. Ich will damit nicht sagen, dass der Mund immer geschlossen war, wie es z. B. Taf. I fig. 3a zeigt, sondern glaube vielmehr, dass bei der Mehrzahl der Formen mit der Oeffnung der Ambulacra auch der Mund geöffnet wurde. Dass er aber überhaupt durch dieselben Saumplättchen geschlossen wurde wie die

Ambulacralrinnen, beweist, dass er diesen gegenüber nicht selbständig funktionirte. Wir werden ähnliche Verhältnisse in grosser Mannigfaltigkeit und mit ausgesprochen starrer Verwachsung der Deckplättchen bei verschiedenen Crinoiden wiederfinden, während wir bei den Eleutherozoen mit aktiv funktionirendem Mund, wenn auch nicht immer ein Gebiss, so doch immer in der Umgebung des Mundes Skeletbildungen finden, die der Nahrung gegenüber als Greiforgane oder deren Stützen funktionirten.

Auch in dem Mangel einer selbständig abgegrenzten Madreporenplatte schliessen sich die Thecoideen an die Crinoiden an, obwohl in dieser Hinsicht wie in der Bildung eines Klappenverschlusses des Afters Analogien bei den Holothurien zu finden sind.

—

Wenn aber nach alledem die Thecoideen als echte Pelmatozoen aufzufassen sind, so lehrt doch schon ein Blick auf ihre äussere Form, dass sie in diesem Unterstamm eine ganz abgesonderte Stellung einnehmen. Nur der Umstand, dass man die Organisation der Cystoideen nie vergleichend anatomisch genauer studirt hatte, erklärt es, dass man den Vertretern der Thecoideen bisher ihren Platz bei den Cystoideen anweisen konnte.

Der vollständige Mangel aller armartigen Organe, d. h. frei aus dem Körper vortretender Träger von Tentakelrinnen, stellt die Thecoideen allen übrigen Pelmatozoen scharf gegenüber. Wir werden bei den niedrigst organisirten Cystoideen Formen kennen lernen, deren Armbildungen allem Anschein nach auf einer primitiven Stufe standen, namentlich in ihrer Grössenentwicklung sehr zurückgeblieben waren, aber auch so primitive Anhangsorgane konnten die Thecoideen nicht besitzen. Ich gebe zu, dass nicht alle Vertreter dieser Klasse gut genug erhalten sind, um hierüber völlig klaren Aufschluss zu geben, aber die Thatsache, dass die best erhaltenen Individuen aus verschiedenen Familien unzweifelhaft keine solche Organe besassen, und die übrigen bei gleicher Organisation keinerlei Anlass zu einer anderen Auffassung boten, rechtfertigt meines Erachtens die Ueberzeugung, dass die Thecoideen armartiger Organe entbehrten.

Im Grunde wichtiger als dieses, äusserlich allerdings sehr auffallende Kennzeichen sind zwei Eigenschaften der Ambulacra, die bei keiner anderen Abtheilung der Pelmatozoen vereinigt sind. Es ist das erstens die Thatsache, dass die Radiärstämme der *Ambulacra in toto an den Körper gebunden* bleiben und auch die physiologisch wichtige Verlängerung nur durch spirale Drehung am Körper erzielen, zweitens die Thatsache, dass die *Radiärstämme keine Seitenzweige abgliedern und überhaupt keine Theilung eingehen*.

Für die erstere dieser Eigenschaften kann sich bei anderen Pelmatozoen kein Analogon finden, weil bei diesen ausnahmslos armartige Organe vorhanden sind. Wenn also auch wie bei vielen Cystoideen und den Blastoideen die Radiärstämme dem Körper aufliegen, so erheben sich doch in den „Fingern" Theile der Ambulacra über den Körper. Ausserdem sind auch in diesen Fällen die Radiärstämme nur scheinbar an den Körper gebunden, denn ontogenetisch waren sie zuerst am Munde koncentrirt und haben sich erst sekundär wieder an den Körper angelehnt. Hier bei den Thecoideen liegen sie aber unmittelbar am Körper wie die Ambulacra der Eleutherozoen. Die diesbezügliche Organisation der Thecoideen steht also nicht nur im Gegensatz zu derjenigen der übrigen Pelmatozoen, sondern kennzeichnet auch zugleich den einzigen Weg, auf dem ein Uebergang zu den Eleutherozoen denkbar ist.

Dass die 5 Radiärstämme keine Seitenzweige abgliederten, kam auch bei Pentacrinoiden vor und zwar bei den Larviformia W. u. Sp., deren Arme ungetheilt blieben*). In diesem Falle ich erinnere an Formen wie *Pisocrinus*, *Triacrinus*, *Haplocrinus*, *Symbathocrinus* sind aber die Ambulacra in Armen frei über den Körper erhoben, während sich bei den Theoideen der Mangel einer Theilung mit der Lage am Körper verbindet. Es ist bemerkenswerth, dass bei der höchst entwickelten Theoideenform, *Agelacrinus*, die individuelle Variation zweimal eine Gabelung der Radiärstämme gezeitigt hat in den als besondere Species beschriebenen *A. septembrachiatus* Mill. & Dyer und dem sechstheiligen *A. Lebouri* Slad. Die betreffenden Individuen sind als Formen phyletisch isolirt geblieben und beweisen schon dadurch, dass eine solche Gabelung mit der Organisation der Theoideen nicht gut vereinbar war. Wir werden auch noch öfter Belege dafür finden, dass bei den specialisirten Formen eine Degeneration in alten Stammescharakteren einsetzt, während die specifischen Eigenschaften utrirt werden.

Auf das Fehlen eines Stieles werde ich erst im allgemeinen Theile dieses Werkes näher eingehen können, wenn die sehr verschiedenen Formen und Ursachen dieses Mangels zum Vergleich vor uns liegen. Nur soviel möchte ich vorausgreifend bemerken, dass der Stielmangel bei allen höher specialisirten Pelmatozoen auf Rückbildung beruht und auf verschiedene biologische Ursachen zurückzuführen ist**). Bei den ältesten Theoideen liegt der Fall insofern anders, als wir die vorherige Existenz eines Stieles nicht nachweisen können. Sehr einfache Spuren einer solchen Differenzirung unter den Theoideen sind höchstens bei *Dinocystis* (Taf. II fig. 3a) in einer wallartigen Umrandung der Anwachsstelle zu erblicken; andere Formen sind dagegen mit der Unterseite so fest aufgewachsen, dass deren Skeletbildung an der Anwachsfläche vollständig verschwinden kann, wie bei *Cystaster* (Taf. I fig. 2a), *Edrioaster* und den Agelacriniden.

Dass wir die Stielbildung als eine Folge der sessilen Lebensweise bezw. als eine Specialisirung der Anheftung betrachten müssen, ist unbestreitbar; ob der Stiel aber erst im Stamme der Echinodermen als Neubildung aus dem Körper hervorwuchs oder durch Verengerung des aboralen Körperendes wurmförmiger Vorfahren entstand, ist eine noch durchaus offene Frage, die erst später erörtert werden soll. Jedenfalls erscheint es mir mehr als fraglich, dass die Theoideen in dieser Hinsicht der Stammform der Echinodermen näher standen als die ältesten Cladocrinoideen und Carpoideen mit ihrer äusserst specialisirten Stielbildung.

Aus den angeführten Gründen erweisen sich die Theoidea zwar als echte Pelmatozoen, aber als abgesonderte Vertreter derselben, die sich in allen kontrollirbaren Organisationsverhältnissen den Eleutherozoen am meisten nähern.

N. Die Systematik.

Die systematische Gliederung der Theoidea bietet gegenüber derjenigen aller anderen Pelmatozoen besondere Schwierigkeiten, insofern erstens ihre formale Mannigfaltigkeit in sehr engen Grenzen liegt, und zweitens die sichtbaren Modifikationen ihrer Gestalt kaum

* Bei *Cupressocrinus* erfahren allerdings die Saumplättchen eine sekundäre Differenzirung, die sie den Pinnulis der Cladocrinoiden morphologisch nahe rückt.

** Das ist auch u. A. bei *Protocrinus* noch direkt zu beobachten, da dieser in der Jugend gestielt ist und erst später eine stiellose Unterfläche zeigt (Taf. V fig. 2).

einen Rückschluss auf wesentliche Divergenzen der inneren Organisation erlauben. Letztere können möglicherweise vorhanden gewesen sein, da aber die Weichtheile in geringem Konnex mit dem Hautskelet stehen, lassen sich auf die innere Organisation schwer Rückschlüsse machen.

Bemerkenswerthe Divergenzen bieten namentlich die allgemeine Körperform, das Verhältniss des Körpers zum Boden, d. h. dessen Anheftung bezw. Freiheit, die Art der Skeletirung, die Differenzirung der Saumplättchen und die Ausdehnung der Ambulacra.

Hinsichtlich der allgemeinen Körperform fallen besonders drei Typen auf: die sackförmige Gestalt von *Thecocystis* und *Cyathocystis* (Taf. I fig. 1 u. 3), die halbkuglige bis scheibenförmige Kalottengestalt von *Hemicystis* und *Agelacrinus* (Taf. I fig. 7, III fig. 1) und die ungefähr sphärische oder pentanguläre Gestalt von *Stromatocystis*, *Cystaster*, *Edrioaster* und *Dinocystis* (Taf. I fig. 2, II fig. 4, 7, III fig. 1). Hinsichtlich des zweiten Punktes steht den angewachsenen Formen *Cyathocystis*, *Thecocystis*, *Edrioaster*, *Dinocystis*, *Cystaster*, *Hemicystis* und *Agelacrinus* die Gattung *Stromatocystis* und einzelne Individuen von *Thecocystis* gegenüber, aber die Art und der Grad der Anheftung unterliegt bei den erstgenannten weitgehenden Modifikationen. Die Skeletirung der Theca weist Differenzirungen auf, die sonst bei Echinodermen nicht leicht in engerem Kreise wechseln. *Stromatocystis*, *Thecocystis* und *Cystaster* besitzen ein offenbar biegsames Skelet, in dessen Haut nur undeutlich gesonderte Platten oder Kalkkörnchen ausgeschieden sind, bei *Hemicystis* und *Agelacrinus* (Taf. I fig. 7, II fig. 1, 2, III fig. 1, 2) besteht das jedenfalls auch biegsame und vielleicht sogar kontraktile Skelet aus schuppig übergreifenden Platten, bei *Edrioaster* und *Dinocystis* aus normal aneinandergelagerten Plättchen, und bei *Cyathocystis* (Taf. I fig. 3) ist die Seitenwand und der untere Theil der Theca zu einem einheitlichen Becher verschmolzen, dessen aufgewachsenes Ende wurzelförmig verbreitert ist. Die Saumplättchen sind bei *Stromatocystis* (Textfigur 5 pag. 37) nur etwas komprimirt und dadurch etwas verlängert, bei *Cyathocystis* (Taf. I fig. 3a), *Dinocystis* und *Hemicystis* (Taf. III fig. 1) zwar differenzirt im Umriss, aber flach, dagegen bei den übrigen stärker skulpturirt (Taf. I fig. 1a, II fig. 2, 4). Schliesslich zeigen die Ambulacra bei *Stromatocystis*, *Thecocystis*, *Cyathocystis*, *Cystaster* und *Hemicystis* einen geraden, bei *Edrioaster*, *Dinocystis* und *Agelacrinus* einen spiral gedrehten Verlauf (Taf. I fig. 6, 7, II fig. 1—4).

Es fragt sich nun, welchem Organsystem wir die höchste morphogenetische Bedeutung beilegen wollen, um dessen Modifikationen zum Ausgangspunkt der weiteren Gliederung zu nehmen. Die spirale Drehung der Ambulacra kann gegenüber deren geradem Verlauf kaum eine besondere Bedeutung beanspruchen, da sie nur auf der Grössenentwicklung der ernährenden Tentakelrinnen beruht. Der hier vorliegende Gegensatz ist nicht wesentlich grösser als der zwischen lang- und kurzarmigen Crinoiden. Da einer Verlängerung der Ambulacra hier überhaupt nur der Weg der spiralen Drehung geboten ist, muss es also von vornherein mehr als fraglich erscheinen, ob die spirale Drehung an sich eine phyletische Beziehung ihrer Träger involvirt. Die Art der Skeletirung variirt nach Richtungen, deren Abweichungen aber offenbar physiologisch nahe bei einander liegen und in der primären Indifferenz der Hautverkalkungen eine naheliegende Erklärung finden. Unter diesen Umständen wird man auch z. B. der an sich auffälligen Becherbildung von *Cyathocystis* keine besondere Bedeutung beimessen können (vergl. pag. 42).

Jaekel.

Die freie Form der Theca bedeutet bei den Pelmatozoen im Allgemeinen keine wesentliche Aenderung gegenüber der normalen Anheftung, wenn wir von der einen pelagisch schwimmenden *Saccocoma* absehen (vergl. JAEKEL, 1892, III, 660). Ich möchte hier nur betonen, dass die ganze Selbständigkeit des Pelmatozoentypus auf ihrer sessilen Lebensweise beruht, da diese die von allen übrigen Echinodermen fundamental abweichende Ernährungsform bestimmt.

Ob nun ein solcher Typus dem Boden fest oder — durch sein Gewicht gehalten — lose aufsitzt, ist für die Gesammtorganisation des Körpers wohl sehr unwesentlich, und wie die Wurzelform oft nur durch die individuellen Standortsverhältnisse bestimmt wird (JAEKEL, 1895, I, 10), so scheint auch die normale Form der Anwachsung morphogenetisch leicht und schnell verkümmern zu können. In dieser Hinsicht ist zu beachten, dass die freien Arten von *Stromatocystis* sich in sandigen Schichten fanden, die einer Wurzelbildung keinen rechten Halt bieten und daher bei verschiedenen Pelmatozoen zu einer Loslösung geführt haben (JAEKEL, 1895, I, 33). Nach alledem scheint mir auch die freie Körperform bei *Stromatocystis* diese nicht in einen einschneidenden Gegensatz zu den übrigen festgewachsenen Thecoideen zu bringen.

So bleibt von den verschiedenen Differenzirungen der Thecoidea in erster Linie nur die allgemeine Körperform für eine Gliederung dieses Formenkreises zu verwerthen. Wenn zu derselben auch in der Art der Skeletirung und in der niedrigen oder höheren Differenzirung der Ambulacra Unterschiede zweiten Ranges hinzutreten, so scheinen doch alle diese eine Zerlegung der Thecoidea in grössere Unterabtheilungen wie Ordnungen nicht zu rechtfertigen. Ich beschränke mich daher darauf, die Thecoidea in einige Familien zu gliedern; schon die Abgrenzung dieser bietet bei der geringen morphologischen Divergenz der einzelnen Formen Schwierigkeiten, die nur durch subjektive Entscheidung umgangen werden können.

Am natürlichsten erscheint mir noch folgende Eintheilung, die hier leider die Stelle eines Stammbaumes ersetzen muss; phylogenetisch sicher erscheint nach dem Stand unserer Kenntnisse nur, dass *Stromatocystis* der Ausgang aller und *Hemicystis* die Stammform von Agelacrinus ist.

1. Körper mehr oder weniger kuglig, höchstens mit einem Theil der Unterseite angewachsen, Thecalskelet mit einfachen, nicht imbricirten Skeletplättchen — *Thecocystidae*.

Die Gliederung der Familie in Gattungen ist aus nachstehendem Schema ersichtlich.

Art der Anheftung	Gestalt	Art der Skeletirung	Verlauf der Ambulacra	Differenzirung der Saumplättchen	
frei	halbkuglig pentangulär	biegsam, mit z. Th. undeutlichen Plattenbildungen	gerade	gering	*Stromatocystis*
aufgewachsen	becherförmig	z. Th. fest verwachsen	gerade	gering, letztere flach pentangulär	*Cyathocystis*
angewachsen oder frei	sackförmig	biegsam mit unregelmässigen Kalkkörnchen	gerade	beträchtlich, letztere gross blattförmig	*Thecocystis*

Art der Anheftung	Gestalt	Art der Skeletirung	Verlauf der Ambulacra	Differenzirung der Saumplättchen	
mit kleiner Fläche angewachsen	flach sphäroidisch	starr mit kleinen unregelmassigen Kalkplättchen	spiral gedreht, lang	gering	*Dinocystis*
mit einem Theil der Unterfläche aufgewachsen	halbkuglig, pentangulär	starr, unregelmässig pentaguläre Plättchen apponirt	kurz gerade	beträchtlich, letztere gross blattförmig	*Cystaster*
mit mässig grosser Flache aufgewachsen	kuglig	grosse polygonale Platten	sehr lang, spiral gedreht	sehr beträchtlich, letztere quer verlängert	*Edrioaster*

II. Körper niedrig halbkuglig, mit breitester Fläche aufgewachsen, an der Aufwachsungsfläche nicht skeletirt; Theca mit schuppig übergreifenden Skeletplatten und kleinen stark differenzirten Saumplättchen. — *Agelacrinidae.*

Zur Unterscheidung der Gattungen wähle ich folgendes Schema:

Ambulacra kurz, gerade: *Hemicystis*
" lang, spiral: *Agelacrinus.*

I. Fam. Thecocystidae.

Definition. Körper pentangular oder sphäroidisch, sack- oder becherförmig, frei oder mit einem Theile der Unterfläche angewachsen. Theca lederartig mit kleinen, z. Th. schwach verkalkten oder dickeren polygonalen, einfach apponirten oder theilweise verschmolzenen Platten. Ambulacra kurz und gerade oder spiral verlängert, Saumplättchen oft wenig differenzirt. Cambrium und Untersilur. Europa und Nordamerika.

Die Thecocystiden enthalten die älteren und primitiveren Vertreter der Thecoideen. Die älteste ihrer Gattungen, *Stromatocystis*, tritt schon im mittleren Cambrium auf, die übrigen folgen bis in das Untersilur und sterben in diesem aus.

Von der einfachsten Kugelgestalt haben sich die Thecocystiden unter allen Pelmatozoen am wenigsten entfernt. Je nach der Art der Auflagerung bezw. Befestigung auf dem Boden und der Intensität der Skeletirung wird die Kugelform zwar mannigfach modificirt, aber doch immer nur insofern, als der Körper in einer Richtung verkürzt oder verlängert, so bei *Stromatocystis*, *Cystaster*, *Dinocystis* etwas, bei *Hemicystis* und *Agelacrinus* stärker deprimirt wird, oder bei der Anheftung durch eine kräftige Kalkausscheidung wie bei *Cyathocystis* in vertikaler Richtung eine Verlängerung erfährt. Die Oberseite bleibt in der Regel durchaus halbkuglig gewölbt, nur bei der eigenartigen Thecalbildung von *Cyathocystis* sinken die Weichtheile in den Becher ein und führen zu einer deckelartigen Verflachung der Oberseite (Taf. I fig. 3).

Hier liegt uns offenbar die einfachste Skeletbildung vor, die eine fossile Erhaltung ermöglichte. Wenn daraus die einstige Existenz anderer nicht erhaltungsfähiger Thecocystiden gefolgert werden konnte, so darf man doch in dieser Hinsicht *Stromatocystis* als Ausgangspunkt der Organisation der Familie betrachten. Die Biegsamkeit der Haut und die Regellosigkeit kleiner Skeletplättchen ist aus Taf. II fig. 7 u. Textfigur 5 pag. 37 ersichtlich. Etwas grösser und kräftiger sind die Plättchen bei der pag. 39 abgebildeten *Stromatocystis*, sehr schwach und in ihrer Umgrenzung garnicht genau zu erkennen sind die Verkalkungen von *Str. baltica n. sp.*

Thecocystis, Cystaster und *Dinocystis* halten sich in dem Grade ihrer Skeletirung ungefähr die Waage.

Hinsichtlich der Skeletirung ist *Cyathocystis* unstreitig eine extrem specialisirte Form. Einerseits sind grössere Skeletbildungen morphogenetisch auf die vorherige Anlage kleinerer Verkalkungscentren zurückzuführen, und andererseits beweist die heteromorphe Specialisirung der distalen Skeletbildungen zu einem starren Becher und der oberen Theile zu einer in sich verschieden gestalteten Kelchdecke einen hohen Grad von Differenzirung.

Bemerkenswerth ist, dass nicht nur freie Formen, wie *Stromatocystis*, sondern auch verschiedene angeheftete auf der Anwachsungsfläche skeletirt sind. Bei *Cyathocystis* ist dies selbstverständlich, es erschien mir aber höchst beachtenswerth, dass es auch bei *Thecocystis* und *Dinocystis* der Fall war. Bei ersterer ist dies aus Taf. I fig. 1b leicht ersichtlich: zu der Abbildung von *Dinocystis*, Taf. II fig. 3a, bemerke ich, dass die mit z bezeichnete Partie anhaftendes Gesteinsmaterial darstellt. Links von demselben bemerkt man innerhalb des vertieften Anheftungsbezirkes unregelmässige Grenzen kleiner Skeletelemente. Die ungünstige Erhaltung des Objektes als Steinkern in Sandstein erlaubte mir keine genauere Darstellung. Die volle Skeletirung der Anwachsungsfläche kennzeichnet entschieden ein primitiveres Entwicklungsstadium, als es die Agelacriniden und in geringerem Maasse einige der jüngeren Thecocystiden zeigen. Ausserdem erkennt man, wie nahe diese Form auch sonst noch der freien *Stromatocystis* steht. Die Anheftung oder freie Lagerung auf dem Boden bedingt offenbar keinerlei morphologische Gegensätze: beide Differenzirungen können also auch in phyletischer Hinsicht keine bemerkenswerthe Trennung involviren.

Stromatocystites Pompeckj, 1896 (l. 505).

Textfiguren 5–8 pag. 37 ff., Taf. II fig. 6–7.

Die von Pompeckj gegebene Beschreibung konnte ich auf Grund neuer Untersuchung in wesentlichen Punkten berichtigen und ergänzen. Dadurch erfährt auch die systematische Beurtheilung dieser Form eine neue Grundlage.

Definition. Körperumriss gerundet — pentangulär, Oberseite halbkuglig, Unterseite flach, gewölbt, frei. Theca mit schwach skeletirter dicker Lederhaut. Thecalplatten porös, z. Th. auf der Oberseite sternförmig, mit peripheren Respirationsgrübchen, auf der Unterseite ganzrandig polygonal. Die interradialen Platten der Ober- und sämmtliche der Unterseite unregelmässig in Grösse und Stellung. Ambulacra auf die Oberseite beschränkt, gerade, sehr schmal, von 2 Reihen kleiner, unregelmässig alternirender Plättchen überdacht. After ungefähr die Mitte des oberen Interradialfeldes (V:I) einnehmend, von wenig deutlichen, sternförmig zusammengelegten Hautfalten geschlossen. Oberhalb des Anus eine? Oeffnung des primären Steinkanales. **Unteres und mittleres Cambrium Europas.**

Ein Exemplar von ***Stromatocystites pentangularis***, welches mir Herr Dr. Jar. Perner in Prag in letzter Stunde freundlichst überliess, ermöglichte mir, klare Guttapercha-Abdrücke der Ober- und Unterseite anzufertigen und auf Grund dieser die Beschreibung dieser ältesten und einfachsten Echinodermenform in einigen wichtigen Punkten zu vervollständigen. Die nachstehenden Textfiguren 5—7 sollen das erläutern. Was

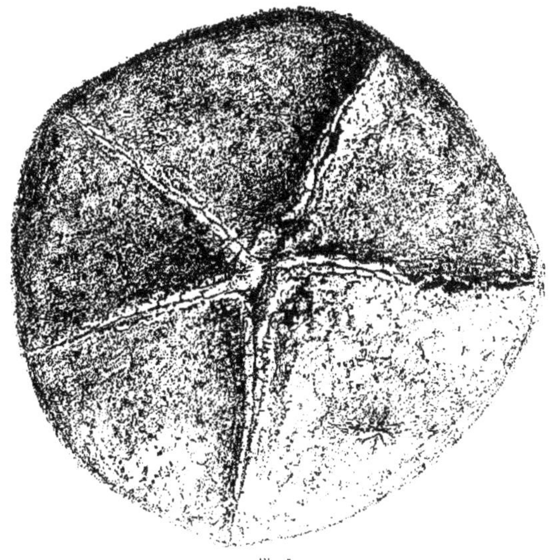

Fig. 5.

Stromatocystites pentangularis Pomp. Oberseite. Der anale Interradius mit der Afteröffnung ist nach unten gerichtet. Vergrösserung 4:1. (Orig. im Böhm. Mus. in Prag.)

zunächst die Struktur der Platten betrifft, so zeigt dieselbe den primitivsten Charakter, der mir bisher bei Pelmatozoen begegnet ist — Plättchen von ganz unregelmässiger Form und Anordnung, die nicht vollrandig, sondern nur mit peripherischen Fortsätzen aneinanderstossen und aus einem sehr lockeren, offenbar wirr zusammengesetzten Kalkgewebe bestehen. Aehnliche Plattenform zeigen auch andere cambrische und silurische Pelmatozoen, wie ***Acanthocystites*** in Böhmen, in den vereinigten Staaten und ***Eocystis*** in Canada, nur dass sich bei diesen die radiale Stellung der Fortsätze schärfer ausprägt und bei meist dünner aber dichterer Skeletbildung mit einer radialen Faltung („Wellung") der ganzen Platte verbindet. In höherer Specialisirung führt dieser Plattenbau zu Strukturen, wie sie *Lichenoides priscus* Barr. und in noch höherem Maasse *Porocrinus* Bill. zeigt. Die radialen Rinnen oder Falten, die sich dabei an der Peripherie korrespondirend zwischen je zwei Plättchen bilden, sind in der Regel mit der Porenbildung der Cystoideen ohne Weiteres identificirt worden. Bei starker Ausbildung tiefer Falten (*Porocrinus*) entsteht allerdings eine Annäherung an die Porenfalten dichoporiter Cystoideen, im vorliegenden Falle aber bei *Stromatocystites* glaubte Pompeckj, in denselben primitive Doppelporen zu finden, die auf die Grenzen je zweier Platten vertheilt seien. Man überzeugt sich aber an gut erhaltenen Objekten der höher differenzirten Formen und ich werde später Gelegenheit haben, das näher zu begründen leicht, dass in der Tiefe der Falten keinerlei Porenkanäle liegen, die Rinnen also in der That nur auf Biegungen der Plattenfläche beruhen, die nach der Peripherie an Tiefe zunehmen und nur auf der Plattengrenze eine Lücke im Skelet aufweisen. Andererseits kann es sich dabei nicht nur um eine Stärkung der Platte nach dem Princip des Wellbleches handeln, da schon bei Formen wie *Lichenoides priscus* Barr. die Faltenrinnen mit einem schwach aufgeworfenen Walle umgeben sind. Diese Differenzirung beweist, dass in den Rinnen noch besondere Funktionen zum Austrag kamen, und ich glaube nicht fehlzugehen, wenn ich diese in einer respiratorischen Thätigkeit der die Rinnen füllenden Epithelien suche. Da ursprünglich wohl die ganze Oberfläche des Echinodermenkörpers eine respiratorische Thätigkeit ausüben mochte, so ist eine theilweise Erhaltung dieser Funktion sehr erklärlich bei Formen, die mit am ersten unter den Echinodermen ein kalkiges Hautskelet erwarben und bei zunächst noch schwacher Entwicklung der Ambulacra in deren Vectakeln eine relativ kleine Fläche zur Respiration besassen. Das erklärt auch, warum diese Organe bei den höher entwickelten Pelmatozoen verschwinden, aber in der radialen Struktur ihrer Kelchplatten ontogenetisch noch gelegentlich reproducirt bleiben und ferner, dass diese Plattenstruktur sich z. B. bei *Stromatocystites* nur auf der freien Oberseite, aber nicht auf der dem Boden aufliegenden Unterseite finden.

Bei *Stromatocystites* ist indess von den oben erwähnten komplicirteren Faltenbildungen noch keine Rede. Man sieht nur ganz unregelmässige ausgebuchtete Plättchen, die mit ihren peripheren Fortsätzen aneinanderstossen. Die Plattenverkalkung ist dabei noch so schwach, dass deren Grenzen bei ruhiger Lagerung meist nur durch die peripheren Einbuchtungen ihrer Ränder sichtbar werden. Nur bei einem Zerfall des Hautskelets, wie er sich bei dem Fig. 5 abgebildeten Exemplar oberhalb des Afters findet, treten die Plattengrenzen deutlicher hervor. Sieht man bei schräger Lagerung der letzteren schief auf deren Rand, so erscheint die Seitenfläche gewellt. Da an solchen Buchten gelegentlich die Oberränder an der Oberfläche der Platten ziemlich scharf sind, so glaube ich, dass auch hier die die Buchten füllenden Theile der Haut zur Ausübung respiratorischer Funktionen dienten. Dass auch sie nicht allein auf die Primitivität einer ersten Skeletirung zurückzuführen sind, geht meines Erachtens schon daraus hervor, dass die Unterseite des Körpers derselben entbehrte. Dass die jüngeren Thecoideen keine ähnlichen Bildungen aufzuweisen haben, kann nicht überraschen, da auch in der Phylogenie der Cladocrinoideen und Pentacrinoideen diese Organe bald verschwinden und einer vollrandigen Verkalkung der Plättchen Platz machen.

Auch über den Bau der Ambulacra giebt das mir vorliegende Stück klareren Aufschluss. Die Oberseite (Fig. 5 zeigt im Verlauf der Radien zwei Reihen schmaler Plättchen, die beiderseits eng aneinandergelegt sind und in unregelmässiger Folge alterniren. Sie sind ungleich geformt, immer aber in der Richtung der Radien länger als breit, an der Oberseite kantig abgestutzt. An dem rechts unten gelegenen Ambulacrum V war die ursprüngliche Substanz der Plättchen nicht vollständig zerstört oder unter einer chemischen Veränderung wenigstens der Form nach erhalten. Der Guttapercha-Abdruck zeigte in Folge dessen an dieser Stelle 5 tiefe Grübchen, deren Form an der Oberseite der Radien derjenigen der sonstigen Plättchen entspricht. Dieselben reichen ziemlich tief nach innen, sodass diese unzweifelhaft als Saumplättchen zu deutenden Stücke offenbar nicht

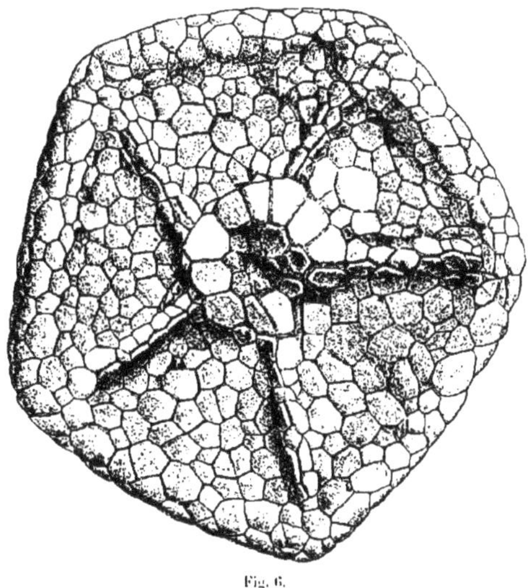

Fig. 6.

Stromatocystites pentangularis POMP. Kleineres Exemplar des mittl. Cambrium von Lohovitz bei SKREY von der Unterseite. Vergrösserung 6 : 1. Orig. im Böhm. Mus. in Prag.

so dünne Elemente darstellten wie die Verkalkungen des übrigen Thecalskeletes. Sie nähern sich dadurch morphologisch den homologen Elementen der übrigen Thecoideen, und der Unterschied liegt nur darin, dass sie hier so wenig aus dem Thecalskelet herausragen. Das letztere legte sich von der Seite so auf die Saumplättchen auf, dass diese im geschlossenen Zustand der Ambulacra fast ganz zwischen denselben einsinken. Wahrscheinlich wurden durch dieses Uebergreifen der Seitenwände und einen Mangel subambulacraler Skeletplatten die ambulacralen Skeletstücke so fest aufeinander gepresst. Man findet übrigens auch bei den Individuen von *Agelacrinites* dieses Verhältniss der Saumplättchen zum Thecalskelet wechselnd. In der Regel treten die ersteren fast in ganzer Breite hervor (Taf. III fig. 1); bisweilen erscheint das Thecalskelet im Vergleich zu dem von *Stromatocystites* von ihren Seiten abgesunken und es entsteht dabei dann die Frage, ob dieser Zustand schon im Leben des Thieres bestand oder erst bei der Verwesung eintrat. In jedem Falle ergiebt sich, dass die zu Saumplättchen differenzirten Thecalplatten bei *Stromatocystites* im Verhältniss zu denen von *Agelacrinites* noch sehr klein waren. Ihre seitliche Zusammendrängung im vorliegenden Zustande des Fossiles lässt ausserdem darauf schliessen, dass die Saumplättchen nicht durch besondere unter ihnen liegende Plättchen (vergl. Fig. 1 pag. 19) gestützt und auseinandergehalten wurden. Ihre feste Zusammendrängung bei *Stromatocystites* macht schliesslich auch das eigenthümliche Aussehen ihrer Unterseite (Fig. 6 und 7) verständlich. Man möchte beim ersten Anblick derselben glauben, dass sie die 5 radialen Ambulacralrinnen zeigt. Das ist aber sicherlich nicht der Fall, sondern die vorliegenden Individuen waren offenbar nach dem Tode umgekehrt und mit der oralen Seite in den Schlamm bezw. Sand

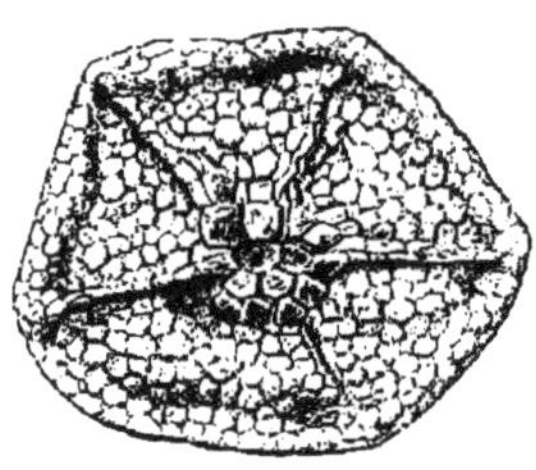

Fig. 7.

Stromatocystites pentangularis Pomp.
Unterseite des in Fig. 5 abgebildeten Individuum.
Vergr. 2:1. Mittl. Cambrium. Tejrovic, Böhmen.

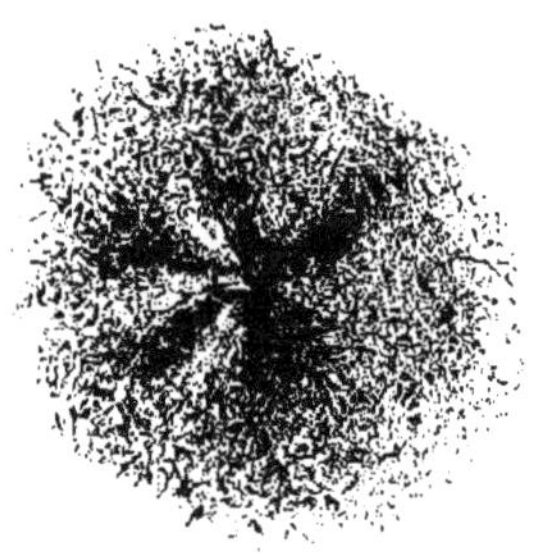

Fig. 8.

Aus desselben Individuum.
Vergr. 10:1.

gebettet worden. Beim Verwesen sank dann die Unterfläche ein und legte sich schliesslich so fest auf die Innenfläche der Oberseite, dass deren radiale nach innen vortretenden Plattenreihen sich auf der Unterfläche durchdrückten und in dieser nun als erhabene Wälle erscheinen. Dabei mögen die zarten und locker gebauten Platten der Unterseite häufig gebrochen sein, denn man sieht ziemlich regelmässig, wenn auch nicht immer, Plattengrenzen in der Richtung dieser Radien. Z. Th. mögen also die Plättchen seitlich im Ganzen abgeglitten, z. Th. über ihnen gebrochen und in Stücken über dem Walle abgesunken sein. Pompeckj hat ja auch andere Stücke beschrieben, bei denen die Unterseite in ungestörter Wölbung erhalten ist und also wohl bei der Fossilisation dem Boden normal aufruhte (Taf. II fig. 6). Auch das eine Exemplar von *Str. balticus* zeigt die normale Wölbung der Unterfläche. Auch im Uebrigen bestätigt die mir Fig. 6 und 7 vorliegende Unterseite die diesbezüglichen Angaben Pompeckj's. Die Platten sind im Centrum am grössten und am schärfsten polygonal, während die kleineren an den Seiten mehr gerundet erscheinen, jedenfalls weniger scharf abgesetzte Seiten besitzen.

Der Fig. 8 abgebildete Anus ist wenig deutlich, aber doch unzweifelhaft als solcher kenntlich. Er liegt in dem breitesten, in der Figur nach unten gewendeten Interradius. In der schwach skeletirten Thecalfläche markiren sich mehrere, anscheinend 5 sternförmig ausstrahlende Linien, zwischen denen die Thecalfläche schwach wellig gefaltet ist. Es sind also hier weder Klappen als isolirte Skeletelemente vorhanden, noch ist der Anus selbst von dem übrigen Thecalskelet abgegrenzt. Die ihn umgebende Lederhaut legte sich um den Anus in Falten, es ist aber unwahrscheinlich, dass schon in der Richtung dieser Falten radiale Einschnitte bestanden. Solche dürften sich erst entwickelt haben, als das Thecalskelet starr wurde, und sich die bewegliche Umgebung des Afters von der unbeweglichen Skeletfläche sondern musste. Es liegt uns hier also auch in der Ausbildung des Anus unter den Pelmatozoen ein äusserst primitives Entwicklungsstadium vor. Immerhin scheint die sternförmige Faltenbildung um den Anus pentamer zu erfolgen. Ob diese später bei Cystoideen so oft wiederkehrende Erscheinung auf Zufall beruht oder mit inneren Organisationsverhältnissen im Zusammenhang steht, wage ich nicht zu entscheiden.

Oberhalb des Afters in der unmittelbaren Nähe des Mundes werden die Thecalplatten auffallend locker und lassen an der Stelle, wo dies im höchsten Maasse der Fall ist, unterhalb der grösseren, den Mund begrenzenden Saumplatte ein tiefes Grübchen erkennen. Ich glaube annehmen zu müssen, dass an dieser Stelle ein besonderes Organ seinen Platz hatte. Als solche können nach Analogie der übrigen Pelmatozoen nur zwei Organe in Betracht kommen, der Parietalporus und der primäre Steinkanal. Da der letztere in verschiedenen Abtheilungen der Pelmatozoen den älteren Formen eigenthümlich ist, während er den jüngeren fehlt, der Parietalporus aber allein auf die Cystoideen beschränkt und wahrscheinlich nur mit deren Organisation enger verknüpft ist, so glaube ich annehmen zu müssen, dass an der fraglichen Stelle, also im analen Interradius suboral der primäre Steinkanal mündete. Da er bei jüngeren Thecoideen — bei *Cyathocystis* beispielsweise unzweifelhaft — fehlt, so müssen wir annehmen, dass der Steinkanal sich in der Phylogenie der Thecoideen bald vom Thecalskelet löste und entweder in die Leibeshöhle oder am Peristom unterhalb der Saumplatten mündete.

Auch bei *Stromatocystites balticus* habe ich nachträglich an dieser Stelle eine Oeffnung bezw. Einstülpung der Theca beobachtet.

Nach alledem kann von einer Beziehung dieser Form zu Mesocystis, wie Pompeckj annahm, keine Rede mehr sein. *Stromatocystites* erweist sich als echte Thecoidee, hat sich aber unter diesen eine Reihe von primitiven Eigenheiten bewahrt, die ihren jüngeren Verwandten fehlen. Das gilt namentlich von der Struktur ihrer Thecalplatten, der Existenz respiratorischer Grübchen an deren Grenzen, und der allerdings nicht ganz sichergestellten Ausmündung eines primären Steinkanales. Primitiver als bei den jüngeren sind schliesslich auch die noch sehr kleinen Saumplättchen der Ambulacra und der anscheinende Mangel von Skeletbildungen im Verschluss des Afters.

Man kann nicht leugnen, dass der äussere Eindruck solcher Formen an gewisse Seesterne erinnert, aber die Vergleichspunkte sind wesentlich nur negativer Art, insofern sich ein näherer Vergleich immer nur auf die hier vorliegende Indifferenz der Charaktere stützen kann. Ich werde im allgemeinen Theil dieses Werkes näher darauf eingehen und möchte hier nur noch bemerken, dass sich jedenfalls die ambulacralen Skeletelemente bei den Thecoideen noch im Sinne der Pelmatozoen fest erhalten haben und also nicht mehr zum Ausgangspunkt derjenigen der Asteriden genommen werden können.

Schliesslich möchte ich auch noch darauf hinweisen, dass die meist fünftheiligen, als *Medusites Lindströmi* aus dem unteren Cambrium (sog. Eophyton-Sandstein) Schwedens von Linnarson und Nathorst beschriebenen Steinkerne nach Form und Grösse vielleicht die Innenausfüllung von Stromatocystiden bilden könnten.

Die sicher hierher gehörigen Arten vertheilen sich auf das mittlere Cambrium Schwedens und Böhmens.

1. ***Stromatocystites balticus*** n. sp., mittleres Cambrium (Sandstein mit Paradoxides Tessini) des baltisch-skandinavischen Silurgebietes. Haut lederartig biegsam. Skelet schwach verkalkt, indifferent, undeutlich gegliedert. Saumplatten klein. 1 Ex. Diluvialgeschiebe von Herrn Dr. C. Gottsche in Hamburg, ein zweites in Taf. II fig. 7 abgebildetes, welches anscheinend nur noch in einem Guttapercha-Abdruck der breslauer Sammlung erhalten ist. Taf. II fig. 7.

2. ***St. pentangularis*** Pomp. 1896 (I, 506). Mittleres Cambrium (Kalksandstein-Einlagerung von Pod trnim bei Tejrovic, Böhmen. Taf. II fig. 5, 6. (Cop. nach Pompeckj l. c. T. XIII f. 1a, 4.) Thecalplättchen mit radialen Zäpfchen und Respirationsgrübchen auf der Oberseite, ganzrandig, polygonal auf der Unterseite der Theca. Durchmesser 20 bis 30, Höhe 10 bis 15 mm. Textfig. 5—8.

Cyathocystis F. Schmidt, 1879 (II, 2).

Körper becherförmig; Skelet unterhalb der Ambulacra zu einem festen Kelche verschmolzen. Ambulacra kurz, gerade; zwischen ihnen 5 grosse, interradiale Platten, die von dem Kelchrande durch einen Kranz kleiner Randplättchen getrennt sind. After zwischen einem Interradiale und den Randplättchen, durch eine Klappenpyramide geschlossen.

Da mir Herr Akademiker F. v. Schmidt in Petersburg die zwei zusammengewachsenen Originalexemplare (Taf. I fig. 3) gütigst zur Untersuchung übersandte, konnte ich mich von der Richtigkeit seiner gründlichen Beschreibung in allen Punkten überzeugen. Ich halte mich verpflichtet, dies ausdrücklich hervorzuheben, weil E. Haeckel kürzlich (1896, 115) die Beschreibung Schmidt's in einer schwer verständlichen Weise diskreditirt hat. Er sagt „nach der unvollständigen Beschreibung l. c. zu urtheilen“ hat also wohl die citirte, äusserst sorgfältige Schrift gar nicht in Händen gehabt; zudem stammt das von ihm in Gänsefüsschen gebrachte Citat, welches diesen Anschein erwecken muss, „je eine grosse dreieckige Interpalmarplatte“ nicht aus der darüber citirten Arbeit Schmidt's, sondern aus v. Zittel's Handbuch der Palaeontologie (Bd. I pag. 414).

Bezüglich der „Spuren einer inneren Doppelreihe von Ambulacralplättchen“ bemerkte ich bereits, dass ich die betreffende Stelle sorgfältig weiter präparirt habe und annehmen zu können glaube, dass sich an derselben die etwas verschobenen Interambulacralplatten nur mit dem äusseren Seitenende eng aneinander legen, und dass höchstens in dem äussersten Theile der Ambulacralrinnen ein wirklicher Zusammenschluss der Interambulacralplatten stattfindet. Diese Verhältnisse bedürfen aber noch einer endgültigen Klarstellung.

Die Gattung ist auf das Untersilur Esthlands beschränkt: die jüngere der beiden Arten ist auf Grund ihrer längeren Kelchform auch morphogenetisch als die specialisirtere zu betrachten.

C. Plautinae F. SCHMIDT, 1879 (III. 2) Taf. I fig. 3. Untersilur (Echinosphäritenkalk, C_1) Reval, Esthland. Kelch niedrig, an den zwei Originalexemplaren circa 10 mm hoch, oben 12 mm breit.

C. rhizophora F. SCHMIDT, 1879 (III, 6). Ob. Untersilur (Jewe'sche Sch.). Esthland. Kelch unregelmässiger, höher, circa 20—30 mm hoch, 12 mm breit.

Thecocystis n. g.

Taf. I fig. 1a, 1b.

Als Typus der Gattung gilt mir die Form, welche J. HALL 1871 (I) T. VI f. 2—4 und f. 1 neben letzterer Form als *Cystaster granulatus* abgebildet hat.

Diagnose. Körper pentangulär-sackförmig, angewachsen oder frei. Theca lederartig, biegsam, mit rundlichen Kalkkörnern, auch an der Anwachsungsfläche getäfelt. Ambulacra mässig lang, mit kräftigen blattartigen Saumplättchen besetzt. After seitlich mit unregelmässigen Plättchen geschlossen.

Thecocystis steht in seiner gerundeten Gestalt, der rings auch an der Unterseite geschlossenen Täfelung und dem primitiven Charakter der letzteren dem Typus einer skeletirten Urform der Thecoideen und im Besonderen der Gattung *Stromatocystites* sehr nahe, nimmt aber hinsichtlich der Differenzirung seiner Saumplättchen eine höhere Entwicklungsstufe ein. Die Biegsamkeit der Haut ist aus den unregelmässigen und z. Th. sekundären Wulstbildungen (Taf. I fig. 1a) und der ungleichmässigen bruchlosen Verschiebung der Seiten und Anwachsungsfläche (Taf. I fig. 1b) ersichtlich. In letzterer Abbildung ist die pentanguläre Anwachsungsfläche mit ihren eigenen Skeletbildungen im untersten Theil der Figur durch die tiefere Schattirung leicht kenntlich. Von J. HALL ist l. c. T. VI f. 4 ein eichelförmiges Individuum ohne basale Anwachsungsfläche abgebildet, von dem der Verf. angiebt, dass es „appears to have been quite free".

Die Gattung ist auf das Untersilur Nord-Amerikas beschränkt und nur durch eine Art vertreten.

Th. sacculus n. sp. Taf. I fig. 1a, 1b. Körper circa 6 mm im Durchmesser und davon wenig abweichender Höhe, unter den Ambulacren pentangulär vorgewölbt; Thecalplättchen etwa 0,5 mm gross, aussen dick vorgewölbt. Untersilur (Hudson River group), Cincinnati, Ohio (1 Ex. Coll. JAEKEL, 1 Ex. Mus. Berlin).

Cystaster J. HALL, 1871 (I. Erkl. z. Taf. VI).

Taf. I fig. 2, 2a.

Definition. Körper niedrig, gerundet-pentangulär, mit kleiner, runder Fläche aufgewachsen. Theca mit unregelmässig polygonalen Plättchen getäfelt, die innerhalb der Anwachsungsfläche fehlen. Ambulacra kurz, breit, gerade. Am analen Interradius die Ambulacra I und V breit auseinandergedrängt: Saumplättchen fingerförmig. die den Mund umstehenden verbreitert. After mit einfacher Klappenpyramide. Eine Art:

Die l. c. von HALL als Fig. 1 abgebildete Form wurde zum Typus dieser Gattung gewählt, die übrigen in die oben besprochene Gattung *Thecocystis* gestellt.

C. granulatus J. HALL, 1872 (I. Erkl. z. T. VI fig. 1). Oberes Untersilur (Hudson River group) Cincinnati, Ohio. Circa 5 mm breit, 2 mm hoch. (1 Ex. Göttinger Sammlung durch Herrn v. KOENEN, 1 Ex. Mus. Berlin.) Taf. 1 fig. 2. 2a.

Edrioaster BILLINGS, 1858 (I. 82).

Taf. II fig. 4, Textfig. 9 pag. 45.

Syn. *Cyclaster* BILL. 1857 non COTT. 1856, *Agelacrinites* FORB. non VAN., *Edriocystis* HAECK.

Definition. Körper kuglig, mit kleiner Fläche aufgewachsen. Theca mit grossen polygonalen Plättchen unregelmässig getäfelt, an der Anwachsungsfläche nicht oder schwach skeletirt. Ambulacra lang, solar oder contrasolar spiral gedreht, mit quergestellten schmalen Saumplättchen besetzt, die zwischen sich Poren oder Grübchen tragen. Die den Mund umgebenden Platten nach innen verdickt. Der After ohne deutliche Klappenpyramide in der Mitte eines Interradialfeldes. Ueber demselben am Munde ein Porus(?) des primären Steinkanales.

Da mir kein Material von dem Typus dieser Gattung vorliegt, muss ich mich bezüglich der letzteren auf die Angaben von BILLINGS stützen. Nach diesen sollen sich die Ambulacra bei einigen Individuen solar, bei anderen contrasolar drehen. Da nur fragmentäre Exemplare abgebildet sind, ist daraus nicht zu entnehmen, ob diese Beobachtung sich auf sämmtliche Radien eines Individuums bezieht oder nur auf einzelne. Im letzteren Falle könnte man annehmen, dass die Radien 5 und 4 wie bei *Agelacrinus* des Afters wegen von der für Thecoideen normalen Biegung nach links abwichen. Bezüglich der „Poren" zwischen den Saumplättchen hatte BILLINGS zunächst je einen, später je zwei angegeben und seine frühere Angabe damit motivirt, dass die zwei Poren in Folge von Abreibung des Skeletes in eine Oeffnung verschmolzen zu sein schienen. Wenn die Poren sich so nach innen erweitern, dass sie schliesslich in eine Oeffnung verschmelzen, so können sie offenbar nichts mit den Poren der Cystoideen zu thun haben, sondern höchstens zum Eintritt von Wasser zu den Tentakelrinnen oder zur Entleerung der Geschlechtsprodukte gedient haben. Jedenfalls bedürfen die diesbezüglichen Angaben näherer Bestätigung (vergl. pag. 21).

Durch die Freundlichkeit meines Kollegen F. A. BATHER in London erhielt ich noch während des Druckes werthvolle Mittheilungen und photographische Abbildungen des bisher einzig gebliebenen Exemplares von *Agelacrinites Buchianus* FORBES, 1848, welche die Beschreibung des letztgenannten Autors wesentlich ergänzen. F. A. BATHER will in Kürze eine neue Beschreibung dieser interessanten Form geben und hat mir die vorläufige Benutzung seiner Resultate in dankenswerther Weise gestattet. Nach denselben ist, wie er annimmt, die Zugehörigkeit dieser Form zu *Edrioaster* BILL. sehr wahrscheinlich. Nebenstehend habe ich die Oberseite des Steinkernes, also des Abdruckes der Innenfläche, nach einer Photographie BATHER's kopirt.

Dieselbe zeigt deutlich die halbkugelige Form, die Stellung und den solaren Verlauf der Ambulacra und die Afteröffnung. Weniger deutlich als in anderen Photographien treten die Umrisse der grossen Thecalplatten hervor und die Konturen der ambulacralen Skeletelemente. Ueber die Form und Anordnung derselben giebt das Objekt leider keinen klaren Aufschluss. Nach BATHER sind die ambulacralen Platten, am Abdruck der Aussenfläche der Theca gesehen, sehr breit hexagonal, am Aussenrande etwas abwärts gekrümmt, sonst etwa senkrecht auf die Richtung des Ambulacrum gestellt, in dessen Mittellinie sie regelmässig im Zickzack alterniren. Da, wo sie sich etwas nach unten biegen, sind sie durch je eine elliptische Oeffnung oder Einsenkung von einander getrennt. Die diesbezügliche Uebereinstimmung mit *Edrioaster Bigsbyi* ist aus Taf. II fig. 4 zu ersehen, mit Berücksichtigung des Umstandes, dass der Erhaltungszustand der Oberfläche bei dieser Form BILLINGS auch gelegentlich die Existenz nur einer Oeffnung zwischen je zwei ambulacralen Platten annehmen liess. Am Steinkern der Innenseite sind die quer gestellten Wülste durch einen ziemlich tiefen und breiten Graben von einander getrennt. Die beiderseitigen Reihen von quer gestellten Eindrücken dürften nach meiner Auffassung die Innenflächen der Deckplättchen im Abdruck kennzeichnen und die zwischen ihnen liegende ambulacrale Rinne den wahrscheinlich schwach skeletirten Boden des Radiärgefässes bezw. der Vectakelrinne von innen wiederspiegeln. Wir würden so ein ähnliches Bild erhalten wie in den Ambulacren von *Agelacrinites* (Fig. 1 pag. 19). Wenn also nach meiner Annahme die radiären Ambulacralgefässe und deren Vectakelrinne im geschlossenen Zustande der Theca unterhalb, sonst zwischen zwei Reihen quer verlängerter Saumplättchen und über der in unserer Abbildung vertieften Rinne (R v) lagen, so können die Oeffnungen zwischen den ambulacralen Plättchen wohl nur zum Eintritt von Meerwasser gedient haben.

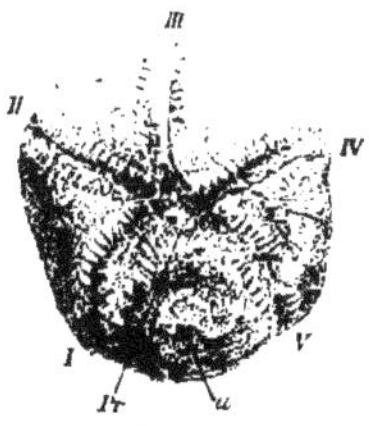

Fig. 9.
Edrioaster buchianus FORB. sp. Steinkern von oben, nat. Grösse. Untersilur Caradoc Denbighshire, Wales. Orig. Geol. Surv., London. Nach F. A. BATHER.

Die Unterseite des Fossils war nach den Mittheilungen BATHER's von FORBES in mehrfacher Hinsicht recht irrthümlich dargestellt worden. Von Doppelporen, wie sie dessen f. 7 T. XXIII zeigt, ist nach BATHER nichts zu bemerken, und die Annahme von WYW. THOMSON, dass unregelmässige Erhöhungen im Centrum der schwach eingebogenen Unterseite etwa auf ein darüberliegendes Echinidengebiss schliessen lassen, durchaus hinfällig.

Wie BATHER schreibt, und eine Photographie der Unterseite zeigt, liegt unterhalb der Ambulacren eine Zone grosser Platten und in deren Mitte sehr kleine, nach aussen schuppig übergreifende Plättchen. Ich glaube, dass dieser Theil der Unterseite auf einem nicht ganz harten Boden aufgewachsen war und aus diesem Grunde die Haut bei schwacher Skeletirung einen weicheren, biegsamen Habitus behielt. Bei *Edrioaster Bigsbyi* BILL. ist dieser Theil des Thecalskeletes vielleicht zerstört, sodass innerhalb der recht kräftigen Platten der Unterseite plötzlich eine Lücke zu beobachten war (BILLINGS l. c. T. VIII f. 1a). Wie bei dieser Form mag wohl auch bei *E. Buchianus* FORB. die Unterwand der Theca nach dem Tode eingedrückt sein, da die Vectakelrinnen im Leben nicht auf die dem Boden aufliegende Unterfläche des Fossils verlängert sein konnten.

Sehr deutlich hebt sich durch seine Wölbung in der Abbildung von *E. Buchianus*

Fig. 9. a der After ab, der nach den Angaben BATHER's von unregelmässig geformten Platten umstellt ist. Ich möchte hierbei darauf hinweisen, dass die Vorwölbung auf der linken Seite durch eine halbmondförmige Vertiefung abgegrenzt ist, während die Vorwölbung nach rechts in eine schwache Ausbuchtung der Theca übergeht, die sich auch unter dem Radius V fortsetzt und jenseits desselben, also im Interradius IV : V eine Ausbuchtung des Umrisses veranlasst. Der Enddarm muss also hier im Bilde von rechts, d. h. also in solarer Richtung an den After herangetreten sein. Dass die Drehung der Ambulacra hier nicht contrasolar erfolgte, wie bei den übrigen Cystideen, ist auffällig und ergänzt die Angabe von BILLINGS, dass bei *E. Bigsbyi* die Drehung in beiden Richtungen erfolge. Was bei den übrigen und namentlich den specialisirteren Vertretern der Thecoidea zur festen Regel geworden ist, scheint demnach hier noch unbeständig wechselnd. Die Tendenz zur Verlängerung der ernährenden Vectakelrinnen durch spirale Drehung der Ambulacra wirkte also hier noch allein ohne Bezugnahme auf die solare Drehung des Darms.

Eine kleine Vorragung des Steinkernes im analen Interradius in unmittelbarer Nähe des Mundes wird von BATHER als Madreporit gedeutet und ist von mir dementsprechend in der Figur 9 mit Pr bezeichnet worden. Auch bei *Edrioaster Bigsbyi* ist von BILLINGS an der Aussenseite des Skeletes an gleicher Stelle eine unregelmässige Erhabenheit gezeichnet worden. Diese Befunde decken sich mit denjenigen bei *Stromatocystites* (vergl. pag. 41).

Die Gattung umfasst sonach 2 Arten, die sich ungefähr in dem gleichen Horizont des mittleren Untersilurs von England und Canada fanden.

E. Bigsbyi BILLINGS 1857 (I, 293), 1858 (I, 82). Untersilur (Trenton limestone) City of Ottawa, Canada, wo die Form sich in grosser Zahl in einer Schichtfläche in natürlicher Lage vorfand. Thecalplatten rauh skulpturirt. Ambulacra breit, deren Saumplättchen mit je zwei Reihen von Oeffnungen Taf. II fig. 4, 4a.

E. Buchianus FORBES sp. 1848 (II, 521) emend. F. A. BATHER Ms. Untersilur (Caradoc beds) Yspitty Evan, Pentre Voelas, Denbighshire, Wales. Thecalplatten etwas kleiner. Ambulacra sämmtlich solar gedreht, ziemlich plötzlich endigend. Im Centrum der Unterseite kleine, schuppig übergreifende Plättchen, darum eine Zone grosser, horizontal stärker verlängerter Platten. Textfigur 9 pag. 45.

Dinocystis n. g.

Taf. II fig. 3, 3a, 3b.

Diagnose. Körper oval, mit kleiner, ringförmig umgrenzter Fläche aufgewachsen. Theca schwach skeletirt, oben mit kleinen polygonalen, unten mit noch kleineren querverlängerten Plättchen getäfelt. Ambulacra sehr lang, contrasolar gedreht, schmal, mit wenig differenzirten kleinen Saumplättchen. After klein, eine winklige Ausbiegung des Ambulacrum I veranlassend.

Besprechung. Ich würde die dieser Gattung zu Grunde gelegte Form zu *Edrioaster* BILL. stellen, wenn sich dieselbe nicht fast in jedem systematisch wichtigen Punkte von *Edrioaster* etwas unterschiede. Die ausserordentlich schmale Form der Ambulacra und die dem zu Grunde liegende indifferente Form der Saumplättchen, die erheblich geringere Grösse der Thecalplatten, deren eigenthümliche Form auf der Unterseite, die starke und typisch contrasolare Drehung der Ambulacra, die geringe Grösse und auffällige Form des Afters, der anscheinende Mangel eines primären Steinkanalporus sind jedes für sich allein nicht besonders wichtige Merkmale, aber alle zusammen lassen doch eine enge phyletische Vereinigung mit dem genannten Typus bedenklich erscheinen. Wie ich schon hervorhob, bietet das Skelet der Thecoideen noch wenig Beziehungen zu den Weichtheilen und ermöglicht daher auch nicht weitere Schlüsse über die Gesammtorganisation und damit über die phyletische Stellung der einzelnen Formen. Es ist also schliesslich dem physiologisch geschulten Formsinn anheimgestellt, solche Formen zu vereinen oder zu trennen. So lange nicht besondere Gründe für die Vereinigung dieser Form mit *Edrioaster* sprechen, halte ich eine Scheidung beider für richtiger.

D. Barroisi n. sp. Untersilur. Condroz. Ardennen. Theca oval, niedergedrückt, cirka 40 : 30 mm Durchmesser. Ambulacra sehr lang, auf die Oberseite beschränkt, sämmtlich contrasolar gedreht, wellig gebogen (1 Ex. Mus. Berlin). Taf. II fig. 3, 3a, 3b. Ich nenne die Art zu Ehren des Herrn CHARLES BARROIS in Lille.

Von WORTHEN und MILLER wurde 1883 (I, 335) eine Gattung *Echinodiscus* aufgestellt für den *Agelacrinites Kaskaskiensis* HALL aus dem Kohlenkalk (Kaskaskia group) von Kaskaskia, Illinois. Als Unterschiede von *Agelacrinites* wird unter Anderem hervorgehoben, dass der Rand nicht aufgewachsen, sondern frei umgeschlagen und mit schmalen Plättchen getäfelt sei. Danach könnte die Form, zumal ihre Thecalplatten nicht imbricirt sind, in die nahe Verwandtschaft von *Dinocystis* gestellt werden, wenn beide Formen nicht durch eine so auffallend lange zeitliche Lücke getrennt wären. MILLER hat unter dem After Platten beobachtet, die er mit den Zähnen der Echiniden vergleicht: das ist, wie auch BATHER kürzlich hervorhob, irrthümlich. Die Abbildungen der typischen Arten *E. Kaskaskiensis* HALL sp. 1858 (II, 696) und *E. optatus* WORTHEN und MILLER 1883 (I, 336) liessen wenig erkennen, dagegen ist der 1891 (I, 76) von MILLER beschriebene *E. Sampsoni* aus dem Keokuk limestone *Dinocystis* sehr ähnlich, nur dass seine Ambulacra gerade sind. Für eine generische Sonderbezeichnung würde ***Discocystis*** GREGORY (1897, II. 12) zu wählen sein, da *Echinodiscus* von AGASSIZ präoccupirt ist.

II. Fam. Agelacrinidae m.

Definition. Körper mützen- oder hutförmig; Oberseite in der Mitte konvex, am Rande niedergedrückt, Unterseite eben, mit ganzer Fläche aufgewachsen. Theca, abgesehen von den Saumplättchen der Ambulacra, aus schuppig übergreifenden Plättchen zusammengesetzt, die an Grösse nach dem Rande abnehmen und dort fest mit einander verwachsen sind. Ambulacra gerade oder spiral gedreht, wobei das 5. und auch das 4. kontrasolar gedreht sein kann. After mit unregelmässig gestellten Plättchen geschlossen. Saumplatten gross, fingerförmig, Subambulacra vorhanden.

Die Agelacrinidae stellen hinsichtlich ihres Skeletbaues die differenzirtesten *Thecoidea* dar, insofern sich nicht nur Ober- und Unterseite, sondern auch die Randzone gegenüber den centralen Theilen der Oberseite nach verschiedenen Richtungen specialisirt haben. Das Formverhältniss der Randplatten zu den Platten der centralen Partien der Oberseite ist aus Taf. II fig. 1 ersichtlich. Man bemerkt, wie deutlich sich die Randzone absetzt, zumal an ihrem Innenrand (vergl. Taf. I fig. 7) die grössten Platten des ganzen Körpers gelegen sind. Die starke Verkleinerung und Verwachsung der äusseren Randplatten ist offenbar dadurch bedingt, dass die Skeletbildung auf der aufliegenden Unterseite verkümmert ist, und der Rand der Oberseite daher einerseits die Spannung der Anheftung, andererseits die wahrscheinlich vorhandene Kontraktilität des Körpers bezw. seiner centralen Theile auszuhalten hatte. Die Wölbung des Randes giebt einen Maassstab für die ursprüngliche Wölbung der ganzen Oberseite, die bei der Fossilisation stets mehr oder weniger eingesunken ist. Auch die Entwicklung der subambulacralen Platten zeigt einen hohen Grad von Specialisirung. Ihre Existenz und Lage ist aus dem Taf. III fig. 3 abgebildeten Exemplar eines rheinischen *Agelacrinites* klar zu erkennen. Die Mehrzahl der Arten war jedenfalls auf festliegenden Objekten angesiedelt: beliebt scheinen besonders flache Schaalen von Brachiopoden (*Strophomena alternata*) und Bivalven gewesen zu sein; die in Böhmen vorkommenden Thecoideen der Gattung *Hemicystites* sind in der Regel auf den dünnschaaligen Gehäusen von *Conularia* aufgewachsen, die, wie ich glaube, ebenfalls sessil waren (vergl. pag. 26).

Die Organisation der Agelacriniden war anscheinend für kalkarme Meeresverhältnisse zugeschnitten und kennzeichnet sich überhaupt durch eine gewisse Sparsamkeit der Skeletbildung. So wurde der durch die Anwachsung auf der Unterfläche nicht nöthige Kalk zur Kräftigung der äusseren Randzone verwendet.

Bei einigen Arten stellt sich dagegen mit einer reicheren Kalkausscheidung eine ziemlich kräftige Skulptur der Platten ein. So zeigt *Hemicystites bohemicus* F. Roemer sp. die Plättchen auf der Oberseite wulstig verdickt, so dass die auf der Innenseite der Theca deutlich sichtbare Imbrikation aussen unmerklich wird. Zierlicher skulpturirt ist noch *Agelacrinites hamiltonensis* Van., bei dem die central gelegenen Plättchen pyramidenartig verdickt sind. Meek und Worthen nahmen daher an, dass die Plättchen bei dieser Form dem Typus der Gattung *Agelacrinites* nicht schuppig übereinandergriffen, aber ich glaube, dass der Fall hier nicht anders liegt als bei dem eben besprochenen *Hemicystites bohemicus*, zumal ein Theil der Plättchen bei obiger Art nach der Abbildung J. Hall's sicher schuppig inserirt war. Ich glaube deshalb auch, dass die hier vorliegende Modifikation die Aufstellung einer besonderen Gattung *Lepidodiscus* für schuppig skeletirte Agelacriniden nicht nöthig macht.

Dass innerhalb der Familie die Gattung *Agelacrinites* mit ihren spiral gedrehten Ambulacren höher specialisirt war als *Hemicystites*, bedarf kaum eines besonderen Hinweises. Das geologische Auftreten beider fällt allerdings beinahe zusammen, da die ältesten Vertreter von *Hemicystites* in Böhmen in der Schicht Dd_2, die von *Agelacrinites* in Amerika im Trentonkalk auftreten, der nur wenig jünger sein dürfte als die Schicht Dd_2 in Böhmen.

Hemicystites HALL 1852 (I, 245).

Taf. I fig. 4. 5, III fig. 1. 2.

Syn. *Agelacrinites* BEYR. ROEM. BARR. non VAN., *Hemicystis aut.*

Definition. Körper klein, halbkuglig gewölbt. Thecalplatten schwach imbricirt. Ambulacra kurz, gerade. Randzone nicht immer deutlich markirt. Untersilur von Böhmen und Nordamerika, Obersilur Nordamerika.

Ich beschränke die Gattung auf Formen vom Typus derselben *H. parasitica* HALL und scheide diejenigen aus, für die HALL das Subgenus *Cystaster* errichtet hatte. Andererseits fallen einige böhmischen Formen unter den so beschränkten Gattungsbegriff, die bisher von BEYRICH (1846, I, 192), F. ROEMER und BARRANDE zu *Agelacrinus* gestellt waren.

H. bohemicus F. ROEMER sp. 1851 (III, 19), BARRANDE 1887 (II, 86). 15–25 mm breit. Rand breit, scharf, schon bei jungen Individuen gesondert. Plättchen der Oberseite unregelmässig verdickt. Untersilur D_2 Drabow, Wesela, Böhmen; synonym: *Agel. tener* BARR. ebendaher (angeblich auch in May. Calvados 1876 [I, 60]). Taf. I fig. 4, 5.

H. confertus BARR. sp. 1887 (II, 86) 10–15 mm Durchmesser. Platten gross. Ambulacra lang. Randzone wenig scharf markirt. *Syn. *Agel. velatus* BARR. *bohemicus* BARR. z. Th. D_2 Drabow, D_2 Hajek, Böhmen.

H. bellulus BARR. sp. 1887 (II, 85). 10–15 mm breit. Ambulacra kurz, breit. Randzone nicht deutlich markirt, Plättchen gross, aussen glatt. Untersilur D_4 Zahorzan, Böhmen. (Syn.: *Agel. latiusculus* BARR. ebendaher) Taf. III fig. 1, 2.

H. simplex BARR. sp. 1887 (II, 88). Durchmesser 6 mm, schwach verkalkt. Plättchen ziemlich gross. Radien lang. D_4 Zahorzan, Böhmen.

H. Billingsi CHAPMAN 1860 (Can. Journ. 5 pag. 358). Trenton group. Nord-Amerika.

H. stellatus HALL 1866 (II, 215). 5 mm breit. Seitenrand nicht abgeflacht, sondern wulstig erhöht, ohne Randzone an der Oberseite. Thecalplättchen schuppig, klein. Saumplättchen relativ gross und kräftig. Silur, Hudson River group., Cincinnati Ohio.

H. parasiticus HALL 1852 (I, 246). Wie vorige, aber Plättchen etwas grösser, deutlich schuppig, Randplättchen klein; Saumplättchen gross, wenig zahlreich. Obersilur (Shales of the Niagara group, Lockport, N.Y.

Agelacrinites VANUXEM 1842 (I, 158).

(Syn. *Haplocystites* F. ROEM., *Lepidodiscus* MEEK und WORTHEN, *Streptaster* HALL. *Agelacrinus aut.*, *Agelacystis* HAECK.)

Definition. Thecalplatten schuppig übergreifend, im mittleren Theile wesentlich grösser als in der flachen Randzone. Ambulacra spiral gedreht, in der Regel R V, ausnahmsweise auch R IV, dem After solar zugedreht.

Der Name *Haplocystites* wurde von F. ROEMER 1851 (III, 277) provisorisch genannt für Formen, die nur eine Reihe ambulacraler Platten aufweisen. Durch die Güte des Herrn Prof. CL. SCHLÜTER ging mir aus Bonn noch der Abdruck von ROEMER's *Agelacrinus rhenanus*, dem Typus dieser Gattung, zu. Das betreffende Objekt ist Taf. III fig. 3 in doppelter Grösse gezeichnet. Man erkennt in der zur Hälfte erhaltenen Scheibe von innen die linksgelegenen Radien I, II und rechts vom After V, und an allen die einzeiligen Subambulacralplatten. Da sich nun herausgestellt hat, dass diese Plattenreihe unter der Radiärrinne lag und anscheinend allen Agelacriniden zukommt, so ist der Begriff einer Gattung *Haplocystites* hinfällig. Dass ich *Lepidodiscus* als Gattungsbegriff gegenüber dem *Agelacrinites Hamiltonensis* nicht anerkennen kann, hob ich bereits oben hervor. Ebenso überflüssig erscheint mir der Name *Streptaster* HALL für die Formen, deren Radien sämmtlich contrasolar gebogen sind.

Bei der typischen Species *A. hamiltonensis* VAN. sind zwei Ambulacra (V und IV) solar abgebogen. Diesem Moment kommt aber sicherlich keine besondere Bedeutung zu. Die Regel ist, dass das 5. Ambulacrum sich solar um den After legt, aber mit solchen kommen gleichzeitig auch normale Formen vor, bei denen alle Ambulacra kontrasolar gebogen sind (*A. Dicksoni*). Die oben genannte Abweichung stellt sich bei jüngeren Formen ein, ebenso wie gelegentlich 6- und 7strahlige Individuen vorkommen. Beide Momente entspringen der phyletischen Degeneration dieser specialisirtesten Formen des Kreises und haben keine positive morphologische Bedeutung.

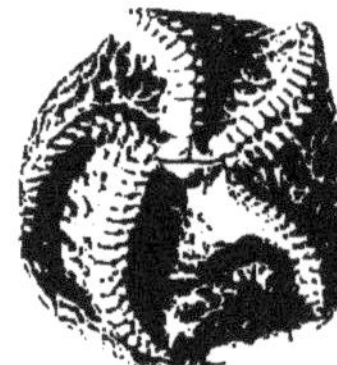

Fig. 10.
Agelacrinites pileus HALL.
Oberes Untersilur, Cincinnati Ohio. Cop. nach HALL, vergr.

Agelacystis ist von E. HAECKEL 1896 (II, 114) irrthümlich noch einmal für den Typus von *Agelocrinites*, *A. Hamiltonensis* VAN. aufgestellt.

A. Dicksoni BILLINGS 1857 (I, 294). Thecalplatten zwischen den Ambulacren besonders gross, Ambulacra ziemlich kurz gedreht, Saumplättchen stark skulpturirt. Untersilur (Trenton limestone; Ottawa, Canada). Taf. II fig. 2.

A. cincinnatiensis F. ROEMER 1851 (III, 372) Taf. II fig. 1. Theca etwa 10—20 mm breit, sehr flach ausgebreitet. Randplatten sehr klein, die übrigen von wechselnder Grösse. Ambulacra stark gedreht, allmählich an Breite abnehmend; Saumplättchen unregelmässig, flaschenförmig, meist einer Reihe schmaler Thecalplättchen angelagert. Das V. Ambulacrum ist meistens solar dem After zugedreht. Untersilur (Hudson River group), Cincinnati, Ohio (8 Exempl.). *A. septembrachiatus* MILL. und DYER 1878 (Journ. Cinc. Soc. Vol. I p. 27), ein offenbar siebenstrahliges Individuum von dem gleichen Fundort.

A. vorticellatus HALL 1866 (I, 7), 1872 (I, 215 T. VI, f. 11—13). Saumplättchen sehr kräftig, fingerförmig, zu steil erhabenen Reihen geordnet. Ambulacra lang, sämmtlich contrasolar gedreht. Thecalplatten klein (Typus der Gattung *Streptaster* HALL 1866), ebendaher.

A. pileus HALL 1866 (I, 7), 1872 (I, 214) Taf. I fig. 6. Theca etwa 15 mm breit, hoch, gewölbt, Randzone schwach entwickelt, Thecalschuppen gleichmässig, gross, gerundet, z. Th. mit je einem Knöpfchen verziert. Afterplatten klein, unregelmässig. Ambulacra mässig lang, I—IV contrasolar, V solar gedreht; ebendaher. Textfig. 10.

A. Holbrooki JAMES 1887 (Journ. Cinc. Soc. Nat. Hist. Vol. 10 p. 25). Hudson River group, Nord-Amerika.

A. rhenanus F. ROEMER 1851 (III, 374 [16]). Nur Ausguss der Innenseite bekannt. Theca etwa 30 mm breit. Thecalplatten ziemlich gleich gross, die inneren Ambulacralstücke von quadratischem Umriss. R V dem After zugebogen. (Die ROEMER'sche Abbildung l. c. T. II f. 4 ist wie auch f. 5 nicht durch den Spiegel gezeichnet!) Oberes Unter-Devon (Sandstein mit *Spirifer macropterus*) Unkel am Rhein. Taf. III fig. 3.

A. Hamiltonensis VANUXEM 1842 (I, 158, 306). Platten stark skulpturirt, die an der Innenseite der Randzone besonders gross und lang, Ambulacra schmal, R V und IV solar gebogen. Mittl. Devon (Hamilton group).

A. squamosus MEEK und WORTHEN 1868 (II, 357), 1873 (II, 513) wie *A. cincinnatiensis*, aber Ambulacra sehr lang, unregelmässig gebogen und über dem Mund mit sehr zahlreichen kleinen Plättchen bedeckt. Unt. Kohlenkalk. Keokuk beds. Crawfordsville, Indiana.

A. Blairi S. A. MILLER 1892 (II, 12) ebendaher.

A. Lebouri PERCY SLADEN sp. 1879 (III, 745). Unt. Kohlenkalk, Northhumberland. (Syn. *A. squamosus* LEBOUR non MEEK und WORTH., wahrscheinlich auch *A. Milleri* SHARMAN und NEWTON 1892 (I, 151), ebendaher, circa 9 mm breit. Aehnlich *A. cincinnatiensis*, aber Saumplättchen klein und regelmässig blattförmig, scharf von dem übrigen Hautskelet abgesetzt. Letzteres fein granulirt. R. V. solar gedreht. Das Original der typischen Form sechsstrahlig. Taf. I fig. 7.

Cystoidea.

Vorbemerkung. Die erste wissenschaftliche Beschreibung von Cystoideen hat Joh. Abr. Gyllenhahl, ein schwedischer Bergbeamter, 1772 (I, 239—261) veröffentlicht. In dieser äusserst sorgfältigen Untersuchung sind (*Sphaeronites*) *Echinus pomum*, (*Echinosphaerites*) *Echinus aurantium* und eine Varietät des letzteren scharf von einander unterschieden und ihrer Organisation nach erforscht. Gyllenhahl erkannte wenigstens bei *Echinus pomum* richtig den Mund und After und gab eine sorgfältige Darstellung der verschiedenartigen Porenbildungen und sonstiger Organisationsverhältnisse, die diese Formen von anderen Echinodermen unterscheiden. In der Einleitung seiner Schrift stellt er auch eine Reihe älterer Angaben über derartige Fossilien zusammen. Auch Walch hat 1773 einen Abdruck und Steinkern einer Cystoidee (es ist *Caryocystites geometrica* Ang.) beschrieben und auf Suppltaf. Xa fig. 3. 4 seiner „Merkwürdigkeiten" gut kenntlich abgebildet.

In älteren Sammelwerken werden dann die häufigeren Formen des baltischen Silurgebietes von Neuem und z. Th. besser abgebildet und mit neuen Namen versehen, ohne dass über ihre Organisation und systematische Stellung neue Ergebnisse gewonnen wurden. So werden von Hisinger 1802 (I), Wahlenberg 1821 (I) und Hisinger 1828 (I) einige Caryocystiden des schwedischen Silur, von Frh. v. Schlotheim 1826 (II) solche der Gegend von Reval und Petersburg beschrieben. Eine genauere Darstellung erfuhr 1825 eine nordamerikanische Form, *Caryocrinites ornatus*, durch Thom. Say und eine neue baltische Gattung *Echinoencriaites* 1826 (III) durch Herrn v. Meyer. Ersterer betrachtete *Caryocrinites* als einen Vertreter der Crinoiden, letzterer die neue Gattung *Echinoencrinites* als eine Zwischenform zwischen Echiniden und Crinoiden.

Als besondere Abtheilung der Echinodermen wurden 1844 die Cystoideen von L. v. Buch unter dem Namen *Cystidea* zusammengefasst (I. 101) und folgendermaassen definirt:

„Cystideen sind natürliche Körper, die auf einem Stiel sitzen, der sie am Boden befestigt. Ihre mehr oder weniger kugelförmige Oberfläche wird von einer grossen Menge von ineinandergreifenden polyedrischen Täfelchen oder Asseln bedeckt. Zwischen diesen Täfelchen zeigen sich die zum Leben des Thieres nothwendigen Oeffnungen, unter denen sich jedoch keine befinden, aus welchen Arme, denen der Crinoiden ähnlich, hervortreten könnten. Das Thier ist völlig armlos."

Seine Beurtheilung ihrer Organisation litt, abgesehen davon, dass er den After für die Ovarialöffnung hielt, namentlich unter dem Irrthum, dass die Cystoideen ihre Nahrung direkt unter Biegungen des Körpers mit dem Munde aufnähmen und dass letzterer aller armartigen, Nahrung zuführenden Organe entbehrte. Die von ihm als Cystideen zusammengefassten Formen waren 1. *Sphaeronites* (jetzt *Echinosphaerites*) *aurantium* His., 2. *Sphaeronites pomum* His., 3. *Caryocystites granatum* Wahlbg., 4. *Caryocystites* (jetzt *Amor-*

phocystis) testudinarius His., 5. *Hemicosmites pyriformis* v. Buch, 6. *Sycocystites* (jetzt *Echinoencrinites) Senckenbergii* H. v. M. Zu diesen wurde noch 7. *Cryptocrinus* gerechnet, den wir hier bei den *Carpoidea* wiederfinden werden, und im Anhang ist noch eine Form von *Pseudocrinites* erwähnt und auf einen *Agelacrinites* hingewiesen.

Trotzdem Alex v. Volborth (1846, II), auf treffliche Beobachtungen und klare Beschreibungen gestützt, die Existenz von Armen bei *Echinoencrinites* und *Echinosphaerites* nachwies und bei anderen russischen Cystoideen wahrscheinlich machte, hielt L. v. Buch an seiner oben genannten Auffassung fest und vertheidigte diese hartnäckig, schliesslich noch dadurch, dass er die nicht mehr abzuleugnenden Anhänge als Fühler und Tentakeln bezeichnete.

Unter der hierdurch geschaffenen Unsicherheit stellte das System von Edw. Forbes 1848 (II. 483) einen recht unglücklichen Kompromiss der Ansichten dar. Er theilte die britischen Cystideen in der Weise ein, dass er auf Grund der grösseren oder beschränkteren Zahl von Kelchplatten zwei Hauptabtheilungen schuf und innerhalb dieser armtragende und armlose, unter letzteren wieder solche mit und solche ohne Oraltentakeln einander gegenüberstellte. Formen, die in eine Familie gehören und ganz gleiche Armbildung besitzen, wie *Pseudocrinites, Apiocystites, Prunocystites* und *Echinoencrinites* sind dabei ohne jede Berechtigung in Gegensatz zu einander gebracht. *Echinoencrinites* soll der „Arme“ und der „Oraltentakeln“ entbehren, während *Agelacrinites* wieder zu den armtragenden Formen gerechnet wird.

Bald darauf, 1853 (I, 224), sehen wir Joh. Müller mit genialem Scharfblick die Existenz und die Verschiedenheiten der Poren zu einer klaren und leicht fasslichen Systematik verwerthen. In dieser klassischen Eintheilung sind die Formen wie folgt gruppirt:

I. Cystideen mit Porenrauten.

a) Porenrauten ohne äussere Verbindung der Poren: *Hemicosmites, Caryocrinites.*

b) Poren durch je eine aussen hervortretende Leiste verbunden; *Caryocystites granatum.*

c) Poren meist durch mehrere aussen vortretende Leisten verbunden: *Echinosphaerites aurantium, aranea, testudinarius.*

d) Mit wenigen Porenrauten: *Echinoencrinites, Pseudocrinites, Apiocystites, Prunocystites.*

II. Cystideen mit Doppelporen, welche derselben Tafel angehören (Diploporiten): *Sphaeronites pomum, Protocrinites, Glyptosphaerites.*

Die Beurtheilung der gesammten Organisation der Cystoideen ist bei Joh. Müller schon damals im Wesentlichen klargestellt. Die Ernährung wird derjenigen der Crinoiden gleichgestellt, die Existenz von „Armen“ damit bei allen als wahrscheinlich hingestellt, deren zweizeiliger Bau erkannt und ventrale Skeletelemente als Saumplättchen bezeichnet. Die Poren werden den Poren in der Kelchdecke von *Pentacrinus* gleichgesetzt, deren Funktion ihm übrigens noch unbekannt war. Nur in der Auffassung des Afters als Ovarialöffnung schliesst er sich noch der von seinem Freunde L. v. Buch scharf vertheidigten Ansicht an.

Die Definition, die Ferd. Roemer 1856 (II. 262) von den Cystoideen gab, bezeichnet dann auch in systematischer Hinsicht einen wesentlichen Fortschritt. Sie lautete: „Die Cystideen sind Crinoiden, bei welchen die schwach entwickelten Arme an dem kugeligen

Kelche erst in der Nähe des Mundes hervortreten oder ganz fehlen und ausser dem Munde regelmässig ein davon getrennter After und zuweilen noch eine dritte, in das Innere des Kelches führende Oeffnung (Genitalöffnung) vorhanden ist."

Er theilte wie die Crinoiden so auch die Cystoideen in gestielte und ungestielte ein. Die letzteren waren hierbei nur durch *Agelacrinus* vertreten, die gestielten wurden in solche mit Poren und solche ohne Poren getrennt und zu diesen letzteren *Stephanocrinus* und *Cryptocrinus* gerechnet. Die gestielten porentragenden Cystoideen wurden dann der MÜLLER'schen Anordnung entsprechend in solche ohne Porenrauten (= *Diploporiti* J. MÜLL.) und solche mit Porenrauten gesondert. Unter diesen wurden diejenigen mit vielen Rauten, *Echinosphaerites, Caryocystites, Hemicosmites, Caryocrinus* von denjenigen mit wenigen Rauten, *Echinoencrinus, Pseudocrinus, Apiocystites, Prunocystites, Callocystites* geschieden. So zutreffend in diesem System die Formen nach ihrer Verwandtschaft gruppirt sind, so wenig kann dem Princip ihrer Haupteintheilung zugestimmt werden, denn abgesehen von *Agelacrinus* müsste auch ein Theil der „gestielten" als ungestielt bezeichnet werden, und wir werden später noch an verschiedenen Beispielen sehen, wie geringe morphologische und funktionelle Bedeutung im Allgemeinen dem Verlust eines Stieles zukommt.

Durch J. HALL wurde die Kenntniss der nordamerikanischen Cystoideen noch wesentlich bereichert. Wir verdanken ihm namentlich eine stattliche Zahl neuer Gattungen wie *Callocystites, Lepadocrinus, Sphaerocystites, Gomphocystites, Holocystites,* deren Beschreibungen grösstentheils in der Natural History des Staates New York und den Reports seiner Geological Survey vertheilt sind (1852, I, 233–246; 1859, III, 125–132; 1861, I, II; 1864, I; 1871, I).

BILLINGS lehrte ebenfalls eine ganze Anzahl neuer Formen aus Canada kennen und gab z. Th. recht sorgfältige Beschreibungen derselben. In der 3. (1858, I) Dekade der Beschreibungen canadischer Fossilien sind die Ergebnisse seiner Arbeiten über Cystoideen zusammengestellt. Er betrachtete die im Scheitel gelegene Oeffnung lediglich als Ambulacralöffnung und die von uns jetzt als After angesehene Oeffnung als Mund. Er verwahrte sich ausdrücklich gegen die Auffassung, dass die Ambulacralöffnung mit dem Munde zusammenfiele. Da ihm das Vorhandensein crinoidenartiger Arme bei den Cystoideen als ausgemacht galt, hielt er eine besondere Genitalöffnung für überflüssig und betrachtete die kleinere sog. dritte Oeffnung mit L. v. BUCH als After. Fehlte dieselbe, so nahm er an, dass die grössere seitliche Oeffnung als Mund und After funktionirte. Die systematische Gliederung übernahm er wörtlich von JOH. MÜLLER. Als neue Gattungen beschrieb er *Pleurocystites* mit 6, *Glyptocystites* mit 4 Arten. Ausserdem stellte er noch zu Cystoideen die Gattungen *Comarocystites* mit 1, *Amygdalocystites* mit 3, *Malocystites* mit 2, *Palaeocystites* mit 3 Arten und die Gattung *Ateleocystites* mit einer Art.

v. EICHWALD gab, nachdem er (1840, III, 1842, II) und CH. PANDER (1830, I) einzelne Formen vorher beschrieben hatte, 1860 (I, 613–649) eine zusammenfassende Uebersicht über die Cystoideen des russischen Silur. Er stellte die Gattungen *Protocrinites, Heliocrinus* und *Chirocrinus* auf, und theilte den ganzen Formenkreis, als „Ordnung" der *Crinoidea*, in die vier Familien der *Diploporitidae, Taxiporitidae, Rhombiporitidae* und *Aporitidae*. Die erste umfasste von russischen Formen die Gattungen *Sphaeronites, Protocrinus* (zu der auch *Glyptosphaerites* gerechnet war), die zweite, die *Taxiporitidae: Echinosphaerites, Caryocystites, Heliocrinus,*

Hemicosmites und *Cyclocrinus*, die dritte, die *Rhombiporitidae*, *Gonocrinus* (für *Echinoencrinites* v. Meyer) und *Cheirocrinus*, die vierte, die *Aporitidae*, nur den *Cryptocrinus laevis* Pander's. Zunächst in einem Briefe veröffentlicht, wurde später 1867 (I, 200) die Gattung *Asteroblastus* von ihm als neu erwiesen, nachdem die Zahl der russischen Gattungen 1866 (V, 1) noch durch Hoffmann um die Gattung *Mesites* bereichert worden war, deren Benennung durch den Namen *Mesocystis* Bath. zu ersetzen ist.

Eine ausserordentlich gründliche Vertiefung erfuhr die Kenntniss dieser Formen durch Friedr. Schmidt, der 1874 (I, 8—34) unter dem Namen *Glyptocystites* Bill. eine sorgfältige Beschreibung der russischen Arten von *Chirocrinus* lieferte und ausserdem die Gattungen *Asteroblastus* Eichw. und *Mesites* Hoffm., letzteren unter dem Namen *Agelacrinus* eingehend besprach und mit klaren Abbildungen versah.

F. A. Quenstedt schied 1876 (II, 660) die „*Serti*“ von den „*Tricati*“ und verstand unter den ersteren, die *Caryocrinus*, *Hemicosmites* und „ein ganzes Heer von Rhombocystiden“ umfassten, Formen mit „wenigen und grossen mehr geordneten Asseln“. Die *Tricati* mit unentwirrbaren Tafeln enthielten die Echinosphaeriten und Glyptosphaeriten mit *Protocrinus*. Es lässt sich nicht leugnen, dass dem hier in den Vordergrund gezogenen Merkmal in den meisten Fällen eine wichtige systematische Bedeutung zukommt, aber eine Gesammteintheilung zu begründen erscheint jener Gegensatz doch schon deshalb ungeeignet, weil z. B. die *Tricati*, wie Quenstedt selbst zugiebt, „wesentlich“ verschiedene Formen zusammenziehen, und diesen gegenüber die Verringerung der Plattenzahl allein eine Verwandtschaft der *Serti* kaum wahrscheinlich machen kann.

Angelin's treffliche Monographie der Echinodermen aus dem schwedischen Silur brachte durch G. Lindström herausgegeben 1878 (I, 28—38) genaue Abbildungen, aber leider nur kurze Diagnosen zahlreicher Formen, die sich auf die Gattungen *Echinosphaera*, *Caryocystis*, *Megacystis* (der nicht zu Cystoideen gehört), als *Apora*, die Gattungen *Sphaeronis*, *Glyptosphaera* als *Gemellipora* und schliesslich *Glyptocystis* und *Lepadocrinus* als *Pedicellata* zusammengefasst, vertheilen. Eine Definition der drei Gruppen, die auf die Porenbildung basirt sind, ist nicht gegeben. Für die auffällige Zurechnung von *Echinosphaeritis* zu den *Apora* wird sich später eine Erklärung finden. Der Mund wird im Centrum der Ambulacralrinnen, der After in der seitlichen grösseren Oeffnung erblickt; die dritte kleinere als Genitalporus gedeutet.

v. Zittel schloss sich in seinem Handbuch der Palaeontologie 1879—1880 (I 413—425) im grossen Ganzen der Müller'schen Eintheilung an; dabei erwuchs ihm die schwierige, aber für den Stand der damaligen Kenntniss mit grossem Geschick gelöste Aufgabe, eine Anzahl inzwischen bekannt gewordener Gattungen dem älteren Rahmen einzufügen. So sind als I. Aporitidae folgende Gattungen zusammengefasst: *Cryptocrinus* Pand., *Hypocrinus* Beyr, *Echinocystis* Hall, *Ateleocystites* Bill. (Syn. *Placocystites* de Kon., *Anomalocystites* Hall)?, *Heterocystites* Hall, *Amygdalocystites* Bill., *Malocystites* Bill., *Agelacrinus* Van. (*Lepidodiscus*, *Streptaster* Hall, *Hoplocystites* Roem.). *Hemicystites* Hall, *Cystaster* Hall, *Edrioaster* Bill., *Cyathocystis* F. Schmidt. Die II. Diploporitidae umfassen nun *Mesites* Hoffm., *Asteroblastus* Eichw., *Gomphocystites* Hall, *Protocrinites* Eichw., *Glyptosphaerites* J. Müll., *Eucystis* Ang., *Holocystites* Hall, *Crinocystites* Hall, *Sphaeronites* His. Die III. Rhombiferi enthalten nach dem Princip der Müller'schen Gliederung a) *Echinosphaerites* Wahlb., *Caryocystites* v. Buch, *Achradocystites* Eichw., *Comarocystites* Bill.; b) *Caryocrinus*

SAY, *Hemicosmites* v. BUCH, als Formen zweifelhafter Stellung *Porocrinus* BILL., *Macrocystella* CALL., *Tiaracrinus* SCHULTZE; c) *Lepadocrinus* HALL (= *Lepocrinites* CONR., *Pseudocrinites* PEARCE, *Apiocystites* FORB.), *Callocystites* HALL, *Sphaerocystites* HALL, *Prunocystites* FORB., *Pleurocystites* BILL., *Echinoencrinus* v. MEYER (= *Sycocystistes* v. BUCH, *Gonocrinites* LEUCHT.), *Glyptocystites* BILL., *Cystoblastus* v. VOLB., *Blastoidocrinus* BILL., *Rhombifera* BARR., *Codonaster* F. ROEM.

Einen ungeahnten Reichthum von Cystoideen lehrte uns dann JOACHIM BARRANDE kennen, der in einem 1887 durch WAAGEN herausgegebenen Werke*) eine umfassende Beschreibung der böhmischen Formen lieferte. Es war das letzte Werk, welches der rastlose Fleiss dieses vielseitigen Mannes schuf. Mit einer bewundernswerthen Gründlichkeit sind darin alle Angaben über das bisher bekannte Material aller Länder zusammengestellt. Aus dem Labyrinth dieser ausserst verschiedenwerthigen Angaben hat BARRANDE allerdings keinen klaren Ausweg mehr finden können. Seine 25 Seiten umfassende Zusammenstellung der Angaben über den Besitz oder Mangel an Armen bei den einzelnen Formen sind bezeichnend hierfür, denn trotz aller Genauigkeit auf seiner Seite konnte dieselbe kein befriedigendes Resultat liefern, da beinahe jeder seiner Vorgänger sich den Begriff eines Armes in jedem Falle besonders zurechtgelegt hatte. So werden vielfach verschiedene Arten einer Gattung wie z. B. von *Echinosphaerites, Sphaeronites, Hemicosmites* mit Armen, andere derselben Gattungen ohne Arme citirt, die offenen Ambulacralrinnen, wie sie die Thecoideen besitzen, öfters als Arme bezeichnet. Wichtige Beobachtungen machte BARRANDE namentlich über die Struktur des Thecalskeletes und die Hauptöffnungen des Körpers. In der Deutung der drei bekannten Oeffnungen schloss er sich an L. v. BUCH an, ausserdem wies er aber bei einer Gattung noch die Existenz einer vierten Oeffnung nach, für deren funktionelle Bedeutung er allerdings keine Erklärung fand. Seine Klassifikation der Cystoideen knüpfte an die Zahl dieser Oeffnungen an. Er unterschied danach 1 Gattung mit 4, 5 mit 3, 5 mit 2, 12 mit einer und 6 Gattungen mit keiner Körperöffnung. Er legte dieser Eintheilung selbst offenbar eine sehr geringe Bedeutung bei, denn er sagt: „Certains paléontologues attachent la plus haute importance à la classification des formes, qu'ils décrivent. Nous ne partageons pas leurs vues, et nous considérons la classification, comme l'indication provisoire, plus ou moins arbitraire, de l'ordre à suivre dans les descriptions". Mehr kann die hier gewählte Eintheilung allerdings auch nicht

*) Vor dem 7. Quartbande von BARRANDE's Faune Silurien du Centre de la Bohême, der als dessen Werk über Cystoideen fast allein bekannt ist, erschien dessen Text, vom böhmischen Museum herausgegeben, mit 4 Tafeln (I, IX, XXVI, XXX) versehen in einem Oktavbande, der von WAAGEN im November 1887 abgeschlossen und auch auf dem Titelblatt mit 1887 datirt ist. Der jedenfalls bald darauf in Druck gegangene grosse Quartband ist zwar als Abdruck dieses ebenso datirt, aber offenbar später erschienen, soviel ich mich entsinne im Jahre 1888. Der Oktavband ist anscheinend im Buchhandel wenig verbreitet worden, jedenfalls aber früher erschienen als der Quartband, da in letzterem die Zahl der gefundenen Druckfehler ganz erheblich vermehrt ist gegenüber dem entsprechenden Verzeichniss hinter pag. XXVII des Oktavbandes. Die Nomenklaturhinweise müssten sich danach auf den Oktavband beziehen, da eine Beschreibung auch ohne Abbildung Prioritätsgeltung hat. Da aber diese vorläufige Drucklegung durch die mit den Tafeln vervollständigte Quartausgabe gewissermaassen ungültig geworden ist, und auch nur Wenigen zugänglich sein dürfte, so habe ich im Folgenden die betreffenden Arten und Gattungen nach dem Oktavbande mit 1887 datirt, die Angaben der Seitenzahlen — die der Tafeln decken sich in beiden Ausgaben — aber dem allgemein verbreiteten Hauptwerke in Quart entnommen.

leisten, denn es liegt, abgesehen von sehr vielen unvollkommenen Beobachtungen, auf der Hand, dass es Echinodermen ohne jede Körperöffnung überhaupt nicht geben kann, und selbst die nur einer Gattung zugeschriebene „vierte“ Oeffnung findet sich thatsächlich bei der Mehrzahl der Cystoideen, wenn auch meist in verschiedenem Grade von Rückbildung. Eine grosse Anzahl neuer Gattungsnamen treten uns hier entgegen, wie *Homocystites, Proteocystites, Rhombifera, Staurosoma, Aristocystites, Craterina, Deutocystites, Fungocystites, Orocystites, Pyrocystites*, aber ein grosser Theil derselben erweist sich als synonym mit älteren ausserhalb Böhmens gefundenen Gattungen. Viele hierher gerechnete Formen wie *Balanocystites, Cardiocystites, Mitrocystites, Neocystites, Trochocystites, Ascocystites, Acanthocystites* und *Mimocystites* werden im zweiten Bande dieses Werkes Berücksichtigung finden (vergl. die Liste böhmischer Formen in dem Kapitel „geologische Verbreitung“).

In „morphologischen Studien über fossile Echinodermen“ brachte Melchior Neumayr 1881 (I) eine Fülle neuer Ideen in das bis dahin mehr systematisch morphologisch durchgearbeitete Material. Indem er die vorher nur gelegentlich geäusserte Annahme, dass die Cystoideen die Stammformen der übrigen Echinodermen seien, schärfer vertrat, suchte er einzelne ihrer Vertreter als Uebergangsformen von den Cystoideen zu den einzelnen Klassen der übrigen Echinodermen zu erweisen. So stellte er einige Angaben über die Organisation der Ambulacra von *Mesites* zusammen, um von dieser Form die Asteriden herzuleiten. *Agelacrinus*, der sich freilich wesentlich anders organisirt zeigte, sollte diesen Uebergang ebenfalls veranschaulichen. *Cystocidaris* wurde als Cystoidee mit Echinidencharakteren gedeutet und zur Stammform der letzteren gemacht.

In seinen Stämmen des Thierreiches hat dann M. Neumayr 1889 (II pag. 412—414) über die J. Müller'sche Eintheilung ein scharfes, aber wohl kaum zutreffendes Urtheil gefällt, wenn er sagt, man sei „jetzt wohl allgemein der Ansicht, dass diese Anordnung eine ganz unnatürliche ist, und sie wird in den meisten Büchern nur darum beibehalten, weil es vorläufig noch nicht gelungen ist, etwas Besseres an die Stelle zu setzen“. Er selbst giebt dann kein abgeschlossenes System, stellt aber eine Anzahl „natürlicher Gruppen“ zusammen. Als „Ordnung“ werden die Sphaeronitiden mit den „A. Sphaeronitinen“: *Sphaeronites, Glyptosphaerites, Eucystis, Proteocystis, Protocrinus*; „B. Aristocystinen“: *Aristocystites, Pyrocystites, Craterina (Calix!!)*: „C. Mesitinen“: *Mesites, Agelacrinus, Edrioaster, Cytaster, Hemicystites* aufgeführt.

Als weitere Abtheilung wurden unter dem Namen „Echinosphaeritiden“ die Gattungen *Echinosphaerites, Caryocystites, Dendrocystites* und *Arachnocystites* n. g. vereinigt. Als eine „ganz eigenthümliche Gruppe für sich“ werden die „Pleurocystiden“ bezeichnet, die hier mit Ausnahme von *Pleurocystites* sämmtlich bei den Carpoideen ihren Platz gefunden haben. Durch *Caryocystites* schliesst Neumayr an die genannten die übrigen Formen mit wenigen Kelchtafeln an, deren Gliederung er nicht versucht hat.

In einer ausgezeichnet klaren, leider aber bei den Palaeontologen fast unbeachtet gebliebenen Schrift über die Homologien innerhalb des Echinodermenstammes hat Rich. Semon 1889 (I) einen Theil dieser Auffassungen widerlegt. Er protestirte energisch gegen die Gründe und die Art der Beweisführung, mit der man verschiedenen Formen eine Zwischenstellung zwischen den Cystoideen einerseits und den Asteriden und Echiniden andererseits zuschreiben wollte. *Cystocidaris* erklärt er für einen echten Seeigel, *Mesites* und *Agelacrinus* für Cystoideen und weiter nichts.

In einem zum Nachschlagen äusserst nützlichen Verzeichniss nordamerikanischer Fossilien einer „North American Geology and Palaeontology" hat S. A. MILLER 1889 (III, 215) die *Cystoidea* in nachstehende alphabetisch geordnete Familien eingetheilt. Eine Definition derselben ist freilich nicht versucht und wäre wohl auch auf unüberwindliche Hindernisse gestossen. 1. Amygdalocystidae mit *Amygdalocystites, Palaeocystites*; 2. Anomalocystidae mit *Anomalocystites*; 3. Caryocrinidae mit *Caryocrinus*; 4. Comarocystidae mit *Comarocystites*; 5. Echinocystidae mit *Echinocystites*; 6. Eocystidae mit *Eocystites*; 7. Gomphocystidae mit *Gomphocystites* und *Hemicosmites*; 8. Holocystidae mit *Allocystites, Crinocystites, Holocystites*; 9. Hybocystidae mit *Hybocystites*; 10. Lepadocrinidae mit *Apiocystites, Callocystites, Glyptocystites, Lepadocrinus, Pleurocystites, Sphaerocystites, Strobilocystites*; 11. Platycystidae mit *Platycystites*; 12. Family uncertain: *Heterocystites, Lysocystites, Malocystites, Porocrinus*. Eine morphologische oder gar phylogenetische Bedeutung ist dieser Eintheilung wohl auch von ihrem Autor nicht beigemessen worden.

G. STEINMANN fasste die Körperöffnungen wie v. ZITTEL auf und gab 1890 (I, 178) folgende Eintheilung:

A. Keine scharfe Grenze zwischen Ober- und Unterseite des Kelches vorhanden. Keine deutlichen freien Arme, dagegen meist Ambulacral-Furchen oder Felder entwickelt.

a) Platten entweder zahlreich und unregelmässig oder wenig zahlreich und nach Art der Kelchplatten der Crinoiden in abwechselnde Kränze geordnet.

1. Eucystoidea: *Glyptosphaerites, Echinosphaerites, Lepadocrinus.*

b) Ein Theil der Kelchplatten in meridionale Reihen geordnet.

2. Cystechinoidea: *Cystocidaris, Mesites.*

B. Ober- und Unterseite des Kelches verschieden gestaltet, häufig freie Arme nach Art der Crinoiden entwickelt.

a) Kelch platt, mit 5 auf einer Scheibe festgewachsenen Armen.

3. Cystasteroidea: *Agelacrinus.*

b) Kelch becherförmig. Freie Arme an der Grenze der Ober- und Unterseite.

4. Cystocrinoidea: *Echinoencrinus, Caryocrinus, Porocrinus.*

In der phylogenetischen Beurtheilung der Cystoideen folgte STEINMANN den Theorien NEUMAYR's. Auch nach ihm sind die Echiniden durch *Cystocidaris* und *Mesites*, die Asteriden dagegen durch *Agelacrinus* von den Cystoideen abzuleiten. Ausserdem betrachtet er *Caryocrinus* und *Echinoencrinus* als Uebergangsformen zu den Crinoideen.

In seinem System hat er sich von der MÜLLER'schen Verwerthung der Porenform ebenfalls losgesagt, da er z. B. einen Diploritiden, *Glyptosphaera*, und zwei Formen mit Porenrauten in eine Gruppe vereinigt.

In einer vorläufigen Notiz über die Organisation der Cystoideen trennte ich 1895 (II) zunächst die *Thecoidea* von den *Cystoidea* ab und suchte dann die Organisation der letzteren in verschiedenen Punkten aufzuklären. Ich wies darauf hin, dass die Ambulacra ontogenetisch immer am Munde hervortreten und sich von dort aus in sehr mannigfaltiger Weise über das Thecalskelet hinüberschieben, wenn sie nicht, wie dies bei extremen und deshalb gerade für typisch gehaltenen Formen der Fall ist, am Munde koncentrirt blieben. Ich versuchte ferner nachzuweisen, dass die Pentamerie dem Skelet erst sekundär durch das radiäre Ambulacralsystem aufgedrängt wird, dass dieses letztere ursprünglich pentamer war, und dass nur gelegentlich durch die Skeletirung der Theca einzelne der 5 Strahlen unterdrückt werden. Hinsichtlich der Thecalporen führte ich die Ansichten von Joh. Müller etwas weiter aus und deutete die sog. „dritte“ und „vierte“ Oeffnung als Poren des Parietalorganes und des primären Steinkanales unter Hinweis auf parallele Bildungsvorgänge in der Ontogenie von Antedon. Die Ableitung von Blastoideen von bestimmten Cystoideen deutete ich dort schon an und führte dies an einer anderen Stelle 1896 (IV) noch etwas weiter aus.

Bernard theilte in seinen Éléments de Paléontologie 1895 (III, 203) „la groupe des Eucystidés“ in folgende Familien ein: 1. Aristocystidés (*Aristocystites*, *Craterina*, *Pyrocystites*, *Deutocystites* Barr., *Fungocystites* Barr., *Sphaeronites* His., *Holocystites* Hall), denen er den Besitz von Armen und Ambulacralrinnen abspricht; 2. Echinosphaeritidés (ausser *Echinosphaerites* Wahl., *Caryocystites* v. Buch, *Rhombifera* Barr.) mit Armen und Porenrauten; 3. Glyptosphaeritidés (*Protocrinites* Eich., *Glyptosphaerites* Müll., *Ascocystites* Barr., *Proteocystites* Barr.) mit Doppelporen, kleinen Armen und Ambulacralrinnen: 4. Caryocrinidés (*Caryocrinus* Say, *Echinoencrinus* v. Meyer, *Mespilocystites* Barr.), die durch grössere regelmässig geordnete Platten ausgezeichnet sein sollen; 5. Callocystidés (*Callocystites* Hall, *Lepadocrinus* Conr., *Apiocystites* Forb., *Pseudocrinites* Pearce), bei denen Rinnen mit Pinnulis die Arme ersetzen, und 6. Pleurocystidés (*Trochocystites* Barr., *Pleurocystites* Bill., *Dendrocystites* Barr.), die durch seitliche Kompression des Kelches charakterisirt werden. *Cystoblastus* und *Asteroblastus* betrachtet er als Uebergänge zu den Blastoideen. Als „*Cystocrinoides*“, d. h. als Zwischenformen zwischen Cystoideen und Crinoideen, fasst er *Lichenoides* Barr., *Hybocystites* Bill. und *Porocrinus* Bill. in eine Einheit zusammen.

E. Haeckel stellte zuerst (1895, IV) in einem vorläufigen Bericht, dann 1896 (II) in einem grösseren Werke für einen Theil der Cystoideen und verschiedene andere von mir zu den Carpoideen gerechnete Formen die Klasse der Amphoridea auf. Er verstand darunter Formen mit einem primär bilateralen Körper, ohne radiär entfaltete Ambulacra. Dieselben sollten noch frei beweglich sein; den Stiel deutete er z. Th. als Schwanz und schrieb ihm lokomotorische Funktionen zu. Armartige Organe sollten ihnen fehlen oder nur durch ein Paar „lateraler Brachiolen (Mundarme)“ vertreten sein. Ausser einer hypothetischen Familie, den Eocystida, sollten dieselben enthalten II. die Anomocystida oder Pleurocystida, unter denen Haeckel die rhombifere Cystoidee *Pleurocystites* mit Gattungen vereinte, die von mir jetzt zu den Carpoideen gestellt sind, III. die Aristocystida oder Holocystida, die theils diplopore, theils dichopore Cystoideen, theils Carpoideen enthält, und IV. die Palaeocystida oder Archaeocystida, die in 4 Unterfamilien sehr verschiedenartige Vertreter von Cystoideen, Carpoideen und Cladocrinoideen enthielten. Von den Amphorideen leitet er alle anderen Klassen der Echinodermen ab. Die mit einer „Ambulacralrosette (Anthodium)“ versehenen Cystoideen leitet er von den genannten Amphorideen ab und theilt sie nach der relativen Zahl und Grösse der Thecalplatten in Microplacta oder Eucystidea und Megaplacta oder Parcystidea ein. Die ersteren enthalten Formen, deren Theca aus sehr zahlreichen kleinen Platten irregulär zusammengesetzt ist in 4 Familien, den 1. Pomocystida (*Sphaeronitida*, *Proteocystida*), 2. Fungocystida (*Glyptosphaerida*, *Malocystida*), 3. Agelacystida (*Hemicystida*, *Asterocystida*), 4. die Ascocystida, die er für kriechende Uebergangsformen zu den Holothurien, ja schliesslich sogar als echte Holothurien ansieht. Die zweite Ordnung der

Megaplacta enthält zwei Familien, die 1. Callocystida (*Anthocystida, Apiocystida, Pseudocrinida*) und die 2. Glyptocystida (*Hexalacystida, Sycocystida*).

Ich hielt mich für verpflichtet, in einer kritischen Besprechung dieser Arbeit (1897, III) aus der auffallend grossen Zahl tiefgreifender Missverständnisse und sachlicher Irrthümer wenigstens diejenigen zu berichtigen, welche zur Aufstellung weitgehender Folgerungen gedient hatten.

Unter diesen Umständen konnte das Werk HAECKEL's trotz seiner Fülle geistreicher Ideen für die Kenntniss und die Beurtheilung der Cystoideen doch nur einen sehr zweifelhaften Werth besitzen.

E. KOKEN ging in seinen „Leitfossilien" 1896 bei Eintheilung der Cystoideen davon aus, dass bei einigen Arme, bei anderen vom Mund ausstrahlende Ambulacralrinnen vorhanden sind, und gliederte dieselben danach in A. Brachiata mit Aermchen in der Nähe des Mundes, 1. mit vielen Platten und zwar mit Doppelporen: *Holocystites, Sphaeronites;* mit Porenrauten: *Echinosphaerites, Caryocystites;* 2. mit wenigen in Kränzen geordneten Platten und zwar mit einfachen Poren: *Cryptocrinus, Hypocrinus,* mit vielen Porenrauten: *Caryocrinus, Hemicosmites,* mit wenigen: *Echinoencrinus.* Es folgen dann B. Abrachiata mit längeren vom Mund ausstrahlenden Ambulacren, bei denen 1. die Kelche aus zahlreichen Tafeln zusammengesetzt sind und zwar a) der Poren entbehren: *Agelacrinus,* b) Doppelporen besitzen: *Mesites, Protocrinites, Glyptosphaerites;* 2. die Kelche aus Tafeln in beschränkter Zahl zusammengesetzt sind und zwar mit zahlreichen Porenrauten: *Glyptocystites* und mit wenigen: *Lepadocrinus, Callocystites.*

Es bedarf hiernach wohl keines ausdrücklichen Hinweises darauf, wie verschiedenartig und wechselnd sich die Auffassungen der Cystoideen gestaltet haben. Man wird es unter diesen Umständen gerechtfertigt finden, wenn ARNOLD LANG kürzlich in seiner vergleichenden Anatomie pag. 973 über die Cystoideen sagt: „Das Studium des Skeletes dieser alten, auf die palaeozoische Zeit beschränkten Klasse bietet kein sehr grosses vergleichend-anatomisches Interesse. Die Klasse enthält sehr heterogene Gruppen, deren Organisation aus dem allein erhaltenen Skelet nur sehr wenig verständlich wird." Ich hoffe, dass die nachfolgenden Ausführungen geeignet sein werden, die anatomische und entwicklungsgeschichtliche Bedeutung der Cystoideen in anderem Lichte erscheinen zu lassen.

Die Cystoideen bildeten so lange eine schwer zu definirende Abtheilung, als man die Vertreter der *Thecoidea* und *Carpoidea* in dieselbe einreihen zu müssen glaubte (vergl. pag. 10). Sobald man diese aus dem Rahmen der *Cystoidea* ausscheidet, werden die letzteren zu einer wohlumgrenzten morphologischen Einheit. Jedes Organisationsverhältniss der Cystoideen lässt sich nun klar definiren und trotz aller erdenklichen Mannigfaltigkeit der äusseren Form auf bestimmte Grundtypen zurückführen. Dabei wird einerseits die Stellung der ganzen Klasse im Stammbaum der Pelmatozoen wesentlich klarer und verständlicher, und andererseits das Bedürfniss einer inneren Gliederung der Abtheilung der bisherigen Schwierigkeiten enthoben.

Definition. Cystoideen sind Pelmatozoen, deren Kelch als „Theca" bis an den Mund geschlossen ist, von Poren (Thecalporen) durchsetzt wird und den ambulacralen Radiärgefässen nur am Munde einen Austritt gestattet. Die Theca ist mit polygonalen Platten unbeweglich skeletirt, mit einem Stiel versehen, selten unter Verlust eines solchen aufgewachsen oder frei. Die Pentamerie ist häufig durch Ausfall von 1, 2 oder 3 Strahlen unterdrückt. Die ambulacralen Radiärgefässe sind entweder am Munde zusammengehalten oder unter Gabelungen über die Theca hinübergeschoben, in jedem Falle aber auf distal gestellten, skeletirten Armanhängen („Finger") über die Theca erhoben. Die Finger sind zweizeilig, ungetheilt und nur mit Saumplättchen, aber nicht mit Pinnulis versehen. Der Mitteldarm ist solar, der Enddarm oft abweichend gedreht, der After in der Seitenwand der Theca, nicht immer im Interradius I:V, aber immer ausserhalb der Fingeransätze gelegen und meist durch eine Klappenpyramide geschlossen. Als Geschlechtsorgan funktionirt ursprünglich der Axialsinus der Leibeshöhle, der in einem suboralen Porus („Parietalporus") im Interradius I:V nach aussen mündet. Der primäre Steinkanal bleibt meist bestehen und ist durch einen am Mund oberhalb des Parietalporus gelegenen Madreporiten nach aussen geöffnet, bisweilen unter Rückbildung des letzteren mit dem Parietalkanal verbunden. Letzterer wie der primäre Steinkanal und ihre Poren liegen am dorsalen Vertikalmesenterium („Parietalseptum").

Besprechung. Die Organisation der Cystoideen in ihrer Morphogenie zu erkennen, ist ein Problem, an dessen Lösung man nicht mit vorgefasster Meinung herantreten darf. Um für ihre entwicklungsgeschichtliche Beurtheilung eine möglichst objektive Grundlage zu gewinnen, habe ich ihre Organe zunächst rein vergleichend anatomisch untersucht. Ich bemerke aber ausdrücklich, dass die morphologische Aneinanderreihung verschiedener Ausbildungsformen der Organe nicht ohne Weiteres in Phylogenie zu übersetzen ist. Die morphologische Recreation der individuellen Entwicklung giebt unter vielen anderen Komplikationserscheinungen der Descendenz auch die Möglichkeit, dass Formen in der Entfaltung ihrer phyletischen Charaktere weitgehende Hemmungen erfahren und dauernd auf Entwicklungsstufen zurückgehalten werden, die die Vorfahren unter günstigeren Bedingungen in ihren Ontogenien weit überstiegen hatten. Diesem Moment kommt offenbar in der Morphogenie der Cystoideen eine sehr grosse Bedeutung zu, die aber erst später eingehend gewürdigt werden kann. Ich wollte indess schon hier darauf hinweisen, dass wir die uns vielfach entgegentretende Einfachheit der Organisation nicht ohne Weiteres für primär ansehen dürfen. In der zunächst gegebenen vergleichend anatomischen Darstellung werden wir naturgemäss die morphologisch einfacheren und komplicirteren Ausbildungsformen gleichwerthig aneinander reihen.

Zur Orientirung diene folgende Uebersicht der hierher gehörigen Gattungsnamen*):

*) In dem folgenden Verzeichniss sind die formalen Synonyma in Klammern eingefügt; auf die zweckmässige Vereinigung vieler dieser Gattungen gehe ich erst später ein; nur möchte ich dazu schon im Voraus bemerken, dass die sämmtlichen von Ernst Haeckel 1896 aufgestellten Gattungsnamen — von den hypothetischen Gattungen ganz abgesehen — theils aus formalen, theils aus sachlichen Gründen unhaltbar sind. Die in der neueren palaeontologischen Litteratur üblichen Abkürzungen älterer auf „ites" endigender Namen habe ich gemäss den zoologischen Prioritätsregeln nicht mehr als zulässig anerkannt und den älteren Namen ihre Prioritätsrechte gelassen bezw. wieder hergestellt.

I. Ord. **Dichoporita.**

1. Unt.Ord. *Regularia.*

1. Fam. Chirocrinidae.

Gonocrinites Leuchtenbg. z. Th. 1843 (non Eichw. 1840).

Glyptocystites Bill. 1854 z. Th. (*Glyptocystis* Ang. 1878).

Chirocrinus Eichw. 1856.

Homocystites Barr. 1887 (*Homocystis* Haeck. 1896).

2. Fam. Cystoblastidae.

Cystoblastus v. Volb. 1870.

3. Fam. Scoliocystidae.

Echinoencrinites H. v. Meyer 1826 (*Echinoencrinus* v. Volb. 1842).

Gonocrinites Eichw. 1840 (*Gonocrinus* Eichw. 1860).

Sycocystites v. Buch 1844 (*Sycocystis* Haeck. 1896, non *Sycocystis* Haeck. 1869).

Prunocystites Forb. 1848.

Erinocystis n. g.

Glaphyrocystis n. g.

Scoliocystis n. g.

Schizocystis Jaekel 1895 (*Echinocystis* Haeck. 1896, non *Echinocystis* aut. pro *Echinocystites* Wyw. Thoms. 1861, Hall 1864).

4. Fam. Pleurocystidae.

Pleurocystites Bill. 1854 (*Pleurocystis* Haeck. 1896).

5. Fam. Callocystidae.

Lepocrinites Conr. 1840 (*Lepocrinus*, *Lepadocrinus* Hall 1859).

Pseudocrinites Pearce 1842 (*Pseudocrinus* aut.).

Apiocystites Forb. 1848 (*Apiocystis* Haeck. 1896).

Callocystites Hall 1852 (*Callocystis* Haeck. 1896).

Glyptocystites Bill. 1854 Typ.

Sphaerocystites Hall 1859 (*Sphaerocystis* Haeck. 1896).

Staurocystis Haeck. 1896.

Anthocystis Haeck. 1896.

2. Unt.Ord. *Irregularia.*

1. Fam. Caryocrinidae.

Caryocrinites Say 1825 (*Caryocrinus* Ag. 1834).

Hemicosmites v. Buch 1840.

Corylocrinus v. Koen. 1886.

Juglandocrinus v. Koen. 1886.

Hexalacystis Haeck. 1896.

Enneacystis Haeck. 1896.

2. Fam. Echinosphaeridae.

Echinosphaerites Wahlb. 1821 (*Echinosphaera* Ang. 1878, non Hertw. 1879).

Leucophthalmus Koenig 1825.

Caryocystites v. Buch 1844 (*Caryocystis* Ang. 1878).

Heliocrinites Eichw. 1840 (*Heliocrinus* Eichw. 1860, *Heliocystis* Haeck. 1896).

Heliopirum HAECK. 1896.
Orocystites BARR. 1887 (*Orocystis* HAECK. 1896).
Deutocystites BARR. 1887.
Arachnocystites NEUM. 1889.
Amphoracystis HAECK. 1896.
Trinemacystis HAECK. 1896.
Citrocystis HAECK. 1896.
Amorphocystis n. g.

3. Fam. Tetracystidae.
Tiaracrinus SCHULTZE 1866.
Rhombifera BARR. 1887.
Staurosoma BARR. 1887 non *Staurosoma* WILL.

II. Ord. **Diploporita.**

1. Fam. Mesocystidae.
(*Mesites* HOFFM. 1866, non BOH. 1838, non GEOFFR. 1838, non JENYS 1842)
Mesocystis BATH. 1898.
Blastoidocrinus BILLINGS 1859.
Asteroblastus EICHW. 1861.
Asterocystis HAECK. 1896.

2. Fam. Sphaeronidae.
Sphaeronites HIS. 1828 (*Sphaeronis* ANG. 1878).
Eucystis ANG. 1878.
(*Craterina* BARR. 1887 non BORY 1824) *Codiacystis* n. n.
Proteocystites BARR. 1887 (*Proteocystis* HAECK. 1896).
Pomonites HAECK. 1896.
Pomocystis HAECK. 1896.
Pomosphaera HAECK. 1896.
Palmacystis HAECK. 1896.

3. Fam. Aristocystidae.
Calix ROUAULT 1851.
Aristocystites BARR. 1887 (*Aristocystis* HAECK. 1896).
Holocystites HALL 1864 z. Th. (= *Holocystis* HAECK. 1896 non LONSDALE 1849).
Allocystites J. S. MILL. 1889.

4. Fam. Gomphocystidae.
Gomphocystites HALL 1868 (*Gomphocystis* ANG. 1878).
Pyrocystites BARR. 1887 (*Pirocystis* HAECK. 1896).

5. Fam. Glyptosphaeridae.
Glyptosphaerites JOH. MÜLL. 1854 (*Glyptosphaera* ANG. 1878).

6. Fam. Dactylocystidae.
Protocrinites EICHW. 1840 (*Protocrinus* EICHW. 1860).
Fungocystites BARR. 1887 (*Fungocystis* HAECK. 1896).
Dactylocystis n. g. (*Proteroblastus* JAEK. 1895 nur Name).

Bei der folgenden Besprechung werde ich von den real vorliegenden Verhältnissen des Skeletsystemes ausgehen und die einzelnen Organe der Cystoideen in nachstehender Reihenfolge besprechen:

A. Die allgemeine Körperform.
B. Das Integument.
C. Das Körperskelet.
  a) Die Theca.
  b) Die Stielbildung.
D. Das Ambulacralsystem.
  a) Das Verhältniss der Radiärstämme zur Theca.
  b) Die extrathecale Ausbreitung der Ambulacra.
  c) Die Finger.
  d) Die Saumplättchen und das ventrale Thecalskelet.
  e) Die Wirkung der ambulacralen Skeletbildungen auf das Thecalskelet.
  f) Der primäre Steinkanal.
E. Die Thecalporen.
F. Der Parietalporus und seine Funktion.
G. Das Coelom und seine Mesenterien.
H. Das Darmsystem.
  a) Der Mund.
  b) Der After.
  c) Der Verlauf des Darmtractus.
I. Das Nervensystem.
K. Die Muskulatur.
L. Die geologische Verbreitung.
M. Das Verhältniss der Cystoideen zu den übrigen Echinodermen.
N. Die phyletische Gliederung und
O. Die systematische Eintheilung.

A. Die allgemeine Körperform.

Der Körper der Cystoideen setzt sich seiner allgemeinen Form nach mindestens aus zwei, meistens aber aus drei Komponenten zusammen. Dieselben sind

1. der centrale eigentliche Körper,
2. die skeletirten Anhänge des Ambulacralsystemes (Finger).

Dazu kommt bei den meisten Formen

3. der Stiel.

Der centrale, eigentliche Körper enthält die Visceralmasse mit Ausnahme ihrer in den Fingern und dem Stiel gelegenen Fortsätze. Wir entnehmen seine Form aus seiner skeletirten Wand, die ich mit E. HAECKEL als Theca bezeichne und später besonders besprechen werde.

Die Form derselben entfernt sich vielfach wenig von der einfachen Grundform der Kugel. In ausgezeichneter Reinheit sehen wir dieselbe bei *Glyptosphaerites Leuchtenbergi* (Taf. IV fig. 3), wenig durch Abflachung modificirt bei *Protocrinites fragum* (Taf. V fig. 1a), meist typisch bei

Echinosphaerites (Taf. VIII fig. 5), *Caryocystites granatum* (Taf. IX fig. 2) und bei *Cystoblastus* (Taf. XVI fig. 1). Eine Eiform zeigt *Protocrinites rarissimus* (Taf. III fig. 9) und *oviformis* (Taf. VI fig. 6), *Dactylocystis Schmidti* (Taf. VI fig. 7), die meisten Arten von *Heliocrinites* (Taf. IX), die Caryocriniden (Taf. XVII), *Scoliocystis* (Taf. XI fig. 1), *Callocystites Jewettii* (Taf. V fig. 1) und die meisten Arten von *Lepadocrinus* (Taf. XIV fig. 1, 4, 5, 6).

Besondere Modifikationen der Kugelform zeigen sich darin, dass das aufgewachsene Ende verjüngt ist, wie dies z. B. bei einigen Arten von *Sphaeronites* und den Aristocystiden (Taf. III fig. 11, IV fig. 2) der Fall ist. Bei stärkerer Verjüngung des unteren Endes resultirt eine Birnform, wenn die Dickenzunahme nach oben allmählich und unter gleichmässiger Wölbung erfolgt. Ein derartiges Bild zeigt z. B. *Pyrocystites pirum* (Taf. III fig. 6), *Gomphocystites* (Taf. II fig. 8, 9), *Dactylocystis Mickwitzi* (Taf. V fig. 8), *Echinosphaerites pirum* (Taf. VIII fig. 1). Häufig senkt sich aber bei relativ stärkerem Dickenwachsthum der Hauptmasse des Körpers dieser nach einer Seite, wie dies gelegentlich bei *Gomphocystites* (Taf. II fig. 8), *Glyptosphaerites Leuchtenbergi* und *Mesocystis Pusirewskyi* der Fall ist. So entsteht eine Apfelform, die gelegentlich durch eine Eindrückung der Unterseite des Körpers modificirt wird, wie bei den älteren Diploporiten und regulären Dichoporiten (Taf. IV fig. 3, VI fig. 1, XVI fig. 1); auch eine fussartige Ausbreitung der Theca am Boden findet statt, wie z. B. bei *Eucystis raripunctata* Ang. Sehr auffällige Verzerrungen erleidet die Körperform durch seitliche Abflachung bei *Pleurocystites* (Taf. XII fig. 5), deren Theca zu einer elliptischen Scheibe zusammengedrückt erscheint. Während diese Abweichung durch Ausbreitung des Analfeldes veranlasst ist, führt eine rüsselartige Vorstreckung des oberen Poles bei *Erinocystis* (Taf. XIII fig. 6) im Verein mit der Einbiegung der Unterseite und einer extremen Vorwölbung des Afters zu einer Feigenform und damit zu der unregelmässigsten Körpergestalt, die innerhalb der Cystoideen zu beobachten ist.

Eine ganz fremdartige, bei oberflächlicher Betrachtung an Holothurien erinnernde Form erlangt *Amorphocystis* (Taf. IX fig. 8) durch eine starke Streckung des Körpers in der Längsaxe.

Eine Stielbildung kommt, wie gesagt, nicht überall zu Stande. Sie fehlt vollständig allen Formen, die mit ihrer Unterfläche dem Boden aufliegen und dabei festgewachsen sind wie die Sphaeroniden und Glyptosphaeriden oder im Alter frei sind wie *Protocrinites* (Taf. V fig. 1a) und vereinzelte Individuen von *Aristocystites* (teste Barrande). Während diese Formen in ihrer Gestalt an Theeoideen erinnern, finden wir bei den übrigen Cystoideen eine mehr oder weniger typische Stielbildung. Dieselbe ist klein und bildet nur einen unscheinbaren Anhang des Körpers bei vielen Diploporiten, wie *Dactylocystis Schmidti* und *Glyptosphaerites*. Deutlich setzt sich der Stiel bei *Asteroblastus* (Taf. VII fig. 1) ab, wo er zwar bisher nicht in grösserer Länge beobachtet werden konnte, aber wahrscheinlich eine solche besass. In allgemeiner Verbreitung finden wir eine typische Stielbildung bei den *Dichoporiti*, unter denen sie allerdings bei *Echinosphaerites* (Taf. VIII fig. 1) schwach entwickelt ist, bei den übrigen aber (Taf. VIII fig. 3, X fig. 14, XI fig. 4, XII fig. 3, XIV fig. 1, XV fig. 2) ganz stattliche Dimensionen aufweist. Auch eine Wurzelbildung findet sich hier durch Ausbreitung der untersten Glieder oder durch Bildung skeletirter Blasen (Taf. XIV fig. 1, XV fig. 2).

Aeussere Anhänge des Ambulacralsystemes, die bisher bei Cystoideen theils als Arme, theils als Pinnulae, theils als Tentakeln, hier als „Finger" bezeichnet worden sind, finden sich bei Cystoideen stets. Sie zeigen eine ausserordentliche Mannigfaltigkeit und modificiren dadurch die allgemeine Körperform in verschiedenster Weise. Dabei lässt sich wie bei Crinoiden das Gesetz erkennen, dass ihre Zahl und relative Grösse in umgekehrtem Verhältniss zu einander stehen. Die grösste Zahl und zugleich kleinste Form derselben dürfte bei *Mesocystis* (Taf. VI fig. 1) vorkommen, die kleinste Zahl mit stattlicher Grösse verbunden bei Echinosphaeriden (Taf. VIII), Caryocriniden (Taf. XVII), *Rhombifera* (Taf. X fig. 8) und *Pleurocystites* (Taf. XII fig. 3). Wir sehen, dass auch in diesem Punkte eine grosse Mannigfaltigkeit herrscht, und es liegt auf der Hand, dass durch dieselbe die Gesammtform des Organismus wesentlich beeinflusst wird.

Wenn aber hiernach das Grössenverhältniss der drei Hauptheile der Pelmatozoengestalt: Körper, Stiel und Finger, in ausserordentlich weiten Grenzen schwankt, so können wir doch im Allgemeinen einen tiefgreifenden Unterschied der Cystoideengestalt gegenüber derjenigen der Thecoideen einerseits und der Clado- und Pentacrinoideen andererseits konstatiren. Von der Gestalt der Thecoideen weicht die aller Cystoideen ab durch den Besitz freier skeletirter Anhänge des Ambulacralsystemes und die der meisten Formen überdies durch den Besitz eines Stieles. Gegenüber den Clado- und Pentacrinoideen aber fällt als durchgreifender Charakterzug der Cystoideen ins Auge, dass ihre ambulacralen Anhänge durchweg dem Centralkörper gegenüber nur als Anhänge, aber nicht als formgebende Theile erscheinen. Das liegt nicht allein an einer relativen Massendifferenz, sondern vor Allem auch daran, dass sich diese Anhänge nicht in harmonischen Linien aus der Form des Centralkörpers loslösen. Diese Harmonie, die bei Clado- und Pentacrinoideen auf einer morphogenetisch äusserst wichtigen Korrelation beruht, ist eben bei Cystoideen nicht vorhanden, und darin liegt der wesentlichste Grund, dass uns dieselben in ihrer Gesammterscheinung einen unfertigen, larvenhaften oder pathologischen Eindruck machen. Diesen ganz analoge Verhältnisse zeigen aber die Carpoideen, die im zweiten Bande dieses Werkes besprochen werden sollen. Die Vertreter derselben, von denen Formen, wie *Trochocystites*, *Mitrocystites*, *Anomalocystites*, *Placocystites*, *Dendrocystites*, *Malocystites*, *Comarocystites*, *Amygdalocystites* genannt seien, bieten in allen besonderen Eigenschaften ganz andere Organisationsverhältnisse wie die Cystoideen, aber sie theilen mit ihnen die Disharmonie zwischen Centralkörper und Armen und damit das Auffällige ihrer Gesammterscheinung. Sie sind offenbar lediglich wegen dieser Konvergenz bisher mit den Cystoideen vereinigt worden, denn andere Gründe als die Gemeinsamkeit dieser negativen Unterschiede gegenüber den höheren harmonisch gebauten Pelmatozoentypen könnten für die Vereinigung beider nicht ins Feld geführt werden.

Die Dimensionen des Körpers liegen in wenig engeren Grenzen als die der Crinoiden. Formen wie *Eucystis raripunctata* Ang. mit einer Kelchhöhe von cirka 10 mm stehen nahe verwandte Formen wie *Aristocystites* mit Theken von etwa 90—100 mm gegenüber. Auch bei den niedersten *Dichoporiti* kommen grosse Schwankungen vor: einem Durchmesser von 15 mm bei *Echinosphaerites aurantium* stehen solche von 75 mm bei *E. infausta* Barr. gegenüber. Bei den höheren *Diploporiti* sowohl wie *Dichoporiti* ist für den Centralkörper die Grösse einer Hasel- bis Wallnuss charakteristisch. Mit Stiel und Armen mag *Pleurocystites* z. B. cirka 300, *Caryocrinites* etwa 400 mm Höhe erreicht haben.

Zur vorläufigen allgemeinen Orientirung über die Organisation der Cystoideen füge ich noch Folgendes hinzu. Wir unterscheiden, abgesehen von der blindsackartigen Ausstülpung des Stieles, 4 Körperöffnungen in dem Thecalskelet. Die beiden grösseren bezeichnen die Endpunkte des Darmes, Mund und After. Der Mund (o) liegt an der Vereinigungsstelle der radiären Vectakelrinnen, in der Regel im Centrum der Oberseite (Taf. III fig. 9, IV fig. 10, XVI fig. 2). Bei gutem Erhaltungszustand ist seine Oeffnung durch kleine Plättchen geschlossen, deren Anordnung und Form durch die Lage der radiären Vectakelrinnen bestimmt wird. Der After liegt excentrisch, interradial, auf der Seite ungefähr um den halben Radius von der Mundöffnung entfernt. Er erscheint am häufigsten als grosse pentagonale Lücke im Skelet (Taf. IV fig. 3), nicht selten aber durch dreiseitige Plättchen — eine sogenannte Klappenpyramide — geschlossen (Taf. V fig. 3, VI fig. 1). Diese Oeffnung wurde von L. v. Buch und vielen anderen Autoren als Ovarialöffnung aufgefasst. In der Regel zwischen Mund und After, öfters nach den Seiten von dieser Linie etwas verschoben, findet sich eine kleine Oeffnung von rundlichem oder ovalem Umriss, die bei günstiger Erhaltung ebenfalls durch eine Klappenpyramide verschlossen ist (Taf. VIII fig. 5, IX fig. 4a), die aber meist steiler erhaben ist als die des Afters. Diese von Buch, Billings und Anderen als After gedeutete Oeffnung ist hier als Parietalporus (Pp) bezeichnet und mit dem sog. Axialorgan in Beziehung gebracht worden. Schliesslich existirt noch eine vierte, zuerst von Barrande bei *Aristocystites* beobachtete, aber thatsächlich bei den meisten Cystoideen vorhandene Porenbildung der Theca. Dieselbe liegt zwischen dem Mund und dem Parietalporus, häufig dem letzteren genähert, bisweilen mit ihm verschmolzen und äusserlich ganz verschwunden. Diese sog. vierte Oeffnung ist keine glatte Oeffnung in der Thecalwand, sondern nur eine sieb- oder schlitzartige Unterbrechung der normalen Skeletwand. Dieselbe ist hier als Porus des primären Steinkanales (Pr) aufgefasst und dem Madreporiten der freilebenden Echinodermen gleichgestellt worden.

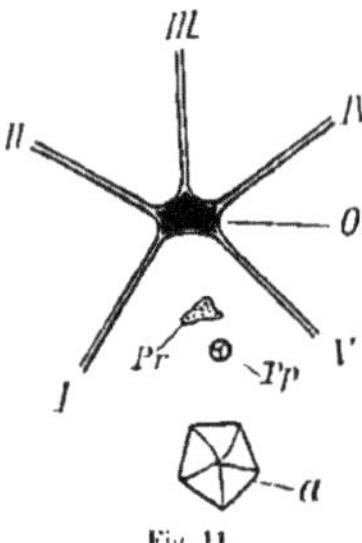

Fig. 11.
Die Körperöffnungen der Cystoideen. o Mund, a After, Pp Parietalporus, Pr Porus des primären Steinkanales (Madreporit), I–V die 5 Radien des Ambulacralsystemes.

B. Das Integument und seine Skeletirung.

Die beiden Hautschichten, welche normaler Weise die Körperwand der Echinodermen zusammensetzen, das Epithel und die darunter gelegene Cutis, sind am Gesammtkörper bei den lebenden Crinoiden, nur in deren Ontogenie zeitweise, dauernd nur an deren Armrinnen klar auseinanderzuhalten. An den kräftig skeletirten Theilen der Körperwand scheint dagegen die Skeletbildung der Cutis bis an die Oberfläche zu reichen bezw. mit den epithelialen Geweben ohne Grenze zu verschmelzen. In beiden Fällen kann wohl nur noch die äusserste Schicht des Epithels, die Cuticula, die Skeletbildungen der Cutis überkleiden.

Die hoch entwickelten Vertreter der Cystoideen dürften sich hinsichtlich ihres

Integumentes ebenso verhalten haben wie die Crinoideen. Ihre Skeletbildungen erscheinen strukturell durchaus einheitlich und ihre Aussenfläche weist z. Th. eine so feine Glättung und so scharf geschnittene Ornamente auf, dass man dieselbe unstreitig, abgesehen von einer Cuticula, für die unverletzte Aussenschicht des Integumentes halten muss. So zeigen die Thecalplatten von *Dactylocystis* m., *Chirocrinus* Eichw. (Taf. XI fig. 8), *Glyptocystites multiporus* Bill. und *Glaphyrocystis* (Taf. X fig. 6) eine auffallende glatte Oberfläche, während bei Formen wie *Echinoencrinites Senckenbergii* (Taf. XIII fig. 1), *Erinocystis Volborthi* (Taf. XIII fig. 5), *Pleurocystites filitexta* (Taf. XII fig. 3) an der Oberfläche die feinsten Skulpturen ausgeprägt sind.

Anders liegen diese Verhältnisse aber offenbar bei verschiedenen eigenthümlich specialisirten Cystoideen. Bei *Aristocystites* wurde schon von Barrande eine mittlere, eine äussere und eine innere Skeletschicht unterschieden (1887, II. 31). Die erste bezeichnet er als „Enveloppe principale calcaire", die äussere als „Epiderme externe, lisse"; die dritte „Epiderme interne" ist nach Barrande auf *Aristocystites* beschränkt und von ihm anscheinend nur an zwei Individuen beobachtet. Klare Kennzeichen dieser Schicht sind aber weder der Beschreibung, pag. 35 und 100, noch den Figuren, T. XI f. 9 und 12, zu entnehmen. Wenn hier nicht, was ich für sehr wohl möglich halte, nur gelegentlich die innerste Schicht der „Enveloppe calcaire" am Steinkern haften blieb und dadurch partiell ein anderes Aussehen der Innenseite bedingte, wenn also wirklich hier eine organisch substantiirte Schicht vorläge, so fände dieselbe nur ein Analogon in unregelmässigen, wirr strukturirten Kalkabsätzen, die sich bei sehr dick skeletirten Cladocrinoideen, z. B. Actinocrinus-Arten, im Kohlenkalk finden und allem Anschein nach nur als indifferente Ausscheidungen im Bindegewebe aufzufassen sind. Ich möchte sie mit den Cementablagerungen an den Zähnen der Säugethiere vergleichen. Wie diese histologisch und genetisch nichts mit der Individualität des Zahnkeimes zu thun haben, und nur als organische Ablagerungen auf ihrer Aussenseite anzusehen sind, so können auch diese letzteren Kalkausscheidungen bei Pelmatozoen nicht zu den eigentlichen Skeletsubstanzen gerechnet werden. Die „Enveloppe principale calcaire des Cystidées" dagegen entspricht offenbar der eigentlichen skeletbildenden Schicht der übrigen Echinodermen und stellt somit die Verkalkung der Cutis dar. Ich werde dieselbe kurz als „Stereothek" (στερεός = hart) bezeichnen.

Eine „Epiderme externe lisse" wurde von Barrande bei *Aristocystites bohemica* und bei *Echinosphaerites infausta* beobachtet und l. c. pag. 32 beschrieben. „Toute leur surface conservée parait lisse, sans aucune trace des pores, qui couvrent toutes les autres exemplaires." Diese Beschreibung wird noch vervollständigt durch die Bemerkung, dass diese äussere Schicht „semble avoir été d'une grande ténuité". Diese Angaben Barrande's konnte ich nicht nur an böhmischem Material vollkommen bestätigen, sondern an günstiger erhaltenen Objekten anderer Fundorte wesentlich erweitern.

Die böhmischen Aristocystiden und Echinosphaeren lassen in der That von dieser äusseren Schicht nur das erkennen, was Barrande zu ihrer Charakteristik hervorhob. Dieselbe überzieht in sehr geringer Stärke die porentragende Stereothek, sodass deren Unebenheiten und Poren wie mit einem dichten Schleier überzogen erscheinen. Wesentliche Unterschiede sind hierbei in der Struktur dieser Schicht bei *Aristocystites* und *Echinosphaerites* nicht zu beobachten. Die Substanz derselben erscheint gleichmässig feinkörnig, dicht.

Ein Fragment eines Aristocystiden aus dem Untersilur von Bussaco in Portugal Mus. Breslau), dessen Zusendung ich Herrn Prof. FRECH verdanke, zeigt auf der Aussenseite der Skeletplatten kleine, undeutlich erhaltene Doppelporen und schlanke Vorragungen oder Zapfen, sodass man es mangels abweichender Charaktere unbedenklich zu dem von M. ROUAULT beschriebenen *Calix Sedgewicki* stellen kann. Da mir im Abdruck das undeutliche Aussehen der Oberfläche im Gestein auffiel, untersuchte ich dasselbe genauer und fand dabei dieselbe dichte, mehlige Schicht, wie sie der böhmische *Aristocystites* gelegentlich zeigt. An einer winzigen Stelle nun zeigte sich aber diese Schicht von dem sonstigen gelblichen Ton abweichend bläulich grau gefärbt, und in stärkerer Vergrösserung erkannte ich ein feines, in einer Fläche ausgebreitetes Netz an Stelle der sonst strukturlosen Lage. Dasselbe besteht aus einem ziemlich regelmässig rechtwinklig gekreuzten System feiner, im Ganzen geradlinig oder schwach wellig verlaufender Kalkfädchen, dessen Maschen demnach in ziemlich regelmässige Längs- und Querreihen geordnet sind und als volle Durchbohrungen erscheinen (vergl. Taf. IV fig. 11a). Es macht nicht den Eindruck, als ob hier mehrere solcher Netze übereinander lägen, sondern die ganze Schicht nur aus dem einen sichtbaren Schleier bestände. Da derselbe etwas dünner zu sein scheint, als die umgebende mehlige Substanz, gegen die das Netz scharf abgesetzt ist, so lag die Vermuthung nahe, dass das Netz sonst von dieser mehligen Substanz überdeckt sei. Sehr vorsichtig angestellte Versuche, durch Entfernung des feinen Mehles dieser Substanz eine tiefer liegende solidere Netzschicht zu entblössen, ergaben nur negative Resultate. Die weiche Substanz liess sich sehr leicht entfernen, aber unter ihr zeigte sich nur das gröbere Korn des umgebenden Gesteins, an dem diese äusserste Lage des Fossils haften geblieben war. Diese Beobachtungen legten den Schluss nahe, dass das netzartige Stück nur ein besser erhaltener Theil der obersten Schicht sei. Eine Probe mit der Nadel ergab eine unerwartet vollständige Bestätigung dieser Annahme, insofern bei leiser Berührung ein Theil des Netzes zu demselben mehligen Pulver zerfiel, wie die übrigen Stellen dieser Schicht bei der Berührung mit der Nadel. Es bestand also offenbar diese „Epiderme externe“ oder „*Epithek*“ aus einem engmaschigen Kalknetz, welches grösstentheils auf chemischem oder mechanischem Wege zu einer mehlig feinkörnigen Substanz umgewandelt war. Bei diesem Process war es zu einer dickeren Lage aufgequollen vielleicht veranlasst durch die Zersetzung dieser oder der die Doppelporen auskleidenden Gewebe. Bei dem Berühren des Netzes mit der Nadel waren Theile einer muldenartigen Vorwölbung zerfallen. Da solche an den übrigen Theilen dieser Schicht die Lage von Doppelporen in der ursprünglich darunter liegenden Skeletschicht bezeichnen, so musste ich auch jene Stelle in gleicher Weise deuten und habe, um dies zur Anschauung zu bringen, das Bild Taf. IV fig. 11a um diese Erscheinung schematisch bereichert. Im Uebrigen giebt dieselbe ein möglichst genaues Bild des jetzt noch sichtbaren Fragmentes und seiner Struktur. Diese nur wenige Quadratmillimeter grosse Stelle ist der einzige derartig erhaltene Rest der äusseren Skeletschicht, der mir bekannt geworden ist. Ich möchte aber bei der Erhaltung der benachbarten Partien derselben den Schluss für gerechtfertigt halten, dass auch bei den beschriebenen Aristocystiden des böhmischen Untersilur und vielleicht bei allen Verwandten dieser Form die *äussere Schicht ursprünglich eine netzartige Struktur* besass.

Die in den Sammlungen verbreiteten Exemplare baltischer Echinosphaeren zeigen in der Regel die Porenrauten an ihrer Oberfläche sehr deutlich; wo sie das nicht von vornherein thaten, sind sie meist künstlich durch Salzsäure in diesen normalen und „typischen" Erhaltungszustand gebracht worden. Ein von Herrn Prof. E. KOKEN in den Brandschiefern von Kuckers in Esthland gesammeltes Exemplar von *Echinosphaerites aurantium* (Mus. Berlin) zeigt nun ein wesentlich abweichendes Aeussere, insofern die Oberfläche weder Poren noch parallele Rinnen erkennen lässt, sondern mehrere äusserst dünne Lagen einer strukturlosen Skeletsubstanz aufweist. Darunter liegt dann die als normal geltende Skeletschicht mit den parallelen Rinnen der Porenrauten.

In beistehender Textfigur habe ich die Schichten und Strukturverhältnisse, die das in Rede stehende Exemplar an verschiedenen Stellen seiner Oberfläche erkennen lässt, zu einem schematischen Bilde kombinirt. In demselben folgen die verschiedenen, von aussen nach innen aufeinanderliegenden Skeletschichten von rechts oben nach links unten auf-

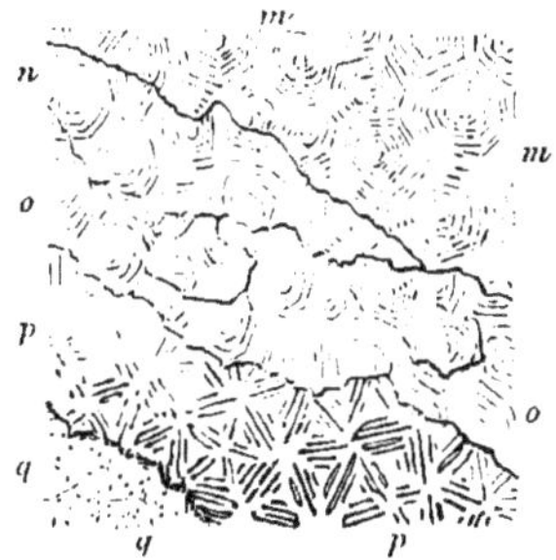

Fig. 12.

Die Skeletschichten der Theca von *Echinosphaerites aurantium*, vergrössert. m—o die Lagen der Epithek, p die Stereothek mit den Porengängen. q der Abdruck der Innenfläche am Steinkern.

einander. Die mit m, m_1 bezeichnete Schicht stellt also die oberste Lage dar, darunter folgen mehrere ähnlich gebaute Schichten (n. o), dann darunter die porentragende Stereothek, die der „Enveloppe principale calcaire" von BARRANDE entspricht und als Derivat der Cutis anzusehen ist. Links unten ist die Oberfläche des Steinkernes abgebildet, die also im negativen Bilde die Innenfläche der letztgenannten Schicht darstellt. Sie lässt die Porenkanäle als Zäpfchen und im Uebrigen eine feine Punktirung erkennen.

Der strukturelle Gegensatz zwischen den beiden Skeletschichten ist ein sehr auffallender. Während die untere aus der normalen spongiösen Skeletsubstanz der Echinodermen, der Stereothek, besteht und von den vertikalen und horizontalen Porenkanälen in regelmässiger Weise durchzogen wird, besteht die äussere Schicht, die Epithek, aus einer Anzahl — mindestens 3 — dicht aufeinander geschichteten, dünnen Lagen einer homogenen speckteinartigen, oben fast fettglänzenden Substanz. Dieselbe enthält keine Gefässe, zeigt auch keine Unterbrechungen durch Grenzen und Nähte, wohl aber bringt dieselbe durch koncentrische Wellenlinien die Skeletindividuen der darunter liegenden

Schicht scharf zum Ausdruck. Dabei sind nicht die Grenzen zweier Platten als solche sichtbar; über ihnen zieht sich ein ebenes Band, welches von den äussersten Anwachslinien zweier benachbarten Platten gebildet wird. Die äusseren Lagen verhalten sich untereinander wenig verschieden, nur wird die Skulptur der Platten auf den oberen Schichten stärker. Das macht sich nicht nur in der stärkeren Ausprägung der koncentrischen Wellenlinien geltend, sondern auch darin, dass sich das Centrum zu kleinen flachen Buckeln erhebt und schwache Spannleisten diese letzteren verbinden. In der porentragenden Schicht sieht man links zwischen p und o auf die obersten Lagen, in welchen sich die tangentialen Porengänge nur in feinen Schlitzen nach oben öffnen. In den mittleren Lagen sind diese Röhren ihrem ganzen Lumen nach blossgelegt und in den untersten Lagen dann in die trichterförmigen Oeffnungen der centripetalen Porenkanäle eingesenkt. An der Innenfläche treten diese allein heraus und auf dem Abdruck zwischen q also als Zäpfchen vor; ausserdem ist die Innenfläche fein aber unregelmässig punktirt.

Ich hob hervor, dass die äusseren dünnen Lagen einen mehligen bis specksteinartigen Habitus aufweisen. Dadurch unterscheiden sie sich im Allgemeinen von der porentragenden Schicht, die in der Regel die normale, durchscheinende, späthige Struktur des Echinodermenskelets besitzt. An einigen Stellen ist aber auch diese Schicht von aussen her mehr oder weniger tief und stark mehlig, sodass hier offenbar eine Zersetzung der äusseren Lagen des Skeletes vorliegt. Auch an der Innenwand desselben zeigen sich vom Steinkern her Spuren von Zersetzung. Auch die äusseren Skeletschichten zeigen also offenbar keine ursprüngliche Struktur, die zu dem Schluss berechtigte, dass die äussere Schicht einen vollständigen Abschluss der Poren nach aussen bewirkte, letztere also nicht zum Durchtritt von Gasen hätten dienen können. Im Hinblick auf die vorher besprochenen Beobachtungen bei *Aristocystites* werden wir sogar eher zu der Annahme gedrängt, dass die äusseren Lagen in ihrem ursprünglichen Zustande ebenfalls zellig gebaut waren. Ob sie ebenso locker und im besonderen auch netzartig wie bei *Aristocystites* war, muss dabei vorläufig unentschieden bleiben. Sicher ist aber, dass bei *Echinosphaerites* wie bei *Aristocystites* über der die Poren enthaltenden Stereothek eine äussere Schicht, Epithek, vorhanden und bei ersterem aus mehreren Lagen zusammengesetzt war.

Die so bei verschiedenen Gattungen beobachtete äussere Skeletschicht ist offenbar strukturell von der Hauptskeletschicht scharf geschieden, sodass wir sie daher unbedenklich als Verkalkungen des Epithels auffassen können. Dieser Genese soll auch die gewählte Bezeichnung „Epithek“ Rechnung tragen.

C. Das Körperskelet.

a) Die Theca.

Die von E. HAECKEL 1896 (II, 13) eingeführte Bezeichnung Theca für die Wandung des eigentlichen Körpers, d. h. der centralen Weichtheile, hat für die Organisation der Cystoideen ihre besondere Bedeutung, insofern ihr nicht nur die freien Anhänge, wie Stiel und Arme, gegenüberstehen, sondern auch diejenigen Theile der Centralkapsel, welche vom Munde her über die eigentliche primäre Körperwand hinübergeschoben sind. Nur diese letztere bezeichne ich also als Theca, und halte mich berechtigt, den HAECKEL'schen Namen auch auf diesen schärfer umgrenzten Begriff zu übernehmen.

Die Theca der Cystoideen bildet im Gegensatz zu derjenigen der Thecoideen eine geschlossene Kapsel, welche nicht von den Ambulacren unterbrochen ist, sondern diesen nur in dem apical gelegenen Munde einen Austritt freilässt. Diese Thatsache ist früher nicht klar erkannt worden, insofern man z. B. die bei den Callocystiden über die Theca geschobenen Ambulacralrinnen mit den offenen Einschnitten der Ambulacra der Thecoideen verwechselte. Man überzeugt sich aber leicht an Exemplaren der Callocystiden (Taf. XV fig. 1), dass sich die ambulacralen Plattenreihen leicht von der Theca ablösen lassen, und diese also unter ihnen eine rings geschlossene Kapsel bildet. Auch bei Formen wie *Gomphocystites* (Taf. II fig. 10) und *Glyptosphaerites* (Taf. IV fig. 5) liegen die 5 ambulacralen Rinnen ebenfalls über der Theca, die unter ihnen vollständig geschlossen ist. Bei Cystoideen, wie *Sphaeronites*, *Echinosphaerites*, *Pleurocystites* springt der ringsseitige Verschluss der Theca ohne Weiteres in die Augen. Anders liegt der Fall nur bezüglich derjenigen ambulacralen Skeletelemente, die bei Chirocriniden (Taf. XI fig. 3) und *Cystoblastus* (Taf. XVI fig. 2) das primäre Thecalskelet am Munde auseinanderdrängen. Diese sind also nicht zur eigentlichen Thecalkapsel zu rechnen.

Mit Ausnahme der den After umschliessenden Skeletstücke ist die Theca der Cystoideen starr und in ihren Elementen gegeneinander unbeweglich. Die Skeletplatten sind niemals der Haut lose eingelagert, wie dies noch bei *Stromatocystites* und *Cystaster* der Fall zu sein schien, noch schuppig übereinander geschoben wie bei den Agelacriniden. Ausnahmslos sind die Platten mit ihren Seitenrändern fest aneinander gelagert. Bei einigen Formen ist das Skelet ausserordentlich dünn, so unter den *Diploporiti* bei *Glyptosphaerites Leuchtenbergi*, unter den *Dichoporiti* bei *Echinosphaerites aurantium*. Bei beiden dürfte die Dicke des Skeletes kaum 1/100 des Thecaldurchmessers betragen. Bei dieser ausserordentlichen Dünne ist die Theca von *Echinosphaerites aurantium* bei der Fossilisation bisweilen eingedrückt und dabei ohne Bruch gebogen. Man wird in der Annahme nicht fehlgehen, dass bei einer so schwachen Skeletbildung die Cutis auf Grund unverkalkt gebliebener Fibrillen noch eine bedeutende Elasticität bewahrte. Bei den meisten Cystoideen ist aber das Skelet offenbar voll skeletirt und stärker entwickelt, und bei einigen erreicht es eine recht beträchtliche Dicke. Dieselbe lässt sich z. B. bei *Echinocrinites* (Taf. XIII fig. 1) wohl auf 1/10, bei *Eucystis* wenigstens auf 1/5 des Körperdurchmessers schätzen. Im unteren Thecalabschnitt stielloser Formen wie der Sphaeroniden nimmt die Wandstärke noch mehr zu.

Die durch die Zahl der Ossifikationscentren bedingte Grösse der Thecalplatten unterliegt sehr grossen Verschiedenheiten. Bei *Mesocystis* dürfte die Zahl der Thecalplatten ca. 1000, die Grösse der interambulacralen ca. 5 mm im Durchmesser betragen. Bei *Echinosphaerites aurantium* schätze ich die Zahl der Thecalplatten auf 350, bei *Glyptosphaerites suecica* auf 300.

Bei solchen vielplattigen Formen wie *Aristocystites* und *Echinosphaerites* sind die Platten untereinander ganz ungleich gross. Einzelne werden erheblich grösser als der Durchschnitt der übrigen, gerundet, polygonal (Taf. VIII fig. 17), andere bleiben sehr klein, drei- oder vierseitig, in den Ecken zwischen grösseren eingekeilt.

Bei abnehmender Zahl und zunehmender Grösse der Platten sind diese einander gleichförmiger. So zeigt *Protocrinites*, der specialisirter ist als *Glyptosphaerites*, etwa 150 ziemlich gleichgrosse Platten, *Caryocystites*, der den regulären Dichoporiten nahe steht, etwa 50 Platten von ziemlich regelmässigen Dimensionen. Bei stärkerer Grösse der Platten ist deren Form und Lageverhältniss regelmässiger, und zugleich zeigt sich ihre Anordnung in den einzelnen Kreisen phyletisch konstanter. Die Normalform der Platten ist dann hexagonal, soweit sie nicht durch besondere Verhältnisse einzelner Stellen des Körpers modificirt ist. Als Lageverhältniss der Platten zu einander finden wir dann eine Anordnung in horizontalen Kränzen, deren Elemente mit einander alterniren (Taf. XIII fig. 2, XVII fig. 3). Diese Anordnung der Skeletelemente in horizontalen Kränzen steht derjenigen der freilebenden Echinodermen gegenüber, bei denen sich die Skeletelemente zwischen Mund und After in Längsreihen ordnen, die also auf die Organisation der Pelmatozoen bezogen als Vertikalreihen aufzufassen wären. Wir werden ein solches Alterniren horizontaler Plattenkränze bei den ältesten Cladocrinoiden wiederfinden, während deren jüngere Vertreter eine andere Zusammensetzung der Platten zeigen.

Eine planmässige Verschiedenheit der Platten zeigt sich bei einer bestimmten Differenzirung der Leistungen der einzelnen Theile der Theca. Eine solche zeigt sich überall da, wo Theile der Ambulacra eine Stütze auf dem Thecalskelet suchen, und wo die Abgliederung eines Stieles an dessen Ansatzstelle besondere Druck- und Spannungsverhältnisse hervorruft. Eine Einwirkung ambulacraler Organe auf das Skelet findet übrigens häufig nur auf diejenigen Skelettheile statt, denen sie unmittelbar aufruhen. So werden bei *Gomphocystites*, *Dactylocystis* und *Mesocystis*, besonders aber bei *Asteroblastus* die den Ambulacren anliegenden, freie Finger tragenden Plättchen unter sich gleichartig, aber von den normalen Thecalplatten abweichend geformt (Taf. IV, V, VI). Andererseits üben die am Körper ähnlich gestellten Finger der Callocystiden (Taf. XV, 1) einzeln keine Wirkung auf das Thecalskelet aus, da sie diesem nicht direkt aufruhen, sondern von ihm durch besondere Träger getrennt sind. Wie bei den Eleutherozoen und Thecoideen die Ambulacralstrahlen eine reihenweise Anordnung der ambulacralen Elemente bedingen und dadurch auch die interambulacralen schliesslich in die Reihe bringen und regelmässig gestalten, so sehen wir auch bei Formen wie *Protocrinites*, *Mesocystis* und *Asteroblastus* (Taf. V—VII) das Skelet in den Radien radiär zusammengeschoben werden, nur dass sich diese Anordnung nicht auf die Interradien übertrug. Dass diese Richtung lediglich durch die Ambulacra bestimmt wird, beweist *Gomphocystites* (Taf. II fig. 9), bei dem die Reihenbildung der Spirale der Ambulacra folgt und also weder vertikal noch horizontal ist. Da der Anstoss zu einer Differenzirung des Thecalskeletes in verschiedenartige Platten von dem Ambulacralsystem ausgeht, und dieses selbst von Hause aus pentamer ist, so führt die Differenzirung des Thecalskeletes bei diesen Formen zur pentameren Regularität. Die Reihe von *Glyptosphaerites*, *Protocrinites*, *Dactylocystis*, *Mesocystis* und *Asteroblastus* liefert in der zunehmenden Regulirung des Skeletbaues die augenfälligsten Belege hierfür (Taf. IV—VII).

Andererseits sehen wir bei verschiedenen Dichoporiten eine reguläre Anordnung der Thecalplatten. Alle „Regularia“ sind bis auf den untersten Plattenkranz, der viertheilig ist, pentamer gebaut, und wenn auch einige specialisirtere Formen derselben, wie *Erinocystis* und *Pleurocystites*, in der Gesammtform den radiären Habitus gänzlich eingebüsst haben, so lassen sich auch bei den unregelmässigsten Formen wenigstens drei fünftheilige Plattenkränze über den 4 Basalien in grösster Regelmässigkeit nachweisen. Ein Blick auf die später zusammengestellten Diagramme der regulären Dichoporiten wird das veranschaulichen.

Wir werden uns bei Betrachtung dieser Entwicklungsreihen überzeugen, dass innerhalb ihres Formenkreises die Regularität des Thecalbaues mehr und mehr abnahm. Bei ihren ältesten Vertretern *Chirocrinus* Eichw.), sind die 4 über dem Basalkranz liegenden Kränze von je 5 Platten in sich sehr gleichartig zusammengesetzt. Bei ihren jüngeren Verwandten tritt dagegen eine starke Verzerrung der einzelnen Platten und eine Verschiebung innerhalb ihrer Kränze ein. Während ein bei *Cystoblastus* angebahnter Ausfall einzelner Plattenkränze zu dem neu und einfacher regulirten Bau der Blastoideen überleitet, finden wir umgekehrt durch Einschalten einer vertikalen Plattenreihe am After bei den Caryocriniden die Pentamerie des Baues principiell aufgehoben. Wenn wir dann bei den Rhombiferiden (Taf. X fig. 8) und Echinosphaeriden (Taf. VIII, 3) bei sonst ähnlicher Organisation eine durchaus irreguläre Zusammensetzung der Theca antreffen, so ist gegenüber ihrer bisherigen Beurtheilung naturgemäss die Möglichkeit gegeben, dass die Irregularität durch secundären Verlust der Pentamerie entstanden sei. Wir werden später auf Grund reicheren Materiales näher auf diese Frage eingehen.

b) Der Stiel.

Die Stielbildung der Pelmatozoen ist bisher auffallend wenig beachtet worden — vielleicht deshalb, weil die Zoologie aus der meist untersuchten Anatomie von Antedon wenig zur Beurtheilung dieses Organes beitragen konnte. So ist weder die physiologische Bedeutung des Stieles, noch dessen morphogenetische Entwicklung eingehender untersucht worden, trotzdem dieses Organ in beiden Beziehungen äusserst interessante Verhältnisse darbietet. Dieselben gestalten sich aber in den verschiedenen Abtheilungen der Pelmatozoen so verschieden, dass eine Uebersicht darüber erst am Schlusse dieses Werkes gewonnen werden kann. Zur vorläufigen Orientirung möchte ich Folgendes hervorheben. Die wesentlichste Funktion des Stieles beruht offenbar darin, den Körper über den Boden zu erheben und ihm dadurch einerseits günstigere Ernährungsverhältnisse zu verschaffen und ihn andererseits unbequemen Verhältnissen am Boden selbst zu entrücken.

Ob diese gegenwärtig wichtigste Funktion des Stieles aber von Anfang an in gleicher Bedeutung bestand und die Bildung dieses Organes veranlasst hat, ist eine Frage, die allerdings, auch nur zu stellen, bisher kaum für nöthig erachtet wurde. Die Morphologen in der Zoologie und Palaeontologie sind anscheinend von der Voraussetzung ausgegangen, dass die stiellose Kugel- oder Eiform der Eleutherozoen die Grundform der Echinodermen sei, der Stiel folglich als Neubildung bei den sessilen Formen entstand. Wenn M. Neumayr 1889 (II, 411) sagt, „dass eine ursprünglich frei lebende Echinodermenform sich mit der dorsalen Seite unmittelbar an einen fremden Körper angeheftet habe, dass dann an der Anheftungsstelle eine Aussackung entstand, deren innerer Hohlraum sich immer mehr verlängerte, verengte, bis sie endlich zu dem überaus weit differenzirten Gebilde eines normalen Crinoidenstieles wurde", so bringt er wenigstens die Konsequenz der landläufigen Auffassung und damit eine der beiden Möglichkeiten klar zum Ausdruck. Neben dieser ist aber a priori die andere Möglichkeit unabweisbar, dass ein aboraler Körperabschnitt bei den Vorfahren der Echinodermen vorhanden war, der sich bei den Pelmatozoen durch Verjüngung und Vereinfachung allmählich zu einem Stiel differenzirte, während er bei den Eleutherozoen verloren ging. Ohne auf diese

Frage schon hier näher einzugehen, möchte ich doch die Möglichkeit und namentlich die Berechtigung der letztgenannten Annahme kurz begründen.

Wenn der Stiel erst im Unterstamm der Pelmatozoen als Neubildung aus dem Körper hervorgewachsen wäre, so müssten die ältesten Pelmatozoen keine bezw. nur sehr einfache und unbedeutende Stielbildungen aufweisen.

Die Echinodermen, die uns im Cambrium entgegentreten, sind sämmtlich sessile Pelmatozoen und als solche mit Ausnahme der Thecoideen sämmtlich gestielt aber in einer Form, die nichts weniger als primitiv erscheint. Die von Barrande l. c. T. II f. 34 abgebildete, als Cystoideentheca gedeutete *Cigara Dusli* ist eine Stielform von überraschender Komplikation. Wenn sie auch in ihrem oberen Theile den polygonal getäfelten Stielen silurischer Cladocrinoideen entspricht, so zeigt sie doch in ihrem unteren Theile einen so eigenartigen geradezu wurmförmigen Uebergang in eine sackförmige Hohlwurzel, dass man die ganze Stielbildung unmöglich als primitiven Beginn einer distalen Ausstülpung des Körpers betrachten kann. Auch die cambrischen Carpoideen zeigen höchst differenzirte Stiele, die komplicirte Innenräume und Kanäle und z. Th. seitlich fächerartige Organe tragen, die offenbar zur Aufnahme von Geschlechtsorganen dienten. Solchen Thatsachen gegenüber liegt unzweifelhaft die Annahme näher, dass der Stiel der ältesten Pelmatozoen ursprünglich wichtigere Funktionen ausübte als später, wo er wesentlich nur als Trageorgan verwendet ist. Ich werde später Gelegenheit haben, sekundäre Vereinfachungen des Stieles innerhalb der jüngeren Carpoideen, Clado- und Pentacrinoideen nachzuweisen.

Aus der Ontogenie der Echinodermen ergiebt sich, dass das sog. Axialorgan mit den definitiven Geschlechtsorganen in genetischem Zusammenhange steht. Bei den lebenden Comatuliden ist das Axialorgan als sog. dorsales Herz oder gekammertes Organ an der Basis des Kelches specialisirt. Bei den gestielten Pelmatozoen aber füllt das Axialorgan das mehr oder weniger weite Lumen des Stieles aus, und dass es in diesem ursprünglich auch genitale Funktionen besass, beweisen die oben genannten Carpoideen. Da nun bei den Eleutherozoen das Axialorgan ebenso angelegt und orientirt ist, wie bei den Pelmatozoen*), so glaube ich annehmen zu müssen, dass es bei den stiellosen Eleutherozoen den hinteren Körperabschnitt, also so zu sagen den Inhalt des Pelmatozoenstieles darstellt. Es scheint den Embryologen überhaupt die Auffassung nahe zu liegen, dass die Urform der Echinodermen einen gestreckten, wurmförmigen Körper besass. Trotz vieler Meinungsverschiedenheiten geht jedenfalls aus allen Untersuchungen der Ontogenie hervor, dass auch die Urform der Eleutherozoen sessil war, und O. Seeliger wies 1892 (III, 416) nach, dass weit verbreitet bei den Echinodermen an derselben Stelle, wo der Stiel der Pelmatozoen sitzt, ein diesem homologes Organ vorkomme.

Soviel ist jedenfalls sicher, da die Echinodermen einen einheitlichen Thierstamm bilden, dass ihre Urform entweder in dem stiellosen Typus der Eleutherozoen oder in einem, hinten wurmförmig verlängerten Typus zu suchen ist, der den gestielten Pelmatozoen näher gestanden haben würde. Wenn wir nun die letztere Annahme als wahrscheinlicher annehmen, so müsste der Mangel eines Stieles bei den Eleutherozoen auf

*) Die Holothurien sollen ein Axialorgan entbehren, es ist aber nicht der geringste Grund einzusehen, warum es nicht durch die ebenso gelagerte grosse Genitaldrüse repräsentirt sein soll.

einen sekundären Verlust des Stielabschnittes zurückzuführen sein. Nun finden wir ja bei sehr verschiedenen und z. Th. sehr hoch entwickelten Pelmatozoen einen plötzlichen Verlust des Stieles, dessen Inhalt bei diesen längst als Geschlechtsorgane auf die Arme verlagert ist. Während es sich hier wohl um eine Abstossung eines ontogenetisch bereits theilweise entwickelten Organes handelt, finden wir in den Thecoideen Pelmatozoen, bei denen die Entwicklung des unteren Körperabschnittes zu einem Stiel wahrscheinlich ontogenetisch sehr früh gehemmt wurde, solange eine Aufnahme des sonst den Stiel füllenden Axialorganes in den vorderen und centralen Theil des Körpers geringe Schwierigkeiten verursachte. Ob hierzu lediglich der Umstand, dass die ältesten Thecoideen (*Stromatocystites*) in sandigen, einer Anheftung ungünstigen Ablagerungen des Meerbodens vorkommen, Veranlassung bot, wage ich nicht zu entscheiden. Jedenfalls könnte der Verlust eines Stieles bei den Eleutherozoen in gleicher Weise vor sich gegangen sein.

Nach der bisherigen Auffassung musste man schwache Stielbildungen, wie sie z. B. böhmische Echinosphaeren Taf. VIII fig. 3, 1) zeigen, für Anfänge einer Stielbildung überhaupt betrachten. Wenn M. Neumayr (1889, II. 411) dabei als „einzigen Fall in der ganzen Abtheilung der Echinodermen", „in welchem eine vollständige Differenzirung von Körper und Stiel noch nicht vollzogen ist", auf *Dendrocystites* hinwies, so ist demgegenüber zu betonen, dass auch bei *Dendrocystites*, noch mehr aber bei seinen älteren Verwandten unter den Carpoideen gerade dieser Sonderungsprocess zwischen Theca und Stiel bereits scharf durchgeführt war, und die Stielbildung dieser Form im Uebrigen sehr specialisirt ist und durchaus nicht primitiv im Sinne von einfach genannt werden kann.

Die Stielbildungen der echten Cystoideen zeigen nun allerdings eine überraschende Mannigfaltigkeit der Ausbildung. Ich würde dieselben schon hier in anatomisch-morphologischer Reihe besprechen, wenn das Studium derselben nicht die unverkennbare Thatsache ergeben hätte, dass die Veränderungen in der Stielbildung der Cystoideen auf zwei ganz getrennten Wegen erfolgen. Der eine derselben, der für die Dichoporiten charakteristisch ist, kennzeichnet sich theils als eine Rückbildung, theils als Vorbildung, der andere bei den Diploporiten als Neubildung bis zu hoher Specialisirung. Wie die Thecoideen, so waren anscheinend auch die ältesten Diploporiten auf einem ontogenetisch frühen Entwicklungsstadium zurückgehalten worden, in dem die Entfaltung des genitalen Axialorganes noch gering war. Die Stielbildung, die sich nachher bei ihnen einstellt, hat anscheinend morphogenetisch nichts gemein mit der Stielbildung der anderen Pelmatozoen. Sie erfolgt jedenfalls nach neuen und selbständigen Entwicklungsprincipien. Aus diesem Grunde werde ich auf ihre Organisationsverhältnisse erst bei Besprechung der *Dichoporita* und *Diploporita* näher eingehen.

D. Das Ambulacralsystem.

Ueber die allgemeine Beurtheilung des Ambulacralsystemes habe ich bereits pag. 12 einige zur Orientirung nöthige Bemerkungen dem allgemeinen Theile der Thecoideen eingefügt. Die Betrachtung dieses Systemes bei den Thecoideen zeigte die Radiärgefässe in offenen Einschnitten des Thecalskeletes gelegen und im Zustand der Ruhe durch differenzirte Platten der Theca überdacht. Dieser Verschluss erstreckte sich nicht nur auf die grossen Radiärgefässe, sondern auch auf deren Ausstülpungen (Tentakeln), und konnte also nicht etwa mit dem Lageverhältniss der Ambulacralgefässe bei den Echiniden, sondern nur mit demjenigen in den Ventralrinnen der Crinoiden verglichen werden.

Man hat vielfach geglaubt, bei Cystoideen ähnliche Verhältnisse wie bei den Thecoideen zu finden. Der oft ungünstige Erhaltungszustand und die meist noch mangelhafteren Abbildungen haben solche Auffassungen genährt. Man hat aber dabei, soweit die Cystoideen in Betracht kommen, den Bau der Ambulacralrinnen nicht richtig erkannt. Dieselben liegen entweder in seichten, unten vollkommen geschlossenen Thecalrinnen, wie bei *Glyptosphaerites* (Taf. IV fig. 3 und 5) oder auf je vier Reihen von Plättchen, die ihrerseits wieder entweder in Einschnitte des Thecalskeletes von oben her eingeschaltet wie *Chirocrinus* und *Cystoblastus* (Taf. XI fig. 1, 3, Taf. XVI fig. 2) oder in toto über das Thecalskelet hinübergeschoben sind wie bei den Callocystiden (Taf. XV fig. 1). In jedem Falle liegen die Radiärgefässe mit ihren Tentakelrinnen im Gegensatz zu denen der Thecoideen durchaus oberhalb der Theca.

a) Die Entfaltung der Radiärgefässe.

Dadurch, dass die Theca den Körper seitlich ununterbrochen abschliesst, ist für das Ambulacralsystem ein höchst auffälliger Zustand gegeben, dessen physiologische Bedeutung die eingehendste Würdigung verdient. Eine radiäre Ausdehnung des Ambulacralsystemes, wie wir sie bei den Eleutherozoen und den Thecoideen finden, hätte hier nur unterhalb des Skeletes stattfinden und deshalb niemals in Funktion treten können. Da in den Ontogenien aller Echinodermen die Radiärgefässe ziemlich spät hervorwachsen und sich erst allmählich ausdehnen, werden wir annehmen müssen, dass das Thecalskelet bereits angelegt war, als das Ambulacralsystem in das sonst normale Stadium des radiären Auswachsens trat, und dass es einem solchen den Weg oder, physiologisch gedacht, die Möglichkeit zu einer Erweiterung in dieser Richtung versperrte. Das Ambulacralsystem wurde also ontogenetisch auf einem sehr primitiven Entwicklungsstadium zurückgehalten; es blieb dauernd auf die Umgebung des Mundes koncentrirt oder war genöthigt, sich einen neuen Weg zu radiärer Entfaltung zu suchen. Als solcher konnte nur der Austritt aus dem Peristom in Betracht kommen, da sich die Theca, abgesehen von dem After und den suboral gelegenen Primärporen, von der Seite her bis auf diese Oeffnung geschlossen hatte.

Die erstaunliche Mannigfaltigkeit dieser Austrittsversuche beweist allein schon die schwere Hemmung, die der ontogenetischen Entfaltung des Ambulacralsystemes und besonders der Radiärgefässe aus dem seitlichen Zusammenschluss des Skeletes erwuchs. Dieses Moment war für die physiologische und morphologische Umgestaltung des Pelmatozoenkörpers von allergrösster Bedeutung und hat, glaube ich, in erster Linie die auffälligsten Besonderheiten der Cystoideen-Organisation veranlasst.

Von dem Ringgefäss des Ambulacralsystemes ist uns nichts überliefert; um so genauer können wir aus den Skeletbildungen die Differenzirungen der Radiärgefässe ersehen.

Die am Gesammtkörper auffälligste Erscheinung in der radiären Entfaltung des Ambulacralsystemes ist das Ausbleiben einzelner der 5 Strahlen. So sind bei *Allocystites*, *Lepadocrinus*, *Sphaerocystites* und *Pseudocrinites* 4 (Taf. IV fig. 2, XIV fig. 1, 5), bei

Heliocrinites 3 (Taf. VIII fig. 3), bei *Pleurocystites, Erinocystis, Amorphocystis* und *Aristocystites* meist je 2 Radien entfaltet (Taf. III fig. 10a, XII fig. 3, XIII fig. 4, XIV fig. 4). Während bei diesen Formen die Zahl der unterdrückten Radiärgefässe oft individuell variirt (*Echinosphaerites aurantium* (Taf. VIII fig. 8–10) zeigt 2–5, *Aristocystites bohemica* (Taf. III fig. 10a und 11a) 2 und 3 Strahlen) und höchstens innerhalb der Gattung Konstanz erlangt, wie bei *Pleurocystites* und *Erinocystis*, finden wir in der ganzen Familie der Caryocriniden regelmässig nur je 3 Strahlen entfaltet. Dass hier im Gegensatz zu den genannten sich das Verhältniss zu phyletisch erblicher Konstanz entwickelte, hat offenbar darin seinen Grund, dass die besondere Specialisirung dieser Entfaltung den sonstigen Körperbau stark in Mitleidenschaft gezogen hat.

Die meisten Autoren, die sich überhaupt mit diesen Thatsachen beschäftigt haben, wie L. v. Buch, M. Neumayr, E. Haeckel fassten diese Abweichungen von der Pentamerie als primär auf und nahmen an, dass sich die Pentamerie des Echinodermenstammes erst innerhalb der Cystoideen entwickelt habe. Als Voraussetzung dieser Annahme muss eine Abstammung aller pentamer-regulär gebauten Echinodermenklassen von Cystoideen angesehen werden.

M. Neumayr (1889. II 413) begründete diese Auffassung damit, dass auch bei fünfstrahligen Formen wie *Glyptosphaerites*, die Pentamerie der Radien auf eine ursprüngliche Dreitheilung zurückzuführen sei. In einer Gabelung, wie sie Taf. IV fig. 3 und fig. 4 vergrössert zeigt, betrachtete er die Theilung der beiden seitwärts gerichteten Strahlen als sekundär. Diese Verschiebung der Gabelung zweier Strahlen findet aber überall bei Pelmatozoen im analen Interradius statt, wo sich die Primärporen, das Parietalseptum und der After, zwischen zwei Strahlen einschieben. Dadurch wird die Abgliederungsstelle der Radien I und V etwas nach den Seiten verschoben. Gerade der von Neumayr herangezogene *Glyptosphaerites Leuchtenbergi* kommt aber hierbei gar nicht in Betracht, da das Peristom dieser Form durchaus pentamer ist, und nur deren Verschluss durch Saumplättchen in obigem Schema erfolgt. Auf die Gabelung der Gefässe erlaubt die Anlage der Saumplättchen natürlich keinen Schluss. Sowohl am Austritt aus den 5 Ecken des Peristoms, wie in ihrem ganzen Verlaufe sind die 5 Ambulacren einander durchaus gleichwerthig (vergl. Taf. IV fig. 3 und 4).

Wenn man von der unzweifelhaft irrthümlichen Voraussetzung absieht, dass die Cystoideen in ihrer jetzigen Umgrenzung die Stammformen der übrigen Echinodermen seien, liegt kein Grund vor, die Abweichungen von der Pentamerie bei vereinzelten Cystoideen für primär zu halten. Erstens zeigen alle Echinodermen ontogenetisch ein fünfstrahliges Auswachsen des Ambulacralsystemes und zweitens finden wir bereits im unteren Cambrium Vertreter anderer Klassen von Pelmatozoen, wie *Acanthocystites* Barr. und *Stromatocystites* Pomp., die durchaus pentamer gebaut sind.

Für die Beurtheilung von Anomalien sind hier zwei Thatsachen in Betracht zu ziehen. Erstens finden wir das Ausbleiben einzelner Strahlen bei sehr verschiedenen Formen der Cystoideen, deren nächst verwandte Gattungen die normale Fünfzahl aufweisen, und zweitens findet man wie gesagt innerhalb derselben Art, wie bei *Echinosphaerites aurantium*, Individuen mit 5, 4, 3 und 2 durch deutliche Fingeransätze gekennzeichnete Ambulacren. Diese Thatsachen lassen, wie ich meine, nicht im Zweifel darüber, dass die Ursache des Fehlens einzelner Ambulacren nicht in deren innerer Anlage, sondern in Umständen zu suchen ist, die mit deren innerer Organisation nichts zu thun haben. Ich meine nun, es hiesse in die Ferne schweifen, wenn man nach der Zulässigkeit anderweitiger Umstände suchen wollte, wo das seitliche Emporwachsen der Theca bis an das Peristom zur Erklärung aller diesbezüglichen Erscheinungen vollkommen ausreicht. Wie solche rein mechanischen Hindernisse der Ausdehnung der Ambulacra unbequem werden können, dafür liefert das Taf. XV fig. 4 abgebildete Exemplar von *Glyptocystites multiporus* einen anschaulichen Beleg. Während sich vier Ambulacren dieser Form ungehindert vom Mund aus über die ganze Seitenfläche der Theca hinabziehen, ist das fünfte Ambulacrum ganz kurz und so auf mehrere zusammengedrängte Porenrauten aufgeschoben, dass sich diese ohne Weiteres als Hinderniss der Ausdehnung des betreffenden Strahles erweisen. Ein ähnliches, aber gelegentlich grösseres Hinderniss musste nun in den Ontogenien aller Cystoideen der obere Zusammenschluss der Theca der radiären Ausbreitung der Ambulacra bereiten. Jeder der 5 Strahlen musste vom Hydrocoel — der ersten Anlage des Ambulacralsystemes — auswachsend die Umwallung des Thecalskeletes übersteigen, um sich oberhalb desselben entfalten zu können. Dass dabei nicht allen Strahlen gleich grosse Störungen erwuchsen, ist schon deshalb wahrscheinlich, weil die Ossifikationscentren des Thecalskeletes meist unregelmässig gelagert waren, und also zu den Strahlen verschiedene Position einnahmen. Wenn nun bei starker Zusammendrängung des ganzen Systemes einzelne Strahlen — mit den Botanikern könnte man hier von Vegetationspunkten reden — sich geringerem Widerstande gegenüber frei machten, so wird ein Zurückbleiben anderer sehr wohl verständlich sein. In einzelnen Fällen werden besondere Umstände dabei von Einfluss gewesen sein. So ist die konstante Entwicklung zweier Ambulacren bei *Pleurocystites* wohl durch die flache Kompression der Theca bedingt und phyletisch gefestigt; sie findet ihr Analogon in der Organisation der zweiseitigen Carpoideen, die im zweiten Bande dieses Werkes besprochen werden sollen. Wie sich die Hemmung aber auch im Einzelnen geltend gemacht haben mag, jedenfalls scheint mir die Auffassung einwandsfrei, dass das seitliche Emporwachsen der Theca die Radiärgefässe zeitweise auf die unmittelbare Umgebung des Mundes (das Peristom) zusammendrängte und deren gleichmässige Entfaltung behinderte.

b) Die Ausbreitung der Radiärgefässe ausserhalb des Peristoms.

Wir können hierbei von der Zahl der Radien absehen und unser Augenmerk nunmehr auf das einzelne Ambulacrum richten. Für die Betrachtung der Differenzirungen dieses letzteren sind zwei Gesichtspunkte maassgebend, einerseits die Entfaltung eines Radiärgefässes an sich, andererseits die Correlation, in die es mit dem Thecalskelet tritt.

Die verschiedenen Arten der Entfaltung der Radiärgefässe sind wohl am einfachsten aus nachstehender Zusammenstellung zu ersehen (Fig. 13).

Auf der rechten Seite der Uebersichtstafel habe ich Typen zusammengestellt, bei denen einzelne Strahlen unterdrückt sind. Das kommt aber nicht nur bei Formen mit ungetheilten Radiärgefässen, wie A, B und C vor, sondern auch bei Formen mit reich gegabelten Radiärstämmen, wie Figur J und K. Auf der linken Seite der Tafel sind Typen dargestellt (D—L), bei denen die Radiärgefässe sich nicht unmittelbar vom Mund aus ins Freie erheben, sondern eine Strecke weit der Theca aufruhen.

Bei diesem Verlaufe auf der Theca tritt nun regelmässig eine Gabelung der Radiärgefässe ein, während die frei erhobenen armartigen Anhänge ausnahmslos ungetheilt bleiben. Die hierbei eintretende Differenzirung ist für die Cystoideen und Blastoideen

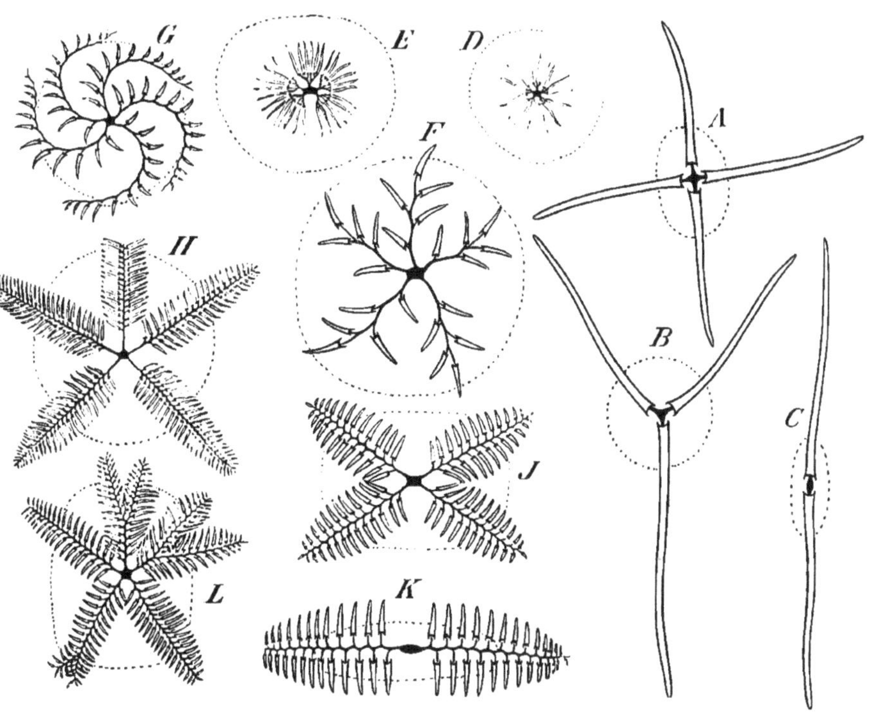

Fig. 13.

Die Hauptformen der radiären Entfaltung der Ambulacra bei Cystoideen.
A *Allocystites*, B *Echinosphaerites*, C *Pleurocystites*, D *Sphaeronites*, E *Codiacystis*, F *Glyptosphaerites*, G *Gomphocystites*, H *Mesocystis*, J *Lepadocrinus*, K *Pseudocrinites*, L *Callocystites*.
Der Umriss der Theca ist punktirt, die Ambulacra in ihrem Verlauf auf der Theca mit einem breiten, die freien Finger mit je zwei dünnen Strichen gezeichnet; der anale Interradius ist in allen Figuren nach unten gerichtet.

charakteristisch: sie kommt in dieser Weise bei keiner anderen Abtheilung der Echinodermen vor und verdiem deshalb hier besondere Aufmerksamkeit. Der Umstand, dass man diesen Process bisher nicht scharf von ähnlichen Differenzirungen auseinandergehalten hat, dürfte wesentlich zu der grossen Unsicherheit in der Beurtheilung der Cystoideen beigetragen haben.

In der Art der Gabelung können wir zunächst 4 Typen unterscheiden. Der erste derselben ist dadurch gekennzeichnet, dass die Zerlegung in gleichwerthige Theiläste unmittelbar am Munde erfolgt und diese letzteren ungefähr gleich lang sind (Textfig. 13, D, E). Dieser Typus, der einerseits für die Sphaeroniden und andererseits für die Chirocriniden charakteristisch ist, lässt verschiedene Modifikationen erkennen. So zeigt *Sphaeronites* (Fig. 13, D) jedes Radiärgefäss nur in wenige kurze und einander durchaus gleichwerthige Aeste zerlegt. Bei *Codiacystis* (Fig. 13, E) wird das Gefäss zunächst in zwei gleichwerthige Hauptäste zerlegt, die sich dann ihrerseits in 2–3 kurze Aeste gabeln. Die zweierlei Gabelungen folgen aber so schnell aufeinander, dass man sie nur bei günstigster Erhaltung klar auseinanderhalten kann. Bei *Eucystis* (= *Proteocystites* BARR.) erfolgen die Gabelungen anscheinend ganz regellos und die Theiläste werden verschieden lang (Taf. IV fig. 7).

Der zweite Typus entsteht dadurch, dass bei aufeinander folgenden Theilungen der rechte Ast immer grösser ist als der linke und weitere Gabelungen erfährt, während der linke kurz und ungetheilt bleibt. So entsteht ein Hauptast, der links eine Anzahl kurzer Nebenäste absondert. Dieser Typus ist noch wenig ausgeprägt bei *Archegocystis* (Taf. III fig. 5), tritt in einzelnen Radien von *Fungocystites* (Taf. III fig. 9) hervor und ist extrem entfaltet bei *Gomphocystites* (Taf. II fig. 10, Textfig. 13, G), wo er zu einer spiralen Drehung der Radiärstämme führt.

Der dritte Typus ist für die specialisirteren Cystoideen und die Blastoideen bezeichnend. Hier erfolgt die Abgabe von Zweigen alternirend links und rechts und zwar so, dass die Abgliederungspunkte in einer radiär gerichteten Linie liegen. So entsteht im Verlauf dieser letzteren ein Hauptast, der an Stärke die Seitenzweige in dem Maasse übertrifft, als er solche in sich aufnimmt (Fig. 13, F, H, J, K, L). Während also die letzten Gabelungen einen isotomen Charakter tragen, erscheint der mittlere Kanal nach dem Munde zu mehr und mehr als Stamm, während die Seitenkanäle als Zweige, d. h. als Gebilde zweiter Ordnung erscheinen. Solche Ambulacren sind dann auch als aufliegende Arme mit alternirend gestellten „Pinnulis" aufgefasst worden. Das Verhältniss der Hauptrinne zu den Seitenrinnen ist aber unzweifelhaft auf eine oft alternirend wiederholte Dichotomie zurückzuführen. Das geht hervor erstens aus den einfachsten Ausbildungsformen dieses Typus, wie sie die verschiedenen Arten von *Glyptosphaerites* (Fig. F; Taf. IV fig. 3) zeigen, zweitens aus der ersten Anlage solcher Gabelungen in frühen Entwicklungsstadien (Taf. XIV fig. 5, 6, 7).

Ein vierter Typus entsteht dadurch, dass sich die so gebildeten Radiärstämme noch einmal mit ihren Seitenästen als Ganzes gabeln (Fig. 13, L). Diese reichste Gabelung der Radiärgefässe findet sich nur bei der obersilurischen auf Amerika beschränkten Gattung *Callocystites* (Taf. XV fig. 1), die in dieser Hinsicht die specialisirteste Cystoideenform darstellt. Es ist übrigens bemerkenswerth, dass sich bei den bisher bekannten Formen dieses Typus nicht sämmtliche der 5 Radien in dieser komplicirten Weise theilen.

Ich schlage für den erstgenannten Typus die Bezeichnung „Dichoclad" vor, und möchte nur bemerken, dass über die den Mund umgebende Ambulacralrosette, über die viel diskutirt worden ist, das Nähere bei Besprechung der Sphaeroniden gesagt werden soll.

Der zweite Typus (Fig. 13, G), der durch *Gomphocystites* repräsentirt und durch *Archegocystis* (Taf. III fig. 5) und *Fungocystites* (Taf. III fig. 6) angebahnt wird, ist scheinbar äusserst specialisirt, insofern sich aus den ursprünglich gleichwerthigen Aesten durch heterotome Gabelung ein Hauptzweig und kleine Nebenzweige differenzirt haben. Da diese letzteren nur auf einer Seite des Hauptkanales liegen, so kann dieser Zustand nicht in aufsteigender Linie von den folgenden Typen abgeleitet werden. Ich bezeichne denselben als „heteroclad" und werde auf seine Entstehung später zurückkommen.

Die Verbindung dieses mit dem dritten Typus wird in eklatantester Weise durch die böhmische *Fungocystites rarissima* hergestellt. Bei dem Taf. III fig. 9 abgebildeten Guttapercha-Abdruck des BARRANDE'schen Original-Exemplares sind die 5 Radiärrinnen unter einander verschieden ausgebildet. Während R IV wie bei *Gomphocystites* nur nach links Seitenzweige absondert, weist R V wie der baltische *Protocrinites* mehrere Seitenzweige zu beiden Seiten auf. Es sind deutlich vom Radius aus links 5 und rechts 4 Seitenrinnen zu zählen. Die übrigen Radien I—III sind nur unvollständig erhalten, es scheint aber, dass auch sie den Habitus von R IV besassen.

Den dritten Typus bezeichne ich als „diploclad", weil er auf einer zweiseitigen, also doppelten Abgabe von Seitenzweigen beruht. Innerhalb desselben zeigt *Glyptosphaerites ferrigena* BARR., die älteste Art dieser Gattung, die von BARRANDE unrichtig abgebildet und zu *Echinosphaerites* gestellt war, ein noch primitiveres Verhalten als der in Fig. 13, F dargestellte Typus von *Glyptosphaerites*, insofern sich nur 2 (oder 1) Seitenzweige von der Hauptrinne abgliedern. Auch bei *Gl. Leuchtenbergi* ist die Gabelung noch sehr primitiv, indem sich zwar die Seitenzweige in der Regel alternirend abgliedern, aber dies in sehr verschiedenen Abständen thun, und selbst verschieden lang sind. Bei *Fungocystites* (Taf. III fig. 9) ist die Zahl der Seitenzweige im höchsten Fall auf 5 gestiegen, bei *Protocrinites oviformis* (Taf. IV fig. 6) auf 6, bei *Asteroblastus* (Taf. VII fig. 3) auf 7, bei *Dactylocystis* (Taf. V fig. 7) auf 17, bei *Mesocystites* (Fig. 13, G, Taf. VI) auf etwa 60. Auch bei dichoporiten Gattungen finden wir ganz beträchtliche Zahlen, so bei *Cystoblastus* (Taf. XVI) deren 16—17 jederseits, bei *Pseudocrinites* (Taf. XIV fig. 4) deren 30.

Der vierte Typus von *Callocystites* stellt die höchste Differenzirung dieses diplocladen Typus dar, indem sich bei dieser Form (Fig. 13, K: Taf. XV fig. 1) die Hauptäste noch einmal im Ganzen gabeln können und in jedem dieser Hauptäste zweiter Ordnung den diplocladen Typus beibehalten. Auf die Verkümmerung einzelner Radiärgefässe habe ich schon pag. 80 hingewiesen. Eine solche tritt uns auch bei Formen mit diplocladen Ambulacren entgegen. So zeigt *Lepadocrinus* (Fig. 13, J: Taf. XIV fig. 2) im Ganzen 4, *Pseudocrinites* (Fig. 13, K; Taf. XIV fig. 4) nur 2 Radiärgefässe entfaltet. Man ersieht daraus, dass die Unterdrückung einzelner Strahlen durchaus unabhängig ist von der Entfaltungsform des einzelnen Strahles.

Einen ganz aberranten Typus zeigt die Entfaltung der Ambulacra bei den Caryocriniden. Bei den Vertretern der Gattung *Hemicosmites* glaubt man beim ersten Blick nur drei Fingeransätze zu bemerken, thatsächlich zeigt sich aber bei genauerer Betrachtung an jedem dieser drei Radien und zwar in seinem Verlaufe links eine erheblich kleinere Gelenkfläche (vergl. die Textfigur bei Besprechung dieser Familie). Man könnte annehmen, dass die ungleich getheilten Strahlen neben dem Analinterradius den ersten und zweiten, bezw. vierten und fünften Strahl in eigenthümlicher Kombination repräsentiren. Diese Annahme ist aber deshalb unstatthaft, weil der dritte Strahl, der dann nur den Radius III vorstellen könnte, ebenfalls in gleicher Weise wie die zwei anderen Strahlen getheilt ist.

Die drei morphologisch vortretenden Strahlen sind hier also einander gleichwerthig und zusammen nur als drei Strahlen aufzufassen, zwei demnach unterdrückt. Darin, dass jeder der übrigbleibenden getheilt ist, schliesst sich dieser Typus an das normale Verhalten der Cystoideen an. Für die Beurtheilung der Echinosphaeriden, bei denen nur mehr drei einfache Strahlen vorhanden sind, ist das Verhalten von *Hemicosmites* sehr instruktiv. Das letztere kehrt übrigens bei den Nachkommen dieser Gattung (*Caryocrinus*) wieder zu einer reicheren Gabelung zurück, denn bei *C. ornatus* kann gelegentlich jeder der drei Strahlen sechsmal getheilt sein, und bei *C. Roemeri* zähle ich sogar an einem Exemplar 25 Fingeransätze. Unzweifelhaft waren die Finger dieser Formen sehr verschieden kräftig, was in den Darstellungen Taf. XVII leider nicht an allen Figuren zum Ausdruck kommt.

Eine sehr bemerkenswerthe Erscheinung bei der Gabelung der Radiärgefässe finde ich darin, dass ausnahmslos der erste Seitenzweig nach links vom Hauptast abgezweigt wird, sodass vom Standpunkt der Dichotomie aus betrachtet der grössere Theilast immer rechts gelegen ist. Dem entspricht auch die heteroclade Gabelung bei *Gomphocystites*, bei welchem sich der scheinbare „Stamm" der Radiärgefässe vom Mund aus rechts, also solar, dreht.

Bei den Thecoidea fanden wir (pag. 20) das umgekehrte Verhalten, dass sich die, dort allerdings, wie erinnerlich, ungetheilten Radiärgefässe in der Regel nach links drehten. Als Ursache dieser kontrasolaren Biegung glaubte ich bei den Thecoideen die solare Drehung des Darmtraktus betrachten zu müssen (vergl. pag. 23). Bei den Cystoideen liegt der Fall aber insofern anders, als die Radiärrinnen hier nicht in das Lumen der Theca eingesenkt sind, sondern oberflächlich über deren Aussenseite verlaufen. Hier handelt es sich allem Anschein nach um eine ursprünglich linksseitige Abgliederung von Aesten. Da die primitivsten Cladocrinoideen dieselbe Gabelungsform zeigen, wie *Archegocystis* und *Chirocrinus* unter den Cystoideen, so können sie uns keinen Aufschluss über die Herkunft dieser Organisationsverhältnisse geben. Ob Verhältnisse, welche wir bei den Carpoideen kennen lernen werden, mit obiger Erscheinung in Einklang gebracht werden können, möchte ich hier noch nicht erörtern.

Bedeutungsvoll ist diese Gabelungsart aber offenbar, da sie mit absoluter Konstanz auftritt. Es ist mir kein Fall unter sämmtlichen Cystoideen bekannt, wo nicht der erste Seitenzweig nach links gerichtet wäre. Alle bisherigen Darstellungen, die das anders zeigen, dürften auf einer ungenauen Wiedergabe der Objekte beruhen: in allen mir zugänglichen Fällen, z. B. bei den Abbildungen BARRANDE's, konnte ich das mit Sicherheit nachweisen. Die Autoren haben offenbar diesen Verhältnissen bisher keine Beachtung zugewendet und die Zeichner auf diese minutiosen Besonderheiten nicht aufmerksam gemacht.

Bevor wir auf das Verhältniss der ambulacralen Organe zur Theca eingehen, wird es zweckmässig sein, erst die skeletirten Anhänge zu betrachten, auf denen sich die distalen Enden der Radiärgefässe von der Theca erheben — Organe, die bisher in einigen Fällen als „Arme", in anderen als „Pinnulae" betrachtet wurden. Wir werden uns nach dem über die Radiärgefässe Gesagten leicht überzeugen, dass sie weder den Armen der recenten Crinoiden, noch den Pinnulis der Cladocrinoiden entsprechen.

e) Die Finger.

Der lange Streit, ob die Cystoideen „Arme" besassen oder nicht, lässt sich nunmehr dahin entscheiden, dass ihnen ausnahmslos armartige Anhangsorgane zukamen.

Im Sinne der bisherigen Terminologie sind es echte Arme und keine Pinnulae; sie sind niemals einzeilig wie diese letzteren, sondern immer zweizeilig, in der Art, wie bei den Cladocrinoidea (*Crinoidea camerata* W. & Sp.). Wie ich schon in meiner Schrift über die Morphogenie und Phylogenie der Crinoideen (1894, II, 112) hervorhob, unterscheidet sich die Armbildung der Cladocrinoideen wesentlich von derjenigen der Pentacrinoideen. Ihre Arme sind primär zweizeilig, während die der Pentacrinoidea primär einzeilig sind; zweitens sind ihre Seitensprossen primäre Ausstülpungen an jedem Armgliede, während die Seitenzweige bei den Pentacrinoideen aus einer primär dichotomischen Gabelung des Armstammes hervorgegangen und dem Hauptstamme des Armes also homolog sind; drittens entspricht jeder der 5 Arme eines Pentacrinoideen einer Vielheit von „Armen" der Cladocrinoideen, infolge einer primär am Munde der letzteren vor sich gehenden Gabelung der Radiärgefässe. Die Besprechung des Armbaues der Cladocrinoideen wird mir Gelegenheit geben, diese Gegensätze schärfer zu begründen und die scheinbaren Abweichungen von denselben auf sekundäre Umgestaltungen zurückzuführen; ich musste aber auf diese Unterschiede schon hier hinweisen, um die den „Armen" der Cladocrinoideen morphogenetisch gleichwerthigen Gebilde der Cystoideen und Blastoideen durch eine gemeinsame Sonderbenennung auch terminologisch in Gegensatz zu den echten Armen der Pentacrinoidea bringen zu können. Als neue Bezeichnung für die armartigen Organe der Cladoideen, Cystoideen und Blastoideen schlage ich den Namen „**Finger**" (dactyli) vor. Seinem Sinne nach scheint er mir insofern zutreffend, als der Begriff des Armes naturgemäss am besten dem radiären Stammgefäss des Ambulacralsystemes entspricht, und die Finger der Cladocriuideen und Cystoideen, die aus der Gabelung desselben hervorgehenden, primär gleichwerthigen Aeste die Finger der Hand darstellen. Diese inneren Vorzüge des Namens Finger haben mich veranlasst, diese Bezeichnung zu wählen, obwohl dieselbe schon von J. S. Miller (1821. I) und später namentlich von F. A. Quenstedt (1876, II, 191) auf die kleineren Zweige der Arme verschiedener Pelmatozoen bezogen wurden.

Ich wies bei der Besprechung der Thecoidea darauf hin, dass die Ambulacra dieser Formen nichts mit Armen zu thun haben, insofern man unter Armen auch im weitesten Sinne nur vorragende Ausstülpungen des Ambulacralsystemes verstehen kann. Ganz anders liegt der Fall für die „recumbent arms" der Cystoideen. Jeder der kleinen Finger eines *Glyptosphaerites*, eines Dactylocystiden oder Callocystiden ist für sich homolog einem der wenigen grossen Finger eines *Echinosphaerites*, eines *Pleurocystites* oder einer Cladocrinoidee. Der Unterschied liegt hier nur in der Zahl der gleichwerthigen Elemente und entsteht dadurch, dass sich die Radiärgefässe verschieden oft oder gar nicht gabeln, ja in einzelnen Radien sogar ganz unterdrückt sein können.

Die Zahl der Cystoideengattungen, bei denen man die Finger an der Theca ansitzend beobachtet hat, ist nicht allzu gross, aber die Finger, die man in den verschiedensten Formenkreisen beobachten kann, zeigen in den auch sonst für wesentlich geltenden Punkten immer den gleichen Bau, und die übrigen Formen weisen Gelenkflächen auf, die denen jener Formen genau entsprechen. Während fast von allen Gattungen der Dichoporita Finger vorliegen, waren sie bisher unter den Diploporita nur von *Asteroblastus* bekannt. Es war mir daher in hohem Grade erfreulich, an zwei mir durch die Güte meines verehrten Freundes, Herrn Academiker F. v. SCHMIDT, zugehenden Diploritiden (*Dactylocystis* Taf. V fig. 7) Finger zu sehen, die denen der dichoporitiden Cystoideen durchaus glichen. Auch die von den Cystoideen abstammenden Blastoideen besitzen, wie ich später zeigen werde, Finger von gleichem Bau. Alle diese Thatsachen gestatten wohl, ein allgemeines Urtheil über den Armbau der Cystoideen auszusprechen.

Die Finger der Cystoideen bestehen — abgesehen von den sie ventral verschliessenden Saumplättchen — aus zwei Längsreihen alternirender, keilförmig zusammenstossender Glieder, die ich als „Digitalia" oder „Fingerglieder" bezeichne. Diese Zweizeiligkeit ist von BARRANDE bei *Echinosphaerites* (Taf. VIII fig. 3), von BILLINGS bei *Pleurocystites* (Taf. XII fig. 3), von F. v. SCHMIDT bei *Asteroblastus* und *Chirocrinus* (Taf. XI fig. 8, 9), von J. HALL bei *Callocystites* (Taf. XV fig. 1c), von FORBES bei *Pseudocrinites* (Taf. XIV fig. 4), von A. v. VOLBORTH bei *Echinoencrinites* (Taf. X fig. 15) beobachtet und hier in den citirten Figuren z. Th. nach neuem Material abgebildet worden.

Ausser diesen liegen mir nun auch Finger von folgenden Gattungen vor: *Dactylocystis* n. g. (Taf. V fig. 7, 8), *Erinocystis* n. g. (Taf. XIII fig. 7), *Homocystites* BARR. (Taf. XI fig. 9), *Apiocystites* FORB. (Taf. XV fig. 2), *Lepadocrinus* CONR.

Dass die Finger der Blastoideen in ihrer ganzen Länge zweizeilig sind, werde ich gegenüber den bisherigen Ansichten später rechtfertigen, verweise aber schon jetzt auf die Abbildungen Taf. XVIII fig. 1a und Taf. XIX fig. 5.

Während bei den Blastoideen die Finger nur in ihrem unteren Theil aussen gerundet sind und dann bei seitlicher Kompression einen Kiel bilden, zeigen die Finger der Cystoideen immer einen gerundeten Querschnitt. In ihrer Längserstreckung ändert sich ihre Form nur insofern, als gewöhnlich ihr Ansatz verhältnissmässig breit ist und sich bisweilen sehr plötzlich verschmälert wie bei *Pseudocrinites* (Taf. XIV fig. 4), und insofern, als ihr distaler Abschnitt sich mehr oder weniger schnell verjüngt. Die Länge der Finger ist sehr verschieden und offenbar in physiologischer Abhängigkeit von ihrer Zahl. Bei Formen mit wenig Fingern, wie *Pleurocystites* (Taf. XII fig. 3) und *Echinosphaerites* (Taf. VIII fig. 3) sind diese wohl 2—3mal so lang, als die Theca hoch ist, bei der Mehrzahl der Formen ist aber das Gegentheil der Fall. So ist die Fingerlänge bei *Asteroblastus* (Taf. VII) und den Chirocriniden (Taf. XI) etwas geringer als die Thecalhöhe, und bei anderen Formen, wie *Dactylocystis* (Taf. V fig. 7) und den Callocystinen (Taf. XV) beträgt sie wohl kaum 1/4, bei *Mesocystis*, nach der Grösse der Ansatzfläche zu schliessen, kaum 1/7 des Thecaldurchmessers. Entsprechend, aber in entgegengesetztem Verhältniss, wechselt die Zahl der Finger. Die geringste Fingerzahl ist 2; dieselbe findet sich ausnahmslos bei *Pleurocystites* (Taf. XII fig. 3) und *Erinocystis* (Taf. XIII fig. 4), in der Regel bei *Aristocystites* und *Amorphocystis*, ausnahmsweise bei *Echinosphaerites* (Taf. VIII fig. 9). 3 Finger sind typisch für *Echinosphaerites* und *Heliocrinus* (Taf. IX fig. 4). 4 Finger kommen ausnahmsweise bei *Echinosphaerites aurantium* (Taf. XIII fig. 8), anscheinend regelmässig bei *Allocystites* (Taf. IV fig. 2) vor. In allen diesen Fällen sind ein oder mehrere der 5 primären Radiärstämme unterdrückt. Eine grössere Menge von Fingern findet sich in wechselnder Zahl bei *Echinoencrinites* (Taf. XIII fig. 24) 5—10, bei *Schizocystis* n. g. (Taf. XII fig. 2) etwa 8, bei *Caryocrinus* (Taf. XVII fig. 2a) etwa 9—25. Kommen alle fünf Radiärstämme gleichmässig zur Entfaltung, so zeigt sich auch gewöhnlich eine Gabelung derselben. So zähle ich 2 × 5 Finger bei *Echinoencrinites atavus* (Taf. XIII fig. 25), bei *Sphaeronites* 2 bis 3 × 5 (Taf. III fig. 9), 3 × 5 bei *Eucystis* (Taf. IV fig. 10), 3 bis 6 × 5 bei den Chirocrinen (Taf. XI fig. 8, 9), 3 bis 7 × 5 bei *Glyptosphaerites* (Taf. IV fig. 3), 2 bis 11 bei *Archegocystis* (Taf. IV fig. 12), 5 bis 7 × 5 *Protocrinites* (Taf. V fig. 1 und 6) und *Asteroblastus* (Taf. VII fig. 3), etwa 20 × 5 bei *Cystoblastus* (Taf. XII fig. 1), *Callocystites* und *Glyptocystites* (Taf. XV fig. 1 und 4), etwa 35 × 5 bei *Dactylocystis* (Taf. V fig. 7) und mit ca. 60 × 5, die höchste Zahl unter Cystoideen, bei *Mesocystis* (Taf. VI fig. 1).

Die „Digitalia" zeigen eine sehr geringe Mannigfaltigkeit. Insofern ihre Form in Dicke, Höhe und Breite sich ungefähr gleichbleibt, und ferner ihre Aussenfläche eine sehr einfache Wölbung aufweist, erfährt die allgemeine Form nach keiner Richtung eine besondere Differenzirung. Gegenüber der überraschenden Mannigfaltigkeit, die die Digitalia der Cladocrinoideen zeigen (ich erinnere z. B. an Formen wie *Eretmocrinus*, *Steganocrinus*, *Agaricocrinus*, *Eucladocrinus*, *Barrandeocrinus*) tritt der primitive Charakter dieser Organe in bemerkenswerther Weise hervor. Nur in der Skulptur der Digitalia zeigt sich gelegentlich einige Abwechselung. So sind bei *Chirocrinus Walcotti* (Taf. XI fig. 8) die Ränder der Digitalia etwas aufgeworfen, bei *Erinocystis ficus* im unteren Theile der Finger mit einem (Taf. XIII fig. 7), im oberen mit je zwei (Taf. XIII fig. 8) Buckeln geziert. Die Zahl der Digitalia wechselt mit der Länge der Finger; bei Formen mit zahlreichen kleinen Fingern, wie *Callocystites* (Taf. XV fig. 1) zähle ich etwa 2 × 20 bis 25, bei *Chirocrinus* (Taf. XI fig. 8) etwa 2 × 60, bei *Pleurocystites* (Taf. XII fig. 3) etwa 2 × 70 Digitalia und bei *Echinosphaerites* schätze ich deren Zahl bis auf 2 × 100 bis 120. Die gleiche Zahl dürfte etwa *Caryocrinites ornatus* erreicht haben. Bei Cystoideen tritt niemals, wie vielfach bei Cladocrinoideen, eine Verschmelzung neben- bezw. übereinander gelagerter Digitalien ein. Die Finger bewahren also ausnahmslos in ihrem ganzen Verlaufe unverändert ihre primäre Zweizeiligkeit.

Von durchgreifender systematischer Bedeutung für die ganze Klasse gegenüber den Cladocrinoideen ist schliesslich der Umstand, dass die Finger der Cystoideen ausnahmslos der Pinnulae entbehren. Die Blastoideen schliessen sich ihnen darin an. Diese Thatsache war jedenfalls die Veranlassung dazu, dass man die Finger der Cystoideen und Blastoideen als Pinnulae ansprach. Billings begründete diese Auffassung dadurch, dass er die über die Theca ausgebreiteten Ambulacralstämme verschiedener Cystoideen und namentlich der Thecoideen als „recumbent arms" hinstellte. Man ersieht hieraus am besten, wie nothwendig und klärend eine terminologische Unterscheidung der Armbildungen in „Arme" und „Finger" ist, denn die dabei einander morphologisch gleich gestellten Gebilde sind, wie wir sahen, ganz verschiedenwerthige Theile der Radiärgefässe. Im Besonderen möchte ich hier darauf aufmerksam machen, dass die Pinnulae der Cladocrinoideen ebenso wie die analogen, von mir als Ramuli bezeichneten Gebilde der Pentacrinoideen stets einzeilig sind. Ausserdem besassen die ältesten Cladocrinoideen wie *Ascocystites* Barr. und einige cambrische Typen wie *Acanthocystites* noch die zweizeiligen Finger der Cystoideen und Blastoideen, ohne Pinnulae und an Stelle dieser nur kurze saumplättchenartige ungegliederte Deckstücke. Die zweizeiligen Armstämme sind also in diesen Abtheilungen homologe Gebilde, die Pinnulae aber accessorische Erwerbungen und ausschliesslicher Besitz der Cladocrinoideen.

Die Abgliederungsflächen der Finger an der Theca sind ausnahmslos klein und wenig skulpturirt, bieten aber doch innerhalb dieser Grenzen eine beträchtliche Mannigfaltigkeit dar. Während bei höher entwickelten Pentacrinoideen der Durchmesser der Gelenkfläche für die Arme oft mehr als die Hälfte des Kelchdurchmessers beträgt, erreichen die Fingergelenke z. B. bei *Glyptosphaerites* (Taf. IV fig. 3), bei *Codiacystis* (Taf. IV fig. 8a) und *Mesocystis* (Taf. VI) bisweilen kaum $^1/_{50}$ des Durchmessers der Theca. Bei *Eucystis* (Taf. IV fig. 10) und den Dactylocystiden (Taf. V) dürfte sich dieses Verhältniss etwa auf $^1/_{30}$ bis $^1/_{20}$, bei *Asteroblastus* auf $^1/_{15}$ erhöhen. Dasselbe Verhältniss zeigen die vielfingerigen Chirocriniden (Taf. X—XI), während bei Caryocriniden (Taf. XVII), Echinoencriniden (Taf. XIII) und Pleurocystiden die Gelenkflächen sich etwa auf $^1/_8$ bis $^1/_6$ des Querdurchmessers der Theca verbreitern.

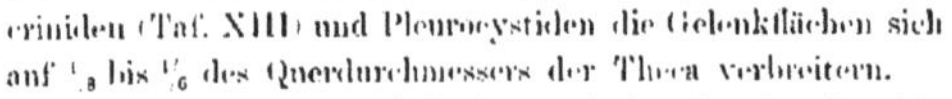

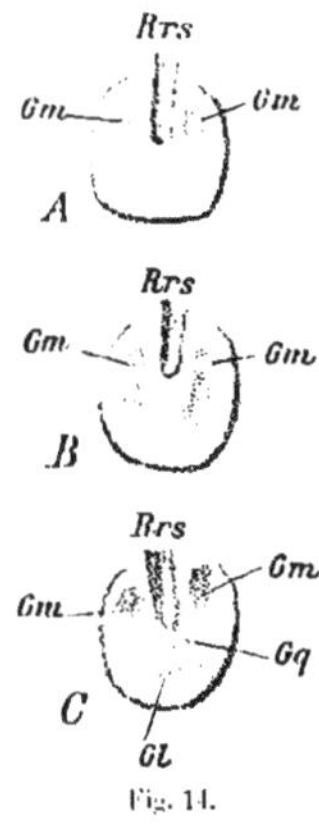

Fig. 14.
Typen von Gelenkflächen der Cystoideen.

Die Skulptur der Abgliederungsflächen beschränkt sich, von der Ambulacralrinne abgesehen, bei den verschiedenen Diploporiten und Dichoporiten, wie einerseits bei *Glyptosphaerites* (Taf. IV fig. 4a), andererseits bei *Echinosphaerites* (Taf. VIII fig. 8) auf eine flache, halbmondförmige Depression, die das Ende der Rinne aussen hufeisenförmig umgiebt und am Ende der Schenkel dieses Hufeisens ihre grösste Tiefe erreicht (Fig. 14 A). Bei *Codiacystis* sondern sich an dieser Stelle tiefere Grübchen (Gm, Fig. 14 B) ab (Taf. IV fig. 8a). Bei Dactylocystiden bildet sich ein Querriff (Gq) zunächst undeutlich (Taf. V fig. 7a) aus, klarer tritt es bei *Mesocystis* (Taf. VI fig. 8) und *Asteroblastus* (Taf. VII fig. 4) hervor. Auch bei den höheren Dichoporiten wie *Callocystites* (Taf. XV fig. 1c) stellt sich ein Querriff, hinter diesem eine Ligamentgrube (Gl) ein (Fig. 14 C).

Nach dieser Skulptur zu urtheilen kann die Beweglichkeit der Finger an der Theca nur eine geringe gewesen und auch erst ganz allmählich zur Ausbildung gelangt sein. Wo nur eine hufeisenförmige Depression das Ende der Ambulacralrinne umgiebt (Fig. 14, A), müssen die Finger ziemlich starr und unbeweglich angesessen haben. Darin liegt wahrscheinlich auch der Hauptgrund, dass diese Finger beim Verwesungsprocess in der Regel abbrachen, während sie im anderen Falle, wo sie auf einem Querriff (Fig. 14, C) etwas beweglich geworden waren und im Zustand der Ruhe an die Theca angezogen werden konnten (Taf. XV fig. 1c), günstigere Möglichkeiten für die Erhaltung boten.

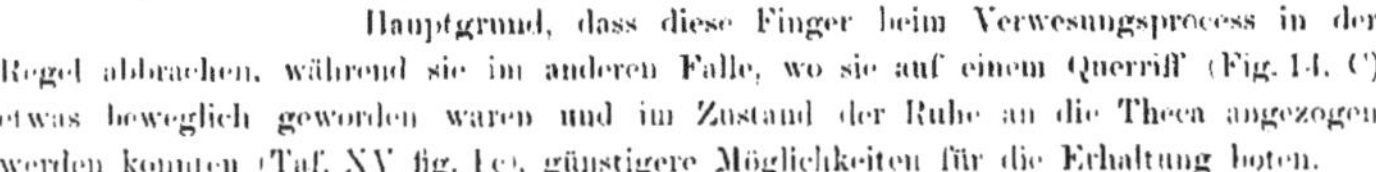

d) Das Verhältniss der Finger zur Theca.

Die Abgliederung der Finger erfolgt im Allgemeinen rechtwinklig von der Thecalfläche aus. In nebenstehender Textfigur 15a habe ich dieses Verhältniss etwa nach dem Befunde bei *Glyptosphaerites* schematisch veranschaulicht. Mit vollem Schwarz sind die Platten des Thecalskeletes mit dem Peristom (O) und einer Gelenkfläche (Gf), mit unterbrochener Linie die Glieder eines Fingers und mit punktirter Linie die Reihen der Saumplättchen auf der Vectakelrinne der Theca und des Fingers dargestellt. An sich ist also der Verlauf der Vectakelrinnen durchaus ähnlich demjenigen eines Crinoiden, wie er beispielsweise durch Textfigur 15b dargestellt ist. Vergleichen wir aber das Verhältniss der Vectakelrinnen und Finger zur Theca bezw. Kelchkapsel, so springt der Unterschied beider scharf in die Augen. Dort bei Crinoiden hat sich das Kelchskelet unter dem Ansatz der Arme gewaltig verdickt, hier zeigt es oben nur an der Ansatzstelle des Fingers eine winzige Anschwellung: dort ist die ganze Kapsel in eine dünne Kelchdecke und einen kräftig verdickten Kelch geschieden, der den Druck der Arme aufnimmt und von deren Ansatzstellen nach unten vertheilt. Ich glaube, dass durch nichts deutlicher als solche Querschnitte, wie Figur 15a und b veranschaulicht wird, wie g e r i n g i m B e g i n n d i e K o r r e l a t i o n z w i s c h e n d e n a k t i v e n a m b u l a c r a l e n O r g a n e n u n d d e r p a s s i v e n T h e c a l k a p s e l i s t.

Wenn hiernach der Grad der Einwirkung seitens der Finger auf die Thecalwand nur gering ist, so sind doch die Einwirkungen selbst unverkennbar und gerade ihre ersten Anfänge von besonderem, morphologischem Interesse. Sie machen sich einerseits geltend in der Struktur und den Wachsthumsverhältnissen der Platte, andererseits in der Beeinflussung anderer, der Theca eingelagerter Organe. Als solche kommen besonders die

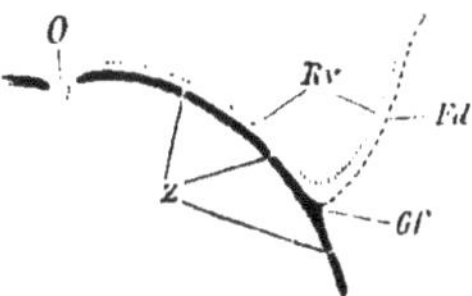

Fig. 15a.

Schematische Darstellung der Fingerstellung an der Theca von *Glyptosphaerites.*

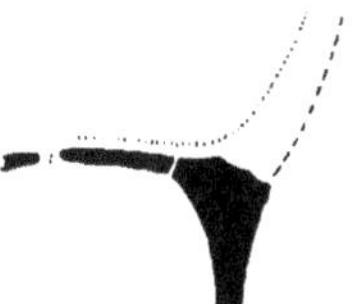

Fig. 15b.

Darstellung des entsprechenden Verhältnisses zwischen Arm und Kelch eines Pentacrinoideen.

Thecalporen in Betracht. Die Einwirkung auf die Mikrostruktur bleibt im Allgemeinen noch sehr gering, besonders wenn man sie mit dem histologischen Bau stark differenzirter Skeletgebilde, wie der Stiel- und Armglieder der Crinoiden oder der Stachelplatten der Seeigel, vergleicht. Immerhin wird die Intensität der Skeletirung und die Skulpturirung der Oberfläche durch die Ambulacra und namentlich die Finger nicht unerheblich modificirt. Während bei älteren Diploporiten, wie *Glyptosphaerites* (Taf. IV fig. 4), die Radiärgefässe nur eine ganz feine Rinnenbildung und die Fingeransätze sehr schwache Vorwölbungen auf der Thecaloberfläche veranlassen, haben bei den Protocriniden (Taf. V), *Mesocystis* (Taf. VI fig. 8), namentlich Asteroblasten (Taf. VII fig. 3), ebenso bei Formen wie *Chirocrinus* (Taf. XI fig. 3) und *Cystoblastus* (Taf. XVI fig. 2) die Rinnen sich stark vertieft und verbreitert und mit den Armansätzen eine starke Skulptur auf ihrer Unterlage veranlasst.

In ebenso auffälliger Weise macht sich eine Beeinflussung der Stellung und Vertheilung der Poren geltend. So ordnen sich z. B. bei *Glyptosphaerites* (Taf. IV fig. 5) und bei *Protocrinites* (Taf. V fig. 6a) die Poren unregelmässig radiär um die Fingeransätze: bei *Dactylocystis* (Taf. V fig. 7a) sind sie dagegen in die toten Winkel der ambulacralen

Platten gedrängt. Man sieht, dass dieselben mit ihrer Längsaxe zur Gelenkfläche radiär gestellt sind. Es muss also eine radiale Spannung und Skeletbildung in der Platte herrschen, da die angegebene Stellung der Poren nur insofern verständlich wird, als durch dieselbe die Festigkeit der Platte am wenigsten unterbrochen wird. Es geht daraus zugleich hervor, dass ontogenetisch der von der Gelenkfläche ausstrahlende Reiz auf den Skeletbau der Platte der Fixirung der Poren vorangehen musste. Bei *Protocrinites fragum* (Taf. V fig. 3) hat z. B. diese Korrelation noch nicht bestanden: da sehen wir von einer bestimmten Einlagerung der Poren in den Skeletbau der Finger tragenden Platten noch nichts. Wir können selbst innerhalb eines Ambulacrum von *Protocrinites* den Beginn dieser Einwirkung feststellen, denn die äussersten, Finger tragenden Platten, bis zu denen die Ambulacra zuletzt vorgewachsen sind, zeigen noch eine vollkommen regellose Stellung der Poren. Hier waren also offenbar die Poren schon fest angelegt, als die Finger auf jenen Platten vorwuchsen. Auch bei *Dactylocystis* (Taf. V fig. 7) lässt sich eine solche mit der Dauer der Beziehung zunehmende Beeinflussung der Porenstellung erkennen.

Eine Ausprägung dieser Beziehungen wurde wohl dadurch veranlasst, dass die Skeletbildungen da culminirten, wo die Lederhaut den grössten Widerstand zu leisten hatte. Da nun offenbar frei vorragende und durch Muskeln gehaltene Organe, wie die Finger, besondere Druck- und Spannungscentren an ihrer Ansatzstelle hervorriefen, so erklärt es sich meines Erachtens leicht, dass jedem Finger oder jeder kombinirten Fingergruppe ein besonderes Skeletcentrum als Stützpunkt entspricht.

Der mechanische Druck und Zug der Finger übt offenbar auf das Wachsthum ihrer skeletogenen Unterlage einen gestaltenden Einfluss aus. Derselbe ist erfreulicher Weise auch da, wo die Finger nicht erhalten sind, aus der Stellung, Form und Grösse der Abgliederungs- oder kurz gesagt Gelenkflächen mit voller Sicherheit zu entnehmen.

Die besonderen Beziehungen, in welche die Radiärgefässe bezw. deren Finger zu den Elementen des Thecalskeletes treten, sind zweierlei Art. Die Radiärgefässe und Finger ruhen entweder unmittelbar auf den Elementen des Thecalskeletes, oder werden von besonderen Elementen getragen, die ihrerseits wieder in verschiedener Weise mit dem Thecalskelet in Verbindung treten. Die Differenzirungen, die sich in beiden Fällen einstellen, bleiben von einander morphologisch ganz unabhängig, wobei der erstgenannte Modus auf die Diploporiten, der zweite auf die Dichoporiten beschränkt ist. Wenn auch ihre genauere Schilderung zweckmässig in der Besprechung dieser Unterabtheilungen ihren Platz finden wird, möchte ich doch die principiellen Unterschiede dieser beiden Beziehungstypen schon hier kurz hervorheben.

Die zuerst genannten direkten Beziehungen der Ambulacra zu den Elementen des Thecalskeletes sind bei den Diploporiten wieder zweierlei Art. Entweder ruhen die sämmtlichen zu einem Radiärstamm gehörigen Finger auf einer Thecalplatte, oder jeder einzelne auf einer besonderen. Das erstere Verhalten zeigen die Sphaeroniden und Aristocystiden. Besonders deutlich tritt dies bei *Codiacystis* hervor, von der ich Taf. IV fig. 8a ein solches, die Zweige eines Radiärstammes tragendes Plättchen abgebildet habe. Bei anderen Formen, wie *Eucystis* (Taf. IV fig. 10) und der böhmischen *Archegocystis* (Taf. III fig. 5a), ist dieses Lageverhältniss dasselbe, wie aus den citirten Abbildungen zu ersehen ist. Der Mund wird dann also regelmässig umstellt von 5 Thecalplatten, zwischen welche sich höchstens oberhalb des Afters in der Umgebung des primären Madreporiten und des Parietalporus besondere Plättchen einschalten.

Der zweite Typus, dass jede Gelenkfläche auf einer besonderen Thecalplatte ruht, ist bei den höheren Vertretern der Diploporiten der normale. Wir finden ihn bei den sämmtlichen übrigen Familien, den Glyptosphäriden, Gomphocystiden, Dactylocystiden, Mesocystiden und Asteroblastiden.

Wenn nur ein Finger auf einer Platte aufsitzt, ist dessen Wirkung natürlich viel auffälliger, weil sie von einem Punkt aus die ganze Platte beherrscht. Der centrifugale Druck und die centripetale Spannung machen sich besonders dann auffällig bemerkbar, wenn dem Skeletbau der Platte besondere Theile eingelagert sind, wie z. B. die Poren bei *Protocrinites oviformis* (Taf. V fig. 6a). Indem bei den höheren Diploporiten (*Gomphocystites, Dactylocystidae, Mesocystis, Asteroblastus*) die Radiärgefässe hauptsächlich in radiärer Richtung vorwachsen, und ihre Zweige entweder einseitig oder alternirend zweiseitig absondern, wird mit der reihenweisen Anordnung der Finger auch die Anlage ihrer Träger in regelmässige Reihen veranlasst. Bei Gomphocystiden bildet sich also nur an einer Seite des spiral gedrehten radiären Hauptzweiges eine reihenförmige Anordnung der Platten aus (Taf. II fig. 9). Bei anderen Familien entsteht neben jedem Hauptzweige der 5 Ambulacra jederseits eine Reihe Platten, die entsprechend der alternirenden Abzweigung der Gefässe mit denen der anderen Seite alterniren (Taf. V—VII). Diese Platten, die nun als „Ambulacralplatten" funktioniren, sind also ihrer genetischen Bedeutung nach als echte Thecalplatten aufzufassen.

Bei einigen Dichoporiten zeigt sich keine nennenswerthe Beziehung der Finger zum Bau des Thecalskeletes. Am wenigsten tritt eine solche hervor bei den Echinosphaeriden, bei denen sich die Finger von einer halsartigen Protuberanz der Theca erheben und dadurch auf letztere jeglichen Einflusses beraubt sind (Taf. VIII fig. 5). Auch bei *Rhombifera* scheint ein nennenswerther Einfluss auf die Zusammensetzung der Thecalelemente seitens der Finger nicht ausgeübt zu werden. Bei den Caryocriniden zeigen die älteren Formen, die dem mittleren Untersilur angehören, 6 Finger eng zusammengedrängt, von denen die drei stärkeren wenigstens insofern in Beziehung zum Thecalskelet treten, als sie auf korrespondirenden Platten des dritten Lateralkranzes aufruhen und auf die des zweiten Lateralkranzes Druckwirkungen hervorrufen (Taf. XVII fig. 5).

Bei den jüngeren Caryocriniden (*Corylocrinus* und *Caryocrinus*) hört diese Beziehung auf; die hier wiederum gegabelten Radiärgefässe und die sie tragenden Finger drängen sich regellos auf die Lateralkränze, deren Plattenzahl in dem oberen Kranze vermehrt, in dem mittleren Lateralkranze dagegen verringert ist (vergl. die Diagramme dieser Formen bei Besprechung der Familie).

Man hat diese Indifferenz in dem Verhältniss der Ambulacra zur Theca in den genannten Fällen bisher für primär gehalten, aber schon die Thatsache, dass sie immer mit einer Unterdrückung einzelner Strahlen Hand in Hand geht, beweist, dass sie nicht als primär angesehen werden kann. Wir wissen, dass die älteren und z. Th. primitiveren Vertreter der Pelmatozoen, Thecoideen und Cladocrinoideen bereits pentamer gebaut waren, und die Pentamerie also auch den Vorfahren der Cystoideen überliefert sein musste vergl. pag. 81). Ausserdem ist die höchste Zusammendrängung der Ambulacra am Mund als Extrem der Differenzirungsrichtung der Cystoideen zu betrachten, sodass Auswüchse dieses Verhaltens, wie die Halsbildung der Echinosphaeriden, unstreitig als Specialisirung aufzufassen sind. In der phyletisch sicheren Entwicklungsreihe der Caryocriniden zeigte sich schliesslich noch eine unverkennbare Zunahme dieser Irregularität.

Auch bei einzelnen Vertretern der regulären Dichoporiten zeigen sich die Finger ganz am Munde zusammengedrängt, so bei den meisten Arten von *Echinoencrinites*, bei *Scoliocystis*, *Erinocystis*, *Glaphyrocystis* und *Pleurocystites*. Da alle regulären Dichoporiten, wie wir später (vergl. die Zusammenstellung ihrer Diagramme) sehen werden, über einem viertheiligen Basalkranz regelmässig vier pentamer zusammengesetzte Plattenkränze besitzen, und diese Regularität in 4 Kränzen unmöglich zufällig entstanden sein kann und in dem ganzen Kreise trotz aller Verzerrungen der Körperform zähe festgehalten wird, so muss sie in einer pentameren Anlage ihre tiefliegende Begründung haben. Wie wollte man sich sonst erklären, dass in so bizarren Gestalten wie *Erinocystis* (Taf. XIII fig. 6) und *Pleurocystites* (Taf. XII fig. 3, 5) die Thecalplatten trotz aller Verzerrungen als Ossifikationscentren ganz regelmässig angelegt sind. Das ist nur möglich durch hereditäre Uebertragung. Bei den ältesten Vertretern der Regularia, die noch viele Porenrauten besitzen, bietet deren Reduktionsprocess und Specialisirung im Einzelnen eine zuverlässige Handhabe, deren phylogenetische Position gegenüber den verwandten Arten zu ermitteln. Dieselbe ermöglicht beispielsweise innerhalb der unbestreitbaren Reihe von *Chirocrinus sculptus* durch *Echinoencrinites* zu *Erinocystis* die Verminderung der Finger von mindestens 15 bis auf 2 zu verfolgen.

Betrachten wir diese Verhältnisse zunächst bei den höchst specialisirten Vertretern der Regularia, so wird uns der Gegensatz dieser Gebilde gegenüber denen der Diploporiten leicht verständlich. Bei den Taf. XIV und XV zusammengestellten Callocystiden zeigen die Ambulacra zwei auffällige Eigenthümlichkeiten. Erstens setzen sie sich aus 4 Längsreihen von Platten zusammen, von denen die der zwei mittleren gross und quer verlängert sind, so dass sie die halbe Breite des ganzen Ambulacrum einnehmen, die der zwei äusseren Reihen klein, dreieckig an ihrer Aussenseite eingeschaltet sind (Taf. XIV fig. 2, XV fig. 1 und 4). Alle vier Reihen alterniren seitlich nebeneinander, wie dies Fig. 2 auf Tafel XIV zeigt. Ich bezeichne die grösseren mittleren Platten als „Ambulacralia", die kleinen, dreieckigen, an der Seite eingeschalteten als „Parambulacralia". Die Fingergelenke liegen, wie dies z. B. Taf. XIV fig. 1 und Taf. XV fig. 1c deutlich zeigen, immer auf der Grenze eines Ambulacrale und eines Parambulacrale, so dass der Finger ungefähr gleichmässig auf beiden ruht. Eine Ausnahme von diesem Lageverhältniss habe ich niemals beobachtet, dasselbe muss also als Gesetz gelten.

Die zweite Eigenthümlichkeit dieser Ambulacra besteht darin, dass sie dem eigentlichen Thecalskelet aufgelagert sind. Man kann sie ohne Mühe von demselben ablösen und sieht dann auf ihrer Unterlage wohl die Nähte der ambulacralen Plättchen genau abgedrückt (Taf. XIV fig. 2), aber unabhängig von diesen die Nähte der eigentlichen Thecalplatten durchgehen. Das Thecalskelet zeigt unter den Ambulacren nicht die sonst vortretende Oberflächenskulptur (Taf. XV fig. 1) und auch sonst keine nennenswerthen Veränderungen weder in der Stärke, noch in der Umrandung der Thecalplatten. An den Taf. XIV fig. 4–6 dargestellten Altersstadien derselben Art zeigen sich an ganz jungen

Exemplaren (fig. 7) die Ambulacra noch kurz und wenig vom Mund aus vorgeschoben bei etwas älteren (fig. 6) sind die Ambulacra weiter vorgerückt und bei ausgewachsenen Individuen (fig. 7) bis an den Unterrand der Theca ausgedehnt. Dabei erweist sich die Auflagerung der Ambulacra auf die Theca als das Resultat einer vom Mund aus radial fortschreitenden Ueberschiebung. Ich machte schon darauf aufmerksam, dass derselben gelegentlich durch die grossen Porenrauten Schwierigkeiten entgegentreten, die ihre weitere Ausdehnung sogar vollständig hemmen können, wie Taf. XV fig. 4 das kurze vorn gelegene Ambulacrum beweist. Hierbei ist es zu einem physiologisch sehr bemerkenswerthen Kampf gekommen, denn, wie man sieht, sind die sonst immer nebeneinander gelegenen Porenrauten unter dem sich vordrängenden Ambulacrum unförmlich auf einander geschoben. Solche unzweideutigen Thatsachen lassen vermuthen, dass die Unterdrückung ganzer Ambulacralstrahlen, wie sie bei *Lepocrinites*, *Sphaerocystites* u. a. vorliegt, auf die Schwierigkeiten zurückzuführen ist, die sich der radiären Vorschiebung in den Weg stellten.

Während also bei Echinosphaeriden und Caryocriniden die Finger in extremer Weise am Peristom zusammengedrängt und theilweise unterdrückt sind, finden wir die fingerbesetzten Radiärstämme bei den Callocystiden weit über das Thecalskelet hinübergeschoben. Der morphogenetische Ausgangspunkt dieses Verhältnisses ist bei *Lepocrinites* (Taf. XIV fig. 7—5) noch ontogenetisch kontrollirbar und für alle diese Formen ohne Frage dahin zu konstruiren, dass

1. die 5 Radiärstämme ursprünglich gleichmässig entfaltet und
2. die zwei- bis dreimal gegabelten Stämme mit ihren Fingern vorübergehend in der Nähe des Mundes zusammengehalten waren (Fig. 16).

Das Verhältniss der Finger zur Theca, das wir uns hiernach für die genannten Dichoporiten als Ausgangspunkt theoretisch konstruiren müssen, finden wir nun thatsächlich bei den Mitgliedern der Chirocriniden. *Chirocrinus* (Taf. XI fig. 1, 5) zeigt regelmässig die 5 Radien öfters getheilt und mit den Fingeransätzen einem Ausschnitt der „Lateralia“, des zweitobersten Thecalkranzes, aufruhend. Das ergiebt das nachstehende Bild (Fig. 16).

Eine solche Stellung und Anordnung der Ambulacra und ihrer Finger zeigen auch die böhmischen Formen, die von Barrande zu *Homocystites*, und die kanadischen, die von Billings zu seiner Gattung *Glyptocystites* gestellt wurden (Taf. X fig. 8, 9). *Cystoblastus* (Taf. XV) hat fünf wohl entwickelte Ambulacralfelder, die mit ihren 4 Reihen ambulacraler Plättchen das gleiche Bild wie die der Callocystiden bieten. Thatsächlich sind denn auch die Ambulacra als Träger der Radiärgefässe und ihrer Derivate der Seitenkanäle und Finger bei beiden in allen Theilen homolog. Ein auffälliges Moment aber zeigt sich, wenn wir das Verhältniss dieser ambulacralen Skeletelemente zur Theca ins Auge fassen. Während bei den *Callocystidae* die Ambulacra über die Theca geschoben sind, unterbrechen sie hier dieselbe und nehmen so zugleich Theil an der Bildung der Körperwand. Aus nachstehender Figur 17 ist das mit vollster Deutlichkeit zu entnehmen. Die vier hierbei im Querschnitt der Ambulacra getroffenen Platten Rp, Ra, Ra, Rp liegen von links nach rechts nebeneinander und werden seitlich von den grossen (durch Porengänge durchbrochenen) Platten L'' eingefasst. Nur an den Seiten bilden die letzteren bei z Widerlager, die die ambulacralen Skeletplatten z. Th. unterlagern. Es zeigt sich hierin dieselbe Tendenz wie bei *Mesocystis* (Taf. VI fig. 4), nur dass bei letzterer die ambulacralen Plattenreihen fast vollständig auf die Schultern des übrigen Thecalskeletes genommen sind. Hier beschränkt sich diese Tendenz auf die Verdickung und Vorwölbung des Innenrandes der Lateralia. Die Paramhulacralia (Rp) bleiben grösstentheils, die Ambulacralia (Ra) an ihrer Unterseite ganz frei, sie liegen also den centralen Weichtheilen unmittelbar auf und nehmen an der Bildung der Thecalwand Theil.

Es liegt hier offenbar eine Ausbildung vor, die sich morphogenetisch nicht auf die der Callocystiden zurückführen lässt. Die an sich mögliche Annahme, dass sich das Thecalskelet, wie es bei den letzteren vorliegt, unter den Ambulacren so verdünnt habe, bis es schliesslich verkümmert sei, wird durch die Anatomie des Thecalskeletes und dessen ontogenetischer Gestaltung vollständig widerlegt. Andererseits bietet uns die Gattung *Chirocrinus* Eich. (Taf. XI fig. 3–6) Verhältnisse, die sich den zuletzt beschriebenen nähern. Bei *Chirocrinus penniger* (Taf. XI fig. 3) ist die Zahl der Finger zwar wesentlich geringer als bei *Cystoblastus*, in dem sie 5 beträgt, und die diese Finger tragenden, ambulacralen Plätt-

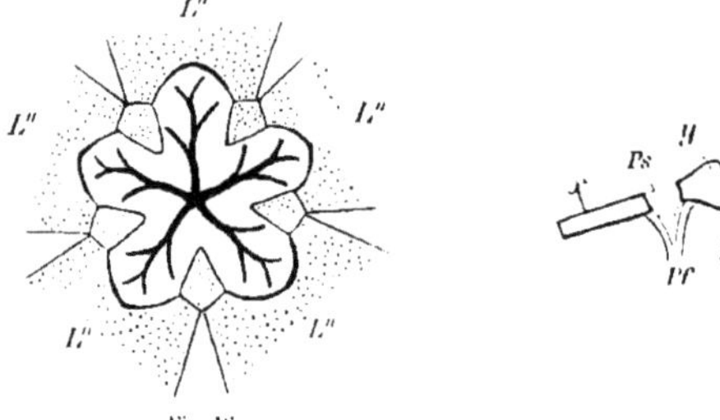

Fig. 16.

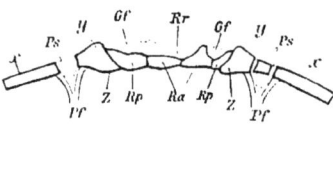

Schematische Darstellung der ursprünglichen Entfaltung der Ambulacra auf der Theca.

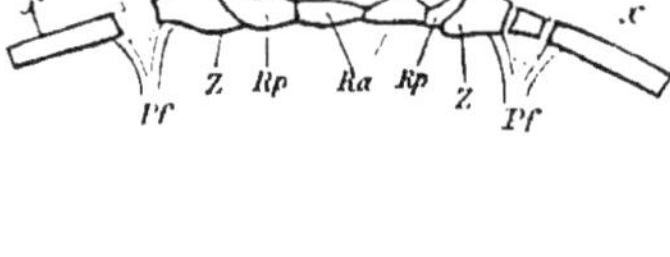

Fig. 17.

Querschnitt durch einen radialen Abschnitt der Theca von *Cystoblastus*. Vergrössert.

chen nehmen vom Mund aus distan schnell an Grösse ab, sodass von regelmässigen Reihen kaum die Rede sein kann, aber man sieht doch, dass diese Plättchen erstens zu je zwei einen Finger tragen, zweitens den Weichtheilen unmittelbar aufliegen und drittens genau wie bei *Cystoblastus* in einen Ausschnitt der Platten L" eingeschoben sind. Wenn aber diese ambulacralen Elemente denen von *Cystoblastus* homolog sind, so trifft das auch für die ambulacralen Plattenreihen der Callocystiden zu. Es ergiebt sich sonach, dass die Auflagerung der ambulacralen Elemente auf die Theca nicht die Norm für die Regularia bildet, sondern dass neben diesem Modus der Entfaltung der Ambulacra ein anderer nebenher und zeitlich voran geht, bei welchem die Finger tragenden Plättchen (Ambulacralia und Paramhulacralia) vom Mund aus in radialer Richtung die Thecalelemente auseinanderdrängen. Bei *Chirocrinus* ist dieses Verhalten noch in ziemlich indifferenter Weise schwach entwickelt, bei *Cystoblastus* und, wie wir später sehen werden, bei den Blastoideen aber weiter durchgeführt. Zunächst ruhen die zusammengehörigen Finger eines Radius auf grossen unter ihnen liegenden Platten (L"), über denen sich alternirend, also interradial, in den toten Winkeln zwischen zwei Fingergruppen noch kleinere dreieckige Platten (L″ erhalten. Auf die ersteren wird nun ein in den Ontogenien phyletisch zunehmender Druck ausgeübt, der wahrscheinlich schon wirkte, als die Verkalkung dieser Thecalelemente begann. Unter diesem Druck vertiefte sich der bei *Chirocrinus* noch kleine Sinus der Platten L″ in radialer Richtung (Taf. XI fig. 5). Bei *Cystoblastus* ist er zu einem tiefen Ausschnitt geworden (Taf. XVI fig. 1) und zugleich wachsen diese Platten (L″) nach unten aus; sie drängen bei *Cystoblastus*, wie später näher begründet werden soll, die L′ zwischen sich zu schmalen Stücken zusammen. Bei den Blastoideen sind schliesslich unter der gleichen Ursache alle unter den Lateralia″ gelegenen Thecalplatten bis auf die Basis zum Schwunde gebracht. Erst mit Erreichung dieser Etappe ist eine volle Korrelation zwischen den Ambulacren und der Theca hergestellt, erst dann entwickelt sich dieser Typus zu einer reich entfalteten Klasse. Bis dahin fördert dieser Entwicklungsweg nur vereinzelte Formen, deren Gestalt wenig Konstanz hat, aber in der Gattung *Chirocrinus* liegt der Ausgangspunkt dieser äusserst interessanten Entwicklungsreihe, in der wie bei allen Pelmatozoen die ambulacralen Organe als das formbildende Element des Körpers erscheinen.

Gerade die verschiedenen Versuche, die hier innerhalb einer Unterordnung in den Entwicklungsreihen der Cystoblastiden, der Scolioeystiden und der Callocystiden unternommen werden, lassen den Sinn eines solchen Aenderungsprocesses klarer erkennen als in irgend einer anderen Abtheilung der Pelmatozoen. Die ernährenden Ambulacra dehnen sich zur Erhöhung ihrer Funktion aus, und das Thecalskelet stellt sich ihnen in den Weg. Bei anderen Pelmatozoen mochte wohl die Einwirkung der Ambulacra auf die Theca ontogenetisch früher eintreten und deren Elemente leichter in passende Lage bringen als hier bei den Cystoideen. Wir sehen in Bestätigung dieser Auffassung, dass sich bei den Cystoideen die Reihen der Scolioeystiden und der Callocystiden schnell in wenigen Versuchen erschöpfen; das sind aber diejenigen Formen, bei denen die Theca sich am Mund am engsten zusammenschliesst. Dagegen sehen wir, dass die Chirocriniden und Cystoblastiden, bei denen das Thecalskelet am Munde dem Drucke der Ambulacra allmählich nachgab, in den Blastoideen zu einem reichen Stamme proliferiren.

In der Flucht dieser Erscheinungen bleibt als ruhender Pol nur die eine für alle Dichoporita charakteristische Thatsache, dass jeder Finger auf zwei Platten ruht, die ihrer Genese nach nicht zum Thecalskelet gehören, sondern höchstens sekundär (*Cystoblastidae*) in dasselbe aufgenommen werden. Bei den Diploporita war das nicht der Fall, dort dehnten sich die Ambulacra ohne Entwicklung besonderer Ambulacralia unmittelbar auf dem Thecalskelet aus, und ihre Finger ruhten immer, allein oder zu mehreren, auf einer einzigen, echten Thecalplatte.

Ich habe die Darstellung des Verhältnisses der Ambulacra zu dem Thecalskelet mit der Besprechung der Diploporiten begonnen, weil wir bei ihnen offenbar die morphologisch einfachsten Verhältnisse antreffen. Wenn wir dieselben nunmehr mit denen der Dichoporiten vergleichen, so tritt uns als genetisch bedeutsamstes Moment die Thatsache entgegen, dass die Ambulacra bei den primitivsten Vertretern beider Abtheilungen am Munde koncentrirt bleiben, und bei gleichmässiger Entfaltung in allen 5 Radien in eine Anzahl gleichwerthiger Aeste bezw. Finger zerlegt sind. In beiden Fällen ruhen die zu einem Radius gehörigen Arme auf einer Thecalplatte auf, nur der Modus dieser Auflagerung ist bei den Diploporiten und Dichoporiten verschieden. Während sich bei den ersteren die Ambulacra direkt auf das Thecalskelet auflegen, werden sie, wie gesagt, bei den Dichoporiten von eigenen, besonderen Plättchen getragen. In allen Fällen erweist sich einerseits das Fehlen einzelner Strahlen, andererseits deren epithekale Ausbreitung als sekundär.

Die direkte Auflagerung der Ambulacralorgane auf das Thecalskelet muss auf den ersten Blick primitiver erscheinen als die Ausbildung besonderer Elemente als Träger der Finger und der Radiärgefässe. Bei allen anatomischen Vergleichen sind wir geneigt, das morphologisch Einfache für das Primitive zu halten. Wenn wir uns aber in diesem Falle die morphogenetische Entwicklung obiger Beziehungen vorzustellen suchen, so erklären sich die Unterschiede vollständig aus zeitlichen Differenzen der Anlage der beiden Organe — Theca und Ambulacra — im Verlauf der Ontogenieen. Waren die Ambulacra bezw. deren Finger früher skeletirt als die Theca, so ist es erklärlich, dass sie an ihrer Basis besondere Stützelemente zur Entwicklung brachten, war dagegen die Theca früher skeletirt, so bot sie den Fingern genügende Stützpunkte, sodass diese unmittelbar auf ihr fussen konnten. Die fast gewaltsame Einhüllung des Körpers in ein starres Hautskelet, die mit der Bildung der Thecalporen und der Hemmung der Ambulacralentfaltung die wichtigsten Cystoideencharaktere hervorrief, brauchte also bei den Diploporiten nur in einem ontogenetisch früheren Stadium eingetreten zu sein als bei den Dichoporiten. Wie die Zunahme des Kalkreichthums der Meere, so ist auch die Utrirung der Thecalbildung als sekundäre Steigerung eines vorher indifferenteren Verhaltens zu betrachten. Die relativ frühere und höher hinaufreichende Skeletirung der Theca würde also nur beweisen, dass die Cystoideencharaktere bei den Diploporita stärker ausgeprägt sind als bei den Dichoporita. Indem die Individuen hierbei auf einem früheren Entwicklungsstadium festgehalten wurden, waren ihre Theile noch indifferenter und allseitig bildungsfähiger. So erklärt sich wohl gerade in der Entfaltung der Ambulacra von einer bildungsfähigeren Basis aus das relativ frische Aufblühen der Diploporiten, während die Dichoporiten in gleicher Beziehung unter vielfachem Wechsel der Charaktere zu immer unregelmässigerer Organisation heruntersinken. Der einzige, wenn ich so sagen darf, grüne Zweig, den die Dichoporiten treiben — die Blastoideen — zweigt sich auch in der Entwicklung der Ambulacra durch *Cystoblastus* an der noch relativ indifferenten Wurzel der Dichoporiten ab.

Schliesslich sei noch hervorgehoben, dass unter den gegebenen Verhältnissen andere Wege für die Einleitung einer Lagebeziehung zwischen den Ambulacren und dem Thecalskelet überhaupt nicht möglich waren. Wenn die Finger am Körper einen Stützpunkt suchten, so konnten sie sich entweder eigene Elemente schaffen oder die vorhandenen der Theca dazu benutzen. Es ist das wieder ein Beleg dafür, dass in der Regel nur wenige, meist nur zwei Wege für eine Aenderung gegebener Organisationsverhältnisse offen stehen.

e) Der Steinkanal.

Bei den lebenden Pelmatozoen hat sich der Steinkanal der Echinodermen nicht mehr in seiner primären Einfachheit erhalten. An seiner Stelle funktioniren als Zuleitungsröhren des Ambulacralsystemes viele kleine zarthäutige Schläuche, die von dem Ringgefäss aus in die Spalträume der Leibeshöhle hängen und aus diesen die Körperflüssigkeit für das Ambulacralsystem aufsaugen. Mit dem Steinkanal ist natürlich auch dessen direkte Ausmündung an der Aussenwand des Körpers verschwunden.

Dieses eigenthümliche Verhalten der lebenden Crinoiden wird uns seiner Morphogenese nach verständlich einerseits durch die ontogenetische Reproduktion eines einfachen Steinkanales bei *Antedon*, andererseits durch die verschiedenen Ausbildungs- bezw. Rückbildungsstadien des Steinkanales bei den Holothurien.

Ueber die ontogenetischen Bildungsvorgänge des Steinkanales von *Antedon* gehen die Berichte zwar in mehrfacher Hinsicht auseinander, namentlich herrscht Unsicherheit über die Beziehungen des Steinkanales zu dem Axialorgan bezw. Parietalkanal. Ich folge hierbei der Darstellung von Osw. Seeliger (1892, III), mit der sich auch die Angaben älterer Autoren, wie Ludwig, Bury und Perrier in den für uns wichtigsten Punkten am ehesten in Einklang bringen lassen. Danach geht der primäre, d. h. der zuerst allein gebildete und dem der übrigen Echinodermen entsprechende Steinkanal im Interradius V : I vom Ringkanal aus, verläuft in dem dorsalen Vertikalmesenterium, mit dem wir uns noch öfter zu beschäftigen haben werden, und verbindet sich schliesslich mit dem Parietalkanal, um mit diesem in dem primären Rücken- oder Parietalporus in der Nähe des Radius I nach aussen zu münden. Wir können jedenfalls konstatiren, dass erstens auch bei Pentacrinoideen zunächst ein einfacher Steinkanal im analen Interradius vorhanden ist, zweitens dass derselbe nach aussen mündet, drittens dass er dazu mit dem Parietalkanal in Verbindung tritt.

Die Holothurien zeigen uns verschiedene Rückbildungsetappen des Steinkanales bezüglich seiner funktionellen Selbständigkeit. Das ist zur Beurtheilung des realen Umbildungsprocesses stammesgeschichtlich von besonderer Bedeutung, denn wir sehen daraus, wie eine solche Wandlung physiologisch dirigirt und morphologisch ausführbar wurde. Bei verschiedenen Elasipoden und *Pelagothuria* mündet ein einfacher Steinkanal im vertikalen Mesenterium über dem Genitalporus direkt mit einfacher oder in einem Madreporiten komplicirter Oeffnung nach aussen. Bei anderen Elasipoden und einigen Molpadiiden bleibt derselbe bei gleicher Lage zwar noch mit der Körperwand in Verbindung, mündet aber an seiner Innenseite durch einen sog. inneren Madroporit in die Leibeshöhle. Bei anderen Molpadiiden, den Synaptiden und Dendrochiroten, hört die Verbindung des Steinkanales mit der Körperwand auf, und bei einer Anzahl von Synaptiden, Dendrochiroten und Aspidochiroten findet man schliesslich auch wie bei Crinoiden statt des einen primären mehrere oder zahlreiche sekundäre Steinkanäle, die vom Ringkanal aus frei in die Leibeshöhle hängen und aus dieser Flüssigkeit aufsaugen. Von Arnold Lang sind diese Verhältnisse auch durch übersichtliche Figuren erläutert (1894, IV, 1009).

Der Schluss, den wir aus diesen Erscheinungen zu ziehen haben, dass nämlich die Vorfahren der heutigen Crinoiden einen einfachen Steinkanal besassen, findet darin seine vollste Bestätigung, dass sich bei verschiedenen palaeozoischen Pentacrinoideen ein Madreporit zwischen Mund und After findet, und also ein einfacher Steinkanal vorhanden gewesen sein muss. Unter diesen Umständen wird es uns nicht überraschen dürfen, bei Cystoideen ebenfalls noch die primitiveren Verhältnisse eines einfachen Steinkanales anzutreffen.

Barrande hatte bei *Aristocystites* 4 Oeffnungen in der Theca nachgewiesen, d. h. ausser Mund und After unserer Terminologie (vergl. pag. 70, Textfigur 11) noch zwei weitere Oeffnungen. Die eine derselben, welche auch bei vielen anderen Cystoideen nachgewiesen war, wurde ja von den Einen als After, von den Anderen als Genitalporus aufgefasst. Ich werde diese Oeffnung später als „Parietalporus" besprechen und ihre physiologische Bedeutung genauer erörtern. Zur Orientirung möchte ich nur kurz vorausschicken, dass dieselbe eine vollständige und einfache Durchbohrung der Körperwand darstellt, dass sie mit beweglichen Klappen geschlossen bezw. geöffnet werden konnte, also periodisch als Durchtrittsöffnung fungiren musste, und dass sie nach meiner Auffassung als Ausmündung der im Axialorgan bereiteten Geschlechtsprodukte dienen musste.

Eine sog. „vierte Oeffnung" findet sich neben dieser in grosser Verbreitung bei Cystoideen, bietet aber morphologisch so eigenthümliche Verhältnisse, dass sie entweder überhaupt nicht als Porus oder in Folge ihrer räumlichen Beziehungen zu dem Parietalporus nicht als selbständige Oeffnung erkannt wurde. Sie ist ausgezeichnet und nach der Analogie der übrigen Echinodermen typisch entwickelt bei *Glyptosphaerites* (Taf. IV fig. 3, 4), wo sie schon von A. v. Volborth 1846 (H. 29. t. X, 1a) dargestellt und als „dreieckiges Organ" bezeichnet worden war. Obwohl dieser ausgezeichnete Forscher „die Funktion dieses sonderbaren Organs nicht anzugeben weiss", schliesst er seine Beschreibung doch mit den Worten: „Sollte es nicht ein Aequivalent der Madreporenplatte vorstellen"? Wie viele ausgezeichnete Beobachtungen und Auffassungen dieses Autors unter der Ungunst herrschender Vorurtheile übersehen wurden, ist auch diese Mittheilung unbeachtet geblieben. Es handelt sich hier bei *Glyptosphaerites* (Taf. IV fig. 4) um eine echte Madreporenplatte, die schon äusserlich ihre Uebereinstimmung mit derjenigen von Asteriden und Echiniden nicht verkennen lässt. Das ist um so erfreulicher, als die Seltenheit der Individuen die Anfertigung eines mikroskopischen Präparates nicht ermöglichte. Es zeigt in unregelmässigem, aber ungefähr dreieckigem Umriss feine, senkrecht zur Oberfläche gestellte, wellig verlaufende Falten. Das Feld bildet aber keine Platte für sich, wie die Madreporenplatten der Asteriden und Echiniden, sondern liegt an der Berührungsecke dreier Thecalplatten auf deren Flächen vertheilt, ohne dass man aber die Grenzen der letzteren in das Feld verfolgen könnte.

Dieselbe Form des Madreporiten wie bei *Glyptosphaerites* finde ich auch bei (*Pyrocystites*) *Archegocystis desiderata* Barr. sp. (Taf. III fig. 4, 5).

Bei *Aristocystites* ist dieser Porus mehr schlitzförmig, aber in der Tiefe der Einsenkung erkennt man gelegentlich (Taf. III fig. 10a) unregelmässige, meist quer gestellte Leisten bezw. Grübchen. Auch bei *Codiacystis* ist ein schlitzförmiger Porus vorhanden. An verschiedenen Bildern von Barrande's *Hydrophores palmés*, die zu dieser Gattung gehören, z. B. T. XIV f. 2, 4, bemerkt man in dem einen breiten Interradialfeld eine längliche Grube, welche an Abdrücken der Aussenfläche natürlich als Erhabenheit hervortritt. Auch bei *Pyrocystites* glaube ich einen Madreporiten in Gestalt eines Schlitzes zu erkennen (Taf. III fig. 9), während mir dessen Erhaltung bei *Eucystis* fraglich erscheint.

Sehr klar liegen die Verhältnisse des Steinkanales bei den Chirocriniden, wo auch der Parietalporus in ausgezeichneter Deutlichkeit erhalten ist, und überall eine zuverlässige Grundlage für die Deutung der inneren Organe liefert.

Von *Chirocrinus* selbst liegt mir keine vollständig erhaltene Oralseite vor, so dass der

Mangel einer Beobachtung der Primärporen nicht überrascht. Bei den übrigen regulären Dichoporiten ist fast ausnahmslos die Existenz derselben nachzuweisen, und zwar ist hier der Porus des primären Steinkanales immer ganz nahe an den unter ihm gelegenen Parietalporus herangedrängt.

Bei *Pleurocystites* sind beide Oeffnungen noch um einen kleinen Zwischenraum von einander entfernt unterhalb des Mundes gelegen. Die obere der nebenstehenden Abbildungen (**Fig. 18. A**) soll das veranschaulichen. Sie zeigt zugleich die Lage dieser Organe, den Porus des primären Steinkanales (Pr), den Parietalporus (Pp) unterhalb des Mundes bezw. der ihn überdeckenden Saumplättchen, und oberhalb der Thecalplatten I' 1 und I'' 5, die den oberen Abschluss des grossen Analfeldes bilden (vergl. Taf. XII fig. 5). Bei *Callocystites* hat schon J. Hall neben dem Munde zwei Oeffnungen beobachtet, von denen die obere die des primären Steinkanales ist. Ihre Form und Lage ist aus der Abbildung Taf. XV fig. 1a klar ersichtlich. Bei den Gattungen *Glyptocystites* (Taf. XV fig. 4a), *Schizocystis* (Taf. XII fig. 1) zeigt sich dasselbe Bild. Bei *Scoliocystis pumilus* ist das Oralfeld sehr abgerieben, so dass nur mehr der untere der beiden Poren sicher zu erkennen, der obere aber in geringer Entfernung darüber mit grösster Wahrscheinlichkeit zu vermuthen ist. Die meisten und auch die best erhaltenen Exemplare anderer Gattungen geben gerade hier wenig Aufschluss, da diese Theile wie bei den Callocystiden auch durch Finger bedeckt sind.

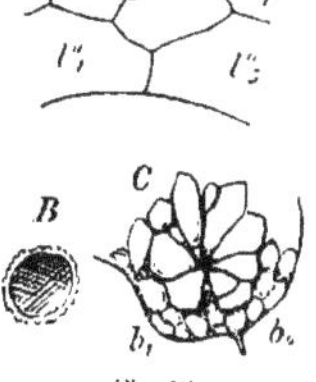

Fig. 18.
Pleurocystites.
A Lage des primaren Steinkanales Pr und des Parietalporus Pp; B Querschnitt des Hohlstieles; C After (vgl. Taf. XII fig. 5).

Bei *Echinoencrinites* liegt sowohl der Parietalporus, wie auch der Madreporit innerhalb des Mundfeldes bezw. der Fingeransätze. Der Parietalporus tritt als kleine runde Oeffnung deutlich hervor, während der Madreporit äusserlich schwer zu erkennen ist und erst durch Anschleifen deutlich freigelegt wird. In Taf. XIII fig. 23 ist die Form und Lage des Madreporiten (Pr) klar zu erkennen; fig. 24 zeigt an einem sehr grossen Individuum den Madreporiten auch äusserlich auffallend deutlich. Er legt sich hier an der Aussenfläche der Theca bogenförmig um den Parietalporus herum und zwar so, dass seine Flügel denselben etwas umgreifen. An tiefer gelegenen Schnittebenen, fig. 25 und fig. 26, bemerkt man eine zunehmende Entfernung beider Poren von einander; ausserdem vermisst man darin das Umgreifen des Parietalkanales. Hieraus geht hervor, dass der Steinkanal sich aussen am engsten an den Parietalkanal herandrängt, dass beide also nach aussen konvergiren.

Aehnlich liegen diese Oeffnungen bei *Erinocystis* (Taf. XI fig. 4) und bei *Glaphyrocystis* (vergl. die Beschreibung dieser Form).

Bei *Lepocrinites* (Taf. XIV fig. 7a) ist nur eine einfache, in der Jugend wenigstens beträchtlich grosse Oeffnung vorhanden. Es bleibt hier fraglich, ob die obere, die wir als die des Steinkanales ansprechen, über derselben verkümmert oder in dieselbe aufgenommen ist. Mit Rücksicht auf die Grösse derselben und die starke Anlehnung des Steinkanalporus bei den älteren Verwandten muss man wohl eine innere Verschmelzung beider Poren für wahrscheinlicher halten. Bei dem mir vorliegenden Exemplar von *Cystoblastus* (Taf. XVI fig. 2) habe ich überhaupt keine Primärporen am Munde finden können, dagegen giebt v. VOLBORTH bei seiner kleinen jetzt verloren gegangenen Form eine einfache Oeffnung an. Da möglicherweise die letztere eine Jugendform der ersteren ist, verschwindet wohl der Porus erst in der Ontogenie; da er einfach ist, gilt für seine Beurtheilung wohl dasselbe wie für *Lepocrinites* (vergl. die Kopie Taf. XVI fig. 1).

Unter den Caryocriniden habe ich bei *Hemicosmites*, und zwar nur bei vereinzelten Individuen verschiedener Arten, einen einfachen Porus beobachtet. An einem stark abgeriebenen Individuum von *Corylocrinus crassus* (Mus. Berlin) findet sich an der betreffenden Stelle allerdings über einer grösseren Oeffnung noch eine schmale, an ihn angelehnte Einstülpung, die — bei der schlechten Erhaltung kann ich nur sagen — möglicherweise von dem primären Steinkanal herrührt. An einer aufgebrochenen Thecalkapsel von *Hemicosmites pocillum* (Akad. Petersburg) sehe ich an der Platte, die sonst den Porus enthält, von innen her zwei Einstülpungen, die wohl auch im gleichen Sinne zu deuten sind.

Die Echinosphaeriden zeigen jedenfalls keine vierte Oeffnung. Die gute Erhaltung zahlreicher Exemplare von *Echinosphaerites* und *Heliocrinus* lässt über den thatsächlichen Mangel einer solchen nicht im Zweifel (Taf. VIII fig. 5). Die Echinosphaeriden wie die Caryocriniden erweisen sich also in der Verkümmerung des primären Steinkanales als stark modificirte Typen. Die besprochene sog. „vierte Oeffnung" der Cystoideen bietet sonach wesentlich andere morphologische Verhältnisse dar als die drei anderen Oeffnungen des Körpers. Sie bildet niemals eine normale Oeffnung, sondern immer mehr eine Art Narbe, die in Form eines kleinen Schlitzes, eines hufeisenförmigen Grübchens, oder eines wirren Netzwerkes unregelmässig verwachsener Skeletsubstanz auftrat, vielfach kaum noch sichtbar, vielfach auch ganz verschwunden war.

Die hier gewählte Auffassung der oberen der beiden suboralen Oeffnungen als Mündung des primären Steinkanales hat ihre besondere Stütze und Begründung in dem ontogenetischen Verhalten des Steinkanales von *Antedon* zu dessen Parietalorgan. Wie OSW. SEELIGER l. c. gezeigt hat, mündet bei *Antedon* der primäre Steinkanal nicht frei an der Aussenwand, sondern in den Parietalkanal. Wir haben also hier ein Verhältniss vor uns, welches sich unmittelbar und zwar als nächste Etappe denjenigen der jüngeren Cystoideen anschliesst (vergl. Textfigur 19, A—C). Die bei letzteren vollzogene Anlehnung an den Parietalporus ist in den Larven von *Antedon* nur weiter in das Innere verlegt. Die Ablösung des Madreporiten von der Theca, die wie gesagt ihr Homologon bei Holothurien findet, mag hier phylogenetisch durch die starke Differenzirung der Kelchkapsel veranlasst worden sein. Bemerkenswerth ist die hier vorliegende Homologie zwischen *Antedon* und den Cystoideen in physiologischer Hinsicht auch insofern, als die Anlehnung des Steinkanals an den Parietalkanal in beiden Fällen mit einer funktionellen Rückbildung des ersteren Hand in Hand geht. In den Larven von *Antedon* sind wohl beide Organe funktionslos, bei den jüngeren Cystoideen nur der Madreporit, der zu einer verwachsenen Narbe wird, während der Parietalporus, wie wir noch sehen werden, schon durch einen wohlentwickelten Klappenverschluss seine Aktivität erkennen lässt.

Ich nannte die besprochene Beziehung zwischen den Cystoideen und *Antedon* eine Homologie, obwohl die *Pentacrinoidea*, zu denen *Antedon* gehört, unmöglich von denjenigen

Cystoideenformen abgeleitet werden können, bei denen sich die geschilderte Anlagerung einstellt, zumal die primitiveren Cystoideen, bei denen dazu noch eher eine Berechtigung vorliegen könnte, Steinkanal und Parietalporus weit von einander entfernt zeigen. Dass sich die Beziehung beider Organe in phyletisch scharf gesonderten Abtheilungen der Pelmatozoen so ähnlich gestaltet, findet darin seine Erklärung, dass sowohl der primäre Steinkanal wie das Parietalorgan bezw. deren Ausführgänge in dem dorsalen Vertikalmesenterium eingebettet sind. Dass letzteres anscheinend für den ganzen Unterstamm der Pelmatozoen eine hochwichtige Rolle spielt, habe ich bereits früher 1895. II, 117 angedeutet und werde es später ausführlicher begründen.

Bemerkenswerth ist bei den Cystoideen die Kürze des primären Steinkanales, welche sich ergiebt aus der geringen Entfernung des Madreporiten von der Mundöffnung, da dieser der Ringkanal des Ambulacralgefässes unmittelbar angelagert sein musste. Diese Kürze des Steinkanales und die dadurch bedingte Nähe des Madreporiten am oralen Pol entfernt die Cystoideen von den Echinoideen und Asteriden und nähert sie den Holothurien. Da die freie Lebensweise der Eleutherozoen wohl als sekundär aufzufassen ist, so würden die Holothurien den Pelmatozoen darin also insofern näher stehen, als auch sie das diesbezügliche primäre Ausgangsstadium aller Echinodermen bewahrt haben.

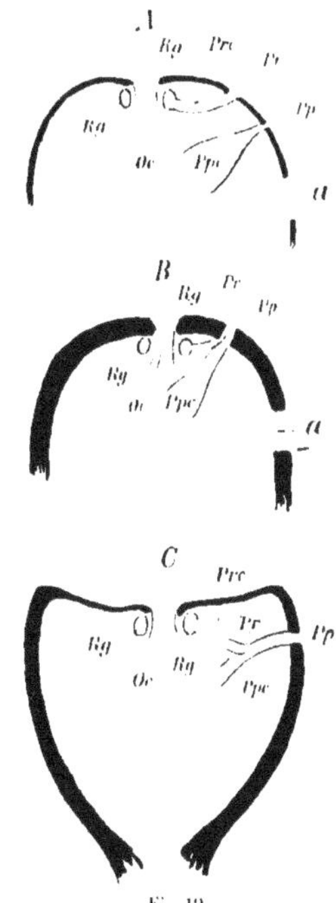

Fig. 19.

Schematische Darstellung der Beziehung des primären Steinkanales Prc zu dem Ringgefäss des Ambulacralsystemes Rg und dem Parietalkanal Ppc. A bei Diploporiten wie *Glyptosphaerites*, B bei regulären Dichoporiten wie *Callocystites*, C in Jugendstadien von *Antedon*; Oe Oesophagus, Rg Ringgefäss des Ambulacralsystemes, Prc primärer Steinkanal, Pr Madreporit, Ppc Parietalkanal, Pp Parietalporus, A Afteröffnung. Das Skelet bezw. Integument ist schwarz gezeichnet.

Die erwähnte Obliteration des primären Steinkanales bei den jüngeren bezw. höher organisirten Cystoideen setzt naturgemäss einen vorherigen oder wenigstens gleichzeitigen physiologischen Ersatz im Organismus voraus. Es entsteht nun die Frage, wie derselbe zu denken ist. Die bei Holothurien und Pentacrinoideen eingetretene Vermehrung der Steinkanäle beginnt ontogenetisch und auf vergleichendem Wege nachweisbar mit einer allmählichen Vermehrung der Kanäle oder Schläuche, die, wie gesagt, vom Ringgefäss aus in die Leibeshöhle hängen. So sind bei *Hyocrinus* nur 5 solcher Schläuche vorhanden, denen ebensoviel Poren in der Kelchdecke entsprechen, ohne dass beide direkt in Zusammenhang ständen. Bei *Antedon* und manchen Holothurien ist dagegen die Zahl der sekundären Steinkanäle sehr gross. Es ist also nicht ausgeschlossen, dass auch bei den Cystoideen eine Vermehrung der Steinkanäle stattfand. Diese Vermehrung tritt aber bei *Antedon* offenbar erheblich später ein, als die

Annäherung des primären Steinkanales an den Paritealkanal. Da diese Beziehung beider bei Cystoideen dauernd erhalten bleibt, ist es wahrscheinlicher, dass diese im Allgemeinen über das gesammte Entwicklungsstadium nicht hinauskamen. Hiernach ergiebt sich Folgendes:

Der Madreporit stellt keine einfache Durchbohrung der Thecalwand dar sondern in primitivster Form ein zusammengedrängtes Gewirr von Schlitzen. Diese sind nicht in einer einheitlichen Madreporenplatte zu einem Skeletelement koncentrirt wie bei Eleutherozoen, sondern liegen auf der Grenze dreier oder zweier Thecalplatten, deren zusammenstossende Ränder eingeschnitten sind, während ihre zusammenstossenden Fortsätze im Madreporiten verschmelzen.

Der primäre Steinkanal ist bei sehr vielen Cystoideen nicht nur morphologisch erhalten, sondern auch noch in Funktion gewesen, da der Madreporit bei verschiedenen Formen noch typische Ausbildung zeigt. Da immer nur ein Madreporit vorhanden ist, dürfte auch der Steinkanal im Gegensatz zu den lebenden Crinoiden seine primäre Einfachheit bewahrt haben. Da der Madreporit immer in nächster Nähe des Mundes und damit auch des ihn umgebenden Ringgefässes gelegen ist, so kann der Steinkanal nur sehr kurz gewesen sein. Er zeigt niemals Verkalkungen seiner Seitenwand wie bei den meisten Eleutherozoen, er muss also seinen primitiven häutigen Zustand bewahrt haben. Da der Madreporit immer in der Nähe des Parietalporus und in bestimmter räumlicher Beziehung zu dem After liegt, so können wir mit Sicherheit annehmen, dass er wie in der Ontogenie der lebenden Echinodermen durch das dorsale Vertikalmesenterium („Parietalseptum") getragen wurde, und wo er keinen selbständigen Madreporiten besass, auf dem Wege des Parietalkanales mit der Aussenwelt in Verbindung stand.

E. Die Thecalporen.

Als Thecalporen fasse ich alle regelmässig geformten und angeordneten feinen Schlitze oder Röhren der Theca zusammen, welche subthecale Räume mit epithecalen oder mit dem umgebenden Meerwasser in Kommunikation bringen. Unter diese Definition könnten auch die Kelchporen der Crinoiden fallen, aber dadurch, dass die Thecalporen der Cystoideen fast ausnahmslos in sehr regelmässiger Weise specialisirt werden, sind sie von diesen und ähnlichen Gebilden anderer Pelmatozoen sehr leicht zu unterscheiden und werden, da sie sämmtlichen Cystoideen zukommen, zu einem vorzüglichen Kennzeichen der ganzen Klasse. Die von Joh. Müller und anderen Autoren als „Aporiti" zusammengefassten Cystoideen gehören nicht hierher, sondern theils zu Thecoideen theils zu Carpoideen. Nur der Porenbau der Blastoideen steht seinem innern Wesen nach demjenigen der Cystoideen nahe, bietet aber seinerseits höchst specialisirte Differenzirungen, die sich bei Cystoideen nicht finden. Ich werde zunächst die morphologischen Daten besprechen und dann auf deren physiologische Beurtheilung eingehen.

Nach ihrem inneren Bau und ihrem Verhältniss zu den Platten der Theca lassen sich nach dem Vorgange Joh. Müller's zwei Typen auseinanderhalten. Die Träger des einen wurde von JOH. MÜLLER als „Diplopориti", die des anderen als „Cystideen mit Porenrauten" bezeichnet.

Die letzteren wurden von ED. EICHWALD 1860 (I. 616) in „Taxiporitidées" und „Rhombiporitidées" zerlegt. Unter ersteren fasste er die Caryocystiden und Caryocriniden, ausserdem auch *Cyclocrinus* zusammen, der nach den neueren Untersuchungen wohl nun endgültig mit Receptaculites und anderen Problematicis bei den Kalkalgen seinen Platz gefunden hat. Als Rhombiporitideen fasste er dann die Cystoideen mit wenigen Porenrauten zusammen. Wir werden uns überzeugen, dass die Porenbildung der Taxiporitideen und Rhombiporitideen durch alle Uebergänge mit einander verbunden und derjenigen der Diploporita gegenüber als morphogenetische Einheit aufgefasst werden muss. Ich halte sonach die J. MÜLLER'sche Zweitheilung der porentragenden Cystoideen aufrecht und nenne den Diploporiten MÜLLER's gegenüber die mit Porenrauten versehenen Formen „Dichoporita". Die Porentypen selbst bezeichne ich dementsprechend als „Diplopori" und „Dichopori".

Da sich der Bau dieser Porentypen auffällig von einander unterscheidet und nicht ohne Weiteres auf dasselbe Schema zurückgeführt werden kann, so möchte ich beide Typen zunächst getrennt besprechen, allerdings in diesem Abschnitt nur, um die gemeinsamen Grundzüge ihrer Form festzustellen und dadurch für die Beurtheilung ihrer Funktion eine ausreichende Grundlage zu gewinnen. Da wir die Unterschiede der Porenbildung unserer Haupteintheilung der Cystoideen zu Grunde legen, so giebt die Besprechung der Dichoporiten und Diploporiten später Gelegenheit, auf die von einander ganz unabhängigen Differenzirungen der Poren näher einzugehen.

a) Die Dichoporen.

Mit dem vorstehenden Namen bezeichne ich diejenigen Thecalporen, welche nach den Worten JOH. MÜLLER's (1854, I. 184) „zu rautenförmigen Figuren angeordnet" sind, und „von welchen die eine Hälfte einer Assel, die andere Hälfte der angrenzenden Assel angehört". Auf letzteres Merkmal soll sich der Name Dichopori (**δίχος** = getheilt) beziehen. Darin liegt auch der wesentliche Unterschied dieser Poren gegenüber den Diploporen, welche nicht durch eine Plattengrenze zerlegt werden, sondern ganz innerhalb einer Thecalplatte liegen. Ein weiterer Gegensatz beider Porenbildungen liegt darin, dass die Axe der Dichoporen regelmässig in die radialen Spannungsrichtungen der Thecalplatten eingeschaltet ist.

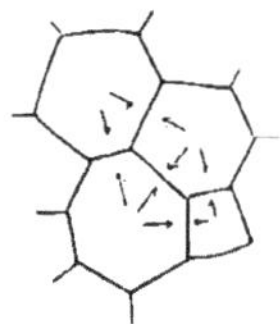

Fig. 20.
Schematische Darstellung der Spannungsrichtungen in benachbarten Thecalplatten.

Bei Pelmatozoen, deren Thecalplatten keine specialisirten Funktionen ausüben, verbinden im Allgemeinen die Spannungsrichtungen die Plattencentren mit einander, strahlen also von dem Centrum radial aus (Fig. 20). Da das Flächenwachsthum der Platten bei solcher funktionellen Indifferenz gleichmässig vom Centrum nach allen Seiten erfolgt, so verlaufen im Allgemeinen die Plattengrenzen senkrecht zu der Verbindungslinie je zweier Centren, wogegen die Spannungsrichtungen zwischen benachbarten Platten senkrecht auf deren Grenze liegen. Denkt man sich auf jeder Plattengrenze die gegenseitigen Spannungen benachbarter Platten durch Striche eingetragen, so müssen diese ein Bild liefern, wie es die Dichoporen im Thecalskelet zeigen.

In weiter Verbreitung finden wir radial und peripherisch geordnete Gruben bei älteren Cladocrinoideen und Pentacrinoideen. Die kambrischen Gattungen ***Acanthocystites*** Barr., *Lichenoides* Barr. und die silurischen *Macrocystella* Call., ***Ascocystites*** Barr., *Mimocystites* Barr., *Porocrinus* Bill. zeigen tiefe randliche Einfaltungen der Platten, sodass diese an ihren Seitenrändern wellblechartig gebogen sind. In Fig. 21 habe ich eine solche Platte von *Lichenoides* vergrössert abgebildet. Dabei korrespondiren auf den Grenzen benachbarter Platten die Leisten und Furchen genau mit einander. Diesem bei älteren Pelmatozoen vorhandenen Bilde werden wir uns nicht entziehen können, wenn wir an die Betrachtung der ebenso gelagerten Dichoporen herantreten.

Fig. 21.

Zwei Kelchplatten von *Lichenoides priscus* aus dem mittleren Cambrium Bohmens, der Abdruck der Aussenfläche von innen aus gesehen. Vergrössert.

Die Form der einzelnen Dichoporen ist ungemein mannigfaltig, wie ein Blick auf die nachstehenden Textfiguren 22 und 23 darthut, in welchen die wichtigsten Typen dieses Porenbaues zum Vergleich neben einander gestellt sind. Um das Gemeinsame und Wesentliche ihrer Organisation herauszuheben und später mit dem der Diploporen vergleichen zu können, will ich dieselben kurz besprechen. Auf ihre besondere Anordnung und Differenzirung werde ich erst in der Einleitung zu den Dichoporiten näher eingehen. Man überzeugt sich sofort, dass in den Bildern die zusammengestellten Theile recht erhebliche Verschiedenheiten aufweisen.

Das morphologisch einfachste Bild zeigen uns einige reguläre Dichoporiten, die wir ihrem geologischen Auftreten nach als die ältesten Vertreter der Dichoporiten ansehen müssen. Bei ***Chirocrinus Leuchtenbergi*** (Taf. XI fig. 5—7), der sich nach Friedr. Schmidt in einer der untersten Schichten des petersburger Vaginatenkalkes findet und zu den ältesten Vertretern der Gattung gehört, und bei einigen später neu beschriebenen Arten bilden die Poren an der Oberfläche der Theca lange kontinuirliche Schlitze, die durch die Plattengrenze nur getheilt, aber in ihrer räumlichen Ausdehnung nicht unterbrochen werden. Dasselbe Bild zeigen die Poren von ***Pleurocystites*** (Taf. XII fig. 3a), z. Th. die von ***Chirocrinus sculptus*** des russischen, ***Ch. Walcotti*** (Taf. XI fig. 8) des nordamerikanischen Untersilur. Den flachen und ziemlich weit von einander entfernten Rinnen der Cladocrinoideen entsprechen hier also feine, senkrecht zur Oberfläche gestellte Falten, die nur wenig tiefer eingesenkt sind, als die Platten dick sind. Derartige Organe wurden schon von Billings bei ***Glyptocystites*** abgebildet, aber irrthümlich mit den Innenfalten der Blastoideen homologisirt. Bei den jüngeren Vertretern der regulären Dichoporen sind die Falten in der Mitte eines Porenfeldes ziemlich tief, meist mehrere Millimeter unter die Thecalwand eingesenkt. Die Porenfalten einer Raute bilden dann eine nach innen erhabene niedrige Pyramide. Eine solche habe ich zunächst (Taf. XIII fig. 22a) bei einem defekten Exemplar von

Echinoencrinites (Mus. Berlin) beobachten können, da dasselbe — statt wie gewöhnlich mit Gesteinsmasse — mit durchsichtigem Kalkspath ausgefüllt war. Das herausgeschnittene Stück der Basis ist Taf. XIII fig. 22 von aussen und 22a von innen abgebildet; es lässt die zwei an der Basis vereinigten Porenrauten deutlich von aussen und innen erkennen. Taf. XV fig. 3 zeigt dieselben Rautenfalten an der Oberfläche des Steinkernes eines Callocystiden. Auch an anderen Mitgliedern der regulären Dichoporiten habe ich diese Anordnung der Innenfalten konstatiren können. Bei *Cystoblastus* tritt eine Modifikation ein, die zu dem Porenbau der Blastoideen überleitet und dort eingehend gewürdigt werden soll.

Bei der überwiegenden Mehrzahl der regulären Dichoporiten finden wir die Porenschlitze auf der Plattengrenze unterbrochen durch einen seitlichen Zusammenschluss der Thecalwand. So entstehen bei den nächsten Verwandten der oben genannten Formen, d. h. einigen jüngeren Arten von *Chirocrinus*, ferner bei *Cystoblastus* und sämmtlichen Callocystiden und Scoliocystiden statt eines einheitlichen je zwei korrespondirende Schlitze von grösserer (Taf. X fig. 10) oder geringerer (Taf. X fig. 11) Länge. Dasselbe Bild zeigt auch *Rhombifera bohemica* Barr. (Taf. X fig. 8), obwohl die korrespondirenden Oeffnungen hier sehr kurz geworden sind.

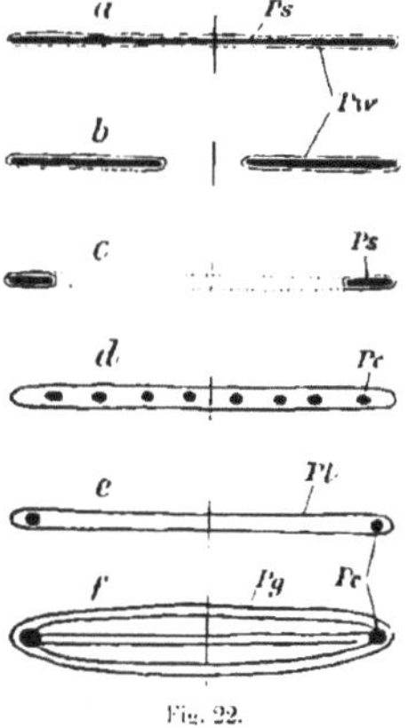

Fig. 22.

Verschiedene Dichoporenformen von aussen gesehen. In der Mitte die Grenze zweier Thecalplatten. Die Porenschlitze Ps bezw. Porenkanäle Pc sind schwarz, die Porengänge Pg mit dünner Linie eingetragen.

Während die bisher genannten Porenformen (Fig. 22 a bis c) in ihren Schlitzen noch immer eine grösste Ausdehnung in der Porenlängsaxe zeigten, finden wir bei *Caryocystites* eine auffallende Modifikation des Schlitzes. Durch Zusammenschliessen der Seitenwände ist hier (Fig. 22 d) der einzelne Porenschlitz in eine Anzahl aufsteigender Röhren „Porenkanäle" zerlegt; zugleich sind die umgebenden Wälle zu einer hoch erhobenen Leiste angeschwollen (vergl. auch Fig. 23 k, pag. 109).

Bei den Caryocriniden finden sich solche „Porenkanäle" nur an den beiden Enden der Poren, und diese werden ausserdem an der Oberfläche der Theca durch eine siebartige Skelethaube überdeckt (Fig. 23 c, i, pag. 109).

Bei *Echinosphaerites* und seinen Untergattungen wird ein anscheinend vollständiger Abschluss der Poren an der Aussenseite dadurch bewirkt, dass sich die zu einer Porenleiste vorgewölbten Porenwälle über ihnen schliessen und zugleich zwischen ihnen einen tangential unter der Oberfläche verlaufenden „Porengang" bilden (Fig. 22 e). Bei *Heliocrinus* sind die Porenleisten vorgewölbt aber seitlich an einander gelehnt, wobei sich die Porengänge an den distalen Enden in der Weise vereinigen, dass je zwei bis drei in einen Porenkanal münden (Taf. VIII fig. 11, Fig. 22 f). Bei dem typischen *Echinosphaerites* ist dieses System von Porengängen ganz in die Fläche der Theca eingesunken, so dass gut erhaltene Exemplare an der Oberfläche nichts von Porenbildungen erkennen lassen (Taf. VIII fig. 5). Von der normalen Skeletbildung der Cutis ist hier eine epitheliale scharf gesondert erhalten, welche die Porenkanäle überzieht (Fig. 12 pag. 73). Das war wohl für Angelin der Grund zu der sonst schwer verständlichen Zurechnung dieser Formen zu seinen Aporiti.

In den folgenden Bildern, Fig. 23 a bis f, habe ich diese Porenformen im vertikalen Querschnitt dargestellt und zum Vergleich an den Anfang der Reihe einen Querschnitt durch die Randfalten einer Platte des cambrischen *Lichenoides* gesetzt. Man überzeugt sich dabei sofort, dass das Bild Fig. 23 b, welches für die älteren Arten von *Chirocrinus* gilt, den Typus von a nicht principiell verändert, sondern nur specialisirt zeigt, indem die eingesenkten Theile des Skelets sehr dünnwandig und die noch durchweg offenen Schlitze an der Aussenfläche sehr eng sind. In den folgenden Figuren sind die Schlitze aussen in ihrem mittleren Verlauf geschlossen und nur an ihren Enden noch offen, was sich natürlich im Querschnitt nicht andeuten lässt. In Fig. 23 c sind drei Poren von *Caryocrinites* insofern schematisch durchschnitten, als die distal gelegenen Porengänge und die tiefste mittlere Einstülpung der Falten in die Schnittebene gelegt sind. In Fig. 23 d sind drei mittlere Porenkanäle benachbarter Porenleisten im Querschnitt dargestellt. Die distal in einer Leiste gelegenen Kanäle verlaufen dagegen schräg zur vertikalen Schnittebene. Figur e zeigt im Querschnitt eine Porenleiste von *Heliocrinites*, in welcher die zu einer Raute gehörigen Dichoporen seitlich zusammengedrängt sind. Dieselben sind aussen grösstentheils geschlossen als Porengänge (Pg), und nach innen meist nur an den Enden durch Porenkanäle (Pc) geöffnet. Diese sind auch hier wie bei *Caryocrinus* in die Schnittebene eingetragen. Figur f soll das Verhalten von *Echinosphaerites* kennzeichnen, bei welcher die Verbindung zwischen den zusammengehörigen Porenkanälen (Pc) meist durch 2—3, selten durch einen Porengang (Pg) bewirkt wird.

In den rechts gestellten Bildern, Fig. 23 g—m, habe ich den Bau der Dichoporen im Längsschnitt zu erläutern gesucht, um die Homologie der einzelnen Theile auch in dieser Richtung zu verfolgen. Die Aussenseite ist nach oben gekehrt, eine Pore in die Mitte jedes Bildes gelegt und die in dessen Mitte liegende Plattengrenze mit z bezeichnet, während die rechts und links gelegenen Plattencentren mit y bezeichnet sind. Die durchschnittenen Skelettheile sind mit vollem Schwarz, die verkalkte Epithek mit einem vollen Strich eingetragen.

Betrachten wir nunmehr den Porenschlitz und dessen Aequivalente etwas genauer. In dem obersten Bilde ist ein Porenschlitz von *Chirocrinus* (vergl. pag. 107 Fig. 22 a) dargestellt, etwa in der Ausbildung, wie ihn *Ch. canadensis* (Taf. XI fig. 8) zeigt. Der Raum, in dem das Skelet durchsetzt ist, der Porenschlitz, ist irrthümlich mit den Buchstaben Pg statt Ps bezeichnet. Auf die mit Pth und Pfc bezeichneten Räume gehe ich bei diesem und den folgenden Bildern erst später ein.

Das zweite Bild zeigt den Porenschlitz in zwei Theile (Pfc = Porenfaltenkanal) getrennt durch die Porenbrücke, die die ganze Porenraute in zwei Theile zerlegt und deshalb in der ganzen Raute als „Rautenbrücke“ (Rb) bezeichnet ist. Dieses Verhalten ist, wie ich schon oben hervorhob und durch Fig. 22 b und 23 h illustrirte, charakteristisch für die Mehrzahl der regulären Dichoporiten und die Rhombiferiden. Die übrigen irregulären

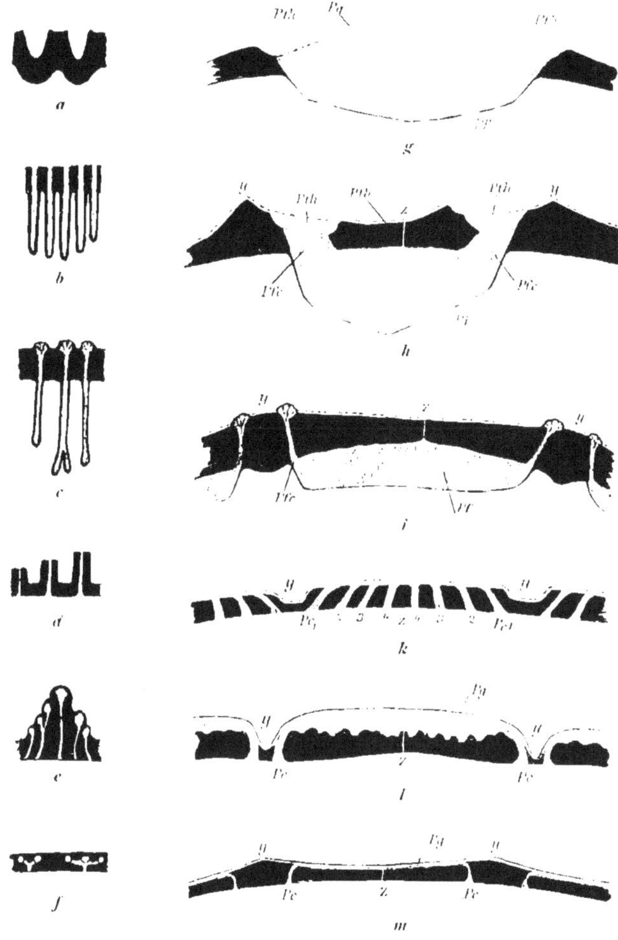

Fig. 23.

Dichoporiten zeigen das in den letzten vier Bildern dargestellte Verhalten. Bei den Caryocriniden (Fig. 23 i) sind die Porenschlitze bis auf zwei distale, schräg nach innen konvergirende Kanäle (Pfe) geschlossen, und letztere oben durch eine haubenförmige Siebbildung überdacht. Bei *Caryocystites* (Fig. 23 k, vergl. Fig. 22 d. 23 d) finden wir an Stelle des Porenschlitzes eine Anzahl Porenkanäle (Pc 1–4), die nach einem über der Mitte der erhabenen Porenleiste gelegenen Punkte konvergiren. Bei *Caryocystites granatum* habe ich diese Porenkanäle nur an der Oberfläche der Leisten konstatiren können, aber an Steinkernen von *C. geometrica* (Taf. IX fig. 6) sind sie mit grösster Regelmässigkeit in dieser Stellung zu beobachten. Das vorletzte Bild soll die übrigens nur undeutlich zu beobachtende Porenform von *Heliocrinites* (*Caryocystites aut.*) (Taf. IX) veranschaulichen. Es scheint, dass unter den erhabenen Porenleisten die Plattencentren (y) erscheinen bei diesem und dem vorhergehenden Bilde eingesenkt — die oben genannten Porengänge seitlich komprimirt sind und dadurch namentlich nach innen unregelmässige Aussackungen zeigen, welche im Gegensatz zu dem Verhalten von *Caryocystites* aus einer unregelmässigen Verwachsung der Porenwälle bezw. der Seitenwände eines ursprünglichen Porenschlitzes zu erklären wären. *Echinosphaerites* zeigt in der typischen Form ein formal regelmässigeres Verhalten, insofern (Fig. 23 m) 2 Porenkanäle wie bei den vorigen divergirend nach innen verlaufen und durch einen oder mehrere Porengänge von cylindrischem Querschnitt unter der Oberfläche verbunden werden.

Die Bilder k, l, m der Figur 23 zeigen sehr auffallende Abweichungen gegenüber den Typen g, h, i. Ihr gemeinsamer Unterschied gegen diese beruht darin, dass sich im Innern der Theca keine Skeletfalten an die Dichopore anschliessen. Solche Falten waren ja bisher kaum bei den Cystoideen*) bekannt, während sie sich nunmehr als Charakteristicum der meisten Dichoporiten erwiesen haben. Die inneren Porenfalten der Cystoideen gehören also immer je einer Dichopore an, deren innere Mündungen sie voll umspannen. Sie liegen im Innern der Theca genau so angeordnet wie die Porenschlitze an der Aussenseite, und entsprechen diesen nicht nur in der Zahl, sondern auch in ihrer Grösse ganz genau, wenn wir die zwischen zwei korrespondirenden Porenschlitzen bezw. Porenkanälen vorhandenen Unterbrechungen als sekundär entstandene Brücken betrachten.

Von solchen subthecalen Falten ist nun bei den Echinosphaeriden nichts zu finden. Weder Querschnitte durch ihre Theca, noch Steinkerne als Abdrücke der Innenfläche lassen an dieser irgend welche faltenartige Skeletbildungen erkennen. Wenn dieselben sonach fehlten, so entsteht die Frage, wie ihr Mangel zu erklären sei. Hierbei sind drei Möglichkeiten gegeben. Entweder sind die Falten unterhalb der Theca durch andere Bildungen homolog ersetzt, oder zweitens sind diese räumlichen Theile der Pore verloren gegangen, oder drittens sie sind wie bei den anderen Dichoporiten vorhanden, aber unskeletirt geblieben und nur deshalb nicht mehr nachweisbar. Wir wollen diese Möglichkeiten nacheinander auf ihre Wahrscheinlichkeit an den Thatsachen prüfen.

*) Darauf, dass die der Blastoideen aus der seitlichen Verwachsung zahlreicher Faltenhälften hervorgehen und also morphogenetisch einen anderen Werth haben als die der Cystoideen, werde ich später eingehen.

Als homologer Ersatz für die Porenfalten könnten bei *Caryocystites* die Reihe aufsteigender Kanäle (Fig. 23 k), bei *Heliocrinites* (Fig. 23 l) und *Echinosphaerites* (Fig. 23 m) ausser den aufsteigenden Kanälen auch die tangentialen Porengänge in Betracht kommen. Da die drei genannten Gattungen einer sehr eng geschlossenen Familie angehören, so müssen die bei ihnen vorliegenden Theile der Poren einander homolog sein, die aufsteigenden Kanäle der einen Form müssen also bei den anderen durch verschiedene, theils radiale, theils tangentiale Kanäle ersetzt sein. Vergleichen wir die betreffenden Porenbildungen, so zeigt sich, dass *Heliocrinites* eine Zwischenstellung zwischen *Caryocystites* und *Echinosphaerites* einnimmt, insofern er mehr oder weniger deutlich getrennte Porenleisten und bisweilen innerhalb derselben mehrere Porenkanäle aufweist, mit *Echinosphaerites* aber die Bildung tangentialer Porengänge theilt. Entweder ist der Anschluss an die Porenfaltenbildung bei *Echinosphaerites* oder bei *Caryocystites* zu suchen. Die erstere Annahme wird dadurch hinfällig, dass bei *Echinosphaerites* in der Regel mehr als einer, meist zwei, bisweilen drei Porengänge zu einer Pore gehören. Wenn hiernach die Porenbildung von *Caryocystites* dem Typus der Porenfalte näher zu stellen ist, so können wir uns das Auftreten zahlreicher aufsteigender Kanäle in einer Pore relativ einfach durch ungleichmässigen seitlichen Zusammenschluss der Faltenwände erklären. Bei *Heliocrinites* sind die bei *Caryocystites* schon stark vortretenden Porenleisten (Taf. IX fig. 6) seitlich zusammengedrängt, während die distalen Porenkanäle sich erhielten und die mittleren verwuchsen. Um von dieser Ausbildung zu der von *Echinosphaerites* zu gelangen, brauchen wir nur anzunehmen, dass die distalen Kanäle theilweise mit einander verschmolzen, während die Porengänge selbst in der meist dünnen Thecalebene ausgebreitet wurden. Dass diese Auffassung die richtige ist, wird übrigens, beiläufig gesagt, durch alle diesbezüglichen Uebergänge bei den Arten von *Heliocrinites* und *Echinosphaerites* bestätigt.

Wenn man nun annehmen wollte, dass die aufsteigenden Porenkanäle von *Caryocystites* der gesammten Porenfalte der übrigen Dichoporen entspräche, so würde dieselbe im Gegensatz zu diesen nach innen keinen Abschluss gehabt haben. Man würde eine wesentlich andere Funktion der Poren in beiden Fällen annehmen müssen, um für so tiefgreifende Unterschiede eine Erklärung zu finden. Alle Schwierigkeiten bei dem Vergleich dieser verschiedenen Porenbildungen werden aber gehoben, wenn wir der dritten Möglichkeit nachgehend die I n n e n f a l t e n d e r h ö h e r e n D i c h o p o r i d e n n i c h t a l s B i l d u n g f ü r s i c h a u f f a s s e n, s o n d e r n a n n e h m e n, d a s s ä h n l i c h e a b g e s c h l o s s e n e F a l t e n a u c h b e i d e n P o r e n d e r E c h i n o s p h a e r i d e n v o r h a n d e n w a r e n, a b e r i n i h r e r W a n d u n g u n s k e l e t i r t b l i e b e n. Eine Kalkausscheidung in den Wandungen innerer Organe hat ja häufig keine morphologische Konstanz. Verkalkungen in der Wand des Steinkanales können vorhanden sein oder fehlen, ohne dass das Organ selbst dabei wesentlich modificirt erscheint. Auch die Verkalkung der Darmwand bietet hierfür gerade bei Cystoideen und Cladocrinoideen sehr zutreffende Belege. In beiden Klassen tritt sie uns nur bei wenigen stark skeletirten Formen entgegen (vergl. Fig. 32), aber in diesen Fällen giebt sie so ähnliche Bilder des Darmbaues, dass wir einen im Wesentlichen übereinstimmenden Typus des Darmbaues für alle Vertreter dieser Klassen annehmen müssen — auch für diejenigen, deren Darmwandung w e i c h h ä u t i g blieb und infolge dessen keine Spur ihrer Form hinterliess.

Ein weiterer Unterschied der Fig. 23 zusammengestellten Bilder zeigt sich schliesslich noch in dem Verhalten der Kanäle bezw. Schlitze an der Oberfläche der Theca. Bei den meisten Arten von *Chirocrinus* (Taf. XI fig. 6), bei *Echinoencrinites* (Taf. XIII fig. 5) und *Cystoblastus* (Taf. XVI fig. 2b) ist jeder Schlitz an der Oberfläche von einem feinen Walle umsäumt, aber nicht mit den Nachbarporen in einer gemeinsamen Vertiefung vereinigt. Letzteres ist aber z. B. bei *Chirocrinus canadensis* der Fall, insofern sich die Raute gegenüber der umgebenden Skeletfläche etwas einsenkt (Taf. XI fig. 8). Bei den jüngeren Formen, namentlich den Callocystiden, ist diese Bildung stärker ausgeprägt, insofern die Raute von einer starken Wallbildung umgeben wird. In solchem Falle sind die Ausmündungen der Poren in einem seitlich scharf abgeschlossenen Raum, einem „Rautenhof", vereinigt. Ein solcher findet sich bei allen obersilurischen Dichoporiten und ist z. B. aus den Darstellungen von *Callocystites* (Taf. XV fig. 1), *Lepocrinites* (Taf. XIV fig. 1), *Schizocystis* (Taf. XII fig. 1a) gut zu ersehen. Da alle diese obersilurischen Formen zugleich nur zwei bis drei Porenrauten aufweisen, so wird man annehmen dürfen, dass die Bildung eines Rautenhofes eine höhere Leistungsfähigkeit und also eine Vervollkommnung der Porenraute bedeutete.

Bei *Echinosphaerites* erfolgt ein unverkennbarer Abschluss der Poren gegen die Thecaloberfläche. Inwieweit derselbe in den Porengängen zu Stande kam, will ich zunächst unentschieden lassen, sicher scheint aber, dass er mit dem Alter infolge von Kalkausscheidung zunimmt und bei den verschiedenen Mitgliedern der Familie auf sehr verschiedener Stufe steht.

Ueber die Gattung *Deutocystites* BARR., die keine Poren besitzen soll, habe ich mir kein sicheres Urtheil bilden können, da der Erhaltungszustand derselben einige für die Poren ungünstige Eigenthümlichkeiten aufweist. Soviel scheint mir aber nach dem Studium der BARRANDE'schen Originale sicher, dass sich dieselbe von *Echinosphaerites* höchstens durch die Rückbildung der Poren unterscheidet. Ob ihr Mangel also ein scheinbarer oder wirklicher ist, wage ich nicht zu entscheiden. Im letzteren Falle würde diese Erscheinung physiologisch grosses Interesse haben, insofern sie zeigte, dass die komplicirteste Porenbildung am Ende der Entwicklungsreihe der Poren steht und bereits nahezu funktionslos geworden sein muss, um verkümmern zu können, ohne dass ihre Träger sonst merklich anders sind als die typischen Formen von *Echinosphaerites*. In systematischer Beziehung kann man diesen übrigens fraglichen Fall von Porenschwund wohl unbeachtet lassen, da er keine neuen Differenzirungen einleitet, sondern nur den Abschluss eines Reduktionsprocesses bedeuten würde, der die ganze Familie der Echinosphaeriden kennzeichnet.

Wir haben hiernach bei den Dichoporen folgende Ausbildungsformen auseinanderzuhalten:

1. „Offene Porenfalten", die sich aussen in einen ununterbrochenen „Porenschlitz" öffnen (*Chirocrinus* z. Th.).

2. „Unterbrochene Porenfalten", die durch eine aussen gelegene „Porenbrücke" in zwei distal gestellte „Porenkanäle" und eine „Innenfalte" zerlegt sind (die regulären Dichoporiten ausser einigen älteren Formen, ferner die Rhombiferiden und Caryocriniiden).

3. „Reihenporen", bei denen die Falte in der Theca durch eine Reihe aufsteigender Kanäle ersetzt wird und unterhalb derselben unverkalkt bleibt (*Caryocystites*).

4. „Gangporen", bei denen die Porenfalte durch distale Porenkanäle und oberflächlich gelegene Porengänge ersetzt ist und innerhalb der Theca unverkalkt bleibt.

Als morphologische Elemente aller dieser Porenformen erscheinen sonach:

1. Ein unter die Thecalfläche eingesenkter Raum — Porenfalte —, der durch dünne Skeletwände nach innen abgeschlossen ist oder ohne feste Wand bleibt.

2. Porenkanäle, die meist in distaler Stellung die Thecalwand durchsetzen und sich entweder nach aussen und innen oder nur nach innen öffnen und im letzteren Falle durch

3. Porengänge unter der Oberfläche verbunden werden.

4. Rautenhöfe, welche durch oberflächliche, seitliche Umgrenzung zusammengehöriger Porenmündungen entstehen.

b) Die Diploporen.

Das wichtigste Kennzeichen der Doppelporen gegenüber den Dichoporen beruht darin, dass sie nicht auf zwei Thecalplatten vertheilt sind, sondern innerhalb einer Platte liegen. Auf den einzelnen Thecalplatten sind sie meist ganz regellos vertheilt, d. h. weder unter einander noch zu den Plattengrenzen in bestimmtem Lageverhältniss geordnet.

Der Bau der Doppelporen ist sehr viel einfacher als derjenige der Dichoporen, so dass wir ihre verschiedenen Ausbildungsformen ohne Weiteres auf einen im Folgenden zu schildernden Typus zurückführen können. Die morphologische Grundlage einer Doppelpore bilden immer zwei die Thecalwand durchbohrende Röhren, die Porenkanäle, die aussen in der Regel durch ein umwalltes Höfchen oder Gänge verbunden sind und in divergirendem Verlauf nach innen münden.

Die Porenkanäle sind der wichtigste Theil der Doppelpore. Es sind enge Röhrchen von etwa 0,05 bis 0,3 mm Durchmesser und rundlichem Querschnitt. Sie durchsetzen in Röhrenform die Thecalwand gewöhnlich etwas schräg zu deren Oberfläche. An derselben zeigen sich je zwei Porenöffnungen mit einander verbunden, während die entsprechenden Oeffnungen an der Innenseite immer regellos gestellt sind. In ihrem Verlaufe zeigen nun die zwei zusammengehörigen Porenkanäle ein verschiedenes Verhalten, das zu mehrfachen Missverständnissen Veranlassung gab, da diese Verhältnisse wegen der Feinheit der Röhrchen und der verschiedenen Fossilisationserscheinungen in der Regel schwer festzustellen sind. Das Normale scheint zu sein, dass diese Kanäle jeder selbständig in divergentem Verlauf die Platte durchsetzen. Dieses Verhalten konnte ich mit Sicherheit bei den meisten Diploporitiden mit dünner Thecalwand konstatiren. Bei *Sphaeronites* und *Eucystis* konnte ich darüber theils aus Mangel an Material, theils wegen vollständiger Krystallisation der Thecalplättchen hierüber nur oberflächliche Beobachtungen anstellen. Bei *Asteroblastus*, wo die Platten dicker, und die Poren relativ gross sind, sind diese Porenkanäle aber mit vollster Deutlichkeit zu erkennen (Textfigur 24, A). Eine noch stärkere Divergenz zeigen die Porenkanäle von *Dactylocystis*, von dem Fig. 24, B den Querschnitt einer fingertragenden Platte darstellt.

Anders liegt der Fall bei einigen dickwandigen Sphaeroniten, die aus Böhmen als *Craterina*, aus Frankreich als *Calix* beschrieben worden sind. Bei diesen beobachtet man, u. zw. namentlich bei (*Craterina*) *Codiacystis* nicht selten, stellenweise sogar als Regel, dass sich zwei oder mehr benachbarte Kanäle unter der Oberfläche vereinigen und als einfacher Porenkanal an der Innenwand austreten (Fig. 24, C). Im unteren Theil der Theca, wo deren Wand am stärksten anschwillt, sind diese Innenkanäle oft stark gekrümmt: man findet dann auch gelegentlich eine Verschmelzung solcher bereits vereinigter Nachbarkanäle, so dass baumförmig verzweigte Kanalgruppen entstehen, deren letzte Aeste aber an der Oberfläche regelmässig in getrennten Porenkanälen ausmünden.

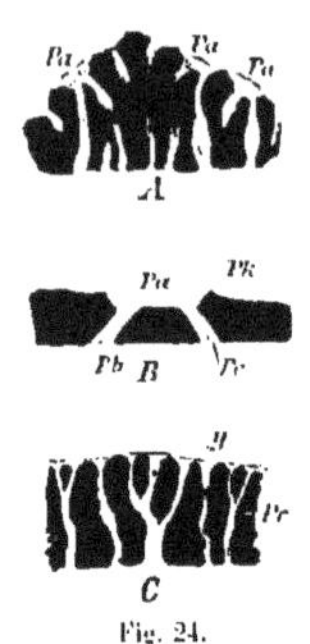

Fig. 24.

Darstellung des Verlaufes der Porenkanäle von Diploporen. A Querschnitt einer Thecalplatte von *Asteroblastus stellatus* Eichw.; B einer fingertragenden Platte von *Dactylocystis Schmidti*; C einer unteren Thecalplatte von *Codiacystis bohemica*. Das Lumen der Porenkanäle ist gestreift gezeichnet, das Höfchen punktirt; Pc Porenkanal; Pa Porenarea oder Höfchen; Pb Porenbrücke; y netzartige Skeletirung der Epithek. Die Figuren etwa 6fach vergrössert.

Barrande giebt an (1887, I, 38), gelegentlich einzelne isolirte Porenkanäle beobachtet zu haben, die demnach nicht zu Doppelporen vereinigt wären. Neumayr hat daraufhin 1889 (I, 412) einen Porentypus der Haploporitiden errichtet und den Diploporen gegenübergestellt. Das Studium von Barrande's Originalexemplaren hat mich von der Existenz eines solchen Porentypus nicht überzeugt; vielmehr fand ich stets bei genügender Erhaltung der Aussenfläche an dieser je zwei Porenöffnungen mit einander verbunden. Das scheinbar abweichende Bild, welches Barrande zu sehen glaubte, möchte ich dadurch erklären, dass die äussere Schicht der Platten oft fehlt, sodass die Zusammengehörigkeit der oft unregelmässig nach innen verlaufenden Kanäle nicht mehr klar zu erkennen ist.

Einen Typus der Haploporen giebt es also meines Erachtens nicht, und wenn gelegentlich durch Rückbildung die Kanäle von Doppelporen natürlich isolirt sein sollten, so würde einer solchen Zufallsform die Bedeutung eines morphologisch bedeutsamen Typus sicher nicht zuzusprechen sein.

Das Höfchen ist bisher nicht zum Wesen einer Doppelpore gerechnet worden, scheint mir aber doch physiologisch einen wichtigen Theil eines solchen Organes zu bilden. Im Längsschnitt einer Pore tritt das allerdings sehr wenig hervor; von der Aussenseite gesehen, zeigt das Thecalskelet aber doch mit grosser Regelmässigkeit einen rings geschlossenen Wall um jede Doppelpore, so dass deren Existenz kein Spiel des Zufalls sein kann, sondern seine tiefere physiologische Bedeutung haben muss (Taf. III fig. 8, IV fig. 5a, V fig. 3a, VI fig. 2). Das wird dadurch noch wahrscheinlicher, dass wir entsprechende Bildungen auch bei den Dichoporen antrafen.

Das Höfchen besteht aus einer scharf umgrenzten Vertiefung, welche die zusammengehörigen Kanalöffnungen an der Aussenfläche der Theca zu einem einheitlichen Komplex vereinigt. In der Regel besteht er in einer flach und gleichmässig eingesenkten, ungefähr oval umrandeten Grube. Solche sind für die Diploporitiden als normal zu betrachten (Taf. IV fig. 5a, V fig. 7a, VI fig. 2, VII fig. 7). Bei der böhmischen Gattung *Aristocystites* bemerkt man nun gelegentlich Abweichungen von der ovalen Form des Hofes, die darin bestehen, dass sich derselbe verschmälert und zwischen den beiden Porenöffnungen als Stützpunkten in mannigfaltiger Weise krümmt (Textfigur 25).

Diese Ausbildung des Höfchens leitet zu der auffälligen Form über, den die Doppelporen bei *Allocystites*, dem einzigen Diploporiten Nordamerikas, zeigen (Taf. IV fig. 2). Man bemerkt schon an dem einen (f) der vorstehend abgebildeten Höfchen von *Aristocystites* eine Kombination zweier Doppelporen. Bei *Allocystites* ist eine solche zur Regel geworden und zwar meist auf eine ganze Anzahl von Doppelporen erstreckt. So entstehen hier Porengruppen, deren Oeffnungen untereinander durch oberflächliche Rinnen verbunden sind (Taf. IV fig. 2a). Diese letzteren sind wesentlich länger als bei *Aristocystites* und auch dadurch auf den ersten Blick von ihnen verschieden, dass das Thecalskelet sich anscheinend fast vollständig über ihnen schliesst, so dass man die Rinnen erst durch Anschleifen oder Anätzen unter der Oberfläche freilegen kann, wenn dies nicht bereits durch Abreibung oder natürliche Verwitterung des Fossils geschehen ist. Die Thatsache, dass das Höfchen bezw. seine hier vorliegende Modifikation nach aussen fast vollständig abgeschlossen ist, zeigt sich angebahnt bei *Aristocystites*. Schon BARRANDE gab 1887 (1, 32) an, dass die Poren bisweilen durch eine äussere Skeletschicht, die er „Epiderme externe, lisse" nannte, überdeckt und somit gegen aussen abgeschlossen würden. Diese Beobachtung ist schon in dem Sinne gedeutet worden, dass die Poren der Cystoideen nicht zur Wasserzufuhr dienen konnten, da sie eben gegen das umgebende Meerwasser abgeschlossen sind. Was zunächst die Thatsache selber betrifft, so kann ich die Angaben BARRANDE's an dem böhmischen Material im Grossen und Ganzen bestätigen. Die äussere Schicht ist selten erhalten; sie ist durch den Zersetzungsprocess, der meist das ganze Skelet dieser Formen zerstört hat, zu einer eisenschüssigen schwammigen Schicht geworden, die leicht beim Auslösen des Fossils am umgebenden Gestein haften bleibt oder ganz zerfällt. Ich habe (vergl. pag. 72) diese äussere Schicht bei einer solchen Form aus dem Untersilur von Bussaco in Portugal an einer winzigen Stelle des Objektes in günstigerer Erhaltung beobachten können und dabei unter stärkerer Vergrösserung konstatirt, dass dieselbe ein ziemlich grossmaschiges Netzwerk bildete, welches die Porenhöfchen gleichmässig überzieht, ohne an diesen Stellen besondere Differenzirungen aufzuweisen (Taf. IV fig. 11a).

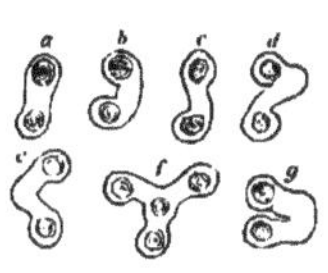

Fig. 25.
Verschiedene Porenformen von *Aristocystites bohemica*. Vergrössert.

Es liegt offenbar bei den Aristocystiden derselbe Fall vor, wie bei *Echinosphaerites*, dass die Poren aussen abgeschlossen werden. Die Analogie zwischen *Allocystites* und *Echinosphaerites* wird dadurch noch besonders auffallend, dass in beiden Fällen lange Porengänge entstanden sind, welche unter der Aussenfläche der Theca verlaufend die vertikalen Porenkanäle mit einander verbinden. Wenn auch eine direkte Beziehung zwischen den Aristocystiden und Echinosphaeriden völlig ausgeschlossen ist, und die Bildung der Porengänge also nicht auf einer Homologie beruht, so glaubte ich beide doch in demselben Sinne beurtheilen zu dürfen.

Auch die Ausbildung eines Porenhöfchens bei den Diploporen hat ihr Analogon bei den Dichoporiten, insofern sich bei diesen die zusammengehörigen Poren aussen durch einen starken Wall von der umgebenden Thecalfläche absondern. Wie bei den Dichoporiten tritt auch bei den Diploporiten die Bildung eines Porenhöfchens sehr früh ein. Eine solche ist dabei morphologisch nicht gleich zu setzen dem Rautenhof der Dichoporiten, sondern dem Porenwall der einzelnen Porenfalte älterer Dichoporiten.

Die Diploporen zeigen sonach folgende Differenzirungsstadien:

1. Zwei kombinirte Kanäle mit oberflächlichen ovalen Porenhöfchen (die Mehrzahl der Diploporiten).

2. Zwei oder mehr kombinirte Kanäle, die unter der Oberfläche durch tangential verlaufende, in das Skelet eingelassene Hohlräume oder Röhren verbunden werden (*Aristocystites, Allocystites*).

Als morphologische Elemente erscheinen in diesen Ausbildungsformen:

a) „Porenkanäle", welche, zu zweien kombinirt, die Stereothek in divergirendem Verlaufe bis zur Leibeshöhle durchsetzen.

b) „Porenhöfchen" als oberflächliche, seitlich abgegrenzte Gruben, in welchen die Ausmündungen der Porenkanäle vereinigt sind und als Modifikation der Porenhöfchen

c) „Porengänge", welche unter der Oberfläche, nach aussen abgeschlossen, die äusseren Mündungen der Porenkanäle verbinden.

Wenn auch die Porenhöfchen und die Porengänge morphogenetisch selbständig entstanden sind, so verleihen sie doch den Doppelporen im Wesentlichen dieselbe Form wie die Porenwälle und Porengänge der Dichoporen. Nur ein Element der letzteren bleibt den Diploporen gänzlich fremd, es sind das die Innenfalten. Da wir nun sahen, dass solche auch den Echinosphaeriden fehlen, so lässt sich daraus kein principieller Gegensatz der beiden Porentypen herleiten.

Wenn die Porenbildung von *Archegocystis*, wie es den Anschein hat, die primitivste Ausbildung der Diploporen darstellt, so würde sich dieselbe an ein Entwicklungsstadium der Dichoporen anschliessen lassen, in welchem deren Falte durch eine Porenbrücke in zwei Porenkanäle zerlegt ist, der subthecale Theil der Falte aber keine verkalkte Wand besass. Beide Differenzirungen fanden wir bei den Dichoporen vor, aber, von einander gesondert, nicht wie hier zu einem Typus vereinigt. Die Anknüpfung an die Dichoporen bleibt also hinsichtlich dieser Vereinigung der beiden Charaktere hypothetisch. Ob wir diesen Anschluss real finden werden, erscheint aber sehr fraglich, da sich die Umbildungsprocesse in verschiedenen Formreihen nicht nur selbständig, sondern anscheinend auch sehr verschieden schnell vollzogen haben.

e) Das Verhältniss der verschiedenen Porenformen zu einander.

Nachdem wir die formale Ausbildung der Dichoporen und Diploporen betrachtet und ihre Theile mit einander verglichen haben, können wir der Frage näher treten, welchen von beiden Typen wir als den primären und morphogenetisch älteren anzusehen haben. Darüber, dass sie zu einander in genetischer Beziehung stehen, kann ja mit Rücksicht auf die sonstigen Beziehungen ihrer Träger und die Uebereinstimmungen in den meisten Verhältnissen des Porenbaues kein Zweifel bestehen. Die Frage ist also die, ob wir den Typus der Diploporen auf den der Dichoporen zurückführen können oder umgekehrt. Auf den ersten Blick sind ja die Diploporen schon an sich einfacher gebaut als die Dichoporen, insofern ihnen immer Innenfalten und manche Komplikationen fehlen, die die Dichoporen erfahren haben. Wir sahen aber, dass wir innerhalb der letzteren von einfachen Radialfalten aus zu Porenformen gelangten, die in aufsteigende Kanäle zerlegt waren (Fig. 26) und der Innenfalten entbehrten. Das, was wir dort als sekundär erkannten, können wir natürlich bei jenen so nahe verwandten Formen nicht ohne zwingende Gegengründe für primär ansehen. Wenn also die innere Organisation vorläufig für die Lösung der Frage ausscheidet, bleibt das andere Moment zu entscheiden, ob eine geregelte Beziehung der Poren zum Thecalskelet ursprünglich fehlte und also bei den Dichoporiten sekundär entstanden ist, oder ob diese ursprünglich vorhanden war und bei den Diploporiten verloren ging.

Die für die Anordnung der Dichoporen charakteristischen Rauten beruhen auf einer Zerlegung der Thecalplatten in radiär gelagerte gleichschenklige Dreiecke. Wenn innerhalb einer Platte die Halbrauten als gleichschenklige Dreiecke mit der Spitze im Plattencentrum vereinigt sein sollen, müssen ihre Basen eine genau tangentiale Lage haben. Die ideale Ausbildung solcher Rauten setzt also eine regelmässige polygonale Form der Thecalplatten voraus. Wenn sich nun die Rautenanordnung der Poren erst innerhalb der Dichoporiten allmählich vervollkommnet hätte, müsste innerhalb der Dichoporiten eine Zunahme in der Regularität der Plattenform zu konstatiren sein. Dieser Konsequenz obiger Annahme steht aber die Thatsache entgegen, dass sämmtliche Dichoporiten des unteren und mittleren Vaginatenkalkes scharf hexagonale oder pentagonale Thecalplatten aufweisen, während bei den später auftretenden Formen die Platten mehr und mehr unregelmässig geformt sind. Auch die Porenrauten selbst sind an den ältesten Formen am regelmässigsten ausgebildet, bei den jüngeren Formen aber sind, wie bei Besprechung der Dichoporiten genauer erläutert werden soll, die Rauten oft zur Hälfte, ja zu drei Viertheilen verkümmert. *Wir können also innerhalb der Dichoporiten keine Zunahme in der Regularität der Porenanordnung, sondern wenn auch nicht überall, so doch in der Mehrzahl abgeleiteter Formen eine Abnahme dieser Regularität feststellen.* Da sich innerhalb der Diploporiten nirgends eine Zunahme der gegenseitigen Beziehung zwischen Thecalskelet und Poren phylogenetisch verfolgen lässt, liegt also nicht der geringste positive Anlass zu der Annahme vor, dass die diesbezügliche Irrelation bei den Diploporiten primär und innerhalb der Dichoporiten einer steigenden Relation zwischen Poren und Thecalplatten gewichen sei.

Für die Beurtheilung der anderen Möglichkeit, dass eine ursprüngliche Regularität der Porenanordnung bei den Diploporiten sekundär verloren gegangen sei, ist meines Erachtens das nachstehende Bild von entscheidender Bedeutung. Dasselbe stellt Thecalplatten eines neuen Glyptosphaeriten vor, den ich als Dank für vielfache Hülfe seitens meiner Frau als *Gl. Mariae* bezeichnet habe. Die Plattengrenzen sowie die Lage der schwarz gezeichneten Doppelporen habe ich möglichst genau gezeichnet, das ganze Bild natürlich beträchtlich, etwa auf 7 : 1. vergrössert. Mit den Buchstaben a—l sind die einzelnen Platten benannt, lediglich um dadurch auf einzelne in der Beschreibung bequemer hinweisen zu können.

Bei Betrachtung der Porenlage fiel mir auf, dass die Poren mit ihrer Längsaxe fast ausnahmslos radial angeordnet waren, und sich bei dieser Lage so verhielten wie Dichoporen, indem sie über den Plattenseiten dreieckige Felder einnahmen. Indem ich nun nach genauer Eintragung aller Poren in die Platten den Raum, den die Poren einnehmen, zu vollen Porenrauten durch parallele Striche vervollständigte, ergaben sich in der Folge sehr auffällige Erscheinungen. Die Poren waren fast immer auf eine Halbraute beschränkt: sie reichten wohl gelegentlich etwas über die ganz fest verwachsenen Plattengrenzen (z. B. d links unten, c rechts unten), waren aber niemals gleichmässig auf beide Hälften einer Raute vertheilt. Ausserdem war vielfach auch innerhalb der Halbrauten nur eine Hälfte mit Poren besetzt, in einem Falle, wie zwischen e und g, standen sich dabei die beiden Hälften der Raute umgekehrt gegenüber. Noch auffallender aber

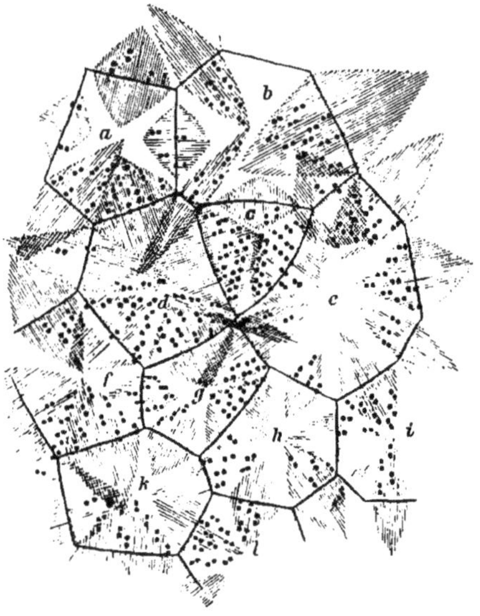

Fig. 26.
Porenstellung bei *Glyptosphaerites Mariae* Jkl. Vergrösserung 7:1.

war die Thatsache, dass die Halbrauten über den Seiten als möglichst kleine, gleichschenklige Dreiecke konstruirt, mit ihren Spitzen nicht auf das Centrum gerichtet waren.

Dass die hier vorliegende theilweise Regularität der Porenanordnung keine zufällige ist, sondern innerlich begründet sein muss, bedarf keiner Erörterung. Die Frage ist also hier nur die: Ist das vorliegende Bild aus einer im Sinne der Regulirung aufsteigenden oder absteigenden Differenzirungsrichtung verständlich? Im ersteren Falle wäre es ganz unverständlich, warum die Poren auch nur die vorliegende theilweise Regulirung ihrer Lage erlangt hätten, da sie eben durch die Form der sie aufnehmenden Platten nicht bedingt ist, sondern sogar theilweise mit ihr in Widerspruch steht. Sie erklärt sich ja überhaupt nur aus den gegenseitigen radialen Spannungsrichtungen der Platten, hat also keinen physiologischen Sinn, wenn sie auf eine Platte beschränkt bleibt. Diese selbe auffällige Erscheinung wird aber im anderen Falle vollständig erklärlich, wenn wir beachten, dass die leer gebliebenen Rautenhälften sich vielfach kreuzen und dadurch stören. Zwei verschiedene Spannungssysteme können natürlich nicht durcheinander laufen, und so kommen in den doppelt beanspruchten Räumen entweder wie in d und g keine, oder wie in e und f nur die Poren je einer Raute zur Ausbildung.

Wir haben also hier offenbar einen Fall vor uns, in welchem die Tendenz zu einer regulären Einordnung der Poren in die Thecalplatten noch zum Ausdruck kommt, aber in Folge der unregelmässigen Form der Platten auf halbem Wege verkümmert ist. Die regelmässige Form der Thecalplatten wird bei den ältesten Dichoporiten dadurch bedingt, dass ein oberer Plattenkranz den Druck der 5 Fingergruppen aufnimmt und auf darunter gestellte Kränze alternirend überträgt. Dadurch werden den Kreuzungen der einzelnen Spannungsrichtungen entsprechend die Lage der Plattencentren und die polygonale Form der Platten bestimmt. Die sekundäre Verzerrung der Platten, die bei jüngeren Dichoporiten durch Verschiebungen der Ambulacralorgane veranlasst wird, ist wahrscheinlich der Anlass für die Verkümmerung eines grossen Theiles der Porenrauten. Bei den Diploporiten ist höchstens die Lage der obersten fingertragenden Platten (bei Sphaeroniden) durch die Pentamerie regulirt, die der übrigen aber durchaus ungezwungen. Wenn wir uns nun vorstellen, dass die formgebende Beziehung zwischen den Ambulacren und dem Thecalskelet bei den Diploporiten etwa ebenso plötzlich und ruckweise aufgehört habe, wie etwa bei *Acrocrinus* gegenüber den normal gebauten Actinocriniden, so werden wir die plötzliche Aufgabe der Beziehung zwischen Poren und Thecalplatten begreiflich finden und eine gelegentliche theilweise Reproduktion der regelmässigen Lagebeziehung beider bei *Glyptosphaerites Mariae* verstehen.

Da die Differenzirungen der Dichoporen von einer einfachen Falte bei *Chirocrinus* zu der Bildung einer Porenbrücke und distaler Kanäle in einer unzweifelhaft kontinuirlichen Reihe liegen, so kann also der eine Berührungspunkt in der Ausbildung der Diploporen und Dichoporen nur die Absonderungsstelle der Diploporen, aber nicht den Entstehungspunkt der Dichoporen kennzeichnen, die, wie gesagt, mit älteren primitiveren Bildungen einsetzen.

Wenn unter diesem Gesichtspunkt der Typus der Diploporiten als der abgeleitete erscheint, so muss man sich doch andererseits vor Augen halten, dass die verschiedene Beziehung der Poren zum Thecalskelet zunächst noch eine entscheidende Kluft in der Morphologie der Diploporen und Dichoporen bildet. Wie beide Typen also von Anfang an sehr selbständig erscheinen, so schlagen sie auch in ihrer weiteren Differenzirung durchaus selbständige Wege ein. Sehr auffällig ist hier auch die verschiedene Lokalisirung der Poren am Gesammtkörper. Während sich die Doppelporen entweder auf den ambulacralen Thecalplatten koncentriren (*Dactylocystis*) oder auf interambulacrale Theile der Theca beschränkt werden (*Mesocystis, Asteroblastus*), erfolgt die Lokalisirung der Porenrauten bei den Dichoporiten an bestimmten, von der Pentamerie ganz unabhängigen Stellen der Körperoberfläche.

Durch diese morphogenetisch und phylogenetisch wichtigen Gegensätze wird die Bedeutung der vielfachen Analogien in der Bildung und Differenzirung der Dichoporen und Diploporen in keiner Weise geschmälert. Die Kombination je zweier distal gestellter Porenkanäle zu einer Einheit, die Bildung oberflächlicher Höfchen und langgezogener Porengänge, sowie deren oberflächlicher Abschluss bei Echinosphaeriden und Aristocystiden sind zu auffällig, als dass ihnen nicht eine tiefere physiologische Bedeutung zu Grunde liegen sollte.

Die starke Differenzirung der Poren in zwei getrennten Entwicklungsrichtungen ermöglicht also nicht, ihre mannigfaltigen Formen direkt von einer einfachen Grundform abzuleiten. Wenn wir die beiden Entwicklungsreihen getrennt verfolgen, kommen wir aber bei den Diploporen als Ausgangspunkt zu einem Typus, den wir dem Entwicklungsgange der Dichoporiten einfügen können. Innerhalb dieser gelangen wir rückwärts schreitend zu einer einfachen, durch das Thecalskelet eingesenkten Falte. Daneben bleibt aber als Gegensatz der beiderlei Porenbildungen die Thatsache bestehen, dass die Dichoporen zu den Elementen des Thecalskeletes in primärer Korrelation stehen, während die Diploporen eine solche Beziehung im Allgemeinen nicht mehr erkennen lassen.

d) Die Funktion der Poren.

Die vergleichende Betrachtung der besprochenen Bildungen zeigt uns ohne Weiteres, dass wir es hier mit physiologisch gleichwerthigen Organen zu thun haben. Die zwischen den verschiedenen Ausbildungstypen vorhandenen Analogien lassen hierüber nicht im Zweifel. Wir können also die sämmtlichen Ausbildungsformen der Thecalporen physiologisch unter gleichen Gesichtspunkten beurtheilen. Dadurch ist für das Verständniss dieser Bildungen schon sehr viel gewonnen.

Die über die Bedeutung der Poren geäusserten Ansichten gehen insofern auseinander, als man die verschiedenen Ausbildungsformen derselben recht verschieden beurtheilt hat. Die über die eigentlichen Poren der Cystideen geäusserten Ansichten stellt K. v. Zittel in seinem Handbuch so vortrefflich zusammen, dass ich nichts Besseres thun kann, als den diesbezüglichen Passus hier abzudrucken: „Ueber die Bedeutung dieser merkwürdigen Porenrauten gewähren die lebenden Crinoiden nur ungenügenden Aufschluss. Die einzige Homologie dürfte vielleicht in den Kelchporen bei *Pentacrinus, Antedon* und *Rhizocrinus* zu finden sein, welche nach den Beobachtungen Hub. Ludwig's dem centralen Ambulacralring Wasser zuführen. Forbes vergleicht sie mit den Wimperstreifen der Ophiuriden- und Echinidenlarven und Joh. Müller mit den Respirationsporen der Asteriden; diese Ansicht wird von den meisten Autoren, wie Huxley, Eichwald, Duna, Rose, Billings u. A. getheilt. Letzterer bezeichnet die Rhomben geradezu als Hydrospiren und deren Oeffnungen je nach ihrer Form als Poren, Spalten oder Spiracula. Eine mehrfach ausgesprochene Vermuthung, dass die Hydrospiren und Poren der Cystiden die Austrittsstelle von Ambulacralfüsschen oder Tentakeln andeuteten, wird schon dadurch widerlegt, dass die Poren der Rhomben nicht direkt in die Leibeshöhle, sondern in die Verbindungsröhren einmünden, und ebenso kommuniciren auch die durch Faltung entstandenen Spalten nur indirekt mittelst ihrer porösen Wände mit dem Innern. An eine

Homologie mit den Ambulacralporen der Echiniden ist übrigens auch wegen der interambulacralen Lage der Cystoideenporen nicht zu denken."

Lassen wir im Hinblick auf die oben gegebenen Darstellungen und die von K. v. ZITTEL angeführten Gründe die Annahme fallen, dass jene Poren Ambulacralporen seien und sehen wir ferner von dem schwer verständlichen Vergleich der Porenrauten mit embryonalen Wimperstreifen ab, so bleiben zwei Auffassungen zur Diskussion übrig. Die eine ist die von v. ZITTEL vertretene Ansicht, dass die Poren zum Eintritt von Wasser dienen, die andere, dass dieselben Respirationsporen seien.

Wenn ich den Thecalporen mit Einschluss der zu ihnen gehörigen Räume eine respiratorische Funktion zuschreibe, so stütze ich mich dabei zunächst auf folgende allgemeine Erwägungen:

„Es existiren", wie ARNOLD LANG in seiner vergleichenden Anatomie zutreffend sagt (1894, IV, 1076), „keine durch den ganzen Stamm der Echinodermen hindurch homologen Athmungswerkzeuge. Zum Zwecke der Athmung werden Körpertheile, die zu den verschiedensten Organen und Organsystemen gehören, benutzt und zweckentsprechend umund ausgebildet." Es herrscht also offenbar kein formativer Zwang in dieser Hinsicht, sondern jeder Typus nützt die ihm durch seine Organisation gegebenen Verhältnisse mit einer weitgehenden Willkür aus. Bei den lebenden Vertretern der Pelmatozoen — dieselben gehören sämmtlich nur der einen Klasse der Pentacrinoiden an — werden besonders zwei Organe zur Athmung benützt, die zarthäutigen Vectakeln der ambulacralen Rinnen und der frei vorragende Theil des Enddarmes. Bei den Cystoideen liegt der Darm ganz innerhalb der Theca und öffnet sich in der Regel nur in einem engen durch Klappen fest verschlossenen After. Von einer respiratorischen Funktion des Enddarmes, die z. B. bei den palaeozoischen Pentacrinoideen noch sehr viel stärker gewesen sein mochte als bei deren lebenden Nachkommen, kann aber bei Cystoideen wohl kaum die Rede sein. So bleiben von den bei Crinoiden respirirenden Organen nur die Vectakeln übrig. Während diese aber bei der gewaltigen Armentfaltung der Crinoideen in enormer Zahl vorhanden sind und also eine sehr grosse Respirationsfläche darstellen, sind die Vectakelrinnen der Cystoideen klein und kurz, die Zahl der Vectakeln also unendlich viel geringer als bei Crinoiden. Unter diesen Umständen haben die Vectakeln der Cystoideen für sich allein die respiratorischen Organe der Pentacrinoideen nicht ersetzen können. Wenn wir uns nun nach anderen Organen des Cystoideenkörpers umsehen, die zur Athmung gedient haben könnten, so können wohl nur die Thecalporen in Betracht kommen, da ausser den Vectakeln andere weichhäutige Organe nicht an der Theca hervortreten und die zwei ausser Mund und After gelegentlich vorhandenen Körperöffnungen in Organe führten, die in keinem Kreise der Echinodermen zur Athmung benutzt werden und auch ihrer physiologischen Bedeutung nach schwerlich dazu dienen könnten. Dafür, dass sich etwa den sog. Wasserlungen der Holothurien ähnliche Organe bei Cystoideen gebildet und im Enddarm entleert hätten, liegen nicht die mindesten Anhaltspunkte vor.

Wenn wir die Thecalporen als weichhäutige Reste der Hautoberfläche betrachten, kann eine respiratorische Funktion derselben in keiner Weise überraschen, da ursprünglich wohl zeitlebens und gegenwärtig in frühen Stadien der Ontogenie bei allen Echinodermen das Epithel der Körperhaut zur Athmung dient.

Bei den Cystoideen bildet die Thecalkapsel einen besonders vollständigen Abschluss der Weichtheile, insofern sie den letzteren nur in dem Peristom, dem sog. Mund eine Oeffnung frei lässt. Da die Entfaltung der Tentakelrinnen auch dadurch ganz augenscheinliche Hemmungen erfährt, so dürfte sich bei den Cystoideen in besonders hohem Maasse das Bedürfniss geltend gemacht haben, bestimmte Stellen der Haut zur Athmung zu reserviren.

Neben diesen allgemeinen Erwägungen sprechen auch besondere Gründe für eine respiratorische Funktion der Poren. Einerseits werden durch die Bildung der Porenhöfe Räume geschaffen, welche sicher mit Epithel ausgekleidet sein mussten und bei ihrer oberflächlichen Lage und allgemeinen Verbreitung auf dem Körper zu einer respiratorischen Funktion hervorragend geeignet sein mussten. Auch die verschiedenen Differenzirungen bei dem äusseren Abschluss der Poren, die unverkennbar auf eine Siebbildung herauskommen, sprechen dadurch für eine Wasseraufnahme. Wenn nun ferner Meerwasser in das meistens offene Lumen der Poren eintreten konnte, so musste die epitheliale Auskleidung ihrer Wände unzweifelhaft respiratorisch funktioniren, selbst wenn der Wasserzufuhr ausserdem noch eine andere Bedeutung zukam. Da nun aber die Porenkanäle ausgenommen bei den ältesten Dichoporiten — ein System kommunicirender Röhren bilden, und dadurch ein regelmässiges Ein- und Ausfliessen des Wassers bewirkt wird, so ist offenbar der ganze Porenbau für eine möglichst ergiebige Ausnützung des zugeleiteten Wasserstromes zugeschnitten. Dass es bei solcher Ausnützung wesentlich auf Gasaustausch ankommt, bedarf keines besonderen Hinweises.

Indem wir als zuverlässigen Ausgangspunkt der Dichoporen die randlichen Einfaltungen erkannten, welche alle kambrischen und verschiedene silurische Cladocrinoideen, ferner von Thecoideen *Stromatocystites*, von Pentacrinoideen *Porocrinus* aufweisen, und für welche eine andere Deutung als die von Respirationsräumen ausgeschlossen erscheint, werden wir auf genetischem Wege dazu geführt, die Respiration auch für die ursprüngliche Funktion der Poren anzusehen. Dafür, dass diese Organe hier im Gegensatz zu den übrigen Pelmatozoen weiter entwickelt und reich differenzirt wurden, fanden wir darin eine naheliegende Erklärung, dass der Körper der Cystoideen durch die perisomatische Skeletbildung stärker und ontogenetisch früher eingehüllt wurde als bei den genannten Crinoideentypen.

Schliesslich werden auch bei äusserem Abschluss der Porenräume (*Echinosphaeridae, Aristocystidae*) die unter der Oberfläche vorhandenen Porengänge zu einer respiratorischen Funktion sehr wohl geeignet gewesen sein, in diesem Falle aber einem anderen Zwecke kaum gedient haben können.

Die Thatsache, dass der primäre Steinkanalporus bei den meisten Cystoideen mehr oder weniger verkümmerte, machte die Existenz anderer Einrichtungen zur Wasserzufuhr für das Ambulacralsystem nothwendig. Dass die Reduktion des betreffenden Porus auf eine Ablösung des primären Kanales von der Leibeswand zurückzuführen sei, und dieser dann, nach allen Analogien zu urtheilen, sich in den Parietalkanal öffnete, wurde bereits in einem früheren Kapitel (pag. 102) besprochen.

Wenn in solchem Falle, wie bei den Echinosphaeriden, der Parietalporus wohl entwickelt ist, ist für die Wasserzufuhr nach Analogie lebender Echinodermen ein einfacher

Weg offengehalten. Wenn aber auch der Parietalkanal obliterirt, wie bei *Caryocrinus* und *Cystoblastus*, dann musste der Steinkanal entweder in einfacher Form wie bei vielen Holothurien (vergl. pag. 99) in einen subthecalen Raum der Leibeshöhle — einen Madreporensinus — münden, oder in grösserer Zahl wie bei lebenden Crinoiden in Spalträume der Leibeshöhle münden und aus dieser seinen Flüssigkeitsinhalt beziehen. Die Frage ist dann, auf welchem Wege die Räume der Leibeshöhle ihren Inhalt zur Speisung des Ambulacralsystemes ergänzten.

Woher die Leibeshöhle derjenigen Holothurien, die keinen äusseren Madreporiten besitzen, ihren flüssigen Inhalt bezieht, ist anscheinend bisher nicht beobachtet worden, wie überhaupt die diesbezüglichen Auffassungen in der Zoologie noch mit manchen Lücken und Widersprüchen durchsetzt sind. Die von H. Ludwig bei Crinoiden gegebene Darstellung dieser Verhältnisse ist durch spätere abweichende Angaben nicht widerlegt und der hier gegebenen Darstellung zu Grunde gelegt worden.

Danach wird bei den Crinoiden das Meerwasser durch die Poren der Kelchdecke in Räume der Leibeshöhle geführt und in diesen in eine lymphöse, eiweisshaltige Körperflüssigkeit umgewandelt. Da in diese Räume die kleinen, dem Ringgefäss des Ambulacralsystemes angehängten Röhrchen mit erweitertem Lumen münden und durch eine dem Ringgefäss zugewendete Flimmerbewegung eine aufsaugende Funktion haben, so ist nur die Deutung möglich, dass sie den Inhalt jener Räume dem Ambulacralsystem zuführen, zumal deren Inhalt eine wesentlich gleiche chemische Zusammensetzung aufweist.

Wenn wir annehmen, dass hier wie bei den Crinoiden das Meerwasser durch besondere Oeffnungen in die Leibeshöhle eintrat, so werden wir nur die Thecalporen als solche auffassen können, da sie einerseits bei vielen Cystoideen die einzigen derartigen Oeffnungen in der Leibeswand sind und sie nur solche Einrichtungen aufweisen, die diesem Zweck durchaus förderlich sein konnten. Die verschiedenen Arten von Siebbildungen, die wir hierbei kennen lernen werden, mussten eine Filtration des Meerwassers beim Eintritt in die Leibeshöhle in derselben Weise bewirken, wie die Poren und Schlitzbildungen in den Madreporenplatten anderer Echinodermen. Dass die Existenz der inneren Porenfalten den Durchtritt von Wasser verhindert habe, scheint mindestens fraglich. Möglich ist sogar, dass die starke Verdünnung der Thecalplatte zu diesen äusserst zarten Wänden eine filtrirende Bedeutung dieser Gebilde zur Ursache hatte.

Wenn wir nun auch sahen, dass die Poren ursprünglich und wesentlich eine respiratorische Bedeutung besassen, und bei den meisten Cystoideen der primäre Steinkanal einen einfachen Madreporiten besass oder in dem Parietalporus eine bequeme Mündung fand, so geht schon daraus hervor, dass die Poren eine Wasserzufuhr für das Ambulacralsystem nur sekundär übernommen haben konnten. Bei den Formen, bei denen sich der primäre Madreporit (Pr) zeitlebens in typischer Ausbildung erhält (*Glyptosphaeridae*, *Aristocystidae*) braucht die Bedarfsfrage für das Ambulacralsystem gar nicht gestellt zu werden. Wenn sich also bei Formen wie *Aristocystites* die Poren oberflächlich abschlossen (Taf. III fig. 11), so bedarf das in dieser Beziehung keiner besonderen Erklärung. Bei den Echinosphaeriden ist allerdings kein selbständiger äusserer Madreporit mehr vorhanden. Da aber der Parietalporus bei ihnen stärker als bei allen anderen Cystoideen ausgebildet ist, und der primäre Steinkanal sich wie bei den lebenden Crinoiden, so auch bei den übrigen Dichoporiten dicht an den Parietalkanal herandrängt (Fig. 19, pag. 103), so können wir annehmen, dass er bei den Echinosphaeriden seine funktionelle Bedeutung ebenso gewahrt hatte, wie bei den Aristocystiden, innerhalb der Theca in den Parietalkanal oder einen besonderen Raum der Leibeshöhle unterhalb des Parietalporus mündete. Auch in diesem Fall bietet also der oberflächliche Abschluss der Poren (oder gar deren Obliteration bei *Deutocystites* BARR. keine Veranlassung, die oben ausgesprochenen Auffassungen zu modificiren. Ich glaube sonach, dass die **Thecalporen als skelettfrei gebliebene Theile der Körperhaut ursprünglich und dauernd in erster Linie der Respiration dienten und erst sekundär und nicht überall zur Wasserzufuhr des Ambulacralsystemes Verwendung fanden.**

F. Das Coelom.

Unter Coelom versteht man diejenigen Räume des Körpers, welche aus den Enterocoelbläschen der Larve hervorgehen, von (Wimper-)Epithel ausgekleidet und mit einer Flüssigkeit gefüllt sind, die dem Inhalt der Ambulacralgefässe entsprechen soll. Es handelt sich dabei wohl wesentlich um diejenigen Reste der primären Leibeshöhle, welche nicht zu gesonderten Organen, wie Darm, Ambulacral- und Genitalsystem differenzirt sind. Das Coelom bildet niemals einen geschlossenen in sich frei zusammenhängenden Raum, sondern wird durch Mesenterien in verschiedene Kammern oder Sinus zerlegt. Diese sind je nach der Körperform und den Differenzen der inneren Organsysteme sehr verschieden ausgebildet. Als Haupttheil sondert sich immer die, die Eingeweide umschliessende, definitive Leibeshöhle ab. Wenn der Körper in radiärer Richtung ausgezogen ist, so werden die in den Armen liegenden Theile als Armhöhlen mehr oder weniger scharf gesondert. Ein den Schlund und ein oder zwei den After umgebende Abschnitte sondern sich bei einigen Typen als „Periösophageal-“ und als „Perianal-“ und „Periproctalsinus“ ab. Ausser diesen werden noch 3 Theile unterschieden, die anscheinend in einem funktionellen Zusammenhang stehen, der Axensinus, das Axialorgan und, allerdings nur bei lebenden Crinoiden, das sog. gekammerte Organ. Diese Theile scheinen aus einem Abschnitt der Leibeshöhle hervorzugehen, der ursprünglich zur Aufnahme der Geschlechtsprodukte dienen mochte und erst später nach Ablösung dieser Funktion besondere räumliche und funktionelle Differenzirungen erfuhr. Ich will ihn, da er anscheinend bei den älteren Pelmatozoen eine solche Sonderung noch nicht erfahren hatte, zusammenfassend in einem besonderen Kapitel besprechen. Wir werden in demselben sehen, dass wir die hier als Parietalporus (Pp) bezeichnete Körperöffnung als Ausführungskanal dieses Coelomabschnittes zu betrachten haben.

Es mag auf den ersten Blick gewagt erscheinen, über so zarte Gebilde wie das Coelom bei ausgestorbenen Thieren irgend welche konkreten Vorstellungen zu äussern. Ein Umstand aber bietet uns auch hierbei einige Anhaltspunkte. Wir können bei verschiedenen Formen gelegentlich an Steinkernen Septalbildungen an der Innenwand der Theca beobachten, und es kann nach Analogie der lebenden Echinodermen keinem Zweifel unterliegen, dass dieselben die Lage von Mesenterien des Coeloms kennzeichnen. Allerdings lernen wir dadurch nur den peripheren Verlauf dieser Wandbildungen kennen, aber dieser ist doch für die Lagebeziehung der Coelomblasen zu den Skelettheilen und anderen Organen maassgebend.

An dem Steinkern einer Theca von *Glyptosphaerites Leuchtenbergi* aus dem Untersilur der Umgegend von Petersburg (Sammlg. d. Akad. Coll. v. Volb. Petersburg) beobachte ich einen recht komplicirten Verlauf von Septen, die auf dem Steinkern naturgemäss als eingeritzte Linien erscheinen. Dieselben haben in der Richtung der Höhenaxe projicirt den untenstehend gezeichneten Verlauf (Fig. 27).

Man kann in diesem Verlauf zwei Linien auseinanderhalten. Die eine verläuft von dem Stielansatz (St) auf der Unterseite (dort punktirt in der Zeichnung) nach links, tritt links oben bei x auf die Oberseite und verläuft von da mit geringen Biegungen nach dem Parietalporus, in dessen Umgebung sie in eine Anzahl kurze Ausläufer zerfällt. Die zweite Linie verläuft ebenfalls von dem Stielansatz aus auf der Unterseite zunächst nach

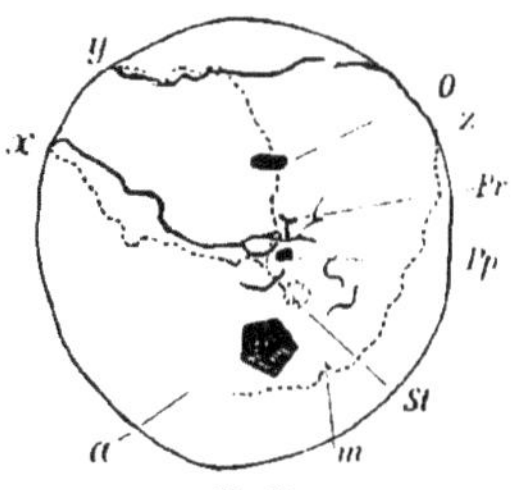

Fig. 27.

Verlauf der Mesenterialsepten bei *Glyptosphaerites Leuchtenbergi* aus dem Untersilur von Petersburg (Coll. v. Volb. Akad. Petersbg.). Der Verlauf der Septen auf der oberen Hälfte des Steinkernes ist mit vollen, der auf der Unterseite mit punktirten Strichen gezeichnet. O Mund, A After, Pp Parietalporus, Pr Madreporit, St Anwachsstelle der Theca.

oben, dann nach links, tritt dort bei y auf die Oberseite; dort beschreibt sie einen Bogen ziemlich in der Nähe des durch die Peripherie der Figur gegebenen Aequators der Kugel, tritt dann rechts bei z auf die Unterseite und verläuft dann wieder nahe dem Aequator mit wenig Krümmungen an dem Stielansatz (S) vorbei, um sich dann etwas weiter in gleicher Richtung allmählich zu verlieren. In der Nähe des Stielansatzes bei m findet sich noch eine stärkere Krümmung, die ihre Spitze dem Stiel zuwendet.

Für den Verlauf dieser Linien scheinen also zwei Stützpunkte maassgebend zu sein. Auf der Unterseite der Stielansatz, auf der Oberseite die Umgebung des Parietalporus. Die Bedeutung des letzteren Punktes muss dabei noch besonders specialisirt sein, da dort eine so auffällige Zersplitterung der Septalbildung stattfindet. Als bemerkenswerthe Thatsache ergiebt sich hierbei ferner, dass die Septalbildung in keiner direkten Beziehung zu dem Mund und dem After steht. Darin, dass der Parietalporus und der Stiel in so auffällig inniger Beziehung zu dem Septenverlauf stehen, erinnert diese Vertheilung der letzteren allerdings an diejenige der Crinoiden und im Besonderen an die von Antedonlarven. Im Uebrigen machen sich aber recht erhebliche Differenzen bemerkbar, die den Schluss rechtfertigen, dass die räumliche Vertheilung der inneren Organe und die Anlage der Coelomblasen erheblich von derjenigen der lebenden Crinoiden abweichen musste.

Auch an Barrande's Abbildungen von *Echinosphaerites infaustus* (l. c. T. XXIII f. 16 lassen sich solche Septen auf Steinkernen beobachten. Dieselben haben allem Anscheine nach einen unter sich und von dem geschilderten Verhalten bei *Glyptosphaerites* abweichenden Verlauf, sind aber immer nur auf einer Seite zu beobachten gewesen. Ein solches Exemplar von *Echinosphaerites* zeigt das Taf. VIII fig. 16 gezeichnete Bild.

Wesentlich einfacher und der normalen Ausbildung näher ist die Septalbildung, die wir bei den regulären Dichoporiten beobachten bezw. aus anderen Erscheinungen folgern können. Ich habe schon in meiner vorläufigen Schrift über die Organisation der Cystoideen 1895 (1, 115) darauf hingewiesen, dass sich bei *Lecanocrinus*, einem silurischen Penta-

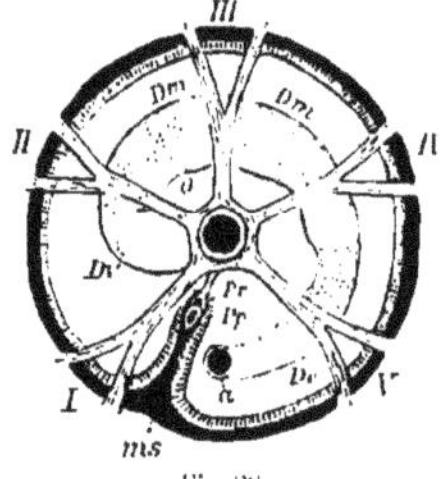

Fig. 28.

Schematisches Bild der Lage des Parietalseptum ms im Crinoidenkörper. I–V die fünf Radien. O Mund. Dv. Dm. De Theile des Darmtractus. a After.

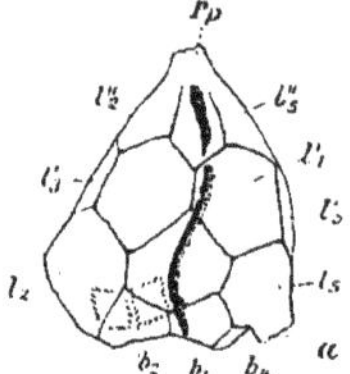

Fig. 29.

Verlauf des Parietalseptum bei *Echinosphaerites*. a der After. Pp die Lage der Primarporen auf der Theca anderer Exemplare.

crinoideen, an der inneren Kelchwand ein Septum findet, welches genau den gleichen Verlauf hat wie das dorsale Vertikalmesenterium der Antedonlarven. Die Lage desselben am Körper ist aus Fig. 28 ersichtlich. Wegen seiner oft zu besprechenden Bedeutung schlage ich eine kürzere Bezeichnung für dasselbe vor und nenne es „Parietalseptum", einerseits bezugnehmend auf sein Verhältniss zu dem Parietalporus, andererseits auf seine Lage an der Seitenwand (paries) des Kelches bezw. der Theca. Die tiefgreifende Bedeutung dieses Septum ergiebt sich daraus, dass bei den verschiedensten Echinodermen der Parietalkanal und der primäre Steinkanal mit ihm verwachsen und durch dasselbe die Ausdehnung des Enddarmes und die Lage des Afters bestimmt wird. Wenn wir die Lage des Afters zur Orientirung der 5 Strahlen des Körpers benutzen, so ist das nur durch praktische Gründe berechtigt, insofern der After äusserlich leicht zu erkennen ist. Bestimmend für die feste Lage der Theile und die Orientirung des Körpers ist das Parietalseptum, welches aber äusserlich nicht zu bemerken ist und ausserdem bei den lebenden Crinoiden im erwachsenen Zustande obliterirt zu sein scheint.

In ganz normaler Form und Beziehung zu den genannten Organen finde ich nun dieses Septum auch an einem dolomitischen Steinkern eines *Echinoencrinites* aus dem petersburger Untersilur (Akad. Petersburg). Derselbe ist in Fig. 29 in seitlicher Ansicht skizzirt. Durch die Form der Basalia, die Porenrauten und den After ist die Lage des Septum, das als Furche auf dem Steinkern erscheint, genau fixirt. Es verläuft von b_I über l_{II}, l'_I, l''_I bis an die Stelle, wo an den anderen Exemplaren die Primärporen (Pp) gelegen sind. Der After (a) liegt im Bilde rechts unten, am Objekt orientirt in solarer Richtung vor dem Septum. Die zwei Porenrauten links unten neben dem Septum liegen vom Darm aus betrachtet tief im Schatten des Septum. Es war das jedenfalls diejenige Stelle im Innern der Theca, an welche der Darm bei stärkster Erweiterung am wenigsten nahe herantreten konnte. Man vergleiche hierzu Fig. 28, wo die Poren links neben dem Septum unter der Gabelungsstelle des Radius I ihren Platz haben würden. Da nun bei der Reduktion der Zahl der Porenrauten diese Stelle ausnahmslos zunächst mit 4—2, später bei den jüngeren Formen mit einer Raute besetzt bleibt, so geht wohl daraus hervor, dass diese Stelle auch bei diesen durch das Parietalseptum zur Anlage der Porenfalten den gesichertsten Raum bot, dass also bei allen regulären Dichoporiten das Parietalseptum den gleichen Verlauf wie bei *Echinoencrinites* hatte. Während die Lage des Afters, wie wir sehen werden, bei diesen Formen weitgehenden Schwankungen unterliegt, werden wir annehmen müssen, dass das Septum ziemlich genau auf der Vertikalgrenze der ersten und zweiten Platten der verschiedenen Thecalkränze verlief.

Durch dieses Ergebniss wird nun der Verlauf der Septen bei *Glyptosphaerites* (Fig. 27 pag. 125) zwar nicht seiner Besonderheiten entkleidet, aber doch insofern verständlicher, als wir den vom Parietalporus nach links zum Stielansatz verlaufenden Theil desselben als Homologon des normalen Parietalseptum betrachten. Wenn dieser Theil gegenüber dem After stark solar verschoben erscheint, so liegt dies wohl, wie wir sehen werden, an einer Verschiebung des Afters und Enddarmes, für die sich auch bei den irregulären Dichoporiten (Caryocriniden und Echinosphaeriden) analoge Vorgänge finden. Den übrigen Theil des Septum, der bei *Glyptosphaerites* vom Stielansatz aus im Wesentlichen solar verläuft, dürfte dem Darm als Stütze gefolgt sein und als ein selbständiges „Darmseptum" zu betrachten sein, für das sich analoge Erscheinungen bei den Holothurien finden.

G. Der Darmtractus.

Mit voller Klarheit sind bei allen Cystoideen die beiden Endpunkte des Verdauungskanales, Mund und After, festzustellen; der Mund nimmt die Vestakelrinnen in sich auf, er liegt also in deren Vereinigung meistens in der Mitte der Oberseite. Auch wo er nicht als Lücke im Thecalskelet freigelegt ist, lässt sich seine Lage aus dem Vereinigungspunkt der radiären Ambulacra mit absoluter Sicherheit entnehmen. Der After lässt sich schon schwerer ermitteln, insofern er nur als Oeffnung erkannt werden kann, da andere auffällige Merkmale seine Lage gewöhnlich nicht verrathen. In der Regel ist aber auch der After als grössere Lücke in der Thecalwand oder durch seine eigenartigen Verschlussplättchen leicht kenntlich.

Der Verlauf des Darmtractus innerhalb der Theca ist nur in einem Falle unmittelbar zu beobachten gewesen, wo seine Wand durch ein Kalkskelet erhärtet war; mittelbare Folgerungen über seine Lage und Richtung ergeben sich aber auch aus seinen Lageverschiebungen innerhalb geschlossener Formenreihen und aus gelegentlichen rein morphologischen Kennzeichen.

a) Der Mund.

Der Mund bietet bei den Pelmatozoen gemäss ihrer Lebensweise sehr einfache und im Wesentlichen gleichartige Verhältnisse dar. Da ihm die wimpernden Vectakelrinnen die Nahrung zuführen, so hat er im Gegensatz zu dem Mund der frei lebenden Echinodermen eine passive Funktion, er ist ausserdem als Oeffnung unbeweglich, insofern der Strom der Nahrungszufuhr im Ganzen ruhig und gleichmässig fliesst. Er ist also weder mit besonderen Greif- oder Kauwerkzeugen ausgerüstet, noch zu Kontraktionen geeignet.

Man bezeichnet in der Regel die Oeffnung der Theca, in welche die Vectakelrinnen münden, als Mund; das ist auch hier in den Figuren der Kürze wegen geschehen, indem mit O (Os, Mund) kurzweg die ganze orale Thecalöffnung bezeichnet ist. Man muss sich aber dabei vergegenwärtigen, dass durch diese Oeffnung auch die radiären Gefässe des Ambulacralsystemes und jedenfalls auch radiäre Nervenstämme in die Thecalkapsel eintraten. Man kann also streng genommen die ganze Thecalöffnung nur als „Peristom" bezeichnen und als Mundöffnung nur die im Centrum derselben gelegene, dem Meerwasser offene Lücke ansehen. An den fossilen Cystoideen wird uns naturgemäss nur die skeletirte Umrandung des Peristomes kenntlich, da aber die radiären Ambulacral- und Nervenstämme nur sehr dünn waren und also wenig Raum unter den Vectakelrinnen einnehmen konnten, so giebt doch die Form des Peristomes im Ganzen auch die Grösse und Gestalt des Mundes wieder. Dieselbe ist gerundet bis länglich pentangulär. Einen gerundeten Umriss zeigt sie z. B. bei *Gomphocystites* (Taf. II fig. 10), doch machen sich auch daran in den 5 Radien schwache Einkerbungen geltend, die jedenfalls zur Aufnahme der ambulacralen Radiärstämme dienten. In den meisten Fällen ist das Peristom etwas in die Länge gezogen wie bei *Archegocystis* (Taf. III fig. 5). In diesem Falle nehmen dann ausnahmslos die Längsenden des Fünfecks je zwei Radien auf, während die längste Seite den analen Interradius abschliesst. Dadurch wird die in Figur 11 pag. 70 skizzirte Beziehung zwischen der Form des Mundes zu der Lage des Afters gegeben. Dieselbe ist offenbar nur dadurch veranlasst und bestimmt, dass der anale Interradius am Mund verbreitert ist, bezw. die ihm anliegenden Radien I und V am Munde auseinandergerückt sind. Wenn das Fünfeck auf diese Weise besonders stark in die Breite gezerrt ist, macht es bisweilen den Eindruck, als ob nur drei Strahlen vom Munde ausgingen, und M. Neumayr stellte darauf die Hypothese auf, dass die 5 Strahlen des Echinodermenkörpers auf eine sekundäre Gabelung zweier von drei Strahlen, die Pentamerie also auf eine ursprüngliche Trimerie zurückzuführen sei. Man wird zugeben müssen, dass eine so weitgehende Theorie in dem vorliegenden Thatbestande nicht die leiseste Stütze findet. Die Deduktion Neumayr's beruhte aber auch insofern noch auf einer Missdeutung, als es sich in dem citirten Bilde von *Glyptosphaerites* gar nicht um eine Gabelung von Ambulacralstrahlen handelt, sondern nur um die Grenzlinien der das Peristom überdeckenden Saumplättchen. Diese verschmelzen als ursprünglich kleine Saumplättchen in dem ganzen Raum zwischen bezw. über zwei Radien zu einheitlichen Plättchen. An jungen Individuen, wie Taf. IV fig. 4, ist diese Verschmelzung noch nicht eingetreten, hier sind im Ganzen 10 Platten bezw. Grenzlinien solcher vorhanden, so dass man nach dem Gedankengang Neumayr's auf die ursprüngliche Existenz von 10 Radiärstämmen schliessen müsste, wenn diese Plättchen nicht überhaupt nur den Werth indifferenter Saumplättchen besässen.

b) Der After.

Der After der Cystoideen liegt innerhalb einer seitlichen Lücke des Thecalskeletes, die ich als „Anallücke" bezeichne. Dieselbe ist deutlich von dem Thecalskelet abgesetzt und scharfrandig von letzterem umgrenzt. Der After liegt ausnahmslos in ihrer Fläche bezw. derjenigen der Theca, über die er in keinem Falle bemerkenswerth herausragt, wie dies bei der Bildung einer sog. Proboscis bei vielen Clado- und Pentacrinoideen der Fall ist.

Die Grösse der Anallücke unterliegt sehr weitgehenden Schwankungen. Sie ist bei den meisten Cystoideen gering, d. h. kaum halb so gross wie der Radius der Theca. Namentlich alle Diploporiten und die primitiveren Dichoporiten zeigen eine derartige Oeffnung in der Thecalwand (Taf. III fig. 11, IV fig. 3, V fig. 6). Solche sind dann in der Regel durch einen einzigen Kranz gleichseitig dreieckiger, mit der Spitze zusammenstossender Plättchen, eine sog. „Klappenpyramide", geschlossen. Diese Form des Verschlusses ist typisch für alle Diploporiten und die höher organisirten Dichoporiten; sie stellt offenbar das specialisirtere Verhalten der Anallücke und ihres Verschlusses dar (Taf. V fig. 3, VI fig. 1, VIII fig. 1, IX fig. 4a). L. v. Buch hatte diesen Verschluss zuerst irrthümlich dargestellt, indem er die einzelnen Klappen von einem kleinen Porus durchbohrt zeichnet. Diese in viele Lehrbücher übernommene Vorstellung ist offenbar dadurch verursacht worden, dass die Spitzen der dreieckigen Platten sich seitlich drängten und dadurch aufgeworfene Seitenränder erhielten, so dass sich unter den Spitzen der Dreiecke kleine Einsenkungen zeigten (Taf. VIII fig. 6). Die Platten der Klappenpyramide waren offenbar durch besondere Muskelbündel an der Theca angeheftet; bisweilen ist auch deren Rand nach innen als Articulationsfläche vorgezogen. An der Innenfläche der Klappen, die bisweilen an Steinkernen einen genauen Abdruck hinterlassen haben, bemerkt man gelegentlich eine Verdünnung der Seitenränder; ferner können in einer dem Aussenrande genäherten Zone zwischen je 2 Klappen Einsenkungen bezw. am Steinkern Erhabenheiten entstehen (Taf. VIII fig. 18).

Es ist eine sehr auffallende Erscheinung, dass in der Regel 5 Klappen den After schliessen, die Klappenpyramide also regelmässig pentamer ist; besonders auffällig ist dies dann, wenn die Pentamerie im sonstigen Körperbau gar nicht hervortritt, wie dies z. B. bei Echinosphaeriden (Taf. VIII fig. 1, IX fig. 4a) der Fall ist. Unter mehreren Hundert Individuen von ***Echinosphaerites aurantium*** habe ich nur wenige mit abweichender Klappenzahl gefunden. Taf. VIII fig. 6 ist eine solche achttheilige Pyramide abgebildet. Das ist die höchste Zahl, die ich in einem Falle beobachtet habe, daneben fanden sich sieben- und sechstheilige in etwas grösserer Zahl und einmal auch eine viertheilige Pyramide. Die betreffenden Stücke befinden sich sämmtlich in der Sammlung der Petersburger Akademie (Coll. v. Volborth). Auch bei anderen Formen kommen 6-, 7- und mehrtheilige Analpyramiden vor, aber zur Konstanz entwickelt sich nur die Fünftheiligkeit. Diese Gesetzmässigkeit kann in dem Skeletbau, d. h. in der Art der Anordnung der Thecalplatten kaum eine Erklärung finden, denn diese ist gerade bei den letzteren Formen eine durchaus regellose, und wenn sich gelegentlich die Platten annähernd gleich gross gestalten, so resultirt für die einzelnen Platten als Grundform das Hexagon, folglich auch für die einzelne Lücke, die in solchen Fällen ungefähr den Raum einer Thecalplatte einnimmt. Die Pentamerie der Analklappe muss sonach wohl durch innere Organisationsverhältnisse bestimmt sein. Welcher Art dieselben sind, entzieht sich bis jetzt meiner Beurtheilung: in Betracht könnten vielleicht Muskeln des Enddarmes kommen oder drüsige Organe, die sich in die Kloake öffneten.

Wenn die Anallücke in der geschilderten Weise klein ist und durch einen einzigen Plattenkranz geschlossen wird, erscheint sie eben nur als After, insofern sie fast ganz von dem letzteren und seinen Schliessmuskeln eingenommen werden mochte. In anderen Fällen erweiterte sich aber die Lücke in der Thecalwand so beträchtlich, dass der After nur einen kleineren Theil derselben einnehmen konnte. Den auffälligsten Fall dieser Art zeigt uns die Gattung *Pleurocystites* Bill., die von den neueren Autoren irrthümlich mit Carpoideenformen, wie *Mitrocystites* und *Anomalocystites* vereinigt wurde. Bei letzteren liegt der After am Oberrand der sonst ähnlich geformten Theca, aber nicht in der einen bisweilen kleiner getäfelten Seitenfläche. Bei *Pleurocystites* ist aber offenbar, wie dies auch schon von v. Zittel u. A. richtig gedeutet wurde, die ganze, klein getäfelte Fläche der Theca als Analfeld aufzufassen. Billings (1858, I, 47) erkannte innerhalb desselben am Unterrand rechts (Taf. XII fig. 4, 5) eine Oeffnung, die er allerdings entsprechend seiner sonstigen Auffassung der Körperöffnungen von Cystoideen als Mund ansprach. Ohne auf die letztere, jetzt ganz unhaltbare Ansicht noch einmal einzugehen, bemerke ich, dass bei allen Exemplaren von *Pleurocystites*, deren Analfeld zu sehen ist, die betreffende Oeffnung an gleicher Stelle vorhanden ist. Wenn schon dadurch die Deutung des klein getäfelten Feldes als Anallücke sichergestellt ist, so findet dieselbe doch auch darin ihre vollste Bestätigung, dass sich das übrige Thecalskelet Platte für Platte auf den Bau der Theca der regulären Dichoporiten zurückführen lässt. Ferner findet sich schon bei älteren Mitgliedern dieses formenreichen Kreises eine starke Erweiterung der Anallücke, so bei *Chirocrinus* Eichw. (Taf. XI fig. 2), während bei *Scoliocystis* n. g. (Taf. XI fig. 10), *Schizocystis* n. g. (Taf. XII fig. 2) und bei Callocystinen (Taf. XIV fig. 7, XV fig. 1) nur ein Plättchenkranz die eigentliche Analpyramide umgiebt.

Die Täfelung der erweiterten Anallücken zeigt sehr einfache Verhältnisse. Sie besteht aus irregulär geformten und geordneten, flachen Plättchen, die in der Regel auch jeder Skulptur ermangeln. Ihre Grösse ist innerhalb eines Feldes gewöhnlich ziemlich gleich, wechselt aber innerhalb der Gattung wenigstens bei *Pleurocystites* sehr beträchtlich. Während *Pleurocystites filitextus* Bill. (Taf. XII fig. 5) etwa 30 analer Plättchen besitzt, weist *Pl. squamosus* in dem gleichen Raum etwa 200 und *Pl. Rugeri* Salt. (Taf. XII fig. 6a) deren etwa 1000 auf. In solchem Falle werden die Plättchen zu winzigen Prismen von der Grösse eines halben Millimeters. An dem mir vorliegenden Exemplar der letztgenannten Art (Mus. Akad. Stockholm [Taf. XII fig. 6a]) sieht man Bruchlinien das Analfeld durchziehen: die kleinen Plättchen sind an solchen nach beiden Seiten abgesunken. Es geht daraus hervor, dass eine sehr kräftige Lederhaut jenes Analfeld überspannte, die zwar biegsam, aber so resistent war, dass sie auch während der Verwesung ihre Skeletelemente noch in situ festhielt.

Wie stets in biegsamen Theilen der Thecalwand ist auch in diesem Falle die Afteröffnung nicht von besonders differenzirten Skeletplatten umstellt, sondern von fingerförmig zusammengreifenden, in sich mehr oder weniger fest verkalkten Hautfalten geschlossen. An Stelle der sonst bei Cystoideen üblichen Klappenpyramide finden wir dann eine Stelle, die nur durch radial konvergirende Falten wenig deutlich markirt wird. Ich habe in beistehender Textfigur 30, C den Anus von *Pleurocystites filitextus* vergrössert dargestellt.

Im Analfeld ist der After bei *Pleurocystites* immer im äussersten unteren Winkel an den Basalien 4 und 1 angebracht (Taf. XII fig. 5, Textfig. 30 C). Die physiologische Bedeutung dieser Position wird noch dadurch erhöht, dass sich das Analfeld mit dem After geradezu ausbuchtet, sodass kein Zweifel darüber bestehen kann, dass sich der After selbst aktiv möglichst in die äusserste Ecke des Analfeldes drängt. Da diese Stelle zugleich den Endpunkt des Darmtractus bezeichnet, so muss der letztere also unter dem davor gelegenen Theil des Analfeldes gelegen haben, d. h. mit anderen Worten, der Enddarm musste im Bilde (Taf. XII fig. 5) von links oben nach rechts unten gerichtet an den After herantreten. Wenn wir derart erweiterte Analfelder mit normalen kleineren vergleichen, so musste demnach die Erweiterung des Analfeldes in umgekehrter Richtung stattgefunden haben.

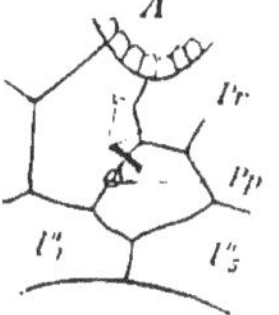

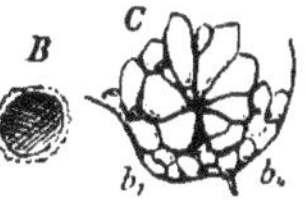

Fig. 30.

C Anus von *Pleurocystis squamosus* BILL. b_1 erstes, b_4 letztes Basale. Untersilur Trentonkalk. Ottawa.

Die Lage des Afters bezw. der Anallücke am Körper ist keine willkürliche, nur durch unsere Zählmethode der Körperstrahlen fixirte, sondern steht in bestimmter Abhängigkeit zu dem dorsalen Vertikalmesenterium, dem primären Steinkanal und dem Axialsinus der Leibeshöhle. Die letzten zwei Organe sind dem Vertikalmesenterium eingelagert und also mit ihm untrennbar verknüpft. Bei *Antedon* sind alle diese Theile nur in der Jugend während des Larvenlebens noch vorhanden, bei älteren palaeozoischen Vorfahren aber noch zeitlebens. Es gelang mir bei zwei Individuen eines silurischen *Lecanocrinus*, die Lage des Mesenteriums als Leiste an der Innenwand des Kelches in demselben Verlaufe wie bei Antedonlarven festzustellen. Auch die bei palaeozoischen Pentacrinoideen gelegentlich nachweisbare Persistenz des primären Steinkanalporus weist uns auf die gleichen Lageverhältnisse dieses Organes und des genannten Mesenteriums hin. Hiernach ergiebt sich als gesetzmässiges Lageverhältniss der genannten Theile bei Pentacrinoideen das pag. 126 gezeichnete Bild (Textfig. 28). Dem Darm ist in seiner Drehungsrichtung das Mesenterium vorgelagert, der Enddarm bezw. der After rückt also bis an diese Wand heran. Es kommt bei den älteren Pentacrinoideen sehr häufig vor, dass sich der Enddarm stark vergrössert; in diesem Falle wächst er als Analtubus (Ventralsack oder Proboscis) aus dem Kelche heraus, überschreitet aber niemals innerhalb desselben das Mesenterium. Das letztere ist also offenbar der feste Punkt in dem Organismus, nach dem sich die Organe bei allen ihren komplicirten Verschiebungen während des Larvenlebens einrichten und auch früher eingerichtet haben. Wenn man als Fixpunkt für die

Nummerirung der Körperstrahlen gewöhnlich die Lage des Afters wählt, so hat dies darin seinen Grund, dass der After zur Orientirung leicht zu finden ist und dass das Mesenterium und seine Organe bei Pentacrinoideen dem gleichen Interradius angehören wie der After, also hier dieselbe Zählweise bedingen würden*).

Auch bei den Cystoideen zeigen sich bestimmte Beziehungen zwischen der Lage des Afters und derjenigen des Mesenteriums mit den ihm eingelagerten Organen, die hier durch ihre Oeffnungen als primärer Steinkanal- und Parietalporus auch äusserlich genau fixirt sind. Im Gegensatz zu den Pentacrinoideen ergiebt sich aber eine gewisse Unsicherheit in der Lage des Afters gegenüber den genannten Organen.

Bei *Glyptosphaerites* und anderen primitiven Diploporiten, bei denen die Primärporen deutlich sichtbar sind, liegt die Afteröffnung wie bei Pentacrinoideen in der Nähe und unter den Primärporen (Taf. III fig. 10, IV fig. 3, II fig. 10). Wenn auch bei Formen wie *Protocrinites*, dessen Primärporen sehr weit nach oben verlegt sind, der After bisweilen ganz an den Radius I gerückt ist (Taf. V fig. 6), so liegt er doch immerhin auch hier noch in demselben Interradius, in dem sich der Porus des primären Steinkanales findet. Wir haben auch in diesen Fällen keinen Grund zu der Annahme, dass der After nicht auch hier (im Bilde) rechts d. h. solar vor dem Mesenterium gelegen war.

Bei den Dichoporiten zeigen zunächst die Echinosphaeriden ein eigenthümliches Verhalten, insofern ihr After stets links unter dem Parietalporus liegt. Da bei diesen Formen der primäre Steinkanal obliterirt ist, so können die diesbezüglichen Verhältnisse hier nicht so primitiv sein wie bei anderen Dichoporiten, wenn diese auch in anderen Beziehungen höher specialisirt erscheinen. Bei allen Dichoporiten, bei denen die beiden Primärporen erhalten sind und daraus also auf ursprüngliche Verhältnisse des dorsalen Mesenteriums geschlossen werden darf, liegt der After wie bei den Pentacrinoideen für den Beschauer rechts von den Primärporen. Ich verweise hierbei auf die Abbildungen Taf. XI bis XVI und auf die Diagramme, welche die Zusammensetzung der Theca bei den regulären Dichoporiten veranschaulichen.

Im Uebrigen wechselt bei allen diesen Formen sowie bei den Caryocriniden die Lage des Afters ganz ungemein, nur ist eben festzuhalten, dass sie sich solar nicht über die Vertikallinie des Mesenteriums hinausschiebt. In nebenstehender Textfigur 31 sind die verschiedenen Punkte, die der After bei Caryocriniden einnimmt, mit kleinen Kreisen verzeichnet. Dabei ist zu bemerken, dass er bei den ältesten Formen (*Hemicosmites* a—c) am tiefsten liegt, bei *Corylocrinus* (d) etwas in die Höhe rückt, um schliesslich bei den Arten von *Caryocrinites* (e, f) den denkbar höchsten Punkt an der Theca zu erreichen. Hier verschiebt sich also der After in der Phylogenie von unten nach oben und dabei unwesentlich von links nach rechts, also auf das Thier bezogen in contrasolarer Richtung.

Sehr wechselnd ist die Lage des Afters bei den regulären Dichoporiten. Bei diesen ist im Allgemeinen der After um eine Seitenplatte (Laterale) der Theca, also etwa

*) Ich werde an anderer Stelle begründen, dass die Uebertragung dieser Orientirungsweise auf die Seeigel keine Berechtigung hat. Der After giebt zwar bei diesen, d. h. bei den Irregulären, eine Symmetrieebene an, aber nicht die, welche derjenigen der Pelmatozoen homolog ist; letztere geht auch bei den Echinoideen durch den Madreporiten-Interradius.

um ein Fünftel des Umfangs der letzteren, in contrasolarer Richtung, im Bilde also nach rechts, verschoben. Aus den Diagrammen der regulären Dichoporiten (siehe diese) ist das klar zu ersehen. Da sich die Ambulacra bei diesen Formen z. Th. ohne Rücksicht auf deren innere Organisation vom Mund aus über die Theca hinüberschieben, so kommt es wie bei den Callocystinen (Taf. XIV fig. 7, XV fig. 1) vor, dass sich ein Ambulacrum zwischen den Primärporen und dem After einschaltet, so dass der letztere in einem anderen Interradialfelde liegt wie jene. Man muss sich aber dabei vergegenwärtigen, dass die suprathecalen Ambulacralrinnen in diesen Fällen den primären Radien des Echinodermenkörpers mindestens ihrer Lage nach nicht mehr entsprechen. Bei *Glaphyrocystis* und *Cystoblastus* ist diese Verschiebung des Afters in contrasolarer Richtung besonders stark, da er zwischen den Platten l_5, l'_4 und l'_5 seinen Platz gefunden hat (vergl. das Diagramm von *Cystoblastus* und Taf. XVI fig. 1).

Einen anderen Weg schlägt die Verschiebung des Afters bei *Pleurocystites* ein, insofern derselbe hier in die äusserste, rechte, untere Ecke des Analfeldes (Taf. XII fig. 5) an die Basalia 4 und 1 gedrängt ist. Zu einer starken Vorwölbung des Afters kommt es bei *Erinocystis* (Taf. XIII fig. 6), aber nur durch eine Verzerrung der ihn umgebenden Thecalplatten, nicht wie bei Crinoiden durch Vorwachsen besonderer Skeletgebilde. Der Sinn der Verlagerung des Afters ist also hier wieder ein anderer als bei den genannten Formen. Zur Vervollständigung dieses Materiales füge ich noch hinzu, dass der After bei den von *Cystoblastus* abstammenden Blastoideen wiederum nach oben rückt, sodass er in der Nähe des Mundes liegt an der Stelle, wo bei Cystoblasten und den anderen Dichoporiten die Primärporen ihren Platz hatten. Es findet hier also offenbar wieder eine Annäherung des Afters an das dorsale Vertikalmesenterium statt. Wenn wir alle diese Erscheinungen bei den morphogenetisch kontrollirbaren Formen überblicken, so zeigt sich also,

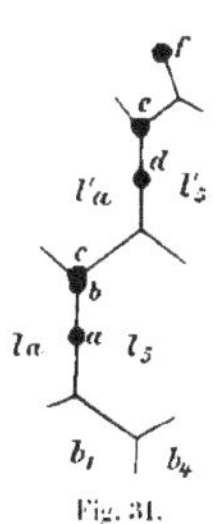

Fig. 31.

Die Verschiebung des Afters innerhalb der Caryocriniden. a—c bei *Hemicosmites* unt. und mittl. Untersilur. d *Corylocrinus* oberes Untersilur. e *Caryocrinus Roemeri* Kl. unteres Obersilur. f *Caryocrinus ornatus* Say. mittleres Obersilur.

dass erstens der After immer in solarer Richtung vor dem dorsalen Vertikalmesenterium liegt,

dass zweitens seine Lage bei nächstverwandten Formen sehr variirt, und bald contrasolar, bald nach unten und bald nach oben weitgehende Verschiebungen erfährt. Wenn wir diese mit einander vergleichen, so ergiebt sich, dass eine Verschiebung des Afters nach unten mit einer ausserordentlichen Verzerrung der Theca Hand in Hand geht und sich bei Formen findet, die man vom phylogenetischen Standpunkte aus als aberrante Typen betrachten muss. Es sind das *Pleurocystites* und *Erinocystis*, die es mit ihrer verzerrten Form zu keiner Korrelation und keiner aufsteigenden Entwicklung mehr gebracht haben. Andererseits zeigt sich eine Verschiebung des Afters nach oben bei den Caryocriniden und Blastoideen, Typen, die nicht nur wegen der schliesslichen Korrelation ihres Baues, sondern auch wegen ihrer phyletischen und zeitlichen Entfaltung als die höchsten Zweige der Cystoideen betrachtet werden müssen. Ich erinnere schliesslich daran, dass auch bei den zu hoher Blüthe entfalteten Cladocrinoideen der After an den Oberrand der Theca gerückt ist. Wir werden bei dieser Sachlage kaum fehlgehen, wenn wir die Verlagerung der Afteröffnung nach oben als eine unerlässliche Vorbedingung für die höhere Entwicklung der Formen ansehen.

Es sprechen übrigens verschiedene Umstände dafür, dass die seitliche Lage des Afters nicht nur als primär bei den Cystoideen anzusehen ist, sondern auch für deren gesammte Organisation von einschneidender Bedeutung war. Das regelmässige Vorhandensein eines breiten verschmolzenen Basale (b_4) unter dem After lässt sich, wie wir sehen werden, nur durch eine Ueberlagerung seitens des letzteren erklären. Und wenn wir dann innerhalb der einzelnen Formenreihen eine Harmonie nur da hergestellt sehen, wo sich der After nach oben schiebt, und starke Abweichungen in entgegengesetzter Richtung zu Anomalien führen, dürfte die seitliche Lage des Afters sehr wohl für die im Ganzen absteigende Entwicklung der Cystoideen von bestimmendem Einfluss gewesen sein.

c) Die Drehung des Darmes.

Der Darmtractus der lebenden Pelmatozoen bildet ein weichhäutiges Rohr, welches in einfacher Schleife (*Antedon, Pentacrinus*) oder in mehreren Windungen dem Zeiger der Uhr folgend, also „solar", vom Mund nach dem After verläuft. Wenn man diesen Verlauf nach den 5 Strahlen des Echinodermenkörpers orientirt, so liegt der Mund im Centrum aller; der Oesophagus senkt sich von da nach dem Radius II, biegt dann um nach III und IV, um von dort wieder aufsteigend die Kelchdecke im Interradius V : I zu erreichen. Bisweilen ist der mittlere Theil des Darmes stärker angeschwollen, sodass man einen Vordarm (Oesophagus), einen Haupt- oder Mittel- und einen Enddarm unterscheiden kann. Dieser Verlauf ist aus Textfigur 28 (pag. 126) zu ersehen.

Wesentlich andere Lageverhältnisse zeigt der Darm bei den Cladocrinoideen. Während die Analplatten bei den Pentacrinoideen ausnahmslos in solarer Richtung schräg von unten nach oben dem regulären Kelchskelet eingeschaltet sind, sind sie bei Cladocrinoideen in vertikaler Richtung zwischen die Kelchplatten (Costalia) des ersten und fünften Strahles eingefügt. Ihre Existenz kann in beiden Fällen nur dadurch erklärt werden, dass der Enddarm an den betreffenden Stellen der Aussenwand anlag und die ihm dort benachbarten Organe und Gewebe auseinanderdrängte. Der Enddarm muss also hier in vertikaler Richtung von der Kelchbasis nach der Kelchdecke aufgestiegen sein.

Durch Wachsmuth & Springer (1881, V, 208) wurde nun bei einer Familie der Cladocrinoideen, den Actinocriniden, eine eigenthümliche Bulla-artige Skeletbildung im Innern des Kelches nachgewiesen und als verkalkte Wand des Darmtractus richtig erkannt. Die Beschreibung und Abbildungen, welche diesen Fund begleiteten, erweckten mir die Vorstellung, dass die Drehung mit dem äussersten Blatte begann, der Oesophagus also in die äusserste Windung einlief und diese demnach im Gegensatz zu der der Pentacrinoideen eine contrasolare Richtung eingeschlagen habe (1897, I, 31). Die genauere Beschreibung und die zahlreicheren Abbildungen, die Wachsmuth & Springer soeben in ihrer Monographie der Amerikanischen Cameraten (1897, IV, 142, T. V) gegeben haben, sowie verschiedene Bedenken, die mir mein Freund Bather gegen obige Auffassung aussprach, machen es mir nunmehr wahrscheinlicher, dass die Vectakelröhren in den engsten Theil der „Bulla“ mündeten und der äusserste Umgang des Gewindes dem Enddarm zugewendet war. Man kann sich leichter vorstellen, dass der Oesophagus ein centraler runder Trichter war, als dass er seitwärts lag und seine Mündung der engen Windung entsprechend in die Länge gezogen war. Dazu kommt, dass bei einer Vergrösserung des Darmes eine Wachsthumszunahme der Bulla an dem Oesophagus hätte erfolgen müssen, und man sonach an eine zunehmende Einrollung der erstarrten Darmwandung glauben müsste. Schliesslich hat die neue Auffassung auch die Stütze, dass die Drehung danach in derselben Richtung „solar“ erfolgte wie bei allen übrigen Echinodermen. Allerdings sind mit dieser Deutung gegenüber den bisherigen Darstellungen der Bulla nicht alle Schwierigkeiten behoben. Vor Allem ist nicht ohne Weiteres ersichtlich, wie der Enddarm so aus der Bulla austreten konnte, dass er entsprechend der Einschaltung der analen Platten an der Aussenwand des Kelches von der Kelchbasis nach dem After vertikal aufstieg, da der letzte Umgang der Bulla sich nach oben zu erweitern scheint und an seinem Unterrande durch eine besondere Verdickung gegen die Kelchbasis hin etwas abgeschnürt erscheint. Vielleicht ermöglichen mir später noch eigene Untersuchungen, diese Punkte klarer zu stellen. Wie dem aber auch sei, in jedem Falle ist nicht nur der Verlauf des Enddarmes bei Cladocrinoideen ein anderer wie bei Pentacrinoideen, sondern auch die starke involute Einrollung des Haupt- oder Mitteldarmes und die eigenthümliche Skeletirung seiner Wandung.

Mit Rücksicht auf die Seltenheit und schwierigen Umstände für die Erhaltung derart zarter Organe durfte ich es als ein besonderes Glück betrachten, beim Durchschneiden eines Exemplares von *Caryocrinites ornatus* Say aus dem Obersilur von Lockport im Staate New York einen ähnlichen Fund zu machen. Das betreffende Stück gehört dem Museum für Naturkunde zu Berlin und entstammt der klassischen Sammlung L. v. Buch's. Ein anderes Exemplar der gleichen Art zeigte in Schnitten diese Theile nur wesentlich ungünstiger erhalten. Ich lasse diese Abbildungen und den Bericht folgen, den ich im vergangenen Jahre (1897, I, 31–34) von diesem Funde gab.

Fig. a zeigt die Theca in seitlicher Ansicht, die Richtung der horizontalen Linien die Ebenen, denen die übrigen Schnitte (b—l) entstammen. A stellt den After dar; in den Schnitten (b–l) ist der Punkt, über dem der After liegt, stets gerade nach unten gerichtet, sodass alle Schnitte in gleicher Weise orientirt sind. In den Schnitten b und c sind die vier Basalia (B I—IV) getroffen, in den folgenden d–g die 6 grossen Seitenplatten des Kelches, die ich mit den Zahlen I—VI bezeichnet habe. In den Schnitten h—k konnte ich die Grenzen der 8 Platten des zweiten Lateralkranzes infolge zahlreicher Sprünge nicht mehr sicher erkennen, sie sind aber, wie gesagt, sämmtlich mit dem analen Interradius nach unten gerichtet. Der Innenwand der Kelchtafeln ansitzend zeigen sich Porenfalten, welche denen der Dichoporiten aber nicht denen der Blastoideen homolog sind. Auf diese Organe will ich an dieser Stelle nicht näher eingehen. Uns beschäftigen hier die Querschnitte einer Bulla, welche in den Schnitten c–g in ziemlich ungestörter Lage, in den Schnitten h—i anscheinend in stark gestörter Lage nur noch in Fragmenten sichtbar sind. Eine stark bräunlich rauchgraue Färbung lässt die quer geschnittenen Wände in dem hellen Kalkspath, der das Kelchinnere ausfüllt, sehr deutlich hervortreten. Fig. b zeigt Spuren eines Septums von unregelmässigem — im Bilde senkrechtem — Verlauf. Fig. c lässt noch Spuren desselben, daneben aber in einem breiten

Maschenwerk den Boden des ganzen Organes erkennen. In Fig. d treten die Wände auseinander, die ein sich nach oben schnell erweiterndes Lumen einschliessen und zugleich

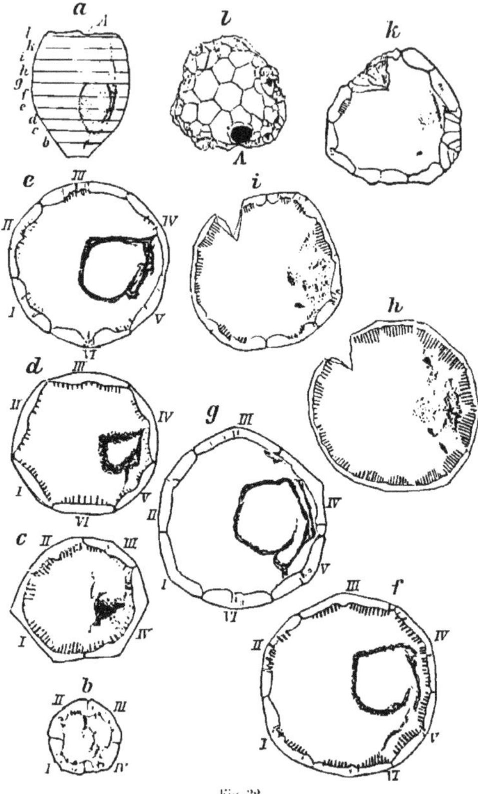

Fig. 32.

Durchschnitte durch eine Theca von *Caryocrinus ornatus* SAY. Obersilur, Lockport, N. Y. bei seitlicher Ansicht in natürlicher, b–l im Querschnitt in doppelter Grösse. Orig. Mus. Berlin.

den Beginn einer von der Analseite her gerichteten Einfaltung zeigen. In Fig. e–g sind die Wände weiter auseinander getreten und zugleich wird die Einfaltung der dem Kelchinnern zugekehrten Seite in die dem Analinterradius zugekehrte Seitenwand des

Organes unverkennbar deutlich. In den höheren Schnitten sind nur kleine Fetzen der dunklen Wände sichtbar, wie dies bei den anderen von mir untersuchten Individuen im Bereich des ganzen Kelches der Fall ist. Dieses seiner Form und Lage nach leicht zu restaurirende Organ entspricht auch in der Mikrostruktur seiner Wandung der Bulla der Cladoideen ganz genau. Es lässt ein schwammig-filziges Netzwerk unregelmässig zusammengefügter Kalknadeln erkennen. Dieselben sind dunkel rauchgrau gefärbt und treten deshalb aus der krystallhellen Kalkspathausfüllung des Innenraumes der Theca sehr deutlich hervor. Ich nenne daher auch dieses Organ „Bulla". Ihre Lage stimmt, wie gesagt, mit der der Actinocriniden gut überein, dagegen unterscheidet sich ihre Form von der der Cladoideen durch den wesentlich geringeren Grad spiraler Einfaltung. Die Hauptsache aber ist, dass die Tendenz dieser Eindrehung die gleiche ist wie bei den Cladocrinoideen. Der Austritt des Enddarmes aus der Bulla könnte hier am oberen Ende derselben erfolgt sein, da sich der äussere Umgang wenigstens in Schnitt f deutlich dem im Bilde unten gelegenen After zuwendet. Noch bei den Vorfahren von *Caryocrinites* lag der After wesentlich tiefer, etwa in halber Kelchhöhe. Dass der After hier nicht am Boden der Bulla lag, wo bei den Actinocriniden die Analreihe einsetzt, wird wohl dadurch wahrscheinlicher, dass die unterste in Schnitt c getroffene Wandfläche der Bulla keine Durchbohrung oder seitliche Ausbuchtung zeigt. Wie man aber auch diese noch klärungsbedürftigen Punkte auffasst, jedenfalls ergiebt sich im Bau und Verlauf des Darmes eine sehr enge Beziehung der Cystoideen zu den Cladocrinoideen und ein wesentlicher Gegensatz dieser beiden gegenüber den Pentacrinoideen.

II. Der Parietalporus und das Genitalorgan.

Die sogenannte „dritte Oeffnung" der Cystoideen, die theils als After, theils als Genitalporus angesprochen worden ist, soll den Gegenstand der nachfolgenden Besprechung bilden. Die Bezeichnung dieser Körperöffnung als „Parietalporus" wird durch die später zu besprechende Funktion derselben begründet werden. Zunächst möchte ich die morphologischen Daten über dieselbe zusammenstellen. Schon durch ABR. GYLLENHAHL (772, I beobachtet, wurde dieser Porus von L. v. BUCH als Afteröffnung angesprochen (1844, II. 102). Indem die meisten Autoren von FERD. ROEMER an die BUCH'sche Deutung von After und Genitalporus umkehrten, sprachen sie den Parietalporus als Ausmündung der Geschlechtsorgane an. Sachlich begründet wurde allerdings diese Auffassung nicht, sie war aber für JEFFREY BELL (1891, I. 206) Veranlassung, diejenigen Cystoideen, die einen solchen Porus besassen, als „Anactinogoniadata" den mit pentameren Geschlechtsdrüsen versehenen Formen gegenüberzustellen.

Wenn wir von denjenigen Formen ausgehen, bei denen zwischen Mund und After zwei weitere Körperöffnungen vorhanden sind, so ist von diesen stets die untere, dem After genäherte als Parietalporus anzusehen. Die in diesem Fall obere habe ich bereits pag. 100 als Madreporiten gekennzeichnet. Der Parietalporus ist bei diesen Formen entweder dem Madreporiten sehr genähert (reguläre Dichoporiten) oder in der Richtung des Afters eine kurze Strecke von ihm entfernt (*Sphaeronidae, Aristocystidae*). Die pag. 70 gezeichnete Fig. 11 giebt ein ungefähres Bild dieser Lage. Dasselbe ist typisch für die

Gattungen *Archegocystis* Taf. III fig. 4, 5), *Glyptosphaerites* Taf. IV fig. 3) und *Eucystis* (Taf. IV fig. 7). Bei *Aristocystites* wird die Lage dieses Porus auffallend inkonstant: er findet sich bald dem Madreporiten genähert, bald nahe an den After gerückt, bald nach rechts, bald nach links eine Strecke weit verschoben (Taf. III fig. 11). An einem sehr jungen Individuum von *Protocrinites* glaube ich ebenfalls noch zwei Poren getrennt zu sehen.

Bei den regulären Dichoporiten ist der Parietalporus stets nahe an den Madreporiten herangedrängt. An den Abbildungen von *Callocystites* (Taf. XIV fig. 1a), *Schizocystis* (Taf. XII fig. 1), *Pleurocystites* (Taf. XII fig. 5) und *Echinoencrinites* (Taf. XIII fig. 24) ist das deutlich zu sehen. Wenn ich auch bei der Ungunst der fossilen Ueberlieferung nicht alle Gattungen regulärer Dichoporiten daraufhin untersuchen konnte, so beweist doch die diesbezügliche Uebereinstimmung so verschiedener Formen, dass das genannte Verhalten für diesen Formenkreis als typisch anzusehen ist. Nur die sehr specialisirte Gattung *Cystoblastus* scheint in dieser Beziehung abweichende Verhältnisse darzubieten.

Bei den vorher genannten Formen, die also einerseits Sphaeroniden und Aristocystiden, andererseits den regulären Dichoporiten angehören, stellt der Parietalporus nur selten ein rundes Loch dar, welches mit scharfer Umrandung die Thecalwand durchsetzt. Es findet sich so z. B. bei *Glyptosphaerites* (Taf. IV fig. 4), *Archegocystis* (Taf. III fig. 4), *Pleurocystites* (Fig. 18 A, pag. 101). Bei der letztgenannten Gattung fand ich an zwei Exemplaren (Coll. Frech, Breslau) kleine, unregelmässig geordnete Plättchen als Verschluss dieser Oeffnung. Fig. 18 pag. 101 zeigt deren Anordnung etwas zu regelmässig. Bei anderen Formen habe ich einen entsprechenden Verschluss nicht finden können, glaube ihn aber bei allen Formen voraussetzen zu müssen, die wie *Glyptosphaerites* einen ziemlich weit geöffneten Porus aufweisen. Bei anderen Gattungen mit zwei Primärporen ist der Parietalporus sehr eng und bisweilen nur nadelstichartig in der Theca markirt. Das ist z. B. bei den obersilurischen, regulären Dichoporiten der Fall, ferner bei *Aristocystites*. Im letzteren Falle ist der Porus von einem aufgeworfenen Rande umgeben (Taf. XV fig. 1a, III fig. 11). Bei *Aristocystites* macht er in diesem Zustande nur noch den Eindruck einer Narbe.

Wenn sich nun, wie es bei den meisten Cystoideen der Fall ist, zwischen Mund und After nur ein einziger Porus fand, so ist dieser bisher unbedenklich als dritte Oeffnung derjenigen der bisher genannten Formen gleichgestellt worden. Ich habe schon pag. 103 bei Besprechung des primären Steinkanales darauf hingewiesen, dass derselbe bei den lebenden Pelmatozoen sich mit dem Parietalkanal verbindet und unterhalb der Theca in ihn mündet. Hiernach müssen wir also mit der Wahrscheinlichkeit rechnen, dass in den Fällen, in welchen nur einer dieser Primärporen vorhanden ist, derselbe die Ausmündungsstelle beider Kanäle repräsentirt. Für diese Auffassung sprechen folgende Thatsachen: Erstens sind beide Poren bei den Dichoporiten regelmässig so eng zusammengedrängt, dass der Porus des primären Steinkanales den Parietalporus hufeisenförmig umgreift. Zweitens erfolgt das Verschwinden des Madreporiten innerhalb der Familien nur nach starker Annäherung beider Primärporen. Das ist der Fall z. B. bei *Eucystis, Protocrinites* (Taf. V fig. 3), *Gomphocystites* (Taf. II fig. 10) und *Hemicosmites*, wo der eine vorhandene Porus unmittelbar an den Mund gedrängt ist. Bei *Eucystis, Gomphocystites* und *Protocrinites* spielt dabei die Annäherung des Afters an den Mund offenbar eine wesentliche Rolle.

Drittens ist hier noch die Thatsache anzuführen, dass der eine Primärporus der Echinosphaeriden entschieden höher differenzirt ist als der Parietalporus bei den Formen, die ausser ihm noch einen selbständigen Madreporiten besitzen. Auch dieser Umstand spricht entschieden dafür, dass der eine Porus in diesem Falle beide Primärporen vorstellte. Da nun bei den lebenden Echinodermen der Parietalkanal den primären Steinkanal in sich aufnimmt, so halte ich den Namen Parietalporus für die sog. dritte Oeffnung auch dann aufrecht, wenn diese zugleich die vierte Oeffnung repräsentirt.

Das Fehlen eines Parietalporus konnte ich mit Sicherheit nur bei *Caryocrinus* und bei einem erwachsenen Individuum von *Cystoblastus* feststellen. An dem von VOLBORTH abgebildeten kleinen Exemplar letzterer Gattung ist er aber noch als einfache kleine Oeffnung an der zu erwartenden Stelle sichtbar (Taf. XVI fig. 1).

Die Beobachtungen über den Parietalporus lassen sich also dahin zusammenfassen, dass derselbe

1. bei dem Vorhandensein zweier Primärporen nahe unterhalb des Madreporiten an dem Parietalseptum gelegen ist;

2. bei dem Mangel eines äusseren Madreporiten den primären Steinkanal in sich aufgenommen hat und also die Ausmündung dieses und des Parietalkanales bildet;

3. nur bei wenigen Gattungen der Cystoideen im erwachsenen Zustande gänzlich fehlt.

Diese drei Ausbildungsformen des Parietalporus stellen zugleich dessen morphogenetische Phasen dar, insofern sich die erste bei den ältesten und primitivsten Formen der Dichoporiten und Diploporiten findet und die beiden anderen Phasen z. Th. die vorangehende noch in der Jugend durchlaufen.

Die physiologische Bedeutung des Parietalporus.

Um der Lösung dieser Frage nähertreten zu können, muss ich auf eines der schwierigsten und dunkelsten Kapitel der Echinodermenentwicklung mit einigen Worten eingehen. Es handelt sich dabei um die Feststellung der homologen Aequivalente des Parietalorganes der Crinoiden bei den übrigen Echinodermen und um die primäre Bedeutung der für homolog zu erachtenden Organe.

Es ist bekannt, dass die Larven der Echinodermen einen primären Rückenporus besitzen, der gewöhnlich als Hydroporus, d. h. als Porus des primären Steinkanales, angesprochen wird. Durch OSWALD SEELIGER wurde nun 1892 (III, 260) bei Antedonlarven der Nachweis erbracht, dass der Rückenporus durch den Parietalkanal das sog. Parietalorgan der Larve nach aussen öffnet, also als eigentlicher Porus dieses Organes zu betrachten ist, dass dagegen der primäre Steinkanal sich sekundär in den Parietalkanal öffnet und dann erst durch diesen mit der Aussenwelt kommunicirt. Dieser Thatbestand lässt sich auch mit den Befunden bei anderen Echinodermenlarven in Einklang bringen. Wir können hieraus auf eine althergebrachte Beziehung des Parietalporus zu dem primären Steinkanal schliessen. Diese beiden Organe nun liegen immer an oder in das Parietalseptum (dorsales Vertikalmesenterium) gelagert. Da das letztere bei Pelmatozoen auch die Lage des Afters bestimmt (vergl. pag. 125), so ergiebt sich ein Lageverhältniss dieser Organe, wie es durch das Projektionsbild Fig. 28 pag. 126 veranschaulicht ist. Wenn sich hieran etwas ändert, so betrifft das nur sekundäre Lageverschiebungen des Afters, der z. B. bei den irregulären Echiniden bei einer den Antedonlarven entsprechenden Orientirung schliesslich in den Interradius III : IV, bei den Asteriden in den Interradius II : III rückt. Die Beziehung des Parietalorganes und des primären Steinkanales zu dem Parietalseptum bleibt immer die gleiche und muss, wie ich kürzlich (1898, I) nachzuweisen suchte, auch für die Orientirung des Seeigelkörpers gegenüber dem von LOVÉN vorgeschlagenen Prinzip zum Ausgangspunkt für die Zählung der Radien genommen werden. Eine weitere Schwierigkeit für die Beurtheilung dieser Organe erwächst daraus, dass die am Ringgefäss des Ambulacralsystemes entstehenden Anlagen der Radiärgefässe zum primären Steinkanal nicht immer gleich orientirt sind. Der letztere liegt hiernach beispielsweise bei den Pelmatozoen am linken Ende der Anlage, bei den Ophiuriden zwischen der Anlage des vierten und des fünften Radiärgefässes.

Schon diese Verschiedenheiten beweisen, dass die Umwachsung des Oesophagus durch die Anlage des Ambulacralorganes nur unter dem Gesichtspunkt rein mechanischer Bildungsvorgänge der Larven zu beurtheilen ist. Während also die wechselnde Form des Auswachsens des Hydrocoels in das definitive Ambulacralsystem und die Lage des Afters meines Erachtens für die Orientirung des Echinodermenkörpers keine allgemeinere Bedeutung besitzen, zeigt sich trotz vieler Mannigfaltigkeit im Einzelnen eine Konstanz in den Lagebeziehungen des Steinkanales zu dem Rückenporus, dem Parietalorgan und dem dorsalen Mesenterium, welches ich als Parietalseptum bezeichnet habe.

Die Autoren, welche sich mit der Ontogenie der Echinodermen beschäftigt haben, sind zu sehr verschiedenen Ansichten über die physiologische Bedeutung des Parietalorganes gelangt. Es scheint, dass sie eine diesbezügliche Klärung wesentlich von der Lösung der Streitfrage erwarten, ob sich in dem Parietalkanal der Flüssigkeitsstrom nach innen oder nach aussen bewege. O. SEELIGER, der die einschlägigen Ansichten eingehender besprochen hat, glaubt, dass die Differenz der Auffassungen auf Volumveränderungen zurückzuführen ist, die die Larve so wie so erfährt und mit Hülfe ihrer Hydrocoelmuskulatur periodisch steigern kann. Danach sei der Strom bald nach innen, bald nach aussen gerichtet, aber nach keiner Richtung von entscheidender Bedeutung. Meines Erachtens können die diesbezüglichen Erscheinungen bei der Larve überhaupt nicht maassgebend für die ursprüngliche Bedeutung dieser Organe sein. Die ontogenetische Rückbildung der Poren und ihrer rückwärts liegenden Organe beweisen doch wohl, dass sich die Morphologie und Physiologie hier nicht mehr decken, dass folglich die Form kein Ausdruck mehr für die Funktion ist. Dazu kommt, dass sich das Lageverhältniss dieser Theile gegen einander in der Larvenentwicklung wesentlich verschiebt. Indem der Steinkanal sekundär in den Parietalkanal, der funktionslos geworden ist, einmündet, zieht er diesen zu einer Funktion heran, die demselben seiner Entstehung nach wahrscheinlich durchaus fern lag. Es erscheint mindestens wahrscheinlich, dass das Parietalorgan ein secernirendes Organ war, mithin Stoffe aus dem Körper entfernte. Dann war also in dem ursprünglichen Parietalkanal der Strom nach aussen gerichtet. Wurde aber das Parietalorgan funktionslos und nur morphologisch noch in den Ontogenien reproducirt, so war die Möglichkeit gegeben, dass der Parietalkanal nach einem Zustande physiologischer Neutralität durch Aufnahme des Steinkanales einem einwärts gerichteten Flüssigkeitsstrom zum Durchtritt diente.

Ich glaube, dass wir aus der Physiologie der Larvenentwicklung der Frage überhaupt nicht näher kommen, sondern auf vergleichend anatomischem Wege physiologisch thätige Ausbildungsformen der betreffenden Organe suchen müssen. Finden wir solche innerhalb des Echinodermenstammes, so wird deren Funktion um so eher bedeutungsvoll sein, je primitiver die betreffenden Ausbildungsformen sind, je weiter sie stammesgeschichtlich zurückliegen.

Die Beziehungen, welche der primäre Steinkanal der Cystoideen zu dem Parietalporus zeigt, wiederholen sich in der Ontogenie verschiedener Echinodermen, insofern bei diesen der Steinkanal sich nicht direkt nach aussen öffnet, sondern vermittelst des Parietalkanales — gelegentlich unter Bildung eines besonderen Coelomraumes unter der Ausmündungsstelle beider. Der Raum, als dessen eigentliches Ausmündungsrohr der Parietalkanal in diesem Entwicklungsstadium zu betrachten ist, wird als Axial- oder Dorsalorgan bezeichnet. Der Parietalporus selbst ist aber schon längere Zeit vor Bildung dieses Organes vorhanden und verbindet als Rückenporus das bis dahin ungegliederte Enterocoel mit der Aussenwelt.

Die Beziehungen der oben genannten Organe haben sich aber im gewissen Sinne auch bei erwachsenen Holothurien erhalten, insofern bei diesen der Genitalkanal mit dem Steinkanal verwächst.

Th. Mortensen schreibt nämlich in einer neueren Arbeit (1894, V, 711) über *Cucumaria glacialis*, einer dendrochiroten Holothurie: „Der Steinkanal zeigt ein eigenthümliches Verhalten, indem er mit dem Ausführungsgange der Geschlechtsorgane verwachsen ist". Er wies ferner bei derselben Form eine Drüse nach, die er als Homologon des dorsalen Organes der übrigen Echinodermen anspricht, weil aus ihrem Ende das Genitalorgan herauswachse. Dieser Zusammenhang ist insofern sehr bedeutungsvoll, als auch bei den übrigen Echinodermen die pentamer angelegten Geschlechtsorgane aus dem Dorsalorgan hervorgehen. Wie ich persönlichen Mittheilungen meines Kollegen Osw. Seeliger entnehme, entspricht es den Auffassungen der Embryologen, anzunehmen, dass das Dorsalorgan das phylogenetische Mutterorgan der Geschlechtsdrüsen sei, die sich erst sekundär als Ausstülpungen desselben gebildet haben. Das ist auch die Auffassung von Arnold Lang (1894, IV, 1036), der allerdings den Holothurien noch den Besitz eines Axialorganes absprach. Die Holothurien sind jedenfalls die einzigen, bei denen die Gonaden nicht pentamer angelegt sind, sondern einen einfachen Porus besitzen und höchstens eine bilaterale Gliederung erkennen lassen. Offenbar können wir nun dem neuesten Stande der zoologischen Forschung entsprechend allen Echinodermen ein ursprünglich einheitliches u. zw. im Axensinus gelegenes Genitalorgan zuschreiben. Die Holothurien und die Cystoideen würden noch eine einfache Ausmündung dieses Organes besitzen.

Wenn wir damit das ursprüngliche Genitalorgan in den Axialsinus der Leibeshöhle verlegen, so gewinnt der Stiel der Pelmatozoen eine bisher ungeahnte Bedeutung, da das Axialorgan sich bei den lebenden Pelmatozoen in auffälliger Weise in den Stiel fortsetzt. Bei den älteren Clado- und Pentacrinoideen ist das Lumen des Stieles nun wesentlich weiter als bei den lebenden Pentacrinoideen. Wir werden also schon deshalb dem Axialorgan dieser älteren Formen eine grössere Bedeutung im Stiel zuschreiben müssen. Nun finde ich z. Th. schon bei cambrischen Carpoideen am Stiel sehr eigenthümliche glockenartige Organe, die nach aussen geöffnet waren und mit grossen Kanälen des Stieles in

Verbindung standen. Diesen Anhangsgebilden des Stieles eine andere als eine genitale Bedeutung zuzuschreiben, halte ich für ausgeschlossen und werde in dieser Auffassung bestärkt von Herrn Prof. O. SEELIGER. Der oberste Stielabschnitt der genannten Carpoideen — es handelt sich dabei um neue Formen — ist dabei becherförmig ausgehöhlt und dürfte zur Aufnahme des eigentlichen Genitalorganes gedient haben, während die Glocken die Geschlechtsprodukte zur Reife brachten. Von dem oberen becherförmigen Organ verlaufen neben einem mittleren je zwei Kanäle, die sich allem Anschein nach in die bilateral angeordneten Glocken fortsetzen. Auch in die Cirren der lebenden Crinoideen sollen der mittlere und je einer der 5 peripheren Stielkanäle eintreten. Da die Stielcirren nicht eine Neuerwerbung der jüngeren Pentacrinoideen sind, sondern in weitester Verbreitung bei sehr verschiedenen und sehr alten Pelmatozoen vorkommen, so kommt ihrer Anlage jedenfalls eine morphogenetisch sehr wichtige Bedeutung zu, und die Möglichkeit liegt vor, dass sie als funktionslos gewordene Homologa jener genitalen Stielglocken der Carpoideen aufzufassen sind.

Der Stiel der Pelmatozoen erscheint als der der Fortpflanzung dienende Theil des Körpers, und es ist wohl nicht zu weit über das Ziel hinausgeschossen, wenn man seine Anlage am Körper auf einen primären Sprossungsvorgang zurückführt[*]. Ob man die Periodicität in seiner Anlage, die in der Glieder-, Glocken- und Cirrenanlage hervortritt, mit der Periodicität primärer Sprossungsvorgänge noch in irgendwelchen Konnex bringen kann, ist eine kaum mehr zu diskutirende Frage, die aber im Rahmen dieser Auffassungen wenigstens ausgesprochen sein mag.

Dafür, dass der Stiel ursprünglich als Theil der Leibeshöhle eine viel grössere Bedeutung besass, werden wir in der Stielbildung der ältesten Cladocrinoideen entscheidende Belege kennen lernen.

Ohne aber auf alle diese interessanten Fragen schon hier näher einzugehen, möchte ich wenigstens meinen Standpunkt in dieser Angelegenheit möglichst genau präcisiren. Ich stelle also einander gleich

1. den hinteren Körperabschnitt der Stammformen,
2. das Stielorgan mit den Genitalglocken der Carpoideen,
3. das Axial- oder Dorsalorgan mit den Genitaldrüsen der Crinoiden, Echinoiden, Asteriden und Ophiuriden,
4. das Genitalorgan mit dem Parietalporus der Cystoideen,
5. das Genitalorgan mit dem Ausführungsgange und dem Gonoporus der Holothurien.

Da nun schliesslich der genannte Porus bereits aus früheren Entwicklungsstadien erhalten ist, in welchen das Enterocoel noch nicht in Coelomblasen und Hydrocoel zerfallen ist, sondern noch einen ungegliederten Raum darstellt, so wird man auch pro parte

6. das ungegliederte Enterocoel mit dem primären Rückenporus den oben aufgezählten Gebilden homolog setzen müssen. Auf die Begründung dieser Ansichten kann ich erst im allgemeinen Theil dieses Werkes eingehen, würde mich aber freuen, wenn ich

[*] Vergl. O. JAEKEL, Ueber die Stammformen der Wirbelthiere (Sitz.-Ber. d. Ges. naturforsch. Freunde zu Berlin 1896 pag. 115).

schon durch diesen Hinweis eine Stellungnahme der Embryologen zu diesem Punkte veranlassen würde.

Dass ich hiernach dem unteren der beiden Primärporen der Cystoideen, den ich als **Parietalporus** bezeichnete, **ursprünglich eine genitale Bedeutung** zuschreibe, brauche ich nicht besonders zu betonen. Dass ich ihn trotzdem nicht als Gonoporus bezeichne, hat darin seinen Grund, dass er aller Wahrscheinlichkeit nach bei zahlreichen Cystoideen zugleich die Mündung des primären Steinkanales bildet. Indem ich ferner daran erinnere, dass die Primärporen bei verschiedenen Cystoideen ganz fehlen und bei vielen stark rückgebildet erscheinen, nehme ich an, dass das primäre Genital- (Axial- oder Dorsal-)organ der Cystoideen wie bei den lebenden Echinodermen bereits sekundäre Ausstülpungen als typische Genitaldrüsen entwickelte. Da dieselben wie bei allen vertikal orientirten Echinodermen am oberen Körperpol zu suchen wären und sie bei den lebenden Pelmatozoen auf die freien Anhänge der Ambulacra gerückt sind, werden wir annehmen können, dass die Gonaden auch innerhalb der Cystoideen mit den Radiärstämmen aus der Theca herauswuchsen. Da die Formen, bei denen sich die Radiärstämme unmittelbar vom Mund als grosse Finger erheben (*Aristocystites*, *Allocystites*, *Eucystis*, *Echinosphaeridae*, *Pleurocystidae*, *Scoliocystidae*) der Parietalporus am stärksten ausgebildet ist, ist vielleicht der Mangel epithekaler Rinnen die Ursache einer dauernden Zurückhaltung der Gonaden in der Theca.

J. Das Nervensystem.

Man unterscheidet bei den Echinodermen dreierlei Nervenzüge, die im Allgemeinen von einander ganz unabhängig sind. ARNOLD LANG bezeichnet (1894, IV, 1045) dieselben als „das oberflächliche orale, das tiefe orale und das apikale Nervensystem".

Die oberflächlichen oralen Nervenzüge liegen ursprünglich und dauernd bei Pentacrinoideen und Asteroiden im Epithel der Vectakelrinnen, denen sie in ihrer ganzen Ausdehnung in den Radien und am Peristom folgen. Die Funktion dieser Nervenzüge dürfte wesentlich sensibel sein und sich beim Fühlen und Treiben der Nahrungsstoffe in den Wimperrinnen geltend machen. Es kann keinem Zweifel unterliegen, dass diese Züge bei den Cystoideen in gleicher Weise wie bei den lebenden Pentacrinoideen ausgebildet waren. Ihre Ausdehnung ist dann aus dem Verlauf der Ambulacra (Textfigur 13 pag. 83) zu entnehmen.

Das tief liegende, orale Nervensystem soll bei den Pentacrinoideen und kieferlosen Seeigeln fehlen. Auf fragliche Aequivalente desselben werde ich bei Besprechung der Pentacrinoideen zurückkommen; über die Existenz solcher bei Cystoideen lässt sich jedenfalls nichts Bestimmtes sagen oder auch nur vermuthen.

Das apikale Nervensystem ist besonders bei den lebenden Pentacrinoideen sehr stark entwickelt. Es erstreckt sich auf den Stiel und seine Anhänge (Cirren und Wurzeln), wie diese durchzieht es auch die radiären Skeletelemente als sog. Axialkanäle und schwillt bei *Antedon* im Grunde des Kelches zu dem sog. gekammerten Organ an. Wie dieses letztere eine Erwerbung der Comatuliden bildet, so ist die ganze Ausdehnung der axialen Züge auf die radiären Skeletelemente wohl erst eine Errungenschaft der höheren Pelmatozoen. Bei den Cladocrinoideen beobachtete ich vereinzelt axiale Züge an der Innenwand des Kelches von den Armen herablaufen. Bei Cystoideen ist mir nichts derart bekannt geworden, doch wird man annehmen müssen, dass apikale Nerven den Stiel durchzogen. Auf die Bedeutung und morphogenetische Funktion dieser Axialkanäle werde ich erst später näher eingehen. Hier möchte ich nur erinnern, dass der Stielkanal gerade bei Cystoideen in der Regel oben so weit ist, dass er nicht ausschliesslich Nerven enthalten haben kann, sondern in erster Linie als Theil der Leibeshöhle aufgefasst werden muss. Im Verfolg dieser Thatsache haben wir dann auch dem unteren durch die Verdickung der Stielglieder eingeschnürten Theil des Stielkanales eine mehrseitige Bedeutung zuschreiben müssen. Dass er bei dem Wachsthum und der Ernährung der Stieltheile in erster Linie eine Rolle spielte, scheint mir danach fraglos.

Die Muskulatur.

Wir fanden bei den Thecoideen noch Erscheinungen, welche die Erhaltung und einheitliche Funktion des primären Hautmuskelschlauches wahrscheinlich machten. Bei den Cystoideen finden sich nie imbricirte Thecalkapseln, deren Elemente durch eine Hautmuskulatur gegen einander hätten bewegt werden können. Die Theca ist schon bei den ältesten und primitivsten Formen zu einem starren Gewölbe skeletirt, der Hautmuskelschlauch also unzweifelhaft darunter obliterirt. Man hat nun die Muskeln, welche die Arme der Asteroiden und Crinoiden bewegen, als lokal specialisirte Reste des ursprünglichen Hautmuskelschlauches aufgefasst. Diese Auffassung gilt aber, wie später begründet werden soll, nur für die Arme der Seesterne, die als Ausbuchtungen des Centralkörpers zu betrachten sind, nicht aber für die Armbildungen der Pelmatozoen, die auf dem Thecalskelet als Neubildungen sui generis entstanden sind. Namentlich bei den Cystoideen zeigt sich deutlich, dass die Finger nur als Träger der Vectakelrinnen oder ihrer Seitenzweige, aber nicht als Ausbuchtungen der Leibeshöhle aufzufassen sind. Sie entwickeln sich da, wo sich die Vectakelrinnen vom Thecalskelet aus erheben. Sie dürften auch ursprünglich wenig beweglich gewesen sein, wenigstens sind ihre Abgliederungsflächen zunächst kaum merklich skulpturirt (vergl. Fig. 14 pag. 90). Erst mit zunehmender Grösse bilden sich Muskelgruben aus, die im Allgemeinen denen der Crinoidenarmglieder entsprechen, ein äusserer Streck- und zwei innere Beugemuskeln. Ersterer ist noch breit (Fig. 14, C) und wohl nicht wie bei den Pentacrinoideen zu einem festeren Ligament koncentrirt. Wie diese Gelenkflächen an die Stelle ebener Syzygialflächen treten, so entstehen auch ihre Muskelbündel durch Specialisirung aus indifferenter Bindesubstanz.

Auf die Muskelfasern der inneren Organe hier einzugehen, liegt keine Veranlassung vor. Wir werden diese Verhältnisse zweckmässig später auf Grund der Verhältnisse bei lebenden Pentacrinoideen besprechen.

K. Die geologische Verbreitung.

Bei allen phylogenetischen Forschungen müsste die geologische Verbreitung der Formen die zuverlässigste Grundlage für die Beurtheilung der historischen Entwicklung bilden, wenn die palaeontologische Ueberlieferung nicht so bedenkliche Lücken aufwiese. Bei Typen, die in der Regel einen grossen Reichthum an Individuen besassen, macht sich dieses Uebel nicht so sehr geltend. Wir haben in den letzten 10—20 Jahren aus den vielen, neu erforschten Gebieten von verschiedenen Thierabtheilungen, wie z. B. von Mollusken, Brachiopoden, Bryozoen, Anthozoen und Foraminiferen, kaum wesentlich neue Typen kennen gelernt. Die Menge ihrer Reste schützte diese Thiere auch im fossilen Zustande noch vor gänzlicher Vernichtung und dem Uebersehenwerden seitens der Geologen. Anders liegt der Fall offenbar bei Formen von geringer Individuenzahl, die wegen ihrer Seltenheit mit den sie umhüllenden Schichten leicht der Zerstörung anheimfielen und noch leichter unentdeckt blieben. Zu diesen Typen gehören im Allgemeinen die Cystoideen, die nur mit wenigen Ausnahmen wie einigen Arten von *Echinosphaerites*, *Caryocrinites ornatus*, *Sphaeronites pomum*, *Codiacystis bohemica* lokal häufig sind. Die Mehrzahl ihrer Formen sind bisher nur in wenigen Exemplaren bekannt geworden, und nicht wenige von ihnen sind seit Jahrzehnten Unica geblieben. Hiernach liegt natürlich der Schluss nahe, dass uns viele Formen noch unbekannt sind und uns gelegentlich Ueberraschungen bereiten werden.

Unter diesen Umständen können wir dem Bild, welches uns die geologische Verbreitung der Cystoideen bietet, keine Genauigkeit, wenigstens nicht im Ganzen zuschreiben. Im Einzelnen wird aber natürlich jede diesbezügliche Feststellung ihren positiven Werth besitzen. Wenn eine Form in gewissen Schichten auftritt, so weiss man mindestens, von wann ab man in der Phylogenie mit ihrer Existenz zu rechnen hat. Ein Beweis, dass sie nicht bereits in älteren Schichten zu Hause war, ist damit aber nicht gegeben. Eine Annahme der letzteren Art erlangt auch dann nur eine bedingte Wahrscheinlichkeit, wenn die betreffende Form an verschiedenen Punkten der Erde in gleichaltrigen Schichten gefunden ist. Auch dann bleibt immer noch die Möglichkeit bestehen, dass dieselbe bereits in anderen uns bisher noch unbekannten Gebieten früher aufgetreten ist und sich erst später über weitere Gebiete ausbreitete. Genau dementsprechend liegt der Fall bezüglich des Aussterbens einzelner Formen oder Typen.

Einen zuverlässigen Werth bekommen diese geologischen Daten nur dann, wenn sie mit den morphogenetisch festgestellten Entwicklungsprocessen harmoniren. Wenn auch wie hier bei den Cystoideen die morphologischen Beziehungen aus einer Anzahl scharf kontrollirbarer Organisationsverhältnisse mit ungewöhnlich grosser Wahrscheinlichkeit entnommen werden konnten, so bleibt der darauf konstruirte Zusammenhang der Formen doch ein hypothetischer, solange die geologischen Daten mit dieser Kombination nicht im vollen Einklang stehen. Eins ist aber sicher, dass es einen subjektiv theoretischen Zwang den letzteren gegenüber nicht geben kann.

Wenn aus diesen Gründen der geologischen Verbreitung der Cystoideen zwar für sich keine beweisende aber trotzdem äusserst wichtige Bedeutung zukommen muss, so erhöhen noch einige weitere Gesichtspunkte ihren Werth. Auch wenn uns nicht besondere Theorien, wie die Migrationstheorie, auf die entwicklungsgeschichtliche Bedeutung der geographischen Verbreitung aufmerksam gemacht hätten, müsste uns allein schon der Einfluss des Standortes auf den Organismus von der Bedeutung des geologischen Vorkommens überzeugen. In dieser Hinsicht liegen die Verhältnisse für den Palaeontologen in mancher Hinsicht anders wie die der Gegenwart für den Zoologen. Alle unterhalb der 10 Fadentiefe lebenden Organismen, und dazu gehören die Pelmatozoen, können wir gegenwärtig nicht mehr an ihrem Standort beobachten und also auch nicht die besonderen Verhältnisse des letzteren, ihre Beziehungen zu dem Boden, auf dem sie leben und zu den Organismen, zu denen sie in coenobiotischer Beziehung stehen, unmittelbar untersuchen. Bei den *fossilen* Funden, auch solchen aus grösseren Meerestiefen, haben wir aber immer ein Bild des Standortes vor uns, mit dem Boden, in dem z. B. die Pelmatozoen wurzelten, zu der gesammten „Facies", in der sie lebten. Eine Gesteinsplatte mit Crinoiden ist selbst der Boden, auf dem das Thier lebte, zeigt uns seine Lebensgenossen, ja dieselbe lässt sogar gelegentlich noch die Art ihres Absterbens mit voller Deutlichkeit erkennen. Alle diese Daten zusammengenommen, bieten oft werthvolle Fingerzeige für die Lebensbedingungen und die Lebensweise der Formen.

Ich glaube aber, dass noch einige weitere bisher kaum beachtete Momente dazu kommen, die geologische Verbreitung beachtenswerth zu machen. Wenn man mit Darwin nur eine allmähliche Umwandlung der „Arten" annimmt, hat die Betrachtung der unmittelbaren Aufeinanderfolge der Generationen in den übereinanderliegenden Schichten kein phylogenetisches Interesse, da eine wesentliche Umwandlung der Formen innerhalb einer oder weniger Generationen eben undenkbar erschiene. Wenn man sich dieser Theorie gegenüber neutral verhält und die übereinanderliegenden Formen nur als das, was sie sind, d. h. als aufeinanderfolgende Generationen ansieht, dann kann sich auch hieraus manche wichtige Beobachtung über die Dauer und Art der Veränderungsprocesse ergeben.

Schliesslich muss bei allen Organismen, die im erwachsenen Zustande sessil, in früheren Entwicklungsstadien aber frei beweglich sind, eine Verschleppung der flottirenden Larven, wie sie auch die Pelmatozoen besitzen, einen bedeutenden Einfluss auf die Gestaltung der Individuen ausüben, zumal ihnen in allen ihren Theilen durch die ontogenetische Rekreation eine Indifferenz und Plasticität der Theile garantirt ist. Ich glaube, dass dabei weniger die experimentell nachgewiesenen chemischen Aenderungen des umgebenden Wassers, also unmittelbare Einwirkungen, in Betracht kommen, sondern besonders mittelbare dadurch, dass bei abnormer Verschleppung sich die Organe des Körpers ungleichmässig gestalten, dass einzelne sich bei dem Flottiren voll entwickeln, während andere, die mit der Sessilität in Zusammenhang stehen, sich relativ langsam ausbilden. Wenn solche Larven später günstige Bedingungen zur Festheftung und Weiterentwicklung finden, wird die Basis für die letztere eine andere sein als für die bisherigen Vertreter dieser Form. Es ist jedenfalls die Möglichkeit nicht von der Hand zu weisen, dass sich in solchen Fällen ganz neue Korrelationsverhältnisse im Körper und somit neue Formen bilden. Wie also die vertikale Folge der fossilen Formen mit dem Wechsel der Generationen korrespondirt, so dürfte die horizontale Verschleppung der Larven in die Ontogenie der Formen oft ändernd, störend oder fördernd eingreifen.

Diese Gesichtspunkte wollte ich der nachstehenden Besprechung vorausschicken, wenngleich ich erst später Gelegenheit haben werde, näher auf dieselben einzugehen.

a) Die vertikale Verbreitung.

Da die geologische Verbreitung der einzelnen Gattungen von vielen theils subjektiv systematischen, theils zufälligen stratigraphischen Fragen abhängig ist und deshalb im Einzelnen erklärt und erläutert werden muss, habe ich mir die Besprechung derselben für die kleineren systematischen Abtheilungen vorbehalten. Für eine Uebersicht über die verwandtschaftlichen Beziehungen grösserer Formenkreise zu einander kommt es ja in erster Linie auf deren erstes Auftreten an. Ueber dieses will ich in Kürze Folgendes hervorheben.

Bezüglich der vertikalen Verbreitung kann ich als wichtigstes Ergebniss hervorheben, dass in der vorliegenden Umgrenzung ihres Begriffes die Cystoideen im Cambrium noch durchaus fehlen.

Was man bisher von cambrischen Echinodermen beschrieben und mit der Endigung *cystis* bezw. *cystites* versehen hat, gehört nicht hierher. Es kommen dabei zunächst die cambrischen Formen Böhmens in Betracht. Nach sorgfältigem Studium derselben glaube ich sie folgendermaassen vertheilen zu müssen: Die von Barrande unter dem Namen *Acanthocystites* beschriebene Form, welcher der amerikanische *Eocystites* (?) von Walcott sowie *Macrocystella* Call. aus englischem Tremadoc nahe stehen, sind als primitiver Vertreter der *Cladocrinoidea* aufzufassen. Was Barrande als *Cigara Dusli* beschrieben und abgebildet hat, sind untere Stielfragmente mit Theilen einer blasigen Wurzel: als solche erweist sich auch *Lapillocystis* Barrande. Beide gehören derselben Form an und vielleicht zu dem vorhergenannten *Acanthocystites* Barr. Das ebendort T. II f. 33 abgebildete untere Kelch- und obere Stielende kann man wohl auch bis auf Weiteres auf diese Form beziehen. *Cystidea concomitans* ist ein sehr unvollständiges Fragment, welches nicht, wie Pompetzkj meinte (1896, I, 507), zu *Stromatocystites*, sondern eher zu einer Wurzelblase gehört. Das Gleiche gilt von *Pilocystites primitivus* Barr. Der stiellose *Lichenoides* ist als ein bereits sehr specialisirter und aberranter Vertreter jener ältesten Cladocrinoideen aufzufassen. *Archaeocystites*, den Barrande allerdings auf derselben Tafel neben den genannten abbildet, ist von Haeckel ebenfalls als cambrisch citirt worden: er ist aber, wie schon die betreffende Tafelerklärung Barrande's besagt, untersilurischen Alters. *Trochocystites* Barrande und die, welche als „*Plaquettes isolées*“ l. c. T. II f. 16—20 abgebildet sind, gehören zu den Carpoideen, letztere zu einer neuen Gattung, die mir jetzt durch die Freundlichkeit des Herrn Dr. Jar. Perner in Prag in ausgezeichneten Exemplaren vorliegt. Alle diese Formen werden also ihrer systematischen Stellung entsprechend im zweiten Bande dieses Werkes behandelt werden. Ausser diesen Resten fand sich bisher in cambrischen Schichten nur ein zuverlässiger Echinodermenrest, die bereits bei den Thecoideen besprochene Gattung *Stromatocystites*.

Wenn sonach die Cystoideen erst im Unter-Silur auftreten, so stehen wir vor der entwicklungsgeschichtlich äusserst bemerkenswerthen Thatsache, dass sich die ganze reiche Gliederung der Cystoideen innerhalb einer einzigen Formation, dem Silur, vollzogen hat. Die Schnelligkeit dieser Formenentfaltung wird noch auffallender, wenn man sieht, dass im Ober-Silur und Devon keine wesentlich neuen Typen hinzutreten, und in diesen Schichten nur einige wenige Familien, wie die Scoliocystiden, Callocystiden, Caryocriniden und Rhombiferiden überhaupt eine weitere Ausgestaltung erfahren.

Die einzelnen Typen folgen also in ihrer Entwicklung in wenigen Horizonten unmittelbar aufeinander, sodass es selbst auf begrenzten Gebieten schwer ist, die genauere Aufeinanderfolge sicher festzustellen. Am günstigsten liegen diese Verhältnisse noch in den russischen Ostseeprovinzen, demnächst in Böhmen. In ersteren ist aber die Gesteinsentwicklung in verschiedenen Horizonten vielfach so gleichartig, dass es oft unmöglich ist, aus dem Gestein das Alter der betreffenden Formen zu bestimmen. Namentlich die an Cystoideen reichste v. VOLBORTH'sche Sammlung lässt fast alle genaueren Altersbestimmungen vermissen. Die nachstehenden Angaben über Vorkommen und Alter der russischen Cystoideen verdanke ich fast ausschliesslich meinem verehrten Freunde FR. v. SCHMIDT in Petersburg. Da die facielle Entwicklung des Untersilur in Böhmen und dem baltischen Silurgebiet sehr verschieden ist, und dadurch eine scharfe Parallelisirung der Horizonte erschwert, so ist natürlich auch das gegenseitige Altersverhältniss der in ihnen auftretenden Formen aus ihrem Vorkommen nicht immer klar zu entnehmen. Auch die mehr oder weniger vereinzelten Vorkommnisse in den übrigen Silurgebieten lassen sich mit den genannten oft schwer in scharfe Altersbeziehungen bringen.

Uebersicht über die geologische Verbreitung der Familien.

	Untersilur			Obersilur			Devon	
	unt.	mittl.	ob.	unt.	mittl.	ob.	unt.	mittl.
Dichoporita.								
a) Regulares.								
Chirocrinidae	1, 2	7, 4			? 7			
Cystoblastidae	1	1		—				
Scoliocystidae	1, 2		1	–	3	—	–	—
Pleurocystidae		4	3	—	—	–		
Callocystidae		4	–	4, 3	3, 2			
b) Irregulares.								
Caryocrinidae		1, 6, 9, 10	1	5	5		–	
Rhombiferidae	–	7	–	—	—	–	7	8
Echinosphaeridae	7 ?,	1-3, 8-10		–	–			
Diploporita.								
Sphaeronidae	7, 2,	7, 3	3	—		8	7	
Aristocystidae	—	7, 9, 10	–	5		–		–
Glyptosphaeridae	7,1,2	—		–				
Gomphocystidae	7, 7	?			2, 5	—	–	
Dactylocystidae		7, 1				—	–	
Mesocystidae	1		—			–		
Asteroblastidae	1	—	—	—				

Die Zahlen bedeuten: 1 russisch-baltisches Gebiet, 2 Skandinavien mit Gotland, 3 England, 4 Canada, 5 Vereinigte Staaten von Nordamerika, 6 China, 7 Böhmen, 8 Deutschland, 9 Frankreich, 10 Spanien und Portugal.

Von grosser Bedeutung ist nun, festzustellen, welcher Abtheilung der Cystoideen deren älteste Vertreter angehören. Da, wie gesagt, ihre Reste im Cambrium überall fehlen und im Untersilur an vielen Orten zahlreich entgegentreten, muss ihre Entstehung aller Wahrscheinlichkeit nach in den untersten Schichten des Silurs erfolgt sein. In Betracht kämen zur Lösung dieser Frage also zunächst solche Silurgebiete, deren älteste Ablagerungen in konkordanter Folge eine marine Facies des obersten Cambrium fortsetzen, da nur in einer solchen auf das erste Auftreten von Cystoideen zu rechnen ist. Diese Bedingungen sind erfüllt in dem paläozoischen Gebiet, welches sich zwischen Petersburg und dem südlichen Skandinavien ausdehnt und als baltisches Silur bezeichnet wird. Seine tiefsten Schichten sind besonders zwischen Petersburg und dem Ladoga See sowie im südlichen Schweden und auf der Insel Oeland entwickelt. Bei Petersburg liegen die reichsten Fundstellen, die der unermüdliche Eifer ALEXANDER VON VOLBORTH's Jahrzehnte lang ausbeutete, in den niedrigen Einschnitten der Flüsschen Wolchow, sowie Popowka und Ischora, in unmittelbarer Nähe des Ortes Pawlow und des bekannten Schlosses Zarskoje Selo. Nach F. V. SCHMIDT's Untersuchungen beginnt das Silur hier mit glauconitischen Sanden (B_1), die als älteste silurische Ablagerungen betrachtet werden müssen. Die oberen Lagen dieser Schicht (B_2) werden kalkreicher und bilden so einen Glauconitkalk, der in grösserer Anzahl marine Reste enthält. Darüber folgt dann der sehr fossilreiche Vaginatenkalk (B_3), dem sich in ununterbrochener Folge, wenn auch nicht an den genannten Orten, die jüngeren marinen Schichten des Unter- und Obersilur anschliessen.

Die ältesten uns hier entgegentretenden Cystoideen gehören den Dichoporiten an. In dem sog. Glauconitkalk findet sich zuerst die Gattung *Chirocrinus*, deren Mitglieder von F. V. SCHMIDT zu der Gattung *Glyptocystites* gerechnet worden sind. Ein Vertreter der gleichen Gattung, der im Besonderen dem *Chirocrinus giganteus* LEUCHT. nahe steht, ist von G. HOLM unmittelbar über dem sog. Ceratopygekalk Oelands gefunden worden, und nach diesem Autor der älteste Repräsentant der Cystoideen in Skandinavien. Im glauconitreichen unteren Vaginatenkalk, also auch noch in sehr tiefen Schichten des Silurs, gesellt sich dazu die Gattung *Echinoencrinites*, die im Vaginatenkalk Petersburgs mit vielen Arten und Individuen florirte, in Schweden dagegen bisher nur in einem Individuum (Acad. Stockholm) von *Ech. Senkenbergii* bekannt geworden ist. Die ältesten Silurschichten Böhmens gehören offenbar nicht der Basis dieser Formation an, jedenfalls ist unter ihnen eine Lücke in der Schichtenfolge, die bis zum mittleren Cambrium reicht. Da ihre Fossilreste infolge mangelhafter Erhaltung sehr schwer bestimmbar sind, so ist also aus der lokalen Schichtenfolge nicht zu entnehmen, welchem Horizont des Silurs jene Schicht $D d_1 \beta$ entspricht. Nach F. FRECH ist sie dem unteren Vaginatenkalk des nordischen Silurgebietes im Alter gleichzustellen, vielleicht aber noch etwas höher hinaufzurücken. Wenn wie bekannt das ganze obere Cambrium keine Sedimente hinterlassen hat, liegt kein Grund gegen die Wahrscheinlichkeit vor, dass auch noch die folgenden Schichten des Silur daselbst fehlen. Das Vorkommen eines Pygidium von Amphion, welches nach J. WENTZEL dem *Amphion Fischeri* des russischen Vaginatenkalkes äusserst ähnlich sieht, spricht jedenfalls für ein dieser Schicht entsprechendes Alter der Schicht $D d_1 \beta$. Was BARRANDE an Cystoideen aus den Rotheisensteinen derselben von Holubka beschrieben hat, gehört Formen an, die anderwärts erst in den höheren Schichten im Vaginatenkalke vorkommen. Seine Echinosphaeriten gehören theils zu *Glyptosphaerites* (*Echinosphaerites ferrigena* BARR.), theils zu ?*Echinosphaerites* (*Ech. infaustus* BARR. z. Th.), theils sind diese schlecht erhaltenen Reste vorläufig unbestimmbar. In England sind in den stark gefalteten ältesten Silurschichten bisher keine bestimmbaren unzweideutigen Cystoideen gefunden worden.

In Nordamerika haben die untersten Silurschichten (Calciferous Sandrock, Chazy- und Black River-limestone) bisher keine echten Cystoideen geliefert. *Hybocystites*, der zu ihnen gerechnet wurde, hat nichts mit Cystoideen zu thun, sondern erscheint als Endglied der Degenerationsreihe der Hybocriniden, die mit *Hoplocrinus* im Vaginatenkalk Russlands einsetzt und in dem dortigen *Baerocrinus*, bereits einen *Hybocystites* sehr nahe stehenden Typus, entwickelt hat. Erst im Trentonkalk, der nach FRECH*) ungefähr dem mittleren Untersilur Russlands entspricht, finden sich echte Cystoideen, von denen sich der bekannte *Pleurocystites*, unzweifelhaft als absteigender, andere wie *Glyptocystites* als aufsteigende Nachkommen europäischer Typen erweisen. Die übrigen Silurgebiete sind theils wie das Chinesische und die der südlichen Hemisphäre bisher sehr wenig durchforscht und haben mit Ausnahme einiger Platten von *Hemicosmites* in Schichten des mittleren Untersilurs von China keine Spur von Cystoideen geliefert; theils sind ihre Ablagerungen, wie z. B. in Deutschland, durch geotectonische Vorgänge so stark gefaltet und verändert, dass sie kaum eine geologische Gliederung und Parallelisirung mit denen anderer Gebiete erlaubten.

Die ersten uns entgegentretenden Reste gehören also wie gesagt der Gattung *Chirocrinus* und somit den regulären Dichoporiten an. Betrachten wir im Anschluss daran zunächst die weitere Verbreitung der übrigen Vertreter dieses Formenkreises, so zeigen sich jüngere Arten von *Chirocrinus* im Silur von Böhmen (*Homocystites* BARR.), Schweden (*Glyptocystis* ANG. non BILL.), England (? *Hemicosmites pyriformis* FORB. z. Th.) und Canada (*Glyptocystites* BILL. z. Th.) in Schichten, die jünger sind als der Vaginatenkalk, wie der Ogygiakalk Schwedens, die Schicht D d_4 Böhmens und der Trenton limestone in Canada. Während sich die vertikale Verbreitung dieser Formen sehr allmählich vollzieht, treten die einzelnen Gattungen der übrigen Familien ziemlich plötzlich auf. Die Scoliocystiden setzen bereits in den Grenzschichten des Glauconit- und Vaginatenkalkes neben *Chirocrinus* ein und ihre einzelnen Gattungen folgen dann ziemlich langsam aufeinander. *Erinocystis* im Vaginatenkalk, *Scoliocystis* in untersilurischen Schichten unbestimmbaren Alters, die wahrscheinlich ebenfalls noch dem Vaginatenkalk oder dem Echinosphaeritenkalk angehören: *Glaphyrocystis*, *Schizocystis* und *Prunocystites* erscheinen im obersten Untersilur bezw. im Obersilur. Neben diesen näheren Verwandten von *Chirocrinus* taucht plötzlich ein äusserst modificirter Typus *Pleurocystites* in Canada im Trentonkalk auf und zeigt sich noch specialisirter in der Bala Series, dem obersten Untersilur von Wales in England. Ebenso plötzlich und unvermittelt tritt uns im Trentonkalk von Canada die Gattung *Glyptocystites* BILL. (Typus) entgegen, der sich dort und im nördlichen Europa dann eine grössere Zahl von Gattungen im Obersilur anschliessen (*Callocystites*, *Sphaerocystites*, *Lepadocrinus*, *Pseudocrinites*, *Apiocystites*). Im baltischen Untersilur erscheint neben den andern oben erwähnten Formen die Gattung *Cystoblastus*, die wir später als Stammform der Blastoideen kennen lernen werden. Während die regulären Dichoporiten schrittweise aufeinanderfolgen, treten uns die Vertreter der irregulären Dichoporiten unvermittelt gegenüber. Die Caryocriniden erscheinen plötzlich im russischen Vaginatenkalk mit *Hemicosmites*, von dem sich einzelne Platten auch in China finden; sie zeigen sich weiter in Schichten unbestimmten Alters in England und in zweifellos jüngeren Schichten des Untersilur in Südfrankreich und Portugal (*Corylocrinus*)**). Ihre specialisirtesten Vertreter (*Caryocrinus*) finden sich ausschliesslich im Obersilur der Vereinigten Staaten.

Die Echinosphaeriden treten in Russland erst in der Schicht C_1, dem sog. Echino-

*) Lethaea palaeozoica II, p. 82.

**) Der von S. A. MILLER beschriebene *Stribalocystites* aus dem unteren Obersilur von Nord-Amerika scheint ebenfalls zu *Corylocrinus* zu gehören.

sphaeritenkalk, und zwar gleichzeitig in den beiden specialisirtesten Vertretern dieser Familie (*Heliocrinus, Echinosphaerites*) auf, so dass ihnen offenbar in anderen Silurgebieten ältere Vertreter vorangehen mussten. Solche finden sich einerseits in Schweden und namentlich Oeland, wo in Lagen des oberen Vaginatenkalkes die Gattungen *Caryocystites* und *Amorphocystites* vorkommen. Während das Vorkommen von Echinosphaeriden im übrigen Europa (England, Südfrankreich, Thüringen) anscheinend etwas jüngeren Schichten des Untersilur angehört, finden sich in Böhmen schon in der Schicht Dd$_1\beta$ von Holubka Reste von Echinosphaeriden, deren genauere Bestimmung allerdings infolge ungünstiger Erhaltung nicht möglich war. Jedenfalls ist dieses bisher das älteste Vorkommen von Echinosphaeriden und würde also nach dem genannten Vorkommen von *Amphion cf. Fischeri* den tieferen Lagen des russischen Vaginatenkalkes gleichzusetzen sein. Sie entwickeln sich später in den europäischen Untersilurgebieten zu reicher Blüthe und z. Th. zu enormem Individuenreichthum (*Echinosphaerites aurantium*). Im mittleren Untersilur Böhmens (Dd$_4$) erscheint plötzlich und unvermittelt *Rhombifera* Barr.[8]), die trotz ihrer absonderlichen Gestalt noch im unteren Devon Böhmens (*Staurosoma* Barr. non Will.) und im mittleren Devon der Eifel (*Tiaracrinus* Schultze) einige individuen- und artenarme Nachkommen aufweist.

Die Diploporiten beginnen in Böhmen mit den Gattungen *Archegocystis* n. g. (= *Pyrocystites* Barr. z. Th., *Glyptosphaerites* [= *Echinosphaerites ferrigena* Barr.]) und *Pyrocystites* bereits in der oben genannten Schicht Dd$_1\beta$ des dortigen Silur. In gleichaltrigen oder wenig jüngeren Lagen erscheinen nun auch die ersten Diploporiten in Schweden mit der Gattung *Sphaeronites*, dem dort, wie gesagt, der älteste Vertreter der Dichoporiten, *Chirocrinus ornatus*, vorangeht.

Wenn wir die vertikale Verbreitung der einzelnen Familien ins Auge fassen, so erscheinen in Böhmen neben den ältesten Sphaeroniden (*Archegocystis*) sofort auch die ersten und primitivsten Vertreter der Glyptosphaeriden (*Glyptosphaerites* [*Echinosphaerites*] *ferrigena* Barr. sp.) und in *Pyrocystites pirum* Barr. auch eine Form, die man als Ausgangspunkt der Gomphocystiden betrachten kann. Von diesen erhalten sich in Böhmen nur die Sphaeroniden in *Codiacystis* (*Craterina* Barr.) und *Eucystis* (*Proteocystites* Barr.). Zu ihnen gesellt sich aber in Dd$_1$ die Gattung *Fungocystites* Barr., die offenbar in enger morphogenetischer Beziehung zu dem esthnischen Protocrinites und damit zu den Dactylocystiden steht. Ausserdem erscheint aber in Böhmen noch in *Aristocystites* ein neuer Typus mit stark unterdrückter Fingerentfaltung, der offenbar in engster Beziehung zu der Gattung *Calix* des französischen und spanischen Silur steht und in Nordamerika in Formen seine Fortsetzung findet, die dort theils unter dem Namen *Holocystites* Hall, theils als *Allocystites* von S. Miller beschrieben worden sind. Während sich von den genannten in Schweden nur die Sphaeroniden (*Sphaeronites, Eucystis*) und die Glyptosphaeriden entfalten, zeigen sich in Russland neben letzteren die Dactylocystiden (*Protocrinites, Dactylocystis*) reicher entwickelt und in den sehr specialisirten Formen *Mesocystis* (*Mesites aut.*) und *Asteroblastus*, ganz neue Typen, die beide zur Aufstellung besonderer Familien Veranlassung geben.

Nur der Typus dieser Gattung *Rh. bohemica* gehört hierher; *Rh. mira* und *Mespilocrinus* gehören zu der Gattung *Stephanocrinus* Hall.

b) Die horizontale Verbreitung.

Auch die horizontale oder — wie man aus den gegenwärtigen Verhältnissen heraus sagt — geographische Verbreitung der Cystoideen bietet in verschiedener Hinsicht Interesse.

Zunächst ist die Thatsache zu konstatiren, dass noch keine Cystoideenreste in der südlichen Hemisphäre gefunden worden sind. Da z. B. aus dem Silur Argentiniens und Australiens vereinzelte Pelmatozoen bekannt geworden sind, ist ihr Fehlen in diesen Gebieten wohl nicht ohne Weiteres durch den Hinweis auf unsere mangelhafte Kenntniss der südlichen Hemisphäre erledigt. Immerhin wird sich mit Rücksicht darauf empfehlen, aus dem vorliegenden Befunde noch keine entscheidenden Schlüsse zu ziehen. Im Folgenden gebe ich einen Ueberblick über die Verbreitung der Gattungen in den einzelnen Gebieten:

Böhmen *).

Devon: *Tiaracrinus, Eucystis.*

Obersilur: *Leptocystis* n. g.

Untersilur: *Chirocrinus, Heliocrinus, Echinosphaerites, Rhombifera. Archegocystis, Codiacystis, Glyptosphaerites, Protocrinites, Aristocystites.*

* Da die Benennung der böhmischen Cystoideen durch Barrande jetzt eine durchgreifende Aenderung erfahren musste, gebe ich, um obiges Verzeichniss verständlich und die Zuziehung der Barrande'schen Monographie bequemer zu machen, eine alphabetische Uebersicht über die von Barrande beschriebenen Formen und deren neue Benennung bezw. anderweitige systematische Stellung. Die von mir als Cystoideen betrachteten Formen sind mit einem Stern versehen.

Acanthocystites p. 180 siehe *Cladocrinoidea* Bd. II.
Agelacrinites p. 83 = *Hemicystites Thecoidea* Bd. I p. 19.
Anomalocystites p. 89 = *Carpoidea* Bd. II.
Arachnocystites p. 91 siehe *Pentacrinoidea* Bd. III.
* *Aristocystites* p. 95 siehe diese.
Ascocystites p. 115 siehe *Cladocrinoidea* Bd. II.
Baculocystites p. 118 siehe *Aristocystites* Barr.
Balanocystites p. 119 siehe *Carpoidea* Bd. II.
Cardiocystites p. 120 siehe *Carpoidea* Bd. II.
Cigara p. 181 siehe *Cladocrinoidea* Bd. II.
Craterina p. 121 siehe *Codiacystis* n. n.
Cystoidea abscondita p. 179 siehe *Carpoidea* Bd. II.
concomitans p. 188 siehe *Cladocrinoidea* Bd. II.
granulum p. 82 ganz fraglich.
incepta p. 179 siehe *Echinosphaerites*.
nugatula p. 180 Wurzel und Stiel von ? *Echinosphaerites*.
porosa p. 179 siehe *Codiacystis* n. n.
seminulum p. 180 ein ganz fragliches Fragment, vielleicht eine Wurzel.
? *subregularis* p. 82 ganz fraglicher Fossilrest.
Dendrocystites p. 112 siehe *Carpoidea* Bd. II.
* *Deutocystites* p. 145 siehe *Echinosphaerites*.
Echinosphaerites p. 150 siehe diese.
* *Fungocystites* p. 157 siehe *Protocrinites*.
Homocystites p. 77 siehe *Leptocystis* n. g.

Russland.

Obersilur: *Glaphyrocystis.*

Untersilur: *Chirocrinus, Echinoencrinites, Erinocystis, Scoliocystis, Lagarocystis, Cystoblastus, Hemicosmites, Heliocrinus, Amorphocystis, Echinosphaerites, Glyptosphaerites, Protocrinites, Dactylocystis, Mesocystis, Asteroblastus.*

Schweden.

Obersilur: *Lepadocrinus, Gomphocystites.*

Untersilur: *Chirocrinus, Caryocystites, Amorphocystites, Echinosphaerites, Sphaeronites, Eucystis, Glyptosphaerites.*

Norwegen.

Untersilur: *Chirocrinus, Echinosphaerites.*

England.

Obersilur: *Schizocystis, Pseudocrinites, Lepadocrinus.*

Untersilur: *Pleurocystites, Hemicosmites, Caryocystites, Heliocrinites, Echinosphaerites, Eucystis* (?).

Nord-Amerika.

Obersilur: *Lepadocrinus, Callocystites, Sphaerocystites, Caryocrinus, Corylocrinus, Gomphocystites, Allocystites.*

Untersilur: *Chirocrinus, Pleurocystites, Glyptocystites.*

Deutschland.

Devon: *Tiaracrinus, Eucystis, ? Lodanella.*

Untersilur: *Heliocrinites.*

Frankreich.

Untersilur: *Corylocrinus, Heliocrinites, Amorphocystis, Calix.*

Spanien und Portugal.

Untersilur: *Corylocrinus, Calix, Glyptosphaerites.*

China.

Untersilur: *Hemicosmites.*

Von entlegeneren Verbreitungsgebieten hebe ich hervor das durch Loczy entdeckte Vorkommen von Hemicosmiten in China und zwei angeblich auf Treibeis an der Ostküste

[1] *Homocystites* p. 160 siehe *Chirocrinus.*
Lapillocystites p. 182. Wurzel, siehe *Cladocrinoidea* Bd. II.
Lichenoides p. 183 siehe *Cladocrinoidea* Bd. II.
Mespilocystites p. 162 siehe *Stephanocrinus, Blastoidea* Bd. I.
Mimocystites p. 163 siehe *Cladocrinoidea* Bd. II.
Mitrocystites p. 164 siehe *Carpoidea* Bd. II.
Neocystites p. 166. Wurzelblase mit Stiel, siehe *Cladocrinoidea* Bd. II.
Orocystites p. 168 siehe *Heliocrinites.*
Pilocystites p. 185. ? Fragment einer Wurzel, siehe *Cladocrinoidea* Bd. II.
Proteocystites p. 78 siehe *Eucystis.*
Pyrocystites p. 170. *pirum* siehe diese, die übrigen Arten bei *Archegocystis.*
Rhombifera bohemica p. 178 siehe diese.
— ? *mira* p. 80 siehe *Stephanocrinus, Blastoidea* Bd. I.
Staurosoma p. 81 siehe *Tiaracrinus.*
Trochocystites p. 185 siehe *Carpoidea* Bd. II

Grönlands gefundene Stücke von ***Caryocystites*** (Coll. Jaekel, Mus. Berlin). Wenn letztere nicht vielleicht als Schiffsballast zufällig dort hingelangt sind, könnte man ihnen nach den Entdeckungen Nansen's wohl die Nordküste von Sibirien als Heimath zuschreiben.

Die Verbreitung der Gattungen im Silur der nördlichen Hemisphäre ist sonach numerisch eine ziemlich gleichmässige, wenn man die räumliche Entfaltung und verschiedene Kenntniss der betreffenden Gebiete in Rechnung zieht. Dieses einförmige Bild ändert sich aber wesentlich, wenn wir die formale Entfaltung der genannten Gattungen in den einzelnen Gebieten genauer betrachten. Dabei zeigt sich zunächst in historischer Folge eine schnelle Abnahme der Formen in Böhmen und Russland und umgekehrt eine Zunahme in geologischer Folge in England und Nordamerika. Ziehen wir die Entfaltung von Arten in Betracht, so steht das russisch-baltische Silurgebiet allen weit voran, demnächst folgen Böhmen, Amerika, England, Schweden und Frankreich.

In Russland weisen z. B. ***Echinoencrinites, Chirocrinus, Echinosphaerites*** und ***Hemicosmites*** zahlreiche Arten auf. Barrande hat in Böhmen von einzelnen Gattungen sehr zahlreiche Arten aufgestellt, aber bei normaler Anwendung des Artbegriffes schrumpfen die meisten dieser Arten, z. B. bei (***Craterina***) ***Codiacystis*** m. nicht weniger als in eine, bei ***Aristocystites*** höchstens in zwei Arten zusammen. Immerhin steht auch Böhmen, was die Entfaltung des Formenreichthums betrifft, mit Russland in erster Reihe.

Von wesentlicher Bedeutung ist, dass im baltischen Silur nur die Dichoporiten einen grösseren Individuenreichthum entfalten (***Echinosphaerites aurantium*** wird dabei nahezu schichtbildend), während die Gattungen von Diploporiten nur sehr wenige Arten und äusserst seltene Individuen aufweisen. In Böhmen ist das Umgekehrte der Fall; hier sind die Gattungen ***Codiacystis, Aristocystites, Eucystis*** (***Proteocystites***), also Diploporiten, am reichsten an Individuen. Von Dichoporiten tritt hier nur ***Echinosphaerites*** und ***Heliocrinites*** in grösserer Zahl auf, Formen, die sich überall, wo sie auftreten, z. B. auch in Thüringen und Cabrières, als sehr variabel und produktiv erweisen. In den übrigen Gebieten treten Cystoideen nur vereinzelt und, soweit bis jetzt bekannt, nicht in grösserer Menge auf.

Wenn wir die in den einzelnen Gebieten auftretenden Gattungen im phylogenetischen Zusammenhange betrachten, so zeigt sich, dass die ältesten Formen der verschiedenen Formenreihen fast sämmtlich in Russland und in Böhmen erscheinen. In England, Deutschland, Frankreich und Spanien treten keine neuen Reihen auf. In Amerika lässt sich das mit Sicherheit nur von der Familie der Callocystiden sagen, die dort mit der Gattung ***Glyptocystites*** (Typ. ***multiporus*** Bill.) im Trentonkalk, also etwa im mittleren Untersilur, einsetzen, während sie in Europa erst im Obersilur auftreten, ferner scheint ***Pleurocystites*** in Canada entstanden zu sein. In England findet er sich in der Bala Series, also der obersten Abtheilung des Untersilur, während er in Amerika im Trentonkalk vorkommt, der eine mittlere Stellung im Untersilur einnimmt. Die Wahrscheinlichkeit, dass ***Pleurocystites*** in Canada entstanden ist, wird durch das weitere Moment noch befestigt, dass die Gattung daselbst eine Anzahl morphogenetisch verschieden hoher Arten aufweist, während uns in England nur extrem specialisirte Formen entgegentreten.

In dieser Hinsicht zeigen sich auch sonst verschiedene bemerkenswerthe Verhältnisse. Es scheint, dass die neuen Typen am Orte ihrer Entstehung sehr variabel sind und einen bedeutenderen Artenreichthum entfalten, während sie als Einwanderer an anderen Orten oft nur in einer einzigen Form auftreten. Das gilt namentlich von extrem specialisirten Typen. Ein typisches Beispiel hierfür bildet die Gattung *Chirocrinus*, die im tiefsten Untersilur bei Petersburg einen grossen Artenreichthum entwickelt — zu den von SCHMIDT aufgeführten kommen noch verschiedene neue hinzu, ja sogar mehreren neuen Formen, wie *Echinoencrinites*, *Scoliocystis* und *Cystoblastus* zum Ausgang dient, während sie in Schweden bez. Oeland und in Norwegen eine Art, in Böhmen durch zwei von einander unabhängige Formen, in Canada durch zwei, in den Vereinigten Staaten wieder durch eine Art vertreten ist. Ein ähnliches Bild zeigt die Verbreitung der Sphaeroniden, die in grosser Mannigfaltigkeit und Zahl in den untersten Schichten der böhmischen Etage D erscheinen und in Russland garnicht, in Schweden durch wenige Arten der Gattungen *Sphaeronites*, *Glyptosphaerites* und *Eucystis* und in England und Spanien anscheinend nur durch eine Form vertreten sind.

Ich bin nach vielen Beobachtungen dieser Art im Allgemeinen der Ansicht, dass Formen, die in einem Gebiet in einer konstanten Art erscheinen, dort nicht entstanden, sondern eingewandert sind, und dass Formen meist dort entstanden sind, wo sich ihr Typus bei starker Mannigfaltigkeit noch wenig konsolidirt zeigt. Dabei können die ursprünglichen Verbreitungsgebiete enger oder weiter sein. Letzteres ist z. B. der Fall bei den Echinosphaeriden, die in allen europäischen Untersilurgebieten, u. zw. in deren mittleren Schichten, einen grossen Formen- und Individuenreichthum entfalten, in Nordamerika dagegen vollständig fehlen. Andererseits finden wir von den Caryocriniden *Hemicosmites* im baltischen, *Corylocrinus* im französischen, spanischen und ? nordamerikanischen (*Stribalocystis* MILL.), *Caryocrinus* nur im letzteren reich entwickelt, aber von einem isolirten Vorkommen eines nicht näher bestimmbaren Vertreters in China abgesehen — auf die einzelnen genannten Gebiete beschränkt.

L. Das Verhältniss der Cystoideen zu den übrigen Echinodermen.

a) Ihre Stellung im Allgemeinen.

Wenn man die Ansichten überblickt, die über die phyletische Stellung der Cystoideen geäussert worden sind, so möchte man glauben, dass die Unkenntniss die Mutter der Hypothesen sei. Je weniger die einzelnen Organe der Cystoideen untersucht wurden, um so weitergehende Schlüsse wurden über ihre phyletischen Beziehungen gezogen. Die verschiedenartigsten Ausbildungsformen der Organe wurden kurzer Hand einander gleich gesetzt und mit denjenigen anderer Echinodermen verglichen. Es ist erklärlich, dass das Ergebniss solcher Betrachtungen wesentlich von dem mehr oder weniger sanguinischen Standpunkt und den Vorurtheilen des betreffenden Forschers abhängig, und ihr Werth im Allgemeinen gering war.

Eine Uebersicht über die verschiedenen Auffassungen der Cystoideen zu geben, ist dadurch sehr erschwert, dass bisher die Vertreter der Theroideen und Carpoideen den Cystoideen zugerechnet wurden. Es erscheint daher zweckmässig, nur das Ergebniss der jetzt vorliegenden Beobachtungen zu ziehen, die erfreulicher Weise der Kombination nur noch enge Wege offen lassen.

In der hier vorgenommenen Umgrenzung umfasst die Klasse der Cystoideen nur Formen, die als sehr specialisirt aufgefasst werden müssen. Schon durch den Erwerb der eigenthümlichen Thecalporen haben die Cystoideen gewissermaassen die Brücken phyletischer Beziehungen hinter sich abgebrochen. Die hohe und nach zwei verschiedenen Richtungen erfolgende Differenzirung dieser Organe beweist die morphologische Festigung und phyletische Bedeutung dieses Besitzes.

Der irreguläre, scheinbar von jeder Pentamerie unabhängige Bau der Cystoideen ist für die bisherige Beurtheilung derselben wohl in erster Linie bedeutungsvoll geworden. Im Hinblick auf das vermeintlich sehr hohe Alter ihrer Vertreter glaubte man den Mangel einer Pentamerie für primär ansehen zu müssen. Damit waren aber die Cystoideen — ich möchte sagen unwillkürlich — an den Ausgangspunkt des ganzen Echinodermenstammes gerückt und wurden nun je nach dem Muthe des einzelnen Autors als Stammformen der Crinoideen oder auch des gesammten Stammes der Echinodermen betrachtet. Schon L. v. Buch sagte 1844 (I, 115): „Dass sie den Ausgangspunkt einer ganzen Reihe der Radiarien bilden, wird durch dieses alte und isolirte Vorkommen wohl sehr unterstützt, und der Caryocrinit beweist uns ganz überraschend, wie der Uebergang von Cystoideen zu Crinoideen möglich sei". Diese Auffassung kehrt später immer wieder, und M. Neumayr glaubte 1889 (II, 487) den Nachweis erbracht zu haben, „dass die Cystoideen den Knotenpunkt bilden, in welchem alle Fäden der Verwandtschaft zusammenlaufen, und dass zu ihnen alle anderen Klassen der Echinodermen nahe Beziehungen erkennen lassen". Sein Stammbaum war folgender:

Ophiuro-Asterien	Cystideen	Blastoideen
Echinoiden		Crinoiden.

Semon hat schon 1889 (I) gegen den dabei untergelaufenen Missbrauch anatomischer Vergleiche einen wohlthuenden, aber leider kaum beachteten Einspruch erhoben. Auch auf die embryologischen Studien von *Antedon* dehnten sich jene Auffassungen aus: man bezeichnete ein Larvenstadium lebender Crinoideen als „Cystoideenstadium". Hiergegen trat wieder O. Seeliger auf, der die Vergleichspunkte, die dieser Bezeichnung zu Grunde gelegt waren, negirte (1892, IV, 417).

Im Besonderen wurde von Joh. Walther 1886 (I, 192) der zweiseitige Bau von *Pleurocystites* und von verschiedenen Carpoideen, wie *Ateleocystites*, an den Anfang der radialstrahligen Formen gestellt und von M. Neumayr 1889 (II, 491) die Dreitheilung in den Nähten der Deckplättchen des Mundes von *Glyptosphaerites* zum Ausgangspunkt für die Entfaltung der Pentamerie genommen. Bezüglich des ersteren Punktes machte schon Neumayr 1889 (II, 490) darauf aufmerksam, dass die Symmetrieebene jener zweiseitigen Formen garnicht mit derjenigen der Antedonlarve zusammenfiele. Das gilt auch für die neueren Ausführungen dieser Ansicht durch E. Haeckel 1896 (II, 31), und ich füge dem obigen Einwande noch hinzu, dass Formen wie *Ateleocystites* ihrerseits wieder ganz anders organisirt waren als *Pleurocystites*. Da hier bei Cystoideen nur der letztere in Betracht kommt, verweise ich auf die Diagramme seines Thecalbaues und diejenigen seiner Verwandten. Aus denselben ist ohne Weiteres zu ersehen, dass die zweiseitige Gestalt von *Pleurocystites* auf einer extremen Vergrösserung seines Analfeldes und einer sekundären Verzerrung seiner Thecalplatten beruht, dass aber die Zahl und Anordnung der letzteren genau derjenigen anderer Verwandten entspricht, die ohne jene Verzerrung auch in der äusseren Gestalt scharf pentamer erscheinen.

Dass die Angaben NEUMAYR's über eine primäre Dreitheilung der Radien von *Glyptosphaerites* auf einer irrthümlichen Beobachtung beruhten, wurde bereits pag. 128 hervorgehoben. Es handelte sich dabei lediglich um die den Mund überdachenden Saumplättchen, die überdies in der Jugend noch getrennt in einer grösseren Zahl vorhanden waren und ein ganz anderes Bild lieferten (Taf. IV fig. 4).

Ich hoffe, dass meine Ausführungen pag. 80 ausreichende Belege dafür erbrachten, wie einzelne der 5 Strahlen durch den hoch hinaufreichenden Zusammenschluss der Theca unterdrückt wurden. Auch Hindernisse auf der Theca konnten einzelne Strahlen an ihrer Ausdehnung hindern, wie das Taf. XV fig. 4 abgebildete Individuum von *Glyptocystites multiporus* zeigt. Zudem weisen gerade die am sonderbarsten verzerrten Typen unter den Cystoideen (*Pleurocystidae, Scoliocystidae*) so regelmässig vier 5theilige Kelchkränze auf, dass deren Entwicklung unzweifelhaft auf pentamer angelegte Organisationsverhältnisse zurückgeführt werden muss. Alle Einwände gegen solche Gründe werden aber schliesslich hinfällig gegenüber der Thatsache, dass erstens die ältesten Cystoideen fünftheilige Ambulacra zeigen (Taf. III fig. 4, 5, XI fig. 5) und dass zweitens in den cambrischen Thecoideen und Cladocrinoideen ältere Pelmatozoen vorliegen, die bei unzweifelhaft einfacherer Organisation durchaus pentamer gebaut sind.

Die Cystoideen besitzen unleugbar eine Anzahl von Charakteren, die für sehr primitiv gelten müssen. Ihre Finger zeigen nur den ältesten[*]) und primitivsten Typus der Armbildung, eine zweizeilige Rinnenbildung; sie sind auch niemals gegabelt und niemals mit Pinnulis versehen. Während sich die Cystoideen hierin von dem Ausgangspunkt diesbezüglicher Entwicklung sehr wenig entfernt haben, zeigen sie in der Entfaltung und Ausbreitung der Radiärstämme ganz eigenartige Verhältnisse, die sich bei keiner Abtheilung der Pelmatozoen wiederfinden. Für eine Entfaltung der Ambulacra, wie sie *Glyptosphaerites* oder *Cystoblastus* zeigt, giebt es keine Analogie in den verwandten Klassen.

In der Stielbildung oder dem Mangel einer solchen sind die Cystoideen wesentlich durch negative Merkmale ausgezeichnet. Gegenüber den eigenthümlichen Specialisirungen, welche die Stielbildung anderer Pelmatozoen auszeichnen, tritt uns hier nur ein Mangel positiver Differenzirungen entgegen. Die Form und Anordnung der Stielglieder schliesst sich im Ganzen derjenigen der Cladocrinoideen an.

Ihre ältesten Vertreter (*Chirocrinidae*) besassen einen Stiel, dessen Bau an den älterer Cladocrinoideen erinnert. Bei denjenigen ihrer Nachkommen, die wir als degenerirt auffassen müssen (*Echinosphaeridae*), verkümmert er, während er bei den aufsteigend abgezweigten *Caryocrinidae* normalere Ausbildungsformen erreicht. Bei den älteren und primitiven Diploporiten fehlt ein Stiel, sodass ihre Theca dem Körper der Thecoideen ähnlich wird, aber bei deren jüngeren Nachkommen stellt er sich z. Th. (*Dactylocystidae*) wieder ein

[*]) Sämmtliche cambrische Pelmatozoen haben zweizeilige Aermchen bezw. Finger. Die einzeilige Armbildung der Pentacrinoideen ist später entstanden.

Asteroblastidae). Wie wir auch über die Urform der Echinodermen denken mögen, ob wir sie uns gestielt oder ungestielt vorstellen, in keinem Fall lassen sich die Cystoideen in dieser Hinsicht als Ausgangspunkt der übrigen Echinodermen betrachten.

Bei den Cystoideen, bei denen wir den Parietalporus als Austrittsöffnung der Geschlechtsprodukte deuteten (pag. 139), mussten wir folgern, dass die Genitalorgane noch nicht radiär im Anschluss an die Ambulacra auf die Finger gerückt waren. Wenn sich das auch bei einigen der specialisirtesten Formen (*Caryocrinites*, *Cystoblastus*) nachträglich geändert haben mochte, so nehmen die Cystoideen doch als Ganzes in dieser Hinsicht eine sehr primitive Stellung ein.

Der seitlich hoch hinaufgreifende Zusammenschluss der Theca und das dadurch verspätete Vorbrechen der Arme dürfte die Zurückhaltung der Gonaden in der Theca erklären. Die Ueberwindung dieser Hindernisse seitens der Ambulacra ermöglichte vielleicht später die Verlegung der Gonaden auf die Finger und erklärt so die Rückbildung des Parietalporus bei verschiedenen Formen. In diesen Fällen mussten wir also eine excentrische Lage der Gonaden für wahrscheinlich halten.

Auch die theilweise Erhaltung des primären einfachen Steinkanales ist unstreitig ein atavistisches Merkmal der Cystoideen, aber wir finden denselben Fall auch bei anderen alten Pelmatozoen, wie *Hybocrinus* und bei jüngeren Vertretern der Pentacrinoideen, die als verkümmerte Typen anzusehen sind. So habe ich bei *Gasterocoma*, einem aberranten kleinen Cyathocriniten, einen Madreporiten nachgewiesen (1895, I, 76), und seine Erhaltung dadurch motiviren zu können geglaubt, dass bei verwachsenen Typen einzelne Organe auf einer primitiven Entwicklungsstufe zurückgehalten werden. Letzteres scheint nun auch bei den Cystoideen Geltung zu haben. Schon der fortwährende Wechsel der formalen Gestaltung beweist das schwere Ringen des Organismus nach Korrelation.

Ueberblickt man den Formenreichthum der Cystoideen, so haben höchstens zwei ihrer Mitglieder eine Harmonie der Organisation erreicht: *Asteroblastus* und allenfalls *Caryocrinus*. Als dritter Typus gesellt sich aber hierzu der Typus der Blastoideen, deren Körperbau nach schweren, durch *Cystoblastus* vermittelten Umbildungen aus den unbeständigen Cystoideenformen einen harmonischen und deshalb sofort formal konstanten Typus lieferte. Während hier durch eine energische Umgestaltung eine neue Klasse entstand, sind *Asteroblastus* als höchster Vertreter der Diploporiten und *Caryocrinus* als differenzirtestes Glied der Dichoporiten am Ziele ihrer morphologischen Korrelation ausgestorben.

Somit stammen also von den Cystoideen nur die Blastoideen ab. Es ist nach dem jetzigen Stand unserer Kenntnisse nicht mehr möglich, irgend einen anderen Formenkreis der Echinodermen von ihnen herzuleiten. Sie sind in allen wichtigeren Organisationsverhältnissen in selbständiger Richtung viel zu sehr specialisirt, als dass man auch nur vergleichend anatomisch die Ausbildung anderer Typen aus der ihrigen herleiten könnte. In ihrer jetzigen Umgrenzung kann auch ihr geologisches Auftreten eine solche Annahme nicht mehr unterstützen.

Während uns die cambrischen Schichten Vertreter der Thecoideen (*Stromatocystites*), der Cladocrinoideen (*Acanthocystites*, *Lichenoides*, *Palaeocystis*, *Eocystis*) und Carpoideen

(*Trochocystites, Ceratocystis* n. g.) aufweisen, fehlte ihnen bis jetzt jede Spur echter Cystoideen. Diese Lücke wird vielleicht später ausgefüllt werden — denn die Klasse besass in dieser Zeit vielleicht schon verschiedene, wenn auch schwach skeletirte Vertreter —, aber bis jetzt besteht sie und berechtigt also nicht die Cystoideen für geologisch älter zu erklären als die genannten Klassen. Ihre ältesten Vertreter treten uns erst an der Basis des Silurs entgegen, zeitlich zusammen mit den ältesten Vertretern der Pentacrinoideen, Asteroideen und nur wenig früher als die Echinoideen.

Auch das geologische Auftreten, d. h. das Alter der Cystoideen, bietet also nicht die geringsten Anhaltspunkte, geschweige denn eine Berechtigung, dieselben als Stammform der übrigen Echinodermen anzusehen. Sie sind jünger als verschiedene andere Klassen der Pelmatozoen und treten — von den nicht erhaltungsfähigen Holothurien abgesehen — nahezu gleichzeitig mit Vertretern der Asteriden und Echiniden auf, deren starke Specialisirung in den Richtungen ihrer Klassen eine längere Selbständigkeit der letzteren voraussetzen lässt.

b) Die Herkunft der Cystoideen.

Da sich die Cystoideen in jeder Beziehung als echte Pelmatozoen erwiesen, unter diesen eine selbständige Specialisirung erfahren haben und ihrerseits nur den Blastoideen zum Ausgang dienten, so müssen sie von anderen primitiveren Pelmatozoen abstammen. Als solche kommen natürlich in erster Linie in Betracht diejenigen Klassen der Pelmatozoen, die geologisch älter sind als die Cystoideen, also Thecoideen, Carpoideen und Cladocrinoideen, in zweiter Linie die Pentacrinoideen, allerdings nur unter der Annahme, dass von diesen ältere als die bisher bekannten Vertreter existirten.

Selbst unter dieser durch nichts besonders wahrscheinlich gemachten Annahme würde eine Ableitung der Cystoideen von den Pentacrinoideen auf unüberwindliche Schwierigkeiten stossen. Die Thatsache, dass sich bei diesen die Ambulacra nur an 5 Stellen vom Körper erheben, lässt sich nicht vereinbaren mit der auffallenden Gabelung der 5 Radiärstämme bei den ältesten Cystoideen, *Archegocystis, Sphaeronites* einerseits und *Chirocrinus, Echinoencrinites* andererseits. Ferner sind die Arme der Pentacrinoideen einzeilig, und ihre ältesten Vertreter zeigen bereits recht hohe, halbcylindrische Glieder (*Archaeocystites* Barr., *Porocrinus* Bill., *Hoplocrinus* Grew.), während die Cystoideen in ihren zweizeiligen Fingern eine viel niedrigere Organisation verrathen. Auch die dichotomische Gabelung, die für die Arme der Pentacrinoideen so charakteristisch ist, fehlt den Fingern der Cystoideen gänzlich. Die eigenartige Entwicklung der Pentacrinoideen ermöglicht verschiedene, z. Th. den Cystoideen ähnliche Rückbildungstypen, aber sie würde, was ich allerdings erst später begründen kann, niemals zu einem Typus gelangt sein können, wie er uns in den Cystoideen vorliegt.

Da die Carpoideen eine neue, bisher ihrer Organisation nach ganz unbekannte Abtheilung der Pelmatozoen bilden, kann ich bezüglich ihres Verhältnisses zu den Cystoideen nicht auf bekannten Thatsachen fussen, möchte aber ihrer Beschreibung im zweiten Bande vorausgreifend bemerken, dass ihre Organisation unter theilweiser Rückkehr zu primitiveren Formen zu derjenigen der Pentacrinoideen die meisten Anklänge zeigt, und dass ihre morphogenetische Entwicklung zwar auf verschiedenen Wegen Parallelen zu der

Entwicklung der Cystoideen bildet, aber gerade in solchen analogen Bildungen tiefgreifende Unterschiede gegenüber diesen erkennen lässt. Trotzdem Formen wie *Mitrocystites* eine äussere Aehnlichkeit mit *Pleurocystites*, *Comarocystites* eine solche mit *Echinosphaerites* bezw. *Heliocrinites* und *Malocystites* gewisse Analogien mit *Callocystites* aufweisen, zeigen sich doch, ganz abgesehen von der Porenbildung der Cystoideen, an keiner dieser Annäherungsstellen wirkliche Berührungspunkte, sodass man die Carpoideen als einen den Cystoideen analogen Typus, aber unter keinen Bedingungen als Stammformen derselben betrachten kann.

Die Thecoideen sind bisher in der Regel mit den Cystoideen vereinigt worden; das beweist schon, dass eine gewisse Aehnlichkeit zwischen beiden bestehen muss. Eine solche ist zwischen Formen wie *Gomphocystites* (Taf. II fig. 10) und *Dinocystis* (Taf. II fig. 3), zwischen *Thecocystis* (Taf. I fig. 1) und *Protocrinites* (Taf. V fig. 3), zwischen *Stromatocystites* (Taf. II fig. 7) und *Mesocystis* (Taf. VI fig. 1) unleugbar vorhanden. Prüft man aber die Vergleichspunkte genauer, so liegt der tiefgreifende Unterschied in jedem Falle sofort klar zu Tage. Bei den Thecoideen unterbrechen die Ambulacra das Thecalskelet und bleiben unter diesem ungetheilt und ohne Fingerbildungen, während sie bei den Cystoideen über das Thecalskelet hinübergeschoben sind und in den angezogenen Fällen Reihen von Fingern besassen. Im Besonderen sind die verglichenen ambulacralen Plattenreihen im ersten Falle Deckplättchen, im zweiten Träger der ambulacralen Radiärgefässe. Die Aehnlichkeit der Cystoideen und Thecoideen ist also nur eine äussere, die angenommene Beziehung nur eine scheinbare.

So bleibt als letzte der angenommenen Möglichkeiten die Abstammung der Cystoideen von den Cladocrinoideen zu erörtern. Obwohl auch deren Organisation erst durch erneute Darstellung in ein anderes Licht zu rücken sein wird, glaube ich meine diesbezügliche Auffassung doch schon mit einigen kurzen Hinweisen verständlich machen zu können. In morphologischer Hinsicht ist eine Uebereinstimmung beider in wichtigen Organisationsverhältnissen unverkennbar. Die Entfaltung der Ambulacra bei den ältesten Cystoideen wie *Chirocrinus*, *Archegocystis* und *Sphaeronites* findet ihr Analogon bei den Cladocrinoideen und gleicht im Besonderen derjenigen der ältesten und primitivsten Formen dieser letzteren (*Acanthocystites* und *Ascocystites* BARR.). Bei *Acanthocystites* konnte ich an Guttapercha-Abdrücken der Steinkerne des BARRANDE'schen Original-Exemplares deutlich diese Armstellung ermitteln und bei seiner Gattung *Ascocystites* an verschiedenen vorzüglich scharf erhaltenen Kelchdecken klar beobachten. Auch die Armbildungen selbst, die ich wegen ihre gemeinsamen Unterschiede gegenüber den typischen Armen der Pentacrinoideen als Finger bezeichnet habe, stimmen in allen wesentlichen Punkten überein (pag. 87): WACHSMUTH & SPRINGER und BATHER scheinen allerdings anzunehmen, dass der einzeilige Armbau der Cladocrinoideen primitiver sei als der zweizeilige, aber diese Auffassung steht im unvereinbaren Widerspruche damit, dass erstens in verschiedenen Formenreihen Uebergänge von dem zweizeiligen zu dem einzeiligen Typus stattfanden, aber nirgends der umgekehrte Wandel zu konstatiren ist, und dass zweitens nicht nur die ältesten Armbildungen überhaupt, sondern auch gerade diejenigen der ältesten Cladocrinoideentypen zweizeilig sind. Diese letzteren nähern sich demjenigen der Cystoideen auch insofern, als sie bei vollster Uebereinstimmung der Form der einzelnen Fingerglieder der für alle jüngeren Cladocrinoideen charakteristischen Pinnulae entbehren, oder dieselben wenigstens in einer so unentwickelten Form zeigen, dass man sie von den homologen Saumplättchen der Cystoideenfinger nicht trennen kann. Diese von mir schon als Cladocrinoideen aufgefassten Formen ordnen sich übrigens dem Typus dieser Klasse auch darin unter, dass die Kelchplatten in grosser Zahl vorhanden sind, sodass jeder der Finger von besonderen Kelchplatten getragen wird. Dass die Anordnung dieser Skeletelemente zunächst indifferent ist, kann nicht überraschen, da wir sehen, wie sich dieselben in den späteren Formenreihen erst unter dem zunehmenden Druck der Finger in abwärts konvergirende Reihen zusammenschaaren.

Eine genauere Beschreibung dieser Formen wird erst im Zusammenhang einer erneuten Betrachtung der sämmtlichen Cladocrinoideen möglich sein. Diese vorläufigen Hinweise dürften aber zu dem Nachweis genügen, dass die Organisation der Cystoideen derjenigen der Cladocrinoideen nicht nur im Allgemeinen nahe steht, sondern sich derjenigen ihrer ältesten Vertreter in ganz auffallender Weise nähert. Der Frage, wo im Besonderen der phyletische Anknüpfungspunkt der Cystoideen an die Cladocrinoideen zu suchen sein wird, wollen wir erst später näher treten, wenn wir uns klar gemacht haben, welcher Typus innerhalb der vielgestaltigen Cystoideen als Ausgangspunkt dieser Klasse zu betrachten ist.

M. Die phyletische Gliederung.

a) Die Entwicklungsvorgänge im Allgemeinen.

Es scheint mir aus verschiedenen Gründen wichtig, die morphologische Betrachtung eines grösseren Formenkreises in ein phylogenetisches System auslaufen zu lassen. Allen stammesgeschichtlichen Theorien gegenüber steht als reales Material die Summe der vorhandenen Formen. Es ist niemals schwer, für eine nicht ganz verkehrte Idee aus der grossen Fülle von Erscheinungen Belege zu finden, aber die weit überwiegende Zahl stammesgeschichtlicher Versuche würde ihren Autoren unter den Händen zerronnen sein, wenn dieselben gezwungen gewesen wären, ihre Ideen mit allen vorhandenen und deshalb in Betracht kommenden Thatsachen in Einklang zu bringen. Das ist der Prüfstein auf den Feingehalt einer Theorie.

Gegenüber einer unerschöpflichen Komplikation der Erscheinungen, wie sie die Organismen auch in kleinerem Kreise bieten, kann eine alle Formen fassende Theorie nicht plötzlich entstehen. Sie wächst dem Bearbeiter allmählich heraus aus seinen Beobachtungen und erfährt mit deren Erweiterung ruckweise Verschiebungen. Wer hier rein deduktiv vorgehen und alle bemerkenswerthen Thatsachen erst wissen wollte, ehe er an deren theoretische Kombination heranträte, würde in der Regel durch die Fülle der Formen erdrückt werden und aus dem Labyrinth ihrer Erscheinungen vergeblich nach einem Auswege suchen. Der andere Weg, der viele Ueberraschungen und Aenderungen der Anschauungen mit sich bringt, bietet nur demjenigen Gefahren, der den Werth seiner Idee über den der Thatsachen stellt, der mit der Phantasie nicht die Fähigkeit verbindet, lieb gewordene Vorstellungen auf dem Altar der Thatsachen leicht zu opfern. Uebrigens liegt für die meisten Forschungen dieser Art die grösste Schwierigkeit nicht in dem Material, sondern in unseren Vorurtheilen.

Die systematischen Eintheilungen der Formen, die uns als das Ergebniss älterer Forschungen vorliegen, sind auf rein morphologischer Grundlage aufgeführt. Der oft leicht klärende Begriff einer Differenzirungsrichtung hat noch kaum seinen Weg in die systematische Definition gefunden. Diese ausschliessliche Berücksichtigung der morphologischen Kennzeichen hat aber ihre Nachtheile. Da innerhalb der verschiedenen Formenkreise die morphologische Grundlage verschieden ist, so sind selbst gleiche weitere Differenzirungen derselben von einander bis zu gewissem Grade unabhängig. Der Werth ähnlicher Differenzirungen kann also in getrennten Formenkreisen sehr verschieden sein. Der Morphologie liegt aber immer etwas Mathematik zu Grunde, und ihre starren Vertreter sind leicht geneigt, die formalen Unterschiede überall mit dem gleichen Maasse zu messen. Was aber bei einem Typus physiologisch von einschneidender Bedeutung ist, kann auf einer anderen morphologischen Grundlage sehr unwichtig sein. Ein weiterer Nachtheil der ausschliesslich morphologischen Beurtheilung liegt darin, dass sie den Sinn einer Ausbildung nicht erkennen lässt. Nun zeigt sich aber, dass sich bisweilen ähnliche Differenzirungen selbst in benachbarten Reihen in entgegengesetzter Richtung vollziehen, ja dass sogar durch eine Umkehrung der Tendenz dieselbe Erscheinung bei einer Form eine Rückbildung und bei ihren Nachkommen eine Vorbildung bedeutet. So hatte man immer die Gattung *Pristis* mit ihren schwach entwickelten Brustflossen als eine Zwischenform zwischen Haien und Rochen betrachtet, während sich durch möglichste Berücksichtigung aller ihrer Eigenschaften und ihrer geologischen Entwicklung ergab, dass sie einen typischen Rochen darstellt, der durch Rückbildung seines Rochencharakters äusserlich wieder zu einer Haiform zurückgekehrt ist*). So zeigen die Cladocrinoideen und Pentacrinoideen in der That keinen morphologisch durchgreifenden Unterschied, denn wie F. A. Bather kürzlich ausführte, ist selbst das typische Radiale, welches für die Pentacrinoideen charakteristisch ist, in formal übereinstimmender Weise auch bei *Platycrinus* vorhanden. Deshalb aber eine Trennung der genannten Formenkreise nicht anzuerkennen, ist meines Erachtens verfehlt, denn jenes scheinbare Radiale von *Platycrinus* ist erst am Schluss einer eigenthümlichen Differenzirung zu seiner Gestalt gelangt und in Wahrheit nur das unterste Glied eines Plattensystems, welches nur in seiner Gesammtheit dem Radiale der Pentacrinoideen gleichgesetzt werden kann.

Unter solchen einseitig morphologischen Gesichtspunkten hat auch die Systematik der Cystoideen bisher gestanden. Man hat ähnliche Differenzirungen oft ohne Weiteres als Beweise für die phyletische Zusammengehörigkeit betrachtet und verwandtschaftliche Anknüpfungspunkte da zu finden geglaubt, wo nur zufällige Annäherungen verschiedener, z. Th. sogar entgegengesetzter Differenzirungswege stattfanden, mithin nur Konvergenzerscheinungen vorlagen. Die erste Eintheilung der Cystoideen fusste auf einem eng begrenzten Material, dessen Formen zufällig die Gegensätze der beiden jetzt wieder hergestellten Unterabtheilungen scharf hervortreten liess. Trotz der günstigen Grundlage, die mit dem System Joh. Müller's geschaffen war, hat die allmähliche Anreicherung von Material die Definition der beiden Abtheilungen nur verwischt, aber nicht geklärt. Während die ältere Eintheilung v. Zittel's (1883, I, 413) den Faden des Müller'schen

*) Jaekel, Selachier von Bolca, ein Beitrag zur Morphogenie der Wirbelthiere, pag. 75–81. Berlin 1891, Jul. Springer.

Systemes noch in Händen hält, ist dieses in den späteren Eintheilungen ganz fallen gelassen, und an seine Stelle eine Eintheilung gesetzt, die lediglich äusseren formalen Erscheinungen Rechnung trägt.

In seinem Werk über die böhmischen Cystoideen sagt BARRANDE, dass ein System nur eine subjektive Methode sei, die Beschreibungen der einzelnen Formen aufeinander folgen zu lassen (1887, I, 50). Eine so geringschätzige Auffassung dürften aber nur wenige Autoren von den von ihnen selbst aufgestellten Systemen haben. Ein System besteht doch nicht nur in der Feststellung gegensätzlicher Merkmale verschiedener Formen und darauf basirter Gruppen, sondern prägt unwillkürlich jeder Form und jeder ihrer Differenzirungen bestimmte Ideen auf. Dadurch, dass ein „System" eben System in die Anordnung der Formen zu bringen sucht, führt es die Formen in einem morphologischen Zusammenhang vor, der sich dem Leser unwillkürlich als eine auch innerlich begründete, d. h. also genetische Ordnung darstellt. Aus diesem Grunde dürfte auch ein rein morphologisches System nicht auf phylogenetische Gesichtspunkte verzichten. Nachdem wir jetzt allgemein auf dem Boden der Descendenzlehre*) stehen und nur über die Ursachen der Umbildungen noch verschiedener Meinung sind, kann ein System überhaupt nur noch im Bewusstsein einer phylogenetischen Grundlage zu Stande kommen.

In dem Maasse, wie sich durch die Kenntniss lebender Zwischenformen und ausgestorbener Bindeglieder die Gegensätze zwischen den grösseren Abtheilungen verwischen, verringert sich die Möglichkeit, scharfe verwandtschaftliche Trennungen vorzunehmen. Ein solcher Versuch müsste im Falle günstiger Ueberlieferungen dieser Art aber gänzlich aussichtslos erscheinen, wenn sich die Umbildung der Formen so vollzogen hätte, wie es die Selektionstheorie annimmt, d. h. wenn sich die Formen auf dem Wege einer unendlich langsam wirkenden Zuchtwahl ganz allmählich von einander entfernt hätten, wenn jede Art eine Brücke von alten zu neuen Arten bildete und gebildet hätte. Für diese Auffassung bietet aber die Palaeontologie und im Besonderen die phyletische Entwicklung der Cystoideen keinerlei Anhaltspunkte.

Die **Artbildung** ist offenbar ein Process, der mit der phyletischen Gliederung grösserer Formenkreise nichts zu thun hat. Wenn wir als wesentliches Kennzeichen des Artbegriffes die morphologische Konstanz innerhalb vieler neben und nach einander lebender Individuen betrachten, liegt in diesem Begriff ein scharfer Gegensatz gegenüber der Descendenz im gewöhnlichen Sinne als einer Veränderung der Formen, insofern dieselbe in der zu einer Art gehörigen Folge von Generationen ruht. Dieser Stillstand in der Weiterentwicklung tritt ein trotz der nicht zu bestreitenden individuellen Variation, da deren Ergebnisse durch eine innerhalb der Art gemischte Kreuzung annullirt werden.

Wenn wir innerhalb einer solchen Zeugungsgemeinschaft trotzdem in der Regel neue Qualitäten hervortreten sehen, so sind diese letzteren doch leicht zu unterscheiden

*) Ich unterscheide diese scharf von der Selektionstheorie oder dem Darwinismus im engeren Sinne. Die erstere behauptet zunächst nur die organische Entstehung im Gegensatz zu einer Schöpfung aller Organismen — die historische Aenderung der Formen ist nur die auffälligste Begleiterscheinung der Descendenz —, die zweite unternimmt eine Lösung der Frage, wie die Umwandlung der Formen zu erklären sei (1898, II).

von denen, welche die wesentlichen Besonderheiten der Form, den Typus und die Höhe seiner Organisation bewirkt haben. Während diese in der Physiologie des betreffenden Mechanismus mehr oder weniger tief wurzeln, sind die innerhalb solcher Zeugungsgemeinschaften hinzutretenden „Artmerkmale“ von untergeordneter, oft nur lokaler Bedeutung; sie sind morphogenetisch gleichgültig und erscheinen den phylogenetisch wichtigen Bildungsprocessen des Stammes gegenüber mehr als Spielereien. Hier eine eigenthümliche Art der Skulptur, dort die Entwicklung regelmässig gestellter Fortsätze und ähnliche Erscheinungen sind es, die uns auch hier als „Artmerkmale“ entgegentreten. Wenn zu solchem noch gelegentlich morphologisch wichtige Kennzeichen hinzukommen, wie z. B. in der Gattung *Echinoencrinites* die Reduktion der Fingerzahl, zeigen derartige Merkmale doch selten specifische Konstanz. Es scheint vielmehr, dass solche morphologisch wichtigen Aenderungsprocesse auch in den Arten nicht zur Ruhe kommen, und wir innerhalb dieser also verschiedenen morphogenetischen Etappen des phyletischen Umbildungsprocesses begegnen können. Während sich also wie gesagt in der Gattung *Echinoencrinites* die Arten nicht nur durch äussere Skulptur charakterisirt sind, sondern ausserdem in der Fingerzahl specifische Charaktere liefern, variirt diese z. B. bei *Echinosphaerites aurantium* innerhalb der Artgrenzen von 2 bis 5, d. h. um die ganze diesbezügliche Variationsbreite der Familie.

Alle die kleinen, für die Arten charakteristischen Besonderheiten gehen für die Phylogenie verloren, sie sterben mit ihren Trägern aus. Die wichtige Weiterentwicklung geht durch solche Individuen, welche sich entweder den Zeugungsgemeinschaften und deren extremen Eigenthümlichkeiten ferner hielten und indifferente sog. Zwischenformen bildeten, oder in frühen Entwicklungsstadien verschleppt wurden, und dadurch bei der ontogenetischen Rekreation eine gewisse Neutralität ihrer Formbildung zurückerlangten. Da bei der Ueberproduktion an Nachkommen und der durch verschiedene Faktoren bedingten Lokalisirung der Formen fast immer die Gelegenheit zu einer Artbildung gegeben ist, sind thatsächlich fast alle Individuen durch permixe Kreuzung in Zeugungsgemeinschaften eingeschlossen und von uns in „Arten“ unterzubringen.

Keinesfalls ist der Begriff der „Art“ in demselben Sinne wie die höheren systematischen Begriffe als eine rein subjektiv künstliche Vorstellung aufzufassen. Dass man dies vielfach leugnen wollte, erklärt sich daraus, dass ihn die Selektionstheorie in den phyletischen Gang der Descendenz einschaltete. Man sprach von „Arten“, wo man „Formen“ meinte.

Wenn man sich den so gefassten Begriff der Art auf das Bild des Stammbaumes überträgt, so repräsentiren die Arten nicht mehr die Zweige, sondern die Blätter des Baumes. Wie das Wachsthum der Aeste nur auf dem Wege der Zweigbildung, aber nicht durch die Blätter vor sich geht, so stellen auch an dem Stammbaum die Arten bildlich aufgefasst nur seitliche Auswüchse der phylogenetisch wichtigen Differenzirungsrichtungen dar. Die letzteren unter dem allseitigen Laube der Arten als Zweige und Aeste zu erkennen, ist aber in der Phylogenie wohl meistens schwerer als an dem Baume, weil hier die verbindenden und fortleitenden Träger der Differenzirungsrichtungen in das Bild übertragen nur sehr dünne Zweige zu bilden brauchen. Wichtigere Umgestaltungen des ererbten Typus scheinen in den meisten Fällen durch ein oder einige wenige, in ihrer Ontogenie gleichartig beeinflusste Individuen bewirkt worden zu sein. Die Entstehung der Pleurocystiden durch übermässige Vergrösserung des Analfeldes, die der Caryocriniden durch plötzliche Einschaltung einer analen Vertikalreihe in die Theca und viele andere Fälle werden uns diese Auffassungen belegen.

Bei der **Bildung der Formenreihen** können wir zwei Arten von Umbildungsprocessen auseinanderhalten. Die einen vollziehen sich nahezu gleichmässig in allen Formenkreisen, ursächlich unabhängig von lokalen und spezifischen Beeinflussungen. Diesen Aenderungen liegt vom Standpunkt des Individuums eine Ausgestaltung wichtiger Funktionen, also im Ganzen betrachtet eine Vervollkommnungstendenz zu Grunde. Am klarsten tritt diese hervor in dem Ausbau der ernährenden Ambulacralstämme. In jeder der zahlreichen, in sich selbständig gewordenen Entwicklungsreihen tritt das in anderer Weise, aber überall mit dem gleichen Resultat hervor. Man hat ähnliche Erscheinungen bisweilen als eine ausserhalb der materiellen und kontrollirbaren Lebensprocesse liegende Erscheinung hingestellt. Diese Auffassung, die naturgemäss viele Gegner fand, ist, soweit z. B. die Pelmatozoen in Betracht kommen, aber nicht nothwendig an die Anerkennung immaterieller Tendenzen geknüpft. Es handelt sich hier in erster Linie um die Verlängerung der ernährenden Wimperrinnen — also wesentlich um eine Magenfrage. Der Assimilationstrieb und damit der Hunger sind aber zu eng mit den Grundeigenschaften der organischen Substanz verknüpft, als dass ihre Befriedigung höhere Qualitäten und Processe voraussetzen liesse, als die sind, die wir als die elementarsten überall in der organischen Natur wirksam sehen.

Diesem Wachsthumsprocess der Armbildungen im weitesten Sinne folgt in vielen Formenkreisen eine Verlängerung des Darmes, die ihrerseits, wie wir sahen, zu mannigfaltigen Verschiebungen des Afters führt. Daneben veranlasst die Art der Armentfaltung durch mechanischen Druck weitgehende Veränderungen der Thecalplatten, ja sogar, wie die Reihe *Chirocrinus* — *Cystoblastus* — *Blastoidea* zeigt, eine vollständige Unterdrückung von Platten und schliesslich ganzen Plattenkränzen. Alle derartigen Erscheinungen sind also sekundärer Entstehung und für den Organismus von korrelativer Bedeutung; man kann sie innerhalb dieser phyletisch wichtigen, aktiven Aenderungen, denen eine subjektive Willensäusserung des Organismus zu Grunde liegt, als mittelbare bezeichnen.

Im Gegensatz zu allen derartigen aktiven Aenderungen treten diejenigen, die von äusseren Momenten veranlasst sind, denen also das Individuum zunächst passiv gegenübersteht, an morphogenetischer Bedeutung sehr zurück. Die Verschiedenheiten des Kalkgehaltes im Meere, den wir aus dem umgebenden Gestein für jedes Fossil feststellen können, spielen unzweifelhaft eine Rolle, insofern sie sich in den meisten Formenkreisen gelegentlich geltend machen. Aber dieses Moment wirkt anscheinend nur negativ, indem sich die Organismen bei Mangel an Kalk dünne und zierliche Skelete bauen. Umgekehrt, also positiv, bedingt aber der Kalkreichthum des umgebenden Meeres offenbar keine Verstärkung des Skeletes über das normale Maass hinaus. So hat z. B. *Echinosphaerites aurantium* in den fast reinen Kalkschichten doch ein sehr dünnes Skelet. Hier setzt also offenbar schon wieder die selbständige Aktivität des Organismus ein, der den überschüssigen Kalk des Meeres nur dann in sich aufnimmt, wenn er ihn für seine Lebensbedingungen brauchen kann. Dieser Fall tritt ein, wenn Formen in stark bewegtem Wasser leben, also z. B. auf submarinen Riffen. Die Bewegung von vielem Detritus und die Kraft der Strömung an sich werden in solchem Falle besser überwunden, wenn das Skelet dick und kompakt gebaut ist und einen energischen Zusammenschluss der Theile ermöglicht. So entstehen Formen, die ich bei Crinoiden als „Rifftypen" bezeichnet habe (1891, III, 572). Aber solche entstehen schnell unter dem Einfluss lokaler Verhältnisse und verschwinden in den Phylogenien wieder mit diesen. So finden wir fast in allen Familien solche schwerfällige Typen, deren Besonderheiten aber kaum zur Aufstellung von höheren Einheiten Veranlassung geben, wenn nicht gleichzeitig durch Verschiebungen des Gleichgewichtes der Organe oder Verengung von Innenräumen auch auf korrelativem Wege neue Umbildungen nothwendig werden.

Solche Störungen des bisherigen Gleichgewichtes mussten z. B. überall da eintreten, wo äussere Umstände der normalen ontogenetischen Entwicklung im Wege standen. Wenn z. B. flottirende Larven durch Meeresströmungen verschleppt wurden, konnte sich die Stielbildung nicht normal weiterentwickeln, während sich andere Organe auf ihre Kosten ausdehnten, welche, wie z. B. Respirations- und Ernährungsorgane, durch die Schwimmbewegung in ihrer Entwicklung nicht gehemmt wurden. Auch werden, wenn die Larven z. B. vorübergehend in kalkarmem Wasser lebten, sich z. B. die Respirationsorgane auf Kosten der Entwicklung des Thekalskeletes stärker differenzirt haben. Wir werden nicht häufig in der Lage sein, derartige Fälle sicher aufzuklären; dass wir aber mit solchen Einwirkungen rechnen müssen, unterliegt wohl keinem Zweifel.

b) Die Beziehungen der Diploporiten zu den Dichoporiten.

Wir sahen, dass eine reiche Summe von Merkmalen die Cystoideen in ihrer Gesammtheit kennzeichnet (vergl. die Definition derselben pag. 63). Immerhin sind bei aller Verwandtschaft der Cystoideen untereinander die Beziehungen zwischen den Diploporiten und den Dichoporiten nicht so eng, wie man bisher gewöhnlich annahm. In der Porenbildung zeigte sich ein auffallender Unterschied, der nur auf vergleichend anatomischem Wege überbrückt war. Die Entfaltung der Ambulacra erfolgte in beiden Formenkreisen auf ähnlichen, aber doch durchaus getrennten Wegen. Bei den Diploporiten legen sich die Radiärstämme unmittelbar dem Thecalskelet auf, während sich bei den korrespondirenden Typen der Dichoporiten besondere Platten als Träger derselben über das eigentliche Thecalskelet schieben. Das Thecalskelet ist bei den Diploporiten, abgesehen von den fingertragenden Elementen, durchaus irregulär; ein Stiel entwickelt sich erst wieder selbständig bei ihren jüngsten Vertretern, während viele älteren desselben entbehren.

Bei so starken morphologischen Divergenzen entsteht die Frage, welcher von beiden Typen als der ältere bezw. der primitivere anzusehen ist. Verschiedene Eigenschaften der Diploporiten müssen den Eindruck niedriger Organisation erwecken. Dass die Poren in keiner geregelten Beziehung zu den einzelnen Skeletplatten stehen, verräth eine Indifferenz zwischen zwei Organen, zwischen denen bei den Dichoporiten eine offenbare Wechselbeziehung besteht. Diese Indifferenz musste auf den ersten Blick primitiv und primär erscheinen. Es fand sich indess bei Diploporiten (*Glyptosphaerites, Mesocystis*) eine Porenstellung, die sich nur aus dem Zerfall einer vorher gesetzmässigen Anordnung erklären liess, wie sie die Dichoporiten besitzen. Wenn auch im Allgemeinen die Gegensätze im Porenbau als festester Unterschied zwischen den Mitgliedern beider Ordnungen aufrecht erhalten sind, so bewies doch das Verhalten der genannten Form die Nothwendigkeit einer Ableitung des Typus der Diploporen von dem der Dichoporen. Das diesbezügliche Verhalten ihrer Träger wäre demnach nicht primär, sondern sekundär aus dem der regulären Dichoporiten hervorgegangen.

In den übrigen Organen lässt sich ein morphogenetischer Nachweis, ob die Ausbildungen der Dichoporiten oder Diploporiten primitiver seien, nicht immer direkt erbringen, aber wir wollen wenigstens den Werth der bisherigen Auffassungen einer kurzen Kritik unterziehen.

Ein äusserlich sehr auffallendes Moment ist die mangelhafte Stielbildung bei den älteren Diploporiten gegenüber dem Besitz eines hochentwickelten Stieles bei den älteren Dichoporiten. Das diesbezügliche Verhalten der Diploporiten hat man bisher allgemein für primitiver gehalten. Ich hob aber schon hervor, dass einerseits cambrische Pelmatozoen bereits sehr specialisirte Stielbildungen besassen (pag. 78) und andererseits in den verschiedensten Formenkreisen der Pelmatozoen plötzliche Verkümmerungen und totaler Verlust des Stieles eintraten. Nach alledem können wir den gelegentlichen Stielmangel silurischer Formen weder für primär noch für besonders bemerkenswerth ansehen. Dass die Radiärgefässe der Ambulacra sich dem Thecalskelet unmittelbar ohne Vermittlung besonderer Stützplatten auflagern, werden wir bei den Carpoideen wiederfinden, wo die Radiärstämme sich bei *Trochocystites bohemica* Barr. dem Thecalskelet allem Anscheine nach unmittelbar auflagern, während sie bei Formen wie *Malocystites* besondere, in einzeiligen Reihen geordnete Stützplatten besassen. Eine unmittelbare Auflagerung finden wir auch bei dem canadischen *Hybocystites*, dessen Abstammung durch *Baerocrinus* von *Hoplocrinus*, also von normal gebauten Crinoiden mir jetzt höchst wahrscheinlich ist. Ein primitives Verhalten kann ja an sich in der Ueberschiebung der Ambulacralgefässe über die Theca überhaupt nicht erblickt werden; primitiver muss unter allen Umständen der Mangel einer Ueberschiebung überhaupt sein. Die ältesten Diploporiten, die Sphaeroniden, zeigen ja auch diese Ueberschiebung in der That nur in ihren ersten Stadien (vergl. pag. 84, Taf. III fig. 5). Da sich der besondere Modus der weiteren Ueberschiebung in den beiden Formenreihen durchaus selbständig vollzieht, kann überdies keiner derselben als Ausgangspunkt für die anderen angesehen werden.

Auch die regellose Zusammensetzung des Thecalskeletes, wie es die älteren Diploporiten zeigen, ist bisher für primitiver gehalten worden als die regelmässigere Skeletirung der ältesten Dichoporiten. Da nur entweder das regellose Verhalten jener Diploporiten (*Sphaeronidae*) oder das geregelte der ältesten Dichoporiten (*Chirocrinidae*) den Ausgangspunkt bilden kann, müsste man im Verfolg obiger Annahme unter den Dichoporiten diejenigen für primitiver halten, die sich in diesem Punkte an die Sphaeroniden anlehnen. Das ist denn auch geschehen, insofern man die irregulären Echinosphaeriden für primitiver hinstellte als die ihnen geologisch vorangehenden, regulären Chirocriniden. Dagegen spricht aber Vieles. Nachdem wir fanden, dass die Entfaltung der einzelnen Radiärstämme bei den Caryocriniden im Princip dieselbe ist wie bei den regulären Dichoporiten, dass aber zwei dieser Radiärstämme unterdrückt sind (vergl. pag. 85), musste die Einschaltung einer vertikalen Plattenreihe am Anus bei den Caryocriniden gegenüber den regulären Dichoporiten als ein sekundärer Erwerb erscheinen. Nehmen wir ihnen diese anale Vertikalreihe, so lässt sich das Thecalskelet der ältesten Caryocriniden zurückführen auf dasjenige der regulären Dichoporiten. Wenn wir damit innerhalb der Dichoporiten eine Familie von Irregulären von einem älteren, regulären Dichoporitentypus ableiten können, so ist zu der vollkommenen Irregularität, wie sie uns bei den Echinosphaeriden und Rhombiferiden entgegentritt, nur ein Schritt. *Rhombifera* ist übrigens ein ganz fremdartig irregulärer Typus, über dessen Abstammung aber von den normaleren „Rhombiferen" kein Zweifel bestehen kann. Gegen eine primitive Stellung der Echinosphaeriden sprach ferner, wie wir sahen, die auffällige Thatsache, dass die bei den Regulären meist wohl getrennten zwei Primärporen in einen einzigen Porus vereinigt waren. Dieses Verhalten ist unzweifelhaft gegenüber jenem als sekundär zu betrachten. Auch die Entwicklung der Poren dieser Formen mussten wir für specialisirter halten als die einfachen Schlitze, wie sie sich bei den älteren Arten von *Chirocrinus* finden. Da nun, wie schon Leop. v. Buch erkannte, bei Echinosphaeriden, wie ich hinzufügen möchte, wenigstens deren älteren Formen, meist 4 Basalia vorkommen, so ist wohl damit auch positiv ein gewisser Anschluss an jene „Stammform" gegeben. Wir brauchen uns den bei *Hemicosmites* durch Einschaltung analer Platten herbeigeführten Zerfall der bisherigen Pentamerie der Theca nur fortgeführt zu denken, um durch *Caryocystites* und *Heliocrinus* schliesslich zu dem ganz irregulären *Echinosphaerites* zu gelangen. Die für diese Familie typische Dreistrahligkeit, die auf der Unterdrückung zweier Radien beruht, schliesst sich ebenfalls an die der Caryocriniden an. Dass schliesslich bei dem extremen *Echinosphaerites* die alte pentamere Regularität so aus dem Sattel gehoben ist, dass wir bei derselben die Anlage der Radienzahl innerhalb einer Art in individueller Schwankung von 2—5 finden (Taf. VIII fig. 8—10), beweist schliesslich auch die extreme Abweichung dieser Form vom Urtypus. Ausserdem stellen sich die meisten Eigenthümlichkeiten, deren Konflux die Irregularität der Echinosphaeriden bedingt, wie Störung der normalen Plattenanordnung, Unterdrückung einzelner Radien, Reduktion der Fingerzahl, einzeln auch bei den specialisirteren Regularia, andere, wie die Bildung tangentialer Respirationsrinnen und die Verkümmerung des Stieles, unzweifelhaft sekundär bei Vertretern entfernterer Verwandtschaftskreise ein.

Wir sehen also hier innerhalb der Dichoporiten ein langsames Zurücksinken der Organisation von ziemlich regulär gebauten Urformen zu ganz regellosen Gestalten. Was wir hier morphologisch schrittweise verfolgen können und aus der geologischen Aufeinanderfolge dieser Typen phylogenetisch bestätigt sehen, das tritt uns plötzlich und unvermittelt in der Zone des Vaginatenkalkes in dem Typus der Diploporiten entgegen. *Archegocystis* (*Pyrocystites* Barr. z. Th.) tritt uns in Böhmen in D $d_1\beta$, *Sphaeronites* im mittleren Vaginatenkalk Schwedens entgegen. Ebenfalls in D d_1 erscheint in Böhmen die primitivste Form von *Glyptosphaerites* (*Echinosphaerites*? *ferrigena* Barr.), und in *Pyrocystites* Barr. (typ. ein primitiver Verwandter von *Gomphocystites*.

Ueberblickt man die weitere Entfaltung der Diploporiten, so sehen wir bei den jüngeren Formen zwei Differenzirungstypen hervortreten; den einen bilden diejenigen Formen, bei denen sich die Radiärgefässe in der normalen Fünfzahl vom Mund aus über das Thecalskelet hinüberschieben (*Glyptosphaeridae*, *Gomphocystidae*, *Dactylocystidae*, *Mesocystidae*, *Asteroblastidae*), den anderen die Formen, bei denen sich die Ambulacra unter Unterdrückung einzelner Radien ungetheilt unmittelbar vom Munde aus erheben (*Aristocystidae*). Der letztere dieser Typen bildet in verschiedenen Beziehungen ein Analogon zu der Organisation der Echinosphaeriden: der erstere bildet auffallende Parallelreihen zu den jüngeren Familien der regulären Dichoporiten (*Callocystidae*, *Cystoblastidae*). Der älteste indifferente Typus, auf den sich diese beiden zurückführen lassen, der durch *Archegocystis desiderata* BARR., *Codiacystis* BARR. und *Sphaeronites* His. charakterisirt ist, dürfte zwar das Stadium der Mesocystiden phylogenetisch durchlaufen haben, schliesst sich aber rein morphologisch eng an denjenigen an, den wir als Ausgangspunkt der Dichoporiten erkannten.

Die Cystoideen enthalten sonach zwei Entwicklungsreihen. Die eine derselben geht von ziemlich regulären, pentamer gebauten Formen aus und lässt ein ruckweises Zurücksinken der Regularität erkennen. Dabei werden die Formen apentamer und einseitig verzerrt, indem sie mehr oder weniger plötzlich in ihrer Ontogenie auf immer niedrigeren Entwicklungsstufen zurückgehalten werden. So resultiren schliesslich Formen, bei denen einzelne Radien der Ambulacra vollständig unterdrückt sind, die regelmässige Anordnung der Thecalplatten verloren gegangen ist, und eine Stielbildung schliesslich ganz unterbleibt (*Echinosphaerites*).

Die zweite Entwicklungsreihe erfährt unmittelbar nach ihrer Sonderung in den Mesocystiden eine weit zurückgreifende Hemmung, die im Typus der Sphaeroniden zum Ausdruck kommt, der seinerseits wohl allen jüngeren Typen zum Ausgangspunkt diente. Der fortschreitende Entwicklungsgang dieser letzteren Formen ist ein durchaus selbständiger, der in keinem Punkte mit den Etappen der vorher genannten Entwicklungsreihe korrespondirt, sondern vollkommen neue Bildungsprocesse hervorruft. Dabei bleibt die Pentamerie des Ambulacralsystemes in der Regel gewahrt und ihre Einwirkung auf den sonstigen Bau macht sich in einer steigenden Regulirung des letzteren geltend. Nur in einem kleinen Formenkreise (*Aristocystidae*) geht auch hier die Pentamerie des Ambulacralsystemes verloren, wobei dann auch hier Formen resultiren, deren Organisation an die der degenerirtesten Dichoporiten (*Echinosphaerites*) erinnert.

Mit der Scheidung dieser zwei Formenkreise ist naturgemäss die wichtigste phyletische Zerlegung der Cystoideen in zwei Hauptabtheilungen, die Dichoporita und die Diploporita, gegeben. Da wir fanden, dass gerade die Art der Porenbildung in beiden Ordnungen durchaus verschieden ist, so bietet sie zur morphologischen Charakteristik beider eine erfreulich konkrete Unterlage. Zugleich dürfte dadurch deren Benennung in der gewählten Form gerechtfertigt erscheinen. Es ist nicht unwichtig, noch einen Blick auf den vielfachen Parallelismus der Entwicklungsvorgänge zu werfen.

Die Entfaltung der Radiärstämme erfolgt zwar in beiden Ordnungen durchaus ähnlich, aber die Korrelations-Erscheinungen zwischen den Ambulacren und dem Thecalskelet sind durchaus verschieden. In der Form der Entfaltung der Radiärgefässe finden wir eine weitgehende Aehnlichkeit, ja z. Th. ganz auffallende Analogien. So bleiben die Finger in annähernd gleichem Abstande vom Mund in einem pentamer gelappten Kranze koncentrirt bei den Chirocriniden einerseits und *Asteroblastus* andererseits; bei den Sphaeroniden werden wie bei den Chirocriniden die zu einem Antimer gehörigen Finger von je einer grossen Thecalplatte getragen, aber bei den Chirocriniden ruhen die Finger auf deren Rand und accessorischen Trägern, bei den Sphaeroniden stehen sie unvermittelt auf der Mitte dieser Platten.

Eine radiäre Ueberschiebung der Ambulacra vom Mund aus über die Theca erfolgt in äusserlich ähnlicher Weise, z. B. bei *Glyptocystites* und bei *Dactylocystis*, aber die Finger ruhen bei dem ersten Typus auf besonderen, über die Theca geschobenen Skeletelementen, den paarigen Ambulacralien und Parambulacralien, bei Dactylocystiden aber auf den radiär geordneten Thecalplatten selbst.

Eine Reduktion der Radiärstämme des Ambulacralsystemes zeigt sich bei den Echinosphaeriden wie bei Aristocystiden und ist in beiden Fällen von der Erscheinung begleitet. dass die allein entwickelten Ambulacra ungetheilt bleiben, aber bei den Echinosphaeriden erfolgt diese Reduktion unter einer halsartigen Abschnürung der fingertragenden Theile der Theca, während bei den Aristocystiden die Finger auf der normal gewölbten Wand der Theca aufruhen.

In beiden Ordnungen zeigen sich Formen mit mangelhaft entwickeltem Stiel, so bei *Echinosphaerites* einerseits und *Dactylocystis* und *Gomphocystites* andererseits. In beiden Fällen setzen sich die hohlen Stiele aus vertikalen Plattenreihen zusammen, aber vergleicht man ihr Verhältniss zur Theca, so zeigt sich auch hier ein bemerkenswerther Unterschied. Bei allen älteren Echinosphaeriden (Taf. VIII fig. 3) setzt sich wie bei allen Dichoporiten der Stiel scharf von dem Basalkranz der Theca ab. während bei den zuletzt genannten Diploporiten die Theca unter gleichmässiger Verjüngung ganz allmählich in den Stiel übergeht (Taf. II fig. 9, III fig. 6, V fig. 8). Nur bei den noch hoch entwickelten Mesocystiden ist der Stiel von der Theca noch ganz scharf gesondert. aber gegenüber diesem noch an die ältesten Dichoporiten erinnernden Verhalten, finden wir bei den jüngeren Diploporiten keine Grenze mehr zwischen Theca und Stiel. Andererseits geht bei der jüngsten Art der baltischen Echinosphaeren, der Taf. VIII fig. 1 abgebildeten *E. pirum*, schliesslich innerhalb der Dichoporiten auch jenes Merkmal verloren. Trotzdem dadurch eine vollständige morphologische Annäherung an Formen wie *Gomphocystites* (Taf. II fig. 9) eintritt, bleiben auch diese Differenzirungen ihren Anfängen nach vollständig getrennt. Was bei den specialisirtesten Dichoporiten den letzten Zerfall einer vorherigen Trennung der Theca und des Stieles bezeichnet, leitet bei den jüngeren Diploporiten die Neubildung eines Stieles innerhalb dieser Ordnung ein. So sind die Berührungspunkte nicht nur zufällige, durch die für alle Cystoideen gleichartige Organisationsgrundlage gelegentlich veranlasst. sondern es sind die parallelen Entwicklungstendenzen vielfach gerade entgegengesetzt. Was in der einen Reihe den Anfang einer Differenzirung bezeichnet, bedeutet in der anderen den Abschluss einer solchen.

Die hier gewonnenen entwicklungsgeschichtlichen Resultate dürften in mancher Beziehung überraschen. Die ausserordentlich schnelle Differenzirung des ganzen Typus an der Basis des Untersilur, die relativ langsame Ausgestaltung physiologisch wichtiger Organisationsverhältnisse, der plötzliche. ruckweise Zerfall lange aufrecht erhaltener Gesetzmässigkeiten, die Zurückhaltung vorher höher entwickelter Typen auf niedrigeren Organisationsstufen. die nachträgliche Benutzung einer dabei erworbenen Indifferenz zur Einleitung völlig neuer Differenzirungsprocesse, sind entwicklungsgeschichtlich höchst bemerkenswerthe Momente. Schon das vorliegende Material würde erlauben, verschiedene wichtige Konsequenzen für die Descendenzlehre daraus zu ziehen. Da uns aber die Stammesgeschichte der übrigen Pelmatozoen dieses Material sehr wesentlich bereichern wird. so erscheint es mir zweckmässig. die diesbezüglichen Konsequenzen erst am Schluss des ganzen Werkes zu veröffentlichen.

c) Die Stammform der Cystoideen.

Nachdem wir also innerhalb der Cystoideen die Chirocriniden als die primitivsten Vertreter der Dichoporiten und zugleich als Ausgangspunkt der gesammten Klasse erkannten, können wir der Frage näher treten, ob sich unter den ihnen zeitlich vorangehenden und morphologisch am nächsten stehenden Cladocrinoideen ein Typus findet, welcher nicht nur allgemeine Anforderungen an einen Stammtypus der Cystoideen erfüllt, sondern im Besonderen als die Stammform der Chirocriniden angesehen werden kann.

Ausser den früher genannten ältesten Cladocrinoideen existirt noch ein weiterer etwas jüngerer Typus, der in guter Erhaltung nur aus $D d_2$ des böhmischen Untersilur vorliegt, durch einzelne Platten und ein Kelchfragment auch im Vaginatenkalk bei Petersburg und in wenig günstiger, aber ziemlich vollständiger Erhaltung in England bereits in den Tremadoc-Schichten gefunden ist, die an die Basis des Silurs gehören und in ihren untersten Lagen sogar noch als oberes Cambrium betrachtet werden.

Diese Form ist von Callaway 1877 (1) unter dem Namen *Macrocystella* beschrieben worden. Nach der unvergrösserten Abbildung und der kurzen Beschreibung lässt sich allerdings noch kein abschliessendes Urtheil über diese Form fällen. Da aber unterhalb der „Pinnulae", d. h. der Finger, 4 Plattenkränze angegeben sind, und die Form und Grösse der Platten, des Stieles und der Finger, kurz alle erkennbaren Verhältnisse mit der böhmischen Gattung *Mimocystites* Barr. übereinstimmen, so halte ich eine generische Identität beider für höchst wahrscheinlich.

Ausserdem liegen aus dem Cambrium von Canada und Nordamerika einige unvollständig beschriebene Formen vor, die den genannten Typen offenbar sehr nahe stehen, wenn nicht sogar mit ihnen in eine Gattung fallen. Für unsere vorliegenden Betrachtungen wird es zunächst genügen, einen gut erkennbaren Typus dieses Formenkreises genauer ins Auge zu fassen. In Fig. 33 habe ich diejenige Form genauer abgebildet, die von Barrande l. c. pag. 163 unter dem Namen *Mimocystites bohemicus* aus dem Untersilur ($D d_2$) Böhmens beschrieben wurde. Dieselbe besitzt einen viertheiligen Basalkranz, darüber 4 fünftheilige Plattenkränze in alternirender Anordnung. (Das Schema dieses Kelchbaues ist später bei Besprechung der regulären Dichoporiten durch ein Diagramm veranschaulicht!) Der After liegt seitlich in der Zone des zweituntersten fünftheiligen Plattenkranzes als grosse, gerundet pentagonale Lücke, die in der Peripherie des central gelegenen Afters wohl von einer feinen Kalktäfelung bedeckt wurde.

Die Finger sind zweizeilig, ungetheilt und entbehren der Pinnulae; sie umstehen den Mund in fünf radiären Gruppen, die ihrerseits von den 5 Platten des zweitobersten fünftheiligen Plattenkranzes getragen werden. Die Thecalplatten weisen parallele Radialfalten auf, die als Spannleisten die Plattencentren verbinden, bezw. den Hauptspannlinien parallel laufen. Von Poren ist sicher keine Spur in den Platten vorhanden. Der Stiel ist nicht so gut erhalten, dass man an den Guttapercha-Abdrücken die Grenzen der einzelnen Glieder erkennen könnte; man bemerkt aber an den oberen Gliedern regelmässig vortretende Kragen, die allen sonstigen Analogien zufolge alternirend geordneten, grösseren Gliedern angehörten. Den absoluten Mangel an Poren und deren Ersatz durch parallelradiale Falten konnte ich auch an zahlreichen einzelnen Platten erkennen, die mir aus dem baltischen, englischen und canadischen Silur bezw. Cambrium vorliegen.

Nur in diesem Punkte unterscheiden sich diese Formen von den ältesten regulären Dichoporiten und speciell von der Gattung *Chirocrinus* Eichw. In der Zusammensetzung der Theca, dem Bau und der Anordnung der Finger, der Lage des Afters und der Primärporen, sowie der Form des Stieles ist die Uebereinstimmung beider Typen eine vollkommene. Nun ist aber die Porenbildung der Cystoideen gerade die wichtigste und

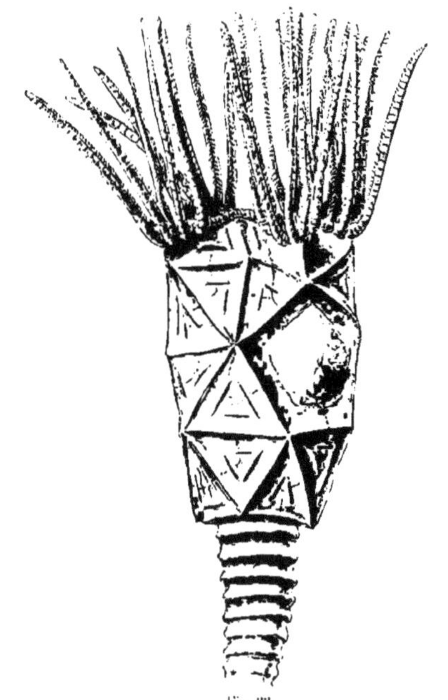

Fig. 33.

Mimocystites bohemicus Barr.

Untersilur $D d_1$ von Trubsko in Böhmen. Vergrösserung 6 : 1.

Die Finger sind in eine natürliche Stellung gesetzt. Die Anallücke liegt rechts vorn.

systematisch entscheidende Eigenschaft dieser Klasse, sodass bei dem Wechsel der übrigen Eigenschaften diese schliesslich die letzte und einzige Kluft bildete, welche die Cystoideen principiell von den übrigen Pelmatozoen unterscheidet. Andererseits war gerade die Ausbildung der Thecalplatten, wie wir sie bei dem hier besprochenen Formenkreise der Cladocrinoideen antrafen, morphologisch und physiologisch als der Ausgangspunkt der Porenentwicklung zu betrachten.

Wenn damit auch der Anschluss der Dichoporiten an die Cladocrinoideen phylogenetisch festgestellt erscheint, sind doch die Diploporiten noch durch eine Lücke von den ältesten Dichoporiten getrennt. Da sich ihre Ablösung allem Anschein nach durch Hemmung ihrer ontogenetischen Entwicklung plötzlich vollzogen hat, ist meines Erachtens wenig Hoffnung zu hegen, dass der nothwendig zu supponirende Uebergang sich anders als auf vergleichend morphologischem Wege wird feststellen lassen. Wir werden uns aber damit begnügen können, dass in dem wichtigsten und entscheidenden Differenzpunkte, der Porenbildung, der Anschluss der Diploporiten an die Dichoporiten gesichert war (vergl. Fig. 26 pag. 118).

Für die Phylogenie der Cystoideen ergeben sich sonach folgende Thesen:

I.

Dichoporiten und Diploporiten sind selbständige Zweige der Cystoideen, die phylogenetisch keine Berührungspunkte aufweisen, sich aber an ihren Ausgangspunkten einander nähern.

II.

Die Dichoporiten stammen von einem Typus der Cladocrinoideen ab, dessen Mitglieder handförmig gegabelte Radiärstämme, 5 grosse Platten als Träger der 5 Fingergruppen und einen seitlichen After besassen.

III.

Die Entstehung und weitere Ausbildung der charakteristischen Eigenschaften hat in beiden Abtheilungen die gleiche Ursache, nämlich die Zusammendrängung der Ambulacralstämme am Mund. Das veranlasste ihre Porenbildung und das eigenthümliche Verhältniss der Finger zum Thecalskelet. Die wichtigsten negativen und positiven Eigenschaften sind die gleichen bei Diploporiten und Dichoporiten; die Einheitlichkeit der Cystoideencharaktere rechtfertigt auch ihre systematische Zusammenstellung.

IV.

Die phyletische Differenzirung der Cystoideen beruht demnach auf einer rückläufigen Entwicklung. Dieselbe erfolgt plötzlich bei den Diploporiten, die danach von der niedrigen Basis aus neue vorschreitende Entwicklungsreihen bilden, dauernd oder schrittweise rückschreitend bei den Dichoporiten. Der einzige lebensfähige Seitenspross, der von ihnen ausgeht, die Blastoideen, zweigt sich charakteristischer Weise bereits am Ausgangspunkt der Dichoporiten ab.

Hiernach würden sich die Beziehungen der Cystoideen unter einander und zu den übrigen Pelmatozoen in folgender Weise darstellen lassen:

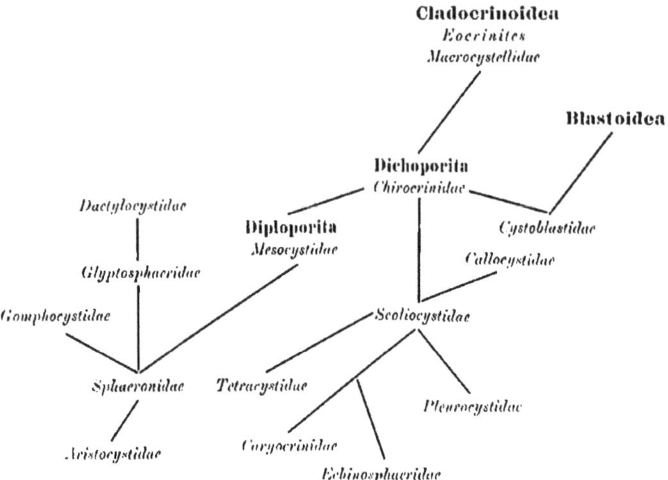

X. Die systematische Eintheilung.

Den natürlichen Sonderungsprocess divergirender Entwicklungstendenzen in den Rahmen mathematisch scharfer Gegensätze zu bringen, ist ein Ding der Unmöglichkeit. Je klarer sich der phyletische Zusammenhang in einem Verwandtschaftskreise feststellen lässt, um so schwerer wird es sein, die einzelnen Aeste und Zweige so zu gruppiren, dass sie systematische Einheiten darstellen. Wie sich am Baum aus gleichwerthigen Sprossen sehr verschieden starke Aeste entwickeln, sodass manche den ganzen Stamm zerlegen, manche nur als unauffällige Stummel wenige Blätter treiben, so gehen auch in der organischen Entwicklung aus gleichwerthigen Differenzirungen sehr ungleich grosse Formenreihen hervor. Solche dem Werth ihrer Entwicklungstendenz einander gleichen, in ihrem Inhalt aber sehr ungleichen Glieder müssen einer systematischen Einreihung Schwierigkeiten bereiten. Für die morphogenetische Bedeutung ist die Richtung entscheidend, für die systematische Gegenüberstellung der räumliche Umfang. Da aber nicht nur die althergebrachte Gewohnheit sondern auch das praktische Vorstellungsvermögen klar umgrenzte Kategorien heischt, so ist in diesem Dilemma ein Kompromiss nöthig. In solchen Fällen ein Prinzip aufstellen zu wollen, halte ich für unzweckmässig und im Grunde für unberechtigt, da die Trennung doch schliesslich subjektiv auf Grund eines entscheidenden Merkmales durchgeführt wird. Eine Eintheilung z. B. der Wirbelthiere in Cranioten und Acranioten wird niemals befriedigen, nicht nur weil die letzteren nur *Amphioxus* und die ersten alle übrigen Wirbelthiere enthalten, sondern weil wir auch garnicht entscheiden können, welchen morphogenetischen und phylogenetischen Werth der Mangel einer Sonderung des Kopfes bei *Amphioxus* besitzt. Hierin sind im Folgenden Kompromisse versucht. Ueber ihre Zweckmässigkeit im Einzelnen kann man natürlich sehr verschiedener Ansicht sein, denn dass jede willkürliche Verschiebung der phylogenetischen Feststellungen deren Werth verringert, darüber kann ja kein Zweifel sein. So fest begründet mir der im vorigen Abschnitt besprochene Stammbaum der Cystoideen erscheint, so modulationsfähig ist das folgende System.

Die Haupttheilung der Cystoideen in die zwei Unterabtheilungen, die Dichoporiten und Diploporiten, bedarf wohl keiner besonderen Begründung. Beide Abtheilungen wurden als gleichwerthig einander gegenübergestellt und zwar als Ordnungen, nachdem den ganzen Abtheilungen der Werth einer Klasse zugesprochen war. Während mit dieser Trennung nicht nur morphologisch, sondern auch inhaltlich etwa gleich grosse Formenkreise einander gegenübergestellt sind, lässt sich bei den weiteren Eintheilungen beiden Momenten nicht immer gleichmässig Rechnung tragen.

Ich werde versuchen, hier von Fall zu Fall eine Entscheidung zu treffen und diese von möglichst allseitigen Erwägungen abhängig zu machen.

Bei den Dichoporiten bilden die Familien der Chirocriniden, Cystoblastiden, Pleurocystiden, Scoliocystiden und Callocystiden unstreitig zusammen eine phylogenetisch nachweisbare Einheit, aber die übrigen Dichoporiten, die Caryocriniden, Echinosphaeriden und Tetracystiden gehören nur insofern zusammen, als jeder von diesen Typen durch seine Irregularität den erstgenannten „Regularia" gegenübersteht. Wenn diese Gleichstellung der regulären und irregulären Formen auch phyletisch berechtigt sein sollte, müsste ein genetischer Zusammenhang zwischen den Caryocriniden, Echinosphaeriden und Tetracystiden nachweisbar sein. Dieser Nachweis ist aber nicht erbracht und in vollem Umfange auch nicht einmal wahrscheinlich zu machen. Trotzdem ist er sehr wohl möglich, und wir sind, so lange keine sicheren Anhaltspunkte vorliegen, dass der Zerfall der Regularität sich in verschiedenen Formenreihen oder zu verschiedenen Zeiten selbständig wiederholt hat, meines Erachtens auch kaum berechtigt, eine andere Annahme positiv zu vertreten. Wollten wir die genannten drei Familien in extremer Vorsicht von einander getrennt halten, so müssten wir innerhalb der Dichoporiten 4 Formenkreise einander gegenüberstellen: 1. die regulär gebauten Formen, 2. die Caryocriniden, 3. die Echinosphaeriden, 4. die Tetracystiden. Diese Gruppen würden ihrem Umfang nach sehr verschieden ausfallen, indem die erste 5 formenreiche Familien, die übrigen nur je eine eng umgrenzte Familie enthalten würden. Ausserdem würde eben der morphologisch auffallende Gegensatz der drei letzten, die Irregularität gegenüber der Regularität der ersteren, nicht in einen systematisch übersichtlichen Gegensatz gebracht werden können. Indem ich das letztere Moment den Ausschlag geben liess und den Regularia die Irregularia als Ganzes gegenüberstellte, wollte ich aber doch ausdrücklich auf die rein systematische Bedeutung der letzteren Abtheilung hinweisen.

Bei der Zerlegung der Diploporiten lagen die Schwierigkeiten auf einem anderen Gebiete. Als phylogenetischer Ausgangspunkt aller jüngeren Formen erwiesen sich hier die Sphaeroniden, während die Mesocystiden gemäss ihres hohen Alters und verschiedener ancestraler Charaktere entschieden unter allen Diploporiten den ältesten Dichoporiten am nächsten stehen. Von den übrigen Familien nehmen die Aristocystiden und Glyphocystiden isolirte Seitenstellungen ein, während die Glyptosphaeriden und Dactylocystiden in einer ziemlich enggeschlossenen Entwicklungsreihe liegen. Der Phylogenie wäre also hier am besten Rechnung getragen, wenn man vier Formenkreise unterschieden hätte, deren einer die Mesocystiden, ein zweiter die Aristocystiden, ein dritter die Gomphocystiden und der vierte die übrigen Formen enthalten hätte. Wir müssten dann Formen wie die Sphaeroniden und Dactylocystiden in eine Familie mit *Glyptosphaerites* vereinen. Nun sind aber gerade diese letzteren ausserordentlich specialisirt und dadurch von allen Sphaeroniden so weit entfernt, dass man sie nicht wohl einem Typus einreihen kann. Dazu kommt, dass *Glyptosphaerites* und *Dactylocystis* sich jeder von ihrer Gesammtreihe etwas abseits und selbständig entfernt haben, so dass eine sie umfassende Familie mit den Sphaeroniden als Ausgangspunkt wieder sehr verschiedene, bedeutsame Differenzirungsrichtungen in sich vereinigen würde. Allen diesen Uebelständen suchte ich dadurch zu begegnen, dass ich jene hoch und extrem entwickelten Typen in besondere Familien stellte und demnach innerhalb der Diploporiten die Familien der *Mesocystidae*, *Sphaeronidae*, *Aristocystidae*, *Gomphocystidae*, *Glyptosphaeridae*, *Dactylocystidae* unterschied.

Was die kleineren systematischen Abtheilungen, Gattungs- und Artabgrenzung betrifft, so habe ich etwa folgende Principien befolgt.

Als Gattungen nehme ich möglichst den kleinsten Formenkreis, innerhalb dessen sich noch eine letzte selbständige, physiologisch bemerkenswerthe Differenzirung geltend macht. Da die aktiven Differenzirungstendenzen meist einem grösseren Formenkreise ihr charakteristisches Gepräge aufdrücken, ist für die Gattungen meist nur eine besondere Methode charakteristisch, mit der sie jene Tendenz bei sich zum Ausdruck bringen. Das sind aber meistens korrelative Bildungsvorgänge, wie z. B. die verschiedenartige Zusammenschiebung des Thecalskeletes unter der formenden Wirkung der Ambulacralorgane, oder die besondere Art der Porengruppirung. Wesentlich auf Grund des erstgenannten Momentes sind z. B. die Gattungen der regulären Dichoporiten und die der Caryocriniden gruppirt, auf den Differenzirungen in letzterer Beziehung die Gattungen der Echinosphaeriden und Dactylocystiden auseinandergehalten. Während die grösseren Abgrenzungen infolge der Konkurrenz untergeordneter Differenzirungstendenzen schliesslich meist auf ein einziges, scheidendes Moment basirt werden müssen, treffen in der Gattungsbildung meist mehrere Besonderheiten zusammen. Wenn zur Herstellung einer inneren Harmonie zwischen den Formen und den tieferen Bildungstendenzen des Stammes korrelative Umgestaltungen stattfinden, so werden eben meist auch andere Organe als die dabei zunächst betheiligten zugleich beeinflusst und geändert. So begleitet innerhalb der Scoliocystiden und Caryocriniden die Verschiebungen und Aenderungen der Plattenanordnung fast regelmässig eine ruckweise Verlagerung des Afters.

Als Arten fasse ich diejenigen Formenkreise auf, innerhalb deren nur noch nebensächliche, „äussere" Eigenthümlichkeiten eine Steigerung erfahren. Hierbei zeigt sich in der Regel im Gegensatz zu den meist direkt auf ein Ziel zuschreitenden, physiologisch wichtigen Processen eine planlose Variation. Wenn die Herren S. A. Miller und Gurley neuerdings die einzelnen individuellen Formen einer solchen konsequent der Artabgrenzung zu Grunde legen, so ist die Palaeontologie um eine derartige Bereicherung ihrer Nomenklatur nicht zu beneiden. Ob die Aufstellung zahlloser Arten — bisweilen werden an einem Fundpunkt nicht weniger als 20—30 getrennt — anderen Zwecken dient, weiss ich nicht, mit den Principien der Wissenschaft sind sie kaum in Einklang zu bringen. Die Arten dieser Autoren sind deshalb auch als solche hier vielfach nicht berücksichtigt worden. Auch abgesehen von der individuellen Variation befürworten praktische Gründe der Geologie keine allzu enge Fassung des Artbegriffes in der Palaeontologie. Konkrete Vorstellungen über den Zusammenhang früherer Meeresgebiete können wir nur auf Grund der Verbreitung einzelner Arten gewinnen. Sobald also die formalen Unterschiede zweier getrennt gefundener Formen einander mit den Grenzen ihrer individuellen Variation berühren, und ein wenn auch nur anfänglicher, genetischer Zusammenhang ihrer Mitglieder sicher erscheint, werden wir gut thun, diese geologisch wichtige Beziehung durch eine einheitliche Bezeichnung zum Ausdruck zu bringen und kleinere lokal hervortretende Eigenthümlichkeiten nur in der Aufstellung von Varietäten zum Ausdruck zu bringen.

I. Ord. Dichoporita.

Vorbemerkung. Die Zusammenfassung der Dichoporita in eine systematische Einheit ist auf JOH. MÜLLER zurückzuführen, der dieselbe 1853 (I. 229) als „Cystideen mit Porenrauten“ vereinigte. Seitdem ist diese Auffassung bis in dieses Jahrzehnt herrschend geblieben. Die Zahl der hierher gehörigen Formen hat sich seit jener Zeit beträchtlich vermehrt. Trotzdem lässt sich die systematische Gliederung der „Cystideen mit Porenrauten“ im Wesentlichen so aufrecht erhalten, wie sie JOH. MÜLLER auf Grund der wenigen ihm vorliegenden Formen vorschlug. Die später bekannt gewordenen Gattungen und Familien lassen sich, soweit sie überhaupt zu den Cystoideen und nicht zu den Thecoideen oder Carpoideen gehören, dem trefflichen Rahmen zwanglos einfügen.

Definition. Dichoporita sind Cystoideen, deren Thecalporen auf je zwei Platten vertheilt sind und senkrecht auf deren Grenze, in Schlitz- oder Röhrenform, parallel verlaufend zu Porenrauten kombinirt sind, deren ambulacrale Radiärrinnen an der Theca von besonderen Skeletelementen getragen werden.

Besprechung. In Anbetracht des beispiellosen Wechsels fast aller Merkmale scheinen mir nur die vorstehend verzeichneten Charaktere einen diagnostischen Werth für den ganzen Formenkreis zu beanspruchen. Alle Organe sind trotz charakteristischer Gestaltung im Einzelnen doch im Ganzen so mannigfaltig differenzirt, dass fast keines ihrer Merkmale — soweit wir sie wenigstens kontrolliren können — für alle Vertreter Geltung besitzt. Dazu kommt auf Seiten der Diploporiten ein Parallelismus vieler Differenzirungen, der verschiedenen Charakteren der Dichoporiten einen systematischen Werth entzieht.

Andererseits bietet gerade der Gang der einzelnen Differenzirungen innerhalb dieser Ordnungen äusserst wichtige Kennzeichen für die phylogenetische Selbständigkeit derselben. Vor Allem sind es die Poren, welche die Mitglieder dieses Kreises vor den übrigen Cystoideen und anderen, äusserlich ähnlichen Echinodermen, wie namentlich den Carpoideen und Thecoideen, scharf kenntlich machen. Auf diese Organe werden wir daher besondere Rücksicht zu nehmen und den morphogenetischen Zusammenhang ihrer verschiedenen Ausbildungsformen ins Auge zu fassen haben. In den meisten anderen Organisationsverhältnissen machen sich tiefgreifende Verschiedenheiten der Ausbildung geltend, die zweckmässig bei den betreffenden Abtheilungen besprochen werden. Ich werde also hier von diesen nur diejenigen hervorheben, die für die besondere Beurtheilung der ganzen Ordnung maassgebend sind.

a) Die allgemeine Körperform.

Die Dichoporiten sind in der Regel mit einem wohl entwickelten Stiele versehen. Eine Ausnahme machen hiervon nur einige Vertreter der Echinosphaeriden, bei denen die Verkümmerung des Stieles zu einem vollständigen Verlust desselben führen kann. Bei dem baltischen *Echinosphaerites aurantium* (Taf. VIII fig. 5) ist er nach dem Ansatz zu urtheilen sehr verkümmert und bei einer Art des englischen Silurs (*E. granulatus* M'Coy) ist die Theca unmittelbar auf Brachiopodenschaalen aufgewachsen, während andere Arten dieser Familie einen wohl entwickelten Stiel aufweisen (Taf. VIII fig. 3). Dass ein solcher im Ganzen für die Dichoporiten charakteristisch war, geht wohl schon daraus hervor, dass alle älteren Vertreter derselben im Vaginatenkalk Russlands und entsprechenden Schichten anderer Silurgebiete wohl entwickelte Stiele besassen.

Eine grosse Mannigfaltigkeit der äusseren Form entsteht durch den Wechsel der Fingerentfaltung. Bei den alten Formen umstehen die Finger in pentamerer Anordnung und mässig grosser Zahl wie bei Cladocrinoideen den Mund (Taf. XI fig. 1, 8, 9). Bei den jüngeren finden wir dann entweder eine starke Zusammendrängung von wenigen, aber dafür kräftig gebauten Finger am Mund unter gleichzeitiger Reduktion ihrer Zahl unter 5 oder eine radiäre Ausdehnung der Fingeransätze unter grosser Vermehrung derselben über das ganze Thecalskelet.

Durch diese Verschiedenheiten in der Entfaltung der Ambulacra, der Form der Theca, der Entwicklung des Stieles und der Lage des Afters wird in diesem Verwandtschaftskreise eine solche Mannigfaltigkeit der Körperform hervorgerufen, wie sie sonst kaum innerhalb einer Klasse der Echinodermen auftritt. Wir würden diese so mannigfach gestalteten Typen auch nur schwer als zusammengehörig erkannt haben, wenn sie nicht eben durch ihre gemeinsame Art der Porenbildung ihre phylogenetische Einheitlichkeit bewiesen.

b) Das Thecalskelet.

Die Zusammensetzung der Theca ist in diesem Formenkreise bisher nur im Allgemeinen betrachtet worden. Man hat zwar gewisse Formen mit wenigen Porenrauten und relativ grossen Platten und solche mit vielen Porenrauten und relativ kleinen Platten einander gegenübergestellt; auch hat man bei einigen der ersteren eine gewisse Anordnung in horizontalen Kränzen festgestellt, aber die Regel dieser Zusammensetzung nicht erkannt und besonders verfolgt. Das genauere Studium dieses Thecalbaues ergab nun, dass der grössere Theil der Dichoporiten, namentlich die ältesten Vertreter derselben, eine durchaus regelmässige Zusammensetzung der Theca aus einem viertheiligen Basalkranz und 4 fünftheiligen darüber liegenden „Lateral"-Kränzen besassen. Zu diesen gehören die Chirocriniden, die Pleurocystiden, die Scoliocystiden und die Callocystiden. Trotz weitgehender Aenderungen in Grösse, Form und Lage liessen sich die genannten 24 Elemente der Theca bei diesen Formen mit Sicherheit nachweisen. Die Gattung *Cystoblastus* zeigte von diesem Schema nur eine unerhebliche Abweichung, sodass ihre Zugehörigkeit zu dem genannten Verwandtschaftskreise keinem Zweifel unterligen konnte.

Die übrigen Dichoporiten zeigen drei verschiedene Typen. Die Caryocriniden besassen einen regelmässig viertheiligen Basalkranz, aber in den darüber liegenden Plattenkränzen einen abweichenden, im Wesentlichen sechstheiligen Bau. Bei den Echinosphaeriden fand sich gelegentlich noch eine viertheilige Basis, darüber aber die Zahl der Platten sehr vermehrt und deren Anordnung durchaus regellos. Die noch wenig bekannten Tetracystiden (*Rhombifera* BARR., z. Th. *Tiaracrinus* SCHULTZE) zeigen zwar im Ganzen einen viertheiligen Habitus, aber im Besonderen durchaus aberrante Verhältnisse.

Die bisherige Auffassung dieser Unterschiede ging wohl allgemein dahin, dass die grössere Zahl und Regellosigkeit der Thecalelemente primitiver sei, als deren geringe Zahl und relativ regelmässige Anordnung.

Solange man unter dem bestimmenden Einfluss der Zuchtwahl-Hypothese annahm, dass alle Theile des Organismus in regelloser Variabilität für spätere Funktionen gewissermaassen im Vorschuss geliefert würden, musste es scheinen, dass die Natur in der grossen Zahl regellos-gelagerter Skeletstücke der Zuchtwahl das indifferent-variirende Material zur Verfügung stellte, aus dem sich in den einzelnen Formenreihen allmählich bestimmtere zweckmässige Differenzirungen herausbilden könnten.

Stellen wir uns im Verfolg der bisherigen Auffassung vor, dass der phyletische Ausgangspunkt der Dichoporiten bei den irregulären Echinosphaeriden läge, so müsste sich die Regularität im Thecalbau der Chirocriniden und ihrer Verwandten sekundär aus der Irregularität entwickelt haben. Nun ist aber nicht der geringste Grund einzusehen, der eine solche Regulirung veranlasst haben könnte. Der einzige Faktor, der überall bei Pelmatozoen in unerschöpflicher Mannigfaltigkeit regulirend auf das Thecalskelet einwirkt, ist das Ambulacralsystem bezw. dessen freie Ausstülpungen als Arme im weitesten Sinne. Nun sind aber die Ambulacra gerade bei den Echinosphaeriden, Caryocriniden und Tetracystiden, sowie bei denjenigen Regulären, die ihnen ihrer Gesammtform nach am nächsten stehen, wie *Scoliocystis*, *Erinocystis*, *Echinoencrinites*, so apentamer gebaut, wie nur möglich. Trotzdem nähert sich der Skeletbau der Caryocriniden sehr der Regularität und die eben genannten regulären Formen zeigen diese scharf ausgeprägt. Ausserdem tritt die Annäherung an die Regularität im Basalkranz auf, selbst *Echinosphaerites* hat gewöhnlich 4 Basalia wie die Regulären. Nun wird aber gerade der Basalkranz von dem wechselnden Einfluss der Ambulacralorgane überall bei Pelmatozoen am wenigsten beeinflusst, seine Zusammensetzung ist daher bei den Cladocrinoideen, den Carpoideen und Blastoideen so ausserordentlich konservativ, dass sie vorzügliche Anhaltspunkte für die Systematik liefert. Dass also hier umgekehrt wie sonst überall die Regulirung mit der Aenderung des Basalkranzes eingesetzt haben sollte, ist mehr als unwahrscheinlich.

Für die umgekehrte Auffassung, dass die Irregularität des Thecalskeletes sekundär aus einer vorher regulären Ordnung hervorgegangen sei, bieten sich keinerlei Schwierigkeiten. Zunächst finden sich für einen solchen Process klare Analoga. Die carbonische Gattung *Acrocrinus* erweist sich ihrem sonstigen Bau nach als echter Actinocrinide, aber ihr Kelch ist, von dem für die Familie typischen dreitheiligen Basalkranz abgesehen, durchaus irregulär geworden. Unter den Pentacrinoideen zeigt sich ein ähnlicher Fall in dem Kelchskelet der Calceocriniden, einer neuen inzwischen von mir gefundenen Familie, und den Triacriniden. Bei den beiden letztgenannten bewahrt dabei der Basalkranz im

Anfang noch seine Pentamerie. Bei den differenzirteren Formen geht auch sie schliesslich verloren.

Wenn wir die verschiedenen Formen des Thecalbaues vergleichend anatomisch in eine Reihe bringen, so vermittelt offenbar der Typus der Caryocriniden den der Regulären mit dem der Echinosphaeriden. Während der letztere ganz regellos ist, unterscheiden sich die Caryocriniden von dem der Regulären wesentlich nur dadurch, dass im untersten Lateralkranz nicht 5, sondern 6 Platten vorhanden sind. Die eingeschaltete Platte liegt am After, wie sich aus einem Vergleich der Diagramme ihres Thecalbaues ergiebt. Nun ist die Einschaltung analer Platten in den Kelchverband eine der gewöhnlichsten Erscheinungen sowohl bei Pentacrinoideen wie bei Cladocrinoideen, es ist also in keiner Weise befremdlich, dass sich dieser Process auch hier eingestellt hat.

Wenn wir mit dem Thecalbau der Caryocriniden denjenigen von *Caryocystites*, der zu den älteren Echinosphaeriden gehört, vergleichen, so ist der Unterschied nicht allzu gross. *Caryocystites granatum* besitzt vier Basalia und darüber ziemlich grosse Lateralia in relativ geringer Zahl. Der unterste Lateralkranz weist 7 Platten auf, der darüber folgende etwa 7, der dritte 6—8 und ein vierter etwa 5—7. Allerdings lassen sich diese oberen Kränze nicht mehr scharf auseinanderhalten, wie dies ja auch bei verschiedenen jüngeren Regulären zur Unmöglichkeit wird. Mit den Caryocriniden verglichen ist die Zunahme der Plattenzahl und Irregularität von *Caryocystites* relativ gering. Dass sie überhaupt eingetreten ist, steht vielleicht im Zusammenhang mit der extremen Verzerrung, welche die ganze Theca hier erfahren hat. Derselbe Process, der bei den Caryocriniden nur zur Einschaltung einer analen Vertikalreihe von Platten führte, könnte also hier einen totalen Zerfall der Ordnung veranlasst haben. War dieser einmal eingetreten, so war jedenfalls zu der ganz regellosen Plattenzahl und Anlage bei den übrigen Echinosphaeriden nur ein Schritt. Aeltere Vertreter derselben, wie *Caryocystites* und *Heliocrinus*, zeigen dabei eine sehr viel geringere Plattenzahl als *Echinosphaerites*, dessen jüngste Arten wie *E. pirum* (Taf. VIII fig. 1) jedenfalls die höchste Plattenzahl und Irregularität ihrer Anordnung erreichen.

Die ältesten Caryocriniden und *Amorphocystis* nähern sich übrigens auch in der Gesammtform der Theca der regulären Gattung *Scoliocystis*, so dass deren Typus *S. pumilus* von ihrem ersten Beschreiber, Eichwald, direkt zu *Caryocystites* gestellt wurde, von dem damals unsere Gattung *Amorphocystis* noch nicht getrennt war.

c) Die Stielbildung.

Solange man den Stiel als eine sekundäre Ausstülpung des Echinodermenkörpers betrachtete und die Cystoideen für die Stammformen der Pelmatozoen hielt, lag es nahe, unvollkommene Stielbildungen der letzteren für primitiv und für die ersten Anfänge dieses Organes zu halten. Diese Auffassung wird dadurch hinfällig, dass bereits im mittleren Cambrium Pelmatozoenstiele vorliegen, die eine viel reichere Differenzirung aufweisen als jene unvollkommenen Stielbildungen silurischer Cystoideen. Wenn wir hiernach diese durch nichts berechtigten Vorurtheile fallen lassen und die Stielformen der Dichoporiten objektiv betrachten, lassen sich zunächst drei Typen unterscheiden.

Der uns zuerst, d. h. bei den ältesten Dichoporiten entgegentretende Stieltypus ist sehr komplicirt gebaut. Leider ist derselbe noch nicht vollständig im individuellen Zusammenhang gefunden worden. Man hat aber den oberen und mittleren Theil an Theken verschiedener Formen ansitzend gefunden, sodass wenigstens diese Abschnitte gut bekannt sind. Ausserdem finden sich mit jenen zusammen an verschiedenen Fundpunkten Wurzeln, die ihrer ganzen Form, Grösse und Häufigkeit nach zu jenen gerechnet werden können. In dieser Vollständigkeit liegen die Stieltheile von den Gattungen *Chirocrinus* und *Echinoencrinites* vor. Taf. X fig. 14, XI, XII und XIII habe ich einige Theken mit ansitzenden Stielfragmenten abgebildet, andere finden sich noch in der VOLBORTH'schen Sammlung (Akad. Petersburg), dem Berliner Museum für Naturkunde und der Sammlung der Akademie in Stockholm. Alle diese zeigen im Wesentlichen übereinstimmende Verhältnisse.

Der oberste Stielabschnitt macht den Eindruck einer Reihe ineinander geschalteter Trichter. Schon ALEXANDER V. VOLBORTH verglich diesen Theil mit einem Teleskop und liess sich durch die äussere Aehnlichkeit dieses Abschnittes mit den obersilurischen Cornuliten von WENLOCK verleiten, letztere ebenfalls als Cystoideenstiele auszugeben. Das ist wohl längst als Irrthum erkannt worden; auch der Bau der betreffenden Stielabschnitte ist nicht so einfach, wie dies VOLBORTH annahm, und wie dies in der That bei oberflächlicher Betrachtung scheint. Es sind, wie nebenstehende Figur 34 zeigt, nicht Ringe ineinandergeschoben, sondern jeder zweite Ring ist mit einem abwärts gerichteten Kragen versehen, der selbst noch über den Oberrand des nächsten „Kragengliedes" hinweggreifen kann. Die kragenlosen Zwischenglieder sind so klein, dass sie aussen nur an starken Biegungen des Stieles sichtbar werden. Dadurch, dass die sonst mühlsteinförmigen Glieder innen unverkalkt und daher ringförmig bleiben, ist das Lumen des Axialraumes sehr weit. Darin zeigt sich offenbar wie bei allen älteren und primitiven Stielbildungen noch ein primär einfaches Verhalten. Nicht nur für das weite Lumen, sondern auch für das Alterniren verschieden grosser Glieder und eine Kragenbildung der grösseren Ringglieder finden wir die vollste Homologie in dem Stielbau älterer Cladocrinoideen. Der einzige Unterschied beider Ausbildungsformen beruht nur darin, dass bei den Cladocrinoideen meist mehrere Systeme verschieden grosser Glieder in einander geschaltet sind. Das ist unwesentlich und offenbar nur als höhere Specialisirung des einfachen Abwechsels erworben.

Wie der untere Theil des Stieles beschaffen war, ist, wie gesagt, nicht direkt im Zusammenhang zu beobachten. Aber schon der Umstand, dass der Stiel aller Individuen in einer gewissen Zone plötzlich endet, spricht dafür, dass diesem Abschnitt Stieltheile angehörten, welche aus kleineren, locker gefügten Plättchen zusammengesetzt waren. Ich habe nebenstehend einige solcher Fragmente abgebildet und bemerke, dass sich an den verschiedenen Fundorten in der Nähe Petersburgs mit ihnen zusammen Wurzeln finden, wie sie Fig. 35 d bis i darstellen. Wie diese Stiele sind auch die Wurzeln bei dünner Wandung innen hohl und aus zahlreichen kleinen Plättchen zusammengeschweisst. An einigen Stücken sitzen noch Stielfragmente an, deren Plättchen in regelmässige Vertikalreihen geordnet sind. Diese Art der Skeletirung ist nicht so fremdartig, als sie auf den ersten Blick erscheint; wir werden später bei Besprechung der Cladocrinoideen diesen Typus genauer kennen lernen, der übrigens schon von E. BILLINGS und anderen bei Crinoideen beschrieben worden ist. Als Beweis, dass diese Art der Skeletirung der

Stielsäule sehr primitiv ist, kann ich anführen, dass der von BARRANDE (1887, I, Taf. II fig. 34) für eine Cystoideentheca gehaltene Stielabschnitt des mittleren Cambriums diese Art der Skeletirung nicht nur aufweist, sondern auch deren Zusammenhang mit einer blasigen Hohlwurzel klar erkennen lässt.

Ich möchte übrigens nicht unterlassen, darauf aufmerksam zu machen, dass die meist pentamere Regelmässigkeit des unteren Stielskeletes nicht immer klar ausgeprägt ist. Wie Fig. 35a zeigt, unterbrechen einzelne Skeletelemente noch die Regelmässigkeit und die letztere kommt anscheinend erst dadurch zu Stande, dass den Biegungen des Stieles

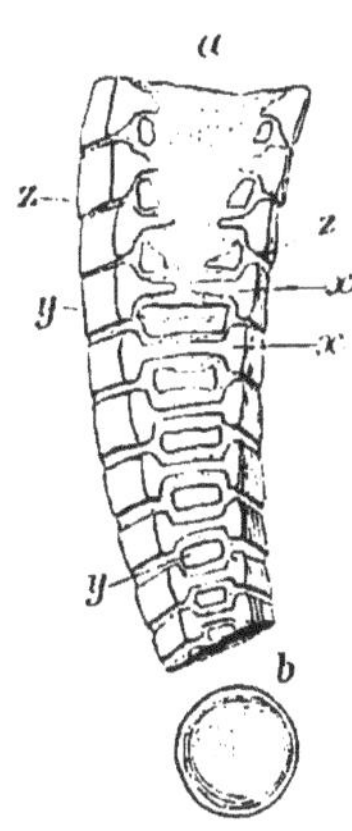

Fig. 34.

Ein Stielfragment von *Chirocrinus*.
a in Längsansicht schräg angeschliffen, b von unten im Querschnitt. x die grösseren Kragenglieder, y die kleineren Schaltglieder, z der übergreifende Kragen der ersteren. Der hohle, jetzt mit Glauconitkalk ausgefüllte Innenraum ist punktirt gezeichnet.

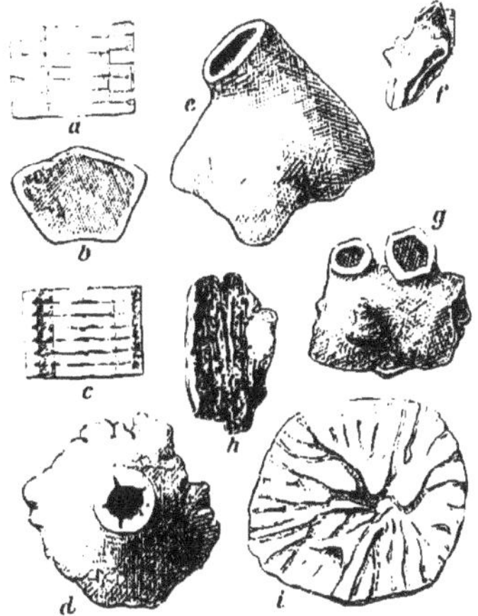

Fig. 35.

Untere Stielfragmente von *Chirocrinus* oder *Echinoencrinites*.
a Stieltheile von aussen, b von oben, c von innen, d eine Wurzel von oben, e und f g von der Seite, h und i von unten gesehen.
Alle Figuren vergrössert.

gemäss sich die Glieder in horizontale Zonen ordnen (Fig. 35c). Bei einem solchen Stielfragment aus dem obersten Untersilur von Hohenholm, Dagö, welches wir Herrn A. v. WAHL verdanken, sind die Plättchen bei einem Stieldurchmesser von 17 mm ganz regelmässig geordnet. Ob aber dieses Fragment noch einer Cystoidee angehört, war vorläufig nicht zu entscheiden.

Nachdem wir den unteren Stielabschnitt aus Plättchenreihen zusammengesetzt fanden, kann uns die Stielbildung von *Echinosphaerites* nicht mehr überraschen (Taf. VIII fig. 3, 4, X fig. 7). Bemerkenswerth ist bei derselben nur der Umstand, dass hier bei dem offenbaren Reduktionsprocess des Stieles nicht der distale, sondern der proximale Typus des Stieles obliterirte. Mit der bisherigen Auffassung der Stielbildung als einer sekundären Ausstülpung der Theca ist dieser Thatbestand schlechterdings unvereinbar, mit der hier vertretenen steht er aber im besten Einklange. Wenn der Stiel, wie es scheint, ein primär wichtiger Theil des Echinodermenkörpers ist, dann ist es sehr natürlich, dass die Hemmung seiner Morphogie an seinem specialisirtesten Theile, nämlich an seinem Uebergange in die Theca einsetzte. Sein unteres Ende, die blasig aufgetriebene Wurzel, hat in ihrem Lumen offenbar noch lange bedeutsame Funktionen ausgeübt, während der obere Theil des Stieles schon in erster Linie Träger des Körpers geworden war und sich als solcher nach innen verdickte und auch sonst durch geeignete Aenderungen der Skeletirung verfestigte. Auch zur Erörterung dieser Fragen ist eine breitere Basis erwünscht, sodass ich erst später darauf eingehen werde. Dass der Stiel der Echinosphaeriden in Rückbildung begriffen war, geht auch daraus hervor, dass er bei einzelnen sehr specialisirten Arten, wie *E. granulata* des englischen Silur, ganz verkümmert ist, sodass sich dessen Theca unmittelbar auf Fremdkörpern, wie z. B. Brachiopoden, befestigt.

d) Die Thecalporen.

Da ich glaube, durch die Besprechung der Thecalporen pag. 104 bis 124 den Nachweis erbracht zu haben, dass einerseits die Dichoporen nur bei den Dichoporiten vorkommen und andererseits ihre verschiedenen Ausbildungsformen mit einander in morphogenetischem Zusammenhang stehen, so wird es jetzt für uns wesentlich darauf ankommen, das gegenseitige phyletische Verhältniss ihrer einzelnen Ausbildungsformen genauer zu untersuchen.

Die Thecalporen der Dichoporiten lassen sich auf zwei Haupttypen zurückführen. Der eine derselben findet sich bei den Chirocriniden, Cystoblastiden, Scolioeystiden, Pleurocystiden, Callocystiden, Rhombiferiden und Caryocriniden und ist dadurch ausgezeichnet, dass die einzelnen Poren aus einer einwärts gerichteten Skeletfalte bestehen, deren Lumen mit der Aussenwelt durch Schlitze oder je zwei Kanäle kommunicirt. Diesem Typus steht derjenige der Echinosphaeriden gegenüber, bei denen die subthecalen Innenfalten fehlen, und die von innen aufsteigenden Kanäle aussen abgeschlossen sind. Diese beiden Typen erscheinen hiernach so verschieden, dass eine Verbindung beider nicht ohne Weiteres einleuchtet. Demgegenüber sind aber folgende Thatsachen zu berücksichtigen.

Zunächst fällt die übereinstimmende Anordnung der Poren beider Typen schwer ins Gewicht. Die diesbezügliche Uebereinstimmung in dem recht komplicirten Verhältniss der Poren zu den Thecalplatten ist eine absolute, und Ausnahmen von dem Gesetz dieser pag. 105 charakterisirten Anordnung auch bei den aberrantesten Echinosphaeriden nicht zu finden.

Zweitens ist zu beachten, dass der Gegensatz zwischen den beiden Typen durch einige Zwischenformen überbrückt erscheint. *Caryocystites geometrica* (Taf. IX fig. 6. Textfigur 22 d. 23 k) reiht sich mit dem Mangel von Innenfalten fraglos dem Typus der Echinosphaeriden ein, aber einerseits sind seine Porenkanäle hier aussen nicht abgeschlossen, wie bei *Echinosphaerites*, und andererseits steht die Reihe aufsteigender Porenkanäle doch dem einheitlichen Porenschlitz sehr viel näher als die endständige Anordnung je zweier Kanäle in den Poren der übrigen Echinosphaeriden. Auch die Porenbildung der Caryocriniden nimmt eine vermittelnde Stellung ein, insofern deren Porenkanäle im Gegensatz zu denen der regulären Dichoporiten rund im Querschnitt sind und ausserdem aussen durch eine Siebbildung einen gewissen Abschluss erfahren. Also auch von Seiten des erstgenannten Typus finden sich Uebergänge zu dem der Echinosphaeriden und zwar wie bei *Caryocystites* auch hier zugleich in mehreren Punkten.

Wenn wir dann den einen nicht überbrückten Gegensatz in der Existenz bezw. dem Mangel der Innenfalten vom physiologischen Standpunkt aus betrachten, so kommen wir, wie pag. 111 gezeigt wurde, zu dem Resultat, dass bei den Echinosphaeriden Räume vorhanden sein mussten, die den Innenfalten des ersten Porentypus entsprachen und nur durch den Mangel einer Wandverkalkung nicht mehr nachweisbar sind. Unter allen Umständen sprach die oft trompetenartige Ausmündung der Porenkanäle an der Innenfläche der Thecalwand dafür, dass die betreffenden Organe hier nicht abgeschlossen waren, sondern irgend eine Fortsetzung unterhalb der Theca besassen. Wie diese auch morphologisch beschaffen sein mochte, in jedem Falle mussten sie den Innenfalten entsprechende Räume bilden. Dass Uebergänge von dem Besitz zu dem Mangel der Innenfalten bisher morphologisch nicht nachweisbar waren, verliert übrigens dadurch an diagnostischem Werth, dass wir die Innenfalten bisher überhaupt nur bei sehr günstigem Erhaltungszustand nachweisen konnten.

Verfolgen wir schliesslich die Entwicklungstendenzen, die sich in den Differenzirungen der beiden Porentypen geltend machen. Schon innerhalb der Chirocriniden zeigt sich die Tendenz, die Porenschlitze durch eine Porenbrücke nach aussen abzuschliessen und die Kommunikation des Lumens der Innenfalten mit der Aussenwelt auf distal gestellte „Porenkanäle" zu beschränken. Derselbe Process, der hier in *Chirocrinus interruptus* Taf. X fig. 9) eine eigenthümliche Unterbrechung erfährt, zeigt sich in analoger Weise in der Zerlegung der Porenschlitze in Kanalreihen bei *Caryocystites geometricus* (Taf. IX fig. 6) wiederholt. Auch die Siebbildung, welche sich an der Ausmündung der Kanäle bei den Caryocriniden einstellt, kommt einem äusseren Abschluss der Porenkanäle nahe; wenigstens werden dadurch die Funktionen der Poren bei Aufnahme des Meereswassers unter die Oberfläche der Theca verlegt. Von einer solchen Ausbildung ist dann bis zu der beiderseitigen Vereinigung dieser Abschlussräume je zweier Kanäle nur ein Schritt. Auch innerhalb der Echinosphaeriden setzt sich diese Differenzirungstendenz fort. Bei *Heliocrinus* und *Amorphocystis* ist im Gegensatz zu *Caryocystites* ein äusserer Abschluss der Poren durch eine Skeletschicht zwar vorhanden, er scheint aber gelegentlich noch unvollständig zu sein. Ich kann mir wenigstens nicht in allen Fällen die schlitzartigen Oeffnungen der subepithekalen Tangentialkanäle durch ungünstigen Erhaltungszustand erklären. Unzweifelhaft ist ferner, dass der Abschluss bei der Gattung *Echinosphaerites* stärker geworden ist. Wie ich pag. 73 an Fig. 12 zeigte, legen sich bei *Echinosphaerites* mindestens drei verkalkte Lagen der Epithek ununterbrochen über die porentragende Stereothek. Wenn in der That, was ich wie gesagt bisher nicht feststellen konnte, bei den von Barrande als *Deutocystites* beschriebenen Echinosphaeriten die Poren ganz obliterirt wären, so würde sich dieses Stadium als Ende des ganzen Abschluss- und Reduktionsprocesses der Poren der Entwicklungstendenz der Echinosphaeriden vorzüglich gut anfügen.

Für diese Auffassung, dass die Porenbildung bezw. deren Mangel bei den Echinosphaeriden auf sekundärer Rückbildung beruht, finden wir eine Stütze in dem analogen Umbildungsprocess der Poren einiger Diploporiten. Wir werden in *Aristocystites* und ihren jüngeren Verwandten in Amerika (Taf. IV fig. 2) Formen kennen lernen, bei denen eine hohe Specialisirung der Doppelporen (Fig. 25 pag. 115) zur Bildung subepithekaler Rinnen und schliesslich zum äusseren Abschluss dieser letzteren durch eine epithekale Skeletschicht führt. Auch dort finden wir also diese Differenzirungen am Ende der Entwicklungsreihe.

Die Klärung dieser Frage ist von besonderer Bedeutung, weniger deshalb, weil die bisherige Auffassung dem entgegenstand, als deshalb, weil die Echinosphaeriden in der allseitigen Vertheilung ihrer Poren allem Anschein nach einen primitiven Charakter darbieten. Dass letzteres der Fall ist, können wir daraus entnehmen, dass sowohl innerhalb der meisten Formenkreise der Cystoideen eine Reduktion in der Zahl der Poren eintritt. Am auffälligsten wird sich das innerhalb der regulären Dichoporiten zeigen, auf wesentlich anderem Wege, aber nicht weniger deutlich auch bei den Diploporiten, bei denen die Poren entweder in den Interambulacren (*Dactylocystidae*) oder in den Ambulacren (*Mesocystidae*) verschwinden oder wie bei *Asteroblastus* auf bestimmten Platten lokalisirt werden. Es liegt nun nahe, anzunehmen, dass auch die Echinosphaeriden eine solche Reduktion der Zahl der Poren zeigen sollten, wenn sie den Endpunkt der Porenentwicklung kennzeichnen. Das erscheint uns um so natürlicher, als wir im Allgemeinen nach der Selektionstheorie geneigt sind, den Ausgangspunkt für neue Formenreihen an das Ende der älteren zu verlegen. Diese Auffassung steht aber im Widerspruch mit unzähligen Thatsachen, die wir gerade in der Stammesgeschichte der Pelmatozoen klar beobachten können. Die Abgliederung neuer Formenreihen erfolgte in der Regel am morphologischen Ausgangspunkt der älteren. Dafür werden wir gerade bei den Dichoporiten ausgezeichnete Beispiele finden, wo sich z. B. die Abstammung der Blastoideen durch *Cystoblastus* von den älteren *Chirocrinus*-Arten und damit von der Wurzel der Dichoporiten absolut sicher nachweisen lässt. Da wir nun bei den ältesten Regulären die grösste Porenzahl und eine nahezu allseitige Vertheilung derselben finden, so können eben jene allseitig vertheilten Poren sehr wohl auf die ältesten Vertreter der Irregulären übergegangen sein. Auch auf die Blastoideen gehen ja fast sämmtliche Poren von *Cystoblastus* über. Dadurch, dass die Poren der Echinosphaeriden im Einzelnen nicht vervollkommnet werden wie bei den regulären Dichoporiten, sondern eine gleichmässige Rückbildung erfahren, erklärt sich, dass sie sich nicht untereinander verschieden differenzirten. Dazu kommt, dass wir zur Erklärung verschiedener Eigenschaften der Echinosphaeriden (z. B. ihre Finger- und Stielbildung) die Annahme machen müssen, dass ihre Organisation auf eine Hemmung ihrer ontogenetischen Entwicklung zurückzuführen ist. In früheren ontogenetischen Stadien muss aber die primäre allseitige Ausbildung von Poren noch als phyletisch ererbte Tendenz wirksam gewesen sein. Wenn sie sich auf dieser phyletisch zurückliegenden Basis ontogenetisch erhielt, so ist darin meines Erachtens nichts Auffälliges zu erblicken.

In diesem Gegensatz der Porenentwicklung gegenüber dem regulären Typus liegt jedenfalls eines der wichtigsten Momente für die Sonderstellung und Entwicklung der Echinosphaeriden. Wir haben, wie gesagt, keinen Grund, die Porenbildung dieser Familie derjenigen der übrigen Dichoporiten principiell gegenüberzustellen. Wenn sich ihr Porentypus schon an der Wurzel der Dichoporenentwicklung selbständig machte, so konnte er schon deshalb am ehesten eine rückläufige Entwicklungstendenz einschlagen, als die Bildung und Bedeutung der Poren als physiologisch wichtiger Organe überhaupt erst im Entstehen begriffen war.

Die besonderen Eigenschaften der Poren werde ich bei Besprechung der einzelnen Unterabtheilungen erörtern.

e) Das Ambulacralsystem.

In keiner Abtheilung der Echinodermen zeigt die Entfaltung der Ambulacra so wechselnde Bilder wie innerhalb der Dichoporita. Neben regelmässig pentamerer Entwicklung zeigen sich vier, drei und zwei Strahlen entfaltet, die übrigen spurlos unterdrückt. Die gleiche Regellosigkeit herrscht in der Entfaltung des einzelnen Radiärstammes: hier mit vielen Seitenzweigen über das Thecalskelet geschoben, zeigt ein Strahl in anderen Formen nur einen Seitenzweig, in anderen wieder erhebt er sich unmittelbar am Munde ungetheilt auf einem kräftigen Finger, deren wir an den vorhergenannten bisweilen mehrere Hundert zählen.

Bei der morphologischen Bedeutung, die sonst die Entfaltungsart des Ambulacralsystemes für die Beurtheilung der Pelmatozoen beanspruchen kann, muss es befremden, dass solche Verschiedenheiten innerhalb einer Ordnung vorkommen sollen. Die Berechtigung dieser letzteren als phyletische Einheit muss dadurch fraglich erscheinen. Solche Bedenken wären berechtigt und unstreitig zu berücksichtigen, wenn nicht dieselben Verschiedenheiten, die sich hier innerhalb der ganzen Ordnung zeigen, schon innerhalb ihrer enger geschlossenen Unterordnung der Regularia hervorträten. Da innerhalb dieser engeren Grenzen alle jene Ausbildungsformen und Gegensätze nebeneinander vorkommen, kann ihr Nebeneinander in dem nächst weiteren Verwandtschaftskreise natürlich kein Befremden erregen. Da die Beurtheilung dieser Verhältnisse von dem Nachweise der engen Zusammengehörigkeit der Regularia abhängt, und dieser erst bei Besprechung der letzteren erbracht werden kann, beschränke ich mich zunächst auf obigen Hinweis, dass die Mannigfaltigkeit der Ambulacralorgane innerhalb der Dichoporita nicht grösser ist als innerhalb der, wie sich später zeigen wird, unzweifelhaft einheitlichen *Dichoporita regularia*.

Zur Charakteristik der einzelnen Unterabtheilungen der Dichoporiten bemerke ich nach dieser Richtung nur, dass das Ambulacralsystem der Echinosphaeriden morphologisch gleichsteht demjenigen der regulären Pleurocystiden, während dasjenige der Caryocriniden durch eine kleine Eigenthümlichkeit einen Typus für sich bildet. Nahezu ganz unbekannt ist bisher das Ambulacralsystem der Tetracystiden, doch lässt sich aus den Fingeransätzen bei *Rhombifera* Barr. nicht der Schluss ziehen, dass sie wesentlich neue und eigenartige Verhältnisse darboten. Ein Gegensatz ergiebt sich im Ganzen nur darin, dass bei den irregulär gebauten Dichoporiten die Finger in der Nähe des Mundes koncentrirt bleiben und meist in geringer Zahl, aber stattlicher Grösse vorhanden sind, während bei den meisten regulären Dichoporiten die Ambulacralstämme in verzchiedener Weise radiär ausgebreitet und mit sehr zahlreichen Fingern versehen sind.

Wie in diesem Punkte, so verweise ich auch bezüglich des Verhältnisses der Ambulacra zu dem Thecalskelet auf die Darstellungen pag. 81 und 95. Hinsichtlich des letzteren Verhältnisses möchte ich besonders darauf aufmerksam machen, dass bei den ältesten regulären Dichoporiten zunächst eine sehr lebhafte Einwirkung der Finger auf die Theca sichtbar ist, dass aber bei den jüngeren und specialisirteren Formen eine solche allgemein verloren geht. Bei *Chirocrinus* prägt sich die Einwirkung der ambulacralen Organe nicht nur in der fest regulirten Zusammensetzung des Thecalskeletes, sondern auch äusserlich in den Spannleisten aus, die von den Fingergruppen aus abwärts über die Platten verlaufen (Taf. XI fig. 1, 8, 9). Bei jüngeren Regulären wie *Scoliocystis* (Taf. XI fig. 10a), deren Finger am Munde zusammengedrängt waren, werden diese Leisten schwach und undeutlich, bei noch specialisirteren Formen, wie *Pleurocystites* (Taf. XII fig. 6, XIII fig. 20, X fig. 15, XIII fig. 2), zu bedeutungslosen Verzierungen.

Unter den Irregulären treten nur noch bei *Hemicosmites* unter den Caryocriniden solche Einwirkungen hervor (Taf. XVII fig. 6), indem sich unter den Ansatzstellen der drei Hauptfinger Vorsprünge auf 3 Platten des zweiten Lateralkranzes bilden. Bei den jüngeren Caryocriniden hört diese Wirkung auf; nachdem sich die Fingeransätze schon bei den jüngeren Arten von *Hemicosmites* (Taf. XVII fig. 7, 8) am oberen Pol der Theca zusammengezogen haben, verlieren sie bei *Corylocrinus* jede Einwirkung auf das Skelet (Taf. XVII fig. 4, 3a, 2). Im gleichen Stadium der Indifferenz wie die letztere Gattung befinden sich die Tetracystiden (Taf. X fig. 8), während die Echinosphaeriden noch über dieses Stadium hinausgegangen sind, indem ihre Fingeransätze auf einer halsartigen Protuberanz der eigentlichen Thecalkapsel entrückt sind (Taf. VIII fig. 5, IX fig. 4).

Wie in anderen Organisationsverhältnissen liegt auch hier ein bemerkenswerther Gegensatz zwischen den regulären und den irregulären Dichoporiten darin, dass sich innerhalb der ersteren alle Etappen einer regressiven Umbildung verfolgen lassen, bei den irregulären aber — von der einen Erscheinung bei *Hemicosmites* abgesehen — uns von Anfang an abgeschlossen entgegentreten.

f) Das Darmsystem.

Der After irrt, wenn ich so sagen darf, ruhelos am Körper der Dichoporiten umher, kaum zwei Gattungen verhalten sich bezüglich seiner Lage gleich, und die Grenzen der Verschiebung sind selbst innerhalb der einzelnen Unterabtheilungen ganz überraschend weit. Von oben nach unten wechselt seine Lage um die ganze Höhe der Theca. Bei *Pleurocystites* mit dieser bis unter das Niveau des Stielansatzes heruntergezogen (Taf. XII fig. 4—6), liegt der After bei anderen wie *Caryocrinites* am höchsten Punkte der Theca (Taf. XIII fig. 2, 3). Mit der in anderen Abtheilungen der Pelmatozoen allein vorkommenden Verschiebung in der Vertikalen ist aber die Mannigfaltigkeit der Lage des Afters hier nicht erschöpft. Ursprünglich wie bei allen Pelmatozoen an die Lage des Parietalseptum gebunden (pag. 131 und Fig. 28 pag. 126) und in solarer Richtung vor demselben gelegen, verschiebt sich der After bei einzelnen regulären Dichoporiten (vergl. die Diagramme Fig. 36) so weit kontrasolar, dass er bis in den Interradius III : IV geräth. Andererseits ist der After bei den Echinosphaeriden in solarer Richtung über die Lage des Parietalporus hinausgeschoben (Taf. VIII fig. 5, 19) und muss also, da er das Parietalseptum nicht durchbrochen haben kann, dasselbe unterhalb der Primärporen zu einer starken Ausbiegung in solarer Richtung veranlasst haben. Somit verschiebt sich die Lage des Afters in horizontaler Richtung etwa bis um die Breite zweier Radien eine sonst bei Echinodermen ganz unbekannte Regellosigkeit.

Dass die Verschiebungen des Afters keine zufälligen sind, geht daraus hervor, dass dieselben in den verschiedenen Formenreihen ganz bestimmte Tendenzen zeigen, und dass der After eben kein Organ für sich ist, sondern den Darm hinter sich hat, dessen Form und Lage von grosser Bedeutung für die Raumvertheilung der übrigen Organe innerhalb der Theca ist. Wie entscheidend solche Verschiebungen werden können, sehen wir an den Umformungen der irregulären Echiniden. Bei den regulär gebauten Pelmatozoen, d. h. Cladocrinoideen, Pentacrinoideen, Blastoideen und Thecoideen finden wir in dieser Hinsicht sehr stabile Verhältnisse und zwar liegt bei ihnen, wenn wir von den abweichend geformten Carpoideen absehen, der After im oberen Theile der Theca im Interradius I : V. Störungen dieses Verhältnisses, wie sie ganz vereinzelt z. B. bei den Gastrocriniden vorkommen (vergl. JAEKEL, 1895, 1, 73), gehen Hand in Hand mit sonstigen Anomalien und können solche Typen zu mehr oder weniger ausgeprägten Krüppelformen (l. c. f. 24 p. 77) machen.

Wenn wir nun im Gegensatz zu diesen stabilen Verhältnissen die grösste Unregelmässigkeit in der Afterlage bei den Dichoporiten antreffen, so muss darin ein tiefgreifender Unterschied zwischen Cystoideen und den genannten Typen beruhen. Im Einzelnen zeigt sich nun, dass diejenigen Formen die unregelmässigste Gestalt besitzen, bei denen der After am stärksten nach abwärts oder nach der Seite verschoben ist (Taf. XII fig. 4–6, XIII fig. 6). Andererseits zeigt sich bei den Caryocriniden eine zunehmende Annäherung an den Crinoiden-Habitus in dem Maasse, wie der After nach oben rückt (Fig. 31 pag. 133).

Bei denjenigen Formen, bei denen er eine hohe Lage einnimmt, wie bei den Echinosphaeriden, bleibt diese und damit auch die Gesammtform des Körpers auffallend konstant (Taf. XVII). Auch in der Reihe von *Cystoblastus* zu den Blastoideen sehen wir den After an den Oberrand der Theca rücken. Allem Anschein nach ist also die hohe Lage des Afters am wenigsten störend für die sonstige Organisation. Andererseits liegt es wohl auf der Hand, dass das unstäte Umhertasten eines Organes auf dem Mangel einer gefestigten Korrelation der Theile im Körper beruhen, und die Herstellung einer solchen Korrelation in jedem Falle vor neue Aufgaben stellen muss. Diese Aufgaben sind innerhalb der regulären Dichoporiten in mannigfaltigster Weise gelöst, wie ein Blick auf die Diagramme ihres Thecalbaues Fig. 36 lehrt. Dass die in solchen Fällen, wie z. B. bei *Pleurocystites*, *Erinocystis* und *Cystoblastus* hergestellte Korrelation nicht gut gefestigt und tief begründet sein konnte, geht schon daraus hervor, dass keine dieser Formen sich längere Zeit erhielt.

Für die Lage des Afters ergeben sich sonach innerhalb der Dichoporiten folgende Verhältnisse. Bei den ältesten Formen liegt der After an der Seite und bildet dabei eine ziemlich grosse Lücke in dem Thecalskelet, die offenbar biegsam skeletirt war (*Chirocrinus* Taf. XI fig. 2). Während nun innerhalb der Cystoblastiden, Scoliocystiden, Pleurocystiden und Callocystiden seine Lage in verschiedenster Weise wechselt, bald hoch bald tief, bald rechts bald links ist und seine Form bald riesig gross, bald winzig klein ist, finden wir in den übrigen Formenkreisen entweder eine allmähliche Verschiebung nach oben (*Caryocrinidae*) oder eine sich gleichbleibende Lage des Afters in der Nähe des Mundes (*Echinosphaeridae, Rhombifera* BARR.). Da uns übrigens die Caryocriniden die allmähliche und die Blastoideen die plötzliche Verschiebung des Afters nach oben zeigen, liegt nicht der geringste Grund vor, die hohe Lage des Afters bei den Echinosphaeriden und Tetracystiden für primär zu halten. Da die Chirocriniden mit tieferer Lage des Afters älter sind als die genannten, spricht die Wahrscheinlichkeit vielmehr dafür, dass jene Verschiebung bei den Echinosphaeriden und Tetracystiden sekundär, wenn auch im Gegensatz zu den Caryocriniden plötzlich erfolgte.

Ueber die Erhaltung innerer Darmwandungen bei *Caryocrinites* habe ich bereits pag. 136 gesprochen und nur noch daran zu erinnern, dass dieser Fund durchaus isolirt geblieben ist. Wir werden nur im Allgemeinen berechtigt sein, anzunehmen, dass sich die übrigen Dichoporiten diesem Verhalten relativ näher anschlossen als die übrigen Cystoideen.

g) Der Parietalporus und der Madreporit.

Während die regulären Dichoporiten in der Kombination des Madreporiten mit dem Parietalporus und der Reduktion beider alle möglichen Stadien vertreten, zeigen sich bei den irregulär gebauten Formen konstante Modifikationen des ursprünglichen pag. 101 besprochenen Verhaltens. Bei den Echinosphaeriden ist ausnahmslos nur ein wohlentwickelter, mit einer drei-, seltener vierseitigen Klappenpyramide geschlossener Porus vorhanden. Wir haben denselben als Porus des Parietalorganes angesprochen (pag. 138) und wegen seines offenbar wohl funktionirenden Verschlusses und nach Analogieen lebender Pelmatozoen auch als Ausmündung des primären Steinkanales gedeutet. Bei den Caryocriniden tritt sehr früh eine totale Verkümmerung beider Poren ein. Bei dem untersilurischen *Hemicosmites* sind noch gelegentlich Narben an der betreffenden Stelle bemerkbar, und bei einem pathologischen Exemplar zeigt sich sogar eine stark vortretende Oeffnung, aber bei anderen Individuen der gleichen Arten ist keine Spur mehr von solchen Poren zu finden. Ihre Reduktion muss also wohl bei der Entstehung dieses Formenkreises eingetreten und das gelegentliche Vorkommen von Poren als individueller Atavismus anzusehen sein.

Wenn wir diese Erscheinungen mit den Ausbildungen und Rückbildungsetappen der Primärporen bei den regulären Dichoporiten vergleichen, so muss das Verhalten der letzteren auch physiologisch als das primärere erscheinen, insofern in der Regel das ruhelose Wechseln bei Vor- oder Rückbildungsprocessen als Versuche des Organismus einer principiellen Entscheidung in bestimmten Richtungen vorangeht.

Bezüglich des Parietalseptums verweise ich auf die pag. 126 zusammengestellten Ergebnisse.

b) Die Gliederung der Dichoporiten.

Aus den vorstehenden Hinweisen ergiebt sich, dass die Dichoporiten vier Typen enthalten, die in ihrer Gesammterscheinung und in einzelnen Organisationsverhältnissen recht erheblich von einander abweichen; es sind dies erstens die regulär skeletirten Familien der Chirocriniden, Cystoblastiden, Scoliocystiden, Pleurocystiden und Callocystiden, zweitens die Caryocriniden, drittens die Echinosphaeriden und viertens die Tetracystiden. Zwischenformen, welche sich in keine dieser Abtheilungen einordnen liessen, und deren Grenzen verwischten, sind bisher nicht bekannt. Die vier Abtheilungen bilden also in morphologischer Hinsicht sehr gut abgegrenzte Einheiten.

Die phyletische Entfaltung der Dichoporiten fügt sich den herrschenden Anschauungen über phylogenetische Entwicklungsprocesse nicht ohne Weiteres ein. Indem man durch den Begriff einer Auslese der Tüchtigsten die Zweckmässigkeit von den Individuen auf die phyletischen Reihen überträgt, verliert man jeden Maassstab für die Beurtheilung der aktiven und passiven Bildungsvorgänge im lebensthätigen Organismus, der doch allein der Träger phylogenetischer Differenzirungen ist. Infolge dessen lässt man als vorschreitende Differenzirungen im Allgemeinen nur solche gelten, die als eine Vervollkommnung des Typus der Phyle erscheinen. So rücken die in der gesammten Abtheilung vollkommensten Differenzirungen an das Ende und unvollkommene Bildungen an den Anfang der Reihen.

Der phyletische Entwicklungsgang der Dichoporiten ist mit diesen Vorstellungen nicht in Einklang zu bringen. Die Annahme, dass die regellos zusammengesetzten Dichoporiten primitiver seien als die regelmässigen, ist schon vorher pag. 180 widerlegt worden und wird bei Besprechung der einzelnen Abtheilungen näher besprochen werden. Er dürfte in erster Linie aus der Vorstellung hergeleitet sein, dass eine Irregularität bei geologisch alten Formen primär sein müsse. Hierbei spielte sicher auch der Umstand mit, dass man die Cystoideen durch Hinzurechnung cambrischer Pelmatozoentypen für sehr alt und für die Stammformen aller Echinodermen, mindestens aber für diejenigen der Pelmatozoen ansah. So übertrug sich wohl die allgemeine Vorstellung, dass man es in den Cystoideen mit einem ancestralen Typus zu thun habe, auf alle Mitglieder dieser Klasse und fand dann specielle Nahrung in Merkmalen, die man auch sonst für primär anzusehen gewöhnt war. Das traf sicher in erster Linie zu für die regellose Skeletirung und die allseitige Besetzung mit Poren, dann aber auch für den Stielmangel und die Entwicklung einer geringen Zahl von Ambulacralstämmen. Die beiden erstgenannten Punkte habe ich pag. 180 und 187 besprochen und dabei nachzuweisen gesucht, dass einerseits die Regellosigkeit des Thecalbaues durchaus nicht primär zu sein braucht und hier jedenfalls aller Wahrscheinlichkeit nach nicht ist, und dass andererseits die Porenbildung der Echinosphaeriden, welche man bisher an den Ausgangspunkt der Dichoporiten stellte, die höchste Specialisirung der Porenbildung darstellt. Bezüglich der beiden anderen Punkte kann ich wohl auf die Einleitung zu den Cystoideen pag. 77 und 80 verweisen. Dass der Stiel einen primär vorhandenen Abschnitt des Echinodermenkörpers repräsentirt, werde ich allerdings erst im zweiten Bande dieses Werkes an cambrischen Cladocrinoideen beweisen können; indess ergaben schon vergleichend anatomische und embryologische

Thatsachen die Wahrscheinlichkeit, dass der Besitz eines Stieles für ursprünglicher anzusehen ist als dessen Mangel. Die Auffassung, die NEUMAYR (1889, II, 413) vertrat und HAECKEL dadurch weiter ausführte, dass er die Pentamerie erst in den 2-, 3-, 4- und 5armigen Echinosphaeriden entstanden sein liess, steht mit zu vielen Thatsachen (vergl. pag. 81) im Widerspruch, als dass man sie noch für eine primitive Stellung von *Echinosphaerites* ins Feld führen könnte.

Ein deutliches Wort redet in dieser Frage auch die geologische Aufeinanderfolge der Formen. In Russland, wo die Entwicklung der Cystoideen so klar zu Tage liegt, treten an der Basis des Silurs im Glauconitkalk (B_2) und dem eigentlichen Vaginatenkalk (B_3) nur reguläre Formen auf, die Caryocriniden und Echinosphaeriden erscheinen dagegen erst in der nächst jüngeren Schicht C_1, dem Echinosphaeritenkalk. Genau so liegen die Dinge in Schweden. Unmittelbar über dem Ceratopygekalk, der den Glauconitsanden und Kalken entspricht, erscheint als erste Cystoidee der reguläre *Chirocrinus*, die Echinosphaeriden erscheinen auch hier wie in Russland erst in einem höheren Niveau, dem sog. Cystoideenkalk. In Böhmen fehlen die tiefsten Schichten des Silurs. Ein langer Hiatus trennt die hier zu unterst liegenden Schichten D $d_1\alpha$ von den sie discordant unterlagernden mittelcambrischen Schichten. Die erste fossilführende Bank des Silurs D $d_1\alpha$) enthält in grobkörnigen Granwacken und Konglomeraten fast nur hornschaalige Brachiopoden, deren specifische Bestimmung sonst bei gutem Erhaltungszustand schon erhebliche Schwierigkeiten bietet. Etwas günstiger zur geologischen Vergleichung liegen die paläontologischen Verhältnisse des nächst höheren Horizontes (D $d_1\beta$), der zwischen vielen Eruptivergüssen einige Eisenlager mit Fossilresten enthält. Neben einigen zweizeiligen Graptolithen (*Didymograptus*) und Conularien ist das bemerkenswertheste Fossil dieses Horizontes ein Trilobitenschwanz, der nach Jos. WENTZEL (1891, IV, 122) „die grösste Aehnlichkeit mit dem Pygidium von *Amphion Fischeri* EICHW. zeigt". Nun gehört dieser Trilobit zu den charakteristischen Formen des russischen Vaginatenkalkes (B_3 nach FR. SCHMIDT), deren Ablagerung in Russland und Schweden wie gesagt schon reguläre Dichoporiten vorangingen. In Böhmen treten nun in der Schicht D $d_1\beta$ die ersten Cystoideen auf u. zw. sind dies die ersten Diploporiten und einige dürftige Thecalfragmente mit tangentialen Porenrinnen, wie sie die Echinosphaeriden besitzen. Ein Fragment dieser Art kann man allenfalls bis auf Weiteres als *Echinosphaerites sp.* bestimmen. Die von BARRANDE als *Echinosphaerites ferrigena* beschriebene Theca stellt die primitivste Art von *Glyptosphaerites* dar. Die übrigen Diploporiten gehören den Sphaeroniden und Gomphocystiden an. Wir finden also in den Cystoideen hier total andere Formen vor wie in den älteren und gleichaltrigen Schichten Russlands. Ich habe bereits pag. 154 darauf hingewiesen, dass bei weiterer Verschleppung der Formen bezw. ihrer allein dazu geeigneten Larven in der Regel starke Umformungen derselben eintraten. Da nun eine Transgression des Meeres, wie sie in dem untersten Silur Böhmens vorliegt, mit *Amphion* auch einen typischen Trilobiten des baltischen Silurs in Böhmen eingeführt hat, könnten reguläre Dichoporiten bei der gleichen Wanderung sehr wohl die Veränderungen erfahren haben, die die ältesten böhmischen von den älteren baltischen Cystoideen unterscheiden. Auch in anderen Silurgebieten fehlen die untersten Schichten des Silurs oder sie entbehren wie in England zunächst aller Cystoideenreste. So treten uns in Amerika, Frankreich, Deutschland und China die Cystoideen erst in jüngeren Horizonten entgegen.

Wenn wir also zu den morphologischen Erwägungen noch die Thatsache fügen, dass die regulär gebauten Formen nach dem jetzigen Stand unserer Kenntnisse geologisch älter sind als die Caryocriniden, Echinosphaeriden und Tetracystiden, so müssen wir zu der Auffassung übergehen, dass die irregulären Dichoporiten specialisirter sind als die regulären.

Die Entwicklung der bedeutsamsten Organsysteme lässt hiernach nicht im Zweifel darüber, dass diejenigen Formen den Ausgangspunkt der Reihe bilden mussten, bei denen die Entfaltung der Radien pentamer und in der Weise erfolgte, dass jeder derselben sich in der Nähe des Mundes in gleichwerthige mit Fingern besetzte Aeste gabelte. Das sind zugleich diejenigen Formen (reguläre Dichoporita), bei denen auch der Steinkanal und das Parietalorgan, diese wichtigen Organe des Echinodermenkörpers, den ursprünglichsten Typus bewahrt haben.

Darüber, dass die Familien der Chirocriniden, Cystoblastiden, Scoliocystiden, Pleurocystiden und Callocystiden eine phyletisch eng geschlossene Gruppe bilden, kann auch nicht der leiseste Zweifel mehr bestehen, da in allen ihren Organisationsverhältnissen nicht nur ein anatomischer, sondern auch ein morphogenetischer Zusammenhang festzustellen ist. Wenn sich auch ein direkter Zusammenhang der irregulären Typen nicht nachweisen liess, so stehen diese doch in ihrer Gesammtheit jenem eng geschlossenen Formenkreis der Regularia scharf gegenüber. Diesem Gegensatz glaubte ich einen systematischen Ausdruck verleihen zu müssen, indem ich die regelmässig zusammengesetzten als Dichoporita „regularia" den letztgenannten als Dichoporita „irregularia" gegenüberstellte.

Die Erkenntniss dieses Gegensatzes liegt wohl auch älteren Eintheilungen zu Grunde, die aber der hier getroffenen nicht gleichzusetzten sind, weil in ihnen die sämmtlichen Cystoideen, Dichoporiten und Diploporiten nach diesem Princip eingetheilt wurden. So schied Quenstedt gelegentlich die Cystoideen in die „Serti" und „Tricati" und neuerdings wieder E. Haeckel in die „Megaplacta" und „Microplacta", aber ein systematisch werthvoller Gegensatz besteht in dieser Beziehung eben nur innerhalb der Dichoporiten, nicht aber für die Diploporita, die mit grösserer oder geringerer Plattenzahl weder der einen noch der anderen Abtheilung der Dichoporiten phyletisch näher rücken.

A. Regularia.

Vorbemerkung. Die regulären Dichoporiten sind schon früh als eine geschlossene Abtheilung der Cystoideen erkannt worden, da ihre eigenthümlichen Porenfelder ihre nahe Verwandtschaft bewiesen. Schon Joh. Müller fasste die ihm 1853 bekannten Formen dieser Familie *Echinoencrinites*, *Pseudocrinites*, *Apiocystites*, *Prunocystites* als Abtheilung „c" unter seinen „Cystideen mit Porenrauten" zusammen*). Nachdem verschiedene weitere

*) Ueber den Bau der Echinodermen. Sitz.-Ber. d. K. Akad. d. Wiss. zu Berlin. 26. Mai 1853, pag. 231. 1854, Abhandl. ebendort.

Gattungen von ihren Autoren hier angegliedert waren, umfassten dieselben ausser den genannten Formen *Lepocrinites*, *Glyptocystites*, *Pleurocystites*, *Callocystites*, *Sphaerocystites* und *Cystoblastus*. Diesen sind im Folgenden noch einige neue Gattungen zugefügt worden, die theils auf neue, theils auf bereits bekannte Arten gegründet sind. Andererseits wurde zu jenen in *Codaster* (*Codonaster*) eine Form gerechnet, die sich nunmehr als ein sehr specialisirter Vertreter der Blastoideen erwies. Man hatte seine eigenthümliche Porenbildung nicht von derjenigen der regulären Dichoporiten zu trennen vermocht, da dieselbe morphologisch ganz gleiche Verhältnisse wie diese darbietet. Morphogenetisch lässt sich dieselbe aber, wie wir bei Besprechung der Blastoideen sehen werden, als eine sehr verschiedene Bildung erkennen, da ihre Porenfalten nicht den einfachen Falten der Dichoporiten entsprechen, sondern auf eine sehr komplicirte Umwandlung verschmolzener Halbrauten zurückzuführen sind.

Definition. Theca aus einem viertheiligen Basalkranz und 4 normal fünftheiligen Lateralkränzen zusammengesetzt. Poren in offenen Voll- oder Sperrrauten angelegt und mit kalkigen Innenfalten versehen. Immer mindestens ein Porenfeld an dem dem After gegenüberliegenden Basale (b_2). Anus seitlich oberhalb des einen, breiteren Basale. Stiel und Wurzel wohlentwickelt; die obersten Stielglieder alternirend mit abstehendem Kragen versehen.

Wie schon in der allgemeinen Besprechung der Dichoporiten betont wurde, sind die Regularia bei aller Mannigfaltigkeit der Ausbildung verschiedener Organe durch zwei Momente als phyletische Einheit gekennzeichnet, nämlich erstens durch die gleichartige Zusammensetzung ihrer Theca, zweitens durch die eigenthümliche Differenzirung ihrer Porenrauten. Auf diese zwei Punkte müssen wir also zunächst etwas näher eingehen.

Das Thecalskelet.

Die Theca der regulären Dichoporiten setzt sich regelmässig aus einem 4theiligen Basalkranz und vier darüber liegenden 5theiligen Plattenkränzen zusammen. Die letzteren nenne ich „Lateralia", weil sie die Seitenwand des Körpers bilden. Die Platten des untersten Lateralkranzes nenne ich „Infralateralia", die des zweiten „Mediolateralia", die des dritten „Radiolateralia", die des vierten, obersten „Deltoidea", weil sie den bereits früher bei Blastoideen so benannten Platten homolog sind. Die ausserordentlich grosse Mannigfaltigkeit in der Ausbildung der einzelnen Plattenkränze beansprucht eine besondere Besprechung derselben. In der Uebersichtstafel Fig. 36 sind die Diagramme der einzelnen Gattungen zusammengestellt; auf deren Ermittelung ist die nachfolgende Beschreibung basirt.

a) Der Basalkranz.

Die dem Stiel aufruhenden Platten zeigen von allen Plattenkränzen die grösste Konstanz. Dieselbe erstreckt sich nicht nur auf die Zahl, sondern auch auf die Form der einzelnen Platten. Ihre Zahl beträgt ausnahmslos 4, nicht einmal eine pathologische Ausnahme von dieser Regel ist mir zu Gesicht gekommen. Diese Regelmässigkeit der Zusammensetzung und Anordnung theilen sie mit den Blastoideen und den grösseren

Formenkreisen der Cladocrinoideen, während bei den Pentacrinoideen gerade in dem untersten Plattenkranze Verschmelzungen und Reduktionsprocesse sehr häufig sind.

Zur Bezeichnung dieser Platten wähle ich den Namen Basalia und nicht Infrabasalia, wie man sie auch nach Analogie der Pentacrinoideen nennen könnte. Für die Wahl des ersteren Namens scheinen mir folgende Gesichtspunkte maassgebend. Wo bei Pelmatozoen zwei Basalkränze vorkommen, sind beide der Regel nach fünftheilig; die wenigen Ausnahmen lassen sich auf Verschmelzungsprocesse zurückführen, bei denen zwei oder alle 5 Nähte obliteriren, aber die pentamere Gesammtform des Infrabasalkranzes gewahrt bleibt. Hier handelt es sich weder um einen im Ganzen pentameren Kranz, noch um Verschmelzungsprocesse, sondern um eine sehr scharf ausgeprägte Tetramerie. Wo nun eine solche oder eine ausgesprochene Trimerie und Dimerie vorkommt wie bei den Cladocrinoideen und Blastoideen, da ist immer nur ein einziger Basalkranz vorhanden, den ich deshalb glaube dem hier vorliegenden gleichsetzen zu müssen.

Basalia sind wie gesagt 4 vorhanden. Das unter dem After gelegene Basale (b_4) ist oben horizontal abgestumpft und deshalb sechskantig, die anderen sind oben zugespitzt und ziemlich regelmässig pentagonal. Nur ausnahmsweise wird eines der übrigen Basalia durch sekundär verschobene Lateralia in eine abweichende Form gedrängt (Fig. 36 M). Während das genannte Basale 4 das breiteste Plättchen des Kranzes bildet, ist das Basale 2 durch seine Höhe und schärfere Zuspitzung in der Regel vor seinen beiden Nachbarplatten ausgezeichnet (z. B. Fig. 36 C, H, J). Ausserdem ist es dadurch leicht kenntlich und deshalb zur Orientirung des Kelches vortheilhaft zu benützen, dass von ihm aus die basalen Porenrauten auf die Nachbarplatten hinübergreifen. Bei älteren Regulären sind 4, bei den jüngeren 2 oder 1 Porenfeld zur Hälfte auf diesem Basale 2 gelegen.

Die Basalia b_1 und b_3 sind indifferent; sie sind kleiner als die beiden anderen und erhalten nur bei den ältesten Formen mit vier basalen Porenrauten dadurch eine Besonderheit, dass die zwei von b_2 horizontal nach den Seiten gerichteten Rauten auf sie übertreten. Das ist der Fall bei *Chirocrinus* (Fig. 36 B) und einzelnen Individuen von *Echinoencrinites* (Taf. XIII fig. 3).

Der Basalkranz ist bei allen älteren Formen vom Stiel aus eingedrückt, derart, dass der Unterrand von jedem Basale nach innen und oben umgeschlagen ist. Während die Regelmässigkeit dieser Einsenkung bei Cystoideen isolirt ist, finden wir sie nicht selten bei Cladocrinoideen, wo sie z. B. bei *Corymbocrinus* und *Hypanthocrinus* noch stärker ausgeprägt ist, weil hier ausser dem Basalkranz auch noch der unterste Costalkranz an der Einbiegung theilnimmt. Auch bei den Rhodocriniden ist diese Erscheinung sehr gewöhnlich. Dieselbe ist offenbar dadurch veranlasst, dass das ursprünglich dünne Thecalskelet sich unter dem Druck der Finger nicht in normaler Kelchwölbung erhalten kann, sondern über dem Stielansatz seitwärts heruntersinkt. Dabei wird in der Wand der ursprüngliche Druck in einen lokal leichter zu ertragenden Zug umgesetzt.

Die Umrandung der „Stielgrube", wie ich die gesammte Einsenkung kurz bezeichnen will, ist in der Regel ausgeprägt quadratisch, wobei die Ecken des Vierecks unmittelbar unter den Centren der Basalia liegen (Taf. XII fig. 1, XIII fig. 3, XVI fig. 1a). Bei den jüngsten und specialisirtesten Regularia, den Callocystinen, ist das Kelchskelet so gekräftigt und namentlich an der Basis verdickt, dass die Stielgrube gänzlich verschwindet (Taf. XIV fig. 6, XV fig. 1).

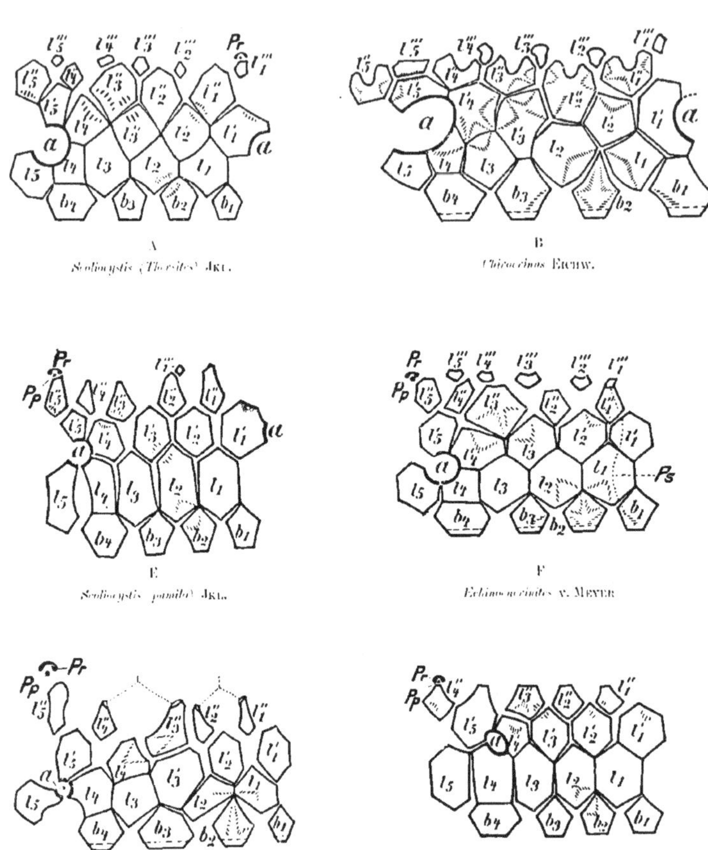

A
Scoliocystis (Thersites) Jkl.

B
Chirocrinus Eichw.

E
Scoliocystis (pumila) Jkl.

F
Echinoencrinites v. Meyer

J
Erinocystis Jkl.

K
Glaphyrocystis (Wekrmanni) Jkl.

Fig. 36.

Diagramme des Thecalskeletes

Dieselben sind der besseren Uebersicht wegen auf die gleiche Grösse vergrössert. Die Zählung beginnt rechts lateral. l''' Deltoidea. Die Afterlücke ist mit a, die Primarporen sind mit Pp und Pr bezeichnet. Der Calloycsiden mit punktirten Strichen angedeutet. Bei B ist die Bezeichnung

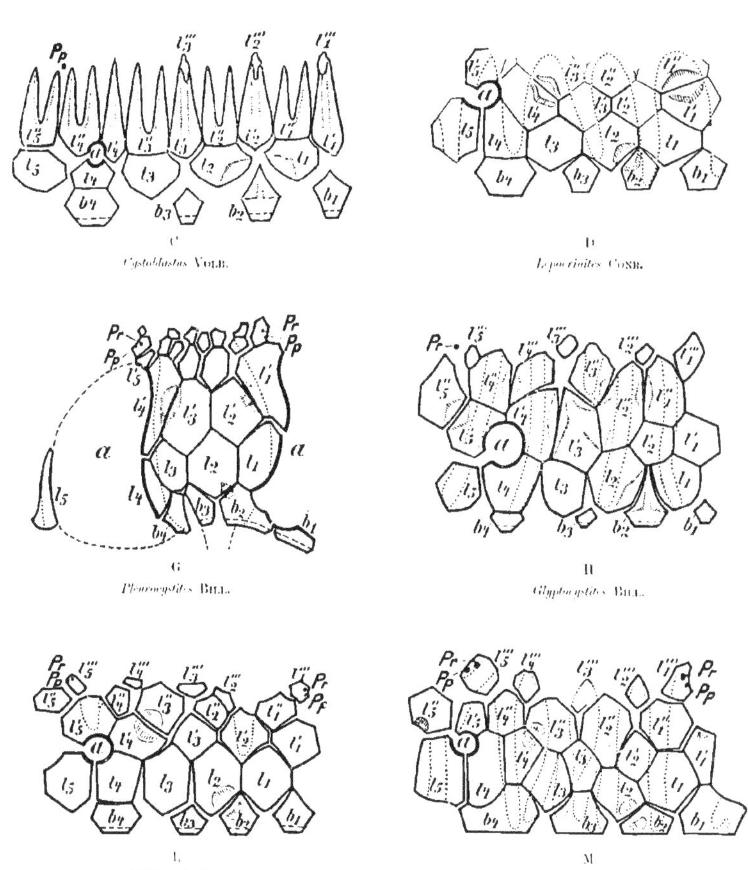

C
Cystoblastus Volb.

D
Lepocrinites Conr.

G
Pleurocystites Bill.

H
Glyptocystites Bill.

L
Schizocystis Jkl.

M
Callocystites Hall.

Fig. 36.

der regulären Dichoporiten.

mit den an dem Parietalseptum gelegenen Platten. b Basalia, l Infralateralia, l' Mediolateralia, l'' Radio-
Umschlag der Basalia zu einer Stielgrube ist mit unterbrochenen, die überschobenen Anlateralfelder der
von l'', und l''', zu vertauschen, bei K die von l'', in l'', zu ändern.

Die Verzerrung, die die Basalia bei *Pleurocystites* erfahren haben, ist eine sehr weitgehende, aber sie alterirt, wie aus Fig. 36 G hervorgeht, nicht die Anordnung, sondern nur die Form der einzelnen Stücke. Die Lage des basalen Porenfeldes leistet zur Orientirung auch hier vortreffliche Dienste.

b) Die Lateralkränze.

Aus der Mannigfaltigkeit und dem plötzlichen Wechsel der Grösse, Form und Lage der einzelnen Platten, wie sie nunmehr die Diagramme Fig. 36 vollständig darstellen, ist es nicht möglich, auf den ersten Blick die gesetzmässige Norm der Anordnung zu erkennen. Wenn man aber von Formen ausgeht, bei denen die Platten wenig verzerrt sind, wie A, E und F, so sieht man, dass 4 Lateralkränze so übereinander liegen, dass die Elemente benachbarter Kränze mit einander alterniren. Die Platten des obersten Kranzes sind unter den Fingeransätzen vielfach schwer oder gar nicht zu erkennen, und gelegentlich werden sie durch diese so zusammengedrängt, dass sie von aussen unsichtbar werden.

Der Regel nach setzt sich jeder dieser Kränze aus 5 Platten zusammen; dadurch, dass aber bei einigen jüngeren Typen eine starke Zusammendrängung des Skeletes in vertikaler Richtung stattgefunden, sind die Kränze bisweilen so ineinander geschoben, dass einzelne Platten z. Th. oder ganz in die Zone des nächst tieferen Kranzes hineingedrängt werden (Fig. 36 B, M, C): ja einzelne derselben können dabei sogar ganz verschwinden, wie dies mit der Platte l'_5 bei *Cystoblastus* (C) der Fall ist.

Durch diese Processe und durch die Verzerrung, die das Kelchskelet dabei, sowie bei horizontaler Verschiebung und Erweiterung des Analfeldes erfährt, wurde die Homologisirung der einzelnen Skeletttheile zu einer ziemlich beschwerlichen Aufgabe. Dabei springt die Aenderung von einer zur anderen Form meist um ein so beträchtliches Maass, dass eine Sicherheit der Beurtheilung oft erst nach längerm Vergleichen zu ermöglichen war. Jedenfalls kommt diesen Verhältnissen grosse Bedeutung zu, weil sich so starke und dabei scharf kontrollirbare Umgestaltungen der Körperform wie in diesem engen Verwandtschaftskreise in keiner anderen Abtheilung des Echinodermenstammes wiederfinden.

Der unterste Lateralkranz, dessen Elemente ich als Infralateralia (l_{1-5}) bezeichne, liegt dem Basalkranz auf und ist ausnahmslos mit allen 5 Platten entwickelt. In der Regel bilden diese auch einen geschlossenen Kranz, indem sie sich seitlich mit vertikalen Grenzen berühren; aber bei *Callocystites* (Fig. 36 M) und deren nächsten Verwandten sind Platten des nächst höheren Kranzes (l') so zwischen die Platten des untersten Kranzes von oben her eingedrängt, dass diese seitlich vollständig von einander getrennt werden, und die Platten l'_1, l'_2, l'_4 mit ihrer Unterseite direkt dem Basalkranz aufruhen. Derselbe Fall kommt z. B. bei *Chirocrinus* (Fig. 36 B) vor, bei welchem aber nur die Platten l'_1 und l'_3 an den Basalkranz herantreten.

Die Platten l_1 und l_5 nehmen in der Regel an der unteren Begrenzung der Afterlücke theil. Ist diese klein wie bei *Callocystites* (Fig. 36 M) und *Erinocystis* (Fig. 36 J), so ist nur die obere einander zugewandte Ecke der beiden Platten ausgeschnitten, während bei einer starken Erweiterung der Afterlücke wie bei *Chirocrinus* (Fig. 36 B) und *Pleurocystites* (Fig. 36 G) die Infralateralia 4 und 5 ihrer ganzen Ausdehnung nach zur Begrenzung der Afterlücke herangezogen werden. Das Infralaterale l_2 ist ausnahmslos mit dem Basale 2 durch ein gemeinsames Porenfeld verbunden. Ursprünglich gilt das Gleiche auch für l_1, aber das von diesem zu l_2 herübergreifende Porenfeld ist bei den jüngeren Typen meistens verkümmert. Bei *Chirocrinus, Echinoencrinites, Cystoblastus* ist dasselbe aber noch durchaus normal entwickelt: die übrigen Platten dieses Kranzes entbehren in der Regel der Poren, doch kommt z. B. bei *Chirocrinus* (B) auf l_4 eine Rautenhälfte vor.

Der zweite Lateralkranz, der Mediolateralia (l'_{1-5}), ist sehr wechselnd in seiner formalen Entfaltung. In normaler Regelmässigkeit finden wir ihn bei *Echinoencrinites* (Fig. 36 F), *Schizocystis* (Fig. L) und *Lepocrinites* (Fig. O), bei dem alle Platten ungefähr gleich gross sind und sich seitlich berühren. Bisweilen nimmt hier nur die Platte l'_5 (Fig. J) oder l'_4 (Fig. C) an der Umgrenzung der Afterlücke theil, in der Regel aber beide. Bei *Pleurocystites* (Fig. 36 G) haben nur die mittleren Mediolateralia der antianalen Seite die normale Form, während die seitlich an der Afterlücke gelegenen stark nach oben gezerrt sind (l'_4 links, l'_1 rechts). Bei *Chirocrinus* (Fig. 36 B) und *Callocystites* (Fig. 36 M) ist der zweite Lateralkranz stark in den unteren hineingedrängt, sodass bei *Chirocrinus* die Platten l'_1 und l'_3 die alternirend unter ihnen liegenden Platten des ersten Lateralkranzes vollkommen auseinanderdrängen und die Basalia 1 und 3 direkt berühren. Andererseits schieben sich Platten des dritten Lateralkranzes bei einigen, zu geringer Harmonie gelangten Formen zwischen die Mediolateralia ein. Dies ist der Fall bei *Chirocrinus* (Fig. 36 B) und *Glyptocystites* (Fig. 36 H), wo die Platten l'_2 und l'_3 durch l''_2 getrennt werden. In höherem Maasse tritt uns diese Erscheinung bei *Callocystites* (Fig. 36 M) entgegen, bei welchem die sämmtlichen Platten des zweiten Lateralkranzes durch die des dritten getrennt werden. Dieses Verhalten leitet zwar nicht phylogenetisch aber morphologisch zu demjenigen über, welches *Cystoblastus* aufweist. Letzteres verdient insofern besonderes Interesse, als daran die Morphogenie der Blastoideen verständlich wird. Bei *Cystoblastus* (Fig. 36 C) sind die Platten l_{1-4} durch die breit entfalteten Radiolateralia zu schmalen lanzetförmigen Stücken zusammengedrängt; die Platte l'_5 ist sogar zwischen den Platten l''_4 und l''_5 ganz verschwunden. Der sich hier vollziehende und in seiner Tendenz unverkennbare Reduktionsprocess ist, wie wir sehen werden, bei den Blastoideen zum Abschluss gelangt, insofern bei ihnen alle Mediolateralia zwischen den Radiolateralia obliterirt sind. Die vorherige Existenz der ersteren muss aber auch für die Blastoideen schon deshalb unbedingt angenommen werden, da sie, wie später erörtert werden soll, die Gegenporen zu den auf den Gabelstücken (= Radiolateralia) lokalisirten und allein übrig gebliebenen Porenreihen tragen mussten. Besondere Bestätigung erfährt diese Auffassung auch dadurch, dass bei echten Blastoideen gelegentlich eine jener Platten des zweiten Lateralkranzes noch als morphologische Anomalie zwischen den Gabelstücken auftritt.

Porenfelder finden sich auch in diesem Mediolateralkranz in grösserer Zahl bei *Chirocrinus* (Fig. B), *Glyptocystites* (Fig. H) und *Cystoblastus* (Fig. C), und zwar sind dieselben am stärksten auf den Platten l'_3 und l''_4 koncentrirt, von denen sie auch gelegentlich nach den Platten des dritten Lateralkranzes herübergreifen. Bei *Chirocrinus* (Fig. B) weist l'_3 und l'_4 noch je 3 halbe Porenrauten auf, während dies bei *Glyptocystites* nur die Platte l'_3 thut (Fig. H). Bei *Cystoblastus* tragen l'_{1-4} sämmtlich Porenfelder, die mit denen des dritten Lateralkranzes kommuniciren. Bei den jüngeren Formen mit reducirter Porenzahl ist immer eines der zwei oder drei Porenfelder mit der unteren Hälfte auf l'_4 gelegen.

Die Lage des dritten, dann gewöhnlich vorhandenen Feldes ist nicht so bestimmt, fällt aber meistens auf Platte l'_2 (Fig. A, E, F, G).

Der dritte Lateralkranz, der Radiolateralia (l''_{1-5}), ist ebenfalls wie die unteren ursprünglich und normal fünftheilig. Bei *Echinoencrinites*, der auch hierin normale Verhältnisse darbietet, ruhen die 5 Platten noch regelmässig alternirend auf denen des zweiten Lateralkranzes und berühren einander seitlich, doch werden sie auch hier schon bei den aberranten Arten in ihrer Grösse und Form recht verschieden. Bei *Chirocrinus* ist l''_2 besonders gross und bisweilen zwischen den Platten l'_2 und l'_3 bis auf l_2 des untersten Lateralkranzes ausgedehnt. Bei den Callocystiden sind die Platten des dritten Lateralkranzes in der Regel durch die ambulacralen Platten soweit bedeckt, dass ihre Form und Lage schwer nachzuweisen ist; es scheint aber, dass bei diesen ebenso wie bei *Schizocystis* und *Pleurocystites* die Radiolateralia ziemlich normal und gleichartig entwickelt sind. Die ursprünglichsten Verhältnisse zeigen hierbei die Chirocriniden, insofern sie zur Aufnahme der Ambulacra einen von oben abwärts gerichteten, winkligen Ausschnitt erhalten (Fig. 36 B, Fig. 40 und Taf. XI, 1, 4, 5, 8 und 9). Derselbe bildet sich weiter aus bei *Cystoblastus* (Fig. C) und den Blastoideen, bei denen diese Radiolateralia dadurch die charakteristische Gabelform erhalten, die zu deren Benennung als Gabelstücke Veranlassung gab. Da sie bei Blastoideen neuerdings meist als Radialia bezeichnet wurden und offenbar auch hier zu den 5 Radien in direkter Beziehung stehen, habe ich sie Radiolateralia genannt.

Porenrauten finden sich in diesem Kranze bei älteren Typen, den Chirocriniden und Cystoblastiden, sowie den Blastoideen in weitester Verbreitung, bei den beiden letzteren sogar regelmässig auf sämmtlichen Platten. Bei *Echinoencrinites* und *Scoliocystis* fehlen sie auf einigen und bei *Pleurocystites* auf sämmtlichen Platten, während sie bei den Callocystiden und einigen Arten von *Echinoencrinites* auf zwei oder eine Platte (l''_3 und l''_5) beschränkt sind.

Der vierte Lateralkranz ist nur bei den älteren Typen (*Chirocrinus*, *Cystoblastus*) noch deutlich nachweisbar, obwohl er theilweise auch bei diesen wie bei *Echinoencrinites* so durch die Armansätze verdeckt wird, dass er nur durch Anschleifen des Mundfeldes sichtbar wird (Taf. XIII fig. 25 und 26, l'''_{1-5}). Die Unterdrückung einzelner Platten dieses Kranzes scheint fast die Regel zu sein, während dieselben andererseits bei den Blastoideen nachträglich wieder in voller Zahl und gleichmässiger Entfaltung als Deltoidstücke zu bedeutender Grössenentwicklung gelangen. Wegen der unzweifelhaft sicheren aber erst später nachzuweisenden Homologie dieser Platten mit den Platten unseres vierten Lateralkranzes habe ich die bestehende Bezeichnung *Deltoidea* auf dessen Elemente übernommen.

Bei normaler Entwicklung schliessen die *Deltoidea* die Theca oben zwischen den Ambulacralfeldern und dem Mund ab. Sie haben dabei dieselbe Lage wie die *Oralia* der Pentacrinoideen und gleich gelagerte Platten am Kelchskelet der jüngsten Cladocrinoideen (*Platycrinidae*). Da die Form und Lage derselben durch die ambulacralen Rinnen der Oralseite bestimmt ist und bei den ältesten Pelmatozoen anscheinend noch keine feste Form angenommen hat, glaube ich, dass sie in den verschiedenen Formenkreisen selbständig entstanden sind. Besondere Erwähnung verdient noch die starke Vergrösserung von l'''_5 und ihre Einschaltung zwischen l''_1 und l''_5 bei *Chirocrinus*. Fig. 40 stellt die Lage derselben mit der korrekten Bezeichnung dar, während in der Fig. 36 B die Platten oberhalb der Analläcke, wie ich jetzt glaube, nicht zutreffend dargestellt und bezeichnet sind. Die mit l''_5 bezeichnete und mit einem ambulacralen Ausschnitt versehene Platte dürfte in Wahrheit l'''_1 sein und also rechts oben seinen Platz finden, während die Platte l''_5 als letztes Radiolaterale (l''_5) aufzufassen sein dürfte. Diese Berichtigung ergab sich aus besserem, mir soeben noch durch Herrn Baron von Wöhrmann aus Petersburg zugestelltem Material, während mir eine Kontrolle des der Zeichnung Fig. 36 B zu Grunde gelegten Objektes nicht mehr möglich war.

Hiernach wird nun die Uebereinstimmung des Thecalbaues der Regularia mit dem von *Mimocystites*, den wir als Stammtypus der Cystoideen bezeichneten, noch auffallender. Ich habe Fig. 37 ein Diagramm dieser Form gezeichnet und ihre Platten entsprechend denjenigen der Regularia benannt. Es finden sich darin sämmtliche Thecalelemente der Regularia in einfachster Anordnung, die wir zwar unter diesen nur noch bei *Chirocrinus* (vergl. Fig. 40) in allen Theilen erhalten sehen, aber auch für die anderen Formen als

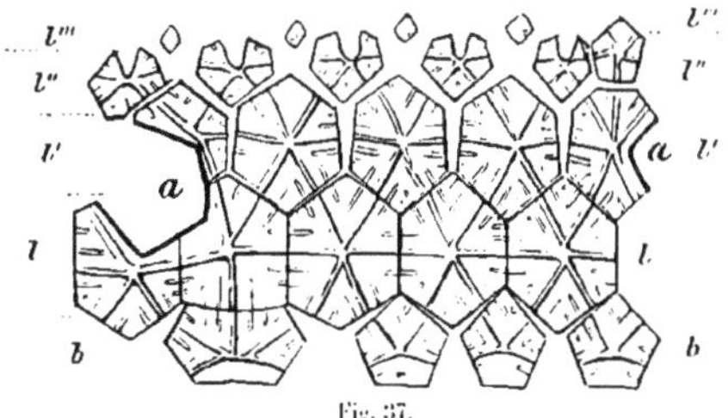

Fig. 37.

Diagramm des Kelchbaues von *Mimocystites*. Die Bezeichnungen der Platten wie in Fig. 36.

normalen Ausgangspunkt ihrer Differenzirung betrachten mussten. Im besonderen ist auch hier die Platte l'''_1 wie bei *Chirocrinus* entwickelt und gestellt, sodass die Uebereinstimmung mit dieser Form bis auf eine kleine Verschiebung der Platte l''_5 eine vollkommene ist. Dass hierdurch die pag. 171 geäusserten Auffassungen eine klare Bestätigung erfahren, brauche ich wohl nicht besonders hervorzuheben.

Im Gegensatz zu der regelmässigen Pentamerie der Lateralkränze muss die Tetramerie des Basalkranzes dieser Formen auffallen. Wenn wir die Ursache einer Erscheinung erkennen wollen, müssen wir dieselbe bei der ältesten bezw. einfachsten Form festzustellen suchen, weil die Wahrscheinlichkeit vorliegt, dass die sie begleitenden und erklärenden Umstände hier am ehesten gewahrt sind. Solche einfachen Verhältnisse in der Zusammensetzung des Thecalskeletes zeigen auch z. B. Formen wie *Echinoencrinites Lahuseni* Jkl. Wenn wir bei dieser Form betrachten, wie sich der von den 5 Fingergruppen, also von den Radiolateralien l'' ausgehende Druck auf das Thecalskelet vertheilt, so können wir die Druckrichtungen über den normalen Basalien etwa in folgendem Schema zum Ausdruck bringen (Figur 38 a).

Da die Plattenkränze alterniren, so wird der von jeder Platte nach unten gerichtete Druck von den je zwei unter ihr liegenden Platten des tieferen Kranzes aufgenommen und nach beiden Seiten spiral in der Kelchwand vertheilt. Unter Beiseitelassung der hier unwesentlichen horizontalen Spannungen innerhalb der Plattenkränze wirkt also auf die normalen Basalia (Fig. 38 a) beiderseits der Druck der schräg darüber gelegenen Platten. Wie jeder Theil eines Organismus, so repräsentirt auch jedes Skeletstück des Echinodermenkörpers in seiner Form den mechanischen Ausdruck seiner Funktionen. Die Form der Basalien entspricht genau den Druckspannungen, denen sie Widerstand zu leisten haben.

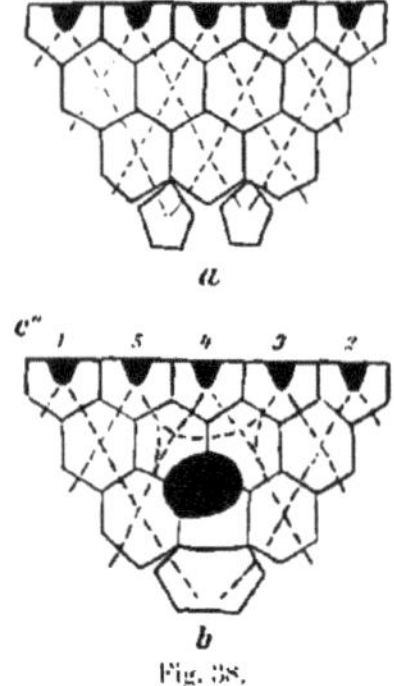

Fig. 38.
Schematische Darstellung der Druckspannungen im Thecalskelet der Regularia.

Betrachten wir im Vergleich dazu die Druckverhältnisse für die unter dem After gelegenen Theile des Basalkranzes, so zeigt ein Blick auf die Textfigur 38 b, dass sich der von den Radiolateralien kommende Druck nicht normal auf den Basalkranz fortpflanzt, sondern grösstentheils cirkular um die Afterlücke vertheilt. Jedes Individuum von ***Echinoencrinites*** zeigt auch auf jedem, den After umkränzenden Laterale eine auffallende, winklige Anschwellung, welche genau dem hier vertheilten Druck entspricht und nur durch diesen eine allerdings zureichende Erklärung findet. Auf den Theil des Basalkranzes, der eigentlich von 2 Basalien eingenommen werden müsste, wirken also ungestört nur die Druckrichtungen von l''_1 und l''_2. Diese drängen die Seiten des Basalkranzes zusammen, aber es fehlen dabei die zwei, sonst von l''_3 und l''_5 zu erwartenden Druckrichtungen, welche denselben in zwei Theile auseinanderdrängen würden. So ist, meine ich, die Einheitlichkeit dieser grösseren Basale b_4 mechanisch vollkommen erklärt. Eine normale Zerlegung desselben in zwei Basalia 4 und 5 könnte bei der primären Grösse der Anallücke mechanisch nicht gerechtfertigt erscheinen.

Bei *Erinocystis* führt der um den After koncentrirte Druck zu einer starken Anschwellung des rüsselförmig vorgedrängten Afterrandes (Taf. XIII fig. 6, 16). Während bei den Pleurocystiden die starke Erweiterung des Analfeldes, bei anderen die starke Kräftigung des Thecalskeletes diese Erscheinungen verwischt, bleibt doch die primäre Form des Basale 4 auch hier überall dauernd gewahrt.

Die Porenrauten.

Die Porenbildung der regulären Dichoporiten zeigt eine grosse Mannigfaltigkeit in der Form und Zahl der Rauten, weniger in dem Bau der Poren selbst.

Die Einzelpore lässt sich stets auf eine durch das Thecalskelet eingesenkte Falte zurückführen. Eine solche Innenfalte kommt offenbar sämmtlichen Regulären zu, wenn die Kostbarkeit der Objekte auch nicht in jedem Falle den Nachweis derselben gestattete. Ein solcher steht übrigens zur Zeit nur noch aus bei der neuen, auf wenige, unantastbare Unica basirten Gattung *Scoliocystis* m., während ich mich an Schliffen oder Bruchstellen bei den anderen Gattungen von ihrer Existenz persönlich überzeugen konnte. Die Faltenwände sind ausserordentlich dünne, kaum $^1/_{10}$ mm starke Kalklamellen, die von den Seitenrändern des Schlitzes aus geradlinig, centripetal in das Lumen der Theca eingesenkt sind. Eine Differenzirung der Form der einzelnen Pore entsteht nur durch die verschiedene Art der Brückenbildung (Fig. 23 h, i) und die Reduktion eines Theiles der Rauten. Bei dem Fehlen der Porenbrücke, d. h. also bei Vollrauten, liegt die Falte in ihrer grössten Länge als ununterbrochener Schlitz offen. Dieses Verhalten zeigen nur wenige der ältesten Formen aus dem Untersilur (*Chirocrinus* Taf. XI fig. 5—8, *Pleurocystites* Taf. XII fig. 3a), während bei allen jüngeren Regulären die Falte in der Mitte ihrer Oberfläche durch eine Porenbrücke geschlossen ist. Solche Poren bezeichne ich als Sperrporen. Die Brücke ist relativ schmal und lässt also längere Theilschlitze offen, z. B. bei *Chirocrinus atavus* (Taf. X fig. 10), bei *Cystoblastus* (Taf. XVI fig. 2) und bei *Callocystites* (Taf. XV fig. 1). Durch Reduktion einer Porenseite entsteht eine „Theilpore", bei den Regulären nur ganz vereinzelt, so gelegentlich bei den jüngsten Callocystiden und bei *Cystoblastus*, wo mit dem Ausfall der Platte l_5 die auf dieser liegenden Porenhälften verschwinden. Zur Regel wird dieses Verhalten im Anschluss an das von *Cystoblastus* später bei den poriferen Blastoiden. Bei den älteren Regulären, bei denen die Porenrauten nicht durch einen gemeinsamen Wall umrandet sind, zeigt der einzelne Porenschlitz häufig einen schwach aufgeworfenen Rand (Taf. X fig. 15, XI fig. 6). Hervorzuheben ist aber, dass den Regulären die Bildung von tangentialen Porenröhren (pag. 115) noch durchaus fehlt. Auch siebartige Verschlüsse, wie wir sie bei den Caryocriniden kennen lernen werden, kommen bei regulären Dichoporiten niemals vor.

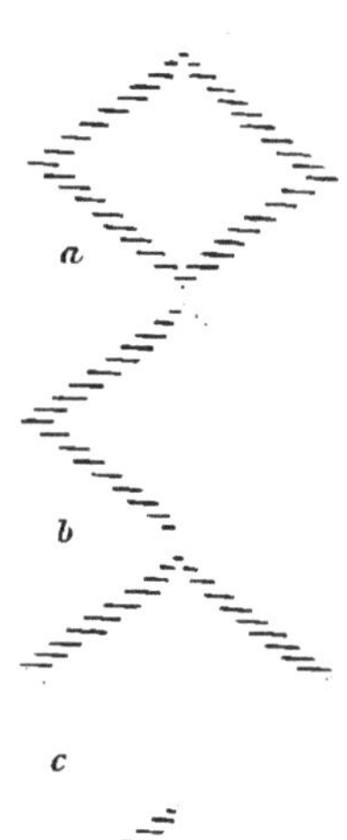

Fig. 39.

Die Rückbildungsformen der Sperrrauten. a eine „normale Sperrraute", b eine Theilraute, c eine Halbraute, d eine Viertelraute.

Die Differenzirungen der Porenrauten, zu denen die Einzelporen vereinigt sind, zeigen überhaupt sehr mannigfaltige Bilder, welche in nebenstehenden Figuren dargestellt sind (Fig. 39). Ihre Differenzirung geht aus von einer Raute, deren Poren in ganzer Länge geöffnet sind. Ich habe eine solche, deren Feld äusserlich voll erscheint, als „Vollraute" bezeichnet, zum Unterschied aller übrigen, die ich „Sperrrauten" nenne, weil ihre Mitte durch die Brückenbildung gesperrt ist. Die einfachste Form einer solchen ist in Fig. 39 a gezeichnet. Solche normalen Sperrrauten finden sich typisch bei den jüngeren Arten von *Chirocrinus* und bei den Scoliocystiden (Taf. XIII fig. 2).

In den Bildern Fig. 39 b bis d sind theilweise Verkümmerungsformen der Sperrrauten dargestellt. Wenn der eine der beiden korrespondirenden Theile einer Raute verkümmert (b), so dass nur eine Seite der Raute entwickelt bleibt, wie dies z. B. gelegentlich bei jüngeren Callocystiden vorkommt, so bezeichnete ich eine solche Sperrraute als „Theilraute“, als Halbraute dagegen, wenn jederseits ein Flügel der Porenreihe verkümmert, wie gelegentlich bei *Chirocrinus* (Taf. XI fig. 4) und *Cystoblastus* (Taf. XVI fig. 1). Bei letzterer Form sind die sämmtlichen in der oberen Thecalhälfte gelegenen Porenrauten von diesem Reduktionsprocess betroffen, doch ist an einer Stelle (Taf. XVI fig. 2 b) der untere Flügel einer solchen Halbraute noch durch einige wenige Porenschlitze angelegt. Während bei *Chirocrinus* an der Reduktion des einen Flügels in der Regel die zu enge Nachbarschaft einer anderen Raute Schuld ist, liegt bei *Cystoblastus* die Ursache dieser gleichmässigen Verkümmerung der unteren Rautenflügel an der Streckung der die oberen Rautenflügel enthaltenden Plattentheile, bezw. einer relativen Verkümmerung der unteren Plattenabschnitte (Fig. 39e). Von solchen Theilrauten kann dann noch eine Hälfte verkümmern, sodass eine „Viertelraute“ entsteht. Eine solche findet sich bei *Cystoblastus* zwischen den Platten l'_4 und l'_5 (Fig. 36 C, pag. 195) und ist dadurch veranlasst, dass die ursprünglich zwischen jene Platten eingekeilte Platte l'_5 ausgefallen ist (vergl. die Beschreibung der Gattung). Die hier vorliegende Isolirung der einen Porenseite macht sich innerlich übrigens, wie wir sehen werden, bei allen oberen Porenrauten von *Cystoblastus* geltend. Auch diese Differenzirungen werden von den poriferen Blastoideen übernommen und weiter specialisirt.

Eine sehr bemerkenswerthe Unterbrechung des normalen Umbildungsprocesses der Vollrauten in Sperrrauten zeigt sich bei einer Art von *Chirocrinus*, die ich danach als *Chirocrinus interruptus* bezeichnet habe (Taf. X fig. 10). Bei dieser Form, die mir in einer ziemlich vollständigen Theca und einer isolirten Thecalplatte vorliegt, ist die Rautenbrücke nicht einheitlich, so dass die einzelnen Poren nicht wie sonst nur durch distal gestellte Porenöffnungen nach aussen münden. Vielmehr weisen die einzelnen Poren auch in ihrem mittleren Verlauf noch verschiedene längliche Oeffnungen auf. Dieselben entsprechen in Richtung und Lage den normalen, den Aussenrand der Kante einnehmenden Schlitzen genau. Der Charakter der Sperrraute bleibt aber auch diesen Bildungen gegenüber gewahrt, insofern dieselben wie die randlichen Reihen in winklige dem Aussenrand ungefähr parallele Reihen geordnet sind. Ich überzeugte mich genau, dass die inneren Schlitze sämmtlich in die Linie der randlichen Schlitze fallen. Somit sind die inneren Porenfalten offenbar nicht zerlegt, sondern einheitlich geblieben: sie haben nur durch eine unterbrochene Brückenbildung mehrere Ausmündungen bekommen. Hier liegt also derselbe Fall vor, den uns die Gattung *Caryocystites* (vergl. Taf. XI fig. 6) zeigt, nur dass bei letzteren die ausmündenden Kanäle einen gerundeten Querschnitt bekommen haben. Für die Beurtheilung dieses Reihenporentypus ist aber die Ausbildung der Porenrauten von *Chirocrinus interruptus* leitend, und es ist nicht ausgeschlossen, dass in dieser Differenzirung der Ausgangspunkt für die Entstehung der Echinosphaeriden zu suchen ist.

Eine Besonderheit der Rautenausbildung zeigt noch deren gemeinsame Umwallung durch einen aufgeworfenen Rand. Durch einen solchen Wall sind anscheinend alle Sperrrauten von *Glyptocystites multiporus* umzogen (Taf. XV fig. 4), man bemerkt aber schon hier, dass die langen mittleren Schlitze am tiefsten eingesenkt sind. Dadurch macht sich die Abgrenzung am stumpfen Winkel der Rauten besonders bemerkbar. Dieses Verhalten wird bei den jüngeren Callocystiden noch auffälliger dadurch, dass die beiderseitigen Schlitzreihen sich von der Plattengrenze entfernen und so die korrespondirenden

Rautenseiten oberflächlich isolirt werden. Diese Isolirung wird noch verstärkt durch die selbständige Umwallung jeder Rautenhälfte (Taf. XV fig. 1, XI fig. 11). Hierdurch entsteht eine Bildung, die an den Porenkranz der Doppelpore erinnert, aber natürlich demselben nicht morphologisch gleichwerthig ist, da dieser eine einzelne Pore, jener Wall aber eine Summe von Poren bezw. deren Hälften umfasst. Ich habe diese Umwallung als „Rautenwall" (Rtw) bezeichnet. Derselbe umschliesst einen Raum, den ich entsprechend dem Porenhöfchen „Rautenhof" benenne. Beide Umbildungen, Rautenwall und Rautenhof, stellen physiologisch eine höhere Potenz des Porenkranzes bezw. des Porenhöfchens dar.

Die Vertheilung der Porenrauten erfährt innerhalb der Regularia weitgehende Modifikationen. Bei den ältesten Formen sind durchweg mehr vorhanden als bei den jüngeren. Dieser Reduktionsprocess in der Rautenzahl lässt sich Schritt für Schritt selbst noch innerhalb einzelner Gattungen verfolgen. Aus der Uebersichtstafel Fig. 36 sind diese Verhältnisse am klarsten zu übersehen. Bei *Chirocrinus* (Fig. B) zeigt sich die grösste Anzahl: man kann an einem Individuum bis zu 16 Rauten zählen. Erwägt man, dass deren Lage individuellen Schwankungen unterliegt, so steigt die Zahl der Stellen, an denen Rauten auftreten können, auf mehr als zwanzig. Dabei sind dieselben auf sämmtliche Thecalkränze mit Ausnahme des obersten vertheilt. Die nächst grösste Zahl weist *Cystoblastus* (Fig. C) auf, dessen Rauten übrigens im Anschluss an das specialisirte Lageverhältniss der Thecalplatten eine konstante Position innehaben. Die Zahl der basalen Rauten, die bei *Chirocrinus* meist noch 4 betrug, ist hier auf 2 reducirt, aber dadurch, dass sich zwischen den in eine Zone geschobenen Radiolateralien und Mediolateralien regelmässig Rauten einstellen, beträgt deren Gesammtzahl doch noch 11 bezw. 12, da die einander gegenüberstehenden Porenstreifen von l'_4 und l'_5 als Viertelrauten verschiedenen Rauten angehören. Bei *Glyptocystites*, der Stammform der Callocystiden (Fig. H), sind noch 9 Rauten vorhanden, deren Zahl sich bei den obersilurischen Mitgliedern dieser Familie (Fig. D, M) auf 3 verringert. Auch innerhalb der Scoliocystiden sind bei den Formen des untersilurischen Vaginatenkalkes noch relativ viel Rauten vorhanden: so kommen bei *Echinoencrinites* gelegentlich (Taf. XIII fig. 3) noch 4 basale Rauten und ausserdem bei verschiedenen Individuen noch 4 obere Rauten vor. Namentlich reich an oberen Rauten ist noch *Echinoencrinites Lahuseni* (Taf. XIII fig. 20), während bei den jüngeren Arten und bei *Erinocystis* (Fig. J) neben zwei basalen meist nur eine bis zwei obere Rauten erhalten sind. Bei den zwei Typen *Scoliocystis* (Fig. A, E) und *Glaphyrocystis* (Fig. K) ist stets nur eine Basalraute vorhanden, aber zwischen den Medio- und Radiolateralien findet sich, wenn auch nicht so regelmässig wie bei *Cystoblastus*, so doch eine ziemlich beträchtliche Zahl von Rauten an dem einzelnen Individuum. So fand ich bei *Glaphyrocystis* (Fig. K) und *Scoliocystis Thersites* 4, bei *S. pumila* 3 obere Rauten, von denen bei letzterer eine von dem Mediolaterale l'_3 auffallender Weise nach unten auf l'_2 übergreift. Bei *Schizocystis* (Fig. L) sind anscheinend regelmässig im Ganzen nur 2 Rauten vorhanden, die geringste Zahl, die hier überhaupt erreicht wird. Bei den Pleurocystiden sind von Anfang an nur 3 Rauten vorhanden. Dieser relativ plötzliche Reduktionsprocess dürfte hier im Innern der stark komprimirten Theca durch Raummangel zu erklären sein, ein Moment, welches sicher auch bei den übrigen Familien in erster Linie bedeutungsvoll war.

Ich machte schon pag. 127 darauf aufmerksam, dass die ihrer Lage nach auffallend konstanten Basalrauten in dem Winkel hinter dem Parietalseptum liegen, eine Stelle, an welche sich der Darm bei stärkster Ausdehnung am wenigsten leicht eindrängen konnte. Dass die Zone der Infralateralia im übrigen frei von Rauten bleibt, und diese sich besonders in den oberen Lateralkränzen koncentriren, dürfte ebenfalls mit den Windungen des Darmes in Beziehung stehen. Man darf eben nicht vergessen, dass von diesen Rauten Falten in das Lumen der Theca hineinragen, die einer Ausdehnung des Darmes bis an die Thecalwand entgegenstehen würden. Da nun der Mitteldarm und Enddarm am stärksten expansiv sind, verschwinden in deren Zone die Rauten, während einer Erhaltung derselben in der Zone, wo der Oesophagus vom Mund nach unten hing, kaum Schwierigkeit entgegenstehen dürften. Bei *Pleurocystites* (Fig. G) liegen die langen oberen Rauten hart unter dem gegen die Anallücke umgeschlagenen Rand, der durch punktirte Linien markirt ist.

Die ambulacralen Skeletbildungen sind sehr mannigfaltig; ihre Formen entfernen sich z. Th. so von einander, dass man ihre Träger schwerlich als nahe Verwandte betrachten würde, wenn man dies nicht aus anderen Gründen anzunehmen gezwungen wäre. Die besondere Struktur der Finger bleibt sich allerdings durchaus gleich; sie sind schlank, zweizeilig, ungetheilt, innen mit Saumplättchen besetzt, von denen im Allgemeinen je zwei auf die niedrigen Digitalia kommen. Ihre Grösse schwankt aber im Verhältniss zum Körper sehr beträchtlich und zwar offenbar entsprechend ihrer Zahl. Sind wenige Finger vorhanden, so sind diese lang wie bei *Pleurocystites*, wo nur zwei entfaltet sind, aber dafür etwa die dreifache Länge des Körpers erreichen (Taf. XII fig. 3). Andererseits finden wir bei *Chirocrinus* 15—25 von der Länge des Kelches (Taf. XI fig. 1, 8, 9) und bei *Callocystites* ungefähr 130, die aber nur etwa $1/5$ der Kelchhöhe erlangen. Auf eine Kelchhöhe berechnet kommen also bei *Pleurocystites* 6, bei *Chirocrinus* etwa 20, bei *Callocystites* 26 Fingerlängen. Wenn man in Erwägung zieht, dass die Fingerstärke von *Pleurocystites* etwa das Vierfache und die von *Chirocrinus* etwa das Doppelte derjenigen von *Callocystites* beträgt, so ergiebt sich bei den genannten Gattungen, denen sich die übrigen entsprechend einreihen würden, ungefähr das gleiche Verhältniss der Fingerentfaltung zum Kelchumfang. Dabei ist nur die Höhe, nicht die Kelchdicke als maassgebend betrachtet worden. Eine schärfere Berücksichtigung dieses Gesichtspunktes würde z. B. bei *Pleurocystites* die Richtigkeit obiger Berechnung noch klarer hervortreten lassen. Da die ganze Rechnung aber überhaupt nur ganz approximativ sein kann und soll, so thut jener Mangel ihr kaum wesentlichen Eintrag. Auch wenn man alle Nebenfaktoren, wie seitliche Kompression des Kelches, Wandstärke etc. in Rechnung ziehen wollte, was natürlich präcis nicht möglich ist, würde sich jedenfalls als Resultat ergeben, dass Fingerzahl und Fingerlänge in umgekehrtem Verhältniss zu einander stehen und deren Summe der Masse des Körpers gegenüber ziemlich konstant bleibt.

Ein besonderes Interesse verdient die Stellung der Finger am Kelch. Da wir schon der Porenentwicklung wegen die Stammformen der Regularia nur bei Chirocriniden suchen können, so müssen wir annehmen, dass die Finger auch bei Regularia ursprünglich noch vom Munde radiär ausgebreitet und in den Radien in mässiger Zahl entwickelt waren.

Bei *Chirocrinus* sehen wir 5 kurze Radiärfurchen vom Munde ausgehen, deren jede auf besonderen Plättchen mehrere kleine Finger entfaltet (Taf. XI fig. 3). Die reichste

Entfaltung der Finger zeigen die Callocystiden, bei denen sich je 4 Plattenreihen über das eigentliche Kelchskelet herüberschieben und zahlreiche Finger tragen. Ein ähnliches Hinüberschieben der Ambulacren über das Kelchskelet finden wir wie gesagt auch bei den Diploporiten in ganz analoger Weise, insofern sich auch bei diesen an Seitenzweigen der Radiärfurchen Finger entwickelten. Die Ueberschiebung und Armentfaltung ist aber bei den Callocystiden insofern eine fundamental verschiedene, als hier die Finger auf besonderen, dem Kelchskelet aufgelagerten Plattenreihen ruhen, während die Ambulacralrinnen der Sphaeroniden unmittelbar in das Kelchskelet eingeschnitten sind und dieses auch die Gelenke für die Finger entwickelt.

Die Entfaltung der Ambulacra bei den genannten Callocystiden erscheint sehr schwerfällig, insofern erst besondere Strassen, wenn ich so sagen darf, für die Fingerentfaltung gepflastert werden. Die Ausbreitung dieser Strassen stösst nicht selten auf vorhandene Hindernisse, wie die Porenrauten z. B. bei *Glyptocystites multiporus* (Taf. XV fig. 4), und sucht dieselben sich aus dem Wege zu drängen. Das beweist, wie spät jene Ausbreitung stattfand, da das Kelchskelet mit seinen wichtigeren Organen schon in voller Funktion sein musste. Noch klarer geht dies allerdings aus einer Entwicklungsreihe hervor, die mir von *Lepocrinites Angelini* vorliegt und auf Taf. XIV fig. 7, 6, 5 in den wichtigsten Etappen dargestellt ist.

Ich habe schon früher pag. 96 auf den wichtigen Unterschied aufmerksam gemacht, den der Bau der Ambulacra von *Cystoblastus* gegenüber demjenigen der Callocystiden zeigt, so dass ich meine diesbezüglichen Angaben nicht zu wiederholen brauche. Ich erinnere nur unter Hinweis auf Taf. XVI fig. 2 daran, dass die sehr vermehrten ambulacralen Plättchen hier im Anschluss an das Verhalten von *Chirocrinus* (Taf. XI fig. 5, 6) in Ausschnitte der Radiolateralia eingefügt sind und von echten Thecalelementen nicht unterlagert werden (Fig. 17 pag. 96).

Für die Entfaltung der Ambulacra ergeben sich innerhalb der Regularia sonach folgende Wege und Etappen:

1. Ursprüngliches Stadium: Finger in pentameren Gruppen in schwachen Einschnitten der Radiolateralia gelegen. Dieser Zustand ist schwach und indifferent entwickelt bei *Chirocrinus*, stärker ausgebildet und einseitig specialisirt bei *Cystoblastus* (Ausgangspunkt für die Entwicklung der Blastoideen, die zur Stütze jener neugebildeten Ambulacralplättchen die sog. Lancettstücke entwickeln.

2. Koncentration der Finger am Mund unter gleichzeitiger Verdrängung der Deltoidea. Zunächst sind dabei noch Finger in allen Radien entwickelt (*Echinoencrinites*), später verkümmern einzelne Radiärstämme, während die übrigbleibenden bisweilen nur je einen Finger entfalten (die übrigen Scoliocystiden und *Pleurocystites*).

3. Nachträgliche neue Ausbreitung der Radiärstämme in voller oder beschränkter Zahl der Radien über das Thecalskelet (*Callocystidae*).

Wie bei den Diploporiten ist auch bei allen Regularia der erste Seitenzweig der Radiärgefässe immer nach links abgesondert (vergl. pag. 86).

Zu der Stielbildung möchte ich im Anschluss an das pag. 81 Bemerkte nur noch hervorheben, dass bei sämmtlichen Regularia die Stiele wohl entwickelt sind. Sie lassen einen oberen Abschnitt erkennen, in welchem an alternirenden Gliedern Kragenbildungen auftreten, darunter einen Abschnitt mit lang cylindrischen bis tonnenförmigen Gliedern.

Die unteren Theile sind nur vereinzelt bekannt. Als Differenzirungen der Stielbildung lassen sich dreierlei Processe konstatiren, erstens eine Verengung des Stiellumens durch Verdickung ihrer Wand, zweitens eine Verringerung der Kragenbildung bei jüngeren Formen wie *Glaphyrocystis, Schizocystis, Callocystites* und *Lepocrinites*, drittens ein allmähliches Uebergehen des Stieles in die Wölbung der Theca durch Verringerung von deren ursprünglicher, basaler Einsenkung.

Die Skulptur des Thecalskeletes verdient insofern eine allgemeinere Beachtung, als wir sie hier mit Sicherheit auf physiologisch wichtige Organanlagen zurückführen müssen. Da dieser Fall bisher wenigstens nicht allzu oft beobachtet sein dürfte — bei der Nebensächlichkeit solcher Erscheinungen ist deren Unkenntniss übrigens kein Maassstab für ihre Seltenheit —, so möchte ich hier etwas näher auf ihn eingehen, zumal er das Gebiet der Aesthetik berührt und damit auf das allgemein menschliche Interesse Anspruch hat. Für die Frage, wie und warum Verzierung und Schmuck in der Natur entstehen, dürfte das Pflanzenreich erheblich mehr Material zur Lösung bieten, ich bezweifele aber, dass die Beantwortung der Ursachen immer so einfach ist, wie gerade hier.

Wir finden in weiter Verbreitung bei regulären Dichoporiten Radialleisten, die durch Parallelleisten begleitet sein können und dadurch eine eigenthümliche radial-strahlige Felderung der einzelnen Platten bedingen. Eine solche findet sich ohne Begleiterscheinung also rein bei „striaten“ Arten von *Chirocrinus* (Taf. X, fig. 13), bei *Scoliocystis* (Taf. XI fig. 10) und *Pleurocystites* (Taf. XII fig. 3, 6). Bei *Echinoencrinites* geht sie Hand in Hand mit einer regelmässigen Prominenz der Anwachsstreifen, sodass dadurch eine radiäre Gitterstruktur auf den Platten entsteht (Taf. X fig. 15, XIII fig. 20). Die letztere tritt offenbar schon bei den Vorfahren der Gattung zu der Radialstreifung hinzu, denn wir sehen, dass die primitivsten Formen wie *E. Lahuseni* (Taf. XIII fig. 20) und junge Individuen specialisirterer Arten (Taf. XIII fig. 17, 18) die Anwachsleisten bereits wohl entwickelt zeigen. Andererseits nimmt innerhalb der Gattung die Skulptur ab. Bei *E. laevigatus* tritt die Radialstreifung nur noch am Plattencentrum hervor (Taf. XIII fig. 14) und bei den Nachkommen dieser Form *Glaphyrocystis* (Taf. X fig. 16) und bei *Erinocystis* (Taf. XIII fig. 6) verschwindet nahezu jede Skulptur der Thecalplatten.

Ein anderer Rückbildungsprocess beruht auf einer Auflösung der Radialskulptur in eine regellose Knoten- oder Grubenbildung. Die erstere ist charakteristisch für *Schizocystis* (Taf. XII fig. 2), die zweite für *Lepocrinites* (Taf. XIV fig. 1, 5) und *Callocystites* (Taf. XV fig. 1). Derartige Knotenbildungen zeigen sich auch bei *Chirocrinus*, und hier lässt sich gelegentlich der Nachweis erbringen, dass die Knötchen aus der Auflösung einer Radialleiste hervorgingen.

Von diesen Verkümmerungsprocessen abgesehen, finden wir also als aufsteigende Entwicklungsprocesse die Bildung radialer Leisten und deren Kombination mit Anwachsstreifen. Dass die ersteren aus den Porenfalten bezw. aus der bei *Mimocystites* noch allseitig vertheilten Wellblechstruktur hervorgehen und also auf die Respirationsporen zurückzuführen sind, bedarf wohl keiner besonderen Hinweise. Vielleicht ist aber auch die Gitterstruktur specialisirter Arten von *Chirocrinus* und älterer Arten von *Echinoencrinites* auf die Porenbildung zurückzuführen. Dadurch, dass bei diesen die Porenmündungen von einem Wall umgeben sind, ist hier Veranlassung zu einer Querstreifung gegeben, die so allerdings nur auf bestimmten Platten auftritt. Diese Skulptur schliesst sich gelegentlich wie bei *Echinoencrinites granatum* dem Aussehen der Porenmündungen so eng an, dass letztere auf der so skulpturirten Thecalfläche sehr schwer aufzufinden sind (Taf. XIII fig. 15). Auch auf die Stiele geht die Radialskulptur über und äussert sich hier gemäss der Druckrichtung in der Bildung vertikaler Streifen und Leisten. Dieselben zeigen sich auf den Kragen der grösseren, obersten Stielglieder, z. B. bei *Echinoencrinites* sehr deutlich (Taf. XIII fig. 18). Sie erscheinen aber auch auf den langen cylindrischen Gliedern des mittleren Stielabschnittes, z. B. bei *Chirocrinus* (Taf. X fig. 14). *Echinoencrinites* (Taf. XIII fig. 18) und *Pleurocystites* (Taf. XII fig. 3. 6).

Besonders bemerkenswerth bei allen diesen Erscheinungen ist mir also der Umstand, dass Verzierungen hier als zwecklose Bildungen aus früher physiologisch wichtigen Strukturverhältnissen hervorgegangen sind.

Die allgemeinere Form der Theca ist ungefähr eiförmig, wird aber durch Verzerrung oder Abflachung in sehr verschiedener Weise modificirt. Eine relativ zierliche, eiförmige Gestalt haben *Callocystites* (Taf. XV fig. 1), *Lepocrinites* (Taf. XIV fig. 5) und *Scoliocystis* (Taf. XI fig. 10), birnförmig ist *Cystoblastus* (Taf. XVI fig. 1) und *Echinoencrinites* (Taf. XIII fig. 2), unförmlich verzerrt ist *Erinocystis* (Taf. XIII fig. 6), seitlich komprimirt *Schizocystis* (Taf. XIII fig. 1, 2) und namentlich *Pleurocystites* (Taf. XI fig. 3–5). Im übrigen wird die Körperform vor Allem durch die mannigfaltige Entwicklung der Finger modificirt. Dieselben umstehen bei den Chirocriniden in grösserer Zahl den Mund, indem jedem Radius etwa 3–5 zweizeilige Arme von der Länge der Kelchhöhe entspringen. Bei den Scoliocystiden und Pleurocystiden sind die wenigen langen Arme unmittelbar am Munde koncentrirt, bei den Callocystiden und Cystoblastiden in grosser Zahl über die Theca ausgedehnt, so dass diese Formen in ihrer Fingerentwicklung den Organisationstypus der Blastoideen erreichen.

Auf den äusseren Habitus der Formen ist das Porensystem von grosser Bedeutung, indem die Porenfelder selbst durch ihre Stellung die Morphogenie der übrigen Organe beeinflussen, und indem die auf ursprüngliche Porenbildung zurückzuführende Skulptur der Oberfläche der Skelete ein charakteristisches Aussehen verleiht.

Die phylogenetische Stellung der Regularia. Die Anordnung der Platten in horizontalen Kränzen theilen die regulären Dichoporiten mit verschiedenen Pelmatozoen. Die Pentacrinoideen weisen normal zwei Basalkränze, einen Radialkranz und einen über diesen alternirend gelegenen Oralkranz auf. Hier sind also bei voller Entwicklung aller Elemente vier horizontale Kränze alternirend übereinandergelagert. Wie bei den Chirocriniden und Cystoblastiden trägt der zweite von oben die radiär entfalteten Ambulacralanhänge. Während aber unter diesem Radialkranze bei den Pentacrinoideen nur zwei Kränze vorhanden sind, zählen wir bei den regulären Dichoporiten deren drei. Das erscheint unwesentlich, aber die Thatsache besteht, dass niemals bei den Pentacrinoideen einer mehr, oder bei den Cystoideen einer weniger gefunden ist. Die Tendenz zur Verringerung der Kränze, die bei den Pentacrinoideen zu dem Verlust eines, ja sogar beider Basalkränze führt, zeigt sich auch hier wenigstens insofern, als die Blastoideen als unzweifelhafte Nachkommen der Cystoideen zwei Lateralkränze unterdrückt haben. Am Ausgangspunkt dieser Differenzirungen stehen sich aber Pentacrinoideen und reguläre Dichoporiten scharf gegenüber. Die letzteren werden dadurch auf ein Entwicklungsstadium des Pelmatozoentypus verwiesen, in welchem die Theca noch komplicirter zusammengesetzt war als zur Zeit der Abzweigung der Pentacrinoideen. Ein solches Stadium des Thecalbaues finden wir nun bei einigen der älteren Cladocrinoideen. Ich habe schon pag. 99 darauf hingewiesen, dass Cladocrinoideen wie *Mimocystites* BARR. (? = *Macrocystella* CALL.) genau dieselbe Anordnung der Thecalplatten besitzen, wie die regulären Dichoporiten, und dass deren Abstammung von diesen geologisch etwas älteren Formen nicht mehr zweifelhaft sein kann. Die Uebereinstimmung dieser Formen speciell mit *Chirocrinus*, der ältesten Cystoidee, ist eine so vollständige, dass lediglich der Mangel von Thecalporen bei den Mimocystiden deren Zurechnung zu den Cystoideen verhindert.

Dass man derartig zusammengesetzte Formen noch den Cladocrinoideen zurechnen soll, muss insofern Bedenken erregen, als bei deren jüngeren Vertretern die Thecalelemente in ganz abweichender Weise angeordnet werden. Hier schaaren sich die sehr zahlreichen Thecalplatten unter den Fingeransätzen zu Vertikalreihen zusammen, die infolge der unteren Verjüngung der Theca nach dem Basalkranz zu konvergiren und sich dabei an Zahl vermindern. So entstehen hier von unten aus betrachtet 5 vertikale Plattenreihen, die sich nach oben theilen und deren letzte Theilreihen die Finger tragen. Zwischen und über diesen „Costalien" bleiben die Thecalelemente regellos gelagert. Hier liegt nun also ein total abweichender Modus des Thecalbaues vor, aber diese Formen sind unzweifelhaft abzuleiten von solchen, deren Thecalelemente in ebenso grosser Zahl vorhanden, aber noch ganz regellos gelagert waren. Solche Formen liegen uns, wie wir sahen, im mittleren Cambrium vor (*Eocystites* und *Acanthocystites*) und erhalten sich in Böhmen sogar bis in das Untersilur (*Ascocystites*). Ihre Indifferenz verrathen sie auch darin, dass ihre Finger an Stelle der Pinnulae nur erst lange Saumplättchen aufweisen.

Bei diesen alten z. Th. cambrischen Formen haben sich also offenbar die Differenzirungsrichtungen getrennt. Aus ihnen gingen unter möglichster Beibehaltung ihrer Charaktere die typischen Cladocrinoideen hervor, indem sich ihre Finger tragenden Thecalplatten in Vertikalreihen ordneten und die Saumplättchen ihrer Finger zu Pinnulis entwickelten. Neben dieser Hauptreihe sonderten sich aber verschiedene Nebenreihen ab. Wenn wir nur die arm- bezw. fingertragenden Pelmatozoen in Betracht ziehen, so sondern sich die *Macrocystellidae* noch innerhalb jener alten Cladocrinoideen ab, die man auf Grund des Mangels von Pinnulis zu Eocriniten zusammenfassen kann. Diese Sonderung erfolgte wesentlich auf Grund einer Verringerung der Thecalplatten, wie sie uns oben bei Formen wie *Macrocystella, Mimocystites* und *Lichenoides* entgegentritt. Von diesen Typen der Eocriniten gehen dann einerseits mit der Ausdehnung der Theca nach oben und dem Erwerb der Thecalporen die Gattung *Chirocrinus* als die Stammform der Cystoideen, andererseits unter stärkerer Reduktion der Plattenkränze die Pentacrinoideen hervor, deren wesentlichste primäre Kennzeichen neben ihrem Thecalbaue darin beruhen, dass ihre Ambulacra ungetheilt aus der Theca hervorgehen und einzeilig skeletirt sind. Deren weitere Entwickelung nimmt von einer indifferenteren Basis aus einen überraschenden Aufschwung, während die Nachkommen von *Chirocrinus* mehr und mehr degeneriren, mit Ausnahme der Diploporiten, welche durch starke Hemmung ihrer ontogenetischen Entwicklung eine gewisse Plasticität und Bildungsfähigkeit zurückerlangten. Durch energischen Umschwung machen sich vor den schnell verdorrenden Zweigen der Dichoporiten freilich noch die Blastoideen los, die schon durch die Länge ihrer phyletischen Erhaltung die gesunde Tendenz ihrer Entwicklung beweisen.

Die phyletische und systematische Gliederung der Regularia muss sich an die Differenzirungen des Ambulacralsystemes und der Theca anlehnen, da die übrigen Organisationsverhältnisse, wie die Zusammensetzung der Poren, der Bau des Stieles, die Ausbildung der Primärporen und des Afters entweder nur offenbar unwesentliche oder ganz vereinzelte Abweichungen zeigen, die phyletisch keine Konstanz erlangten und deshalb auch stammesgeschichtlich keine hohe Bedeutung beanspruchen können.

Die Porenbildung erfährt allgemein innerhalb der Regularia zwei Differenzirungen, die, wie wir sahen, mit einander Hand in Hand gehen. Es ist dies einerseits die Reduktion in der Zahl der Porenrauten, andererseits deren Specialisirung im einzelnen. Da sich diese Processe gleichmässig in den verschiedenen Abtheilungen der Regulären einstellen, so kann aus dem jeweiligen Stande ihrer Differenzirung nur auf die grössere oder geringere Entfernung von der Stammform, aber kaum auf bestimmte Differenzirungsrichtungen geschlossen werden. *Chirocrinus, Cystoblastus, Glyptocystites* und allenfalls noch einige ältere Scoliocystiden, wie *Echinoencrinites* und *Scoliocystis*, nehmen dabei im Allgemeinen eine primitive Stellung ein. *Chirocrinus*, der die meisten Porenrauten und diese in einfachster Form zeigt, muss auch hierin an den Ausgangspunkt der bis jetzt bekannten Formen gestellt werden.

Morphogenetisch und phylogenetisch am wichtigsten sind auch hier, wie in den meisten Abtheilungen der Echinodermen, die Differenzirungen des Ambulacralsystemes. Diese erfolgten, wie wir sahen, in drei Richtungen. Die erste derselben, die bei *Chirocrinus* und *Cystoblastus* vertreten ist, kennzeichnete sich dadurch, dass die Fingeransätze das Thecalskelet vom Mund her auseinanderdrängen und bei streng pentamerer Ausbildung dem zweitobersten Kranz von Thecalplatten auf- bezw. eingeschoben werden. Der zweite Differenzirungsprocess beruht auf einer Koncentration der Fingeransätze am Mund (*Scoliocystidae, Pleurocystidae*), während die Callocystiden wieder durch eine sekundäre Ausbreitung der Radiärgefässe oberhalb des Thecalskeletes gekennzeichnet sind. Das giebt drei Differenzirungstypen, die sich systematisch sehr gut verwenden lassen.

In der Ausbildung des Stieles nehmen nur die jüngsten Callocystiden einen höheren Standpunkt ein, insofern sich ihr Stiel wesentlich vereinfacht hat, sowohl in der Form seiner Glieder, wie in seinem Verhältniss zum Thecalskelet. Durch die extreme Ausbreitung der Anallücke stehen die Pleurocystiden allen übrigen Formen gegenüber und verdienen dadurch auch systematisch eine Sonderstellung in eine Familie. Das Gleiche gilt meines Erachtens auch von *Cystoblastus*, bei dem durch Einschiebung der Radiolateralia in den Kranz der Mediolateralia und entsprechende Aenderungen der Porenvertheilung ein scharf gesonderter Typus gegeben ist. So scheint mir unter Berücksichtigung aller aufgeführten Gesichtspunkte eine Eintheilung der Regularia in die 5 Familien der Chirocriniden, Cystoblastiden, Pleurocystiden, Scoliocystiden und Callocystiden gerechtfertigt. Die gegenseitige phyletische Beziehung ihrer Vertreter ist wohl am besten aus dem Stammbaum pag. 174 ersichtlich.

Fam. Chirocrinidae.

Definition. Die Ambulacra in einem flachen Ausschnitt der Radiolateralia (I'') gelegen, mehrmals gegabelt, mit etwa 3–7 mässig langen Fingern versehen. Porenrauten sehr zahlreich, wenig differenzirt, unregelmässig angeordnet. Thecalplatten vollzählig. Basis eingesenkt. Stiel dünnwandig.

Der hier zum Range einer Familie erhobene Formenkreis ist so eng geschlossen, dass ich glaube, die hierher gehörigen Mitglieder desselben in eine Gattung zusammenstellen zu müssen. Es sind das Formen, für welche BILLINGS und F. SCHMIDT den Namen *Glyptocystites*, EICHWALD *Chirocrinus* (non *Chirocrinus* SALTER) und BARRANDE den Namen *Homocystites* verwandten. Wenn sonach die hierher gehörigen Formen in eine Gattung zusammenzufassen sind, kann ich bezüglich der morphologischen Einzelheiten auf deren Beschreibung verweisen. Nur über den Begriff und die Stellung der Familie sind einige Bemerkungen am Platze. Dieselbe nimmt durch die einfache Zusammensetzung ihrer Theca die niederste Stellung innerhalb der *Regularia* ein. Auch in anderen Verhältnissen, wie namentlich im Bau, der Zahl und Vertheilung der Poren, sowie in der Entfaltung des Ambulacralsystemes zeigt sie primäre Verhältnisse, so dass sie in jeder Hinsicht an den Ausgangspunkt der regulären Dichoporiten zu setzen ist. Wir werden sehen, dass die Eigenthümlichkeiten der übrigen Familien ohne Zwang von der Organisation der Chirocriniden abzuleiten sind. Auch geologisch stehen dieselben an der Spitze der Regulären, insofern ihre Vertreter in den ihrem Alter nach sichergestellten Silurgebieten die ältesten Cystoideen sind.

Chirocrinus EICHWALD 1856 (I, 69).

Gonocrinites LEUCHTBG. non EICHW. 1843, Syn. *Echinoencrinus* HALL non H. v. M. 1847, *Glyptocystites* BILL. 1854, *Glyptocystites* F. SCHMIDT 1874, *Homocystites* BARR. 1887 non *Chirocrinus* SALTER 1859.

Der Name *Glyptocystites*, unter welchem zuerst Arten der vorliegenden Gattung beschrieben wurden, war von BILLINGS in erster Linie aufgestellt für den *Gl. multiporus* (vergl. 1888. I), der in die Familie der Callocystiden gehört. Die übrigen, ausser den genannten hierher gezogenen Arten, ordnen sich dagegen in allen wesentlichen Punkten der Gattung *Chirocrinus* unter, die EICHWALD kurze Zeit später für russische Formen aufgestellt hatte. Mit diesen hat auch F. SCHMIDT (1874. I, 8) die canadischen Verwandten vereinigt, für alle aber den Namen *Glyptocystites* BILL. verwandt, der, wie gesagt, auf dessen Typus *Gl. multiporus* BILL. zu beschränken ist. Auch die böhmischen Arten entfernen sich nicht so weit von den russischen, dass ihre Unterbringung in eine besondere Gattung, *Homocystites* BARR., gerechtfertigt wäre.

Definition. Theca unregelmässig oval. Basis eingesenkt, Oberseite abgestutzt. Analfeld gross; Porenrauten zahlreich, auf alle Plattenkränze vertheilt, als Voll- oder Sperrrauten entwickelt. Ambulacra pentamer, wiederholt gegabelt und von den Platten L'' getragen; Finger nicht länger als die

Höhe der Theca. Stiel sehr dünnwandig, oben mit wohl entwickelten Kragengliedern, unten mit blasiger, klein getäfelter Wurzel versehen.

Die Zusammensetzung des Thecalskeletes war bei *Chirocrinus* nicht leicht zu ermitteln, da die Exemplare fast durchweg fragmentär sind, und deren Kombination dadurch erschwert war, dass die Form und Lage einzelner Platten nicht unerheblich variiren. Eine ziemlich normale Zusammensetzung der Theca dürfte das nachstehende Diagramm von *Ch. radiatus*, welches ich nach einer vollständig freigelegten Theca gezeichnet habe, geben. Hier bilden die Platten der beiden unteren Lateralia geschlossene Kränze, derart, dass die Platten desselben Kranzes sich seitlich mit Vertikalrändern berühren. Eine Störung erfährt die normale Zusammensetzung im Uebrigen nur dadurch, dass sich unterhalb der Primärporen das Deltoid l'''_1 zwischen den Radiolateralien l''_1 und l''_5 so tief hinabsenkt, dass sie den Infralateralien l'_1 und l'_5 aufruht.

Bei anderen Arten zeigen sich Abweichungen hiervon, insofern die Platten der Lateralkränze in verschiedener Weise ineinandergreifen können. Das Schema von *Chirocrinus penniger* — in der Uebersichtstafel Fig. 36 als B bezeichnet — zeigt z. B. die

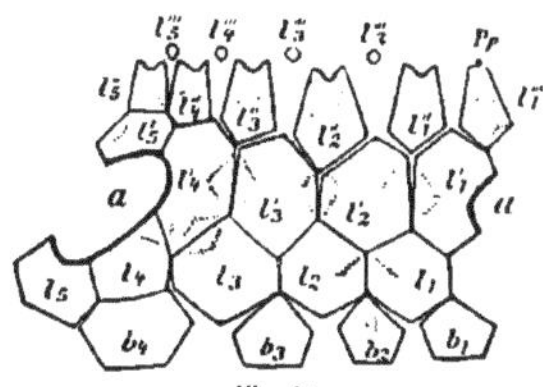

Fig. 40.

Diagramm der Theca von *Chirocrinus radiatus* Jkl.
Bezeichnungen wie Fig. 36.

Platten l'_1 und l'_3 zwischen den Platten l_1 und l_5 bezw. zwischen l_2 und l_3 bis auf den Basalkranz heruntergerückt, so dass durch diese Platten die Basalia b_1 und b_3 oben horizontal abgestutzt sind. Auch die Platte l'_2 tritt bis zur Berührung an das Basale b_2 heran. Andererseits werden die Mediolateralia l'_2 und l'_3 durch das Radiolaterale l''_2 breit auseinandergedrängt. Die letztgenannte und die sie unterlagernde Platte l_2 erscheinen den andern gegenüber vergrössert. Diese Vergrösserung mag wohl dadurch hervorgerufen sein, dass die das Analfeld rechts umlagernden Platten durch die Vergrösserung des ersteren relativ klein blieben. Der starken Verzerrung der Platte l'_5 in der Ausdehnungsrichtung des Analfeldes dürfte die abnorme Form der darüber gelegenen Platte zuzuschreiben sein. Ob das pag. 196 B gezeichnete Diagramm bezüglich der Platten l''_5 und l'''_5 zutreffend ist, möchte ich nachträglich bezweifeln, nachdem mir reicheres Material durch die Hände gegangen ist. Da mir das betreffende Exemplar, welches auch der Darstellung Friedr. v. Schmidt's zu Grunde lag, nicht mehr zugänglich ist, kann ich nur mehr der Vermuthung Ausdruck geben, dass die Platte l'''_5 in Wahrheit das Ambulacrum 5 aufnahm und also als l''_5 zu bezeichnen ist, während die hier als l''_5 bezeichnete Platte wie in Fig. 40 als l'''_4 aufzufassen wäre. Auffällig ist die Beobachtung Fr. v. Schmidt's, dass bei einer Varietät seines CH. VOLBORTHI die Platte I_2 durch starke Ausdehnung nach oben die ambulacralen Platten I''_1 und I''_2 von einander trennen soll.

Die Anordnung der Spannleisten ist zwar durch das Lageverhältniss der einzelnen Platten ganz genau bestimmt, zeigt aber doch infolge der Verzerrung der Platten ein sehr viel unregelmässigeres Bild, als es die Spannleisten von *Mimocystites* (Fig. 33 pag. 172) darboten (vergl. auch das Diagramm Fig. 37 pag. 201).

Die Eindrückung der Thecalbasis seitens des Stieles ist entschieden ein primitives Merkmal der Gattung, da nur die specialisirten Vertreter der *Regularia* eine konvex gewölbte Basis zeigen. Die Ursache der Eindrückung liegt offenbar in dem dünnen Bau der Thecalplatten, die den Druck der Theca und der Finger nicht aushielten und zu den Seiten des Stielansatzes heruntersanken. Die Stärke der Thecalplatten ist bei *Chirocrinus* ganz ausserordentlich gering, sie erreicht, von verstärkenden Spannleisten abgesehen, selbst bei pflaumengrossen Individuen kaum mehr als einen halben Millimeter.

Die Skulptur der Thecalplatten ist ziemlich mannigfach und bietet gute Merkmale zur Unterscheidung der Arten. Im einfachsten Falle ist die normale Wölbung der Aussenfläche unterbrochen durch radial ausstrahlende Leisten, die auf eine verfestigende Faltenbildung nach dem Princip des Wellbleches zurückzuführen sind. Diese Struktur ist am klarsten an den ältesten Formen wie *Ch. atavus* zu beobachten. Bei anderen Arten lösen sich radiale Leisten in Knotenreihen auf, und neben diesen erscheinen dann gewöhnlich auch Knötchen in den Zwischenflächen (*Ch. granulatus*). Eine andere Skulptur bahnt sich dadurch an, dass neben den Hauptspannleisten kürzere oder längere Parallelleisten hervortreten (*Ch. alter, Walcotti, stellatus, striatus*). Die höchste Komplikation entsteht dadurch, dass sich zu diesen parallel strahlig verlaufenden Leisten koncentrische Anwachsstreifen gesellen (*Ch. insignis, Forbesi, sculptus*). Die letzteren, die wir auf die älteren Formen von *Echinoencrinites* übergehen sehen, finden sich hier in der Regel nur auf einem Theil der Platten, während die übrigen die nächst einfachere Form der Skulptur bewahren.

Die Stielbildung ist bisher leider an keinem Exemplar in toto bekannt geworden. Das obere teleskopartige Stielstück und eine Anzahl darauf folgender Glieder des mittleren Stielabschnittes sind aber an mehreren Exemplaren ansitzend gefunden. Der Herzog v. LEUCHTENBERG und F. v. SCHMIDT haben schon solche abgebildet, und es gelang mir jetzt, noch an einer grösseren Zahl von Kelchen und Kelchfragmenten längere Theile des Stieles freizulegen. Anders liegt der Fall bezüglich des unteren Stielabschnittes und der Wurzel. Diese sind bisher nie im Zusammenhang mit einer Theca von *Chirocrinus* gefunden. Indessen kommen mit ihnen Wurzeln und Stielfragmente vor, welche nach Grösse, Form und Vorkommen nur auf Exemplare unserer Gattung bezogen werden können, da andere Formen, denen sie angehört haben könnten, in den betreffenden Schichten überhaupt nicht vorkommen. Nun ist sonst das Fehlen anderer Reste im Allgemeinen kein überzeugendes Kriterium für die Zusammengehörigkeit bestimmter Fragmente, aber in diesem Fall wäre kein Grund, einzusehen, warum nicht auch Theile der supponirten Theken gefunden sein sollten, da diese doch auch verkalkt sein mussten, und jene Schichten von A. v. VOLBORTH in bewunderungswürdiger Weise durchstöbert worden sind. Nach alledem trage ich kein Bedenken, gewisse mit Chirocrinusresten vorkommende Wurzel- und untere Stielfragmente auf bestimmte Arten von *Chirocrinus* oder auf diese Gattung im Allgemeinen zu beziehen.

Der obere Stielabschnitt zeigt nur insofern bemerkenswerthe Verhältnisse, als er die für die *Regularia* pag. 183 angegebenen Eigenschaften besonders deutlich erkennen lässt, und dabei doch sehr indifferent erscheint. Die Wand des Stieles ist sehr dünn, die Glieder bilden also sehr zarte Ringe. Das Alterniren der Kragen- und der einfachen Ringglieder ist scharf ausgeprägt. Der Kragen tritt scharf hervor, ist nach unten fein verdünnt und weist keine nennenswerthe Skulptur auf. Der ganze Abschnitt ist bei Theken von 20 mm Durchmesser etwa 25 mm lang. Nach seinem unteren Ende wird der Kragen kleiner, die Wand dicker und die Unterschiede zwischen den grösseren und kleineren Gliedern verschwinden. Mit dem Eintritt dieser Modifikationen beginnt der mittlere Stielabschnitt, der bei einigen Exemplaren noch mit einer längeren Reihe von Gliedern erhalten ist. Die Glieder sind erheblich dickwandiger, so dass das Lumen des Stieles hier nur etwa ein Drittel seines Durchmessers beträgt. Die Aussenfläche der Glieder ist glatt, ihre Höhe nimmt allmählich zu, so dass sie schliesslich etwa ihrem Durchmesser entspricht. Hier treten auch Verschmelzungsprocesse ein.

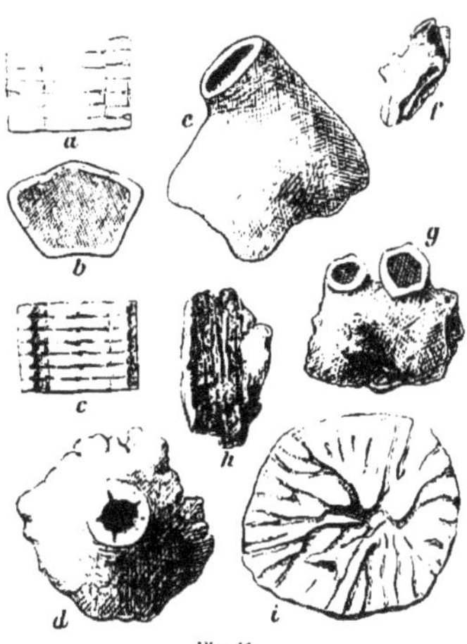

Fig. 41.

Untere Stielfragmente von *Chirocrinus*.

a Stieltheile von aussen, b von oben, c von innen, d eine Wurzel von oben, e und f g von der Seite, h und i von unten gesehen.
Alle Figuren vergrössert.

Auf *Chirocrinus* beziehe ich nun als unteren Stielabschnitt und als Wurzel folgende Reste. In einer dem Vorkommen von Theken entsprechenden Häufigkeit finden sich bei Pulkowa, am Wolchow und anderen isolirteren Fundpunkten Wurzeln, die eine mehr oder weniger niedergedrückte Scheibe darstellen, in deren Centrum oben die weite Oeffnung des Stielansatzes zu sehen ist. Diese ist fünftheilig, d. h. ihr Rand wird gebildet von 5 leistenförmigen, nach den Seiten verjüngten Stäbchen. Unter diesen finden sich noch mehrere ebenso gelagerte Stücke von unregelmässigerer Form, und während sich kleinere Plättchen regellos zwischen sie einschalten, geht die Wandung in eine regellos zusammengesetzte feine Täfelung über. Der Seitenrand ist meist flach ausgebreitet auf einer festen Unterlage, seltener über einer, offenbar später verkümmerten Unterlage zusammengebogen und wieder theilweise verwachsen. Im ersteren Falle ist die aufgewachsene Unterfläche radial gestrahlt, wie dies zuerst bei *Lichenocrinus* abgebildet wurde, den man ja irrthümlich für einen aufgewachsenen Kelch hielt. Das Innere dieser Wurzeln ist hohl: dieselben stellen also klein und regellos getäfelte Bläschen dar, die durch Aufwachsung mehr oder weniger abgeplattet und an ihrer Anwachsungsfläche modificirt sind. Gelegentlich obigen Wurzeln noch ansitzend, meistens aber abgebrochen und in kurze Fragmente isolirt, finden sich bei denselben Stielröhren, deren dünne Wand aus fünf Reihen stabförmiger Plättchen besteht. Die 5 Reihen nehmen nach oben an Regelmässigkeit zu, doch kommen auch hier gelegentlich zwischengelagerte Plättchen vor, welche die Regelmässigkeit unterbrechen. In vorstehender Textfigur sind mehrere solcher Fragmente und darunter einige Wurzeln abgebildet. An Stielfragmenten, die den Wurzeln noch ansitzen, sieht man die Plattenreihen neben einander alterniren (Fig. 41 e), an anderen, offenbar zu denselben Stielen gehörigen Fragmenten (Fig. 41 a) gleicht sich das Alterniren aus, und es entstehen allmählich ganz um den Stiel herumgreifende Ringglieder. An einem Exemplar von *Ch. Volborthi* ist der obere Stielabschnitt erhalten. Unweit des letzteren liegt im Gestein an einem Stielfragment ein knopfartiger Körper, wie solche als *Bolborites* bekannt sind. Der geringe Durchmesser dieses Stielabschnittes spricht gegen die Annahme, dass dasselbe zu der betreffenden Theca gehört. Auch deutet die bei vielen Exemplaren gleichbleibende Form jenes Knopfes darauf hin, dass derselbe einen bisher bei Pelmatozoen ganz fremdartigen Körper bildete. Immerhin möchte ich bei dem Wechsel der Stielbildungen nicht in Abrede stellen, dass sich auch bei *Chirocrinus* solche Modifikationen des normalen Typus finden könnten. Das betreffende von mir herauspräparirte Exemplar entstammt der VOLBORTH'schen Sammlung und gehört also der kais. Academie in Petersburg*).

Das stark erweiterte Analfeld zeigt immer von aussen gesehen eine Hauptausdehnung von links unten nach rechts oben, aber doch so, dass die Hauptaxe nur wenig über die Horizontale gehoben ist. Die Länge der Hauptaxe erreicht bei *Ch. penniger* wohl $^3/_4$ bis $^4/_5$ des Thecaldurchmessers und ist wohl bei allen Formen grösser als der Radius der Theca in gleicher Höhe. An der Umrandung des Analfeldes nehmen genau wie bei *Mimocystites* die Platten L_5, L_1, L'_1, L'_4, L'_5 theil. Das Analfeld diente selbstverständlich nicht in toto als After, sondern wesentlich zur Bedeckung des wahrscheinlich expansionsbedürftigen Enddarmes. Den After selbst habe ich niemals beobachten können, da die Skeletbedeckung des Analfeldes niemals unversehrt erhalten war. Nur einzelne Plättchen von unregelmässiger Schuppenform sind als Skeletbedeckung des Analfeldes schon von FR. v. SCHMIDT beobachtet worden. Dieselben habe

*) Durch Herrn Baron S. v. WÖHRMANN in Petersburg gingen mir soeben noch einige Stücke von *Chirocrinus* zu, bei denen ein *Bolboporites* liegt, jene kreiselförmigen Körper, die an den Cirrenknopf einer *Comatula* erinnern. Herr Dr. v. WÖHRMANN glaubt nun regelmässig bei *Chirocrinus giganteus* den genannten mit Narben versehenen *Bolboporites mitralis* EICHW. und bei *Ch. Volborthi* den mehr kugligen *Bolb. stellaris* EICHW. gefunden zu haben und ist geneigt, anzunehmen, dass die Körper im Innern der Theca ihren Platz hatten. Leider war es mir nicht möglich, eine der wenigen vollständigen Theken von *Chirocrinus* zur Entscheidung dieser Frage durch Zerlegung in Schnitte zu opfern. Zunächst weiss ich nicht recht, welchen Platz und welche Funktion ein solcher massiger Körper im Innern der Theca innegehabt haben sollte und finde auch keinerlei Analogon hierfür bei anderen Pelmatozoen. In Betracht könnte wohl nur die Möglichkeit kommen, dass diese Körper ursprünglich sehr porös als innere Madreporen-Filter funktionirten. Die hufeisenförmige Narbe, die sich bei ihnen auf der einen flachen Seite findet, entspricht etwa in Form und Grösse der äusseren Oeffnung des primären Steinkanales, und könnte diesem also innen angesessen haben als Eingangsöffnung in den Filter. Bei den jüngeren *Regularia* würde das Verhältniss des primären Steinkanales zu dem Parietalporus eine solche Deutung ausschliessen, und dort kennen wir auch keine solchen Körper, aber bei *Chirocrinus* sind die Primärporen bisher zu wenig bekannt, um obige Möglichkeit a limine abzuweisen.

ich auch bei anderen Arten bemerkt, bin aber über diese Beobachtung nicht hinausgekommen.

Die Porenbildung zeigt in jeder Hinsicht die primitivsten Verhältnisse innerhalb der *Regularia*. Was zunächst den Bau der einzelnen Poren anbetrifft, so sind dieselben bei den ältesten Arten z. Th. noch als einfache Schlitze in ganzer Ausdehnung an der Oberfläche geöffnet, bei den meisten allerdings durch eine Porenbrücke überdacht. Ausserdem sind diese Poren sehr zahlreieh, sodass etwa ein Fünftel bis ein Drittel der ganzen Thecaloberfläche von Poren besetzt sein mochte. Die Porenrauten sind obigem Verhalten der Einzelporen entsprechend bisweilen noch als Vollrauten entwickelt, meist allerdings in der Form von Sperrrauten vorhanden. Die Form der letzteren unterliegt insofern einer gewissen Mannigfaltigkeit, als dieselben oft nur als Halbrauten entwickelt sind und die Zahl ihrer Poren stark wechselt.

Von den Basalrauten finden sich stets wenigstens die beiden oberen nach l_1 und l_2 typisch ausgebildet, neben diesen aber auch häufig noch Halbrauten zwischen b_2 und b_1 bezw. b_3. Mit einer gewissen Regelmässigkeit sind Porenrauten ferner auf dem zweitoberstenLateralkranze vertheilt und zwar so, dass sie auf der Grenzfläche zwischen den Platten l'' horizontal eingefügt sind. Die Lage der übrigen Rauten unterliegt weitgehenden Schwankungen, doch sind Rauten gewöhnlich in grösseren Zahl solar berechnet vor dem Analfelde lokalisirt. Die Lage der Rauten auf den übrigen Platten der drei unteren Lateralkränze unterliegt weitgehenden Schwankungen, derart, dass anscheinend jedes Plattenfeld zwischen den drei unteren Lateralkränzen gelegentlich eine Raute tragen kann.

Schliesslich muss ich hier noch an die überraschende Porenbildung von *Ch. interruptus* erinnern, die als Unterbrechung in dem Umbildungsprocess der Voll- und Sperrrauten ein besonderes morphologisches Interesse verdient. Wie ich schon pag. 204 kurz hervorhob, sind bei genannter Art die Porenschlitze nicht durch eine, sondern durch mehrere Porenbrücken unterbrochen. Dadurch, dass sich letztere wieder zu Reihen ordnen, erhält man das Bild mehrerer in einander geschalteter Sperrrauten. Ich konnte mich dabei klar davon überzeugen, dass die inneren Schlitzreihen nicht besondere Richtung und Stellung haben, sondern genau der Richtung der äussersten Schlitze eingefügt sind, so dass offenbar die Schlitze unter ihnen wie sonst das ganze Rautenfeld einnehmen, und nur ihre Brückenbildung eine Unterbrechung erfahren hat. Die genannte Bildung zeigen nicht nur die obersten zwischen l''_{1-5} gelegenen Rauten, sondern auch die tiefer in der Seitenwand der Theca gelegenen. Wie sich die Basalrauten verhalten, habe ich nicht sehen können.

Die Ambulacra sind stets pentamer angelegt, wenn auch in den einzelnen Antimeren nicht immer gleichmässig entwickelt. Sie ruhen ausnahmslos auf den Radiolateralien l''_{1-5}, die zu ihrer Aufnahme entweder flach hufeisenförmig ausgeschnitten sind oder als Träger der Ambulacralorgane zu einem erhabenen Polster anschwellen. Die Radiärgefässe gabeln sich etwa 3 bis 5 Mal. Wie immer, zweigt sich auch hier der erste Seitenast vom Mund aus gesehen links ab. Vom Mund aus rechts zählt man in der Regel einen Finger bezw. eine Rinne weniger als links. *Ch. penniger* (Taf. XI fig. 3) scheint 5 Finger in jedem Ambulacrum, *Ch. radiatus* deren nur 3 besessen zu haben, während bei *Ch. atacus* wahrscheinlich noch mehr als je 5 Finger vorhanden waren. An einzelnen Stücken sind die Saumplättchen auf der Thecaloberseite erhalten und erscheinen z. B. bei *Ch. radiatus* als schmale, unregelmässig gekrümmte, im Ganzen etwa fingerförmige Stücke, deren Grösse an der Basis der einzelnen Finger abnimmt.

Diese Finger sind bei einer Anzahl von Formen sichtbar. Schon Fr. v. Schmidt hat das bestens erhaltene Exemplar dieser Art abgebildet (Balt. Sil. Petr. T. 1 f. 7 c und 7 b). Einige neue Exemplare, die ich noch soeben durch die Güte meines Freundes, Baron S. v. Wöhrmann in Petersburg, erhalte, zeigen dasselbe Verhalten wie das Schmidt'sche Stück. Die Finger sind sehr ausgeprägt zweizeilig, indem die einzelnen Digitalia mit starker Wölbung vortreten. Die Finger sind an ihrer Basis etwa 1—1½ mm breit, nehmen aber schnell an Dicke ab. In ganzer Länge fand ich sie nirgends erhalten; dieselbe dürfte aber die Höhe des Kelches kaum erreicht haben.

Die Ungleichheit in der Entwicklung der einzelnen Ambulacralfelder ist bisweilen ziemlich beträchtlich. So sind an dem oben erwähnten Exemplar von *Ch. radiatus* (Acad. Petersburg) die über dem Analfeld gelegenen Ambulacra fast nur halb so gross wie die drei gegenüberliegenden.

Wie vielen indifferenten Typen kommt auch *Chirocrinus* eine weite geologische Verbreitung zu. Dadurch, dass er von Petersburg südlich bis Böhmen und westlich bis Canada verbreitet ist, erreicht er die weiteste Verbreitung unter den Gattungen der Cystoideen. Im Besonderen sind unter den Dichoporiten die sämmtlichen übrigen Gattungen auf ein wesentlich engeres Gebiet beschränkt. Auch die vertikale Verbreitung von *Chirocrinus* umfasst einen relativ langen Zeitraum, insofern seine Arten von der Basis des Untersilur fast bis an dessen obere Grenze aushalten, während die übrigen Gattungen fast ausnahmslos auf wenige einander folgende Horizonte beschränkt sind. Nur *Eucystis*, *Hemicosmites* und *Echinosphaerites* können hierin mit *Chirocrinus* wetteifern.

In dem als *Chirocrinus* zusammengefassten Artenkreise laufen die Fäden der Verwandtschaft der regulären Dichoporiten zusammen. Wir können nicht nur eine allgemeine Beziehung zwischen *Chirocrinus* einerseits und *Cystoblastus*, *Echinoencrinites*, *Pleurocystites* und *Glyptocystites* andererseits konstatiren, sondern die letztgenannten Gattungen von ganz bestimmten Arten der Gattung *Chirocrinus* ableiten. Diese Ableitung wird sich zweckmässig der Beschreibung der betreffenden Familien anschliessen, ich möchte aber schon hier aus den Differenzirungsrichtungen der einzelnen Arten diese Beziehungen erläutern.

Bei der ancestralen Stellung von *Chirocrinus* ist es wichtig, die phyletischen Differenzirungen innerhalb der Gattung zu beachten. Wir sahen, dass sich verschiedene Organisationsverhältnisse innerhalb derselben gleichmässig ändern: so tritt namentlich eine Reduktion der Porenrauten und der Fingerzahl ein. Wo letztere nicht deutlich erhalten sind, ist ihre Zahl aus der Grösse der ambulacralen Ausschnitte der Radiolateralia zu entnehmen. Diese beiden hiernach leicht zu kontrollirenden Punkte geben also über den Grad der phyletischen Differenzirung Aufschluss. Sie bestimmen den Ausgangspunkt und das Maass der Entfernung von diesem für jede einzelne Form.

Neben diesen endemischen Processen zeigen sich aber andere, die ihre Träger in besondere Seitenrichtungen drängen und sie als kleinere phyletische Einheiten charakterisiren.

Hier sind vor Allem zu nennen die Aenderungen in der Grösse der Anallücke, Verschiebungen in der Lage der Thecalplatten, Differenzirungen der einzelnen Porenrauten und äusserlich leicht kenntliche Besonderheiten in der Skulptur der Platten.

Während sich bei der Mehrzahl der Formen die Analfücke verkleinert, vergrössert sie sich bei *Ch. penniger* sehr erheblich, ein Verhalten, das entweder direkt zu der entsprechenden Ausbildung von *Pleurocystites* überleitet oder ihre Träger mindestens den hierzu neigenden Vorfahren von *Pleurocystites* nahe stellt. Eine starke Verkleinerung der Analfücke zeigt sich dagegen bei den stark skulpturirten Formen, die auch sonst zu *Echinoencrinites* überleiten.

Verschiebungen in der Lage der Thecalplatten machen sich namentlich bei *Ch. Volborthi* geltend, bei welchem die Platten des zweiten und dritten Lateralkranzes in die Platten der darunter liegenden Lateralkränze gedrängt sind. Diese Veränderung werden wir dann bei *Cystoblastus* einerseits und bei *Glyptocystites* andererseits in verschiedenen Richtungen utrirt finden.

Die Differenzirungen der einzelnen Porenrauten beruhen im Wesentlichen auf Verkümmerungsprocessen bestimmter Rautentheile (vergl. Fig. 39 pag. 203). Hierbei treten aber auch selbständige Richtungen hervor. Der normale Process der Umbildung von Vollrauten in Sperrrauten durch Bildung einer einheitlichen Rautenbrücke wurde bei *Ch. interruptus* stark modificirt, und dadurch eine Brücke geschaffen zu der Umbildung der Schlitze in Porenreihen bei *Caryocystites*. Die Verkümmerung von Rautentheilen machte sich ausnahmslos bei *Chirocrinus* nur in dem Verschwinden korrespondirender Schlitze, also ganzer Poren geltend, sodass Halbrauten, aber nicht Theilrauten und Viertelrauten entstehen, deren Ausbildung den specialisirtesten Familien der Cystoblastiden und Callocystiden vorbehalten ist.

In der Skulpturirung der Platten führt eine Richtung zur Verstärkung der radialen Hauptleisten; dieser Process zeigt sich schon bei einer Form des Petersburger Glauconitkalkes, und führt bei den verwandten Arten Schwedens, die übrigens dort die einzigen Vertreter der Gattung bleiben, *Ch. ornatus Leuchtenbergi* und *nodosus* schliesslich zur Bildung stachelartiger Knoten auf den Leisten. Bei anderen Formen, von denen Vertreter nach Canada und Böhmen wandern, treten neben den Hauptleisten Nebenleisten hervor, und als höchste Komplikation der Skulptur treten dann bei anderen noch dicht und regelmässig vorragende Anwachsleisten hervor, die im Verein mit den radialen Leisten auf den Platten eine regelmässige Gitterstruktur erzeugen, die auf die älteren Arten von *Echinoencrinites* übergeht, um in dieser Gattung dann wiederum eine Rückbildung zu erfahren.

So zeigen sich schon innerhalb der Gattung *Chirocrinus* fast alle die Processe eingeleitet, deren Utrirungen dann für die übrigen Familien der regulären Dichoporiten charakteristisch werden. Wenn wir diese Beziehungen später bei Besprechung der übrigen Familien rückwärts verfolgen, wird sich zeigen, dass die einzelnen Entwicklungsreihen der regulären Dichoporiten sämmtlich in *Chirocrinus* zusammenlaufen.

Die zahlreichen Arten von *Chirocrinus* lassen sich in folgender Weise übersichtlich gruppiren.

I. Porenrauten, sämmtlich oder mindestens an der Basis als Vollrauten ausgebildet:

Ch. atavus n. sp., unterer Vaginatenkalk, Pulkowa, St. Petersburg. In Stärke, Grösse und Skulptur sehr zierlich. Theca etwa 15 mm Durchmesser. Thecalplatten dünn, mit scharfen Rippen, dazwischen gelegentlich eine radiale Knotenreihe, sonst glatt. An b_2 vier Porenrauten. (Mehrere Fragmente Acad. St. Petersburg.) Syn. z. Th. *Glyptocystites giganteus* F. Schmidt 1874 (l. T. II. f. 12).

Ch. giganteus Herz. v. LEUCHTENBERG sp. 1843 (I, 19), unterer, grauer Vaginatenkalk. Pulkowa, St. Petersburg. Theca etwa 40 mm Durchmesser. An b_2 4 Porenfelder. Thecalplatten mit wenigen radialen Leisten, zwischen denselben glatt. (Mehrere unvollständige Exemplare Acad. Petersburg, Mus. Berlin.) Taf. XI fig. 5—7.

2. Porenrauten, sämmtlich als Sperrauten entwickelt.

a) Nur mit Spannleisten zwischen den Plattencentren:

Ch. radiatus n. sp. Vaginatenkalk (B_2 b), nordwestlich vom Ladoga See. Theca etwa 25 mm hoch, 15 mm dick. Zwischenfelder zwischen den Spannleisten glatt, 3 × 5 Finger, Saumplättchen auf der Theca lang, zierlich. (Mehrere Ex. Acad. St. Petersburg.) Diagramm Fig. 40 pag. 213. Taf. XVIII fig. 1.

Ch. Logani BILLINGS sp. 1857 (I, 282), mittleres Unter-Silur, Trenton limestone. Montreal, Canada. Theca etwa 25 mm hoch, 15 mm dick, nach unten konisch verjüngt. Sperrauten zahlreich, regelmässig und hier im Centrum erhaben zwischen den Lateralia tertia. Radialleisten sehr scharf, Zwischenfelder glatt. Analfeld ziemlich klein. *Var. gracilis* BILL. ebendort eine schlankere Abart.

Ch. interruptus n. sp. Unter-Silur (genaueres Alter unbekannt). Gegend von Petersburg. Theca etwa 15 mm Durchmesser. Die einzige bisher bekannte Dichoporitenform mit mehrfach unterbrochenen Porenrauten, letztere sehr zahlreich. Thecalplatten mit feinen, sehr stark vortretenden Leisten in den Hauptspannrichtungen und mit vereinzelten feinen radialen Knotenreihen. Die Spannleisten durchsetzen bisweilen die Porenrauten. Theca unvollständig bekannt. (2 Ex. Acad. Petersburg.) Taf. X fig. 9.

Ch. Volborthi F. SCHMIDT sp. 1874 (I, 20). Unter-Silur (obere Schichten des Vaginatenkalkes), Pulkowa, Petersburg. Sperrauten eben, zahlreich. Infra- und Mediolateralia in geschlossenen Kränzen. Radialrippen der Thecalplatten scharf, dazwischen glatte Flächen. (Mehrere Exemplare Acad. Petersburg.) Wahrscheinlich hierher gehörig einzelne Platten aus den Brandschiefern von Kuckers und vom Laaksberg bei Reval. (Mus. Berlin.)

Ch. penniger EICHWALD sp. 1845 (I, 78), F. SCHMIDT 1874 (I, 15, T. I f. 7—11 non 12 non II f. 1—3). Vaginatenkalk bei Petersburg. Sperrauten eben und zahlreich. Infralateralia theilweise durch Mediolateralia unterbrochen. Analfeld gross, schräg oval, eingesenkt, mit mässig grossen Plättchen gedeckt. Zwischen den Radialleisten glatte Flächen. (Mehrere Exemplare Acad. und Univ. Petersburg. Mus. Berlin.) Taf. IX fig. 1—3, Textfigur 36 B, pag. 196.

Ch. granulatus n. sp. Syn. z. Th. *Glyptoc. penniger* F. SCHMIDT 1874 (I, T. I, f. 12, II f. 1—3). Unter-Silur (Brandschiefer) Kuckers und Diluvial in Esthland. Wie vorige Art aber doppelt so gross und die Thecalplatten zwischen den flachen Radialleisten dicht gekörnelt. Taf. XI fig. 4.

Ch. ornatus EICHWALD 1860 (I, 647, T. XXXII f. 2c), unterster Vaginatenkalk von Pulkowa und ALLE's Klinta Oeland. Rippen kräftig, z. Th. nach der Peripherie der Platte verbreitert und quergerippt. (Durch G. HOLM die Photographie des von ihm entdeckten Exemplares von Oeland, des ältesten Cystoideen von Skandinavien. Eine einzelne Platte aus dem Glaukonitkalk bei Petersburg. Mus. Berlin.)

Ch. Leuchtenbergi ANGELIN sp. 1878 (I, 31, T. XII f. 13—15 non 16—17). Unter-Silur (Ogygia-Schichten, Husbyfjöl, Ostgothland, Schweden). Wie vorige Art, aber Radialleisten regelmässiger, Stielansatz klein.

Ch. nodosus n. sp. Syn. *Glyptocystites Leuchtenbergi* Ang. z. Th. 1878 I. T. XII f. 16. 17 non 13—15). mittleres Unter-Silur. Ogygia-Schichten Hovindsholm, Norwegen (mehrere Platten, Geolog. Undersökn. Stockholm), Diluvial auf Sylt (Coll. Stolley, Kiel). Theca etwa 40 mm dick. Radialleisten sehr kräftig, z. Th. mit grob vortretenden, bisweilen gegabelten Dornen und Knoten versehen (Taf. X fig. 12).

b) Mit Spannleisten und parallelen Nebenleisten:

Ch. striatus n. sp. Unter-Silur (grauer und gelber Vaginatenkalk). Pulkowa, Petersburg. Theca etwa 22 mm dick, mit grosser Anallücke. Thecalplatten gleichmässig vorgewölbt, mit wenig vortretenden Haupt- und mehreren Nebenleisten. Basis wenig tief eingesenkt. (Zahlreiche Fragmente Acad. Petersburg, 2 Ex. Mus. Berlin.) Taf. XI fig. 13.

Ch. alter Barrande sp. 1887 (I. 160). Mittleres Unter-Silur (d_4). Zahorzan. Böhmen. Aehnlich *penniger*, aber kleiner, neben den Hauptrippen gelegentlich Nebenrippen. 30 Finger, deren Länge etwa 15 mm beträgt. Porenrauten regelmässig zwischen den Radiolateralien, darunter seltener. 2 basale Rauten. (Taf. X fig. 14, Taf. XI fig. 9.)

Ch. Walcotti n. sp. Unter-Silur (Trenton limestone. Trenton Falls. U. S.). Sperrrauten in der Mitte erhaben, namentlich auf den dritten Lateralkranz koncentrirt, zwischen und unterhalb der Ambulacra. Thecalplatten mit einigen Hauptspannleisten und 1—2 Parallelleisten. Finger wenig zahlreich, schlank. (1 Ex. Coll. Jaekel.) Taf. XI fig. 8.

Ch. anatiformis Hall 1847 (I, 89). Unter-Silur (Trenton limestone).

c) Mit Gitterskulptur:

Ch. insignis n. sp. Unter-Silur. Vaginatenkalk vom Wolchow. Theca etwa 35 mm hoch, 25 mm dick. Gitterskulptur am unteren Theil der Theca und an den Plattencentren stärker. Ein glattes Feld mit zahlreichen Porenrauten zwischen L''_2 und dem solaren Vorderrand der Analllücke; diese nach L'_4 ausgebuchtet. Theca unter der Analllücke angeschwollen, wahrscheinlich vier Finger in jedem Analfeld. Taf. XVIII fig. 3.

Ch. Forbesi Billings sp. 1857 (I, 283). Unter-Silur (Chazy limestone), Caughnawaga und Montreal, Canada. Wie vorige Art, aber etwas grösser. In der Regel treten nur wenige Spannleisten auf den Platten stark hervor. Unteres Thecalende konisch, Stielansatz gross.

Ch. sculptus F. Schmidt 1874 (I, 22). Theca klein, schlank. Thecalplatten dünn, mit radialen Haupt- und Nebenleisten und mit koncentrisch zwischen letzteren geordneten Grübchen. Ambulacralfelder klein und schmal, mit wenig Fingern den Lateralia tertia erhaben aufgesetzt. Sperrrauten zahlreich, anscheinend regelmässig zwischen den Lateralia tertia. Porenrauten in der Mitte glatt. Unter-Silur (unterer Vaginatenkalk, Grenze gegen den Chloritkalk. Pawlowsk. Petersburg. (Acad. Petersburg.)

Ch. degener n. sp. Unterer röthlicher Vaginatenkalk bei St. Petersburg. Theca sehr klein, etwa 10 mm hoch, 6 mm dick. Skulptur schwach und unregelmässig, Spannleisten relativ dick. Afterrand stark vorgewölbt. Ambulacralfelder klein, höchstens mit drei Fingern. Basis dem Stiel dicht aufgelagert. Ringe der obersten Stielglieder wulstig. Porenrauten anscheinend z. Th., namentlich in der Zone der Radiolateralia, verkümmert. (Mehrere Fragmente Acad. Petersburg.)

Als *Homocystites tertius* beschrieb BARRANDE 1887 (1, 77) aus dem unteren Obersilur E_2) von Lodenitz in Böhmen eine dichoporite Cystidee, die allem Anschein nach hierher gehört. Sie zeigt eine Theca, die aus grossen, polygonalen, radial gestrahlten Platten zusammengesetzt ist und einen quergeringelten Stiel aufweist. Die Thecalplatten zeigen Vollrauten, mehr aber lässt sich an den zwei Exemplaren, die ich in Prag zu untersuchen Gelegenheit hatte, kaum sagen.

Ihre Zugehörigkeit zu *Chirocrinus* bezw. *Homocystites* BARR. ist aber nicht mehr aufrecht zu erhalten wegen des offenbar nicht teleskopartigen, sondern gleichmässig quergeringelten Stieles und der Vertheilung der Porenrauten. Der primitive Habitus der letzteren als Vollrauten lässt auch eine Vereinigung ihrer Träger mit anderen Gattungen nicht zu, so dass ich es für zweckmässig halte, sie mit einem indifferenten neuen Namen „*Leptocystis*“ vorläufig wenigstens als obersilurischen Vertreter der regulären Dichoporiten aufführen zu können.

Fam. Cystoblastidae m.

Vorbemerkung. Die Gattung *Cystoblastus* bildet unter den regulären Dichoporiten einen so eigenartigen Typus und entfernt sich zugleich so weit von der Organisation der übrigen Familien, dass man ihn unbedenklich zum Typus einer besonderen Familie machen muss. Dieselbe ist sonach auf eine Gattung mit einer bekannten und einer neuen Art beschränkt. *Blastoidocrinus carchariaedens* BILL. und die von F. SCHMIDT dazu gerechneten Fragmente aus dem russischen Untersilur habe ich nicht in guten Stücken erhalten können, entfernen sich aber offenbar von *Cystoblastus* und den regulären Cytoideen soweit, dass ich sie vorläufig nicht bei diesen letzteren einreihen möchte. Da VOLBORTH's Original-Exemplar des *Cystoblastus Leuchtenbergii* anscheinend verloren gegangen ist, existirt nur mehr ein der Königsberger Universität gehöriges Exemplar, welches mir Prof. E. KOKEN mit seinen eigenen daran gemachten Beobachtungen freundlichst zur Bearbeitung überliess, und ihm zu Ehren *C. Kokeni* genannt sein soll. Ausserdem fand ich nachträglich unter unscheinbaren Schätzen der VOLBORTH'schen Sammlung ein weiteres allerdings fragmentäres Exemplar, welches seiner Grösse und seinem geologischen Vorkommen nach anscheinend der ersten Art VOLBORTH's zuzurechnen ist.

Definition. Die Ambulacra gleichmässig entwickelt, mit Ambulacralien und Parambulacralien in tiefen Ausschnitten der Radiolateralia gelegen; letztere zwischen die Mediolateralia eingekeilt.

Die vorstehenden Merkmale sind die einzigen, denen ich aus den Eigenthümlichkeiten der Mitglieder der Familie einen höheren als generischen Werth beimessen möchte. Nur diese geben dem Typus eine selbständige Entwicklungsrichtung gegenüber den anderen *Regularia*, während es sehr wohl möglich scheint, dass innerhalb dieser Differenzirung andere Formen andere Wege zur Herstellung einer Correlation eingeschlagen hätten. Da aber, wie gesagt, die Familie der Cystoblastiden bisher nur auf die eine Gattung *Cystoblastus* basirt ist, kann ich zur Besprechung ihrer Eigenschaften übergehen.

Cystoblastus A. v. Volborth 1870 (II, 11).

Definition. Theca kuglig. Basis eingedrückt; der Basal- und Infralateralkranz normal, die Radiolateralia (l'') so zwischen die Mediolateralia (l') eingeschaltet, dass die Platten beider in einer Zone liegen. Die Platte l'_5 fehlt. Von dem obersten Lateralkranz (Deltoidea) sind nur die Platten l'''_{1-3} vorhanden und in den Oberrand der Mediolateralia l'_{1-3} eingekeilt. Die basalen Porenrauten normal; die oberen liegen als Halb- bezw. Viertelrauten zwischen den Platten l' und l'', ihre Innenfalten sind unter einer Schlitzreihe seitlich verwachsen, aber von denen der zugehörigen Schlitzreihe getrennt. Die Ambulacralfelder mit Ambulacralien und Parambulacralien in tiefe Ausschnitte der Radiolateralia l''_{1-5} eingekeilt und mit zahlreichen, übrigens bisher nirgends erhaltenen Fingern versehen. Stiel unbekannt, wahrscheinlich wie bei *Chirocrinus* und *Echinoencrinites* gebaut.

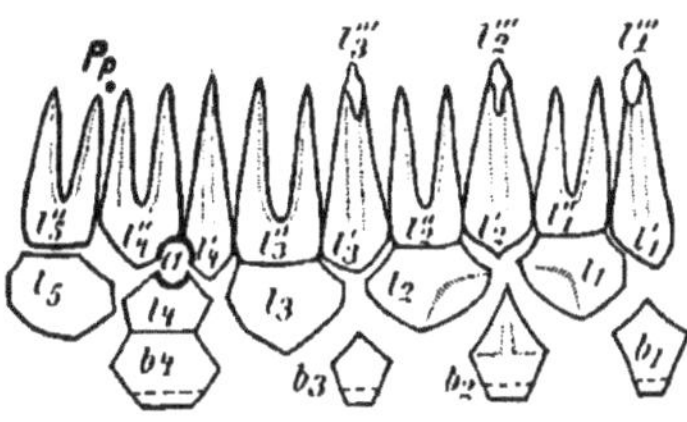

Fig. 42.

Diagramm von *Cystoblastus Kokeni* n. sp.

Der Porus Pr ist nach den Angaben A. v. Volborth's bei *C. Leuchtenbergi* eingetragen.

Die Theca von *Cystoblastus* lässt sich trotz ihrer zunächst auffälligen Zusammensetzung doch leicht auf das Skeletschema der *Regularia* (cf. Diagramm von *Echinoencrinus* Fig. 36 F) zurückführen. Die 4 Basalia sind ganz normal entwickelt, auch von unten her eingesenkt (Taf. XVI fig. 1a). Der Infralateralkranz zeigt ebenfalls keine besonderen Abweichungen, nur dass seine Platten ausser den alternirend über ihnen liegenden noch 5 andere Platten tragen. Die alternirend über den Infralateralia (l) liegenden Platten sind naturgemäss als die Mediolateralia (l') aufzufassen. Es sind deren aber nicht 5, sondern nur 4 vorhanden, nämlich l'_{1-4}, während l'_5 fehlt. Ueber l_4 und l_5 ist zwar eine Platte alternirend eingeschaltet, aber man bemerkt sofort, dass diese zu den ambulacralen Platten gehört, welche denen des vierten Lateralkranzes (l''') alternirend untergelagert sind. Sie bilden also die Radiolateralia und sind als l''_{1-5} vollzählig entwickelt. Alternirend über diesen, u. zw. von oben her in die Mediolateralia eingekeilt, liegen die Platten des vierten Lateralkranzes, die Deltoidea, aber nur in drei Interradien entwickelt, während l'''_4 und l'''_5 allem Anschein nach fehlen.

Das Diagramm von *Cystoblastus* zeigt also drei Besonderheiten, die tiefe Lage der Radiolateralia, den Ausfall eines Mediolaterale und zweier Deltoidea. Die erstere Eigenthümlichkeit wird hier offenbar dadurch erklärt, dass die Radiolateralia besonders gross entwickelte Ambulacralfelder tragen und seitens der letzteren und ihrer Finger einem starken Druck ausgesetzt sind. Schon bei *Chirocrinus* sahen wir diese Platten unter der gleichen Einwirkung z. Th. breit ausgeschnitten, während sie hier nun zur Aufnahme der wesentlich vermehrten Ambulacralia sehr tief ausgeschnitten sind.

Durch die so verstärkte Funktion der Radiolateralia sind die Mediolateralia seitlich stark zusammengedrückt und lancettförmig geworden. Während diese Zusammendrängung die Platten l'_{1-3} noch gleichmässig breit liess, ist l'_4 stärker verschmälert und l'_5 gänzlich eliminirt. Es sind das die Platten, welche dem After am nächsten liegen, und wir werden kaum fehlgehen, wenn wir für die Verschiebung des letzteren die Erklärung in den Lageveränderungen suchen, die die den After ursprünglich umgebenden Platten zu erleiden hatten.

Die Einkeilung der Deltoidea l'''_{1-3} in die Mediolateralia erklärt sich ebenfalls aus der Verbreiterung der Radiolateralia, die eine nach oben zunehmende Kompression der Mediolateralia (l') veranlasste. Dass deren obere Enden dabei nicht gekürzt wurden, verhinderten offenbar die Porenreihen, die denen von l'' korrespondiren. Wenn nun ihre oberen Aussenecken nicht verkürzt werden konnten, die Radiolateralia l'' sich aber oben auf Kosten ihrer Nachbarplatten ausdehnten, so mussten die vom Mund her gedrängten Deltoidea l''' sich in der gegebenen Form nach unten, d. h. in die Platten l' eindrängen. Da l'_5 fehlt und l'_4 oben schon keilförmig zusammengedrückt ist, so erklärt sich wohl durch die gleiche Erscheinung auch der Ausfall der Deltoidea l'''_4 und l'''_5. Ich glaube, dass unter diesen Gesichtspunkten die Abweichungen des Thecalskeletes von *Cystoblastus* gegenüber dem Typus der *Regularia* eine einheitliche und befriedigende Erklärung finden.

Auf eine Eigenthümlichkeit der Plattenanordnung muss ich noch mit einigen Worten eingehen, nämlich die ungleichseitige Gestaltung und Ausschweifung der einzelnen Platten, namentlich der Mediolateralia. Wie oben das Diagramm Fig. 42 zeigt, ist die Platte l'_2, die dem After gegenüber, also in der Symmetrieebene der Theca liegt, unten in Form einer Klammer —, übrigens, wie auch die Zeichnung erkennen lässt, nicht genau gleichseitig ausgeschweift. Im Gegensatz dazu sind die Platten l'_1 und l'_3 unten in abwärts geneigter Parabel ausgebogen. Auch die übrigen Platten der Theca sind von diesen Ausbiegungen mehr oder weniger beeinflusst. So senken sich die Platten $l''_{1,2,3,5}$ sämmtlich mit flachem Bogen in die unter ihnen liegenden $l_{1,2,3,5}$ ein. Bei den durch l'_2 stark beeinflussten l_1 und l_2 erstreckt sich die bogige Schweifung auch auf die Unterränder, denen dann ihrerseits die Basalien, namentlich b_2, Rechnung tragen. Eine Ausbuchtung der Platten findet auch nach den Seiten statt, hier zugleich so, dass die einen Platten schräg nach aussen über andere herübergreifen, also seitwärts auf sie heraufgeschoben sind. Das ist namentlich der Fall mit den Deltoidea $l'''_{1,2,3}$, welche auf die unter ihnen liegenden Mediolateralia $l'_{1,2,3}$ schräg übergeschoben sind und zwischen den Mediolateralien und Radiolateralien, welche sich übrigens dabei unter einander verschieden verhalten. Die Platten l' sind mit ihren Seitenrändern besonders unten über die benachbarten Platten l'' und l'' bogig übergeschoben, so dass sie selbst aus der Kelchwand herausgedrängt erscheinen. Denkt man sich diese Tendenz fortgeführt, so rücken die Platten l'' seitlich mehr und mehr aneinander auf Kosten der vier noch vorhandenen Mediolateralia. Andererseits gewinnen dabei die Platten l'' auch den Infralateralien gegenüber Raum, und so mag es gekommen sein, dass schliesslich bei den Blastoideen die Platten I vollständig, die Platten I' meistens*) verschwanden und die Platten I''' als Deltoidplatten wieder ihre ursprüngliche Fünfzahl und grössere Bedeutung zurückerlangen. Die Ausschweifungen und schrägen Ueberschiebungen der Thecalplatten, die auf kein mechanisch einfach geregeltes Spannungsverhältniss hinweisen, lassen sich nur auf morphogenetische Disharmonien zurückführen, die sich in den Ontogenien nicht lange erblich erhalten konnten.

Die Porenrauten von *Cystoblastus* zeigen ein durchaus eigenthümliches Verhalten, welches aber trotzdem nur auf den Typus der Chirocriniden zurückgeführt werden kann. Im äusseren Habitus und der Vertheilung der Porenrauten schliesst sich *Cystoblastus* eng an *Chirocrinus* an, insofern zwei basale und zahlreiche obere Sperrauten vorhanden sind, und diese lange Schlitzreihen aufweisen. Die zwei basalen Porenrauten sind nach dem normalen Typus der Sperrauten gebaut: die oberen Porenrauten dagegen zeigen schon von aussen betrachtet ein von allen *Regularia* durchaus abweichendes Verhalten, insofern sie sich erstens zwischen den Platten I' und I'' vertikal gestellt haben und zweitens regelmässig statt winkliger Rauten nur geradlinige Schlitzreihen zeigen. Was zunächst das letztere Moment betrifft, so klärt uns erfreulicher Weise eine Schlitzreihe auf I'_3 (vergrössert Taf. XVI fig. 2b) darüber auf, dass die unteren Hälften der Rauten obliterirt und die vorhandenen Schlitzreihen also als obere Hälften ursprünglich normaler Sperrauten aufzufassen sind. Bei Chirocrinen haben wir dieselbe Erscheinung vereinzelt beobachtet, sie ist also hier nicht ihrem Wesen, sondern nur ihrer Regelmässigkeit nach neu. Die starke Streckung der betreffenden Plattenkränze giebt hierfür wohl die Erklärung im Zusammenhang damit, dass die Platten I'' unter dem Endpunkt der Ambulacralfelder am stärksten gedrückt und dort verbreitert sind. Die oben bemerkte vertikale Stellung der Rauten erklärt sich naturgemäss als sekundäre Folge der vertikalen Ineinanderschiebung der Kränze I' und I''.

Bei seinem *Ch. Leuchtenbergi* hat Volborth die Gesammtzahl der Porenschlitze auf 550 berechnet. Bei *Ch. Kokeni* war deren Zahl beträchtlich grösser.

Auf I''_2 zähle ich in jeder Porenreihe annähernd 100 Schlitze, da die Reihen aber an einigen anderen Stellen kürzer sind, so mögen im Durchschnitt etwa 90 Schlitze für die oberen Porenreihen zu rechnen sein. Nun sind in den oberen Porenrauten im Ganzen $90 \times 18 = 1620$ vorhanden. Rechnet man dazu für die zwei basalen Porenrauten etwa je 100 Schlitze, so würde deren Gesammtzahl ungefähr 1800 betragen, eine Zahl, die selbst die der Chirocriniden erheblich übertrifft. Im Gegensatz zu der normalen Reduktion der Rautenzahl tritt uns also hier eine Vermehrung der Einzelporen entgegen.

Die Schlitzreihen auf den Platten I' sind schmäler als die auf I'', und die letzteren zeigen auch insofern eine höhere Differenzirung, als sich ihre unteren Enden, statt die Gegenflügel nach I' zuzubiegen, um den ambulacralen Ausschnitt von I'' herumlegen. Nur zwischen I''_4 und I''_5, zwischen denen I'_5 ausgefallen ist, sind die Schlitzreihen von den Ambulacralfeldern etwas abgerückt und einander genähert. Diese Erscheinungen weisen auf eine Verkümmerung der Schlitzreihen auf den Mediolateralien (I') und deren Lokalisirung um die Ambulacralfelder hin, eine Tendenz, die in

*) Als Abnormität ist eine derselben gelegentlich bei *Pentremites* von G. Hambach abgebildet worden und regelmässig im Analinterradius von *Eleutherocrinus* erhalten.

der Porenentwicklung der Blastoideen einen Abschluss findet, und bei deren Besprechung in ihrer Bedeutung gewürdigt werden soll.

Die Innenfalten der Porenrauten sind durch eine schon von E. Kokex vorgenommene dankenswerthe Durchschneidung der Theca z. Th. in natürlicher Lage sichtbar geworden. Die Schnittebene liegt horizontal in der Richtung der einzelnen Porenschlitze; wir müssten daher, wenn die Porenfalten hier auch normal wie bei anderen Regulären geformt und gelegen wären, die Falten ihrer Länge und Tiefe nach aufschneiden. Man überzeugt sich aber sofort, dass das nicht der Fall ist, da in beiden Schnittflächen immer nur quer geschnittene Falten zum Vorschein kommen, wie sie Fig. 43 a in einem Radius real und Fig. 43 b schematisch im Ganzen darstellt. Die zu einer Porenraute beiderseits

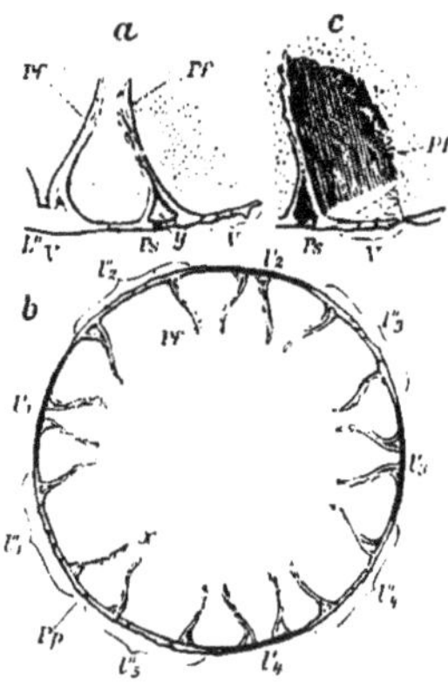

a, Die zusammengehörigen Falten von P'_1 und P''_4 in vierfacher Grösse, Pf Porenfalten, Ps Porenschlitze, y das durch Präparation freigelegte Lumen der Falten.

b Die Innenfalten schematisch restaurirt. Die mit ihren Falten bei den Blastoideen ganz fehlenden Platten I' sind schwarz, die 5 I'' mit ihren Ambulacralien weiss. Pp bedeutet die Lage des Parietalporus nach Volborth.

c Die in Fig. 43 a rechts gelegene Faltenreihe seitlich vom Gestein entblösst, um die den Porenschlitzen entsprechenden inneren Porenfalten zu zeigen; rechts in der Aushöhlung das Ambulacralfeld von innen entblösst.

Fig. 43.

Die inneren Porenfalten von *Cystoblastus Kokeni* Jkl.

zusammengehörigen Innenfalten sind einander zugebogen, aber von einander durch einen mehr oder weniger grossen Zwischenraum getrennt. Derselbe ist mit der gleichen Gesteinsmasse ausgefüllt wie die übrige Theca, kann also in sich kein abgeschlossenes Ganze gebildet haben. Hierin liegt ein innerer und sehr wesentlicher Unterschied des Porenbaues von *Cystoblastus* gegenüber den anderen *Regularia*. Von jeder Schlitzreihe geht also eine einfache Serie ganz schmaler Falten nach innen. Es gelang mir, die rechts gelegene Aussenseite der rechten Fig. 43 a abgebildeten Faltenserie vom Gestein zu entblössen (Fig. 43 c); dabei zeigte sich, dass jedem Aussenschlitz eine Falte entsprach, die sich als seitlich vortretende Leiste eine gewisse Selbständigkeit erhalten hatte. Andererseits zeigte sich, dass die benachbarten Falten einer Schlitzreihe seitlich mit einander verwachsen waren. Diese Verwachsung erstreckt sich nicht nur auf eine seitliche Anlagerung der benachbarten Faltenwände, sondern offenbar auch auf Verschmelzungsprocesse ihres Lumens. An der Fig. 43 a und c mit y bezeichneten Stelle konnte ich ohne jeden Widerstand den mehligen Gesteinsinhalt mit einer Nadel entfernen, und es liegt nicht der geringste Grund zu der Annahme vor, dass die an der Aussenwand gut erhaltenen Faltenwände im Innern der Faltenreihe schlechter erhaltungsfähig wären, da sie hier am besten geschützt waren. An anderen Stellen sehe ich in Querschnitten der Faltenreihen die Wände im Innern netzartig durchbrochen, so dass ich annehmen muss, dass die Falten der einzelnen Porenreihen äusserlich und innerlich mit einander verschmolzen waren.

Die Ambulacra von *Cystoblastus* erinnern in ihrem äusseren Aussehen vollkommen an diejenigen der *Callocystidae*, namentlich insofern die 4 Reihen ambulacraler Plättchen genau wie bei diesen entwickelt sind (vergl. Taf. XV fig. 1). Es ist aber sehr zu beachten, dass diese ambulacralen Plattenreihen bei jenen über das Thecalskelet hinübergeschoben sind, während sie bei *Cystoblastus* wie bei den *Chirocrinidae* in einen Ausschnitt der Radiolateralia eingeschoben sind. Wenn man die leichte Anlagerung dieser fein gegliederten Plattenreihen an den Ausschnitt der Lateralia betrachtet (Fig. 44), so muss man sich

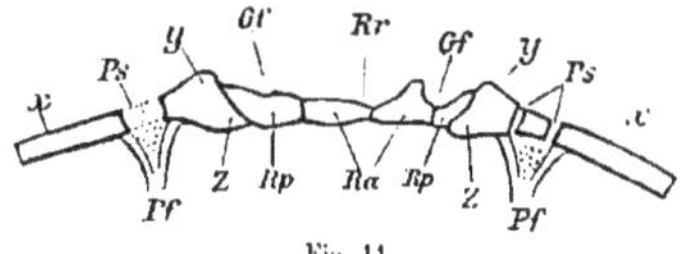

Fig. 44.

Querschnitt durch ein Radiolaterale mit den Plättchen eines Ambulacrum.

Rr Radiärrinne; Gf Gelenkflächen der Finger; Ra Ambulacralia; Rp Paramdulacralia; y die äussere Umwallung, z das untere Widerlager des Ambulacrum, x die Seitenfläche von l'''; Ps Porenschlitze (links einer, rechts zwei angeschnitten); Pf innere Porenfalten.

wundern, dass dieser Bau den Fingern und der ganzen Theca genügende Festigkeit verlieh. Wir werden bei Betrachtung der Blastoideen finden, dass diesem Moment durch Entwicklung eines subambulacralen Skeletstückes (der Lancetplatten) in einfachster Weise Rechnung getragen wird.

Auch die Innenfalten von *Cystoblastus* entfernen sich also in ihrer Organisation wesentlich von denen der übrigen *Regularia*. Erstens sind die ursprünglich einheitlichen Falten je zweier korrespondirender Schlitze in zwei getrennte Hälften zerlegt, zweitens sind diese Halbfalten der einzelnen Schlitzreihen seitlich aneinandergelegt und grösstentheils innerlich mit ihrem Lumen zu sekundär einheitlichen Halbfaltenreihen verschmolzen. Um die Tendenz dieser Umformungen klar zu stellen, hebe ich schon hier hervor, dass die diesbezügliche Organisation der Blastoideen nur insofern abweicht, als bei diesen mit den sämmtlichen Platten l' auch deren sämmtliche Faltenreihen ausgefallen sind, dass ferner die seitliche Verschmelzung der letzteren durchgeführt ist und dieselbe darin eine weitere Differenzirung erfahren hat, dass die sekundären Falten sich wiederum durch Längseinstülpungen in eine verschieden grosse Zahl von tertiären Falten gliedern.

Der After bezw. die Anallücke ist mässig klein. An der Volborth'schen Abbildung von *C. Leuchtenbergi* (Taf. XVI fig. 1) nimmt sie etwa $^1/_6$ des Kelchdurchmessers ein.

An dem Original-Exemplar von *C. Kokeni* ist die Theca in der Umgebung des Afters stark verdrückt, derselbe scheint aber hier etwas kleiner gewesen zu sein. Wie sich aus dem Diagramm Fig. 36 C ergiebt, ist die Anallücke auffallend weit kontrasolar, im Bilde also nach rechts verschoben. Sie wird umgrenzt von den Platten l_1, l'_4 und l''_4, ist also ungefähr um zwei Radien von der sonst normalen Parietallinie entfernt. Vergleicht man ihre Lage mit derjenigen bei *Chirocrinus* (vergl. Fig. 40 pag. 213), so sind im Gegensatz zu jener Form hier die Platten l_5, l''_5 und die überhaupt ausgefallene Platte l'_5 von der Umgrenzung ausgeschlossen, zu letzterer dagegen ausser l_1 und l'_4, die auch bei *Chirocrinus* gleich funktioniren, noch l''_4 herangezogen.

Es hat also gegenüber *Chirocrinus* bei *Cystoblastus* nicht nur eine Verkleinerung der Analllücke stattgefunden, derart, dass deren solares Ende geschlossen wurde, sondern ausserdem auch noch eine Verschiebung des Afters in kontrasolarer Richtung nach oben. Die letztere ist aber nur eine relative, denn die Betheiligung von l''_4 an der Begrenzung erklärt sich eben dadurch, dass die ambulacralen Platten l'' überhaupt zwischen die Platten l' heruntergerückt sind. Es liegt nahe, anzunehmen, dass der gleiche Umstand die grosse und pentamer symmetrische Ausdehnung von l''_4 und l''_5 die Verkleinerung und Verschiebung der Analllücke bedingt haben, zumal ihre Vergrösserung sogar ausreichte, die Platte l'_5 zum Schwunde zu bringen. Unter dem gleichen Gesichtspunkt werden wir uns später die weitere Verschiebung des Afters bei den Blastoideen bis über die Zone der stärkst gedrückten Radiolateralien (l'') erklären können.

P r i m ä r p o r e n habe ich an dem mir vorliegenden Exemplar nicht finden können. Die Stelle, wo sie bei den anderen *Regularia* liegen, ist hier zerstört, so dass ich annehmen muss, dass sie bei dieser Art vollständig verkümmert waren. Nun bildet A. v. VOLBORTH allerdings bei seinem *C. Leuchtenbergi* einen kleinen runden Porus am oberen Ende von l''_4 und l''_5 ab (Taf. XVI 1. Pp.). An dieser Stelle lässt sich nun an unserem Exemplar, trotzdem es an derselben intakt ist, keine Spur eines Porus entdecken. Da unsere Art entschieden specialisirter ist als diejenige VOLBORTH's, ist nach Analogie anderer Formenkreise nicht ausgeschlossen, dass er bei unserer Form obliterirt war, während er sich bei jener noch erhalten hatte. Auffallend bleibt dann aber immer die ungewöhnliche Lage des Porus, der um ein Radiale kontrasolar verschoben wäre. Das genannte Exemplar VOLBORTH's ist wie gesagt verloren gegangen, die Zuverlässigkeit dieses Autors veranlasste mich aber, seine diesbezügliche Angabe in dem Diagramm Fig. 42 zur Darstellung zu bringen. Bestätigt sich dieselbe, so würde die kontrasolare Verschiebung der Primärporen mit der gleichsinnigen des Afters in Beziehung zu bringen sein und für die Bedeutung des Umbildungsprocesses, der zu den Blastoideen überleitet, weiteres Material liefern.

D i e A m b u l a c r a l f e l d e r sind an dem mir vorliegenden Exemplar von *C. Kokeni* z. Th. mit vorzüglicher Deutlichkeit erhalten. Sie sind lancettförmig, nach unten verjüngt in die 5 Radiolateralia (l'') eingesenkt, oben wenigstens z. Th. durch die Deltoidea ‴ von einander getrennt. Die Felder setzen sich aus 4 alternirenden Reihen kleiner Plättchen zusammen. Die der inneren Reihen sind grösser und quer oblong, die der äusseren klein, dreiseitig, mit dem spitzen Winkel zwischen die Plättchen der inneren eingekeilt. VOLBORTH hatte die Existenz der letzteren schon vermuthet, aber wohl wegen der geringen Grösse seines Exemplares nicht genau zu erkennen vermocht. Wir wissen jetzt, dass die

Ambulacralfelder aller Regulären vierzeilig gebaut sind (vergl. pag. 94 und z. B. Taf. XV fig. 1) und werden die betreffenden dreieckigen Schaltstückchen auch bei den Blastoideen wiederfinden, wo sie als Porenstücke bezeichnet worden sind. Die Form und das Lageverhältniss dieser Platten ist aus der vergrösserten Abbildung Taf. XVI fig. 2a zu entnehmen. Man bemerkt auf den Ambulacralfeldern eine Mittelrinne, welche sich proximal auf der Grenze je zweier Deltoidea in den Mund öffnet und ausserhalb desselben alternirend auf Seitenrinnen abzweigt, die zu den deutlich erkennbaren Fingergelenken führen. Es ist bemerkenswerth, dass die ambulacralen Gefässe stets auf der Grenze je zweier Platten liegen, u. zw. die grossen Radialgefässe auf der Grenze der beiderseitigen Ambulacralia (Taf. XVI fig. 2a) und die Seitenrinnen auf der Grenze je zweier aufeinanderfolgender Ambulacralia. Auch die Arme selbst ruhen immer auf je zwei Platten, nämlich einem Ambulacrale und einem Parambulacrale, wenn auch die letzteren an der Bildung der Gelenkflächen nur geringeren Antheil nehmen. Am Mundfelde liegt das erste Armgelenk immer kontrasolar neben der Radialrinne wie bei allen Cystoideen (vergl. pag. 86). Die erste Seitenrinne zweigt sich also auch hier in jedem Radius links ab. Dadurch wird die Form der 5 den Mund umgebenden Platten bestimmt. Die letzteren haben den Habitus von Ambulacralien, dürften aber wohl aus der Verschmelzung mehrerer solcher Stücke hervorgegangen sein. Dafür spricht nicht nur ihre Grösse, sondern auch ihr Lageverhältniss, anderufalls würden sie auf der kontrasolaren Seite einem Ambulacrale, auf der solaren einem Parambulacrale des Nachbarradius entsprechen.

Die Ambulacralrinnen waren natürlich auch hier mit Saumplättchen besetzt, aber dieselben sind an dem mir vorliegenden Exemplar wie die Finger selbst abgefallen. Volborth zählte an seinem *C. Leuchtenbergi* in jedem Radius 12, in Summa also 60 Fingeransätze bezw. Finger (von ihm als Pinnulae bezeichnet). *C. Kokeni* dürfte in jedem Ambulacralfeld etwa 38, in Summa also etwa 190 Arme besessen haben. Der Durchmesser derselben ist geringer gewesen als z. B. bei *Chirocrinus* (Taf. XI fig. 8) und dürfte bei *C. Kokeni* etwa 1 mm betragen haben. Die Länge der Arme mochte im Durchschnitt etwas mehr als die halbe Kelchhöhe erreicht haben.

Nach alledem glaube ich behaupten zu können, dass *Cystoblastus* einer der bemerkenswerthesten Uebergangstypen ist, die wir bisher kennen, eine Form, die an morphogenetischem Interesse einen Vergleich mit den wichtigsten Fossilien aushält. Alle besprochenen Organe sind in einem Uebergangsstadium begriffen, welches etwa zwischen *Chirocrinus* einerseits und den Blastoideen andererseits die Mitte der Differenz bezeichnet. Die Ausbildung aller einzelnen Organe nimmt aber nicht nur eine bemerkenswerthe Zwischenstellung ein, sondern lässt auch in sich den angegebenen Weg der Umgestaltung klar erkennen. Dazu kommt, dass fast alle diese Processe, wie das Verschwinden einzelner Thecalplatten, die Verlagerung des Afters, der Ausfall der einen Längshälfte der Porenrauten, nicht durch allmähliche Reduktionsprocesse, sondern nur durch plötzliche Umgestaltungen erfolgt sein können. Derartige Veränderungen aber können nicht durch allmählich wirkende Selektion erklärt werden, sondern nur durch die Fähigkeit der Organismen, sich in ihren Ontogenien nach Funktion und Korrelation selbst ihr Haus zu bauen. Halten sich diese beiden Faktoren auch bei Veränderungen die Wage, so bleibt ein Typus gewahrt, verschiebt sich aber jenes Verhältniss zur Disharmonie, so genügt wohl schon die Verschiedenheit individueller Energie oder ein geringer Anstoss auf die Ontogenien, wie die Verschleppung einer Larve, Temperatur- oder Ernährungsdifferenz und dergl., um mit einem oder wenigen Sprüngen einen Typus sehr wesentlich umzugestalten.

Die zwei bisher bekannten Arten unterscheiden sich durch die Grösse und die Zahl der Finger bezw. Ambulacralia. Da das VOLBORTH'sche Exemplar nicht mehr aufzufinden ist, war leider eine zuverlässige Prüfung der Frage, ob das zuletzt von mir gefundene Exemplar dem *C. Leuchtenbergi* angehört, ausgeschlossen.

In jedem Falle ist *C. Kokeni* als die specialisirteste der bisher bekannten Formen zu betrachten.

C. Leuchtenbergi v. VOLB. 1870 (II, 11). Untersilur (? Vaginatenkalk); Katlino, Pawlowsk bei Petersburg. Theca circa 13 mm im Durchmesser, mit etwa 60 Fingern und 550 Porenschlitzen. (1 Ex. Acad. Petersburg.) Taf. XVI fig. 1.

C. Kokeni n. sp. Untersilur (C_2 Brandschiefer), Kuckers in Esthland. Theca circa 30 mm dick und ebenso hoch, circa 200 Arme und circa 1800 Porenschlitze vorhanden. (1 Orig.-Ex. Univ. Königsberg.) Taf. XVI fig. 2.

Fam. Pleurocystidae*).

Vorbemerkung. Die hier zum Typus einer Familie erhobene Gattung *Pleurocystites* wurde von E. BILLINGS bei deren Begründung 1854 (II) richtig mit seinem *Glyptocystites* in die Verwandtschaft der Gattung *Echinoencrinites* gestellt. ZITTEL reihte sie dann 1883 (II, 422) unter seiner Abtheilung c) der *Rhombiferi* dem Formenkreis ein, in dem sie hier Platz gefunden hat. Später hat man die Gattung nach dem Vorgange NEUMAYR's (1889, II, 413) mit den inzwischen beschriebenen Gattungen *Trochocystites, Mitrocystites, Ateleocystites* und *Placocystites* vereinigt, die einen nur äusserlich ähnlichen, in Wahrheit aber sehr abweichend organisirten Typus der Carpoideen bilden. Dieselben wurden theils als Pleurocystiden, theils als Anomalocystiden bezeichnet. MILLER & GURLEY gebrauchten 1895 (V, 60) den Namen *Pleurocystidae* als Bezeichnung einer Familie, die sie aber weder definirten, noch ihrem Inhalt nach umgrenzten.

Von E. HAECKEL wurden 1896 (II, 37) wieder innerhalb der *Anomocystidae* die Gattungen *Mitrocystites* und *Pleurocystites* zu einer Unter-Familie der *Pleurocystida* vereinigt. Für diese Zusammenfassung gilt dasselbe, was oben über die *Anomalocystidae* oder *Pleurocystidae* im weiteren Sinne NEUMAYR's gesagt wurde, da auch *Mitrocystites* zu den Carpoideen gehört.

Auf die sonderbaren Missverständnisse, die durch HAECKEL in die Beurtheilung dieser Formen hineingetragen sind, habe ich bereits an anderer Stelle (1897, III) hingewiesen. Seine Auffassungen des Stieles als Lokomotionsorgan, der Finger als Antennen, der Porenrauten als quergestreifte Verschlussklappen von Dorsalostien (pag. 36) brauche ich wohl nur zu erwähnen, um auf eine wissenschaftliche Zurückweisung dieser und anderer Vorstellungsmonstrositäten bei der nachfolgenden Besprechung verzichten zu können.

Definition. Analfeld so stark erweitert, dass es seitlich nur von einem schmalen Rande des eigentlichen Thecalskelets umfasst wird: Finger in beschränkter Zahl am Munde zusammengedrängt.

Durch die riesige Erweiterung des Analfeldes und die flach zweiseitige Gestalt der Theca entfernen sich die hierher gehörigen Formen so selbständig von allen übrigen Vertretern der *Regularia*, dass dem von ihnen eingeschlagenen Entwicklungsgange in systematischer Hinsicht die Bedeutung einer Familie zugesprochen werden muss. Da andererseits alle bisher bekannten Formen dieses Typus zweckmässig in eine Gattung zusammengefasst bleiben, kann die morphologische Besprechung der einzelnen Charaktere im Rahmen der Gattung ihren Platz finden.

Pleurocystites Billings 1854 (I, 250).

Syn. *Pleurocystis* Haeck. 1896.

Definition. Theca seitlich stark komprimirt. Analfeld sehr erweitert, die eine flache Seite der Theca fast vollständig einnehmend. Die eigentlichen Thecalplatten an der Umrandung des Analfeldes stark verzerrt. Das Analfeld mit kleinen Plättchen unregelmässig getäfelt: der After unten in einer kontrasolaren Ausbuchtung des Analfeldes gelegen. Die Basis eingedrückt, der Stiel hohl, oben mit Kragengliedern, darunter mit hohen tonnenförmigen Gliedern. Eine basale, zwei obere Porenrauten als Vollrauten ausgebildet. 2 kräftige Finger am Munde zusammengedrängt. 2 Primärporen auf den beiden Plättchen über l_1.

Besprechung. Die eigenthümliche Form der Theca ist bedingt durch die weite Ausdehnung des Analfeldes, durch welche das eigentliche Thecalskelet so breit auseinandergezogen wird, dass es nur mit einem schmal umgeschlagenen Rande das zweifellos biegsame Analfeld einrahmte. Wie aus nachstehendem Diagramm ersichtlich ist, sind die Platten des Basalkranzes und der folgenden 3 Lateralkränze sämmtlich vorhanden, aber an den umgeschlagenen Rändern der Theca stark verzerrt. Hierbei sind die äusseren Platten des Basalkranzes und die Infralateralia nach unten, die Mediolateralia nach oben um das Analfeld herumgezogen. Das untere Porenfeld kennzeichnet das Basale b_2; danach sind die einzelnen Platten der unteren Kränze der Theca leicht zu bestimmen. Im Zweifel kann man nur bezüglich der obersten Thecalelemente sein, die offenbar unter dem zweiseitigen Druck der Arme stark verschoben sind. Da sich zeigte, dass ihre Form und Lage selbst individuellen Schwankungen unterliegt, kommt ihrer Anordnung offenbar eine präcisirte morphologische Bedeutung nicht mehr zu. Ich habe unter diesen Umständen auch auf eine Bezeichnung derselben und eine Diskussion über die Möglichkeiten ihrer Beurtheilung verzichten zu können geglaubt. Sehr viel grösseres Interesse beanspruchen dagegen die Platten der unteren Lateralkränze, zumal deren Deutung in der gewählten Bezeichnung sichergestellt erscheint. Danach ist die Umlagerung des Analfeldes im oberen Theil eine durchaus normale, insofern wie bei *Mimocystites* und *Chirocrinus* die Platten l_1, l_5 und l_4 das Analfeld oben umranden. Während also die Vergrösserung des Analfeldes nach oben weitergehende Veränderungen nicht herbeiführte, sehen wir dasselbe nach unten so ausgedehnt, dass mit Ausnahme von b_1 sämmtliche Basalia in die Begrenzung des Analfeldes gezogen sind. Die Erweiterungsrichtung liegt dabei auf der Grenze der Platten l_1 und l_5, da diese auf die gegenüberliegenden Ränder des Analfeldes verlagert werden. Dass die Erweiterung diese Richtung einschlug, erklärt sich durch einen Blick auf das Diagramm von *Chirocrinus* (Fig. 36 B pag. 196), bei dem der tiefste Punkt des Analfeldes auch schon an der oberen Grenze von l_4 und l_5 liegt. Zur Kennzeichnung der Umrandung des Analfeldes ist auch hier der Rand mit stärkerem Striche gezeichnet. Die Platte l_1 nimmt auch hier ebenso wie bei *Chirocrinus* an der Bildung des Analrandes Theil. Durch die unterbrochene Linie soll das Bild des Analfeldes einheitlich bezeichnet, durch die punktirte, über b_2, l_1, l'_1 + l'_4, l_3, l_4, b_4 verlaufende Linie soll der seitliche Umschlagsrand der grossgetäfelten Thecalfläche gegen die das Analfeld einschliessende Seite angedeutet sein. Auf die bemerkenswerthe Thatsache, dass der After sich nicht in der obigen Hauptausdehnungsrichtung des Analfeldes vorgeschoben hat, sondern in dem Bilde des Diagramms Fig. 45 eng an b_4 herangerückt ist, gehe ich später bei Besprechung des Analfeldes und Darmsystemes ein.

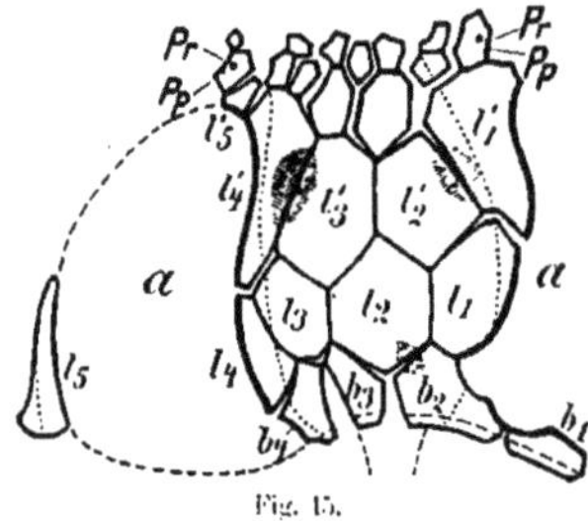

Fig. 45.
Diagramm von *Pleurocystites filitexta* Bill.

Die ambulacralen Anhänge sind auf zwei Finger beschränkt, welche sich unmittelbar am Munde erheben, aber bei kräftigem Bau eine stattliche Länge erreichen (Taf. XII fig. 3). Die Form und Anordnung ihrer zweizeilig geordneten Glieder ist ausserdem aus der Seitenansicht Taf. XII fig. 3a ersichtlich. Die Saumplättchen sind sehr gleichmässig geformt, und bei quadratischem Umriss so gross, dass in der Regel je zwei ($\frac{1}{2}$ + 1 + $\frac{1}{2}$) auf ein Fingerglied kommen. An den mir vorliegenden Exemplaren von *Pleurocystites filitexta* sind die Finger um ihre Längsaxe etwa 90° gedreht, wie dies in Taf. XII fig. 3 gezeichnet ist. Die Zweiarmigkeit dürfte hier wohl in erster Linie durch die zweiseitige Gestaltung der Theca veranlasst sein. Dass sie an sich keine besonders hohe Bedeutung hat, geht wohl daraus hervor, dass *Erinocystis* allem Anscheine nach aus anderen Ursachen seine Fingerzahl ebenfalls auf zwei reducirt hat.

Pleurocystites hat drei Porenfelder, deren basales auf b_2 und l_2, deren obere auf l'_3 und l'_4 bezw. l'_1 und l'_2 gelegen sind. Einen primitiven Charakter haben sie insofern bewahrt, als ihre Porenschlitze ununterbrochen über das Porenfeld verlaufen, die Rauten also Vollrauten geblieben sind. Ob sie sich in dieser Hinsicht an die ältesten Arten von *Chirocrinus* anschliessen, erscheint nicht ganz sicher, da ihre geringe Zahl mit denjenigen specialisirterer Formen korrespondirt. Wenn auch die Lage der oberen Porenfelder ungefähr derjenigen der jüngeren *Regularia* entspricht, so nehmen die Rauten hier doch insofern eine eigenthümliche Lage ein, als sie nur Platten des Mediolateralkranzes untereinander verbinden. Das basale Porenfeld ist stets das kleinste; ich zähle darin 7—12 Schlitze. Das Porenfeld von l'_1 und l'_2 ist breiter und weist in der Regel annähernd die doppelte, das von l'_3 und l'_4 bei grösster Breite mehr als die dreifache Zahl von Porenschlitzen auf (Taf. XII fig. 3 und 3a, Textfigur 45 pag. 232).

Die Primärporen sind schon von BILLINGS (1858, I, 48) beobachtet, aber irrthümlich als Afteröffnung gedeutet worden. Thatsächlich ist nun nicht nur eine schmale hantelförmige Oeffnung vorhanden, sondern wie bei verschiedenen Regulären unterhalb derselben auf der Plattengrenze noch ein zweiter kleiner, runder Porus vorhanden, den wir als Parietalporus ansprachen (pag. 138). An dem jüngsten mir vorliegenden Individuum von *Pl. filitextus* habe ich diese Theile noch genauer beobachtet, als dies in der Taf. XII fig. 4 und 5 zum Ausdruck gebracht ist. Fig. 30 A pag. 131 zeigt noch drei flache Plättchen als Verschluss des Parietalporus und den primären Madreporiten auf der Grenze oberer Platten. Dadurch schliesst sich die Form und Lage dieser Primärporen der von anderen Regulären noch näher an.

Der After der Pleurocystiden liegt wie gesagt in einem ausserordentlich stark verbreiterten Analfelde, wie es in ähnlicher Grösse bei keinem Cystoideen wiederkehrt. Eine Annäherung an dieses Verhalten finden wir aber schon bei dem geologisch älteren *Chirocrinus*, sodass wir es dadurch auf normale Entwicklungsverhältnisse zurückführen können. Es handelt sich danach, wie wir sahen, um eine Vergrösserung der jedenfalls biegsam überdeckten Lücke im starren Thecalskelet, innerhalb deren der After gelegen war. Der letztere ist schon von BILLINGS beobachtet, aber irrthümlich als Mund angesprochen worden. Von Herrn Prof. FRECH in Breslau ging mir treffliches Material zu, an dem derselbe die eigentliche Afteröffnung durch mühsame Präparation bereits freigelegt hatte. Dieselbe ist an den Exemplaren Taf. XII fig. 4, 5 und 6a in natürlicher Position und Fig. 30 C pag. 131 stärker vergrössert dargestellt. Man sieht, dass die keilförmigen Verschlussplatten des Afters sich von ihrer Umgebung nicht scharf absetzen, sondern sich unregelmässig an die Täfelung des Analfeldes anschliessen. Die letztere weist insofern grosse Verschiedenheiten auf, als die Zahl ihrer Plättchen bei den verschiedenen Arten von *Pleurocystites* etwa zwischen 50 und mehr als 1500 schwankt; dementsprechend ist die Grösse derselben ausserordentlich verschieden. Bei *Pl. anglicus* sind diese Plättchen wohl noch kleiner, als die Abbildung Taf. XII fig. 6a darstellt, sodass sie ein an Bryozoenskelete erinnerndes feines Mosaik polygonaler, meist sechseckiger Körnchen bilden. Bei der Regellosigkeit der Anordnung dieser Plättchen zeigt sich aber doch bei allen Arten, dass die Plättchen in der Mitte des Feldes am grössten sind, und dass sie sich nach dem After zu etwas strecken, als bester Beweis, dass sie nach diesem Punkte zu besonderen Spannungsverhältnissen unterlagen. Der After selbst ist im Analfeld in den äussersten Punkt abwärts in kontrasolarer Richtung heruntergezogen, sodass das Analfeld — im Bilde also rechts unten — eine tief herunterhängende Ausbuchtung zeigt. Aus diesem Lageverhältniss des Afters zum Analfeld geht deutlich hervor, dass 1. der After sich abwärts und kontrasolar vordrängte, und dass sich 2. das Analfeld in umgekehrter, d. h. solarer Richtung erweiterte. Die Konsequenzen dieser Erscheinung habe ich bereits pag. 133 und 188 erörtert; ich mache hier nur noch darauf aufmerksam, dass jene Erweiterung des Analfeldes bei *Pleurocystites* bis an die äussere Grenze der Möglichkeit fortgeführt ist. Diese Grenze ist offenbar durch die Nothwendigkeit gegeben, dass die Theca starrer Ränder bedurfte, um den zwei über ihnen liegenden Fingern Rückhalt zu verleihen. Es erklärt sich wohl daraus die an sich befremdliche Erscheinung, dass ein so wenig harmonisch gebauter Typus bei einer Wanderung wie der von Amerika nach Schottland keine weitere Specialisirung in der vorher eingeschlagenen Richtung erfuhr. Derselbe bildete sich nur insofern fort, als das Analfeld noch feiner getäfelt wurde, also offenbar eine noch grössere Biegsamkeit erlangte bezw. ontogenetisch bewahrte und so zahllosen sich kreuzenden Spannungen entsprechend nur die Bildung kleinster Skeletkörper ermöglichte.

Der Stiel zeigt normale Verhältnisse. Er ist mindestens in seinem oberen Abschnitt sehr dünnwandig (Fig. 30 B pag. 131), und setzt sich aus einfachen Gliedern und grösseren Krageringen zusammen. Letztere sind aussen vertikal gerieft. Nach unten wird das Lumen enger, das Alterniren hört auf, und die Glieder strecken sich zu tonnenförmigen bis cylindrischen Gestalten, die sogar sanduhrförmig eingesenkt sein können (Taf. XII fig. 3, 6), aber immer, soweit ich den Stiel beobachten konnte, einen quergestreiften Kragen bezw. Wulst aufweisen.

Die geologische Verbreitung der Pleurocystiden ist mit wenigen Worten angegeben. BILLINGS verzeichnet aus der Gegend von Ottawa in Canada 4 Arten aus dem Trentonkalk, die hier in die zwei Arten *P. squamosus* und *filitextus* zusammengefasst sind, eine Art *P. exornatus* aus der Basis der Trentonschichten, eine in Kentucky im Trentonkalk und eine *P. anticostiensis* aus der Hudson River group., von Canada. Ausserdem finden sich zwei Arten, *P. Rugeri* und *anglicus*, in den Bala-Schichten bei Llandovery, S. Wales in England. Die vertikale Aufeinanderfolge ist demnach *P. exornatus*, dann von gleichem Alter *mercerensis*, *filitextus* und *squamosus*, dann *P. anticostiensis* und etwa zu gleicher Zeit in England *P. Rugeri* und *anglicus*.

Die Verwandtschaft der einzelnen Arten zu einander ist danach relativ klar zu übersehen. Der Gattungstypus tritt sofort vollkommen ausgebildet im mittleren Silur Canadas auf; die ältesten Formen schliessen sich der Gattung *Chirocrinus* EICHW. insofern noch enger an, als die Analplatten relativ gross und gering an Zahl sind (*P. exornatus filitextus*, *elegans* BILL.). Eine Veränderung dieses Typus stellt sich schon in diesem Gebiet ein, indem die Analplatten bei einem Theil der Formen kleiner und zahlreicher werden (*P. squamosus*, *robustus*, *anticostiensis* BILL.). In dieser Richtung bezeichnet dann der englische *P. anglicus* den Endpunkt der Differenzirung. Trotzdem er den russischen Stammformen wieder räumlich nahe gerückt ist, steht er denselben morphogenetisch am fernsten. BILLINGS legte der Ausbildung der Porenfelder und der Skulptur der Thecalplatten besondere Bedeutung bei, die ich diesen Differenzirungen nicht beimessen möchte.

P. filitextus BILLINGS 1854 (Can. Journ. II, 252). Syn. *P. elegans* BILL. Thecalplatten radial gestreift, obere Porenfelder lang; Analplatten ziemlich gross, etwa 70 an Zahl; Stielglieder mit ziemlich glattem Kragen. Unt.-Silur, Trentonkalk, Ottawa, Canada. — Var. *exornata* BILL. 1858 (I, 52), wie vorige, aber mit kürzeren Porenfeldern. Unterer Trentonkalk, Montreal. (Mehrere Ex. Coll. FRECH, Breslau.) Taf. XII fig. 3—5.

P. sqamosus BILLINGS 1851 (III, 250). Syn. *P. robustus* BILL. Thecalplatten fast nur koncentrisch skulpturirt; Analplatten klein, etwa 500 an Zahl; Porenfelder kurz. Stielglieder vertikal gestreift. Unt.-Silur, Trentonkalk, Ottawa. — Var. *anticostiensis* BILL. 1856 (Surv. Can. Rep. 288), wie vorige, aber Porenfelder lang. Oberes Unter-Silur (Trenton group), Canada.

Pleurocystites mercerensis MILLER & GURLEY 1895 (V, 60). Unt.-Silur (Trenton group),

Mercer County, Kentucky, ähnlich *P. squamosus*, aber Porenrauten sammtlich schmäler als lang. (Die Angaben MILLER & GURLEY's über den Basalkranz sind offenbar irrthümlich: derselbe ist, wie aus der Lage der basalen Porenraute hervorgeht, ebenso zusammengesetzt wie bei den übrigen Arten.)

P. Rugeri SALTER 1866 (IV. 288). Theca gleichseitig dreieckig im Umriss, mit kräftigen Platten getäfelt. Analfeld nach der Abbildung SALTER's in der Mitte mit grösseren Platten — wie bei *P. squamosus* —, am Rande mit kleineren, im ganzen etwa mit 3—400 Plättchen getäfelt. 2 Arme mit ihren Ansatzstellen eng zusammengedrängt. Oberes Unter-Silur (Bala und Caradoc Series) Bala und Llandovery, S. Wales, England.

P. anglicus n. sp. Theca cirka 25 mm breit, 30 mm hoch. Der umgeschlagene Rand kräftig, auch gegen die abanale Seite etwas aufgewulstet. Thecalplatten dünn, mit wenig zahlreichen feinen Radialstreifen. Analfeld mit cirka 1500 winzig kleinen, meist regelmässig hexagonalen Skeletkörnchen getäfelt. Das basale Porenfeld sehr schmal, aber ziemlich lang, das obere auf $\mathrm{I}_3 : \mathrm{I}_4$ breit, mit aufgeworfenem Rand. Stiel mindestens viermal so hoch als die Theca. Stielglieder oben mit kräftigen, fein vertikal gestreiften Kragen, unten lang, cylindrisch. Oberes Unter-Silur angeblich Schottlands? vielleicht Süd-Wales. (2 Ex. Acad. Stockholm.) Taf. XII fig. 6, 6a.

Fam. Scoliocystidae m.

Vorbemerkung. Die bekannteste der hier vereinigten Gattungen ist *Echinoencrinites* H. v. MEYER. Leider ist der Name so lang und so unglücklich gewählt, dass ich ihm nicht ohne Noth noch zu höherem Ansehen verhelfen möchte. Ich habe deshalb die allerdings neue Gattung *Scoliocystis* zur diesbezüglichen Verwendung vorgezogen. Dieselbe drückt durch ihren Namen die starke Verzerrung der Körperform aus, die wenigstens für den äusseren Habitus der Mitglieder dieses Formenkreises charakteristisch ist.

Definition. Theca rundlich, ei- oder birnförmig. Finger am Scheitel koncentrirt, After mässig gross bis klein, in halber Höhe der Seitenwand gelegen. Sperrranten in mässiger Zahl, meist an den drei Normalpunkten lokalisirt. Primärporen getrennt, Stiel in seinem oberen Theil dünnwandig, im mittleren mit kräftigeren tonnenförmigen Gliedern.

Die allgemeine Form der Theca ist in der Regel birnförmig, indem deren oberer Theil meist verjüngt, der untere dagegen verbreitert ist. Am schärfsten tritt diese Tendenz bei *Erinocystis* (Taf. XIII fig. 6) hervor, während sich die anderen Typen weniger von der normalen Kugel- oder Eiform entfernen. Bemerkenswerth ist bei einer Art von *Glaphyrocystis* eine seitliche Kompression der gesammten Theca und deren oberer Hälfte bei der obersilurischen Gattung *Schizocystis* (Taf. XII fig. 1).

Eine ungewöhnliche Verzerrung erfährt die Theca schliesslich bei *Erinocystis* auch noch dadurch, dass der After seitlich eine rüsselförmige Ausstülpung der Thecalwand veranlasst (Taf. XIII fig. 6, 16). Im übrigen unterliegt die Körperform nur geringen Schwankungen, da der Stiel bei allen Mitgliedern ungefähr gleichmässig lang gewesen sein dürfte, und die Finger wohl bei den meisten Formen etwa die Höhe der Theca erreichen mochten. Bei *Erinocystis* sind dieselben aber bei geringster Zahl sicher entsprechend länger gewesen, so dass deren Gesammtform, abgesehen von der Kompression der Theca, an *Pleurocystites* (Taf. XII fig. 3) erinnern mochte. Ebenso bedingte die Vertheilung der Fingeransätze auf eine Linie bei *Schizocystis* (Taf. XII fig. 2) eine Besonderheit in der Gesammtform dieser Gattung.

Die **Zusammensetzung der Theca** ist eine ziemlich regelmässige. In der Uebersichtstafel Fig. 36 umfassen die Scolioeystiden die Diagramme A, E, F, J, K, L. Man ersieht aus denselben, dass die Lateralia in der Regel normale Kränze bilden. Sehr regelmässig sind dieselben bei *Scoliocystis pumila* (E), *Echinoencrinites Lahuseni* (F) und *Glaphyrocystis Wöhrmanni* (K) zusammengesetzt, wo sich die zusammengehörigen Lateralia auf vertikalen Grenzen zusammenschliessen. Bei *Scoliocystis Thersites* (A) und *Schizocystis* (L) ist dieses Verhalten insofern modificirt, als die Mediolateralia (l'_{1-5}) so zwischen den Infralateralia (l_{1-5}) und den Radiolateralia (l''_{1-5}) eingekeilt sind, dass ein Theil von ihnen sich untereinander fast nur noch in Punkten berührt. Von dieser Ausbildung ist nur ein Schritt zu derjenigen von *Erinocystis* (J) und *Glaphyrocystis compressa*, bei denen das Mediolaterale l'_3 die Infralateralia l_2 und l_3 ganz auseinandergedrängt hat, so dass es unmittelbar dem Basale b_3 aufruht und dieses oben quer abschrägt. Bei einigen specialisirten Formen, *Erinocystis* (J), *Glaphyrocystis* (K) und *Schizocystis* (L) wird das über dem After gelegene Mediolaterale (l'_5) auffallend gross, ein Umstand, der sich wohl am einfachsten aus der Verkleinerung der Anallücke dieser Formen erklärt.

In den folgenden Lateralkränzen ist die Regularität noch verhältnissmässig gross, da die Finger durch ihre Koncentration nur wenig störend auf den oberen Thecalabschnitt wirken. So sind die Radiolateralia (l''_{1-5}) bei *Schizocystis* (Fig. 36 L) fast gleichartig; in der Regel wird aber l''_4 merklich kleiner als die übrigen, so bei *Scoliocystis* (A), *Echinoencrinites* (F) und *Glaphyrocystis* (K); bei letzterer ist übrigens, wie auch in der Figurenerklärung bemerkt ist, irrthümlich in dem Diagramm K das links oben gelegene Radiolaterale als l''_4 statt l''_5 bezeichnet. Gegenüber der Verkleinerung von l''_4 vergrössert sich und wohl meist auf dessen Kosten die Platte l''_2 vielleicht deshalb, weil an ihr mindestens eine, bisweilen (*Echinoencrinites* z. Th., *Scoliocystis*, *Glaphyrocystis*) je zwei Porenrauten lokalisirt sind. Der oberste Lateralkranz der Deltoidea (l'''_{1-5}) ist selten nachweisbar. Bei *Scoliocystis* (A) fand ich noch alle seine Elemente äusserlich sichtbar, bei *Echinoencrinites* (F) und anscheinend auch bei *Glaphyrocystis* (K) liegen sie dagegen innerhalb der Fingeransätze, so dass ich sie erst durch Anschleifen auffinden konnte (Taf. XIII fig. 25, 26). Sie nehmen hier dieselbe Stelle ein wie bei *Chirocrinus* (B), sind aber durch den Zusammenschluss der fingertragenden Radiolateralia (l'') ganz unter diesen eingekeilt, während sie bei der normalen Entfaltung der Ambulacralfelder die Theca zwischen diesen wie bei den Blastoideen oben abschliessen.

Die Verzerrung der Theca von *Erinocystis* (J) ist anscheinend in erster Linie bedingt durch die Verlängerung des Enddarmes und die dabei resultirende Vorwölbung des Afters. Der letztere ändert sein Lageverhältniss zum Thecalskelet insofern, als er bei den älteren Formen von *Echinoencrinites* (*E. Lahuseni, angulosus*) Fig. 36 F) von den 4 Platten l_4, l_5, l'_4, l'_5 begrenzt wird, während er bei den jüngeren Arten von *Echinoencrinites* und bei *Erinocystis* in solarer Richtung, also im Bilde nach links unten rückt, so dass die Platte l'_4 aus seiner Umgebung ausscheidet und er nur noch von 3 Platten begrenzt wird. Bei

Echinoencrinites laevigatus beobachtete ich an einem Exemplar der Coll. VOLBORTH (Acad. Petersburg) den After noch tiefer heruntergerückt auf der halben Höhe der Grenze zwischen l_1 und l_5, so dass er hier also nur von 2 Platten eingefasst ist. Ausserdem hat auch die Grösse des Afters auf die Form und Zusammensetzung der Theca Einfluss, insofern dieselbe bei den älteren Formen (Fig. 36 A. F) etwa $^1/_5$, bei den specialisirtesten Typen (J, K) aber nur $^1/_{15}$ bis $^1/_{20}$ des Kelchumfanges beträgt. Dass die Einsenkung des Basalkranzes sekundär und z. B. bei jungen Individuen von *Erinocystis* noch nicht vorhanden ist, hob ich bereits hervor.

Die Thecalplatten der älteren Scoliocystiden zeigen eine eigenthümliche und für ihr Aussehen sehr charakteristische Gitterstruktur. Dieselbe entsteht daraus, dass parallele Leisten senkrecht zu den Plattengrenzen von einer Platte zur anderen hinüberlaufen, und dass die Felder bezw. Furchen zwischen ihnen von quergestellten kleineren Leisten gekreuzt werden (Taf. XIII fig. 20, X fig. 15). Nur bei specialisirteren Formen wie *Echinoencrinites laevigatus*, einigen Arten von *Erinocystis* und jüngeren Typen wie *Glaphyrocystis* und *Schizocystis* verkümmern dieselben ganz oder grösstentheils (Taf. XIII fig. 14, 16, X fig. 16). Wenn man sich die radiale Skulptur der erstgenannten älteren Formen zu erklären sucht, wird man nicht umhin können, dieselbe als funktionslosen Rest der ursprünglich allseitig vertheilten Porenfalten zu betrachten. Es ist bemerkenswerth, dass diese eigenthümliche Skulptur hier auch auf die Stielglieder übergeht und sich in verschiedenen anderen Familien der Regulären wiederfindet (Taf. XII fig. 3, 6). Die die Radialleisten kreuzenden Rinnen sind dabei als modificirte Anwachsstreifen aufzufassen.

Stiele liegen mir nur von *Echinoencrinites*, *Erinocystis* und *Schizocystis* in grösserer Länge und von den beiden ersteren in ziemlicher Vollständigkeit vor. Die von *Echinoencrinites* zeigen im Wesentlichen denselben Bau wie die von *Chirocrinus*, so dass sie in isolirtem Zustande nur durch äussere Merkmale wie Grösse und Skulptur von einander zu trennen sind. Die letztere ist bei *Echinoencrinites* wie an der Theca so auch am Stiel meist stärker ausgeprägt als bei *Chirocrinus* und steht immer in gewisser Harmonie zu der der Theca, so dass isolirte Fragmente gelegentlich auch specifisch bestimmt werden können. Bei *Erinocystis* sind die cylindrischen Glieder des mittleren Stielabschnittes dagegen seitlich komprimirt; sie bilden sogar bei spindelförmigem Querschnitt zwei scharf vortretende Längskanten, die ihrerseits wieder gelappt sein können (Taf. XIII fig. 10—12). Bei dem einzigen mir vorliegenden Exemplar von *Glaphyrocystis compressa* tritt die Kragenbildung an den obersten Gliedern sehr zurück, wie dies auch bei den jüngeren Mitgliedern anderer Familien der Fall ist.

Die Finger sind bei Scoliocystiden von A. v. VOLBORTH entdeckt, aber von anderer Seite lange bestritten worden. Nach L. v. BUCH's Ansicht sollten es nur Tentakeln sein, obwohl VOLBORTH schon ihren zweizeiligen Skeletbau nachgewiesen hatte. In den Auffassungen HÄCKEL's kehren die BUCH'schen Irrthümer wieder, die dadurch veranlasst waren, dass BUCH Mund und After verwechselte und den Cystoideen überhaupt jede Armbildung absprach. Taf. XIII fig. 4 zeigt die zwei Finger von *Erinocystis* dem Kelch noch ansitzend. An Taf. XIII fig. 7 ist ein Finger sogar in grösserer Länge an der Theca erhalten; fig. 8 und fig. 9 derselben Tafel stellen dann isolirte Fingerfragmente dar, welche unzweifelhaft zu *Erinocystis* gehören. In vollständigster Erhaltung liegen sie an dem Taf. X fig. 15 abgebildeten Exemplar eines *Echinoencrinites* vor. Die Finger dieser

Gattungen sind demnach typisch zweizeilig gebaut. Die Digitalia oder Fingerglieder sind am dorsalen Aussenrand mit je einem oder zwei Buckeln versehen, im übrigen sind sie, von den beiden untersten abgesehen, fast gleichbleibend hoch und an den Seiten sehr wenig ausgebogen. Die ventralen Saumplättchen sind höher als breit und ziemlich gross, sodass in der Regel auf je zwei Digitalia 3 bis 4 Saumplättchen kommen. Dieselben alterniren sehr regelmässig und bilden dadurch einen sehr gleichmässig und einfach gebauten Verschluss der Ventralrinne. Bei *Erinocystis* sind meiner Ansicht nach wie bei *Pleurocystites* regelmässig 2 Finger vorhanden gewesen, welche ihre Ventralseiten in einem Winkel von etwa 90° einander zuwenden. A. v. VOLBORTH nahm an, dass an dem Taf. XIII fig. 6 abgebildeten Exemplar von *E. Volborthi* nur ein Finger vorhanden gewesen sei: das kann ich nicht bestätigen: es ist zwar nur einer erhalten, aber die Ansatzstelle für einen zweiten wie bei anderen Individuen von *Erinocystis* vorhanden. Bei *Echinoencrinites* sind nun unzweifelhaft mehr u. zw., wie mir scheint, 10—4 Finger vorhanden gewesen. Bei *E. Lahuseni* Taf. XIII fig. 21 gabeln sich die 5 vom Mund ausgehenden Rinnen einmal, bei *E. Senckenbergii* (Taf. XIII fig. 24) scheinen wenigstens 6 vorhanden gewesen zu sein, doch weist die verschiedene Grösse der sichtbaren Ansatzflächen entschieden auf eine verschieden starke Entwicklung der Finger hin. Das würde uns zugleich den Weg anzeigen, wie die Reduktion vor sich ging, dass nämlich einzelne Finger aus Raummangel an ihrer Ansatzstelle verkümmerten, so dass schliesslich nur zwei Finger bei *Erinocystis* übrig blieben. Es ist auch die Möglichkeit nicht abzuweisen, dass sich bei einzelnen Individuen dieser Gattung neben den allein erhaltenen und sicher allein dominirenden Fingern rudimentäre Nebenfinger erhalten hatten. Bei *Echinoencrinites angulosus* beobachtete ich an einem Exemplar der Coll. LAURSEN in Petersburg 4 Armgruben, die übrigens hier annähernd gleiche Grösse zeigen. Wie überhaupt die Scoliocystiden viel specialisirter sind als *Chirocrinus*, so werden wir dieselben hinsichtlich der Fingerentfaltung auf ein Stadium mit einer grösseren Zahl von Fingern zurückführen müssen. In der Reihe der Gattungen *Echinoencrinites* und *Erinocystis* zeigt sich jedenfalls eine Tendenz zur Verminderung der Finger unverkennbar.

Bei *Scoliocystis, Prunocystites* und *Glaphyrocystis* ist das Oralfeld so eng, dass jedenfalls auch bei ihnen für Fingeransätze nur wenig Platz war, und deren Zahl also jedenfalls nicht auf mehr als 10 anzuschlagen ist. Eigenthümlich liegt der Fall bei *Schizocystis*, wo sich die Ansätze in zwei Richtungen ein Stück weit auf der Theca vordrängen und deren Zahl sich in den einzelnen zwei Radien wieder auf 3–5 vermehrt hat (Taf. XII fig. 1, 2). Die Art der Ausbreitung dieser Ambulacra ähnelt der der Callocystiden, hat aber nichts zu thun mit derjenigen und der Cystoblastiden, denn die Fingeransätze ruhen hier offenbar den Thecalplatten auf. Es ist also hier dieselbe Methode angewendet wie bei den höheren Dichoporiten, es scheint aber, dass sich die Einfachheit dieses Ausweges hier nicht bewährte. Denn während die komplicirteren Methoden von *Cystoblastus* und die der Callocystiden zu reicher Ausgestaltung führen, bleibt das hier gewählte Princip auf eine kurzlebige Art *Schizocystis armata* beschränkt.

Die Afteröffnung der Scoliocystiden ist gegenüber derjenigen der Chirocriniden durch eine zunehmende Verengung der Anallücke ausgezeichnet. Bei *Scoliocystis* (Fig. 36 A, Taf. XI fig. 10) und den ältesten Arten von *Echinoencrinites* (Taf. X fig. 15) ist dieselbe noch ziemlich gross, sie verengert sich aber innerhalb dieser Gattung sehr bald, so dass die Mehrzahl der Arten nur eine sehr enge Afteröffnung besass (Taf. XIII fig. 1. 2. 14, 15). Dieser Zustand wird bei *Erinocystis* (J) noch dadurch utrirt, dass die den After umgebenden Platten sich zu einer hohen, ja sogar abgeschnürten Pyramide vorwölben (Taf. XIII fig. 6, 6a. 16. 16a). Ich habe schon pag. 202 darauf hingewiesen, dass die Skeletanschwellungen am After von *Echinoencrinites* in den ursprünglichen Spannungsrichtungen liegen, die von den Ambulacralfeldern ausgehen (Taf. XIII fig. 1). In dem Verhalten von *Erinocystis* erblicke ich nun eine für die Phyle geradezu pathologisch zu nennende Uebertreibung dieser Erscheinung, die um so auffälliger wird, als die einleitende Ursache derselben mit der Koncentration der 2 Finger am Mund ganz in Wegfall gekommen ist. Die ganze Erscheinung erinnert an die bisweilen unförmliche Ausbildung mancher specifischer Eigenthümlichkeiten, die planlos und bis zum phyletischen Ruin ihrer Träger utrirt werden, nachdem die ordnende Kontrolle seitens ihrer ursprünglichen Funktionen ihr Ende erreicht hat. Wie solche Arten hat auch *Erinocystis* einen aberranten und senilen Habitus. Man könnte wohl annehmen, dass sich innere Muskeln an jene Verdickungen ansetzten, etwa um Kontraktionen des Enddarmes zu ermöglichen. Ob solche in diesem unwahrscheinlichen Falle nur peristaltischen Zwecken oder wie bei den lebenden Crinoiden auch der Respiration dienten, sind danach ziemlich müssige Fragen. Bei *Schizocystis* wird die eigentliche Analpyramide von einem Kranz von Ringplättchen umschlossen (Taf. XII fig. 2), ob bei Formen mit so engem After wie *Erinocystis* überhaupt noch ein skeletirter Klappenverschluss vorhanden war, möchte ich bezweifeln. Ansätze solcher finden sich jedenfalls nicht, und ein häutiger Verschluss dürfte hier wohl ausreichend gewesen sein.

Die Primärporen sind in der Regel gut nachweisbar. Bei *Schizocystis* (Taf. XII fig. 1) sind sie auffallend deutlich, bei *Scoliocystis* (A) nur eben noch kenntlich. Bei *Echinoencrinites* (F), *Erinocystis* (J) und *Glaphyrocystis* (K) liegen sie über den Platten I''_5 und I''_1 innerhalb des Oralfeldes auf einer erhabenen Pyramide. Sie sind nur in rudimentärem Zustande erhalten. Der Parietalporus ist meistens als kleine Oeffnung noch erkennbar; der Madreporit legt sich im Umriss einer Hantel an den Parietalporus an, ist aber stets mehr oder weniger verwachsen (Taf. XIII fig. 24). Schleift man das Oralfeld an, so kann man ihn mindestens an der schwachen Verkalkung des Skeletes erkennen (Taf. XIII fig. 24, 25). Nach innen findet man bei weiterem Abschleifen eine Lücke unterhalb der Primärporen (Taf. XIII fig. 26).

An dem dolomitischen Steinkern eines kleinen Echinoencriniten beobachte ich eine Furche, welche den nachstehend verzeichneten Verlauf hat. Sie wendet sich mit zwei schwachen Biegungen von den Armansätzen vertikal nach dem Stielansatz zu. Da sie oben an der Stelle einsetzt, wo die Primärporen liegen und diese, soviel man weiss, immer an das dorsale Vertikalmesenterium gebunden sind, so bezweifele ich nicht, dass auch jene Furche auf dem Steinkern, die also einer später zerstörten Leiste an der Innenfläche der Theca entspricht, das dorsale Vertikalmesenterium von Antedonlarven repräsentirt. Zu beachten ist, dass die basalen Porenfelder solar neben diesem Mesenterium gelegen sind, und dass der Raum zwischen demselben und dem After ganz frei von Porenfeldern ist. Die auffallend konstante Lage der basalen Porenfelder dürfte ebenfalls (pag. 127) mit der Lage dieses Mesenteriums in Beziehung zu bringen sein, welches ich aus früher besprochenen Gründen als Parietalseptum bezeichnet habe.

Die Differenzirung der Thecalporen steht zunächst auf einer niedrigen Entwicklungsstufe, insofern die Porenfelder der älteren Formen noch ziemlich zahlreich, z. B. bei *E. Lahuseni* oben 3–4 und am Basalkranz meist 2, bisweilen, wie hier und bei *Echinoencrinites Senckenbergii* (Mus. Berlin), sogar noch 4 Felder entwickelt sind. Es können hier also an 7 bis 8 verschiedenen Stellen Porenfelder auftreten, und es ist bemerkenswerth, wie deren Lage und Zahl individuell schwankt. Diese Regellosigkeit verweist uns direkt auf ein Stadium, in dem noch ein grösserer Theil der Thecaloberfläche zur Filtration benutzt wurde, da die Lokalisirung der Funktion hier noch so geringe Konstanz erreicht hat. Die Scoliocystiden stehen in dieser Hinsicht den Chirocriniden nahe, welche in diesem Punkte ja noch primitivere Verhältnisse bewahrt haben. Auch im Bau der einzelnen Poren finden wir hier den nächsten Anschluss, insofern die Porenschlitze zwar in der Mitte geschlossen, aber bei den älteren Formen noch nicht in umwallten Höfen zusammengedrängt sind.

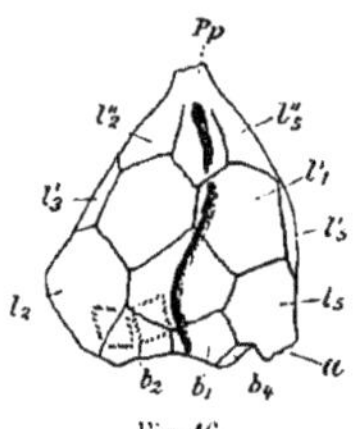

Fig. 46.

Verlauf des Parietalseptum bei *Echinoencrinites*, a der After. Pp die Lage der Primärporen auf der Theca anderer Exemplare.

Die geologische Verbreitung der Scoliocystiden nimmt ihren Ausgang offenbar aus den untersilurischen Schichten der Umgebung St. Petersburgs. Es scheint noch fraglich, ob die ersten Vertreter der Familie bereits in den obersten Schichten des Glauconitkalkes erscheinen, jedenfalls treten sie uns im sog. Vaginatenkalk mit einer Fülle von Formen entgegen, die sich namentlich um die Gattungen *Echinoencrinites* und *Erinocystis* gruppiren. Diese Formen, die auch weiterhin den numerischen Kern der Familie bilden, bleiben fast ganz auf die Gegend zwischen Petersburg und dem Ladoga-See beschränkt; nur eine dieser Art, *Echinoencrinites Senckenbergii*, findet sich ausserhalb dieses Gebietes in Skandinavien. Da in dem erstgenannten Gebiete die einzelnen Arten auch sämmtlich durch Uebergangsformen verbunden sind, kann es keinem Zweifel unterliegen, dass wir hier ihre wirkliche Heimath zu suchen haben. Bemerkenswerth ist, dass sich der Typus von *Echinoencrinites* in der Nähe dieses Ursprungsgebietes auch am längsten erhalten hat in der Gattung *Glaphyrocystis*, die zwar durchgreifende, aber doch nicht wesentliche Aenderungen jenes Typus erkennen lässt. Auch die Gattung *Scoliocystis*, die ihrer gesammten Organisation nach den älteren Arten von *Echinoencrinites* sehr nahe steht, tritt in der Umgegend Petersburgs auf, doch ist das Alter und die Herkunft der wenigen unscheinbaren Exemplare dieses Typus nicht genauer bekannt. Ihre beiden Arten sind auf das genannte Gebiet beschränkt, aber diese geographische Beschränkung verliert deshalb an Bedeutung, weil die bisher bekannten Formen wie gesagt so unscheinbar sind, dass sie wie bis jetzt in Russland so auch in anderen Gebieten übersehen sein können. *Scoliocystis* ist jedenfalls unter den älteren, untersilurischen Vertretern der Familie der erste, welcher den Habitus der jüngeren Gattungen *Glaphyrocystis*, *Prunocystites* und *Schizocystis* erreicht. Es muss hiernach fraglich erscheinen, ob die zwei letztgenannten, auf das Obersilur Englands beschränkten Gattungen nicht schon von *Scoliocystis* ihren Ausgang genommen haben, und die diese Formen zunächst trennende geologische Lücke auf der

Lückenhaftigkeit unserer paläontologischen Kenntnisse beruht. Will man von dieser Möglichkeit absehen und nur die vorliegenden Thatsachen der geologischen Verbreitung kombiniren, so bietet auch die Organisation des jüngsten russischen Scoliocystiden, *Glaphyrocystis*, kein Hinderniss, die Gattungen *Prunocystites* und *Schizocystis* von diesem abzuleiten. In jedem Falle müssen wir den Ausgangspunkt dieser isolirten obersilurischen Scoliocystiden Englands in dem baltischen russischen Untersilurgebiet suchen. Von der unverkennbaren Heimath der Scoliocystiden, der Umgegend Petersburgs, ist eine Form, *Echinoencrinites Senckenbergii*, ohne bemerkenswerthe Abänderung nach Schweden verschleppt worden, während bei der späteren Ausbreitung des Typus bis nach England die genannte Bildung zweier neuer Gattungen stattfand.

Für die Morphogenie der Scoliocystiden ist sicher das bedeutsamste Moment die Koncentration ihrer Ambulacralfelder am Scheitel der Theca und eine geringe Entfaltung von Fingern in den einzelnen Radien. Diese Erscheinung tritt uns innerhalb der Familie von Anfang an sehr deutlich entgegen, geht aber bei einigen ihrer specialisirtesten Vertreter, wie z. B. *Schizocystis*, offenbar sekundär theilweise verloren. Während sich der Reduktionsprocess der ambulacralen Organe zunächst gleichmässig auf alle 5 Radien erstreckt, so dass diese sämmtlich entwickelt bleiben, sehen wir bei *Schizocystis* schliesslich drei Radien unterdrückt, dafür aber die zwei übriggebliebenen wieder von neuem proliferiren. Ihr Aufschwung steht sonach am Ende der Reihe und bezeichnet geradezu den Abschluss der Reduktionstendenz, da jene Form zugleich der letzte Repräsentant der Familie ist. Bemerkenswerth bleibt dabei für die Familie doch die Thatsache, dass die Hemmung hier nicht zur Einleitung neuer für die ganze Familie wichtiger Processe führt wie bei den Callocystiden, deren Radien sich sekundär mit zahlreichen Fingern weit über die Theca herüberschieben. Dort erfolgte die Hemmung bereits im Untersilur unter gleichzeitiger Verschleppung der Larven bis Amerika. Daher erscheint es verständlich, dass dort die vier ambulacralen Plattenreihen, die uns schon bei *Chirocrinus* und den Cystoblastiden begegneten, bei der Ueberschiebung der Radien ungestört erhalten blieben, während hier bei *Schizocystis* am Ende der Scoliocystidenentwicklung als letzter Ausdruck ontogenetischer Initiative nur eine sehr unvollkommene Ueberschiebungsart zu Stande kam. Neben dieser Hemmung der Ambulacralentfaltung spielen die anderen Entwicklungsprocesse innerhalb der Familie nur eine nebensächliche Rolle. Die allmähliche Rückbildung der ancestralen, auf die Porenrauten zurückzuführenden Thecalskulptur, die Verringerung und innere Specialisirung der Porenrauten, die Kräftigung der Thecalwand und die dadurch allmählich unnöthig werdende Eindrückung der Basis, Verschiebungsprocesse des Afters sind Vorgänge, die sich auch in anderen Familien der jüngeren *Regularia* vollziehen und hier nur für die innere Gliederung der Familie Bedeutung erlangen.

In phylogenetischer Hinsicht lässt die Gesammtorganisation der Scoliocystiden nicht im Zweifel darüber, dass diese Familie von *Chirocrinus* abstammt. Wenn wir innerhalb der Scoliocystiden *Echinoencrinites* und innerhalb dieser Gattung den *E. Lahuseni* für die ancestralsten Formen halten mussten, so ist der Anschluss der Scoliocystiden an Arten wie *Chirocrinus sculptus* so gut wie sicher. Die Koncentration der Ambulacralfelder am Mund, die Verringerung der Fingerzahl, die Verengung des Analfeldes, die Verringerung der Porenrauten, deren ausschliessliche Entwicklung als Sperrauten, und schliesslich die äusserst charakteristische Skulptur der ältesten Scoliocystiden sind sämmtlich bei *Chirocrinus sculptus* so ausgeprägt, dass man unbedenklich diesen Typus als das Thor betrachten kann, durch welches die Scoliocystiden von den Chirocriniden ihren Ausgang nahmen. Auch die geologische Verbreitung der in Rede stehenden Formen unterstützt diese Auffassung. *Chirocrinus sculptus* findet sich in denselben Schichten, in denen die ältesten Arten von *Echinoencrinites* hervortreten. Erfreulicherweise liessen sich innerhalb dieser Gattung die phyletischen Beziehungen der Arten mit ziemlicher Sicherheit feststellen. Dieselben sind in einem Stammbaum pag. 247 zur Darstellung gebracht. Aus den Differenzirungsrichtungen der einzelnen Arten ergiebt sich zugleich der Anschluss der Gattung *Scoliocystis* an *Echinoencrinites Lahuseni*, der Gattung *Erinocystis* an *Echinoencrinites striatus* und der Gattung *Glaphyrocystis* an *Echinoencrinites laevigatus*. Diese Beziehungen sollen später bei Besprechung der einzelnen Gattungen näher erläutert werden. Dieselbe erfolgt in nachstehender Reihenfolge: *Echinoencrinites*, *Erinocystis*, *Scoliocystis*, *Glaphyrocystis*, *Prunocystites*, *Schizocystis*. Eine phylogenetische Bedeutung kommt aber dieser Reihenfolge nicht zu.

Echinoencrinites H. v. Meyer 1826 I. 185.

Syn. *Echinosphaerites* Pander non Gyll., *Gonocrinites* Eichwald, *Sycocystites* v. Buch, *Echinoencrinus* aut., *Sycocystis* Haeckel.

Definition. Theca oval, das obere Ende verjüngt, das untere viereckig eingesenkt. 5 bis 10 Arme auf ein kleines, die Theca horizontal abstutzendes Oralfeld koncentrirt. Anus nicht vorgestreckt, mässig gross oder klein, zwischen je 3 oder 4 Platten des unteren und zweiten Lateralkranzes gelegen. Primärporen rudimentär in das Oralfeld eingekeilt. Die Platten jedes Kranzes berühren sich seitlich und bilden also geschlossene Kränze. Alle Platten der Theca mit Gitterskulptur. 1 bis 4 Porenfelder an der Basis. 1 bis 2 von l''_3 selten von anderen Platten des dritten auf solche des zweiten Lateralkranzes übergreifend. Stiel stark skulpturirt, lang und zierlich; die oberen Glieder mit zierlichen Kragen, die unteren lang, mit stark vortretendem Mittelring. Wurzeln verdickte Blasen bildend oder massiv.

Die Gattung gehört zu den am längsten bekannten Cystoideen und ist schon 1826 von ihrem ersten Beschreiber H. v. Meyer verhältnissmässig genau beschrieben worden. Da uns nunmehr besonders durch die langjährigen Aufsammlungen A. v. Volborth's zahlreiche und sehr vollständig erhaltene Exemplare vorliegen, dürfen wir sie zu den bestens bekannten Cystoideen rechnen. Durch ihre reiche Artbildung gewinnt sie noch ein besonderes Interesse.

Die Theca ist umgekehrt birnförmig, d. h. unten verbreitert und zur Aufnahme des Stieles konkav, oben verjüngt und dort mit einer Anzahl zierlicher, mässig langer Finger versehen. Wie aus nachstehendem Diagramm ersehen wird, ist die Theca ziemlich regelmässig zusammengesetzt, insofern die Lateralia sämmtlich normal geschlossene Kränze bilden. Trotz aller Variabilität der zahlreichen Arten zeigt sich hierin grosse Konstanz. Nur die Grösse der Anallücke hat einen bemerkenswerthen Einfluss auf die Zusammensetzung der Theca, insofern danach die Zahl der sie umschliessenden Platten von 4—2 wechselt. Vier Platten, wie sie das Diagramm zeigt, finden sich bei *E. angulosus* und *Lahuseni*, bei den übrigen Arten und den Varietäten obiger ziemlich regelmässig nur drei. Einmal bei *E. laevigatus*, einer der specialisirtesten Arten, fand ich den After auf der Grenze zwischen l_4 und l_5 bei sehr geringer Grösse. Diese war auch zugleich die tiefste Position des Afters, die ich innerhalb der Gattung beobachtet habe.

Das Ambulacralfeld ist eng zusammengezogen auf den Scheitel der Theca, der sich mehr oder weniger aus der sonstigen Wölbung derselben heraushebt. Nicht selten ist das Oralfeld wie z. B. bei *E. angulosus* noch von einem besonderen Walle umgrenzt. Es ist pentagonal bei *E. Lahuseni*, wo die 5 Radien ziemlich gleichmässig entwickelt sind und anscheinend regelmässig noch je zwei Finger trugen. Bei den übrigen Arten ist es oval, und da die Primärporen innerhalb seiner Umwallung bezw. des Feldes liegen, seitlich um sie herumgezogen (Taf. XIII fig. 24). Das dabei besonders beengte Ambulacrum auf l''_4 weist dann meist nur einen Fingeransatz auf, während in den übrigen Radien bei den meisten Arten je zwei Finger standen. Während ihre Zahl hier etwas geringer als 10 ist, scheinen bei *E. angulosus* und einigen dieser verwandten Formen wie *E. quadratus* regelmässig nur 5 vorhanden zu sein, wobei jeder Radius einen Finger aufweist. Bei derartigen Formen scheint auch aus anderen Gründen die stärkste Hemmung der ontogenetischen Entwicklung eingetreten zu sein.

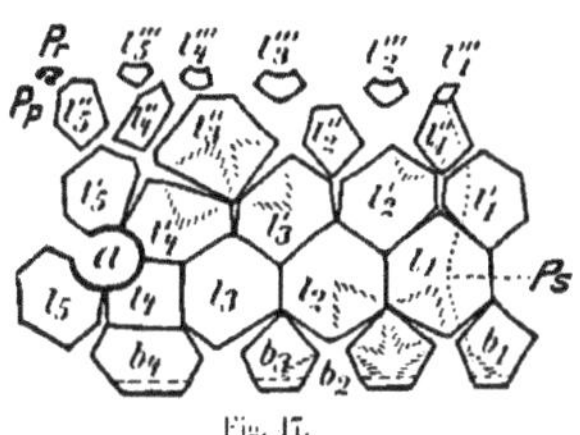

Fig. 17.

Diagramm von *Echinoencrinites Lahuseni.*

Die Finger selbst liegen mir besonders durch eine letzte Sendung meiner Petersburger Freunde F. v. Schmidt und S. v. Wöhrmann jetzt von einer ganzen Anzahl von Individuen und verschiedenen Arten vor. Das beste derselben ist allerdings immer noch das Taf. X fig. 15 abgebildete, die jetzt hinzugekommenen bestätigen nur dieses Bild. Dass die Zahl der Finger zwischen 5 und 10 variirt, habe ich bereits bemerkt, ihre besondere Form ist dagegen sehr gleichartig. Die Glieder alterniren sehr regelmässig, sind hauptsächlich horizontal nach der Ambulacralseite zu ausgedehnt und schwellen an der äusseren sog. Rückenseite zu kleinen, nach oben gewendeten Buckeln an. Die Saumplättchen sind nur wenig niedriger als die Digitalia und überhaupt gross, wenn man sie mit der relativen Grösse dieser Gebilde an Crinoidenarmen vergleicht: sie entsprechen aber hier auch im gewissen Sinne den Pinnulis der *Cladocrinoidea*.

Die Porenrauten sind ausnahmslos als Sperrrauten entwickelt, und die einzelnen Porenschlitze dabei in der Regel fast ihrer ganzen Länge nach überbrückt, so dass die distalen Porenöffnungen meist nur länglich oval sind. Nur ausnahmsweise habe ich längere Schlitze beobachtet, so nahm bei *E. reticulatus* in einem Falle die Brücke nur ein Drittel der Porenlänge ein. Die Zahl der zu einer Raute vereinigten Einzelporen ist hier durchweg gering: ich habe wohl nie mehr als 10 in einer Raute gezählt; häufig sind es nur drei bis vier, ja einige Male fand ich sogar nur je eine Pore eine Raute repräsentirend. Die Zahl und Vertheilung der Rauten wechselt zwar individuell oft bei den

Arten, hält sich aber innerhalb der Gattung in engen Grenzen. An der Basis sind in der Regel zwei Rauten ($b_2 : l_2$, $b_2 : l_3$), selten noch vier in der bekannten Stellung, so z. B. bei *E. Lahuseni, Senckenbergii* und dessen *var. interlaevigata* (Taf. XIII fig. 3). Noch seltener, nämlich nur ein Mal, fand ich an der Basis nur eine Raute bei *E. Lahuseni* (Acad. Petersburg). Noch variabler ist die Zahl und Lage der oberen Rauten. Die Zahl derselben scheint in einem gewissen Abhängigkeitsverhältniss von derjenigen der basalen Rauten zu stehen, wenigstens zeigt *E. Senckenbergii*, der die grösste Zahl von Rauten (4) an der Basis erreicht, deren stets nur eine im oberen Theile der Theca. Andererseits fand sich bei *E. Lahuseni*, der die grösste Zahl (bis 4) oberer Rauten besitzt, einmal nur eine an der Basis. Die Zahl der oberen wechselt zwischen 1 und 4. Die letztere Zahl habe ich wie gesagt nur bei *E. Lahuseni* beobachtet. Bei *E. angulosus* kommen meist zwei obere vor, die von l''_3 auf l'_4 und l'_5 übergreifen; ausserdem noch einzelne Rauten bei den Platten l''_1 oder bei l''_5. Bei *E. reticulatus* und dessen Varietäten ist ausser der Raute $l''_3 : l'_4$ meist nur eine auf der anderen Seite der Theca in gleicher Höhe vorhanden.

Die Skulptur der Platten schliesst sich derjenigen von *Chirocrinus sculptus* auf das Engste an. Es verlaufen also zwischen den Plattencentren radiale Leisten: neben diesen, die Dreiecke des Plattenpolygons besetzend, parallele Nebenleisten. Gegenüber *Chirocrinus sculptus* macht sich hier höchstens insofern ein Unterschied bemerkbar, als die erst innerhalb der Gattung *Chirocrinus* hinzugetretenen und bei *Ch. sculptus* auch meist schwachen Nebenleisten hier hinter den Hauptleisten kaum an Stärke zurückstehen. Zwischen diesen in Feldern geordneten Radialleisten treten nun auch die kleinen Querleisten bald kräftig hervor und erscheinen den Radialleisten gleichwerthig (Taf. X fig. 15). Den Höhepunkt erreicht diese Skulpturirung bei *E. angulosus*, wo die Zahl der Radialleisten und der Querleisten bei stärkster Ausbildung im Einzelnen am geringsten ist (Taf. XIII fig. 19). Bei den kleinsten, offenbar nicht jungen, sondern nur verkümmerten Individuen dieser Art erscheint deren Skulptur geradezu karrikirt. Bei Abarten von *E. angulosus* tritt eine Verringerung der Radialleisten ein, wobei z. B. bei der *var. quadrata* glatte Zwischenfelder zwischen je 3 oder 4 Plattencentren entstehen. Bei den anderen Arten wird dagegen die Anlage der Radial- und Querleisten numerisch vermehrt, sodass wie bei *E. reticulatus, Lahuseni* und *Senckenbergii* (Taf. 10 fig. 15, XIII fig. 20, XIII fig. 1—3) die Skulptur im Ganzen zierlicher wird. Dieser Process führt aber in der Utrirung bei *E. Senckenbergii* schliesslich zu einer Rückbildung der Skulptur, indem sie mit zunehmender Feinheit an Schärfe verliert; bei dessen *var. interlaevigata*, die zugleich in der Grössenentwicklung den Kulminationspunkt der Gattung bezeichnet, bleiben von der Gitterstruktur schliesslich nur radial geordnete, nadelstichartige Grübchen am Plattencentrum bestehen, während die peripheren Theile der Platten ganz glatt geworden sind. Eine ähnliche Rückbildung der Skulptur begleitet die Abzweigung des *E. laevigatus* von *E. reticulatus*, wobei sich die Leisten in deren Ausbildung bei letztgenannter Art erhalten, aber ebenfalls auf die Plattencentren beschränkt bleiben (Taf. XIII fig. 14).

Für den phyletischen Zusammenhang und die systematische Sonderung der Arten bieten die geschilderten Aenderungen der Skulptur werthvolle Anhaltspunkte. In den übrigen Merkmalen treten die Unterschiede oft unvermittelt, ja sogar innerhalb derselben Arten auf. So wechselt bei *E. reticulatus* und seinen Abarten die Zahl der den After umgebenden Platten und somit dessen Lage, bei *E. angulosus* die Zahl der Porenrauten und bei *E. reticulatus* die Zahl der Finger um die ganze Variationsbreite dieser Organausbildungen innerhalb der Gattung. Immerhin ordnen sich auch diese Differenzen dem Aenderungsgange des ganzen Formenkreises ein, sie bezeugen aber, wie plötzlich und individuell unvermitteln sich so wichtige Aenderungsprocesse vollziehen können.

Am Ausgangspunkt der Gattung *Echinoencrinites* steht offenbar der *E. Lahuseni*. Ich kann diese Auffassung allerdings nur mit Gründen der vergleichenden Anatomie belegen, da der geologische Horizont, in dem sich die wenigen bisher bekannten Exemplare gefunden haben, nicht genauer fixirt ist. Die kleinen Partikeln des anhaftenden Gesteins bestehen aus einem grauen und grauröthlichen Kalk, der z. Th. Glauconitkörner enthält. Danach dürften dieselben der Basis des Vaginatenkalkes, vielleicht noch dem darunter liegenden Glauconitkalk entstammen. Bis zum Beweis des Gegentheils stehen die geologischen Annahmen über das hohe Alter dieser Art dem atavistischen Charakter ihrer Eigenschaften nicht im Wege. Die letzteren prägen sich in jedem Punkte der Organisation aus. Die schlanke, nach oben wenig verjüngte Form der Theca steht den jüngeren Arten von *Chirocrinus* unter allen Echinoencriniten am nächsten. Das Oralfeld ist relativ breit pentagonal und die Radiolateralia schwellen gleichmässig unter den Ambulacralfeldern zu dreieckigen Polstern an, wie wir solche ebenfalls bei einigen specialisirten Arten von *Chirocrinus* antrafen. Die Zahl der Finger beträgt hier sicherlich noch in jedem Radialfelde zwei, deren Ambulacralrinnen mit regelmässiger Gabelung vom Mund ausgehen. Der After ist grösser als bei allen übrigen normal erwachsenen Individuen von *Echinoencrinites* und wird regelmässig von vier Platten umgrenzt, deren Centrum am Rande der Anallücke kaum merklich anschwillt. Auch in der Zahl der Porenrauten treffen wir die primitivsten Verhältnisse. Von den vier mir vorliegenden Exemplaren besitzt eines noch vier basale und drei obere Rauten. Von den basalen sind aber die beiden tiefsten zwischen b_2 und b_1 bezw. b_3 sehr reducirt, indem die erstere eine, die andere nur zwei Porenfalten mit je zwei Porenöffnungen zeigt. Bei den anderen Individuen sind diese seitlichen Basalrauten ganz verschwunden und bei einem der Exemplare nur die Raute $b_2 : l_2$ erhalten, so dass darin bereits ein Grad der Porenreduktion zum Ausdruck kommt, wie er erst für die jüngeren Gattungen der *Regularia* charakteristisch wird. Bei den drei letztgenannten Individuen unserer Art mit zwei bezw. einer Basalraute ist aber die Zahl der oberen Rauten relativ gross, indem sie in zwei Fällen vier, in einem drei beträgt. Die Zahl der Rauten sinkt demnach hier nie unter 5 herunter, die grösste Zahl, die sonst bei *Echinoencrinites* erreicht wird. Auch die Plattenskulptur ist relativ neutral, die Radialleisten treten in mässiger Zahl stärker hervor als die relativ unbedeutenden Querleisten. Hierdurch wird der Anschluss dieser Form an *Chirocrinus* (Abth. 2c) klargestellt, dem dieselbe auch in den übrigen genannten Punkten am nächsten steht. Wären nicht die Porenrauten zwischen den Radiolateralien hier gänzlich verschwunden und der After auf die Begrenzung durch 4 Thecalplatten beschränkt, so könnte man *Echinoencrinites Lahuseni* noch zu *Chirocrinus* stellen. Ausserdem ist allerdings auch die Theca unserer Art wie allgemein bei *Echinoencrinites* sehr viel dicker und schwerfälliger skeletirt als bei *Chirocrinus*. Gerade in diesen scheidenden Momenten sind aber die wesentlichen Charaktere der Scoliocystiden angebahnt. Die Zunahme in der Intensität der Wandverkalkung hinderte die radiäre Ausdehnung der Radien und drängte die Fingeransätze auf die Umgebung des Mundes zusammen. Da die Radiolateralia hierbei klein bleiben, aber relativ dick verkalken, bleibt zur Anlage horizontaler Rauten zwischen ihnen kein Platz. Dieselben greifen nun von den Radiolateralien auf die Mediolateralien über und erhalten sich besonders an den Stellen, wo auch bei *Chirocrinus* Rauten auf die Mediolateralien heruntergreifen. Mit dem Verschwinden der Porenfalten aus der obersten Zone der Theca wird bei *Echinoencrinites* die Möglichkeit einer Verjüngung des oberen Thecalabschnittes gegeben, die in der halsartigen Zuspitzung der Theca bei *Erinocystis* ihren Höhepunkt erreicht.

An *E. Lahuseni* schliessen sich einerseits *E. angulosus* und andererseits *E. reticulatus* unmittelbar an. Der letztere steht im Mittelpunkt der ganzen Gattung. Seine Ambulacralfelder sind auf ein ovales Feld eng zusammengedrängt, die Fingerzahl unter 10 heruntergesunken. Der After ist in der Regel nur von drei Platten begrenzt, und in der Skulptur halten sich die Radial- und Querleisten das Gleichgewicht. Während sich von *E. reticulatus* durch partielle Reduktion der Skulptur *E. laevigatus* abzweigt, führt ein gerader Weg unter gleichmässiger Zunahme der Skulpturelemente und Verjüngung des oberen Thecalendes zu *E. Senckenbergii.* In gleicher Richtung mit der höchsten Steigerung der Grössenentwicklung bezeichnet dann dessen *var. interlaevigata* bereits einen bemerkenswerthen Rückgang der Skulptur und zugleich den Abschluss der generischen Entwicklung. Ein anderer Weg führt von *E. reticulatus* durch *E. striatus* zu *Erinocystis.*

Ein besonderes Interesse verdient noch die morphogenetische Stellung von *E. angulosus.* Bei dieser Art ist die Skulptur am stärksten ausgeprägt dadurch, dass die Leisten trotz der geringen Grösse der Theca und ihrer Platten nicht kleiner geworden sind. Infolge dessen ist die Zahl der Skulpturelemente auf den Platten relativ klein, deren Grösse aber ganz unverhältnissmässig entwickelt, sodass die Skulptur der Gattung geradezu karrikirt erscheint (Taf. XIII fig. 19). Das Oralfeld mit den Ambulacren ist von einem kräftigen Wulst umgeben, die Zahl der Fingeransätze innerhalb desselben in jedem Radius auf 1, in Summa also auf 5 reducirt. Die Poren treten stark hervor und innerhalb der einzelnen Rauten ist ihre Zahl sehr gering, sie beträgt gewöhnlich nur 2–5. Andererseits ist die Verjüngung des oberen Theiles der Theca, die sich sonst innerhalb der Gattung allmählich steigert, hier auffallend gering, so dass sich die Form der Theca verhältnissmässig wenig von der Kugelform entfernt. Die Grösse der Individuen bleibt allgemein hinter derjenigen der anderen Arten zurück, zudem finden sich hier unverhältnissmässig viel ganz kleine Individuen, die man wohl gemeinhin als Jugendformen erklärt. Diese Auffassung ist aber diesen gegenüber nicht angebracht, denn ihre Skulptur und sonstigen specifischen Eigenthümlichkeiten sind bei ihnen z. Th. in geradezu seniler Weise ausgeprägt. Mehrere dieser kleinsten Formen sind Taf. XIII fig. 15, 17, 18, wenn auch nicht besonders gut, dargestellt. Während der After (a) in fig. 15 und 17 und die mit einer Pore versehene Raute (Po, Pa) in fig. 17 und 18 ausserordentlich stark vertreten, zeigt die Unterseite der Theca in fig. 15 keine Einsenkung. Da diese bei den jüngsten *Regularia* sekundär verloren geht, könnte man diese Ausbildung auch hier für sehr specialisirt halten. Wenn man sich indess vergegenwärtigt, dass ontogenetisch jede Form, auch die älteren Chirocriniden und *Mimocystites*, von einer sphärischen Thecalform ausgehen mussten, die erst sekundär infolge der Dünnwandigkeit eine Eindrückung erfuhr, erscheint bei diesen winzigen, kaum zwei Millimeter dicken Kelchen der Mangel der basalen Einsenkung lediglich als Persistenz eines Jugendstadiums. *E. angulosus* zeigt sonach alle Spuren einer starken ontogenetischen Hemmung, und diese ist besonders deshalb bemerkenswerth, weil dabei die eben in *E. Lahuseni* phyletisch gewonnenen Gattungs- und Familien-Charaktere sofort eine starke Utrirung in der Entwicklungsrichtung der Gattung erfahren. Das ist morphogenetisch durchaus verständlich, und dieser Fall steht keineswegs vereinzelt da. Wir finden auch anderwärts unmittelbar an der Wurzel eines Typus Formen, die diesen am stärksten utriren und dann phyletisch isolirt bleiben oder aussterben, während die Hauptentwicklung der Familie viel ruhigere Bahnen einschlägt. Gelegentlich, aber immerhin selten, entstehen dabei freilich auch ganz neue Typen, denen es gelang, die bei der Hemmung der Ontogenie bewahrte Indifferenz zur Herstellung neuer Korrelationsverhältnisse zu verwerthen. Dieser Fall tritt aber hier bei *E. angulosus* nicht ein, die zwei Varietäten oder Arten, die sich von ihm abzweigen (*var. compta, var. quadrata*), zeigen zwar in ihrer Organisation eine gewisse Abschwächung der Disharmonie, aber keine wesentlich neuen Differenzirungen. Die Abzweigung neuer Gattungen findet durch andere Arten statt, wie nachstehender Stammbaum zeigt, und die späteren Beschreibungen erklären sollen.

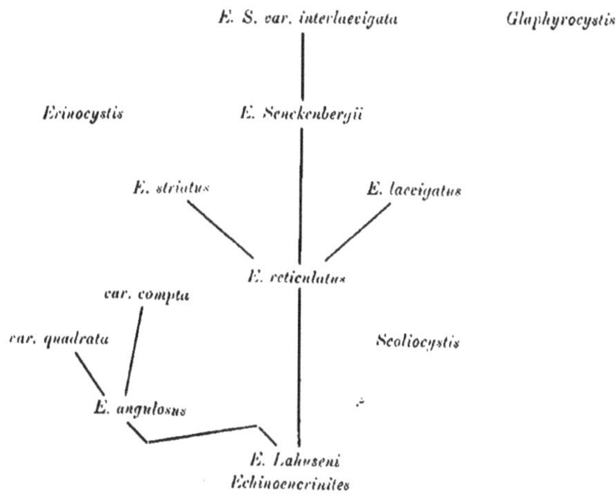

E. Lahuseni n. sp. Untersilur (unterer Vaginatenkalk oder Glauconitkalk) bei St. Petersburg. Theca schlank, etwa 14 mm hoch, 8 mm dick. Oralfeld breit und flach abgestutzt, pentagonal: je zwei Finger in jedem Radius. After relativ gross, zwischen l_4, l_5, l'_4, l'_5 mit seinem Rande sehr wenig vortretend. 1—4 basale, 3–4 obere Porenrauten, Skulptur zierlich, gleichmässig, wobei etwa 3—5 Radialleisten auf jedes Plattenfeld entfallen. (2 Ex. durch Herrn Prof. LAHUSEN in St. Petersburg; 2 Acad. Petersburg.) Taf. XIII fig. 20, 21, 25. Wahrscheinlich gehört zu dieser Art die von A. v. VOLBORTH 1842 (III, 6) als *Echinoencrinus granatum* bezeichnete aber nicht beschriebene Theca. (T. I f. 10.

E. angulosus PANDER sub *Echinosphaerites* 1830 (I, 146, T. II f. 27 non 28, 29). Untersilur (Vaginatenkalk) bei St. Petersburg. Theca oval, nach oben wenig verjüngt, circa 10—15 mm hoch, 9—12 mm dick. Centren der Platten scharf vortretend. Zahl der Radialleisten im Maximum etwa 15, der Querrillen zwischen zwei solchen etwa 14. 2 basale, 1—2 obere Rauten auf l''_3; Mundfeld oval, meist mit einem, selten 2 Fingern in den Radien. After von 4 Platten umgrenzt. (Sehr zahlreiche Exemplare Acad. Petersburg, Mus. Berlin.) Taf. XIII fig. 15, 17, 18.

a) *var. quadrata m.*, ebendaher. Wie *angulosus* Pd., aber Querrillen gleichmässig, Radialleisten z. Th. verkümmert, so dass da, wo drei Platten zusammentreffen, glatte Vierecke entstehen. Regelmässig nur 5 Finger und ausser zwei basalen nur eine obere Porenraute. Ein mir vorliegendes Individuum (Acad. Petersburg) verbindet diese Form mit *E. angulosus* Pd., von dem sie zweifellos abgezweigt ist. Vaginatenkalk (B_2 b), Nikolskoje und Petrowskina bei Petersburg. (5 Ex. Acad. Petersburg.) Taf. XIII fig. 19.

b) *var. compta m.*, ebendaher, etwas grösser als *E. angulosus*, Theca etwa 16 mm hoch, 14 mm dick. After von 4, in einem Falle von nur 3 Platten umgeben. Radialleisten in geringer Zahl, die in den todten Ecken an der Grenze je dreier Platten halbmondförmig geschweift. Querleisten schwach entwickelt. Oralfeld umwallt mit 5 Fingern. (4 Ex. Acad. Petersburg, 1 Mus. Berlin.)

E. reticulatus n. sp. (syn. *Echinosphaerites angulosus* PANDER z. Th. l. c. T. II f. 28, 29). Untersilur (Vaginatenkalk) bei St. Petersburg. Theca circa 25 mm hoch, 20 mm dick. Das Mundfeld aus dem gerundeten Körper wenig vortretend, oval, mit 1—2×5 Fingern. Radialleisten gerade, etwa 40 am Rande eines Infralaterale. Querrillen dicht, auf die ganze Fläche vertheilt, etwa 20 zwischen den längsten Radialleisten. 2 basale, 1—2 obere Rauten auf l''_3. After zwischen l_4, l_5, l'_5. Plattencentren wenig vortretend. (Zahlreiche Ex. Acad. Petersburg; Mus. Berlin.) Taf. X fig. 15.

E. striatus PANDER 1830 (I, 147). Syn. *Echinosphaerites striatus* PANDER l. c., ebendaher. Wie vorige, aber Skulptur zierlicher, bis zu 70 Radialleisten auf einer Platte und zwischen ihnen bis zu 16 Querleisten. Oberende der Theca stärker verjüngt. Bei einzelnen Individuen tritt der Afterrand fast so stark hervor wie bei *Erinocystis*; der After ist von 3, in einem Falle (Mus. Berlin) von 4 Platten umgeben. Hier bereiten sich offenbar die Eigenthümlichkeiten von *Erinocystis* vor, die sich jedenfalls hier abzweigt. (4 Ex. Acad. Petersburg, 1 Mus. Berlin.)

E. laevigatus n. sp. Untersilur (wahrscheinlich oberer Vaginatenkalk). Wie *E. striatus*, aber dessen Skulptur auf die Plattencentren beschränkt und auch dort bisweilen stark reducirt. After zwischen l_4, l_5, l'_5 oder in halber Höhe zwischen l_4 und l_5. Taf. XIII fig. 14.

E. Senckenbergii H. v. MEYER 1826 (I, 185) (Syn. *Echinosphaerites granatum* v. SCHLOTH. non WAHLBG.). Untersilur, Vaginatenkalk am Sjass und Wolchow, Orthocerenkalk, Kungs Norby, Schweden; ? Norwegen. Theca circa 30 mm hoch, 25 mm dick. Obertheil der Theca verjüngt, bei dem schwedischen Exemplar übrigens weniger als bei sämmtlichen russischen. Skulptur zierlich und wenig vortretend. Auf einer Platte im Maximum etwa 90 Radialleisten, zwischen diesen höchstens 30 Querleisten; After zwischen l_4, l_5, l'_5 mit drei vortretenden Buckeln. (Mehrere Exemplare Acad. Petersburg, 2 Mus. Berlin, 1 Acad. Stockholm.) Taf. XIII fig. 1–3.

a) ***var. interlaevigata m.*** Untersilur (Vaginatenkalk) vom Iswos und Wolchow bei Petersburg. Von vorigen unterschieden dadurch, dass die Skulptur sich auf die Plattencentren beschränkt und deren Peripherie glatt wird. Bei der extremsten Form dieser Variationsreihe ist die centrale Skulptur auf radial geordnete kleine in die Fläche eingesenkte Grübchen reducirt. (3 Ex. Acad. Petersburg, 1 Ex. Mus. Berlin.)

Erinocystis n. g.

Syn. *Echinoencrinites aut.*, *Sycocystites* v. BUCH z. Th., *Sycocystis* HAECK. z. Th.

Den vorstehenden Namen wählte ich für eine Anzahl von Formen, die bisher der Gattung ***Echinoencrinites*** H. v. MEYER zugerechnet wurden. Von dieser sind sie jedoch durch eine Reihe charakteristischer Merkmale unterschieden und äusserlich infolge einer starken Verjüngung des oberen Endes der Theca einer umgekehrten Feige ähnlich. Danach wurde auch ihr Name (*ἐρινόν* = Feige) gewählt.

Definition. Theca umgekehrt feigenförmig, der obere Theil sehr verjüngt, die Basis eingedrückt, die Medio- und Infralateralia stark aufeinandergeschoben, letztere z. Th. getrennt; After klein und vorgestreckt von den stark verdickten Platten l_4, l_5, l'_5 umgeben. Die Radiolateralia schmal nach oben verlängert, die Deltoidea rudimentär; nur je ein Finger anscheinend in den Radien IV und I. Zwei basale, eine obere Porenraute von l''_3 nach l'_4. Stiel oben dünnwandig, mit runden Kragengliedern, darunter massiver und seitlich komprimirt.

Die Gesammtform macht den Eindruck starker Verzerrung. Die Feigenform der Theca, die seitliche Kompression des Stiels, die Unterdrückung aller ambulacralen Anhangsorgane bis auf zwei Finger lassen den Typus als sehr aberrant erscheinen.

Wie aus nachstehendem Diagramm zu ersehen ist, sind die Infra- und Mediolateralia stark aufeinander gedrängt, sodass l_1 und l_2 sehr niedrig geworden und l_2 und l_3 durch l'_3 sogar ganz auseinandergedrängt sind. Das letztgenannte Mediolaterale ist dabei durch besondere Grösse ausgezeichnet, während dasselbe bei den anderen Regulären eher durch besondere Kleinheit (Fig. 36 A, D, F, L, M) auffällt. Nur bei ***Chirocrinus*** ist es auch relativ gross und gelegentlich bis auf die Basis ausgedehnt. Die Vergrösserung bei ***Erinocystis*** erscheint durch diese Beziehung eher atavistisch als specialisirt. Die starke Verjüngung der Radiolateralia (l'') ist für die einzelnen Platten sehr ungleichmässig; l''_5 bleibt offenbar infolge der Ueberlagerung durch die Primärporen relativ gross, und l''_3 übertrifft alle anderen wohl deshalb bedeutend, weil es die obere Porenraute aufnimmt.

Es scheint, dass das Oralfeld immer nur zwei Finger trug. Bei *E. Volborthi* ist diese Zahl durch zwei, bei ***E. flava*** durch mehrere Exemplare, die Reste der Finger oder deren Ansätze deutlich erkennen lassen, sichergestellt. A. v. VOLBORTH glaubte, dass das Taf. XIII fig. 6 abgebildete Exemplar sogar nur den einen, hier erhaltenen Finger besass, aber diese Angabe beruhte auf einem Irrthum, denn die Ansatzstelle des zweiten ist nach sorgfältiger Präparation ganz klar zu erkennen. Leider ist an den meisten Exemplaren unserer Gattung der schlanke Obertheil der Theca abgebrochen, so dass sich die Fingeransätze nicht mehr nachweisen lassen (Taf. XIII fig. 16). Da gerade *E. angulata* am stärksten in ihrer Morphogenie gehemmt erscheint, dürften wir wohl bei ihr — ähnlich wie unter gleichen Umständen bei *Echinoencrinites angulosus* — auf die geringste Fingerzahl innerhalb der Gattung folgern. Aus dem Diagramm sind die Ansatzstellen der zwei Finger durch Striche gekennzeichnet. Der eine ruht auf den Platten l''_1 und l''_2, der andere auf l''_3 und l''_4. Da jeder derselben somit auf je zwei Radiolateralien ruht, ist kaum zu sagen, welchen Radien dieselben angehörten. Das Radialfeld von l''_5 ist jedenfalls unterdrückt, es kämen also nur die übrigen Radien I—IV in Betracht. Da nun die beiden Finger zu den Seiten von l''_3 liegen und ihre Ambulacralrinnen einander in einem weiten Winkel zuwenden (Taf. XIII fig. 4), können dieselben kaum benachbarten Radien angehören. Nach der Stellung, die sie einnehmen, möchte ich glauben, dass sie die Ambulacra I und IV repräsentiren. Die Finger selbst sind kräftig und die Digitalia aussen zu wohl ausgebildeten Knoten angeschwollen. Auf ein Digitale kommen ziemlich regelmässig alternirend je 2 Saumplättchen (Taf. XIII fig. 7, 8, 9).

Fig. 18.
Diagramm von *Erinocystis*.
Untersilur. Vaginatenkalk bei St. Petersburg.

Die Vorwölbung des Afters ist zwar verschieden stark ausgeprägt, aber in jedem Falle recht auffallend. Die radial zum After gestellten Wülste waren bei *Echinoencrinites* den Flächen der Platten isolirt aufgesetzt (Taf. XIII fig. 1), hier wölbt sich aber mit ihnen der ganze Rand vor, und zwar ziemlich gleichmässig, so dass die Wülste, die aus den ursprünglichen Spannleisten der Theca hervorgingen, ausgeglichen werden. Bei *E. sculpta* und *E. angulata* (Taf. XIII fig. 16, 16a) ist der Rand angeschwollen und in verschieden hohem Maasse von der übrigen Theca abgesetzt, aber die Spannleisten der Thecalplatten treten noch als Ecken in dem aufgeworfenen Rande hervor. Das ist bei der grossen *E. Volborthi* nicht mehr der Fall. Die den After einschliessenden 3 Platten wölben sich hier gleichmässig rüsselförmig aus dem Thecalskelet vor.

Die Plattenskulptur an der Theca schliesst sich zwar unmittelbar an diejenige von *Echinoencrinites striatus* an, erfährt aber doch innerhalb unserer Gattung bemerkenswerthe Modifikationen. Dieselben beruhen im Allgemeinen auf einer Rückbildung: dieselbe geht aber hier insofern sehr ungleichartig vor sich, als sie unabhängig von den einzelnen Platten auf grösseren Flächen der Theca vollständig verschwindet und auf anderen in voller Schärfe erhalten bleibt. Bei *E. sculpta* ist die Theca gleichmässig skulpturirt. Bei *E. angulata* beschränkt sich die normale Gitterstruktur erstens auf ein rhomboidisches Feld zwischen den Plattencentren von b_4, l_3, l_4 und l'_3, ferner auf den aufgeworfenen Rand am After, drittens auf die Porenfelder. Im übrigen sind die Platten von *E. angulata* nur mit kräftigen Spannleisten versehen und dazwischen glatt. Bei *E. Volborthi* tritt die Verkümmerung der Gitterstruktur mehr gleichmässig und besonders an den Plattenrändern hervor, wenn die Glättung auch an einzelnen Stellen der Theca weiter vorgeschritten ist als an anderen. An diesen glatteren Flächen machen sich dann feine koncentrische Absätze, aber keine Radialleisten geltend.

Sehr auffallend ist die Kompression des mittleren Stielabschnittes, die unter sämmtlichen Cystoideen einzig dasteht und die starke Specialisirung der Gattung beweist. Die Kompression beginnt an den unteren Kragengliedern dadurch, dass der Kragen an zwei gegenüberliegenden Stellen in Zipfel ausläuft. An den folgenden Gliedern bildet sich dann ein förmlicher Kamm aus, der am Unterrande der Glieder — jenen Zipfeln entsprechend — in Zapfen kulminirt (Taf. XIII fig. 10–12). Bei der Fremdartigkeit dieser Stielbildung ist eine Beobachtung bemerkenswerth, die ich an Stielen von *Echinoencrinites reticulatus* machte. An dessen oberen Stieltheilen bemerkte ich, dass die kleineren Zwischenglieder zwischen den Kragengliedern von dem Stiellumen aus zwei einander opponirte Kerben zeigten. Es könnte sein, dass dieselben auf eine mangelhafte Ringverschmelzung der Stielstücke zurückzuführen seien. Diese mag vielleicht wieder durch die anscheinend regelmässige einseitige Krümmung des oberen Stielendes veranlasst, vielleicht aber auch auf die Anlage innerer Organe zurückzuführen sein.

Die Zuspitzung der Theca nach oben und die starke Vorwölbung des kleinen Afters machen auch unvollständig erhaltene Exemplare dieses Typus leicht kenntlich, ebenso wie die Zugehörigkeit isolirter Stielglieder zu dieser Gattung an ihrer seitlichen Kompression sofort kenntlich ist. Ferner möchte ich hervorheben, dass die mir vorliegenden Individuen dieses Typus intensiv braungelb gefärbt sind. Da dieselben fast ausnahmslos vom anhaftenden Gestein befreit sind, liess sich nicht entscheiden, ob diese Färbung aus bestimmten Gesteinen herrührt, wie ich glauben möchte, oder ob sie den Formen ursprünglich zukam. Im ersteren Falle würde die Gattung auf einen eng umgrenzten Schichtenkomplex beschränkt sein; in jedem Falle sind ihre Mitglieder durch diese Färbung äusserlich gekennzeichnet.

Die bemerkenswertheste Eigenschaft der Gattung *Erinocystis* beruht wohl in ihrer Zweiarmigkeit. Dieselbe steht jedenfalls mit der flaschenförmigen Verjüngung ihres oberen Thecalabschnittes und der Protuberanz der Primärporen, die von der stark verlängerten Platte V_5 getragen werden, in engstem morphogenetischen Konnex. Die Finger sind durch die Primärporen auseinandergedrängt und konvergiren mit ihren Ambulacralrinnen nach der entgegengesetzten Thecalseite. Die flaschenförmige Verjüngung der Theca nach oben hat zur Voraussetzung das Verschwinden des oberen Porenkranzes, den wir bereits bei *Echinoencrinites* rückgebildet fanden, ist aber an sich kein positiver Entwicklungsprocess und findet wohl darin seine Erklärung, dass sich der Schwerpunkt der Weichtheile und in erster Linie des Darmtraktus nach unten verschob. Der positiven hierdurch bedingten Verbreiterung des unteren Thecalabschnittes entspricht dann in den Ontogenien als negatives Moment die Verschmälerung des oberen Thecalabschnittes. Bei sehr kleinen Individuen von *Erinocystis* ist der Körper noch viel gerundeter, auch die Basis noch nicht eingesenkt, nur der After schon ziemlich stark vorgewölbt.

Die phylogenetische Entfaltung der Gattung *Erinocystis* bietet sehr bemerkenswerthe Anklänge an die von *Echinoencrinites*. Die indifferenteste Art, bei welcher die Besonderheiten des Typus am wenigsten ausgeprägt sind, ist offenbar *E. sculpta*, die sich an *Echinoencrinites striatus* unmittelbar anschliesst. Wir sahen, dass sich bei dieser Form der obere Theil der Theca schon beträchtlich verjüngt hatte und gelegentlich an einem Individuum der Rand des Afters stark hervortrat, allerdings dabei von 4 Platten umstellt war. Es macht also den Eindruck, dass auch dieser Aenderungsprocess mit einer ontogenetischen Hemmung verknüpft war, insofern die Umrandung des Afters durch 4 Platten bei *Echinoencrinites striatus* bereits im Allgemeinen verloren gegangen war. Ganz ähnlich wie sich nun von der ältesten Art der Gattung *Echinoencrinites* eine Form absondert, die durch extreme Hemmung ihrer ontogenetischen Morphogenie auffiel (*E. angulosus*), so sehen wir auch hier bei *Erinocystis* in *E. angulata* eine solche bizarre Karrikatur der Gattung *Erinocystis* nahe an deren Ausgangspunkte entstehen. Auch sie zeigt die für Hemmungstypen charakteristische Mischung juveniler und seniler Charaktere. Ihre Basis bleibt konvex ausgebogen, ihre Poren erscheinen wenig differenzirt und im Einzelnen übertrieben ausgebildet, ihre Skulptur bleibt an dem grössten Theil der Thecalfläche auf radiale Spannleisten beschränkt, wie sie auch bei den Vorfahren nicht typischer entwickelt sein konnten, aber an einem kleinen Theile der Oberfläche kommt es zur Ausbildung der Skulptur von *Erinocystis flava*. Wie bei dieser sondert sich auch hier der Rand des Afters zu einem Walle ab; indem sich aber der After selbst verstreckt (Taf. XIII fig. 16a) wie bei *E. Volborthi* (Taf. XIII fig. 6), kommt er aus aller Korrelation mit dem übrigen Thecalskelet. *E. Volborthi* bezeichnet dagegen den Höhepunkt der generischen Entwicklung bei verhältnissmässig normaler Ausbildung seiner Theile. In ihrem ganzen Habitus konvergirt diese Form in auffallender Weise mit den höchst entwickelten Arten von *Echinoencrinites*, *E. Senckenbergii* und *var. interlaevigata*. Sie vereinigt dabei die Verjüngung des oberen Endes der Theca der ersteren mit der Glättung der Skulptur der letzteren und bezeichnet auch hier mit dem Kulminationspunkt der Grössenentwicklung den Abschluss ihrer Entwicklungsreihe. Die Beziehungen der Arten würden sich hiernach zu folgendem Bilde gruppiren:

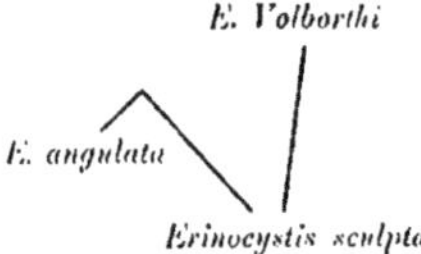

Echinoencrinites
striatus

E. sculpta n. sp. Untersilur, wahrscheinlich oberer Vaginatenkalk von Esthland oder der Umgebung von Petersburg; genaueres Vorkommen zweifelhaft. Theca circa 20 mm hoch, 15 mm dick. Oraltheil rüsselförmig verlängert. After wenig vortretend. Radiärstreifen auf allen Thecalplatten deutlich ausgeprägt, zahlreich und durch Querleisten in den Furchen gegittert. (Mehrere Exempl. Acad. Petersburg. 2 Exempl. Mus. Berlin.) Taf. XIII fig. 4, 5, 8, 9.

E. Volborthi n. sp. (*Echinoencrinus* Volborth 1845, II. T. II. Untersilur bei Petersburg. Theca feigenförmig, gross, circa 25 mm hoch, am After 30 mm breit, senkrecht dazu etwa 21 mm dick. Die die Basalien b_1 und b_4 enthaltende Seite der Theca grösser und stark abwärts gesenkt. Die Platten auf dieser Seite und über b_3 gitterförmig skulpturirt, sonst glatt bezw. mit schwachen Anwachsstreifen versehen. Die den After tragende Pyramide nur vorgewölbt, aber von der Theca nicht scharf abgesetzt. (2 Ex. Coll. Volborth Acad. Petersburg.) Taf. XIII fig. 6, 6a, 7.

E. angulata n. sp. Ebendaher. Theca sehr kräftig skeletirt, circa 13 mm hoch, 15 mm dick. After stark vorgezogen auf einer dreiseitigen an ihrer Basis scharf abgesetzten Pyramide. Thecalplatten nur in einem rhombischen Felde über b_3 gegittert, sonst nur mit einfachen kräftigen Spannleisten versehen. Die beiden unteren Porenfelder im äusseren Drittel verkümmert. Untersilur von Esthland und Petersburg. (Mehrere Ex. Acad. Petersburg.) Taf. XIII fig. 16, 16a.

Glaphyrocystis n. g.

Definition. Theca unregelmässig oval, Basis eingesenkt. Basalia und Infralateralia normal, bisweilen l'_3 auf b_3 herunterreichend. Von den Mediolateralien l'_5 vergrössert, oben die Radiolateralia l''_3 und l''_5 trennend. Von letzteren l''_4 verkümmert. 1 basale und mehrere obere Sperrauten zwischen den Mediolateralien und Radiolateralien. After zwischen l_4, l'_4 und l'_5. Primärporen über l''_5. Stiel oben mit wulstig vortretenden Kragengliedern. Ambulacralorgane unbekannt, jedenfalls unmittelbar am Munde koncentrirt.

Das dieser Gattung zu Grunde liegende Material besteht nur aus zwei Theken, die von zwei Fundpunkten des obersten Untersilur Esthlands stammen und zwei verschiedenen Arten angehören. Ich verdanke dieselben wie vieles andere werthvolle Material Herrn Academiker Fr. v. Schmidt und Herrn Baron Dr. v. Wöhrmann in St. Petersburg. Letzterem zu Ehren habe ich die eine der beiden Arten *G. Wöhrmanni* benannt. Der Gesammthabitus dieser Formen schliesst sich dem von *Echinoencrinites* sehr eng an, und da sie diesen am Orte seiner Hauptverbreitung zeitlich folgen, ist von vornherein die Wahrscheinlichkeit gegeben, dass sie die Nachkommen des genannten älteren Typus sind. Das wird durch ihre anatomischen Einzelheiten durchweg bestätigt.

Der Basalkranz zeigt die Entwicklung wie bei *Echinoencrinites*, nur dass b_2 durch die Reduktion der Porenrauten auf eine einzige ein verändertes Aussehen bekommen hat und bei *G. compressa* das Mediolaterale l'_3 bis auf b_3 herunterrückt. Die Eindrückung seitens des Stieles ist bei *Glaphyrocystis Wöhrmanni* zwar auch geringer als bei *Echinoencrinites*, aber doch breiter und tiefer als bei *G. compressa*.

Im Bau der Infralateralia zeigen beide Arten eine ziemlich starke Differenz. Bei *G. Wöhrmanni* bilden dieselben einen geschlossenen Kranz hexagonaler Platten, in welchem wie bei den meisten Regulären nur l_4 über dem breiten Basale b_4 pentagonal ist. Bei *Gl. compressa* ist dagegen der Infralateralkranz vollständig unterbrochen, indem sich das vergrösserte Mediolaterale l'_3 zwischen l_2 und l_3 bis auf das Basale b_3 herunterschiebt. Wenn die gleiche Erscheinung auch bei *Chirocrinus* (Fig. 36 B), *Erinocystis* (Fig. 36 J) und

Callocystites (Fig. 36 M), also in ganz verschiedenen Formenreihen wiederkehrt, so ist sie doch innerhalb einer Gattung als Besonderheit einer einzelnen Art auffallend, zumal *G. Wöhrmanni* die betreffenden Platten so regelmässig geformt und gelagert zeigt. Deshalb aber jene Art zum Typus einer anderen Gattung zu machen, erschien mir nicht angebracht, da dieselbe in den übrigen Verhältnissen mit dieser gut übereinstimmt und beide namentlich in Aeusserlichkeiten, wie Skulptur und Porenanordnung, eine enge Uebereinstimmung erkennen lassen.

Im übrigen ist der Kranz der Mediolateralien bei beiden gleichmässig gebaut. Dieselben sind im Allgemeinen hexagonal geformt und von gleicher Grösse, nur ist bei beiden Arten die Platte l'_5 auffallend gross, so dass sie die übrigen nicht nur an Breite übertrifft, sondern dass sie auch zwischen den Radiolateralien bis zum Scheitel hinaufreicht. Diese Vergrösserung mag, wenn auch nicht ganz, so doch theilweise verursacht sein durch die kontrasolare Verschiebung des Afters, bei welcher die Platte fast ganz aus der Begrenzung des Afters ausgeschieden ist und dadurch freien Raum gewonnen hat. Auch bei den jüngsten Scoliocystiden des englischen Obersilur (*Schizocystis*) ist diese Platte vergrössert, so dass hier auch noch ontogenetisch früher eintretende Umstände mitsprechen könnten.

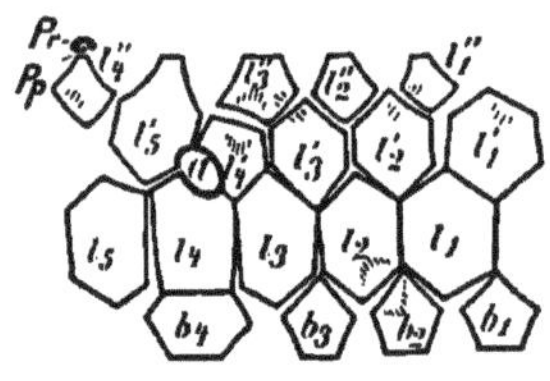

Fig. 49.

Diagramm von *Glaphyrocystis Wöhrmanni* Jkl.. Oberstes Untersilur Hohenholm. Esthland.

Die Radiolateralien sind leider an beiden Exemplaren nicht sehr gut erhalten. *G. Wöhrmanni* zeigt die im Diagramm Fig. 49 gezeichneten Platten klar, nur dass irrthümlich die Platte l''_5 als l''_4 bezeichnet ist. Hiernach wäre die Platte l''_4 verkümmert, was durch die Vergrösserung von l'_5 erklärt ist. Es wäre dabei zu erinnern, dass bei *Cystoblastus* die gleiche Platte ganz verschwunden ist. Soweit scheint der Reduktionsprocess aber hier nicht vorgeschritten zu sein. Bei *G. compressa* ist zwar der oberste Theil der Theca zerbrochen, aber dadurch, dass sich an jede Platte nach innen Calcitkrystalle angesetzt haben und dem Umriss der Platten entsprechen, lässt sich aus den Grenzen der Spaltungsflächen dieser Krystall-Individuen doch die Lage und Zahl der abgebrochenen Platten ergänzen. Hier glaube ich zu erkennen, dass l''_4 über und im Bilde rechts von l'_5 als sehr kleines vierseitiges Plättchen gelegen ist. An diesem Exemplar sind auch innerhalb der Radiolateralien die Deltoidea noch an Spaltungsgrenzen kleiner Krystallindividuen kenntlich; speciell ist neben und rechts der genannten Platte l''_4 das dorthin gehörige Deltoid l'''_4 zu sehen, so dass es sich bei der Deutung von l''_4 kaum um eine Verwechselung mit einem Deltoid handeln könnte.

Die Lage der Deltoidea entspricht also hier auch genau derjenigen von *Echinoencrinites*, bei dem sie ja auch innerhalb der Fingeransätze verkümmert sind und nur noch durch Abschleifen des Scheitels sichtbar wurden (Taf. XIII fig. 25 l''').

Auch die Lage der Primärporen entspricht wenigstens bei *Gl. Wöhrmanni*, wo sie gut zu sehen sind, genau derjenigen bei *Echinoencrinites* (Taf. XIII, fig. 24, 25: Pr, Pp).

In der Porenentwicklung und speciell deren Zahl erweist sich *Glaphyrocystis* unverkennbar als ein jüngerer Typus. Namentlich fällt die Erhaltung nur einer Basalraute gegenüber *Echinoencrinites*, dem die Gattung sonst so nahe steht, sehr ins Gewicht. Es ist das ein Beweis, dass der Verlust der übrigen Basalrauten ein Process ist, der durch innere Charaktere der ganzen Ordnung bedingt sein muss. Es kann ja keinem Zweifel unterliegen, dass der gleiche Process bei *Pleurocystites* und den jüngeren Callocystiden phyletisch unabhängig von dem uns hier beschäftigenden Falle erfolgte.

Aehnliches gilt von der Verschiebung des Afters. Bei den älteren Arten von *Echinoencrinites* fanden wir ihn zwischen den vier Platten l_4, l_5, l'_4, l'_5 (Diagramm Fig. 36 F). Bei den jüngeren Arten dieser Gattung schied die Platte l'_4 von seiner Begrenzung aus (Taf. XIII fig. 1) und bei *Erinocystis* zeigte sich diese solare Verschiebungstendenz durch Bildung einer entsprechend gerichteten Proboscis noch stärker ausgeprägt. Hier bei *Glaphyrocystis* ist nun diese Verschiebungsrichtung nicht weiter verfolgt, sondern der After vielmehr in entgegengesetzter kontrasolarer Richtung so verschoben, dass er zwischen den Platten l_4, l'_4, l'_5 gelegen ist. Auch hierin prägt sich also eine selbständige Entwicklungsrichtung gegenüber *Echinoencrinites* aus, zugleich aber dieselbe, welche wir bei *Schizocystis* (Diagramm Fig. 36 L), *Apiocystites* (Fig. 36 H) und *Callocystites* (Fig. 36 M) beobachten können.

Ueber die ambulacralen Organe lässt sich nur so viel sagen, dass sie wie bei den specialisirten Arten von *Echinoencrinites* nur eine geringe Zahl von Fingern entfalten konnten und diese unmittelbar am Munde zusammengedrängt sein mussten.

Bemerkenswerth ist schliesslich auch die Skulptur der Thecalplatten. Dieselbe ist von zweierlei Art. Bei *Glaphyrocystis Wöhrmanni* (Taf. X fig. 16) sind die Anschwellungen im Scheitel der Platten deutlich, und bei *G. compressa* zeigen sich noch schwache Andeutungen radialer Faltenbildung. Die centralen Buckel zeigen übrigens eine stärkere Ausdehnung nach oben als nach der Seite. Diese Erscheinung, die uns hier zum ersten Mal entgegentritt, werden wir auch bei *Schizocystis* wiederfinden. Mit dieser theilt *Glaphyrocystis Wöhrmanni* aber noch eine weitere Eigenthümlichkeit der Skulptur, die hier ebenfalls innerhalb der Familie zum ersten Mal erscheint, nämlich eine Körnelung der Seitenflächen der Thecalplatten. Dieselbe zeigt sich hier zwar schwach und nur am unteren Theile der Theca, besonders auf den Basalien deutlich, ist aber hier und da auch auf den oberen Platten erkennbar.

Von dem Stiel sind nur bei *G. compressa* einige proximale Glieder erhalten. Dieselben dokumentiren bereits eine beträchtliche Entfernung von dem Typus von *Echinoencrinites* und *Erinocystis*, da die Kragenbildung sich auf die Entwicklung eines seitlich vorquellenden Wulstes beschränkt. Der zierliche nach unten gerichtete Kragen hat also hier einer ringartigen Verdickung Platz gemacht, wie sie für die Stiele der Cladocrinoideen und unter diesen namentlich für die pentameren Glyptocriniden und Rhodocriniden charakteristisch ist.

Die phyletische und systematische Stellung von *Glaphyrocystis* ist zwar nicht durch reale Uebergangsformen sicher gestellt, aber doch aus morphologischen und geologischen Thatsachen mit einiger Wahrscheinlichkeit zu entnehmen. *Glaphyrocystis Wöhrmanni* als Typus der Gattung zeigt den regelmässigen Thecalbau von *Echinoencrinites* (vergl. Fig. 36 F und K), nur dass die Lage des Afters nach oben und etwas kontrasolar verschoben ist. Es ist dabei von den 4, den After dort bei älteren Arten umgebenden Platten hier lediglich das Infralaterale l_5 von der Begrenzung ausgeschaltet. Wenn wir erwägen, dass die Anallücke zunächst bei den *Regularia* sehr weit war, werden wir ein solches Ausgangsstadium auch für die Ontogenie ihrer einzelnen Vertreter annehmen müssen. Wenn also die 4 Platten l_4, l_5, l'_4, l'_5 den After bei *Echinoencrinites* und hier ursprünglich umschlossen, so würde bei den jüngeren Arten ersterer Gattung, z. B. *E. striatus* und *Senckenbergii* die Platte l'_4, hier aber die gegenüberliegende Platte l_5 durch Einengung der Lücke von deren Begrenzung ausgeschlossen sein. Mit Berücksichtigung der Ontogenie würde also der diesbezügliche Gegensatz beider Formen nicht sehr wesentlich sein. Es würde sich nur in der Ontogenie die Tendenz der Verschiebung des Afters geändert haben, die bei *Echinoencrinites* (vergl. namentlich *E. laevigatus*) und *Erinocystis* zu einer Verlagerung des Afters nach unten, hier aber nach oben drängte.

Auch die Skulptur spielt für die morphogenetische Stellung der Gattung eine wichtige Rolle. Die Existenz der centralen Buckeln auf den Platten fand sich unter älteren Formen nur bei *Echinoencrinites laevigatus* angebahnt. Die Ausbildung von Knötchen auf den Plattenflächen fehlt dagegen bei älteren Scoliocystiden; wenn diese Eigenschaft sonach hier zum ersten Mal auftritt, kann sie für die Abstammung der Gattung nur insofern einen Fingerzeig liefern, als sie die vorherige Glättung der Platten voraussetzen lässt.

Die Organisation der Porenrauten lässt sich kaum ableiten von deren Ausbildung bei *Scoliocystis*, da die Porenrauten dieser Gattung durch den Besitz von Rautenhöfen bereits einen viel höheren Grad der Specialisirung erreicht haben als diejenigen unserer Gattung. Da die Porenwälle auch bei anderen Formen, z. B. *Apiocystites Angelini* (Taf. XIV fig. 7) im Jugendstadium schon sehr scharf ausgeprägt sind und *Glaphyrocystis* überhaupt ontogenetische Hemmungserscheinungen nicht in besonderem Maasse erkennen lässt, liegt kein Grund vor, in diesem Punkte solche in Rechnung zu ziehen. Dann kann aber auch für die Porenbildung von *Glaphyrocystis* als morphogenetischer Ausgangspunkt von den älteren Scoliocystiden nur *Echinoencrinites* in Betracht kommen. Da wir bei dieser Gattung (*E. Lahuseni*) gelegentlich schon die basalen Rauten auf eine reducirt fanden, so ist lediglich die Erhaltung einer relativ grossen Zahl oberer Rauten für unsere Gattung auffällig. Diese Zahl ist zwar grösser als bei den jüngeren Arten von *Echinoencrinites*, überschreitet aber nicht die höchste Zahl der oberen Rauten bei *Echinoencrinites* überhaupt und bringt auch in deren Position keine Neuerungen gegenüber dem letztgenannten Typus. So verweist uns also auch die Porenbildung von *Glaphyrocystis* auf *Echinoencrinites* als Stammform. Unter dessen Arten wird *E. laevigatus* wegen seines Gesammthabitus und seiner Plattenskulptur in erster Linie als Ausgangspunkt unserer Gattung in Betracht kommen, wie dies in dem Stammbaum pag. 247 zur Darstellung gebracht ist. *Glaphyrocystis* wäre hiernach der letzte Vertreter des Typus von *Echinoencrinites* und hätte sich von dessen Verbreitungsgebiet kaum merklich entfernt und seine Eigenschaften nur in nebensächlichen Punkten, wie der Lage des Afters, dem Bau des Stieles und der Plattenskulptur modificirt.

G. Wöhrmanni n. sp. Oberstes Untersilur (F) von Hohenholm, Esthland. Theca 11 mm hoch, in der Zone der Infralateralia 12 mm dick, von dort nach oben allmählich verjüngt, ihr Umriss gerundet. Die Infralateralia bilden einen geschlossenen Kranz. Die Platten mit einfachen, etwas vertikal verlängerten Buckeln versehen, im übrigen unregelmässig gekörnelt. Basalraute mit 8 Porenfalten und kurzen Porenöffnungen, die oberen Rauten sehr kurz an den Plattengrenzen lokalisirt. (1 Ex. Acad. Petersburg.) Taf. X fig. 16.

G. compressa n. sp. Oberstes Untersilur F von Oddalem, Esthland. Theca circa 30 mm hoch, seitlich komprimirt, zwischen l_1 und l_3 circa 30 mm, zwischen l_5 und l'_3 nur 20 mm dick. Das Mediolaterale l'_3 zwischen l_2 und l_3 bis auf die Basis ausgedehnt. Die Basalraute mit je 30 länglichen Porenschlitzen. Die drei oberen Rauten nur als Halbrauten entwickelt. Platten mit flachen Buckeln, von denen radial kurze Depressionen ausgehen, sonst glatt. Stielglieder an der Theca alternirend mit horizontal abstehenden Kragen.

Scoliocystis n. g.

Syn. *Caryocystites* EICHW. z. Th. non v. BUCH.

Der einzige, bisher bekannte Repräsentant dieser Gattung ist der von EICHWALD (1860. I. 629) beschriebene *Caryocystites pumilus*, den er bei der ersten Erwähnung 1856 (III. 68) sogar mit dem *Caryocystites testudinarius* v. BUCH (angebl. HIS.) vereinigt hatte. Derselbe stammte aus dem Untersilur von Pulkowa bei Petersburg. Fragmente der gleichen Art fand ich unter unbestimmten Materialien der VOLBORTH'schen Sammlung in der Academie zu St. Petersburg. Den anhaftenden Gesteinsresten nach können dieselben dem oberen Vaginatenkalke entstammen, vielleicht aber etwas jünger sein. Ebenfalls in der VOLBORTH'schen Sammlung fand sich dann noch eine zweite Form, die sich in ihren wesentlichen Eigenschaften der obigen eng anschliesst, so dass ich auf eine zuerst beabsichtigte generische Trennung beider verzichtete.

Definition. Theca von verkümmertem Habitus, unregelmässig oval, oben und unten verjüngt, an der Basis nicht eingedrückt. Die unteren drei Lateralkränze normal entwickelt, die Deltoidea klein. Der After mässig gross bis klein, auf der Grenze der Infralateralia und Mediolateralia zwischen den Platten l_4, l_5, l'_4, l'_5, l'_1 gelegen. Eine basale Porenraute, mehrere obere von den Mediolateralien ausgehend. Primärporen über l''_5. Die ambulacralen Organe mit wenigen Fingern am Munde koncentrirt.

Die Theca der neuen Gattung ist insofern normal gebaut, als die Lateralia geschlossene Thecalkränze bilden. Bei der einen Art, *S. pumila* (Fig. 51), tritt die Regelmässigkeit deutlicher hervor, da sich hier die Platten in den drei unteren Lateralkränzen seitlich mit langen Seiten berühren, während die Mediolateralia von *S. Thersites* bei rhomboidischem Umriss z. Th. seitlich nur in Punkten zusammenstossen. Während die Gesammtform der Theca bei *S. Thersites* ungefähr oval ist, ist sie bei *S. pumila* unregelmässig in der Vertikalaxe verzerrt, so dass die Infralateralia für *Regularia* ungewöhnlich hoch sind und an die unteren Lateralia der Caryocriniden erinnern. Die Verzerrung wird in diesem Falle hier noch auffallender, da die unter dem After gelegenen Infralateralia l_4 und l_5 konkav eingebogen sind (Fig. 52). Nach oben und unten ist die Theca beider Arten verjüngt, und die gleichmässige Verjüngung nach unten gewinnt insofern für die Gattung systematische Bedeutung, als die Basis dabei die sonst normale Eindrückung seitens des Stieles vermissen lässt. Wenn wir die Ontogenie anderer Pelmatozoen mit eingedrückter Basis betrachten, so finden wir eine Zunahme der Eindrückung mit dem Alter. *Scoliocystis* würde danach in dieser Hinsicht einen juvenilen Typus darstellen. Mit dieser Auffassung steht übrigens auch die sehr geringe Grösse der Formen in Einklang, deren vorliegende Individuen ontogenetisch durchaus erwachsen sein mussten, da ihre Theca z. Th. durch kräftige, erst mit dem Alter sich so verstärkende Skulptur ausgezeichnet ist. Ihre Spannleisten verlaufen übrigens, wie Taf. XI fig. 10 zeigt, ziemlich unregelmässig. Sie machen nicht mehr den Eindruck, als ob ihre Form durch ihre Funktion bedingt, sondern mehr als nutzloses Erbstück übernommen sei. Bei der geringen Grösse, der geschlossenen Eiform und der relativ grossen Dicke der Thecalplatten war jedenfalls zur Anlage verstärkender Leisten seitens des Individuums keine Veranlassung gegeben.

Die Porenrauten sind wie bei allen Scoliocystiden Sperrrauten. Während ihre Zahl in der oberen Thecalhälfte grösser ist als bei den meisten Scoliocystiden — es sind gewöhnlich vier solcher Rauten entwickelt —, ist bei beiden Arten nur eine basale Raute vorhanden, also bis auf weiteres für die Gattung charakteristisch. In der Anzahl ihrer oberen Porenrauten steht sonach *Scoliocystis* den Chirocriniden noch relativ nahe, aber der Bau der einzelnen Rauten zeigt sich doch schon sehr specialisirt, insofern die Rautenhälften durch eine ziemlich breite Fläche auf der Plattengrenze getrennt sind, und die so

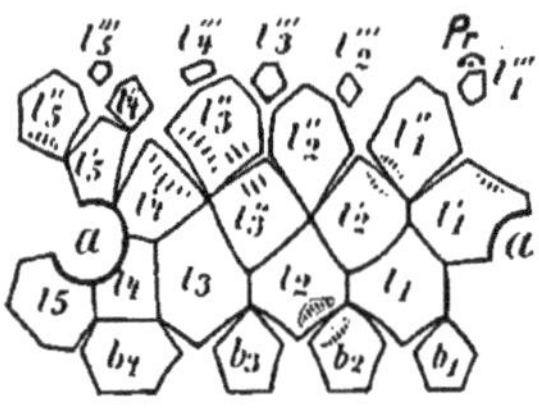

Fig. 50.

Diagramm von *Scoliocystis Thersites* n. sp. Untersilur. St. Petersburg.

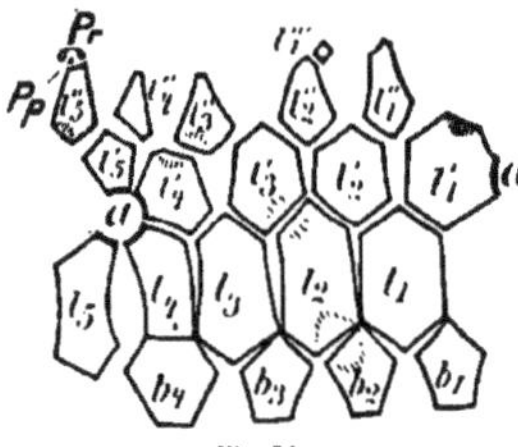

Fig. 51.

Diagramm von *Scoliocystis pumila* Eichw. sp. Untersilur. St. Petersburg.

isolirten Schlitzreihen wenigstens z. Th. wie bei den specialisirtesten *Regularia* erhaben und von einem Rautenwall umgeben sind (Taf. XI fig. 10, 11). Auch die Reduktion der basalen Poren auf eine einzige, besonders stark umwallte Raute beweist die Specialisirung unserer Gattung und deren morphogenetische Entfernung von dem Ausgangspunkt der *Regularia*.

Die Anallücke zeigt dagegen sehr primitive Verhältnisse: sie ist bei *S. Thersites* noch ziemlich gross, indem sie etwa den halben Thecaldurchmesser erreicht (Taf. XI fig. 10). Bei *S. pumila* (Fig. 52) ist sie wesentlich kleiner und wird nur wenig mehr als den Anus selbst umschlossen haben. Die Umgrenzung der Anallücke erfolgt im übrigen noch durch dieselben Platten wie bei *Chirocrinus*, während bei den übrigen Scoliocystiden immer die Platte l'_1 und bei *Erinocystis* auch l'_4 von dieser Begrenzung ausgeschaltet sind. Der Rand der Anallücke ist wesentlich stärker aufgeworfen als bei *Chirocrinus*, und bei *Scoliocystis pumila* treten die Ränder sogar lippenartig hervor. Das erinnert an die diesbezügliche Entwicklungstendenz bei *Echinoencrinites* und *Erinocystis*, denen der Afterrand ebenfalls stark angeschwollen ist und bei letzterer Gattung sogar zu einem rüsselartigen Fortsatz vorspringt.

Von den ambulacralen Organen ist leider an dem vorhandenen Material wenig zu sehen. Bei dem Original-Exemplar von *S. pumila* ist die Oberseite der Theca stark abgerieben, ebenso bei dem Taf. XI fig. 10 abgebildeten Hauptexemplar von *S. Thersites*. Die Ambulacralfelder konnten offenbar nur sehr klein sein und, wie die abgeriebenen Exemplare unserer Gattung beweisen, nicht mehr in Ausschnitten der Radiolateralia liegen, sondern mussten wie bei *Echinoencrinites* deren Fläche aufgesetzt sein. Wie viel Finger auf die einzelnen Ambulacra entfielen, und ob diese alle entwickelt waren, muss vorläufig unentschieden bleiben. Jedenfalls kann die Fingerzahl nur gering gewesen sein.

Es scheint übrigens, dass die Koncentration der Ambulacra am Mund bei *S. pumila* noch stärker war als bei *S. Thersites*.

Die Organisation von *Scoliocystis* bietet in mehrfacher Hinsicht Interesse, da in derselben primitive und specialisirte Charaktere gemischt sind, und mindestens eine der Formen eine gewisse Annäherung an die Caryocriniden und älteren Echinosphaeriden erkennen lässt. Primitiv erscheint an *Scoliocystis Thersites* vor allem die Grösse der Anallücke, welche die Form in direkten Konnex mit *Chirocrinus* zu bringen scheint. Aehnliches lässt sich von der Skulptur sagen, wenngleich diese nicht so positive Merkmale liefert. Die Ausbildung der Porenrauten ist theils primitiv, insofern vier obere Rauten vorhanden und ihre Schlitze lang sind, theils specialisirt, insofern nur eine basale Raute vorhanden ist, und die Rauten z. Th. durch den Besitz eines Rautenwalles ausgezeichnet sind.

Wahrscheinlich nicht phylogenetisch specialisirt, sondern durch ontogenetische Entwicklungshemmung juvenil dürfte die konvexe Auswölbung der Basis sein. Jedenfalls specialisirt erscheint dagegen die weitgehende Koncentration der ambulacralen Organe am Scheitel der Theca.

Die rückläufigen Beziehungen unserer Gattung sind hiernach nicht ohne Weiteres klar zu übersehen. Es liegen aber nur zwei Möglichkeiten nahe. Entweder stammt *Scoliocystis* direkt von Chirocriniden oder von *Echinoencrinites* ab. Für die erstere Auffassung spricht indess eigentlich nur die Thatsache, dass die Anallücke von 5 Platten umstellt ist. Diese Thatsache ist aber immerhin von grosser Bedeutung und muss schon für sich allein die Möglichkeit einer Abzweigung von *Scoliocystis* von Chirocriniden offen halten. In diesem Falle würde die Verengung der Anallücke und die Vorwölbung ihres Randes ihrerseits zu deren Ausbildung bei *Echinoencrinites* überleiten. Durch den Verlust dreier basaler Porenrauten würde sich *Scoliocystis* allerdings phyletisch weiter von *Chirocrinus* entfernt haben als *Echinoencrinites*; da bisher nur bei einem Exemplar dieser Gattung nur eine basale Porenraute erhalten blieb, verliert die sonstige Existenz mehrerer bei ihr kaum an Bedeutung und müsste bei einer Ableitung von *Scoliocystis* als Rückschlag gedeutet werden. Auffallend bliebe dann ferner die Ausbildung von Rautenhöfchen, die wir sonst nur bei den specialisirtesten Typen der *Regularia* kennen. Einer plötzlichen ontogenetischen Hemmung müssten wir auch die extreme Hemmung der Fingerentfaltung und die Konvexität der Basis zuschreiben. Alle diese Annahmen liegen nicht ausserhalb des Bereiches der Möglichkeit, aber es sind eben relativ viel Annahmen nöthig gegenüber der einen Thatsache, dass der After von 5 Platten umkränzt wird. Dazu kommt, dass uns das

Alter der bisher bekannten Arten von ***Scoliocystis*** nicht genauer bekannt ist. Wenn dieselbe die Stammform der Scoliocystiden wäre, müsste sie bereits im Glaukonitkalk Petersburg auftreten. Auch das ist möglich, aber auch dafür liegen eben noch keine positiven Anhaltspunkte vor. Finden sich solche, dann würde man ***Chirocrinus degener*** unter dessen bisher bekannten Arten am ehesten für die Stammform von ***Scoliocystis*** betrachten können. Bei der vorliegenden Sachlage halte ich es aber für rathsamer, ***Scoliocystis*** von ***Echinoencrinites Lahuseni*** abzuleiten. Von diesem würde sie die Skulptur, die Koncentration der Ambulacra, die Ausbildung und Vertheilung der Poren übernommen haben. Als phyletische Neuerwerbung durch ontogenetische Hemmung würden wir dann die Auswölbung der Basis und als atavistisch durch Hemmungsrückschlag die Erhaltung der Platte I_1 in der Umrandung des Afters aufzufassen haben. Das scheint mir nach Lage der Dinge der kürzere Weg und die einfachere Hypothese, die aber, wie gesagt, die Möglichkeit nicht bestreiten soll, dass ***Scoliocystis*** direkt von ***Chirocrinus*** abstammt. Hoffentlich stellen genauere geologische Beobachtungen unsere Kombinationen hierüber bald auf eine zuverlässigere Grundlage. Auf die möglichen Beziehungen zu jüngeren Typen der Dichoporiten gehe ich bei deren Besprechung ein. In Fig. 52 soll oben nur die Stellung, aber nicht die Zahl der Finger angedeutet sein. Das mir vorliegende Material vertheilt sich auf zwei Arten, die anscheinend dem Vaginatenkalk der Umgebung Petersburgs entstammen.

Fig. 52.
Scoliocystis pumila Eichw. sp. Untersilur. Vaginatenkalk, Petersburg. Vergr. 3 : 1.

S. Thersites n. sp. Theca eiförmig, 7—10 mm hoch; Afterlücke etwa halb so gross als der Durchmesser der Theca. Mediolateralia rhomboidisch, Infralateralia nicht höher als breit. Spannleisten auf den Platten, dazwischen Knotenreihen. 5 Ambulacralfelder. (2 Ex. Acad. Petersburg.) Taf. XI fig. 10, Textfigur 50.

S. pumila Eichwald sp. 1860 (I, 629). Theca circa 17 mm hoch, vertikal unregelmässig verzerrt, unter dem After eingeschnürt. Letzterer 2 mm im Durchmesser, mit aufgeworfenem Rand. Infralateralia hoch, hexagonal. Die scheinbare Ausbildung von Vollrauten im oberen Theile der Theca dürfte auf Abreibung der Thecaloberfläche zurückzuführen sein. (Orig.-Exempl. Eichwald's, Univ. Petersburg.) Textfigur 52 und Taf. XI fig. 11, 12.

Prunocystites Forbes 1848 (II, 503).

Syn. *Echinoencrinites* Forb. (non v. Meyer) z. Th.

Von diesem anscheinend recht seltenen Typus liegt mir nur eine schlecht erhaltene Theca vor (Univ. Strassburg), deren freundliche Zusendung ich Herrn Prof. E. W. Benecke verdanke. Da dieselbe nur wenig erkennen lässt, und die bisher einzige Beschreibung von Formen dieser Gattung durch E. Forbes unserer heutigen Fragestellung nicht vollständig entspricht, sind die nachstehenden Angaben über dieses Genus noch nicht als definitive Beschreibung desselben aufzufassen.

Definition. Theca eiförmig, anscheinend regelmässig zusammengesetzt. Basis nicht eingesenkt, Oberseite flach abgestutzt, mit langen Fingern in geringer Zahl versehen. Digitalia sehr hoch. Porenrauten mit getrennten Rautenhöfen, eine basale, zwei obere auf $l'_4 : l''_3$ und $l'_1 : l''_5$. Primärporen innerhalb des Oralfeldes. After in halber Höhe der Theca zwischen l_4, l_5, l'_4, l'_5; Analpyramide von einem besonderen Analplattenring umgeben.

Ich rechne ausser *Prunocystites Fletscheri* Forb., dem Typus dieser Gattung, zu dieser noch den *Echinoencrinites baccatus* Forb. Die Abbildung des ersteren durch Forbes zeigt die Theca von der abanalen Seite mit ansitzenden Fingern und dem obersten Stielabschnitt. Diese Darstellung l. c. T. XVI f. 1. 2 ist schon insofern ungenau, als sie die Eintragung der einen basalen Porenraute auf der rechts unten gelegenen Platte vermissen lässt. An dem Strassburger Exemplar ist diese Stelle zwar auch theilweise zerstört, lässt aber doch auf b_3 noch einige nach l_2 gerichtete Schlitze erkennen. Hierdurch ist die weitere Orientirung für die Anordnung der Thecalplatten gegeben, denn hiernach lässt sich sowohl an dem Strassburger Stück wie an der Abbildung Forbes' die Lage der von ihm abgebildeten oberen Raute als die zwischen l'_4 und l''_3 berechnen. Das ist dieselbe Position, welche die eine der beiden oberen Rauten bei *Echinoencrinites baccatus* Forbes einnimmt (l. c. T. XVII f. 2). Nach Forbes' Diagramm letzterer Art (l. c. T. XVII f. 11) lässt sich dann trotz starker Verzeichnung desselben die Lage der anderen oberen Rauten auf die Platten $l'_1 : l''_5$ fixiren. Mit dieser Berechnung stimmt auch seine Abbildung f. 3, wo diese Raute links oberhalb des Afters gelegen ist. Leider lässt sich nun weder aus Forbes' Abbildung von *Prunocystites Fletscheri*, noch dessen Vertreter in der Strassburger Sammlung entnehmen, ob diese Raute auch bei dieser Art vorhanden ist. Bis zum Beweis des Gegentheiles nehme ich es an, da von obersilurischen Vertretern der Regulären nur *Schizocystis* eine einzige obere und in Summa also zwei Porenrauten besitzt. Abgesehen von dieser Unsicherheit bei *P. Fletscheri* lässt sich sonach unter Hinzuziehung von *Echinoencrinites baccatus* Forb. folgende Beschreibung der Theca geben.

Der Basalkranz ist ganz normal zusammengesetzt, aber nicht eingedrückt; von b_2 greift eine Raute nach l_2 hinüber. Die Infralateralia und Mediolateralia bilden ebenfalls normale Kränze, deren Platten sich seitlich berühren und nur an der Grenze von l_4, l_5, l'_4, l'_5 von der ziemlich kleinen Analllücke unterbrochen werden. Auch die Radiolateralia sind vollzählig vorhanden, nur ist ihr seitlicher Zusammenschluss durch das grosse, über dem After gelegene Mediolaterale l'_5 unterbrochen, sodass am Oberrand der Thecalwölbung 6 Platten in einer Zone liegen (vergl. Forbes l. c. T. XVII f. 5). Ueber dem Kranz der Radiolateralia ist von Forbes noch ein Kranz kleiner Stücke dargestellt, die offenbar in Form, Zahl und Lage wechseln. Mit den Deltoidea liegen also anscheinend hier Saumplättchen vereinigt, wie solche auch bei anderen Regulären den Scheitel der Theca decken. In Forbes' Figur 5 dürfte die Mehrzahl dieser Plättchen als Deltoidea aufzufassen sein, da sie eine alternirende Lage über den Radiolateralien einnehmen. In seiner Figur 6 liegen dagegen anscheinend auf ihnen vergrösserte Saumplättchen in grosser Zahl. In der genannten Figur 5 ist ausserdem die Lage der Primärporen als besondere ovale Oeffnung deutlich sichtbar. Ein solches Bild zeigt sich sonst bei Scolioeystiden erst nach Anschleifen des Scheitels, da erst tiefer nach unten die Lumina des Parietalporus und des primären Steinkanales mit einander verschmelzen. Forbes zeichnet zwar die Scheitelplättchen skulpturirt, ich glaube aber, dass diese Skulptur nicht, wie danach scheint, die ursprüngliche Oberfläche, sondern nur Korrosionserscheinungen dieser Plättchen anzeigt und dass sich so deren geringe Zahl gegenüber FORBES' Figur 6 erklärt.

Das Original des *Prunocystites Fletscheri* zeigt nach der Darstellung von FORBES wohlerhaltene Fragmente von Fingern. Zwei derselben scheinen direkt von dem Oberrand der Theca auszugehen, sind also möglicherweise *in situ* erhalten; die übrigen drei Fragmente liegen isolirt; über ihre ursprüngliche Lage und eventuelle Zugehörigkeit zu den beiden genannten Fingern lässt sich leider nichts Bestimmtes sagen. Die Entscheidung hierüber wäre insofern von Interesse, als entweder die Finger in sehr verschiedener Stärke von der Theca ausgehen, oder sehr lang sind, sodass die dünneren Fragmente als zurückgeschlagene distale Theile der grösseren aufgefasst werden könnten. In keinem Falle kann, nach der Dicke der vorhandenen Fragmente zu urtheilen, die Zahl der Finger grösser als 5 bis 10 gewesen sein. Die einzelnen Fingerglieder sind an der Aussenseite höher als breit und zeigen an 4 von den 5 Fragmenten je eine seitlich gerichtete, knotige Anschwellung. Der Stiel zeigt bei beiden Arten in seinem oberen Theil Kragenglieder, welche bei *P. Fletscheri* sehr deutlich und scharf abgesetzt sind und mit kleineren kragenlosen Gliedern zu alterniren scheinen.

Ueber die Zugehörigkeit dieser Form zu den Scoliocystiden kann kein Zweifel obwalten, da ihre ambulacralen Organe auf den Scheitel der Theca koncentrirt bleiben und auch die übrigen Charaktere sich denen der Scoliocystiden unterordnen. Innerhalb dieser Familie ist *Prunocystites* offenbar ziemlich stark specialisirt, wie schon die Reduktion seiner Rautenzahl, die Differenzirung der Rauten selbst, die geringe Grösse des Afters und schliesslich auch die Konvexität der Basis andeuten. Ihrem Gesammthabitus nach schliesst sie sich an die Gattungen *Echinoencrinites, Glaphyrocystis* und *Scoliocystis* an. Von welchem dieser drei Typen sie phylogenetisch abzuleiten ist, lässt sich schwer entscheiden, da sie mit den specialisirten Eigenschaften der einen primitive Charaktere der anderen vereinigt. Wenn wir *Scoliocystis* als Stammform in Aussicht nehmen, so brauchen wir nur eine Verengerung der Anallücke um eine Platte (I_1) und eine Reduktion der auch dort schon stark verkümmerten oberen Porenrauten, sowie einen Zerfall der älteren Gitterstruktur in unregelmässige Knötchen anzunehmen, um zu *Prunocystites* zu gelangen. Das sind Processe, die sich auch sonst in der Entwicklung der *Regularia* verfolgen lassen. Wenn diese Ableitung sonach in morphologischer Beziehung die geringsten Schwierigkeiten bietet, so muss man doch andererseits mit der Möglichkeit rechnen, dass eine Verschleppung von *Glaphyrocystis*-Larven die sonst bei diesem Typus eintretende Verengerung der Anallücke hemmte. Die seltenen bisher allein bekannten Formen sind auf das Obersilur Englands beschränkt.

P. Fletscheri FORBES 1848 (II, 504). Obersilur (Wenlock limestone) Dudley, England. Theca oval, etwa 7 mm hoch, 4.5 mm dick. Thecalplatten mit koncentrischen Streifen und schwacher Granulation. Finger lang; die Digitalia aussen mit seitlich gerichteten Knoten verziert. Stiel oben dick, mit seitlich vortretenden Kragengliedern. (1 Ex. Univ.-Sammlung Strassburg i. Els.)

P. baccatus FORB. sp. 1848 (II. 506). Syn. *Echinoencrinites baccatus* FORB. l. c. Ebendaher. Theca etwa 12 mm hoch, 8.5 mm dick. Thecalplatten dick, vorgewölbt, mit unregelmässigen Buckeln skulpturirt, Stielansatz dünner als bei voriger Art; die Umwallung der Rautenhälften stark vortretend. Analring etwa 10 Stücke enthaltend.

Schizocystis JKL. 1895 (I. 113).

Syn. *Echinoencrinites* FORB. z. Th., *Echinocystis* HAECK.

Die einzige Art, welche den Typus dieser Gattung bildet, wurde von FORBES 1848 (II. 507) zu *Echinoencrinites* v. MEYER gestellt. v. ZITTEL nahm in seinem Handbuch I pag. 423 an, dass sie mit *E. baccatus* FORB. eine neue Gattung repräsentire. Nachdem ich sie 1895 (I. 113) mit *E. armatus* als Typus unter dem Namen *Schizocystis* neu benannt hatte, hat ihr HAECKEL 1896 als *Echinocystis* (pro *Echinocystites* HALL, non *Echinocystites* THOMS. = *Lysocystites* S. A. MILL. 1889) noch einen weiteren Namen gegeben, der allerdings aus sachlichen und nomenklatorischen Gründen hinfällig ist. Seine Angabe, dass auf den buckeltragenden Thecalplatten Stacheln aufgesessen hätten, ist wie manche andere seiner Angaben irrthümlich. E. FORBES hatte übrigens nur von einem „spine like“ „tubercle“ gesprochen; auch die Angaben HAECKEL's, dass diese Form dem Untersilur entstamme, ist falsch. Auf Grund gut erhaltenen Materiales kann ich nachstehende Definition geben:

Definition. Theca unten gerundet, oben in der Axe der Basalia $b_4:b_2$ komprimirt, so dass der After auf einer der schmalen Seiten liegt. Basis sehr wenig vertieft. Ambulacra auf dem schmalen Oberrand der Theca ein Stück weit vorgeschoben; anscheinend etwa 8 Finger von verschiedener Grösse auf diesem vertheilt. Anus zwischen l_1, l_5, l'_4, l'_5, mässig gross, mit hoher Klappenpyramide und Ringstücken. Primärporen sehr deutlich, nahe aneinander gedrängt zwischen l'''_1 und l'''_5. 2 Sperrrauten mit getrennten Rautenhöfen, die obere zwischen l'_4 und l''_5. Stiel mässig dick, oben mit typischen, wenn auch etwas kompakten Kragengliedern.

Die Theca von *Schizocystis* ist, wie beistehendes Diagramm zeigt, in ihrem unteren Theile sehr regelmässig zusammengesetzt. Die Basalia und Infralateralia lassen in Form und Anordnung keine Abweichung vom Typus erkennen. Die Mediolateralia sind nur an einer Stelle zwischen l'_3 und l'_1 in ihrem seitlichen Zusammenhange unterbrochen durch Einschiebung des Radiolaterale l''_2. Die Radiolateralia sind an den beiden Stellen, wo die Fingeransätze an der Theca heruntergreifen, also zwischen l''_1 und l''_2 einerseits und zwischen l''_4 und l''_5 andererseits auseinandergezogen (vergl. die punktirten Linien). Dadurch sind die Radiolateralia in zwei Gruppen kombinirt, welche die oberen Seitenflächen der oben stark komprimirten Theca einnehmen. Die Deltoidea (l''') sind durch die einseitige Verzerrung des Ambulacralfeldes stark in die Breite gezogen und füllen am Rande des letzteren die einspringenden Winkel zwischen den Radiolateralien aus (Taf. XII fig. 1). Eine besondere morphogenetische Bedeutung scheint dabei ihrer Form und Lage im Einzelnen nicht zuzukommen.

Die seitliche Kompression des oberen Theiles der Theca ist als eine sehr auffallende Eigenschaft der Gattung aus den Abbildungen Taf. XII fig. 1. 2 gut zu ersehen. Wie Fig. 1 zeigt, beruht dieselbe auf der ausschliesslichen Ausdehnung der Ambulacra in zwei Richtungen. Von dem in der Mitte der Oberseite gelegenen ovalen Mund (Fig. 1) geht nach den zwei schmalen Seiten der Theca je eine Ambulacralrinne aus. Da dieselben in ziemlich langer Erstreckung ungetheilt bleiben, glaube ich, dass diese nur je ein Ambulacrum repräsentiren. Die übrigen, von denen jedenfalls am Munde keine Spur einer Rinne zu bemerken ist, müssten danach bei der Entfaltung des Ambulacralsystemes unterdrückt sein. Welche Radien das sind, ist aus dem Thecalskelet nicht mit Sicherheit zu entnehmen. Wenn wir aber das Diagramm von *Schizocystis* (Fig. 36 L) mit dem von *Chirocrinus* (Fig. 36 B) und dem von *Glyptocystites* (Fig. 36 H) vergleichen, so würde das hier über l_2' ausgedehnte Ambulacrum dem Radius I und das auf Platte l_5' ruhende dem Radius V entsprechen. Möglicherweise haben sich aber die Ambulacra hier in irregulärer Weise verschoben, zumal sie ja bei einer Ausbreitung über der Theca eine direkte genetische Beziehung zu den einzelnen Elementen des Radiolateralkranzes verlieren. Auch mit der Lage der Deltoidea würde aber obige Auffassung harmoniren. Daraus würde sich nun die eigenthümliche Konsequenz ergeben, dass die dem After benachbarten Strahlen I und V so weit auseinandergerückt sind, dass sie am Körper einander gegenüberstehen. Diese Gegenüberstellung ist nun allerdings keine vollständige, da, wie Fig. 1 Taf. XII zeigt, die beiden Ambulacralstrahlen einander noch etwas im Bogen zugeneigt sind. Andererseits wird zur Erklärung der Ausbreiterung des analen Interradius vielleicht noch mehr als der After die Lage der Primärporen in Betracht zu ziehen sein, zumal diese gerade bei unserer Gattung (Taf. XII fig. 1) sehr stark ausgebildet sind. Die Lage des Afters für die Verbreiterung des Interradius I : V verantwortlich zu machen, erscheint zunächst unstatthaft, da der After gar nicht innerhalb dieses Interradialfeldes, sondern in der genannten Figur rechts seitlich unterhalb des fraglichen Ambulacrum I gelegen ist. Man darf aber dabei nicht ausser Acht lassen, dass für die Morphogenie der Regulären unzweifelhaft ein ontogenetisches Stadium vorauszusetzen ist, in welchem der After in einem stark vergrösserten Analfeld lag, wie es *Mimocystites* und *Chirocrinus* besassen (Fig. 36 B). Die Verschiedenheiten der Lage des Afters beruhen ja offenbar auf einem ungleichartigen Zuwachsen dieser Anallücke, so dass der verkleinerte After bald hoch, bald tief, bald in eine solare, bald in eine kontrasolare Ecke des ursprünglichen Feldes verschoben erscheint. Bei *Schizocystis* wäre letzteres der Fall, und damit die im Bilde Taf. XII fig. 1 rechtseitige definitive Position des Afters verständlich. Dieselbe würde aber nicht hindern, den After mit den Primärporen für die Auseinanderdrängung der Strahlen V und I verantwortlich zu machen, da naturgemäss frühere Entwicklungsphasen der Organe für deren definitives Lageverhältniss bestimmend waren.

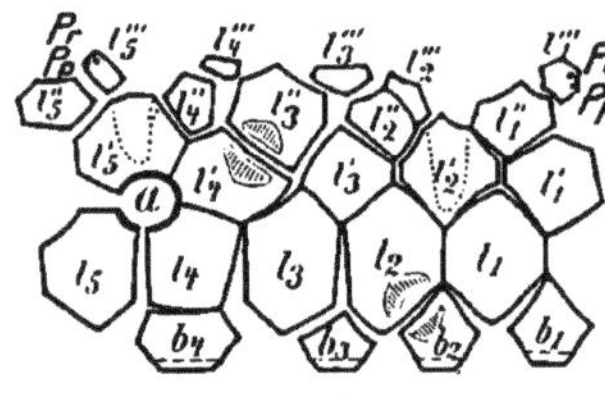

Fig. 53.
Diagramm von *Schizocystis armata* FORB. sp. Obersilur (Wenlock limestone), Dudley, England.

Die Ausbreitungsart der beiden Ambulacra ist sehr eigenthümlich und für die Selbstständigkeit der Gattung in erster Linie entscheidend. Leider ist das mir vorliegende Material zu einer ganz präcisen Darstellung aller Einzelheiten nicht ausreichend gut erhalten. Einerseits fehlen die Finger und andererseits sind auch deren Ansätze nicht genügend scharf zu erkennen. Mit der Fig. 1 Taf. XII glaube ich aber die letzteren nach zwei Exemplaren meiner Privatsammlung richtig wiedergegeben zu haben. Danach würde das Ambulacrum I zunächst zwei Finger links, dann einen rechts abgegeben haben; darüber hinaus kann ich die Fingergelenke nicht mehr genau erkennen, glaube aber, nach dem Raume zu urtheilen, mindestens noch die Existenz zweier Finger annehmen zu müssen. Der eine derselben würde distal am Ende des Ambulacrum, der andere rechts davon gestanden haben. Diese Fingerposition ist in Taf. XII fig. 2 mit punktirten Strichen angedeutet. Ich möchte aber bemerken, dass möglicherweise noch ein weiterer sechster Finger links vor dem distalen Raum gehabt hätte. Das andere Ambulacrum (V) ist wesentlich kürzer und dürfte wohl nur 3 Finger abgesondert haben, von denen der erste links, der zweite rechts, der dritte distal an der ziemlich tiefen Rinne ihren Platz hatten (Taf. XII fig. 2). Um Missverständnisse zu vermeiden, sei noch ausdrücklich hervorgehoben, dass die Finger auch hier dem Thecalskelet nicht unmittelbar, sondern auf Grund besonderer ambulacraler Stücke aufgelagert waren.

Es sind an sämmtlichen Exemplaren, die ich sah, nur zwei, eine basale und eine obere, Porenraute vorhanden. Die erste liegt wie eine einzige basale immer zwischen b_2 und l_2 und ist an beiden Porenseiten umwallt; die andere liegt auf l'_4 und l''_3, wobei die auf l'_4 liegende untere Porenseite immer stärker umwallt ist als die obere, die mit längeren Schlitzen sich kaum aus der Plattenebene heraushebt. *Schizocystis* erreicht hiermit die geringste Rautenzahl, die bei Dichoporiten vorkommt, und bezeichnet darin die höchste Specialisirung.

Die Primärporen sind bei normaler Lage wohl entwickelt. Namentlich scheint der primäre Steinkanalporus trotz seiner hantelförmigen Anlehnung an den Parietalporus in ganzer Länge offen zu bleiben. Er liegt auf der Grenze der Platten l'''_1 und l''_5: dieselbe ist versehentlich in der Fig. 1 Taf. XII unterhalb des Parietalporus nicht durchgezogen, obwohl sie an dem einen meiner Exemplare vollkommen deutlich zu erkennen ist.

Die Basis der Theca ist nur schwach eingesenkt, wie Taf. XII fig. 1a zeigt. Der Einsenkung selbst ist hier übrigens noch das oberste, dünne Stielglied eingelagert. Auch in dieser Ausbildung der Unterseite der Theca zeigt sich die Specialisirung unserer Gattung, wenn dieselbe auch nicht so weit gediehen ist wie bei den jüngeren Callocystiden.

Der Stiel ist an einem meiner Exemplare in ziemlicher Länge an der Theca ansitzend erhalten (Taf. XII fig. 2). 10 Kragenglieder besitzen schwach und gleichmässig vorgewölbte Ringe, die durch die Zwischenglieder noch deutlich getrennt sind und jedenfalls, wie auch das betreffende Exemplar beweist, eine starke Biegung des obersten Stielabschnittes ermöglichten. Wie in der Verdickung des Kragens, so tritt auch in der Verengung des Stiellumens (Taf. XII fig. 1a) die Specialisirung des Typus deutlich hervor.

Während sich in allen diesen Punkten, wie Porenbildung, Stielbau und Stielansatz, der höckerigen Plattenskulptur nur der Grad der Differenzirung gegenüber primitiveren Typen der Chirocriniden und Scoliocystiden geltend macht, ist die Gattung durch die ungewöhnliche Entfaltung der Ambulacra in eine ganz besondere Entwicklungsrichtung gedrängt. Dieselbe ist durchaus vergleichbar derjenigen der Callocystiden, bei denen die Vorschiebung der Ambulacra über die Theca allerdings viel weiter vorschreitet und in viel regelmässigerer Weise vor sich geht. Dass sie jenem Typus gegenüber ihren Weg auch morphogenetisch selbständig eingeschlagen hat, ist mehr als wahrscheinlich, da sie sich in ihrem Gesammthabitus noch entschieden enger an jüngere Scoliocystiden, wie *Glaphyrocystis*, als an die Callocystiden anschliesst und kein Grund einzusehen ist, warum die zweckmässige Differenzirung der Callocystiden plötzlich sehr ungeeignete Wege eingeschlagen haben sollte. Man könnte natürlich vom morphologischen Standpunkt aus die Gattung zum Typus einer besonderen Familie machen, wenn eben jene Besonderheit stärker ausgeprägt und nicht auf die eine uns bisher vorliegende Art beschränkt wäre.

Da die Koncentration der Finger am Scheitel, die für die Scoliocystiden charakteristisch ist, hier nur unbedeutend überschritten ist, glaube ich *Schizocystis* zweckmässig bei dieser Familie belassen zu können, allerdings unter dem Hinweis, dass sie innerhalb derselben eine besondere, indess phyletisch nicht weiter verfolgte Richtung eingeschlagen hat. Ihre geologische Verbreitung ist mit der einen bisher bekannten Art auf das Obersilur u. zw. die Wenlockstufe des mittleren England beschränkt.

S. armatus FORBES sp. 1848 (II, 507). Syn. ***Echinoencrinites armatus*** FORB. l. c., ***Echinocystis armata*** HAECK. Obersilur (Wenlock shale), Walsall bei Dudley, England. Theca circa 22 mm hoch. Platten granulirt und mit centralen vertikal verlängerten Knoten versehen. (Mehrere Ex. Coll. JAEKEL.) Taf. XII fig. 1, 2.

Fam. Callocystidae BERNARD.

Vorbemerkung. Die hier zusammengefassten Formen bildeten in der v. ZITTEL'schen Eintheilung einen Theil der Cystoideen mit wenigen Porenrauten. Als Familie wurden dieselben 1895 von BERNARD (vergl. pag. 62) zusammengefasst. In dem HAECKEL'schen System entsprechen sie den *Callocystida* mit Ausschluss von *Cystoblastus*.

Definition. Theca bis an den Mund geschlossen, Platten in den Kränzen vollzählig. Ambulacra mit paarigen Ambulacralien und Parambulacralien radiär über das Thecalskelet geschoben und mit zahlreichen Fingern versehen. After mässig klein, meist mit einem Kranz von Randplättchen umstellt. Sperrauten mit getrennten Rautenhöfen. Thecalplatten meist mit grubiger Skulptur versehen.

In den Rahmen der Familie fallen nunmehr folgende Gattungen, deren Zahl noch um einige neue vermehrt werden musste.

Lepocrinites (CONRAD 1852.)
Pseudocrinites PEARCE 1843.
Apiocystis FORBES 1848.

Callocystites Hall 1852.
Glyptocystites Billings 1854.
Sphaerocystites Hall 1859.
(*Anthocystis* Haeckel 1896.)
Staurocystis Haeckel 1896.
Meekocystis n. g.
Hallicystis n. g.

Die als synonym hinfälligen Namen sind in Klammern gesetzt, die sprachlichen Abkürzungen und Verbesserungen anderer nur unter den Synonymen bei den betreffenden Gattungen erwähnt.

Die allgemeine Form der *Callocystidae* weicht von derjenigen der übrigen *Regularia* nur insofern ab, als sich die radiären Fingerreihen auf schmalen Bändern über die Seitenflächen der Theca herunterziehen und diese mit ihren zierlichen Anhängen umgeben. Dafür fehlen den Callocystiden lange, weit über die Theca heransragende Finger, die die Gesammtform der Scoliocystiden und Pleurocystiden in hohem Maasse beeinflussten. Ein Stiel ist dagegen wie sonst auch hier in normaler Länge und Stärke vorhanden.

Die Theca schwankt in Gestalt und Grösse nur unbeträchtlich. Wallnussgrossen Theken, wie denen von ***Sphaerocystites dolomiticus***, stehen andere wie *Apiocystites pentremitoides* gegenüber, die noch nicht die Grösse einer kleinen Haselnuss erreichten. Während die Form der genannten sich wenig von der Ei- oder Kugelform entfernt, sind die Theken anderer Gattungen vertikal verlängert und dann eichelförmig wie bei *Glyptocystites* und *Hallicystis*. Ein Typus ist schliesslich bei ovalem Umriss flach linsenförmig komprimirt, nämlich die Gattung *Pseudocrinites*. (Taf. XIV fig. 4.) Die Basis ist bei *Glyptocystites* noch primär vom Stiel her eingedrückt, bei den jüngeren Formen in der Regel konvex.

Die Zusammensetzung der Theca entfernt sich insofern nicht vom Normaltypus, als die Elemente der einzelnen Kränze immer vollzählig vorhanden sind; sie erfährt aber dadurch eine mannigfaltige Differenzirung, dass sich die Plattenkränze in verschiedener Weise ineinander schieben (Fig. 36 H, M). Um diese für die Familie sehr bezeichnenden Processe verstehen zu können, müssen wir zunächst die einzelnen Plattenkränze auseinander halten.

Der Basalkranz ist auch hier mit unabänderlicher Konstanz aus seinen 4 Stücken zusammengesetzt, deren zweites (b_2) das porentragende ist. Dadurch, dass gelegentlich wie bei *Callocystites* (Fig. 36 M) mehrere Mediolateralia in der Zone der Infralateralia bis auf den Basalkranz herunterrücken, wird die Form seiner einzelnen Stücke nicht unerheblich modificirt. Mit Ausnahme des porentragenden b_2 können alle Basalia oben noch eine besondere Abschrägungsseite erhalten (Fig. 36 M, pag. 197). Stärkere Veränderungen zeigen sich in den Lageverschiebungen der Lateralia. Die Infralateralia bilden bei allen älteren Formen noch einen regelmässig geschlossenen Kranz, der bei *Glyptocystites* nur durch die Verlängerung des porentragenden Basale b_2 eine gelegentliche Unterbrechung erfährt. Bei den specialisirtesten Typen, *Callocystites* und *Sphaerocystites*, drängen sich aber von oben Mediolateralia zwischen die Platten des untersten Lateralkranzes ein (Fig. 36 M). Dasselbe gilt dort von den Mediolateralia, die schliesslich bei *Callocystites* (Fig. 36 M) sämmtlich von einander isolirt sind. Hier ruhen also sämmtliche Radiolateralien den

Infralateralien mit einer horizontalen Seite auf. Es wird demnach hier dasselbe Endresultat erzielt wie bei *Cystoblastus* (Fig. 36 C) wenn auch mit anderen Begleiterscheinungen. Während bei *Cystoblastus* die Mediolateralien zu schmalen Stücken zusammengedrängt, ja z. Th. ganz verdrängt werden, behalten diese Platten bei *Callocystites* ihre normale Form. Trotz dieser Verschiedenheiten tritt aber die gleiche Ursache auch hier klar hervor. Die Ambulacra üben auch hier einen verstärkten Druck auf das Thecalskelet und zwar zunächst auf ihre althergebrachten Träger, die Radiolateralien, aus. Bei *Glyptocystites* stehen diese noch in engster Beziehung zu den 5 Ambulacren, was in dem Diagramm Fig. 36 H leider nicht klar zur Darstellung gebracht ist. Ich gebe deshalb hier ein neues Bild, welches von dem genannten insofern abweicht, als die Platten l''_4, l''_3 und l''_5 eine andere Bezeichnung erfahren haben (Fig. 54). Die Ambulacralfelder liegen also hier auf den Radiolateralien l''_{1-5} gleichmässig vertheilt. Bei *Callocystites* ist es infolge der gesteigerten Zusammendrängung der oberen Thecalelemente und weil die Ambulacra inzwischen zu diesen jede direkte Fühlung verloren haben, kaum noch möglich, deren oberste Platten zuverlässig zu deuten. Indessen glaube ich mit deren Bezeichnung in dem Diagramm Fig. 36 M das Richtige getroffen zu haben. Während bei Erhaltung der Ambulacralfelder die oberen Theile der Theca überdeckt und deren Elemente kaum unter jener Bedeckung zu sondern sind, bieten die Steinkerne aus dem obersilurischen Dolomit von Chicago relativ klare Bilder des ganzen Thecalbaues. Zwei derselben, von denen allerdings das eine unvollständig ist, sind in nachstehenden Diagrammen (Fig. 55, 56) dargestellt.

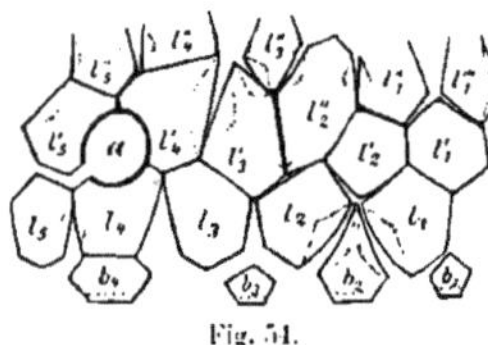

Fig. 54.
Diagramm von *Glyptocystites multiporus* Bill.

Man bemerkt, wie die Komplikation der Zusammensetzung von *Callocystites* (Fig. 36 M) durch diese Typen mit dem normalen Thecalbau der *Regularia* verknüpft wird.

Recht auffällig ist bei näherem Vergleich mit den übrigen und namentlich älteren Callocystiden die Einfachheit im Thecalbau der Gattung *Apiocystites*. Namentlich der gotländer *A. Angelini* (Diagramm Fig. 36 D) zeigt eine so regelmässige Ausbildung der einzelnen Plattenkränze, dass man dieselbe an den morphogenetischen Ausgangspunkt der Familie stellen möchte, wenn nicht schon ihr geologisches Auftreten und ihre sonstige Specialisirung eine derartige Auffassung ausschlössen. Ich komme hierauf später zurück.

Wenn auch noch nicht bei *Glyptocystites*, so stellt sich doch bei den jüngeren Formen eine grubige Skulptur der Thecalplatten ein und giebt den obersilurischen Mitgliedern der Familie ein sehr charakteristisches Aussehen.

Die Analfücke ist bei dem ältesten Vertreter der Familie, *Glyptocystites multiporus*, ziemlich weit, indem sie etwa $^1/_3$—$^1/_2$ des Thecaldurchmessers erreicht. Alle jüngeren Formen haben eine wesentlich kleinere Analfücke. Bei *Apiocystites* und *Callocystites* scheint allerdings regelmässig noch ein äusserer Plattenring die eigentlichen Analklappen zu umschliessen, als Rest einer ursprünglich breiteren, besonders skeletirten cirkumanalen Fläche (Taf. XV fig. 1 b), aber auch hier erreicht die Breite der Analfücke kaum $^1/_4$ des Thecaldurchmessers. Sehr eng und vielleicht nur durch die Analklappen geschlossen ist die Anallücke bei *Hallicystis* und *Sphaerocystites dolomitica*, wo man dieselbe dann nur als Afteröffnung bezeichnen müsste.

Auch in der relativen Lage der Anallücke stehen der Gattung *Glyptocystites* alle jüngeren Callocystiden scharf gegenüber. Während die Anallücke dort zwischen den Platten l_4, l'_4, l'_5, also ziemlich weit kontrasolar gelegen ist, liegt sie bei den übrigen meistens zwischen den Platten l_4, l_5, l'_4, l'_5, ist also bis an l_5 in solarer Richtung gerückt. Bei den Callocystiden ist allerdings die Platte l'_4 von der Begrenzung des Afters ausgeschlossen und dieser somit noch etwas solar verschoben. Sonst ist die Lage des Afters bei allen diesen Formen ganz konstant senkrecht über der solaren (im Bilde also linken) Ecke des grösseren Basale (b_4). Die Folge davon ist, dass vom Unterrand des Afters die Grenzlinie der Platten l_4 und l_5 immer auffallend senkrecht nach unten verläuft. Die letztgenannten Platten sind meist etwas höher als die übrigen Infralateralien. Das führt bei den Callocystiden zu einer so extremen Verlängerung des Infralaterale l_4, dass dieses bis an das Radiolaterale l''_4 stösst (Fig. 55, 56). Der After ist also, trotzdem er mit seiner unteren Begrenzung an der Zone der Infralateralia liegt, relativ hoch an der Seite angebracht. Auch das ihn von oben begrenzende Mediolaterale l'_5

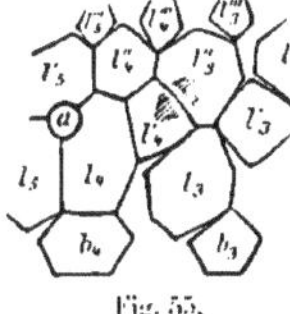

Fig. 55.
Diagramm von *Hallicystis* n. g. (Unvollständig.)

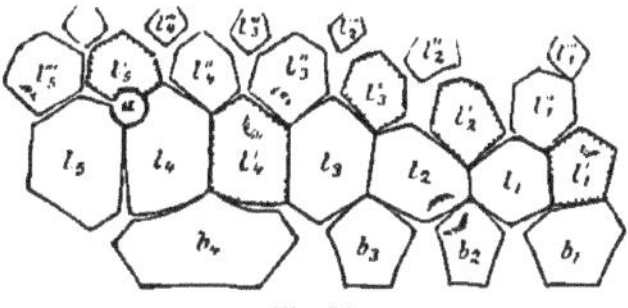

Fig. 56.
Diagramm von *Sphaerocystites* Hall.

wird dadurch ziemlich hoch über die anderen Mediolateralia gerückt. Durch diese einseitige Vergrösserung der Thecalplatten wird der Scheitel der Theca und damit auch der Mund etwas nach der abanalen Seite verschoben.

Die **Primärporen** dokumentiren einen bedeutenden Einfluss auf die Gestaltung des Thecalskeletes, indem sie die ihnen benachbarten Ambulacra breit auseinander drängen. Ihr Einfluss ist in dieser Hinsicht wesentlich grösser als der des Afters (Taf. XV fig. 1 a).

Die **Porenbildung** erhält eine weitgehende Specialisirung. Während die Einzelporen unverändert ihren Charakter als Sperrporen bewahren, erfahren die Porenrauten mannigfache Differenzirungen in Form, Zahl und Stellung. Ihre Form ändert sich insofern, als die Sperrrauten der ältesten Form (*Glyptocystites*) noch echte Rauten bilden, deren Theilseiten an der Plattengrenze noch in spitzen Winkeln zusammenstossen (Taf. XV fig. 4). Bei etwas jüngeren, aber relativ wenig specialisirten Formen wie *Meckocystis* und den älteren Arten von *Apiocystites* sind die Porenreihen zwar von einander getrennt, liegen aber doch noch in einem stumpfwinkligen Dreieck. Auch der englische *Staurocystis* zeigt dieses Verhalten, während bei einigen anderen der jüngsten Formen wie

Apiocystites pentremitoides und *Pseudocrinites* eine merkliche Verkürzung der Schlitzreihen eintritt und deren Höfchen schliesslich bei den Callocystinen (*Hallicystis*, *Callocystites*, *Sphaerocystites*) einen ovalen Umriss erlangt.

Die Zahl der Poren ist bei *Glyptocystites* noch eine sehr grosse, da im Ganzen an 11 Stellen noch Porenrauten auftreten und in der Regel am einzelnen Individuum auch gleichzeitig noch zugleich an 8–9 Stellen vorhanden sind. Bei allen jüngeren Gattungen ist diese Zahl aber ganz wesentlich reducirt, da bei allen obersilurischen Callocystiden stets nur 3 Porenrauten in der üblichen Stellung vorhanden sind. Erfreulicher Weise wird dieser scharfe Gegensatz entwicklungsgeschichtlich etwas vermittelt durch die dem obersten Untersilur angehörige Gattung *Meekocystis*, die wenigstens noch 4 Rauten besitzt.

Es kann keinem Zweifel unterliegen, dass die Anlage vieler Porenrauten auf der Thecalfläche und die Ueberschiebung der letzteren mit Ambulacralbändern einander hinderlich sein müssen. In der Organisation von *Glyptocystites* kommt dieses Missverhältniss deutlich genug zum Ausdruck. 4 Ambulacra suchen sich unter verschiedenen Krümmungen mühsam eine freie Bahn zu radiärer Entfaltung zwischen den Porenrauten und dem After, der hierin dieselbe Bedeutung hatte (Fig. 36 II); der letzte der 5 Strahlen (R III) stösst aber auf eine ihm quer vorgelagerte Porenraute ($P''_3 : P_3$), die wir schon bei *Chirocrinus* kennen lernten, und wird durch diese an weiterer Ausdehnung gehindert. Dass sich hier ein förmlicher Kampf zwischen den beiden betheiligten Organen abgespielt hat, ist deutlich zu sehen. Das genannte Porenfeld ist nicht nur z. Th. überwachsen von den ambulacralen Skeletplatten, sondern auch im Ganzen so nach unten gedrängt, dass es bei einem Individuum (Taf. XV fig. 4) einer anderen Raute geradezu aufgeschoben ist. Ein solcher Fall kommt sonst nie vor, und wo die Ursache hier der Wirkung so nahe liegt, kann man in der obigen Beurtheilung des Falles wohl nicht fehlgehen. Wie folgenschwer hier die Hemmung des Ambulacrum III für die Morphogenie der Familie wurde, ergiebt sich daraus, dass zunächst bei *Meekocystis* im Interesse einer gleichmässigen Entfaltung der Ambulacra alle Radien so kurz wie dort R III bleiben, während bei den obersilurischen Gattungen *Apiocystites*, *Pseudocrinites*, *Sphaerocystites* jenes Ambulacrum III zunächst ganz unterdrückt bleibt, obwohl im erwachsenen Zustande die Ursache der Hemmung, die Porenraute $P''_3 : P_3$, zugleich mit dem Verlust anderer Rauten aus dem Wege geräumt ist. Erst der specialisirteste Vertreter der Familie, die Gattung *Callocystites* selbst, bringt wieder alle Ambulacra zu gleichmässiger voller Entfaltung (Taf. XV fig. 1).

Die Entfaltungsart der Ambulacra bedeutet innerhalb der *Regularia* einen ganz neuen Process. Wir sahen, dass die Ambulacra auch bei *Cystoblastus* stark in radiärer Richtung ausgedehnt wurden, fanden aber dabei nur Differenzirungen outrirt, die schon bei *Chirocrinus* in der Anlage vorhanden und bereits von *Mimocystites*-artigen Vorfahren herzuleiten waren. Während sich hier die Ambulacralfelder in bogige Einschnitte der Radiolateralia tiefer eindrängten, sind diese letzteren bei den Callocystiden bis an den Mund geschlossen und die Ambulacralfelder über sie und das sonstige Thecalskelet hinweg geschoben. Sie haben also keinen Antheil an der Wandbildung der Theca wie bei *Cystoblastus* und sind auch anatomisch nicht ableitbar von deren Ausbildungszustand bei *Chirocrinus*. Der morphologische Anschluss liegt vielmehr bei einer Ausbildungsart der Ambulacra, wie sie die Scoliocystiden besitzen, denn zunächst mussten die Radiolateralia am

Munde eng zusammenwachsen und die Ambulacra dort zurückhalten, bis sie auf ganz neuem Wege durch deren Entfaltung übergangen wurden.

Was nun den Bau der Ambulacra selbst betrifft, so weisen dieselben mit absoluter Regelmässigkeit je vier Plattenreihen auf, die zu zweien symmetrisch und alternirend neben dem radiären Stammgefäss bezw. dessen Rinne angelegt sind. Ihr Lageverhältniss ist am klarsten aus Taf. XIV fig. 2, ihre Beziehung zu der Radiärrinne und den Fingern aus Taf. XV fig. 1 zu ersehen. Ich habe die zweierlei ambulacralen Platten pag. 94 als Ambulacralia (R) und Parambulacralia (Rp) bezeichnet. Es sind, wie dort auseinandergesetzt wurde, dieselben Elemente, die wir auch bei *Cystoblastus* in gleicher Anordnung als Träger der Finger antrafen. Die Gelenke für die letzteren liegen auch hier auf je einem Ambulacrale und dem zugehörigen Parambulacrale, wobei gewöhnlich dem ersteren der grössere Theil der Gelenkfläche zufällt. Die Skulptur dieser letzteren komplicirt sich innerhalb der Familie. Bei älteren Typen wie *Glyptocystites* und jungen Individuen von *Apiocystites* (Taf. XIV fig. 6, 7) sind die Gelenkflächen nur flach gewölbt, bei *Callocystites* (Taf. XV fig. 1) beginnt dagegen ein Querriff mit inneren Muskelgruben und einer äusseren Ligamentfläche sich auszubilden. Die Finger selbst sind kurz, die Zahl ihrer zweizeilig geordneten Digitalia entsprechend gering. Die Bedeckung der ambulacralen Rinnen durch Saumplättchen ist sowohl auf der Theca wie an den Fingern nicht selten gut zu beobachten, aber in keiner Hinsicht auffallend (Taf. XV fig. 1, 1c, 4a).

Bemerkenswerth ist die verschieden enge Stellung der Finger an den Ambulacren. Bei *Glyptocystites, Apiocystites, Callocystites* (Taf. XIV fig. 1, 5, XV fig. 1, 4) sind die Fingeransätze durch ziemlich weite Abstände von einander getrennt, die Finger also „weitständig", wie ich es kurz bezeichnen möchte. Bei *Pseudocrinites* und *Staurocystis* sind dagegen die Fingeransätze unmittelbar benachbart, die Finger also „engständig". Taf. XIV fig. 4 bringt das klar zum Ausdruck, leider aber nicht Taf. XIV fig. 1, wo die Finger in Wahrheit ebenso dicht gestellt sind wie bei *Pseudocrinites*. Diese Zusammendrängung der Finger ist ersichtlich die Folge einer starken Vermehrung der letzteren, deren Zahl bei den weitständigen Typen nur auf etwa 20 (Taf. XV fig. 1), bei den engständigen auf etwa 50 in einem Ambulacrum steigt. Die Abbildung Taf. XIV fig. 4 stellt übrigens nur die Finger einer Seite jedes Ambulacrum dar. Bei *Pseudocrinites* ist deren Zahl nicht geringer, die Darstellung Taf. XIV fig. 1, die auf ein relativ junges Individuum basirt war, also in dieser Beziehung nicht als typisch anzusehen. Den wesentlich erhöhten Leistungen der Ambulacra entspricht bei den Formen mit engständigen Fingern eine beträchtliche Verstärkung der Ambulacralia und Parambulacralia. Während diese bei den weitständigen Typen niedrig und flach gewölbt sind und nur wenig über die Thecalfläche herausragen (Taf. XV fig. 1), bilden sie bei den eben besprochenen Formen erhabene Dämme, die dem Thecalskelet mit steiler Böschung aufsitzen. Die Fläche des letzteren ist in allen Fällen unter den Ambulacren zwar rauh, aber eben und entbehrt natürlich der sonstigen Oberflächenskulptur. Es gelingt, sie bei *Staurocystis* und *Callocystites* mit dem Fingernagel vom Thecalskelet abzusprengen. Auf letzterem zeigen sich dann die normalen Plattengrenzen der Thecalplatten, zwischen und über ihnen aber die erhabenen Grenzlinien der ambulacralen Skeletplättchen.

Während die einzelnen Ambulacralfelder bei den untersilurischen Gattungen (*Glyptocystites, Meekocystis*) in einfachem Verlauf radial ausgedehnt sind, theilen sich dieselben bei *Callocystites* und *Sphaerocystites* noch ein oder mehrere Mal (Taf. XV fig. 1). Es bildet sich also ausser der Absonderung der Seitenzweige, die ja auch aus einer ursprünglichen Dichotomie der Radien hervorgegangen sind, noch eine höhere Theilung aus. Die erstere hat sich hier also bereits so weit gefestigt, d. h. sie muss ontogenetisch so früh geregelt sein, dass auf der so gefestigten Basis eine weitere Steigerung der Differenzirung möglich wurde. Dieselbe stellt die regulirte Gabelung der Radien in einer höheren Potenz dar analog der wiederholten und offenbar verschiedenwerthigen Gabelung der Cladocrinoideenarme.

Die Gesammtentfaltung des Ambulacralsystemes in radiären Strahlen zeigt sich in sehr verschiedenen Etappen, deren morphogenetische Beziehungen aber ziemlich klar zu übersehen sind. Dieselben lassen sich in folgender Weise darstellen:

A. Radien sämmtlich ungetheilt.

a) Finger weitständig.

Alle fünf entwickelt, aber R III kurz:

Glyptocystites.

Alle fünf ebenso kurz wie R III bei *Glyptocystites:*

Meekocystis.

R III ganz unterdrückt, die übrigen vier Ambulacra ungefähr gleichmässig entfaltet:

Apiocystites.

b) Finger engständig.

Ausser R III noch zwei weitere unterdrückt:

Pseudocrinites.

Nur R III unterdrückt, die übrigen gleichmässig entwickelt:

Staurocystis.

B. Radien z. Th. gegabelt.

R III unterdrückt, die übrigen sämmtlich und wiederholt gegabelt:

Sphaerocystites.

Alle Radien entfaltet und einige derselben gegabelt *):

Callocystites.

Die geologische Verbreitung der Callocystiden geht von Nordamerika aus, wo sich die ältesten Formen (*Glyptocystites*) im mittleren und (*Meekocystis*) im oberen Untersilur finden. In diesem Verbreitungsgebiet erhält sich auch die Mehrzahl der jüngeren Nachkommen dieser Formen, wie *Callocystites*, *Hallicystis*, *Sphaerocystites*, *Apiocystites*, während ein Theil sich dann auch in den Obersilurgebieten Europas, in England und Holland zeigt. Dabei geht die genannte Gattung *Apiocystites* fast unverändert nach England und Gotland hinüber, während in England gleichzeitig neue Typen erscheinen (*Pseudocrinites*, *Staurocystis*), die offenbar ebenfalls von den nordamerikanischen ihren Aus-

*) HALL bildet ein abnormes Individuum von *C. Jewettii* ab, dessen 5 Radien sämmtlich ungetheilt sind. Da die Theilung innerhalb der Art etwas variirt, scheint es durchaus unberechtigt, eine solche Anomalie zum Typus einer besonderen Gattung zu machen. Ganz unberechtigt war, dieses von HALL ausdrücklich als abnorm bezeichnete Individuum zum Typus der Gattung *Callocystites* zu stempeln und die wirklich typischen Vertreter derselben in eine neue Gattung *Anthocystis* zu stellen (HAECKEL 1896 II. 132).

gangspunkt genommen haben. Trotz des Reichthums an Formen, den die Callocystiden sonach im Obersilur entwickeln, reicht doch kein Vertreter derselben über dieses Formationsglied hinaus. *Callocystites* und *Sphaerocystites* sind die letzten und specialisirtesten Vertreter der Familie.

Die Abstammung der Familie von *Chirocrinus* erscheint unzweifelhaft. *Glyptocystites* schliesst sich im Gesammtbau und der Porenentwicklung im Besonderen so eng an *Chirocrinus* an, dass sein unmittelbarer Anschluss an diesen Stammtypus der *Regularia* unverkennbar ist. Nun ist *Glyptocystites* aber nicht nur der älteste, sondern auch primitivste Vertreter der Callocystiden, so dass wir ihn unbedenklich zum Ausgangspunkt dieser Familie machen können. Nur in einem Punkte findet sich einmal eine einfachere Differenzirung bei den jüngeren Formen, nämlich in der Anordnung der Thecalplatten bei *Apiocystites*. Ich machte aber schon darauf aufmerksam, dass die betreffende Form — es handelt sich besonders um *A. Angelini* — in jeder anderen Hinsicht viel specialisirter ist als *Glyptocystites*. Die Reduktion der Porenrauten hat bei ihm die kleinste Zahl innerhalb der Familie erreicht, die Umgrenzung des Afters, die Ausbildung seiner Skulptur, die Konvexität der Basis verweisen die Form auf eine hohe Differenzirungsstufe innerhalb der Familie. Vor Allem aber lässt die Entfaltung der Ambulacra klar erkennen, dass sich *Apiocystites* viel weiter vom Urtypus der *Regularia* entfernt hat als *Glyptocystites*. Bei letzterem ist die Beziehung der 5 Ambulacra zu den normalen Trägern derselben, den Radiolateralien, noch deutlich erkennbar (Diagramm Fig. 57 pag. 275), bei *Apiocystites* erfolgt dagegen die radiäre Entfaltung der Ambulacra ohne Rücksicht auf die Lage der Radiolateralia, und überdies ist hier der fünfte Strahl ganz unterdrückt, der bei *Glyptocystites* wenigstens noch schwach entwickelt war. Es kann sich also in der einfachen Anordnung der Thecalplatten von *Apiocystites* nur um einen ontogenetischen Rückschlag zu früheren Differenzirungsstadien handeln, bezw. ist, wie ich solche Fälle nun auffasse, die Differenzirung der Thecalplatten durch Entwicklungshemmung auf niedriger Etappe stehen geblieben. Die Hemmung mag auch hier, wie wohl meistens, durch Verschleppung der Larven zu erklären sein. *Apiocystites Angelini* ist jedenfalls einer der ersten Callocystiden, der von der Heimath der Familie, von Nordamerika, nach Europa verschleppt worden ist.

Die genannte Beziehung der Ambulacra zu den Radiolateralien bei *Glyptocystites* ist nebst deren Porenentwicklung der triftigste Grund für eine unmittelbare Ableitung der Callocystiden von den Chirocriniden. Es unterliegt ja keinem Zweifel, dass dieselben in der radiären Entfaltung der Ambulacra eine höhere Entwicklungsstufe repräsentiren als die Scoliocystiden und die Pleurocystiden, bei denen die Finger am Munde zusammengedrängt bleiben. Es könnte nun diese morphogenetisch höhere Stufe auch phylogenetisch die Etappe der Scoliocystiden durchlaufen haben. Das ist aber in hohem Maasse unwahrscheinlich, weil in der typischen Ausbildung der Scoliocystiden die Beziehung der Ambulacralstrahlen zum Thecalskelet sehr schnell verloren geht. Die Annahme, dass die Callocystiden von Scoliocystiden abstammen, hat aber nur dann Sinn und Bedeutung, wenn man als nothwendig voraussetzt, dass jene höhere Differenzirungsstufe nicht in einem Anlauf erreicht werden konnte, sondern eine vorhergehende Festigung der Entwicklung auf der Scoliocystidenstufe erheischte. Wie die Entfaltungsart der Ambulacra aber eine solche Annahme unwahrscheinlich macht, so steht ihr die grosse Zahl und die charakteristische Vertheilung der Porenrauten bei *Glyptocystites* direkt im Wege. Vielleicht ist die wesentlich weitere Verschleppung von *Chirocrinus*-Larven hier Veranlassung zu einer wesentlich stärkeren Aenderung ihrer Entwicklung geworden, als eine solche bei den Scoliocystiden gegenüber den Chirocriniden zu konstatiren war.

Die innere phyletische Gliederung der Familie lässt eine engere Verwandtschaft einzelner Typen unter sich erkennen, die ich im Folgenden als Unterfamilien zusammengefasst habe. Einen Typus für sich bildet die Gattung *Glyptocystites* mit ihren zahlreichen Porenrauten und ihren 5 unharmonisch entfalteten Ambulacren. Die formenreichere Gattung *Apiocystites* ist durch *Meekocystis* mit *Glyptocystites* verknüpft, aber erstere stehen einander relativ nahe, und ohne besondere Eigenthümlichkeiten zu erwerben, im Mittelpunkt der Familie. Die Gattungen *Hallicystis*, *Callocystites* und *Sphaerocystites* bilden durch die starke Zusammenschiebung ihres Thecalskeletes und die allgemeine oder theilweise Gabelung ihrer Ambulacra den Höhepunkt der Specialisirung, während die europäischen Gattungen *Pseudocrinites* und *Staurocystis* durch die starke Vermehrung ihrer Finger und entsprechende Umbildung ihrer Ambulacralfelder eine Sonderstellung innerhalb der Familie einnehmen. Hiernach lässt sich folgende Stammtafel der Familie rekonstruiren.

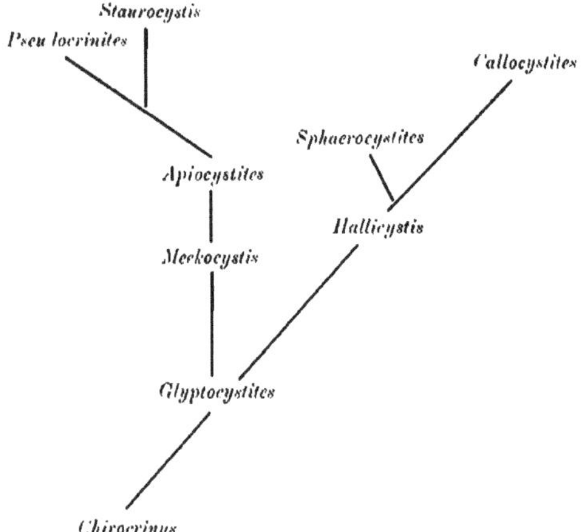

a) Unterfam. Glyptocystinae.

Diese Unterfamilie soll gegenüber den jüngeren specialisirteren Formen die älteren Typen zusammenfassen, die durch eine relativ weite Anallücke und zahlreiche Porenrauten primitive Charaktere darbieten. Die einzige bis jetzt bekannte Gattung nimmt auch in anderen Punkten, wie der weitständigen Anordnung sowie relativ geringen Zahl der Finger und der pentameren Entfaltung und dem ungetheilten Verlauf der Ambulacralfelder die niederste Stufe ein, welche die übrigen Callocystiden hierin zeigen.

Glyptocystites BILLINGS 1854 (III, 215).

Glyptocystites BILL. z. Th., non *Glyptocystites* FR. SCHMIDT. Syn. *Callocystis* HAECKEL 1896.

Nachdem pag. 212 ein Theil der Arten von *Glyptocystites* BILLINGS zur Gattung *Chirocrinus* EICHW. gestellt wurde, erhält erstere eine wesentlich engere Fassung: als ihr Typus muss *Glyptocystites multiporus* BILLINGS gelten, da ihr Autor diese Art ausdrücklich als solchen bezeichnete. HAECKEL hat den genannten Typus mit *Callocystites* vereinigt.

Definition. Theca eichelförmig. Basalkranz etwas eingedrückt, niedrig. Mediolateralia durch l''_2 unterbrochen: Deltoidea klein. After mässig weit, zwischen l_4, l'_4, l'_5. Zwei basale, zahlreiche obere Sperrrauten. 5 ungegabelte Ambulacra von den 5 Radiolateralien ausgehend, mit weitständigen Fingern.

Die Zusammensetzung der Theca ist aus nachstehendem Diagramm (Fig. 57) ersichtlich. Die Basalia sind im Allgemeinen niedrig, nur das porentragende b_2 ist nach oben verlängert u. zw. bei der vorliegenden Art so stark, dass es die Infralateralia l_1 und l_2 ihrer ganzen Höhe nach von einander trennt. Es zeigt sich in dieser Abnormität deutlich der Einfluss der Porenrauten. Während die übrigen Basalia unter starkem Druck fast rudimentär blieben, hat die erblich übernommene grosse Zahl von Einzelporen in den basalen Rauten deren plötzliche Verkleinerung verhindert und das Basale b_2 dadurch bei normaler Höhe erhalten, wenn es auch in einer bogigen Eindrückung seiner oberen Seiten und der äussersten Verschmälerung seines oberen Endes die Druckwirkung deutlich erkennen lässt.

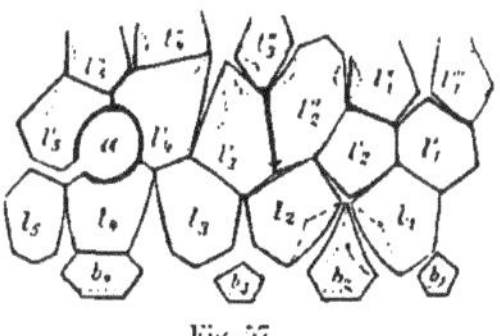

Fig. 57.
Diagramm von *Glyptocystites multiporus* BILL.

Die Infralateralia sind gross und namentlich breit, da sie — abgesehen von der schmalen Unterbrechung durch b_2 — allein den breitesten Theil der Theca umwanden. In die Zone der Mediolateralia greift von oben her das Radiolaterale l''_2 ein, so dass hier 6 Platten in einer Zone liegen. Uebrigens sind die Platten l'_1 und l'_2 merklich kleiner und namentlich niedriger als die übrigen der analen Seite zugehörigen Mediolateralia. Von den Radiolateralien ist wie gesagt l''_2 stark vergrössert und nach unten ausgedehnt, die übrigen sind von normaler Grösse, aber sehr unregelmässiger Form und namentlich ist l''_5 unregelmässig gelagert, da es sich mit l''_4 über der Grenze von l'_4 und l'_5 einschaltet. Die Deltoidea sind unter den Ambulacralfeldern von aussen unsichtbar, nur l'''_1 ist vergrössert und dadurch in die Seitenwand der Theca herabgerückt.

Die Anallücke (a) wird trotz ihrer beträchtlichen Grösse nur von drei Platten umringt, l_4, l'_4, l'_5. Gegenüber *Chirocrinus* hat also eine Verengung derselben in dem Sinne stattgefunden, dass die Lücke in dem kontrasolaren Theil offen blieb und in dem solaren zuwuchs, da die dort solar angrenzenden Platten l_5 und l'_1 von der Umrandung ausgeschlossen wurden. Die Einleitung dieser kontrasolaren Verschiebung des Afters ist hier besonders bemerkenswerth und auffällig, weil bei den jüngeren Callocystiden wieder eine solare Verschiebung eintritt.

Die Porenrauten sind durchweg als Sperrauten entwickelt, wobei die Länge der einzelnen Porenschlitze gering, deren Zahl aber noch recht beträchtlich ist. Ich zähle in den Basalrauten von *G. multiporus* bis 42 Dichoporen mit korrespondirenden Schlitzen. In einer der oberen Rautenhälften zähle ich deren sogar 54, in den anderen ist ihre Zahl geringer, zumal ein Theil der Rauten nur als Halbrauten ausgebildet oder durch äussere Umstände, wie die Vorschiebung der Ambulacra, auf l''_3 in seiner normalen Entwicklung gestört ist. Die letztgenannte gegenseitige Störung zwischen Poren und Ambulacra hat übrigens insofern zu einem Siege der Porenanlage geführt, als das sie störende Ambulacrum III dieselben nicht überschreiten konnte und infolge dessen viel kürzer als die übrigen blieb. Bei den Nachkommen von *Glyptocystites* ist diesem Siege der Porenrauten so zu sagen die Sanktion seitens des Organismus ertheilt worden, indem der betreffende Strahl des Ambulacralsystemes überhaupt nicht zur Entfaltung gebracht wurde. Ueber die nachträgliche Entfaltung desselben bei *Callocystites* nach vorheriger Entfernung des Hindernisses habe ich pag. 272 hingewiesen. Die Vertheilung der Porenrauten bei *Glyptocystites* ist am bequemsten aus dem Diagramm Fig. 57 zu ersehen. Ich bemerke dazu aber, dass an den einzelnen Individuen in der Regel nicht an allen diesen Stellen Poren vorhanden sind, sondern das Diagramm die Stellen verzeichnet, an denen überhaupt Porenrauten beobachtet sind. Dieselbe schliesst sich noch sehr nahe an diejenige bei *Chirocrinus penniger* (Fig. 36 B pag. 196) an. Wie dort, so geht auch hier die Anlage der Rauten hauptsächlich von l''_2 und l'_3 aus, die je 3 halbe Porenrauten enthalten. Im übrigen ist ein Kranz von Rauten zwischen den Radiolateralien auch hier noch vorhanden, aber in stärkerer Rückbildung als bei *Chirocrinus*. Zwischen den einander normal angelagerten Radiolateralien l''_1, l''_2 und l''_3 einerseits und l''_4 und l''_5 andererseits sind die Rauten regelmässig vorhanden. Sie fehlen dagegen an der Grenze gegen das eingeschobene Deltoid l'''_1 u. zw. bei einem Individuum ganz, während bei einem anderen zwischen l''_5 und l'''_1 noch eine sehr reducirte Raute festgestellt werden konnte. Ausserdem ist die Raute zwischen l''_3 und l''_4 verkümmert; aber den gleichen Fall trafen wir auch schon innerhalb der Gattung *Chirocrinus* bei *Ch. penniger*, so dass anscheinend Gründe der inneren Organisation diese Reduktion vorbereitet hatten.

Primärporen sind in verkümmertem Zustande über l'''_1 deutlich nachweisbar, aber von dieser Platte durch ein über ihr eingeschaltetes Stück getrennt.

Die Ambulacra gehen von den 5 Radiolateralien aus, deren Lage in Fig. 57 richtig gestellt ist. Sie liegen auf diesen in flachen Einsenkungen, die z. Th. nach unten einen gewissen Abschluss haben, bleiben aber auf diese im Allgemeinen nicht beschränkt, sondern schieben sich über sie und die unterliegenden Thecalplatten hinüber. (Die physiologische Bedeutung dieses Processes habe ich bereits pag. 270 besprochen.) Nur auf der Platte l''_3 bleibt das Ambulacrum auf diese beschränkt u. zw. offenbar auf Veranlassung der dort schon bei *Chirocrinus* zahlreicher vorhandenen Porenrauten. Besonders die eine abwärts nach l'_3 gerichtete Raute versperrt der radiären Entfaltung des Ambulacrum den Weg. Dieselbe wird dabei nach unten gedrängt und geradezu auf die Porenfelder zwischen $l'_3 : l'_4$ und $l'_2 : l'_2$ aufgeschoben. Diese Rauten waren also offenbar früher vorhanden, als die Ambulacra sich radiär auszudehnen begannen. Anderenfalls wären die Rauten dort, da sie sich vielfach nicht an bestimmte Platten binden, wohl überhaupt nicht oder jedenfalls nicht in so unglücklicher Position angelegt worden. Wenn man die sonstige formative Bedeutung der Ambulacra in Betracht zieht, überrascht es, dass sie vor einem solchen Hinderniss Halt machen; man muss aber erwägen, dass die Poren bereits ihre Funktion voll ausübten, als die Störung an sie herantrat. Für die funktionelle und formative Selbständigkeit der Organe im Körper ist diese Erscheinung jedenfalls von hohem Interesse.

Der Stiel von *Glyptocystites* bietet kein besonderes Interesse, er schliesst sich offenbar dem von *Chirocrinus* in seinem Baue sehr nahe an.

Die morphogenetische Stellung von *Glyptocystites* innerhalb der Callocystiden ist mit wenig Worten bezeichnet. Er nimmt nach seiner gesammten Organisation und seinem geologischen Vorkommen im untersilurischen Trentonkalk unzweifelhaft die primitivste Stellung innerhalb der Callocystiden ein. Die jüngeren Vertreter dieser Familie schliessen sich in ihren Eigenschaften an *Glyptocystites* an und bleiben in keinem wesentlichen Punkte unter dessen Differenzirungsstufe stehen, wenn sie auch in mancher Hinsicht neue Differenzirungen einleiten und z. Th. neue Hemmungen in ihrer Entwicklung erfahren. Rückwärts schliesst sich *Glyptocystites* unmittelbar an jüngere Typen von *Chirocrinus* an u. zw. so eng, dass wir die ursprüngliche Existenz wesentlich anders organisirter älterer Zwischenformen kaum anzunehmen brauchen. Die Einwirkung, welche eine Verschleppung von *Chirocrinus*-Larven von Russland bis Amerika auf deren Ontogenie ausüben mochte, genügt meines Erachtens vollständig, die Differenz zu erklären, die sich in der Organisation beider findet.

G. multiporus Billings 1854 (II, 215), 1858 (I, 54). Untersilur (Trenton limestone), Ottawa, Montreal, Beauport: Canada. Theca eichelförmig, etwa 22 mm hoch, 13 mm dick. Thecalplatten aussen glatt. Etwa 17 Finger an den normal entwickelten Ambulacren. (Mehrere Ex. Coll. Frech, Breslau.) Taf. XV fig. 4, 4a, 4b; Textfigur 57 pag. 275.

b) Unterfam. Apiocystinae.

Als *Apiocystinae* fasse ich die neue Gattung *Meekocystis* und *Apiocystites* Forbes zusammen. Beide sind wie alle jüngeren Callocystiden durch geringe Porenzahl ausgezeichnet, wenngleich *Meekocystis* in dieser Hinsicht mit seinen 4 Porenrauten noch eine Annäherung an den älteren *Glyptocystites* erkennen lässt. Eine indifferente Stellung nehmen die *Apiocystinae* unter den jüngeren Typen insofern ein, als ihre Ambulacralfelder immer einfach bleiben und mit einer relativ geringen Zahl weitständiger Finger besetzt sind.

Meekocystis n. g.

Als *Lepocrinites Moorei* beschrieb Meek 1873 (II, 39) einen Callocystiden aus dem obersten Untersilur von Ohio. Derselbe unterscheidet sich in mehrfacher Hinsicht von allen übrigen Callocystiden und muss offenbar zum Typus einer neuen Gattung gemacht werden. Die Eigenschaften derselben sind mir nur durch die citirte Beschreibung und Abbildung des Originalexemplares der einen oben genannten Art bekannt. Nur auf dieses

Material gründet sich die nachstehende Charakteristik, die aber in der ausserordentlich gründlichen Beschreibung Meek's eine zuverlässige Grundlage hat. Den sorgfältigen Beschreiber zu ehren, habe ich die Gattung *Meckocystis* benannt.

Definition. Theca oval. Basis nicht eingedrückt. Die Infralateralia l_4 und l_5 wesentlich höher als die übrigen. After von diesen Platten sowie von l'_4 und l'_5 begrenzt. Eine basale Raute, ferner zwei von l abwärts, eine von l'_1 aufwärts gerichtet. 5 kurze Ambulacra mit wenigen Fingern. Stiel oben weit, mit typischen Kragengliedern.

Aus den Angaben und Abbildungen Meek's lässt sich nachstehendes Diagramm der Theca konstruiren. Danach ist der Basalkranz normal ausgebildet. Von den Infralateralien sind die den After unterlagernden l_5 und l_4 sehr hoch, ihre Grenze ganz vertikal gestellt. Auch die übrigen Infralateralia schliessen sich mit diesen zu einem geschlossenen Kranz zusammen. Von den Mediolateralien nehmen l'_4 und l'_5 an der oberen Begrenzung der Anallücke theil und sind dadurch etwas verzerrt und nach oben verschoben. Die Radiolateralia liegen regelmässig alternirend über den Mediolateralien, ihr Kranz ist aber durch das vergrösserte l'_5 unterbrochen. Die im Diagramm rechte Begrenzungslinie des Radiolaterale l''_1 ist an den Abbildungen Meek's nicht zu sehen, dagegen die Ecke an l'_1, von der ich die genannte Grenze von l''_1 ausgehen liess. Dieser Ecke wegen und nach Analogie aller übrigen Callocystiden muss ich annehmen, dass Meek jene Grenze übersehen hat. Ich bemerke, dass ich selbst den gleichen Fehler bei dem Diagramm Fig. 36 D begangen habe, wo auch die betreffende Linie an dem mir zuerst vorliegenden Exemplar leicht zu übersehen war. Deltoidea sind von Meek nicht gezeichnet und waren anscheinend wie bei den meisten Callocystiden unter den Ambulacralfeldern verdeckt.

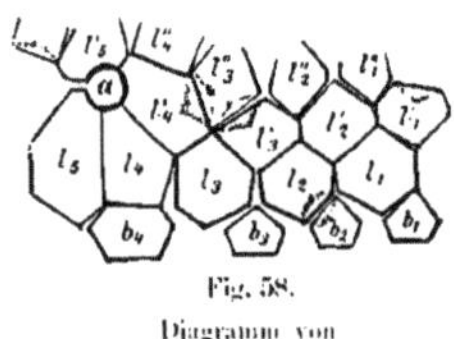

Fig. 58.
Diagramm von
Meckocystis Moorei Meek.

Die Lage des Afters und Vertheilung der 4 Porenrauten ist aus dem Diagramm zu ersehen. Nach Meek bilden die letzteren deutliche Rhomben, deren Theilseiten anscheinend nur von einem sehr niedrigen Walle umrandet sind. Ueber die Existenz von Primärporen findet sich bei Meek keine Angabe.

Die Ambulacra sind pentamer und ziemlich gleichmässig entfaltet. Sie würden nach den Angaben Meek's in dem Diagramm Fig. 59 auf den Radiolateralien l''_{1-5} liegen. Ihre radiale Ausdehnung ist auffallend gering, so dass der Gedanke sich aufdrängt, dass das betreffende Individuum eine Jugendform ist, die in solchen von *Apiocystites Angelini* Taf. XIV fig. 6, 7 ihre Analoga hätte. Indess sind diese fast gar nicht, unsere Form aber deutlich skulpturirt, so dass man sie wohl für erwachsen halten muss. Ist diese Auffassung richtig, dann muss man sich zum Vergleich des einen kürzeren Ambulacrum von *Glyptocystites multiporus* (Taf. XV fig. 4) erinnern. Wie dieses ja durch Porenrauten am Vordringen gehindert war, so ist dies offenbar auch hier bei demselben Ambulacrum R III der Fall, welches auf die beiden benachbarten Porenrauten stösst. Die Tendenz homologer Organe, sich gleich zu gestalten, scheint aber hier die individualistische Ausdehnungstendenz der übrigen gehemmt und diese so auf derselben Entwicklungsstufe zurückbehalten zu haben. Aller Wahrscheinlichkeit nach war die Herstellung dieser Correlation wichtig für die weitere phyletische Entwicklung der Callocystiden, denn wir sehen, dass von *Glyptocystites*, der darin unter Aufgabe der Harmonie weiter vorgeschritten war, keine ähnlichen Formen ausgehen, dass aber die jüngeren ontogenetisch die Ambulacra nur langsam und im Ganzen gleichmässig verschieben. Auch in der Porenbildung steht *Meekocystis* zwar von den jüngeren Callocystiden noch *Glyptocystites* am nächsten, aber auch hier hat sich der einschneidende Wechsel der Organisation und die Herstellung einer diesbezüglichen Harmonie bereits vollzogen.

M. Moorei MEEK 1873 (II, 39), oberes Untersilur Cincinnati group, Richmond, Indiana. Theca oval, 12 mm hoch, 10 mm dick. Platten an der Oberfläche mit stärkeren radialen Spannleisten und parallelen Nebenleisten versehen. Diagramm Fig. 58 pag. 278.

Apiocystites EDW. FORBES 1848 (II, 501).

Syn. *Lepocrinites* CONRAD, *Lepocrinus* oder *Lepadocrinus* HALL, *Apiocystites* HALL, *Lepadocrinus* ANGELIN, *Apiocystis* HAECKEL.

Wie aus diesem Synonymen-Verzeichniss hervorgeht, war die Feststellung des Gattungsnamens mit einigen Schwierigkeiten verknüpft. Die zuerst beschriebene Form dieses Typus ist der *Lepocrinites Gebhardii*, der 1840 durch CONRAD mit folgenden Worten erwähnt wurde (1840, Ann. Rep. Geol. Surv. New York): „*Lepocrinites Gebhardi.* By this name I introduce a singular fossil found by Mr. GEBHARD. The body is composed of plates of unequal sizes, a few of which have ambulacra, connecting this fossil with the *Echinodermata:* lower half of the column apparently solid, and traversed by a pentagonal canal." Es ist klar, dass diese Beschreibung auf sehr viele Pelmatozoen passt und ohne Abbildung keine Species oder Gattung derselben charakterisirt. Das betreffende Fossil wurde aber unter obigem Namen — allerdings aus sprachlichen Gründen in *Lepocrinus* oder *Lepadocrinus* geändert — von J. HALL 1859 übernommen mit einer specifischen Beschreibung versehen und zum Typus einer Gattung gemacht (Geol. Surv. New York, Palaeontology Vol. III Part. I p. 125. Albany 1859). Erst durch diese Beschreibung HALL's hat meines Erachtens das CONRAD'sche Fossil Anspruch auf Prioritätsrechte und sein Name würde also „*Lepocrinus Gebhardii* (CONR.) HALL 1859" zu lauten haben. Nun ergab aber ein Vergleich dieser amerikanischen Form eine volle generische Uebereinstimmung mit der Gattung *Apiocystites*, die EDW. FORBES bereits 1848 (II, 501) auf Grund des *Apiocystites pentrematoides* aus dem Obersilur von Dudley in England aufgestellt hatte. Demnach hat, da *Lepocrinites* von CONRAD durchaus unzureichend beschrieben ist, der Name *Apiocystites* FORBES die Priorität vor *Lepocrinus* HALL. Eine obersilurische Form Gotlands, die schon von ANGELIN 1878 (I, 32) mit der amerikanischen Species vereinigt worden ist, fällt nunmehr auch unter die Gattung *Apiocystites*, wo sie allerdings zum Typus einer selbständigen Art zu machen ist. Andererseits musste eine von MEEK zu *Lepocrinites* gestellte Art aus dem oberen Untersilur Nord-Amerikas (*L. Moorei*) zum Typus der neuen Gattung *Meekocystis* gemacht werden.

Definition. Theca oval, Lateralia in geschlossenen Kränzen. After zwischen l_4, l_5, l'_5, mässig klein. Eine basale, zwei obere Porenrauten auf $l'_4 : l'_5$ und auf

$l'_1 : l''_5$. 4 ungetheilte niedrige Ambulacralrinnen mit ziemlich entfernt stehenden Fingern, deren Zahl im Ambulacrum kaum 20 übersteigt. Thecalplatten aussen granulirt.

Die allgemeine Form der Theca ist pflaumenartig, wobei die Längsaxe nicht ganz vertikal gestellt ist. Der Basalkranz zeigt keine nennenswerthen Differenzirungen, nur dass an b_3 die solare — im Bilde also linke — Oberkante meist merklich länger ist als die kontrasolare. An dem Infralateralkranz sind die den After unten begrenzenden Stücke meist ziemlich gross und besonders hoch, so dass namentlich deren Grenze unterhalb des Afters auffällig lang ist. Im Mediolateralkranz liegen l'_{1-4} ungefähr in gleicher Höhe, das den After oben begrenzende l'_5 aber eben deshalb etwas höher. Da die Platte auch relativ gross ist, wird das Radiolaterale l''_5 ebenfalls entsprechend über die übrigen gehoben. Hierdurch wird es bedingt, dass der Mund in der Regel nicht vertikal über dem Stielansatz liegt, sondern etwas nach der abanalen Thecalseite verschoben ist.

Der After bezw. die Anallücke zeigt keine besonderen Eigenthümlichkeiten. Ein Analring scheint regelmässig vorhanden gewesen zu sein. Bei dem kleinsten mir vorliegenden Individuum von *A. Angelini* (Taf. XIV fig. 7) nimmt die Anallücke noch etwa ein Drittel des Thecaldurchmessers ein. Bei den grösseren Individuen (Taf. XIV fig. 5) erreicht sie kaum mehr ein Fünftel jenes Maasses. Dieses Verhältniss scheint für die normal erwachsenen Vertreter der Gattung charakteristisch zu sein. Bei einem Exemplar meiner Privatsammlung von *A. pentrematoides* von Dudley sind 6 Analklappen und anscheinend 9 Stücke in dem äusseren Analring vorhanden. In fig. 2 Taf. XV sind letztere leider nicht mehr zur Darstellung gebracht worden, die Zahl und Lage der Analklappen aber richtig wiedergegeben.

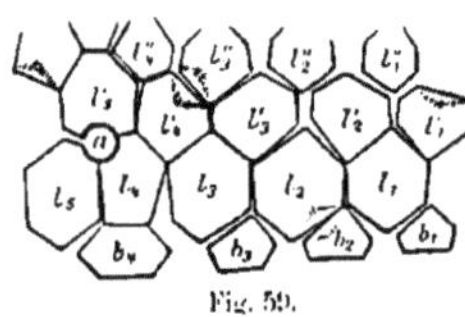

Fig. 59.
Diagramm von *Apiocystites Gebhardii* (CONR.) HALL sp.

Die Porenrauten zeigen die für die Familie normale Vertheilung und in der Regel eine ziemlich beträchtliche Zahl von Einzelporen. Bei *A. Gebhardii* (Coll. FRECH, Breslau) zähle ich in den oberen Rauten ungefähr 40 Poren. *B. pentrematoides* (Coll. JKL.) zähle ich 9, bei *A. Angelini* (Acad. Stockholm) in der Raute $l'_1 : l''_5$ 16, in der anderen oberen 22, in der basalen 21 Dichoporen (Taf. XIV fig. 5), bei dem kleineren ebendort fig. 6 abgebildeten Individuum lauten die entsprechenden Zahlen 12, 13 und 8. Die Rauten sind also unter einander ziemlich gleich ausgebildet. Dasselbe gilt von den beiden Seiten der Rauten, die sich höchstens durch kleine Differenzen in der Höhe der Umwallung unterscheiden. Wie sich hierin innerhalb der Familie noch eine gewisse Primitivität geltend macht, zeigt sich diese auch darin, dass bei allen in ihren Körpermaassen wohl entwickelten Formen die Schlitzreihen deutlich geknickt sind. Das tritt auch an kleinen Individuen, wie Taf. XIV fig. 7, deutlich hervor, erhält sich aber auch bei den grössten von *A. Gebhardii*. Nur bei dem sehr kleinen *A. pentrematoides* von Dudley (Taf. XV fig. 2) sind die Rautenhöfe auf einen halbkreisförmigen Umriss zusammengedrängt.

Die Ambulacra sind immer in der Vierzahl entfaltet und zwar durch Hemmung von R III, wie pag. 216 auseinandergesetzt wurde. Ihre Länge ist nicht immer bis an den Stielansatz ausgedehnt wie bei normal erwachsenen Individuen der gotländer und englischen Art, sondern erreicht z. B. bei *A. Gebhardii* bisweilen nur zwei Drittel der Thecalhöhe. An den kleinen und wahrscheinlich jugendlichen Individuen von *A. Angelini* Taf. XIV fig. 6 und 7 sind die verschiedenen Stadien dieser Ueberschiebung deutlich zu verfolgen. Was die innere Ausbildung der Ambulacralfelder betrifft, so wurde deren Typus bereits pag. 271 gegenüber dem von *Pseudocrinites* und *Staurocystis* geschildert. Die Ambulacra und Parambulacralia sind besonders bei *A. Gebhardii* und *pentrematoides* niedrig und infolge dessen sehr wenig über die Thecaloberfläche erhaben. Bei *A. Angelini* treten sie etwas stärker hervor, sind aber, wie immer, so auch hier insofern individualisirt, als jede an der Oberfläche besonders vorgewölbt ist (Taf. XIV fig. 5) und auch am Seitenrande bogig vortritt. Die Zahl der Finger steigt wohl kaum über 10—12 jederseits. Ihre Form lässt nur eine Verbreiterung an dem Gelenk und dann eine ziemlich schnelle Abnahme nach dem Ende, ferner keine Skulptur an den einzelnen Digitalien erkennen. Ausser von *A. Gebhardii* liegen mir auch bei *A. pentrematoides* ansitzende Finger vor. Ihre Länge beträgt hier bei einer Thecalhöhe von 13 mm nur etwa 1,5—2 mm, blieb also noch hinter der von *Callocystites* (Taf. XV fig. 1) zurück.

Ein längerer Abschnitt des Stieles liegt mir von *A. pentrematoides* vor; derselbe zeigt den oberen Abschnitt mit Ringgliedern und den mittleren mit tonnenförmigen Gliedern. Die Figur 2 Taf. XV stellt eine Vergabelung als Wurzelbildung in relativ geringer Entfernung von der Theca dar. Ich bin bei wiederholter Betrachtung und erneuter Präparation zweifelhaft geworden, ob die als Wurzel erscheinenden Theile im normalen Zusammenhang mit dem oberen Stielstück stehen. Es will mir auch aus Vergleichen mit anderen Regulären scheinen, dass der Stiel auch dieser Form länger war, als es die genannte Figur darstellt. Eine sehr eigenthümliche Umformung des Stieles ist bei *A. Gebhardii* schon von Conrad und Hall beobachtet und von letzterem (l. c. T. VII f. 5, 6, 7, 14—22) abgebildet worden. Auch das mir vorliegende Exemplar des Herrn Prof. F. Frech in Breslau lässt diese Umformung wenn auch undeutlich erhalten erkennen. Sie besteht nach den Darstellungen von Hall darin, dass der mittlere Stielabschnitt durch gleichmässige seitliche Verdickung der Glieder zu einem kolbenförmigen Stück individualisirt erscheint. Innen zeigt dieses Stück ein entsprechend erweitertes Lumen, aussen eine besondere Skulptur durch Knötchen. Die Erscheinung erinnert genau an die pathologischen Anschwellungen der Glieder, die an gewissen Fundpunkten des schwäbischen Jura bei Apiocriniten vorkommen und durch L. v. Graff bei lebenden Crinoiden auf Stiche von *Myzostoma* zurückgeführt sind. Dass es sich auch hier nur um pathologische Deformitäten handeln kann, geht daraus hervor, dass nicht alle Individuen jene Verdickung besitzen, und dass dieselbe sonst eine Umbildung des Stieles voraussetzen würde, die sich innerhalb einer gewissen Zahl von Generationen und eines weiteren Verwandtschaftskreises angebahnt haben müsste. Aber auch die nächst Verwandten dieser Form zeigen keine Spur davon. Selbstverständlich werden die Erreger jener Deformitäten nicht die heut lebenden Arten jener parasitischen Würmer sein, aber wahrscheinlich nahe Verwandte derselben.

Die Gattung ist vertheilt auf die Silurgebiete der Staaten New-York und Maryland von Nord-Amerika, England und der Insel Gotland, aber nach den bisherigen Funden beschränkt auf die mittleren Schichten des Obersilur.

Ihre morphogenetische Stellung innerhalb der Familie wurde bereits pag. 273 besprochen. Ich hebe nur noch hervor, dass sich die Gattung im Bau der Ambulacra und der Poren relativ nahe an *Glyptocystites* und *Meekocystis* anschliesst und auch wohl phylogenetisch von dem letzteren jüngeren dieser Typen abzuleiten ist. Gegenüber *Glyptocystites* erscheint *Apiocystites* specialisirt durch die vollständige Unterdrückung des Radius III, die numerische Reduktion der Porenrauten, die Verengung des Afters durch Ablösung desselben von der Platte V_4 und durch konvexe Ausbildung der Basis — sämmtlich Processe, die wir auch sonst innerhalb der Formenreihen der *Regularia* in allmählicher Steigerung verfolgen können, die also keinerlei einschneidende Bedeutung haben. Bemerkenswerth ist dabei nur, dass sich diese Processe im Allgemeinen langsam vollzogen, dass uns also hier allem Anschein nach noch Zwischenformen zwischen *Glyptocystites* und *Apiocystites* fehlen, die jene Uebergänge vermittelten. Der lange, beide Gattungen trennende Zeitraum vom mittleren Untersilur bis zum mittleren Obersilur macht die ursprüngliche Existenz vieler Generationen von Zwischenformen so wie so selbstverständlich.

A. Gebhardii (CONR.) HALL 1859 (III, 127). Obersilur (Pentamerus limestone der Lower Helderberg group). Theca von Wallnussgrösse. Platten mit koncentrischen Anwachszonen, dazwischen granulirt. Porenhöfe lang, in der Mitte geknickt. Diagramm Fig. 59 pag. 280.

A. Angelini n. sp. (*Lepadocrinus Gebhardi* ANGELIN 1878 [I, 32]). Obersilur, Gotland. Theca etwa 15 mm hoch, 12 mm dick. Skulptur und Poren wie bei *A. Gebhardi*. Stiel unter der Basis schnell verjüngt, mit stark geneigten Kragen an den Gliedern. Taf. XIV fig. 5—7. Diagramm Fig. 36 E (darin I'_1 irrthümlich, vergl. Fig. 59 pag. 280).

A. elegans HALL 1852 (I, 243). Obersilur (Niagara grp.) Lockport, New-York. Kleiner als *A. Gebhardii*. Theca bis 15 mm hoch, 9 mm dick. Ambulacra ziemlich gleichmässig, bis in die Nähe der Basis ausgedehnt. Porenhöfe dreieckig bis oval. Platten mit entfernt stehenden unregelmässigen verzerrten Höckern versehen.

A. pentrematoides FORBES 1848 (II. 503). Obersilur (Wenlock limestone), Dudley, England. Klein, Theca circa 13 mm hoch, genau oval. Porenhöfe halbkreisförmig, Thecalplatten schwach granulirt. Taf. XV fig. 2. Diagramm Fig. 36 D.

A. canadensis, *A. huronensis*, *A. tecumseth* BILLINGS 1866 (Catal. Silur. Foss. Anticosti). Obersilur (Niagara group), Insel Anticosti. (Aut. S. A. MILLER 1889, III, 224.)

A. oblongus FORBES sp. 1848 (II, 501). (Syn. *Pseudocrinites oblongus* FORB. l. c.) Obersilur (Wenlock limestone), Dudley, England. Theca gerundet, vierseitig, etwa 15—20 mm hoch, 10—13 mm dick. Ambulacra gleichmässig bis auf die Basis ausgedehnt. (Einige der Abbildungen von E. FORBES sind unverständlich. Seine Figur 4 der Tafel XIV gehört wahrscheinlich einer besonderen Art an.)

c) Unterfam. Staurocystinae.

Das wesentliche Kennzeichen dieses Formenkreises erblicke ich darin, dass die Finger infolge starker Vermehrung engständig geworden sind, d. h. sich seitlich an ihren Ansätzen fast berühren, und die Ambulacralplatten sich unter verstärktem Druck erhöht und seitlich eng zusammengedrängt haben. Die Fingerzahl steigt hier auf etwa 50 in einem Ambulacralfeld. Diese selbst sind immer ungegabelt und verlaufen gerade über die Theca bis zum Stielansatz. Durch die vertikale Verstärkung der Ambulacralia und Parambulacralia entstehen ziemlich hoch erhabene Leisten auf dem Thecalskelet. An deren Seitenwand sind die vertikalen Grenzen der genannten fingertragenden Plättchen nur noch als Linien erkennbar (Taf. XIV fig. 3, 4).

Die Zusammensetzung der Theca ist von derjenigen der Apiocystinen (vergl. das Diagramm Fig. 59 pag. 280) insofern unterschieden, als sich die Mediolateralia l'_3 und l'_4 nur in einem Punkte berühren und letzteres wie bei *Meckocystis* (Fig. 58 pag. 278) an der Begrenzung der Anallücke theilnimmt. Dadurch wird eine direkte Beziehung dieser Form zu den Callocystinen ausgeschlossen, bei denen sich zwischen l'_4 und l'_5 die Platte l''_4 einschiebt und erstere von der Begrenzung der Anallücke noch weiter fortdrängt (vergl. Fig. 62 *Hallicystis* pag. 287 und Fig. 36 M pag. 197). Auch eine direkte Verbindung mit *Apiocystites* erscheint dadurch in Frage gestellt, weil ja wie überhaupt innerhalb der Familie auch hier keinerlei Erweiterung der Anallücke stattgefunden hat, die sonst allein die Thatsache einer sekundären Heranziehung von l'_4 zur Begrenzung der Anallücke erklären könnte. Die Begrenzung durch 4 Platten muss also als primär betrachtet werden. Dann sind wir aber genöthigt, die *Staurocystinae* unmittelbar von *Meckocystis* ähnlichen Vorfahren abzuleiten. Der Umstand, dass sie mit den Apiocystiden zugleich im englischen Obersilur erscheinen, spricht ja durchaus nicht gegen diese Annahme. Es wäre wenigstens schwerer einzusehen, dass die Umbildung der Apiocystiden erst im englischen Silur erfolgt sein sollte, da die weite Verschiebung anderer Arten derselben keine wesentlichen Veränderungen hervorrief, als anzunehmen, dass die *Staurocystinae* eben durch diese Verschiebung von Amerika nach Europa eine selbständige Umgestaltung erfuhren. Die nachträgliche besondere Vermehrung der Fingerzahl in den einzelnen Radien lässt vielmehr besondere Umstände als Ursache dieser Vermehrung erwarten. Solche ergeben sich aber unmittelbar aus einer ontogenetischen Hemmung bei der Entfaltung der Radien. Da *Meckocystis* wie *Glyptocystites* noch 5 Ambulacralfelder besass, würden also beide Gattungen der *Staurocystinae* eine Unterdrückung von Radien erfahren haben. Bei *Pseudocrinites* wäre dieselbe am stärksten; ob sie bei *Staurocystis* von vornherein geringer war, oder diese Gattung als ein Typus zu betrachten ist, der sich nach der Verschiebung unter normalen Verhältnissen sozusagen erholt hat, wird sich schwerlich entscheiden lassen, da die Unterdrückung einzelner Ambulacralradien so oder so auf einmal und in jedem Falle in Phasen der Ontogenie erfolgte, die nicht mehr zu kontroliren sind. Ob also *Pseudocrinites* der Vorfahr von *Staurocystis* war, ist hiernach nicht zu entscheiden, beide gehören aber sicher einem eng geschlossenen Verwandtschaftskreise an.

Pseudocrinites Pearce 1843 (II, 160).

Syn. *Pseudocrinus* Haeckel.

Die Gattung *Pseudocrinites* Pearce ist erst durch die Beschreibung von Edw. Forbes weiteren Kreisen bekannt geworden, sie ist aber nicht erst durch diesen Autor, sondern bereits von Ch. Pearce durchaus erkennbar charakterisirt worden, so dass Pearce entschieden als ihr Autor betrachtet werden muss. Derselbe fasste in die „entirely new form of encrinite" zwei Arten zusammen, die er nach der Zahl ihrer Ambulacralfelder als

P. bifasciatus und *quadrifasciatus* unterschied. Da sich nun eine Trennung der beiden Arten in zwei verschiedene Gattungen wünschenswerth macht, so muss nach den Regeln der Nomenclatur mangels besonderer Hinweise die erstbenannte Art als Typus der Gattung betrachtet werden. Auch Edw. Forbes (1848, II, 494), der übrigens beide Arten in obiger Gattung vereinigt liess, hat die erstere zum Typus seiner Beschreibung gemacht, da ihm der Bau der anderen weniger genau bekannt war. Mit E. Haeckel, der sich übrigens nur auf die genannte Arbeit von Forbes bezieht, beschränke ich nun die Gattung *Pseudocrinites* Pearce auf die Arten mit zwei gegenständigen Ambulacren und nenne mit ihm die vierstrahligen Formen *Staurocystis*.

Definition. Theca seitlich flach komprimirt, linsenförmig. Nur zwei Ambulacra (R II und R V) entfaltet und bis an den Stielansatz ausgedehnt. Anallücke zwischen l_4, l_5, l'_4, l'_5 mässig klein. Eine basale, zwei obere Rauten in normaler Stellung mit langen winkligen Rautenhöfen und zahlreichen Dichoporen.

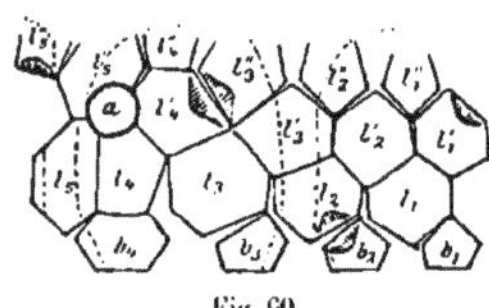

Fig. 60.
Diagramm von *Pseudocrinites bifasciatus* Pearce.

Die allgemeine Form der Theca erinnert an die von *Pleurocystites*, unterscheidet sich aber von dieser erstens dadurch, dass die eine Breitseite nicht von der Anallücke, sondern beide von der normalen Thecalwand gebildet werden, und zweitens dadurch, dass die schmalen Seiten nicht zu einem scharfen Rande komprimirt sind, sondern immerhin noch die Breite der Ambulacralfelder haben. Sind die letzteren von der Theca abgelöst, wie an einem Exemplar des Berliner Museums, so erscheint die Form der Theca als eine flach-ovale Schachtel bezw. eine ovale Münze von ziemlicher Stärke. Die Unterschiede gegenüber dem zweiseitigen *Pleurocystites* erklären sich eben aus der Verschiedenartigkeit der Ursachen, die diese Zweiseitigkeit veranlassten. Während es bei *Pleurocystites* die enorme Erweiterung der Anallücke war, ist es hier lediglich die Entfaltung nur zweier Ambulacra, deren Druck die Theca nur in einer Ebene belastete.

Die aus vorstehendem Diagramm ersichtliche Zusammensetzung der Theca ist von derjenigen von *Staurocystis*, abgesehen von der seitlichen Kompression, nur dadurch unterschieden, dass l'_4 in beträchtlicher Länge an der Begrenzung der Anallücke theilnimmt. Im übrigen sind die Plattenkränze ziemlich normal ausgebildet; l'_4 und l'_3 stossen allerdings nur in einer kurzen Linie zusammen, so dass l''_3 nahe an das Infralaterale l_3 herantritt. Ausserdem ist l'_5 zwischen die beiden Radiolateralia l''_4 und l''_5 eingeschaltet, eine Erscheinung, die innerhalb der Familie nicht ungewöhnlich ist, da wir ihr auch bei *Apiocystites* und *Callocystites* begegneten.

Die Ambulacralfelder tragen bei *P. bifasciatus* etwa je 40, bei *P. magnificus* etwa 50 Finger. Ich zählte im letzteren Falle bei einem Exemplar von den Fingern einer Thecalseite im ganzen Umkreis 47; auf jedes der beiden Ambulacra kommen also etwa ebensoviel. Bei einem Abguss eines Exemplares dieser Art im Berliner Museum zähle ich nahezu 60. Diese Zahlen sind erheblich grösser, als sie Edw. Forbes in seiner Monographie der britischen Cystoideen (1848, II, 497) angiebt. Für erstere Art giebt er 12—16, für letztere „nicht weniger als 34" an. Diese Angaben stimmen auch nicht mit seinen z. Th. rekonstruirten Figuren (l. c. T. XI f. 3, XII f. 1) überein, obwohl sich hier die Zahl unseren obigen Angaben bereits nähert. Da die abgebildeten Exemplare den Eindruck voll erwachsener Individuen machen, dürften sie wohl die oben angegebene Fingerzahl erreicht haben. Vielleicht erklärt sich die grosse Differenz der Angaben daraus, dass FORBES nur die Finger einer Seite der Ambulacralfelder zählte; seine Worte „the number of fingers on each arm“ schliessen allerdings diese Deutung eigentlich aus. Die Finger sind länger als bei *Staurocystis*, sogar wohl noch etwas länger, als sie Figur 4 auf Tafel XIV darstellt; sie mögen bisweilen die halbe Thecalhöhe erreicht haben.

Die oberen Porenrauten enthalten in den schmalen und winklig gebogenen Rautenhöfen etwa 15—20 Dichoporen. Der After ist mit 5—6 Klappen geschlossen und mit einem Ring von etwa 10 schmalen Stückchen umgeben. Der Stiel ist nur in seinem obersten Abschnitt bekannt, hier mit wenig vortretenden Ringgliedern versehen und ziemlich dünnwandig, da er an einem mir vorliegenden Exemplar leicht eingedrückt ist. Die Gattung ist unserer jetzigen Kenntniss nach auf das mittlere Obersilur (Wenlock limestone) von Dudley in England beschränkt.

P. bifasciatus PEARCE 1843 (II, 160) (Syn. aut. FORBES *P. bicopuladigiti* PEARCE Athenaeum p. 803). Obersilur (Wenlock limestone) Dudley, England. Theca etwa 20 mm hoch, 18 mm breit und am Rand 5, in der Mitte etwa 7,5 mm dick, in den einzelnen Ambulacren etwa mit 40 Fingern versehen. Taf. XIV fig. 2.

P. magnificus FORBES 1848 (II, 497), ebendaher. Theca etwa 30 mm hoch, 27 mm breit, mit etwa 50 Fingern in jedem Ambulacrum. Taf. XIV fig. 3, 4.

Staurocystis HAECKEL 1896 (II, 134).

Syn. *Pseudocrinites* PEARCE z. Th.

HAECKEL hat sich, indem er den *Pseudocrinites bifasciatus* zum Typus dieser Gattung machte, zwar nur auf EDW. FORBES gestützt, aber auch nach der ersten Beschreibung von PEARCE ist, wie pag. 284 erwähnt wurde, diese Maassnahme begründet. Seine Aufstellung einer besonderen Gattung für den *Pseudocrinites quadrifasciatus* erscheint danach berechtigt. *Apiocystites oblongus*, den er ebenfalls zu obiger Gattung stellt, habe ich bei *Apiocystites* belassen und dort besprochen. Ausserdem vermuthete HAECKEL die Zugehörigkeit von *Staurosoma rarum* BARR. und *Tiaracrinus quadrifrons* L. SCHULTZE zu *Staurocystis*. Diese Formen, die ganz sicher nicht hierher gehören, sind im Folgenden bei den irregulären Tetracystiden besprochen. Die Gattung *Staurocystis* beschränke ich auf eine einzige bisher bekannte Art, den *Pseudocrinites quadrifasciatus* PEARCE.

Definition. Theca oval, mit vier Ambulacralfeldern, die mit zahlreichen engständigen Fingern besetzt sind. Anallücke zwischen l_4, l_5, l'_4, l'_5, mässig klein; eine basale, zwei obere Porenrauten in normaler Stellung mit langen winkligen Rautenhöfchen und zahlreichen Einzelporen.

Die Theca wird durch den Besitz von 4 Ambulacralfeldern 8kantig im Querschnitt; die freien Seitenflächen, die in der Mitte fast doppelt so breit sind als die Ambulacralfelder, sind schwach gewölbt. Die Platte l'_4 tritt hier nur in sehr geringer Breite an die

Anallücke heran (vergl. Fig. 61). Die vier entfalteten Ambulacra sind dieselben wie bei den Apiocystiden, nämlich R I, R II, R IV, R V. Dieselben sind untereinander gleich stark entwickelt und ausnahmslos bis an den Stielansatz ausgedehnt. Die Zahl der Finger beträgt etwa 40 in jedem Ambulacrum. Der After und die Porenrauten, die wie bei *Pseudocrinites* gebaut und vertheilt sind, sind gleichmässig auf die Zwischenfelder zwischen den Ambulacren vertheilt, so dass der After zwischen R IV und R V, die Basalraute zwischen R I und R II liegt und die oberen Rauten je eines der beiden anderen Felder einnehmen. In der restaurirten Figur 1 auf Tafel XIV sind die Finger nicht eng genug gestellt, d. h. an der Basis zu schmal und auch wohl etwas zu kurz gezeichnet. Ob der Stiel nur die angegebene Länge besass oder bis zur Wurzel vielleicht eine wesentlich grössere Zahl von Gliedern aufwies, liess sich nicht mit Sicherheit entscheiden.

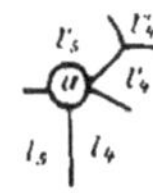

Fig. 61. Diagramm der die Anallücke (a) umgebenden Platten von *Staurocystis quadrifasciata* PEARCE sp.

S. quadrifasciata PEARCE sp. 1843 (II, 160) (Syn. aut. FORBES *Pseudocrinites quadricopuladigiti* PEARCE Athenaeum No. 803). Obersilur (Wenlock limestone), Dudley, England. Theca etwa 15–20 mm hoch, 10 bis 15 mm dick, mit etwa 140–160 Fingern besetzt. Oberfläche der Thecalplatten grubig skulpturirt.

d) Unterfam. Callocystinae.

Die drei Gattungen dieser Unterfamilie *Callocystites*, *Sphaerocystites* und die unvollständig bekannte *Hallicystis* sind auf das Obersilur von Nord-Amerika beschränkt und die beiden ersteren allerdings in dieser Hinsicht allein kontrollirbaren Formen durch die Gabelung ihrer Ambulacralfelder und die starke Zusammenschiebung ihrer Thecalkränze den übrigen Callocystinen gegenüber als Einheit gekennzeichnet. Die Finger sind weitständig, der After ist klein, aber wenigstens bei *Callocystites* sicher mit Ringstücken versehen. Es sind stets nur drei Porenrauten vorhanden, deren Theilseiten besonders umwallt sind. Nach dem bekanntesten ihrer Mitglieder nenne ich diese Unterfamilie *Callocystinae*.

Hallicystis nov. gen.

Typus *Apiocystites imago* J. HALL (1864) 1865 (I, 314).

Trotzdem von dieser Gattung nur sehr unvollständiges Material vorliegt, liess sich ihre generische Sonderung von den anderen Callocystiden doch nicht umgehen. Es liegen mir nur zwei Steinkerne von Theken vor, die den obersilurischen Dolomiten von Chicago entstammen und wahrscheinlich zwei Arten repräsentiren. Von beiden Exemplaren ist nur die eine und zwar dieselbe Seite erhalten, so dass man daraus zwar die Konstanz generischer Charaktere, aber nicht die Zusammensetzung der ganzen Theca ermitteln konnte. Auch HALL bildet nur dieselbe Seite ab, so dass vielleicht eine bestimmte Neigung der Theca in allen Fällen die Einbettung derselben Seite in den Bodenschlamm verursachte. Ich benenne dieselbe zu Ehren von JAMES HALL, dem Nestor der amerikanischen Palaeontologie.

Definition. Theca eichelförmig, Basis nicht eingedrückt. Infralateralia in geschlossenem Kranz, der der Mediolateralia durch l''_4 unterbrochen. Deltoidea vollzählig und relativ gross. After klein, zwischen l_4, l_5, l'_5. Eine basale, zwei obere Porenrauten in normaler Stellung, deren Seiten halbkreisförmig umwallt.

Das Thecalskelet unterscheidet sich von dem aller bisher besprochenen Callocystiden dadurch, dass die Platte l''_4 bis an das Infralaterale l_4 herunterrückt, ohne aber an der Begrenzung der Analllücke theilzunehmen. Dadurch hat zugleich das porentragende Mediolaterale l'_4 eine wesentliche Verkleinerung erfahren. In beiden Punkten stimmt dieser Typus nun mit *Callocystites* und *Sphaerocystites* überein, unterscheidet sich aber von beiden dadurch, dass die Infralateralia einen geschlossenen Kranz bilden, während dieser bei den genannten Gattungen durch die Mediolateralia l'_4 bezw. wie bei *Callocystites* ausserdem auch noch durch l'_2 unterbrochen wird. Von *Sphaerocystites* unterscheidet sich unsere neue Gattung ausserdem auch dadurch, dass der Basalkranz nicht eingedrückt, sondern konvex ist.

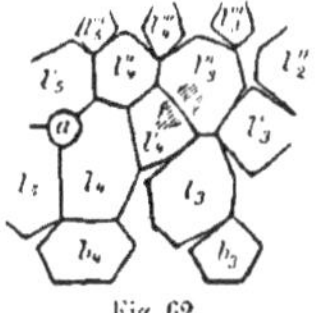

Fig. 62.
Diagramm der analen Seite von *Hallicystis elongata* JKL.

Eine Besonderheit ist noch an den Steinkernen dieser Gattung zu beobachten, auf die ich schon früher kurz hinwies. An den mir vorliegenden Exemplaren zieht sich eine deutlich eingeschnittene Rinne von der Porenraute $l'_4 : l''_3$ nach dem Unterrande des Afters hin. Sie ist nicht überall gleich und individuell verschieden stark eingeprägt. Bei dem kleineren Exemplar von *H. oblonga* setzt sie bereits vor und oberhalb jener Raute plötzlich mit einer Grube ein und nimmt dann hinter der Raute nach dem After zu allmählich an Deutlichkeit ab. Bei der grösseren Theca dieser Art (Univ. Strassburg) ist der Verlauf der gleiche, nur dass die Oberfläche der Platte l''_3 vor der Raute zwar unterhöhlt, aber nicht durchbrochen ist. An den von HALL abgebildeten Individuen von *H. imago* ist diese Furche unterhalb des Afters am stärksten vertieft, und offenbar von dem Zeichner als Plattengrenze eingetragen, die an dieser Stelle undenkbar ist. Es kann sich also dabei wohl nur um einen Beobachtungsfehler handeln. Die geschilderte Rinne in der Oberfläche des Steinkernes, d. h. der Steinausfüllung des Innenraumes, entsprach natürlich ursprünglich ein Septum an der Innenwand der Theca. Als Parietalseptum ist dasselbe keinesfalls aufzufassen; allem Anschein nach steht es aber im Zusammenhang mit dem inneren Respirationsraum der genannten Porenraute und dem After. Da das Lageverhältniss dieser Organe so konstant ist, d. h. die eine oder auch zwei von den oberen Rauten immer an dieser Stelle liegen, so mag diesem nur hier an Steinkernen nachweisbaren Septum wohl allgemeinere Bedeutung für die Raumvertheilung der inneren Organe und im besonderen der Coelomräume zukommen.

Hallicystis steht sonach im Bau der Theca den Gattungen *Callocystites* und *Sphaerocystites* am nächsten, bezeichnet aber beiden gegenüber ein primitiveres Entwicklungsstadium, insofern die Herabdrängung der oberen Lateralia zwischen die unteren hier erst ihren Anfang genommen hat. Das deutet auf eine schwache Entfaltung der Ambulacra.

Ueber die sonstige Organisation und morphogenetische Stellung der Gattung giebt leider die Erhaltung ihrer bisher bekannten Vertreter keine Auskunft.

H. imago HALL 1864 (I, 314). Obersilur (Niagara group), Racine Wisc., Chicago Ill. Theca 30 mm hoch, 18 mm dick. After in der oberen Hälfte der Theca, letztere darüber allmählich verjüngt. Porenraute $l'_1 : l''_2$ sehr schmal, die übrigen unbekannt. (1 Ex. Coll. JAEKEL.) Taf. XV fig. 3.

H. elongata n. sp. Obersilur (Niagara limestone), Chicago. Theca unförmlich gewölbt, 35—40 mm hoch. After in der Mitte der Höhe, in seiner Umgebung eine Depression. Theca über dem After noch konvex gewölbt. Obere Raute $l'_4 : l''_3$ mässig breit mit 14 Poren. Platten flach, wellig, nach der Mitte gefaltet, am Rand mit koncentrischen Linien. (1 Ex. Univ. Strassburg i. E.)

Sphaerocystites HALL 1859 (III, 130).

(Syn. *Sphaerocystis* HAECKEL.)

Der Typus und bisher einzige Vertreter dieser Gattung, *S. multifasciatus* HALL, giebt nach der Beschreibung dieses Autors leider keinen Aufschluss über die Zusammensetzung der Theca. Seine Form passt aber so genau zu einigen Steinkernen aus den obersilurischen Dolomiten von Chicago, dass ich glaube, dieselben zur gleichen Gattung stellen und zur Ergänzung der Gattungsdiagnose benutzen zu können.

Definition. Theca breit, apfelförmig, Basis eingedrückt. Basale 4 sehr verbreitert. Infralateralkranz durch die beiden porentragenden Platten l'_4 und l'_1 unterbrochen. Von den Mediolateralien nur l'_2 und l'_3 in seitlichem Zusammenhang. Radiolateralia nur von unten durch l_1 unterbrochen. Deltoidea mässig gross, im geschlossenen Kranz am Scheitel. After klein, zwischen l_4, l_5, l'_5. 3 Porenrauten in normaler Stellung. 4 Ambulacra (I, II, IV, V), die sich wiederholt auf der Theca gabeln.

Die allgemeine Form der Theca ist insofern auffällig, als die Basis bei diesem Endgliede der Familie wieder konkav eingedrückt ist. Diese Erscheinung erklärt sich hier offenbar dadurch, dass die reiche Gabelung der fingerbesetzten Ambulacra einen ungewöhnlich starken Druck auf die Theca ausüben und deren Seiten dadurch neben dem Stielansatz herunterdrücken musste; sie zeigt aber zugleich, wie geringe morphologische Bedeutung dieser Eindrückung zukommt und wie abhängig dieselbe von dem spontan auf der Theca ruhenden Druck ist. Nur der Umstand, dass alle älteren Formen ein dünnes Thecalskelet besassen, welches dem Druck nicht genügenden Gegendruck entgegensetzen konnte, liess bei allen diesen älteren Formen die Einsenkung als ein primitives Merkmal erscheinen, während das hier entstandene Missverhältniss wohl auf Kosten einer übermässigen Entwicklung der Ambulacra zu setzen ist.

Die Zusammenschiebung der Thecalplatten bezw. ihrer Kränze steht — nach den Steinkernen von *S. dolomiticus* zu urtheilen — etwa in der Mitte zwischen *Hallicystis* und *Callocystites*. Wie bei ersteren ist auch hier die Platte l''_4 bis an l_1 heruntergerückt (vergl. Fig. 62 pag. 287), ausserdem ist aber auch das porentragende l'_4 zwischen die Infralateralia, l''_3 zwischen die Mediolateralia gerückt. Dadurch ruhen auf dem an sich schon breiteren b_1 vier Platten auf, so dass dasselbe oben 5 Ecken aufweist und ungewöhnlich vergrössert ist. Auch die anderen Porenrauten tragenden Platten sind unter ihre Zonen verschoben, so dass auch l'_1 dem Basalkranz u. zw. b_1 aufruht. Im Gegensatz zu *Callocystites* nimmt aber l'_3 hier noch seine normale Lage in der Zone der Mediolateralia ein.

Dadurch, dass die oberen Lateralkränze relativ klein und die Thecaloberseite abgeflacht ist, erscheint die Lage des kleinen Afters verhältnissmässig hoch an der Seite der Theca.

Die vier Ambulacralfelder gabeln sich nach der Darstellung J. HALL's sämmtlich und mehr als zwei Mal, u. zw. zeigt R I drei, R II vier, R IV sechs und R V fünf Aeste. R I weist dementsprechend nach HALL's vielleicht schematisirter Abbildung 54, R IV dagegen im Ganzen 103 Fingeransätze auf (vergl. HALL l. c. T. VII A f. 4).

Sphaerocystites ist offenbar ein sehr differenzirtes Glied der Familie, sowohl in der reichen Entfaltung der Ambulacra, wie in der Zusammensetzung der Theca und der Zahl und Ausbildung der Porenrauten. Innerhalb der Unterfamilie bezeichnet er einen Endpunkt der Differenzirung, der phyletisch neben *Callocystistes* zu stellen ist. Die alleinige Entwicklung der vier für die obersilurischen Callocystiden charakteristischen Ambulacra stellt diese Form unter, die reichere Gabelung derselben aber über *Callocystites*. Beide haben also dasselbe Ziel — die höchste Vermehrung der Finger — auf getrennten Wegen erreicht (vergl. den Stammbaum pag. 274).

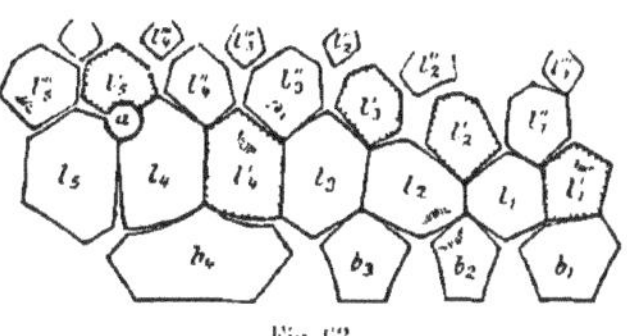

Fig. 63.
Diagramm von *Sphaerocystites dolomiticus* n. sp.

S. dolomiticus n. sp. Mittleres Obersilur (Niagara limestone), Chicago, Ill. Apfelförmige Steinkerne mit eingedrückter Basis von 22—27 mm Durchmesser und 17—22 mm Höhe. Porenrauten abwärts gerichtet, schmal, mit etwa 9—11 Falten.

S. multifasciatus HALL 1859 (III, 130). Oberstes Obersilur (lower Helderberg group), Cumberland, Maryland, U. S. Etwas kleiner als vorige Art. Porenrauten oben horizontal gestellt, breit, mit zahlreichen Einzelfalten.

Callocystites HALL 1852 (I, 238).

Syn. *Anthocystis* HAECKEL non *Callocystis* HAECKEL.

HALL hat *C. Jewettii* als Typus der Gattung beschrieben und ausdrücklich l. c. p. 241 ein Individuum mit ungetheilten Ambulacralfeldern als „a slightly different form" bezeichnet. HAECKEL, der anscheinend nur die Abbildungen HALL's ins Auge gefasst hat, machte dieses Individuum trotzdem zum Typus von *Callocystites* und stellte für die im Sinne HALL's normalen Vertreter dieser Gattung den Namen *Anthocystis* auf. Dass derartige Namensänderungen unstatthaft sind, bedarf keiner Begründung.

Definition. Theca oval, Basis nicht eingedrückt. Sämmtliche Mediolateralia durch Infralateralia und durch Radiolateralia von einander getrennt. 5 Ambulacralfelder, die theils einfach, theils gegabelt sind. After mässig klein, zwischen l_4, l_5, l'_5.

Die Theca ist seitlich in der Richtung von $b_3:b_1$ schwach komprimirt, aber diese Eigenschaft, die ich nur bei der einen länger bekannten Art kontrolliren konnte, hat vielleicht nur für diese specifischen Werth. Die Basis ist nicht eingedrückt. Die Lateralkränze sind bei diesem Typus am stärksten ineinandergeschoben, wie das beistehende Diagramm zeigt. Vor Allem sind die Mediolateralia (l') ausnahmslos seitlich von einander getrennt, so dass die sämmtlichen Radiolateralia (l'') unmittelbar an die Infralateralia (l) anstossen. Es wird also hier ein ähnliches Resultat erzielt wie bei *Cystoblastus* (vergl. Fig. 36 C), nur dass die Mediolateralia bei dieser Form zwischen die Radiolateralia, hier aber zwischen die über und unter ihnen liegenden Kränze unregelmässig eingedrängt sind. Während die Mediolateralia ungefähr gleiche Grösse haben, verhält sich die der Infra- und Radiolateralia verschieden. Während die ersten im solaren (im Bilde linken) Theil der aufgerollten Theca relativ gross sind, sind es die Radiolateralia im kontrasolaren (rechten) Theile derselben. Ueber den grossen l_4 und l_5 sind l''_4 und l''_5 besonders klein und über den kleinen l_2 und l_3 sind l''_{1-3} wieder durch besondere Grösse ausgezeichnet. Hierin liegt also offenbar eine Wechselbeziehung und dieselbe dürfte auf folgende Weise zu erklären sein. Schon bei den älteren Callocystiden sind die subanalen Platten l_4 und l_5 relativ hoch, die Vertikalaxe der Theca aber dadurch vom After weg geneigt. Hier

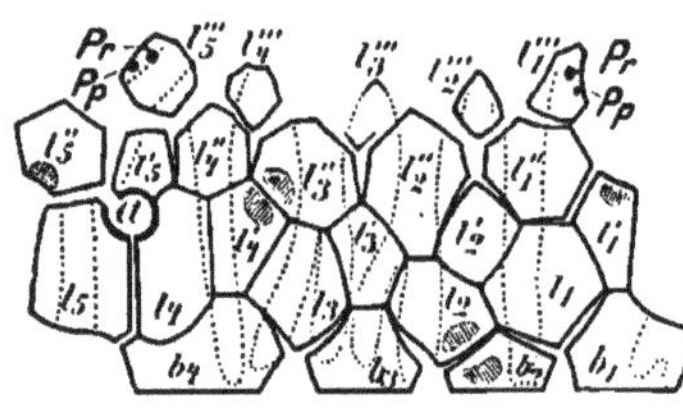

Fig. 64.

Diagramm von *Callocystites Jewettii* HALL.

ist nun in der Gesammtform der Theca dieses Missverhältniss ausgeglichen und anscheinend eben dadurch, dass die dem After gegenüberliegenden Radiolateralia sich entsprechend vergrösserten. Der After ist mässig klein, bei dem Taf. XVI fig. 1 abgebildeten *C. Jewettii* mit 6 Klappen und einem peripheren Ring von 17 Stücken geschlossen. Die Primärporen sind sehr deutlich ausgeprägt. Der Parietalporus ist eine rundliche Oeffnung von 0,7 mm Durchmesser; besondere Verschlussklappen habe ich daran nicht beobachtet, sie können aber sehr wohl vorhanden gewesen sein (Taf. XV fig. 1a). Die Oeffnung des primären Steinkanales hat einen lippenartig aufgeworfenen Rand, die untere Lippe ist median über dem Parietalporus und offenbar infolge dessen Anlagerung bis an die obere Lippe angedrückt; die mundartige Oeffnung ist also in der Mitte geschlossen, die Seiten derselben aber sind geöffnet mit einem Lumen von etwa 0,5 mm vertikaler Breite und 1 mm horizontaler Länge. Nach innen verengen sich diese beiden Oeffnungen trichterförmig.

Die drei normal gelagerten Porenrauten sind jederseits in ovale, hoch umrandete Rautenhöfe eingesenkt (Taf. XVI fig. 1). Die Zahl der Dichoporen in den Rauten ist gering; ich zähle in den oberen 9 und 11, in der basalen Raute 13 Porenschlitze. Gelegentlich scheinen äussere Verwachsungen oder wenigstens Ueberschiebungen der Faltenwände vorzukommen.

An den Ambulacralfeldern ist einerseits deren Gabelung, andererseits deren pentamere Entfaltung bemerkenswerth. Die erstere ist nicht harmonisch durchgeführt, insofern einzelne Felder — anscheinend gewöhnlich R I und R IV — ungetheilt bleiben und die Theilung der übrigen im Gegensatz zu derjenigen bei *Sphaerocystites* nur einmal und bisweilen erst spät in der Nähe der Basis vor sich geht. HALL, dem reichlicheres Material als mir vorlag, schreibt wohl mit Recht die Verschiedenheiten in der Entgabelung der Ambulacralfelder der individuellen Variation zu. Diese würde dann auch als Extrem die von ihm abgebildete Abnormität erklären, dass in einem Falle alle Felder ungetheilt blieben. Vielleicht gehört das Individuum einer besonderen Art an, in keinem Falle kann man es aber mit HAECKEL zum Typus von *Callocystites* machen. Die hier vorhandene Regellosigkeit macht den Eindruck eines Degenerationsprocesses. Ein solcher würde daraus verständlich werden, dass die schliessliche Entfaltung aller 5 Strahlen eine Gabelung derselben nahezu überflüssig macht. Bei den vierstrahligen Formen, wie *Sphaerocystites*, mag dieselbe als ein Ausweg zur Vermehrung der Fingerzahl wünschenswerth gewesen sein, hier nun aber durch den anderweitigen Modus der pentameren Entfaltung der Ambulacra ihre ursprüngliche Bedeutung verloren haben. Ich halte es hiernach nicht nur für möglich, sondern sogar wahrscheinlich, dass *Callocystites* von *Sphaerocystites* oder wenigstens einem Callocystinen mit 4 gegabelten Ambulacren abstammt und mit der Wiederherstellung eines pentameren Baues den Endpunkt der Differenzirung der Callocystiden bezeichnet. Persönlich kontrolliren konnte ich nur

C. Jewettii HALL 1852 (I, 238) (Syn. *Anthocystis Halliana* HAECKEL). Obersilur (Niagara group), Lockport, New-York. Theca etwa 27 mm hoch, 21 bezw. 16 mm dick. Oberfläche grubig skulpturirt. In der Regel R I und IV ungetheilt, die übrigen einmal gegabelt. Taf. XVI fig. 1, 1a—c. Diagramm Fig. 64.

Ausserdem ist beschrieben

C. tripectinatus RINGUEBERG 1886 (Bull. Buf. Soc. Nat. Hist. Science. Vol. V p. 12). Obersilur (Niagara group). (Autore S. A. MILLER 1889 [III, 230].)

B. Irregularia.

Als Irregularia fasse ich gegenüber den besprochenen regulären Dichoporiten die drei Familien der Caryocriniden, der Echinosphaeriden und der Tetracystiden zusammen. Der Inhalt der ersten zwei Familien ist im Wesentlichen bekannt, die dritte enthält ausgeprägt vierstrahlige Typen: *Rhombifera* BARR., *Tiaracrinus* SCHULTZE, deren Organisation noch recht mangelhaft bekannt ist und kein sicheres Urtheil über deren phylogenetische Stellung erlaubt. Sicher ist aber, dass alle diese Typen den Dichoporiten angehören.

Wie ich schon in der einleitenden Besprechung dieser Ordnung (pag. 191) hervorhob, bilden die Irregularia keine festgefügte Einheit wie die Regularia. Dass ich sie trotzdem zu einem systematischen Begriff vereinigte, glaube ich mit folgenden Gründen rechtfertigen zu können.

Gegenüber der Thatsache, dass bisher keine Zwischenformen zwischen den Caryocriniden und den übrigen Familien gefunden wurden, ist zunächst zu betonen, dass der Uebergang im Skeletbau von den Regularia zu den Caryocriniden mit einem Schritt erfolgt sein muss, da die Einschaltung der als anal bezeichneten Platten unter Aufrechterhaltung ihrer sonstigen Anordnung nicht allmählich erfolgen konnte. Diese Thatsache lässt uns die bisherige Isolirung der genannten Familien wenig auffallend erscheinen, denn sie zeigt uns, wie übrigens auch viele andere Fälle, die Möglichkeit einer plötzlichen Entstehung aberranter Formen.

Wir finden bei den Caryocriniden und Echinosphaeriden eine graduelle Zunahme der Irregularität. Es erscheint aber entwicklungsgeschichtlich nicht nöthig und deshalb fraglich, ob der Zerfall der Regularität das Stadium der Caryocriniden durchlief, um zu dem der Echinosphaeriden zu gelangen. Der Uebergang von den Regulären zu den Irregulären konnte sich in verschiedenen Familien selbständig wiederholen, sicher aber ist wohl, dass er von demselben Punkte aus vor sich ging. Ob nun die Aenderung, phylogenetisch betrachtet, in allen Fällen erst auf dem Stadium der Caryocriniden Halt machte, oder den Weg zu den Echinosphaeriden und Tetracystiden mit einem Ruck zurücklegte, spielt dann für deren morphogenetische Beurtheilung keine wichtige Rolle. Solange also die Möglichkeit und eine gewisse Wahrscheinlichkeit gegeben ist, dass jene Formenkreise auf demselben Entwicklungsgang entstanden sind und dieselben morphologisch zusammen den Regularia scharf gegenüberstehen, halte ich es für angebracht, dieselben bis zum Beweise des Gegentheils als Einheit zu betrachten. Vom Standpunkt der praktischen Systematik wird diese Auffassung ja fast selbstverständlich erscheinen, aber als Phylogenetiker wollte ich doch mein Gewissen nach dieser Richtung salviren.

Bei der selbständigen Ausbildung der drei hier zusammengefassten Typen scheint mir im Uebrigen eine getrennte Besprechung ihrer Eigenschaften angezeigt.

Fam. Caryocrinidae m.

Vorbemerkung. Mit der genauen Beschreibung der hierher gehörigen Formen hat L. v. Buch 1844 seine klassische Arbeit über die Cystoideen eingeleitet. Die Zusammengehörigkeit der ihm bekannten Gattungen *Hemicosmites* und *Caryocrinites* hat er aber noch nicht erkannt. Indem er den letzteren als einen Uebergangstypus von den Cystoideen zu den Crinoideen betrachtete, *Hemicosmites* aber wie allen seinen Cystideen den Besitz von „Armen" absprach, die sich bei *Caryocrinites* wohl entwickelt zeigten, waren für ihn unüberbrückbare Hindernisse zu einer verwandtschaftlichen Vereinigung beider Gattungen gegeben, deren Aehnlichkeit er im Uebrigen selbst als überraschend bezeichnete (1844, I, 129). Die von L. v. Buch zähe festgehaltenen Vorurtheile fielen bei Joh. Müller fort, zumal inzwischen von A. v. Volborth (1846, II, 6) die Existenz von Armen bei *Hemicosmites* entschieden betont war, und so brachte er die enge Verwandtschaft jener zwei Gattungen in seinem wohldurchdachten System (1853, I, 230) klar zum Ausdruck. Beide Gattungen setzen unter seinen „Cystideen mit Porenrauten" deren erste Abtheilung (a) zusammen, bei denen die „Porenrauten ohne äussere Verbindung der Poren" bleiben. An der Zusammengehörigkeit von *Caryocrinites* und *Hemicosmites* hat seither Niemand mehr gezweifelt, und die Stellung, die ihnen Joh. Müller im System anwies, ist auch bis in die neueste Zeit aufrecht erhalten. Allerdings kehrte in den phylogenetischen Auffassungen die alte Idee L. v. Buch's immer wieder, dass *Caryocrinites* einen Uebergang zu den Crinoiden darstelle, obwohl diese Form zu den jüngsten Cystoideen gehört und ihr viele älteren Crinoideen vorangehen. Den schärfsten Ausdruck fand diese Vorstellung in dem System G. Steinmann's (1890, I, 178), wo *Caryocrinites* mit *Echinoencrinites* und *Porocrinus* die Abtheilung der ‚*Cystocrinoidea*' repräsentirt. In dem System E. Haeckel's (1896, II, 140) sind die Caryocriniden als Unterfamilie der ‚*Hexalacystida*' mit einzelnen Regularia, zwei Carpoideen, einem Pentacrinoideen und einem Cladocrinoideen, zu einer Familie der ‚*Glyptocystida*' vereinigt. Ausser den bisher genannten und im Allgemeinen bekannten Formen waren inzwischen durch A. v. Koenen (1886, I, 249 u. 251) noch einige weitere Vertreter der Caryocriniden, *Corylocrinus* und *Juglandocrinus*, aus dem Untersilur Frankreichs beschrieben worden. Zu letzteren gehört vielleicht auch eine kürzlich aus Amerika von S. A. Miller als *Stribalocystites* beschriebene Form. Die im Folgenden zusammengefassten Gattungen sind hiernach *Caryocrinites* Say, *Hemicosmites* L. v. Buch, *Corylocrinus* v. Koenen, (*Juglandocrinus* v. Koenen), *Stribalocystites* S. A. Miller, (*Hexalacystis* Haeckel und *Enneacystis* Haeckel).

Definition. Theca kuglig, ei- oder becherförmig, aus 4 Basalien und 3 Lateralkränzen gebildet, deren unterer regelmässig aus 6, deren mittlerer aus 8—9 Platten besteht und deren oberster die Finger trägt. Fingeransätze an einem dreilappigen Mundfelde zusammengedrängt oder unter Bildung einer Kelchdecke auf gleichem Abstand vom Centrum auseinandergerückt. Afterlücke klein, seitlich gelegen oder in die Kelchdecke heraufgerückt, mit einer einfachen Klappenpyramide geschlossen. Thecalporen über den ganzen Kelch ausgedehnt, aussen überbrückt, innen mit Innenfalten versehen und zu Porenrauten vereinigt. Primärporen obliterirt. Stiel scharf gegen die Theca abgesetzt, aus molaren bezw. oben niedrigen Gliedern zusammengesetzt.

Die allgemeine Form der Caryocriniden schliesst sich im Anfang derjenigen der *Regularia* unmittelbar an, nähert sich aber bei den jüngsten Formen in bemerkenswerther Weise derjenigen der *Cladocrinoidea*. Bei den älteren Formen muss im Besonderen das Verhältniss der Finger zur Theca dasselbe gewesen sein wie bei den Chirocriniden und Scolocystiden, insofern die Finger nur als apikale Anhänge der geschlossenen Thecalkapsel erscheinen. Bei *Caryocrinites* dagegen erheben sich die stark vermehrten und gekräftigten Finger in einem Kranz von der Seitenwand der Theca aus, die dadurch in einen Kelch und eine Kelchdecke zerlegt wird. Hierdurch wird die Uebereinstimmung der äusseren Form mit Cladocrinoideen wie *Glyptocrinus*, *Periechocrinus* und *Desmidocrinus* sehr auffallend, aber sie beruht nur, wie wir sehen werden, auf äusseren Erscheinungen und nicht auf inneren morphogenetischen Beziehungen.

Die Theca der Caryocriniden ist wie bei den *Regularia* aus einer beschränkten Zahl regelmässig gelagerter Platten zusammengesetzt (Diagramme Fig. 65 A, B, C). Dieselben sind in vier horizontalen, in sich geschlossenen Kränzen geordnet, von denen der zweituntersté durch besondere Grösse seiner Elemente dominirt. Da die Kränze im Wesentlichen dieselbe alternirende Position übereinander haben wie bei den *Regularia*, so habe ich die dort gewählten Benennungen auch auf diese Formen übertragen.

Von den ausnahmslos vorhandenen 4 „Basalien" sind zwei kleinere, b_2 und b_3, oben zugespitzt. Die beiden anderen, b_1 und b_4, breiter und oben abgestutzt, so dass sie je drei Platten tragen. Bei einem Exemplar von *Hemicosmites* (Coll. JAEKEL) und einem Exemplar von *Caryocrinites ornatus* (Mus. Berlin) beobachte ich Anomalien in dieser Hinsicht, indem durch Einschaltung eines überzähligen Laterale bei ersteren auch b_2 oben abgestutzt ist, bei letzteren b_2 und b_3 unregelmässig werden.

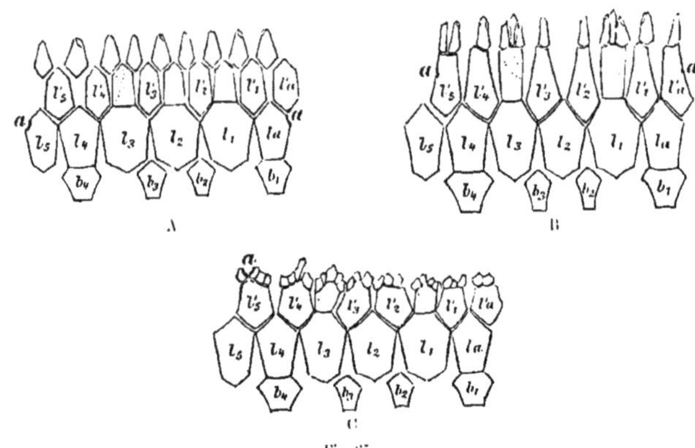

Fig. 65.

Diagramme des Thecalbaues der Caryocriniden.

A *Hemicosmites* PD., B *Corylocrinus* v. KOEN., C *Caryocrinites* SAY.

Die über den Basalien gelegenen Thecalplatten bezeichne ich aus später zu erörternden Gründen wie bei den *Regularia* als „Lateralia". Dieselben sind in drei Kränzen angeordnet, von denen allerdings der oberste bei *Caryocrinites* unter den Armansätzen fast verschwindet, jedenfalls zur seitlichen Bedeckung der Weichtheile kaum mehr in Betracht kommt. Diese Kränze bezeichne ich wie bei den Regulären von unten nach oben aufgezählt als Infralateralia (l), Mediolaterale (l') und Radiolateralia (l''). Innerhalb der Plattenkränze zähle ich die Platten wie auch sonst nach dem Zeiger der Uhr — also in den Abbildungen von rechts nach links — mit arabischen Indices, z. B. b_4, l_2.

Der Infralateralkranz besteht aus 6 Platten: nur einmal beobachte ich wie gesagt bei einem *Hemicosmites malum* eine siebente Platte von gleicher Grösse wie die anderen. Die Form und Anordnung derselben ist, wie aus vorstehenden Diagrammen zu ersehen ist, durchaus konstant: nur die eine dem Analinterradius gegenüberliegende Platte

(l_2) erleidet Verschiedenheiten, je nachdem zwischen den Platten l'_2 und l'_3 noch eine (in der Fig. 65 schraffirte) Platte eingeschaltet ist. Als Anomalie beobachte ich bei einem Exemplar von *Hemicosmites malum* (Mus. Berlin) eine ungewöhnliche Verbreiterung von l_1 auf Kosten von l_4. Im Uebrigen sind die Infralateralia (l_1, l_2, l_3) der antianalen Seite immer wesentlich grösser als die der analen Seite (l_a, l_4, l_5). Dieser Gegensatz ist namentlich bei *Hemicosmites* sehr auffallend, während bei den jüngeren Formen l_2 durch Ausfall der schraffirten Schaltplatte wieder etwas schmäler wird. Die Platten des Infralateralkranzes sind immer die breitesten und in der Regel (ausgenommen *Corylocrinus altus*) auch die höchsten der Theca.

Der zweite Lateralkranz ist mannigfaltiger zusammengesetzt, insofern darin zweierlei Platten zu unterscheiden sind. Die einen (l'), die hier mit den Indices 1—5 versehen wurden, sind alternirend über den Infralateralien eingefügt, die anderen sind auf der antianalen Kelchseite über den verbreiterten Platten l_1, l_2 und l_3 eingeschaltet. Die zwei äusseren „Schaltplatten", die allen Caryocriniden gemein sind, habe ich in den Fig. 65 punktirt, die mittlere derselben, die den jüngeren Formen verloren geht, zum Unterschied von den anderen schraffirt (Fig. 65 A). In diesem Plattenkranze tritt überall, namentlich bei *Corylocrinus altus* (Fig. 65 B), die bilaterale Symmetrie zur Analaxe deutlich hervor; bei der letztgenannten Form deshalb am stärksten, weil diese Lateralien sämmtlich etwas schief gestellt sind, und die Verschiebung auf beiden Seiten immer in der spiegelbildlich gleichen Richtung erfolgt.

Der dritte Lateralkranz ist sehr verschieden zusammengesetzt, sowohl was die Zahl, als was die Form der einzelnen Elemente betrifft. Bei *Hemicosmites* alterniren dieselben anscheinend regelmässig mit den darunter liegenden Platten, so dass 9 solche Platten l'' vorhanden sind. Bei *Corylocrinus* ist deren Zahl erheblich vermehrt, aber ihre Höhe ist in einem Falle (Taf. XVII fig. 4) sogar recht beträchtlich. Bei *Caryocrinites* zähle ich etwa 30 Platten über dem zweiten Lateralkranz. Ich möchte aber unter Hinweis auf die Textfigur 65 pag. 294 die Möglichkeit betonen, dass hier nicht nur die Zahl der primären Platten dieses Kranzes erheblich vermehrt ist, sondern dass auch Elemente der Ambulacralrinnen darin Aufnahme gefunden haben. Bemerkenswerth ist jedenfalls neben der Vermehrung die Grössenreduktion dieser Stücke. Dieselben sind bei *Caryocrinites ornatus* unter dem Druck der Arme so klein geworden, dass es nicht erstaunlich ist, dass sie bisher gänzlich übersehen worden sind. Bevor ich auf die Beurtheilung und Bezeichnung dieser Thecalelemente näher eingehe, möchte ich das Verhältniss des Afters, der Porenrauten, der Primärporen und vor Allem der Ambulacra zur Theca kurz besprechen.

Der Anus der Caryocriniden ist klein und durch eine einfache Klappenpyramide geschlossen. Die Zahl der Klappen schwankt gewöhnlich zwischen 5 und 8. Die Grösse des Durchmessers variirt um mehr als das Fünffache sogar innerhalb derselben Art; bei einem Individuum von *Hemicosmites malum* beträgt der Durchmesser der Afterlücke 4 mm, bei einem Kelchdurchmesser von 22 mm, bei einem anderen Individuum derselben Art dagegen nur 1.5 mm bei einem Kelchdurchmesser von 30 mm. Am bemerkenswerthesten ist aber die Verschiebung des Afters innerhalb der ganzen Formenreihe. Bei den älteren Formen, den russischen Hemicosmiten, liegt er in der Zone der untersten Lateralia und zwar entweder in halber Höhe derselben (*Hemicosmites malum* Fig. 66 a) oder unmittelbar unter (b) oder auf deren einspringendem Winkel gegen das Laterale l'_5, c). Bei den jüngeren französischen *Corylocrinus*-Arten liegt er normal in der mittleren Höhe des zweiten Lateralkranzes (d), abnormer Weise auch höher. Bei *Caryocrinites Roemeri* aus den obersilurischen Schichten von Tennessee U. S. liegt er am oberen Ende der Grenze zwischen l'_a und l'_5, und bei dem jüngsten Vertreter der Familie, bei *Caryocrinites ornatus*, ist er bis an das obere Ende der obersten Lateralia heraufgerückt, so dass er hier in der Nähe des Scheitels bereits innerhalb des Fingerkranzes liegt (f). Es kann keinem Zweifel unterliegen, dass diesen in gleicher Richtung und historisch aufeinander folgenden Aenderungen eine einheitliche Tendenz zu Grunde liegt. Das wird auch dadurch bestätigt, dass in abnormen Fällen der After niemals tiefer, sondern immer höher liegt, als es für die betreffende Form charakteristisch ist. Das ist z. B. bei einem „Kümmerer" von *Hemicosmites pyriformis* der Fall. Der After liegt hier über l'_5 und l'_a und bildet auf diesen und den von oben angrenzenden adoralen Platten eine Erhebung, die einem basalen Stielansatz gleicht. Der After nimmt also hier dieselbe Stelle ein wie bei *Caryocrinites Roemeri* (Taf. XVII fig. 3a). Die in der Familienentwicklung zum Ausdruck kommende Tendenz, den After aufwärts zu verschieben, hat hier mit einem Ruck innerhalb eines Individuums

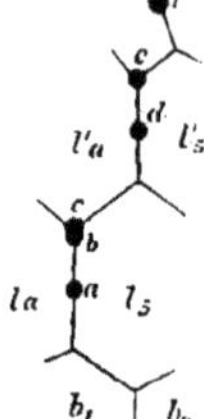

Die Verschiebung des Anus bei den Caryocriniden. Seine Lage ist durch schwarze Kreise bezeichnet. a—c bei *Hemicosmites*, d bei *Corylocrinus*, e—f bei *Caryocrinites*.

Die Bezeichnung der Platten wie in Fig. 65 pag. 294.

Fig. 66.

dieselbe Etappe erreicht, die die Familie dauernd erst im Obersilur erstiegen hat. Die unbeholfene Ausbildung des Afters weist bei dem genannten Kümmerer darauf hin, dass der Verschiebungsprocess hier die Schwierigkeiten der Correlation noch nicht überwunden hatte.

Der klar zu Tage liegenden Tendenz, den After möglichst hoch hinauf zu schieben, können zwei Ursachen zu Grunde liegen. Einerseits kann die Verlagerung des Afters auf einer Verlängerung des Darmes beruhen, andererseits könnte eine Verstärkung der Kelchwände einer tieferen Anbringung der Analläcke Schwierigkeiten bereitet haben, so dass der Enddarm passiv nach oben gedrängt wurde. Letzteres Moment spielt entschieden bei den Crinoiden eine Rolle, bei denen die Ausbreitung der Armansätze eine Kräftigung der Kelchwandung bedingt, und offenbar jede Unterbrechung derselben zu hindern sucht. Hier aber möchte ich diesem Moment kein Gewicht beilegen, weil die Wanderung bereits innerhalb der Gattung *Hemicosmites* beginnt, bei Arten, deren Finger noch genau so am Scheitel koncentrirt sind, wie bei den ältesten Formen mit tiefer liegendem After. Für eine Verlängerung des Enddarmes als Ursache obiger Verschiebung sprechen aber auch die analogen Vorgänge bei Penta- und Cladocrinoiden, bei denen sich der Enddarm in vertikaler Richtung sogar weit über die Kelchdecke hinaus verlängert.

Der Weg, der bei der Verschiebung des Afters zurückgelegt wird, hält sich streng an eine Richtung, welche steil in antisolarer Richtung, im Bilde also von links unten nach rechts oben, aufsteigt. Als Wege werden dabei nur die Vertikalgrenzen zwischen

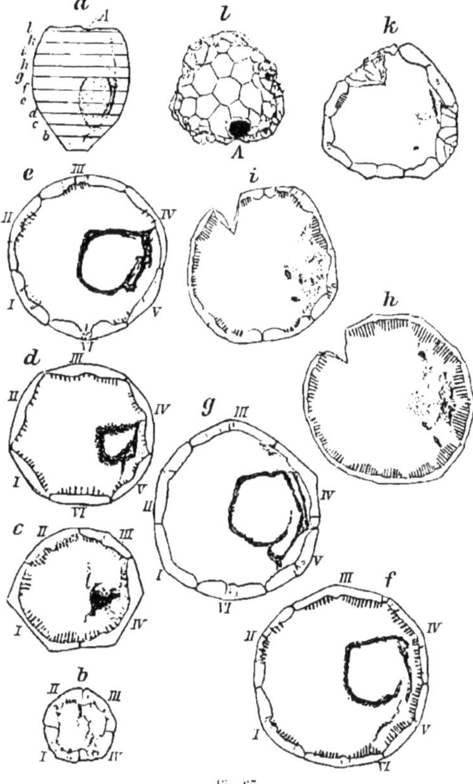

Fig. 67.

den fünften und analen Lateralien benützt; die schrägen Quergrenzen, ja sogar die unteren Enden der Vertikalnähte werden dabei vermieden. Diese auffallend scharfe Fixirung des Weges muss durch ein daneben in gleicher Richtung befindliches Hinderniss bedingt sein. Als solches kann aber, wie wir dies bei den Crinoideen thatsächlich finden, auch hier nur das dorsale Vertikalmesenterium in Betracht kommen. Für die Existenz und die hier supponirte Lage eines solchen spricht schon die der gleichen Richtung angehörige Symmetrieebene des ganzen Thecalskeletes (vergl. pag. 295) und, wie wir sehen werden, die Lage des Primärporus.

Ueber die höchst bemerkenswerthe Erhaltung der Magenwand bei *Caryocrinites ornatus* habe ich bereits pag. 136 gesprochen. Die dort gegebenen Abbildungen sind in vorstehender Fig. 67 kopirt. Ich erinnere hier nur daran, dass Fig. 67 a die aus den Schnittebenen rekonstruirte Lage des Darmes wiedergiebt, während die Figuren 67 b—k Durchschnitte durch die Thecalwand mit den inneren Porenfalten und die Magenwand darstellen. Fig. 67 l zeigt die Thecaloberseite mit dem After (A). Wie in der letztgenannten Figur ist auch in allen übrigen die durch den After angegebene Vertikallinie der Theca nach unten gewendet. Es ergiebt sich hieraus, dass der Darm von *Caryocrinites* eine bullaartige Form hatte und im Ganzen denselben Habitus zeigt wie die Darmbildung der Actinocriniden. Die Verkalkung der Wand besteht aus einem Netzwerk grober Trabekel, die durch ihre dunkele rauchgraue Farbe sich scharf von der weissen späthigen Ausfüllungsmasse der Theca abheben. Bei der Isolirung dieses Fundes innerhalb der ganzen Klasse lassen sich zunächst keine Schlüsse auf besondere Organisationsverhältnisse der Caryocriniden ziehen, doch werden wir in der Annahme kaum fehlgehen, dass die übrigen Gattungen dieser Familie eine ähnliche Organisation des Magens besassen, auch wenn dessen Wand bei ihnen unverkalkt blieb.

Die **Primärporen** sind, wie wir aus früheren Erwägungen (pag. 137) ersahen, von grosser Bedeutung für die Anlage der inneren Organe und die Orientirung der Thecalelemente. Diese Bedeutung behalten sie für die Ontogenie auch da, wo sie in erwachsenem Zustande der Formen obliterirt sind. Letzteres ist nun bei den Caryocriniden der normale Zustand. Nur bei *Hemicosmites* finden sich die Primärporen noch erhalten.

Bei *H. extraneus* finde ich einen rundlichen Porus von etwa 0,3 mm Durchmesser zwischen dem oberhalb des Afters gelegenen interambulacralen Radiolaterale und einem kleinen adoral darüber liegenden Plättchen. An gleicher Stelle finde ich ihn bei *H. pulcherrimus* (Taf. XVIII fig. 5b), nur ist sein Lumen hier grösser und an der Oberfläche trichterförmig bis auf etwa 1,5 mm erweitert. Bei *H. pyriformis* finde ich über dem genannten Radiolaterale, aber nicht auf dessen Oberrand, sondern an dessen solare Ecke verschoben, ein dreieckiges, anscheinend in sich verschmolzenes Plättchen, welches ich als Verschluss des Parietalporus deuten muss. Von einem Madreporiten habe ich hier niemals eine Spur im Thekalskelet gefunden.

Die **Thecalporen** sind in der ganzen Familie nach einheitlichem Typus gebaut und angeordnet. Was zunächst ihre Vertheilung betrifft, so ist diese eine nahezu allseitige auf der Theca, da auf allen Platten Poren vorkommen. Dieselben sind allerdings zwischen den Centren der Infralateralia und Mediolateralia am stärksten ausgebildet (Taf. XVIII fig. 6) und darunter nach den Basalien zu und darüber nach dem Mundfelde zu mehr oder weniger obliterirt. Diese Verkümmerung nimmt unzweifelhaft innerhalb der Familie, ja schon innerhalb der ältesten Gattung *Hemicosmites* sehr zu, wie überhaupt bei den specialisirten Arten die Poren gelegentlich sehr schwach entwickelt sind. So sind sie z. B. bei *Hemicosmites grandis* äusserlich kaum noch zu erkennen und auch das Lumen ihrer Porenkanäle sehr verengt. Immerhin ist die Thatsache nicht zu bestreiten.

dass die Vertheilung der Poren über die gesammte Thecaloberfläche ein sehr primitives Ausbildungsstadium der Poren verräth.

Was nun zunächst die Ausbildung der Dichoporen betrifft, so ist diese ausserordentlich konstant. Die Poren sind immer als Sperrporen entwickelt, d. h. sie besitzen eine Innenfalte und zwei endständige Porenkanäle. Die ersteren sind bei *Hemicosmites* und *Caryocrinites* nachgewiesen und offenbar für die Familie charakteristisch. Dieselben sind im Querschnitt in Fig. 68 deutlich zu sehen. Die Porenkanäle haben einen gerundeten Querschnitt (Fig. 22 e pag. 107) und sind im Uebrigen dadurch vor allen anderen Porenbildungen ausgezeichnet, dass sie an der Oberfläche von einer siebartigen Skeletbildung überdeckt sind. Durch die letztere werden eigenthümliche Hügelchen gebildet, die ihrerseits wieder aus einer Menge kleinerer Protuberanzen bestehen, deren Scheitel unregelmässig von einer rundlichen Oeffnung durchsetzt sind. Diese Porenhügel, von den Fig. 68 b eine äussere Ansicht giebt, sind schon von L. v. Buch beobachtet und 1845 I, T. II f. 3 abgebildet worden. An der Abbildung von *Hemicosmites pulcherrimus* Taf. XVIII fig. 6 sind sie ebenfalls gut zu erkennen. Ist die Oberfläche der Theca wie gewöhnlich angewittert, so sind die Porenhügel von aussen her theilweise zerstört und dadurch ihr Inneres freigelegt (Fig. 68 c, d, e). Man sieht dann, dass sich die oben austretenden Kanäle nach innen vereinigen und schliesslich in das Lumen des normalen Porenkanales übergehen.

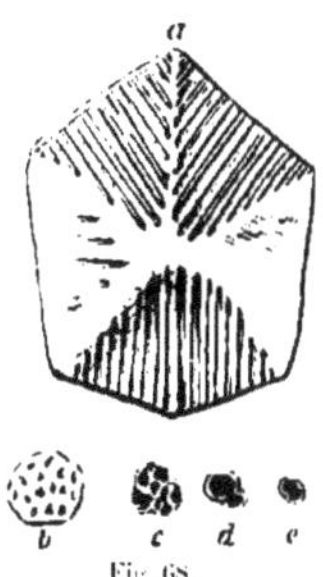

Fig. 68.
Porenbau von Caryocriniden. a die Vertheilung der Porenfalten an der Innenseite einer Platte. b–d einzelne Porenhügel in verschiedenen Stadien der Abwitterung.

Die Vereinigung der Einzelporen zu Porenrauten ist durchaus die Regel, erfolgt aber doch nicht mit der mathematischen Genauigkeit wie bei den regulären Dichoporiten. Sehr häufig sind von den einzelnen Rauten nur hier und da einzelne korrespondirende Porenhügel erhalten, die übrigen, die zur Vervollständigung der Raute gedient hätten, ganz verschwunden (Taf. XVIII fig. 5b). Das ist namentlich auf der unteren Hälfte der Infralateralia und auf den Basalien der Fall. Am stärksten macht sich diese Reduktion bei *Hemicosmites tricornis* (Taf. XVIII fig. 7), dem jüngsten und specialisirtesten Vertreter der Familie in Esthland, geltend. Hier sind aus den vorhandenen Einzelporen kaum noch Porenrauten zu rekonstruiren, da die Porenhügel sehr unregelmässig gelagert sind. Ausserdem ist die Zahl der letzteren hier auf etwa 170, die Gesammtzahl der Dichoporen also auf etwa 85 herabgesunken.

Bei *Hemicosmites pulcherrimus* verschmelzen die Porenhügel zweier benachbarter Porenreihen zwischen den Medio- und Infralateralien äusserlich mit einander und bilden auf diese Weise erhabene Bänder, deren Oberfläche von zahlreichen kleinen Oeffnungen unregelmässig durchbohrt ist. Diese Vereinigung ist aber nur eine oberflächliche, denn an korrordirten Stellen bemerkt man, dass die korrespondirenden Porenreihen aus einer Doppelreihe von Gruben bestehen, die das Fig. 68 gezeichnete Bild zeigen. Unterhalb der Porenhügel ist also die Individualität der Einzelporen offenbar gewahrt, und das entspricht auch dem regelmässigen Bild, welches die Anordnung der Innenfalten bei *Hemicosmites* und *Caryocrinites* (Fig. 67 pag. 297) darbietet. Hier ist jede Innenfalte scharf isolirt und lässt keine Spur von Verschmelzungsprocessen bemerken, wie wir sie z. B. bei *Cystoblastus* kennen lernten. Dagegen scheinen sich bei *Hemicosmites* die Falten gelegentlich innen in ihrer Längsaxe ähnlich wie bei den Blastoideen zu gabeln.

Mit der Bildung der „Siebhügel", wie ich jene Ueberdachung der Porenkanäle kurz bezeichnen möchte, ist ein Novum gegenüber der Porenausbildung der *Regularia* gegeben. Wie pag. 299 erläutert wurde, kann es wohl keinem Zweifel unterliegen, dass durch die Siebbildung eine Filtration des eintretenden Meerwassers in die Poren bewirkt wurde, und dass damit subepithekale Räume geschaffen wurden, in denen der Gasaustausch eingeleitet wurde. Wir werden später sehen, dass bei den Echinosphaeriden die Poren ausschliesslich nach dieser Richtung specialisirt werden, und die allgemeine Bedeutung dieses Umbildungsprocesses auch aus den entsprechenden Differenzirungen bei Diploporiten (pag. 115) zu folgern ist.

Die Entfaltung der Ambulacralorgane zeigt bei den älteren Vertretern der Familie ein sehr charakteristisches Bild, insofern stets nur drei Radien entwickelt sind und deren Finger am Scheitel der Theca koncentrirt bleiben. Dieses für die Familie unzweifelhaft primäre Verhalten wird bei *Caryocrinites* dadurch modificirt, dass die Fingeransätze breit auseinanderrücken und zu einem Kranze geordnet in gleicher Entfernung den Mund umstehen. Bei dieser Umbildung hat sich auch die Entfaltung des einzelnen Ambulacralstrahles nicht unerheblich geändert. Während bei *Hemicosmites* und *Corylocrinus* jeder Radius nur einen grösseren Finger aufweist, laufen die Radien von *Caryocrinites* in eine Anzahl nahezu gleich grosser Endfinger aus.

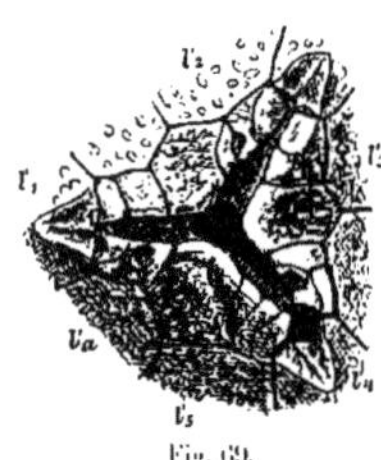

Fig. 69.
Scheitel von *Hemicosmites pyriformis* nach Ausfall der Finger und Saumplättchen. Bezeichnung der Platten wie in Fig. 65 p. 291.

Die Bedeckung der adoralen Ambulacralrinnen und des Mundes geschieht durch ziemlich grosse, meist körnig skulpturirte Saumplättchen. Entsprechend dem dreistrahligen Verlauf der Ambulacralrinnen bilden die Saumplättchen bei *Hemicosmites* drei kurze, über dem Mund zusammenlaufende Dächer. Bei den jüngeren Formen führt die Vergabelung der Ambulacralrinnen zu einer einheitlichen Bedeckung ihrer proximalen Abschnitte. Auf dieser Entwicklungsstufe scheinen die Caryocriniden aus dem oberen Untersilur Frankreichs zu stehen. Bei *Caryocrinites* des amerikanischen Obersilur, bei dem die Finger mit den sie tragenden Lateralien weit auseinandergerückt sind, bilden jene stark vergrösserten Saumplättchen allein den oberen Abschluss der Theca und dadurch eine Kelchdecke, die scheinbar derjenigen der Cladocrinoideen entspricht. In Wahrheit ist aber bei diesen der Kelch niemals bis zum Munde geschlossen gewesen, sondern die Verkalkung hat erst begonnen, als die Finger längst ihre Position auf dem oberen Rand des eigentlichen Kelches gefunden hatten. Während also die Kelchdecke bei den Cladocrinoideen als primäre Bildung anzusehen ist, entsteht dieselbe hier sekundär durch Auseinanderweichen der Finger und des Thecalskeletes. Als Konvergenzerscheinung hat aber diese Bildung einer Kelchdecke bei den Caryocriniden grosses Interesse, weil sie zeigt, dass eine zufällige ähnliche Ausbildung der ambulacralen Organe die Theca in ganz ähnlicher Weise beeinflusst wie die Arme der Crinoiden deren Kelchkapsel.

Die **Finger** der Caryocriniden sind bisher nur bei deren jüngstem Vertreter, dem *Caryocrinites ornatus*, bekannt geworden. Für die Beurtheilung derselben liegt mir nur ihre Beschreibung von J. HALL (1852, I, 219) und neuere Bemerkungen von WACHSMUTH und SPRINGER 1897 (IV, 146) vor; es ist mir indess fraglich, ob letztere auf Original-Studien beruhen. Hiernach sind die Finger mindestens $2^1/_2$mal so lang, als die Theca hoch ist, sie sind bis zu Ende zweizeilig und ungetheilt. Bei der einen Art, bei der sie bisher allein beobachtet wurden, sind ihre Digitalia ziemlich stark skulpturirt. Auf Taf. XVII fig. 1 habe ich nach den Abbildungen HALL's ein restaurirtes Bild der Form und Zahl dieser Finger gegeben. Das Auffälligste ist nun, dass an diesen Fingern den Digitalien Pinnulae ansitzen sollen. HALL bildet, l. c. T. 49 f. 1 i an einer Stelle an einem Finger drei winzige, quergegliederte Anhänge in natürlicher Grösse und ebendort f. 1 m vergrössert ab. Ihre Beschreibung durch HALL beschränkt sich auf folgende Worte: „The tentacula are sharply grooved along the centre, or apparently composed of a double series of joints alternating with each other". Dass die betreffenden Anhänge keine Tentakeln sind, die immer weichhäutig bleiben, sondern den Pinnulis der Cladocrinoideen entsprächen, darüber kann kein Zweifel sein. Mit letzterer Annahme wäre aber eine zweizeilige Skeletirung derselben kaum vereinbar, da diese Organe immer einzeilig sind. Die diesbezüglichen Darstellungen J. HALL's sind also schon insofern fragwürdig, als man sich kein klares anatomisches Bild von dem Bau dieser Organe machen kann. Es ist überdies nicht ausgeschlossen, dass die fraglichen 3 Fragmente distale Fingerabschnitte sind. Für diese Möglichkeit könnte ausser der zweizeiligen Skeletirung der Umstand angeführt werden, dass die Gebilde an dem betreffenden Finger, an dem sie HALL abgebildet hat, nicht aufwärts, sondern abwärts gewendet sind. In jedem Falle muss hiernach die Existenz von Pinnulis bei *Caryocrinites* fraglich erscheinen. Es wäre auch der einzige Fall bei Cystoideen, dass deren Finger solche Organe aufwiesen. Immerhin ist die Möglichkeit, dass sie sich bei dieser hochentwickelten Form aus Saumplättchen differenzirt hatten, nicht ausgeschlossen, da auch die Cladocrinoideen dieselben zunächst entbehren und erst im Laufe ihrer historischen Entwicklung erwarben. Ausserdem liegt auch bei den Cupressocriniden ein selbständiger Fall einer Pinnulaebildung vor, indem bei ihnen die starke Hemmung der Armentwicklung eine Differenzirung der Saumplättchen zu einrollbaren „Pinnuloiden" veranlasste. Ein derartiger Grund läge aber hier bei den Caryocriniden auch nicht vor.

An dem Fingerbau der Caryocriniden ist aber noch ein anderer Punkt bemerkenswerth. Bei guter Erhaltung der Saumplättchen am Munde von *Hemicosmites* bemerkt man deutlich, dass an jedem in einen Finger auslaufenden Ambulacrum links eine kleine Oeffnung auf eine schmale Ansatzfläche hinführt. An dieser muss irgend ein Anhangsorgan sich von der Ambulacralrinne aus erhoben haben. Da sich diese Erscheinung an den Fingern aller mir zugänglichen Exemplare wiederholte, konnte sie nicht auf zufälligen Verletzungen beruhen. Der Lage nach entsprechen diese Ansatzflächen denen der ersten links abgesonderten Finger gegabelter Ambulacra. Der Form nach scheinen sie schon insofern nicht normalen Fingern angehört zu haben, als diese nur ganz unverhältnissmässig klein gegenüber den eigentlichen oder Hauptfingern gewesen sein können. Ausserdem ist auch die Form der Gelenkfläche unregelmässiger als sonstige Fingergelenke. Genauere Beobachtungen an gut erhaltenen Theken von *Caryocrinites* überzeugten mich dann, dass auch hier derartige Nebengelenke vor der Basis jedes Fingers vorhanden waren. Dieselben liegen aber hier bei der mannigfaltigen Gabelung der Ambulacra nicht immer links neben der Hauptrinne (Fig. 70 B), sondern bei den rechts abgezweigten Fingern z. Th. rechts. Diese Erhaltung der Organe trotz sonstigem Wechsel der Ambularalentwicklung deutet darauf hin, dass denselben eine physiologisch wichtige Funktion zukommen musste, die mit der eigentlichen Funktion der Ambulacralorgane nur in lockerem Konnex stand. Nach alledem scheint mir nur folgende Auffassung dieser Organe möglich zu sein. Die ursprüngliche kontrasolare Position an den Ambulacren, die Bildung von Gelenkflächen, die sogar meist von zwei Thecalplättchen gebildet werden, deren direkte Verbindung mit den durch Saumplättchen überdachten Ambulacralrinnen sprechen entschieden dafür, dass die hier ansitzenden Anhangsorgane Finger darstellen, die ihrer Entstehung nach den 3 Hauptfingern homolog sind. Die eigenartige Ausbildung und phyletische Erhaltung dieser Gebilde verweisen aber auf eine besondere, dem Ambulacralsystem fremde Funktion. Als solche kann wohl nur die Bergung von Genitalprodukten in Betracht kommen, da diese Nebenfunktion auch sonst den ambulacralen Organen übertragen wird. Ich glaube also annehmen zu müssen, dass bei den Caryocriniden stets zwei Radien unterdrückt waren, dass die übrigen entweder nur einen oder mehrere normale Finger aufwiesen, und dass jedem derselben proximal ein rudimentärer Finger ansass, der zur Aufnahme der Geschlechtsprodukte diente.

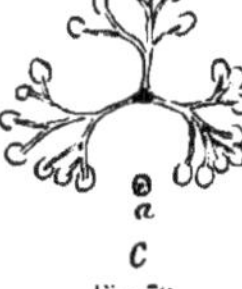

Fig. 70.

Die Entfaltung der Ambulacra.

A von *Hemicosmites*, B von *Caryocrinites Roemeri*, C von *Caryocrinites ornatus*.

Es liegt auf der Hand, dass eine derartige Unterbringung der Genitalorgane mit der Erhaltung des Parietalporus in engem Konnex stehen muss. Unsere Anschauungen gingen dahin, dass die Anlage der Genitalorgane nur sekundär durch die Hemmung der Ambulacra im Körper zurückgehalten und wieder zu der ursprünglichen einfachsten Ausbildung zurückgekehrt sei. Hiernach könnten wir annehmen, dass bei den Vorfahren der Cystoideen und deren ältesten Vertretern die Genitalorgane wie auch gegenwärtig bei den Pelmatozoen in proximal gelegenen Anhangsorganen der Ambulacra untergebracht waren. Während es bei letzteren die unteren Ramuli sind, dürften es bei den Cystoideen und Blastoideen die proximal gelegenen Finger gewesen sein, d. h. also diejenigen, welche sich analog jenen untersten Ramulis am frühesten vom Hauptstamm der Ambulacra absondern. Die Caryocriniden scheinen in diesem Rahmen ein bemerkenswerthes Stadium zu repräsentiren, insofern bei ihnen eine Arbeitstheilung zwischen den distalen, der Ernährung dienenden und den proximalen, die Geschlechtsprodukte bergenden Fingern stattgefunden hätte.

Diese Auffassung wirft ferner einiges Licht auf die Organisation derjenigen Cystoideen, bei denen die Entfaltung der Ambulacra so weit unterdrückt ist, dass jedes Ambulacrum nur je einen Finger treibt. Bei solchen Typen ist die Möglichkeit gegeben, dass die hier einzigen Finger entsprechend den grösseren von *Hemicosmites* auch nur der Ernährung dienten und keine Geschlechtsorgane aufnahmen. Wir lernten einen solchen Typus bereits in *Pleurocystites* genauer kennen und werden weitere in den Echinosphaeriden und Aristocystiden finden. Es dürfte nun hiernach keinen Zufall bedeuten, dass gerade bei diesen Formen der Parietalporus auffallend gross war, ja sogar einen besonderen beweglichen Klappenverschluss besass. Es wird dadurch in der That wahrscheinlich, dass in diesen Fällen die Genitalorgane erst infolge starker Hemmung der Ambulacralentfaltung dauernd und ganz in der Theca untergebracht blieben und die Entleerung ihrer Produkte von dort aus besorgten. Es scheint auch innerhalb der Gattung *Hemicosmites* einer allmählich schwächeren Entwicklung der Nebenfinger eine vollkommenere Erhaltung des Parietalporus zu entsprechen. Bei *H. pyriformis* scheint der letztere durch ein dreiseitiges Plättchen fest verschlossen gewesen zu sein, wogegen er bei *H. extraneus* und *pulcherrimus* eine relativ grosse Oeffnung darstellt, die wohl sicher eine Kommunikation durch die Thecalwand ermöglichte. Umgekehrt nimmt bei diesen Formen die Ausprägung und Grösse der Ansatzflächen von Nebenfingern ab, die wieder bei den anderen Gattungen wohl entwickelt sind, denen ein Parietalporus zu fehlen scheint (*Corylocrinus*, *Caryocrinites*).

Die Stielbildung der Caryocriniden zeigt ihre Besonderheiten, insofern der molare Bau der Glieder hier von Anfang an scharf zum Ausdruck kommt. Die Säule ist rund. Die oberen Glieder sind sehr niedrig; ein Alterniren ihrer Höhe ist bei *Caryocrinites ornatus* beobachtet. Der Axialkanal hat einen runden Querschnitt, dessen Durchmesser bei *Hemicosmites* oben ein Drittel, dann etwa ein Viertel des Stieldurchmessers beträgt. Bei *Corylocrinus* und *Caryocrinites* ist der Axialkanal auch nach der Theca zu stärker verengt. Die Gelenkflächen der Glieder sind nahezu glatt oder peripherisch kurz und unregelmässig gestrahlt.

Die Wurzelbildung ist bisher nirgends beobachtet, dürfte aber wohl ziemlich massiv gewesen sein.

Die geologische Verbreitung der Caryocriniden bietet in mehrfacher Hinsicht besonderes Interesse. Sie beginnt mit der Gattung *Hemicosmites* im unteren Untersilur (C_1) Esthlands und setzt dort bis in die obersten Schichten des Untersilurs (F_2 fort. In Böhmen und Thüringen fehlt jede Spur ihrer Existenz, so dass wir bei unserer sonstigen Kenntniss der dortigen Cystoideen annehmen können, dass sie dort wirklich fehlten. Sie begegnen uns wieder in den oberen Schichten des Untersilurs von Frankreich, aber in veränderter Gestalt (*Corylocrinus*). Das Vorkommen spärlicher Reste in den gleichen Schichten von Wales und Portugal dürfte auf Einwanderung aus dem letztgenannten Gebiete zurückzuführen sein. Ausserhalb Europas finden wir sie dann wiederum in veränderter Gestalt als *Caryocrinites* im Obersilur Nordamerikas.

Wenn wir die geologische Verbreitung der einzelnen Gattungen ins Auge fassen, so ergiebt sich, dass sie sich in ihren Heimathgebieten lange Zeit erhalten und in verschiedenen Richtungen specifisch modificiren und dass sich innerhalb der betreffenden Silurgebiete keine anderen Vertreter der Familie finden. *Hemicosmites* ist angeblich schon im Vaginatenkalk (B), sicher von der Schicht C_1 des russisch-baltischen Untersilurs vorhanden und bis in die Borkholmer Schicht (F_2) verbreitet. Andererseits ist diese Gattung allem Anschein nach mit Ausschluss anderer Caryocriniden auf Esthland und dessen Nachbargebiete beschränkt. In Thüringen und Böhmen fehlen Reste von Caryocriniden vollständig, ebenso in Schweden, und so glaube ich, dass die isolirten Platten, die sich im

Untersilur Englands und Portugals fanden, an Formen des mediterranen Silurgebietes anschliessen. Ebenfalls fraglich bleiben die von China.

Corylocrinus erfährt in dem oberen Untersilur der westlichen mediterranen Silurprovinz eine reiche specifische Gliederung und geht, soweit bekannt, nicht über die nach Norden und Westen verbreiteten Nachbarländer hinaus. In Nord-Amerika hat sich nur *? Stribalocystites* und *Caryocrinites* gefunden. Das Vorkommen des letzteren in den Clintonschichten des unteren Obersilurs ist fraglich, sicher aber steht der *C. Roemeri* in den obersilurischen Schichten des Staates Tennessee den europäischen Formen näher als *C. ornatus* in den obersilurischen Schichten von Lockport am Ontario-See. Während sich also der Typus der Caryocriniden bei seiner Wanderung nach Westen von einem Verbreitungsgebiet zum anderen immer um ein einschneidendes Moment ändert, das wir einer Gattungsabgrenzung zu Grunde legen, bleibt dann in den einzelnen Gebieten der gewonnene Standpunkt der Differenzirung gewahrt oder wird wenigstens nur in unwesentlichen Punkten modificirt, denen wir nur specifische Bedeutung zuerkennen.

Da wir nun sahen, dass die Gattungen sich von einander wesentlich in Eigenschaften unterscheiden, deren Wechsel sich plötzlich vollzogen haben muss, wie z. B. der Ausfall der mittleren Schaltplatte und die Einschaltung neuer Radiolateralia, so ist hier sicher der Schluss gerechtfertigt, dass die Migration die Ursachen zu einschneidenden Umformungen der Organisation in sich trägt. Da die Migration der im erwachsenen Zustande festsitzenden Pelmatozoen nur im Larvenstadium erfolgen kann, so ist uns dadurch zugleich Zeit und Weg für den Umbildungsprocess selbst gewiesen. Ich betone diese Verhältnisse nachdrücklich, weil sie meines Erachtens mit besonderer Deutlichkeit bestätigen, dass einschneidende Umgestaltungen sich plötzlich vollziehen, dass jeder Organismus eine Aenderung seiner Organisation selbst bewirkt, und dass dieser Erwerb in frühen Stadien der Ontogenien erfolgt.

Das ergiebt folgendes Bild der geologischen Verbreitung:

		Nord-Amerika	Frankreich und Spanien	Esthland
Obersilur	Ludlowstufe	↑		
	Wenlockstufe	*Caryocrinites* *? Stribalocystites*		
Untersilur	Borkholmer Schicht		↑	↑
	Lyckholmer		*Corylocrinus*	
	Wesenberger			
	Jewesche			
	C C_1 C_3			*Hemicosmites*
	Vaginatenkalk			
	Glauconitkalk			

Mit ihrer äusserst kräftigen Skeletirung scheinen die Caryocriniden an die Kalkfacies gebunden zu sein. In Esthland sowohl wie in Frankreich und Nord-Amerika finden sie sich in reicher Gesellschaft anderer Cystoideen, Bryozoen und Brachiopoden, die auf eine mittlere Tiefe des Meeres hindeuten. Der Mangel derartiger kalkreicher

Sedimente im Untersilur Böhmens und Thüringens erklärt vielleicht das Fehlen der Caryocriniden in diesen Gebieten. Möglicherweise waren dafür aber auch Meeresströmungen oder bathymetrische Differenzen entscheidend.

Durch ein bestimmtes Lageverhältniss der grossen Thecalplatten, durch eine eigenthümliche Porenbildung, welche als eine Kombination von Sieben und Falten erscheint, sind die Caryocriniden als eine einheitliche Gruppe charakterisirt, welche überdies durch die hohe Entwicklung ihrer Finger und ihres Stieles als ein sehr specialisirter Typus der Pelmatozoen erscheint. Er hat unter den letzteren, wenn er auch arm an Formen ist, denselben morphologischen Werth wie z. B. der der *Regularia* oder der Blastoideen, deren Organisation sich trotz des bedeutender entwickelten Formenreichthums innerhalb derselben engen Grenzen formaler Mannigfaltigkeit hält, wie der der Caryocriniden.

Die Stellung, die man der Familie im Stammbaum der Dichoporiten giebt, ist wesentlich abhängig von der Auffassung ihres Thecalbaues. Derselbe hält etwa die Mitte zwischen dem der *Regularia* und dem der Echinosphaeriden. Ich habe schon pag. 167 und pag. 180 auf die Umstände hingewiesen, die es unmöglich machen, die Echinosphaeriden als Ausgangspunkt der Dichoporiten zu betrachten. Schon diese Erwägungen nöthigen uns, den Anschluss der Caryocriniden bei den *Regularia* zu suchen. Zu den allgemeinen Vergleichspunkten im Skeletbau beider kommen aber eine Anzahl engerer Beziehungen. Bei beiden ist die Basis viertheilig, nur dass bei den *Regularia* ein (b_4), hier aber zwei (b_4, b_1) grössere Basalia vorhanden sind. Auch in dem darüber folgenden Plattenkranze ist die Aehnlichkeit beider eine sehr grosse. Der einzige Unterschied ist, dass hier eine Platte mehr vorhanden ist. Durch deren Existenz ist übrigens die genannte Verschiedenheit des Basalkranzes vollkommen erklärt, da eins von dessen Stücken zum Tragen jener überzähligen Platte eine Vergrösserung und neue Abschrägungsfläche erhalten musste. Erst in dem folgenden Plattenkranze wird der Unterschied der Caryocriniden und der *Regularia* beträchtlich, insofern bei ersteren drei oder vier überzählige Elemente vorhanden sind. In dem darüber folgenden Thecalkranze ist eine engere Uebereinstimmung nicht mehr nachweisbar.

Die Gegensätze verlieren übrigens dadurch etwas von ihrem diagnostischen Werth, dass bei den *Regularia* durch Verschiebung der Thecalelemente gelegentlich ähnliche Bilder wie bei den Caryocriniden entstehen (vergl. Fig. 63 pag. 289, Fig. 64 pag. 290).

Die Auffassung, die ich den genannten Unterschieden und damit dem Thecalbau der Caryocriniden gegeben habe, ist aus deren Bezeichnung in Fig. 65 pag. 294 ersichtlich. Es liegt derselben die Annahme zu Grunde, dass durch Einschaltung einer vertikalen Plattenreihe am After die normalen Elemente der *Regularia* vermehrt sind. Ich habe diese Elemente als l_3, l'_3 bezeichnet und im Uebrigen die entsprechenden Bezeichnungen der Platten der *Regularia* übernommen. Neben dieser Auffassung ist aber noch eine andere möglich, die durch nachstehendes Diagramm erläutert ist.

Nach denselben würden die einfach umrandeten Lateralia (l_{1-5}) die Infralateralia, die gezackt umrandeten (l'_{1-5}) die Mediolateralia und die doppelt umrandeten etwa die Radiolateralia der regulären Dichoporiten repräsentiren.

Es lässt sich nicht leugnen, dass diese letztere Auffassung den Vorzug besitzt, dass dabei alle bei den Regulären vorhandenen Elemente ihren Platz finden und die Annahme einer Entstehung neuer überflüssig wird. Die Möglichkeit dieser Auffassung ist auch im besonderen Falle, wenigstens für die unteren Lateralia, deshalb nicht von der Hand zu weisen, weil auch bei den Regulären derartige Verschiebungen von Platten höherer Zonen in tiefere vorkommen und pag. 289 und 290 berücksichtigt wurden. Die Deutung der oberen Plattenkränze wird aber hierbei auch nicht klarer, denn die doppelt umzogenen Platten, die dann die fünf Radiolateralia repräsentiren müssten, sind im Einzelnen mit deren Lage nicht zu vereinbaren. Für die erstgenannte Deutung spricht dagegen der Umstand, dass bei den Caryocriniden anscheinend nicht selten noch weitere überzählige Thecalplatten plötzlich auftreten. So fand ich, wie gesagt, bei einem *Hemicosmites laevior* statt sechs sieben Infralateralia, ohne dass diese Form dadurch merklich modificirt oder in ihrer Entwicklung gestört erschiene. Auch bei *Caryocrinites* kommen solche Anomalien vor. Schon L. v. Buch hat eine solche in seiner Abhandlung über die Cystideen T. 1 f. 6 abgebildet. Die betreffende Platte ist hier zwischen die Infralateralia und den Basalkranz eingeschaltet. Jedenfalls rütteln diese Anomalien noch stärker an der Regularität des Thecalbaues und verrathen dadurch die Tendenz der Caryocriniden, sich noch weiter von dem Typus der regulären Dichoporiten zu entfernen. Wie man aber auch ihre Platten im Einzelnen deuten mag, jedenfalls geht aus ihrer Gesammtordnung namentlich im unteren stets konservativeren Theil der Theca deutlich hervor, dass ihr Thecalbau auf den Typus der regulären Dichoporiten zurückzuführen ist.

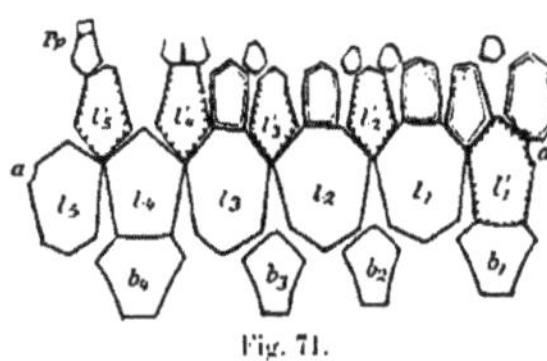

Fig. 71.
Diagramm zur Erläuterung des Thecalbaues der Caryocriniden.

Der morphogenetische Zustand der übrigen Organe bietet einer Ableitung der Caryocriniden von den *Regularia* keine Schwierigkeiten, ermöglicht aber in seiner Gesammtheit nicht, die Caryocriniden von einem bestimmten Typus der *Regularia* abzuleiten. In der Entfaltung der Ambulacra bilden die Caryocriniden zwar einen Typus für sich, derselbe entfernt sich aber in keinem wesentlichen Punkte von dem einiger *Regularia* mit stark gehemmter Ambulacralentfaltung. Während sich die Familie hierin als sehr specialisirt erweist, erscheint dagegen die allseitige Vertheilung und entsprechende hohe Zahl von Porenrauten äusserst primitiv. Man könnte deren Ausbildung morphogenetisch unter diejenige der *Regularia* stellen, wenn nicht die oberflächliche Ueberbrückung der Porenfalten an ein Entwicklungsstadium dieser Organe anknüpfte, welches sich erst innerhalb der *Regularia* als Specialisirung der ursprünglichen, ihrer ganzen Länge nach offenen Vollporen eingestellt hätte. In der Zertheilung der Porenkanäle an der Oberfläche und ihres hierdurch veranlassten Siebverschlusses haben die Caryocriniden überdies Eigenschaften hinzu erworben, die den *Regularia* dauernd fremd blieben.

Was die interne Ausgestaltung des Caryocriniden-Typus innerhalb der Familie betrifft, so beruht diese wesentlich auf drei Momenten. Der morphogenetisch wichtigste ist unstreitig die Gabelung der Ambulacralstrahlen, die erstens zu einer Vermehrung der

Finger, zweitens zur Bildung einer Kelchdecke und drittens zu einer Verschiebung und Vermehrung der oberen Thecalelemente führt. Die erstgenannte primäre und die drei sekundären Eigenschaften sind Neuerwerbungen, die in der Art ihres Erscheinens den übrigen Dichoporiten fremd sind und den selbständigen Aufschwung der Familie beweisen. Dieser letztere ist insofern besonders bemerkenswerth, als sich dabei der Habitus der Cystoideen allmählich verliert und eine konvergente Annäherung an den der Cladocrinoideen erkennen lässt. Diese Annäherung beruht darauf, dass die Finger sich harmonisch vom Kelch ablösen und letzterer wesentlich Träger der Armbildungen ist. Dadurch erscheint die Form der jüngsten Caryocriniden (*Caryocrinites*) wenigstens in ihrem äusseren Habitus harmonisch korrelationirt.

An der Herstellung dieser Korrelation ist offenbar auch die Verschiebung des Afters von grosser Bedeutung, so wenig das auch in der äusseren Form zum Ausdruck kommt. Ich hob aber schon pag. 134 hervor, dass von den verschieden gerichteten Verschiebungen des Afters innerhalb der Pelmatozoen nur diejenigen dem Gesammtorganismus vortheilhaft zu sein scheinen, bei denen der After schliesslich an den Oberrand des Kelches rückt und diesen in seiner Hauptfunktion als Armträger nicht mehr stört.

Das letzte hier hervorzuhebende Moment ist der Ausfall der mittleren, in den Diagrammen Fig. 71 pag. 306 punktirten Schaltplatte. Ihr Besitz kennzeichnet die ältesten untersilurischen Formen (*Hemicosmites*), ist also als primär für die Familie zu betrachten; ihr Verlust ist für die jüngeren Gattungen charakteristisch. Bemerkenswerth ist dabei, dass diese Aenderung der Organisation plötzlich erfolgt sein muss, da sonst die ganze Harmonie des Thecalbaues gestört worden wäre. Thatsächlich liegen auch für eine allmähliche Reduktion dieser Platte nicht die geringsten Belege vor. Ich erinnere hierbei daran, dass auch die Verschiebung des Afters ruckweise erfolgte, da derselbe stets nur auf den vertikalen Plattengrenzen liegt, aber niemals auf den horizontalen, die doch ebenfalls auf seinem Verschiebungswege liegen und bei einer allmählichen Wanderung nicht hätten übergangen werden können.

Die stammesgeschichtlichen Beziehungen der drei unterschiedenen Gattungen sind insofern sehr klar, als die genannten Differenzirungen sich ziemlich gleichmässig und nach einander in allen ändern. Dadurch wird der Stammbaum der Familie zugleich durch das Bild ihrer geologischen Verbreitung zum Ausdruck gebracht pag. 304.

Hemicosmites v. Buch 1840 (I, 59).

Syn. *Echinosphaerites* Pander non Wahl., *Hexalacystis* Haeckel, non *Hemicosmites* Hall.

Von dem Typus der Gattung, dem *H. pyriformis* v. Buch, entfernen sich zwar verschiedene Arten in der äusseren Form nicht unerheblich, aber doch nicht in wesentlichen Merkmalen, die eine generische Absonderung der betreffenden Art rechtfertigten. Ein *Hemicosmites* mit 6 gleichwerthigen Armen (*Hexalacystis* Haeckel) existirt nicht. Die von Hall zu *Hemicosmites* gestellte Art *H. subglobosus* gehört, soweit die Abbildung des Steinkernes ein Urtheil erlaubt, entweder zu einem Callocystiden oder vielleicht zu den von S. A. Miller als *Stribalocystites* bezeichneten Formen.

Definition. Theca kuglig oval oder becherförmig. Der zweite Lateralkranz mit drei Schaltplatten, der dritte aus 9 Stücken zusammengesetzt. After klein, seitlich in der Zone der unteren Lateralia. 3 grosse Finger am Scheitel koncentrirt, daneben wahrscheinlich regelmässig je ein kleiner Nebenfinger. Die Platten des unteren und mittleren Lateralkranzes meist mit Buckeln versehen.

Die Besonderheiten der Gattung beruhen vor Allem in dem Vorhandensein von 9 Platten in dem — von unten gezählt — dritten Kranze in der tiefen Lage des Afters, der bei sehr geringer Grösse zwischen den unteren Lateralia (l_a und l_5 der Fig. 72) oder an deren Oberrand liegt und in der apikalen Zusammendrängung der Fingeransätze am Scheitel. Nur in letzterer Beziehung stellt sich innerhalb der Gattung eine gewisse Mannigfaltigkeit ein, insofern die Fingeransätze bald ganz auf den obersten Lateralkranz beschränkt sind (Taf. XVII fig. 5), bald auf dem zweitobersten noch eigenthümliche Druckwirkungen (Taf. XVII fig. 6a) hervorrufen. Während diese dann bei einigen Arten Narben und distal auf den betreffenden Platten Buckel entstehen und sogar stark übertreiben lassen (*H. tricornis* Taf. XVIII fig. 7), erscheinen solche bei anderen plötzlich auf sämmtlichen

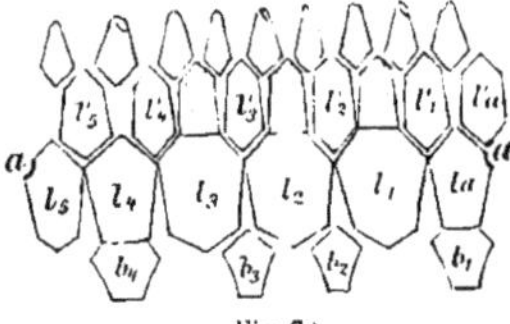

Fig. 72.
Diagramm von *Hemicosmites extraneus* Eichw.

Platten jenes Kranzes und bewirken dadurch eine Becherform der Theca. So wandelt sich die ursprüngliche Eiform der Theca in eine Becherform (*H. verrucosus, rudis, pocillum* Fig. 74 pag. 310). Eine besondere Modifikation der ersteren entsteht noch dadurch, dass sich das untere Ende der Theca bei *H. grandis* stark verjüngt (Fig. 73 pag. 310). Mit der zunehmenden Dicke der Platten tritt in verschiedenen Formenreihen eine Obliteration der Poren ein, wobei entweder deren Zahl von etwa 230 bei *H. pyriformis* schliesslich auf etwa 85 bei *H. tricornis* heruntersinkt, oder eine oberflächliche Zuwachsung der Poren eintritt, so dass dieselben scheinbar ganz unter der Oberflächenskulptur verschwinden.

Die geologische Verbreitung der Arten ist auf das Untersilur Esthlands beschränkt, falls nicht isolirte Platten im Untersilur von China und schlecht erhaltene von E. Forbes beschriebene Theken aus dem Untersilur Englands zu unserer Gattung gehören. Leider ist in Esthland das Alter der einzelnen Arten nur theilweise genauer bekannt. *H. malum* scheint in dem sog. Echinosphaeritenkalk (C_1) die älteste der bisher bekannten Arten zu sein. *H. extraneus* scheint für die sog. Jewesche Zone (D) charakteristisch zu sein. Am häufigsten sind die Hemicosmiten in der darüber liegenden Kegelschen Zone, in der gewisse Lagen, besonders bei Reval, so reich an derartigen Resten sind, dass man sie als Hemicosmiten-Schichten bezeichnet. Die jüngsten Arten sind *H. grandis* und *tricornis*, die beide den Borkholmer Schichten (F_2) der obersten Zone des Untersilurs in Esthland angehören und die beiden specialisirtesten Formen der Familie bilden.

Die sicher bekannten Arten glaube ich in folgender Weise gruppiren zu müssen:

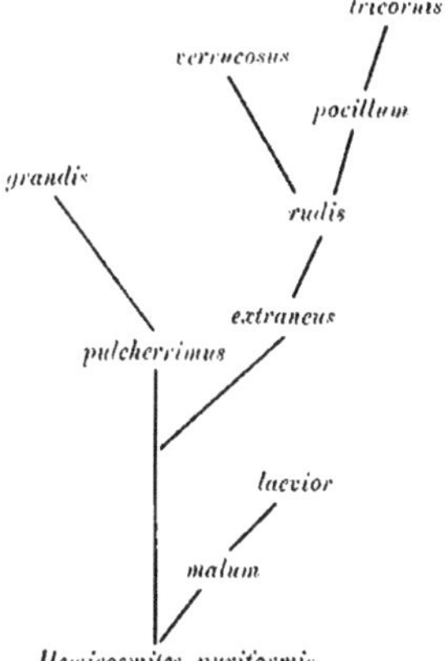

Eine Uebersicht über die Arten lässt sich wohl am besten in folgender Weise gewinnen:

a) Theca kuglig, mit Knoten und Ambulacralbahnen auf drei Mediolateralien.

H. malum PANDER 1840 (I, 145). Untersilur (Echinosphaeritenkalk C_1), Zarskoje Selo, St. Petersburg. Theca circa 30 mm dick. Die Thecalplatten mit koncentrischer Skulptur, die Infralateralia mit Buckeln. Die Knotenreihen der Porenrauten wenig vortretend. After sehr klein, auf der Grenze der Infralateralia l_a und l_1. (1 Ex. Mus. Berlin.)

H. laevior n. sp. Untersilur, ohne nähere Angabe des Alters, ebendaher. Wie vorige, aber Theca nur etwa 22 mm dick. Buckel kaum merklich. Plattenskulptur aus feinen, unregelmässig koncentrisch verlaufenden Wülsten gebildet. Porenreihen kaum vortretend. (1 Orig.-Ex. Coll. JAEKEL, abnorm, mit 7 Infralateralien.)

H. pyriformis v. BUCH 1840 (I, 59). Zu dieser Art stelle ich das schon pag. 296 erwähnte, Taf. XVIII abgebildete, allem Anschein nach pathologische Individuum, dessen After bis in die Höhe der Primärporen gerückt und dessen für *Hemicosmites* charakteristische mittlere Schaltplatte zwischen l'_2 und l'_3 ausgefallen ist. Als „Kümmerer" erweist sich dasselbe auch durch seine geringe Grösse — seine Dicke beträgt nur 13 mm — und die abnorme Verdickung seiner Thecalplatten. Seine übrigen normal entwickelten Eigenschaften entsprechen der Diagnose obiger Art.

b) Theca oval oder birnförmig, ohne Ambulacralbahnen, mit Buckeln auf drei oder sämmtlichen Mediolateralien.

H. pulcherrimus n. sp. Untersilur (D_3, oberste Abtheilung der Jeweschen Schicht), Sack bei Reval, Esthland. Theca circa 25 mm dick, 40 mm hoch. Platten sehr fein koncentrisch granulirt, die Infra- und Mediolateralien sämmtlich mit kleinen Buckeln versehen, zwischen denen die Knotenreihen der Porenrauten besonders stark vortreten und zierliche Ornamente bilden. (1 Orig.-Ex. durch F. v. Schmidt gesammelt, Acad. Petersburg.) Taf. XVIII fig. 6.

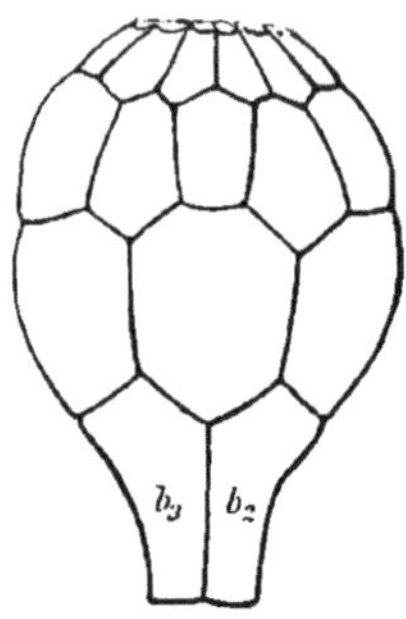

Fig. 73.
Umrissfigur von *Hemicosmites grandis* n. sp. Natürl. Grösse.

H. grandis n. sp. Oberstes Untersilur (F_2, Lyckholmer Schicht), Taibel bei Habsal, Esthland. Theca birnförmig, etwa 45 mm dick, 70 mm hoch. Unterer Abschnitt sehr verjüngt. Platten dick, anscheinend ohne Skulptur und kaum merklichen centralen Anschwellungen auf den Mediolateralien. Poren in Zahl und Grösse stark reducirt, äusserlich kaum sichtbar. (1 Orig.-Exempl. ges. durch F. v. Schmidt, Acad. Petersburg.)

H. extraneus Eichwald (1840, III, 182). Mittleres Untersilur (Jewesche Schicht), Spitham, Esthland. Theca oval, circa 35 mm hoch, 27 mm dick. Buckel auf den mittleren Lateralien unterhalb der Fingergelenke, aber nicht durch Bahnen mit diesen verbunden. Oberfläche durch die Porenreihen stark skulpturirt.

c) Theca becherförmig, oberhalb der stark, aber nicht immer gleichmässig ausgebildeten Buckel der Mediolateralien abgeflacht.

H. rudis n. sp. Mittleres Untersilur (Jewesche Schicht), Wassalem, Esthland. Theca 20—25 mm hoch, 15—18 mm dick. Die Porenreihen bilden stark vortretende, höckerige Leisten. Die Buckel auf dem Mediolateralkranz mässig gross. (1 Ex. Univ. Jurjew, 1 Acad. Petersburg.) Fig. 74.

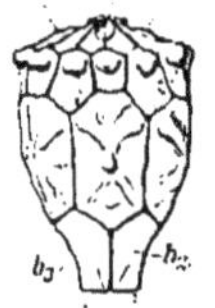

Fig. 74.
Hemicosmites rudis n. sp. Natürl. Grösse.

H. pocillum n. sp. Mittleres Untersilur (? Jewesche Schicht), Esthland. Etwas kleiner als vorige Art. Die Skulptur sehr viel schwächer und flacher. Die Centren der Infralateralien erhöht. Die Buckel auf den Mediolateralien dick und stark vortretend. (1 Ex. Univ. Jurjew, 1 Acad. Petersburg.)

H. verrucosus Eichwald 1856 (III, 70). (? Syn. *Hemicosmites porosus* Eichw.) Oberes Untersilur (F_1, Lyckholmer Schicht). Theca breit, becherförmig, 27 mm hoch, 22 mm dick. Buckeln auf den unteren und mittleren Lateralien stark vortretend. Auf der unteren Hälfte der Infralateralien noch vereinzelte Porenbuckel, auf den Basalien gar keine. Ambulacralbahnen fehlen. Oberfläche zwischen den Buckeln fein punktirt. (Orig.-Ex. Eichwald's.) Univ. Petersburg durch Herrn Prof. Inostranzew.)

H. tricornis n. sp. Oberstes Untersilur (F_2, Borkholmer Schicht), Nömmküll, Esthland. Theca 20 mm hoch, 13 mm dick. Nur unter den Fingergelenken drei sehr kräftige Buckel auf den Mediolateralien, die anscheinend durch tiefe Ambulacralbahnen mit den Fingergelenken verbunden sind und wahrscheinlich sogar die Finger selbst trugen. Die übrigen Platten gleichmässig dick vorgewölbt, die Siebhügel in flachen Depressionen gelegen, fast ganz unregelmässig geordnet, die Basis kelchförmig verjüngt. (1 Orig.-Ex. gesammelt durch F. v. SCHMIDT. Acad. Petersburg.) Taf. XVIII fig. 7.

Corylocrinus (v. KOENEN 1886, I, 249) emend. JAEKEL.

(Syn. *Juglandocrinus* v. KOENEN, ebendort, p. 251, ? *Hemicosmites* FORBES, ? *Hemicosmites* SALTER non v. BUCH. ? *Stribalocystites* S. A. MILLER.)

Vorbemerkung. v. KOENEN, der die erste Beschreibung der Caryocriniden des Französischen Untersilur gab, definirte seine oben genannten Gattungen dahin, dass sie beide mit *Caryocrinites* in der Zusammensetzung des Kelches übereinstimmten, sich aber von dem genannten und *Hemicosmites* in dem Bau des Scheitels ganz wesentlich unterschieden. Durch Abfeilen und andere Präparationsmethoden gelang es mir schliesslich, einige dieser schlecht erhaltenen Theken ringsum freizulegen. Dabei ergab sich, dass die von v. KOENEN als fremdartig erkannten Eigenthümlichkeiten dem Erhaltungszustande zuzuschreiben waren. Andererseits erwiesen sich die beiden von ihm unterschiedenen Formen als typische Caryocriniden, die aber zwischen den baltischen Hemicosmiten und den amerikanischen Caryocrinen eine bemerkenswerthe Zwischenstellung einnahmen. Da ich zu einer generischen Trennung von *Corylocrinus* und *Juglandocrinus* bis jetzt keine Veranlassung sehe, betrachte ich letzteren als Synonym des vor ihm aufgestellten *Corylocrinus*.

Auf die Möglichkeit, dass einige Caryocrinidenreste aus dem Obersilur von Nordamerika zu obiger Gattung gehören, habe ich bei Besprechung von *Stribalocystites* aufmerksam gemacht.

Definition. Theca oval oder dick spindelförmig, im Mediolateralkranze 8 Platten. 3 Ambulacralstrahlen mit wenigen am Scheitel zusammengerückten Fingern.

Was zunächst den Erhaltungszustand der französischen von A. v. KOENEN beschriebenen Formen betrifft, so ist dieser schon insofern ein sehr ungünstiger, als die Oberfläche aller Theken sehr stark abgerollt ist. Ausserdem ist die Substanz der Skeletplatten durch den Krystallisationsprocess bei der Fossilisation so stark spärhig geworden, dass die Plattengrenzen z. Th. kaum noch erkennbar sind. Durch Präparation reicheren Materials und verschiedene Tränkungs- und Färbungsmethoden glaube ich nun erkannt zu haben, dass die 6 Oeffnungen, die v. KOENEN so auffällig erschienen, den Abbruchstellen der Haupt- und Nebenfinger von *Hemicosmites* entsprechen. Die Poren sind die Eintrittsöffnungen der Ambulacralrinnen von den Fingern unter die „Kelchdecke". Die letztere hat sich offenbar etwas ausgebreitet und verdickt: auch scheinen die je zwei Fingeransätze der drei Ambulacren annähernd gleich gross zu sein (vergl. Fig. 69 pag. 300). Bei einer als *C. elongatus* bezeichneten Art sind die Fingeransätze bei starker Verjüngung des oberen Thecalendes wohl ebenso stark zusammengedrängt wie bei *Hemicosmites*. Der Mangel der einen Schaltplatte und die hohe Lage des Afters sind aber auch bei dieser Form für ihre Zugehörigkeit zu *Corylocrinus* entscheidend. Die Skeletirung der gesammten Theca ist bei den französischen Arten sehr kräftig, so dass dieselben aussergewöhnlich schwerfällige Dichoporiten bildeten.

Corylocrinus schliesst sich im Bau der Ambulacra und dem Verhältniss der Finger zur Theca offenbar eng an die baltischen Hemicosmiten u. zw. besonders an ältere Formen wie *H. malum* und *extraneus*, entfernt sich aber von diesem Typus insofern, als sein Anus höher an der Theca heraufgerückt ist und die dritte Schaltplatte des zweiten Lateralkranzes in der Regel fehlt. In beiden Punkten nähert sich *Corylocrinus* dem jüngsten amerikanischen Repräsentanten der Familie *Caryocrinites*, entfernt sich aber von diesem durch die tiefere Lage des Afters und die geringe Gabelung der 3 Ambulacralstämme. Damit steht im besten Einklang sowohl das Alter der Genannten (vergl. pag. 304), wie deren geographische Verbreitung (vergl. pag. 303).

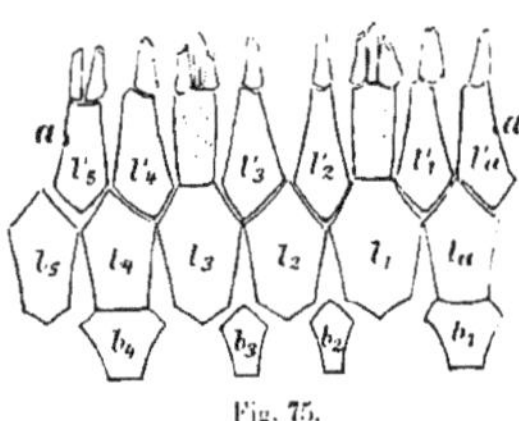

Fig. 75.
Diagramm von *Corylocrinus elongatus* n. sp.

C. crassus v. Koenen 1886 (I, 251). Oberes Untersilur von Grand Glanzy bei Cabrières, Frankreich. Theca circa 25 mm hoch, 20 mm dick, sehr dick skeletirt, so dass die Platten als dicke Buckeln hervortreten. (4 Ex. Mus. Berlin, 1 Ex. Coll. Frech, Breslau.)

C. pyriformis v. Koenen 1886 (I, 249). Typus der Gattung, ebendaher. Theca circa 40 mm hoch, 30 mm dick. Platten mässig gewölbt. Die Platten des zweiten Lateralkranzes nicht höher als die des ersten. Horizontalnähte in flachen Bögen verlaufend. After in der Mitte des zweiten Lateralkranzes. (2 Ex. Mus. Berlin, 1 Ex. Coll. Frech, Breslau.)

C. elongatus n. sp. Theca oben und unten spindelförmig zugespitzt, Basalia hoch eingebogen, die Platten des zweiten Lateralkranzes sehr verlängert. Platten von oben her tief ineinander gekeilt, so dass die Horizontalnähte z. Th. in tiefen Bögen verlaufen. Die Platten des dritten Lateralkranzes ziemlich hoch, bilateral symmetrisch zur Analaxe. Armansätze sehr zusammengedrängt, After unmittelbar an dieselben gerückt, sehr klein: ebendaher. (2 Ex. Mus. Berlin, 1 Ex. Univ.-Sammlg. Strassburg.) Taf. XVII fig. 4.

? *C. occidentalis* n. sp. Nur einzelne Platten, die voraussichtlich zu *Corylocrinus* gehören, aber wesentlich dünner, übrigens grösser sind als bei den vorher genannten. Oberes Untersilur, Bussaco, Portugal. (1 Ex. Univ.-Sammlg. Breslau.)

? Stribalocystites S. A. Miller 1891 (I, 20), 1892 (II, 682).

Die unvollkommene Kenntniss, die wir durch S. A. Miller von dieser Form haben, gestattet nur soviel zu sagen, dass *Stribalocystites* einen Caryocriniten des amerikanischen Obersilur darstellt, der nicht zu *Caryocrinites* selbst gehört, der die Familie bisher allein in Nord-Amerika zu vertreten schien. Ob die Gattung mit *Corylocrinus* zusammenfällt oder eine selbständige Stellung beansprucht, muss ich daher vorläufig dahingestellt sein lassen. Von den beiden von S. A. Miller beschriebenen Arten sieht *S. tumidus*, der Typus der Gattung, nach den mir allein zugänglichen Abbildungen Miller's 1892 (V, 682) dem *Juglandocrinus crassus* v. Koen. so ähnlich, dass man vorbehaltlich der Kenntniss seines Thecalbaues geneigt sein möchte, ihn mit dieser Art zu vereinigen. *S. Gorbyi* hat dagegen den allgemeinen Habitus von *Caryocrinites*; es lässt sich auch aus der Definition S. A. MILLER's kein wesentliches Hinderniss entnehmen, ihn bei dieser Gattung unterzubringen.

S. tumidus S. A. MILLER 1891 (I. 20). Mittleres Obersilur (Niagara group), Nord-Amerika. Theca klein, oval, Platten sehr dick vorgewölbt.

Caryocrinites TH. SAY 1825 (I, 9).

Syn. *Hemicosmites aut.* z. Th., *Enneacystis* HAECKEL.
? *Stribalocystites* S. A. MILLER z. Th.

Vorbemerkung. Die genaueste Besprechung dieser Form findet sich bei L. v. BUCH 1845 (I, 90), der auch die ältere Litteratur über dieselbe sorgfältig zusammenstellte. TROOST hat 1850 eine Anzahl Artnamen ohne Definition aufgeführt; dieselben kommen also nicht weiter in Betracht und sind übrigens auch nach der Angabe ROEMER's auf ganz unwesentliche Unterschiede der Skulptur und Form basirt. HAECKEL hat in dem durch nichts gerechtfertigten Irrthum, dass die von BUCH beschriebenen Exemplare des *Caryocrinites ornatus* von Lockport aus dem Untersilur von Petersburg stammten, für diese die Gattung *Enneacystis* aufgestellt.

Diagnose. Theca becherförmig, in einen Kelch und eine Kelchdecke geschieden, indem die zahlreichen Fingeransätze breit auseinander rücken und grössere Platten den Raum zwischen ihnen bedecken. Der zweite Lateralkranz mit 8 Platten, der dritte aus sehr zahlreichen, sehr niedrigen Stücken zusammengesetzt. After oberhalb des zweiten oder dritten Lateralkranzes am Rande der Kelchdecke. Darm mit schwammiger Skeletwand, schwach eingerollt. Parietalporus nur gelegentlich solar neben dem After als winzige Oeffnung erhalten. Finger lang, in grosser Zahl und ziemlich gleicher Entfernung vom Munde. Stielglieder niedrig, an Durchmesser und Dicke alternirend.

Caryocrinites stellt den Höhepunkt der morphogenetischen Entwicklung der Familie dar. Die neunte Platte des Mediolateralkranzes fehlt ausnahmslos. Der After erreicht hier auf seiner Wanderung (vergl. Fig. 69 pag. 300) den denkbar höchsten Punkt, indem er bei *C. ornatus* ganz in der Kelchdecke liegt. Die drei Ambulacralstrahlen sind hier mindestens dreimal gegabelt, so dass als mindeste Zahl 9 eigentliche oder Hauptfinger vorhanden sind. Neben diesen findet sich aber ziemlich regelmässig je einer der pag. 302 besprochenen Nebenfinger, die allem Anschein nach zur Aufnahme der Geschlechtsprodukte dienten. Man kann demnach niemals von 9 Fingern allein reden, wie das HAECKEL bei Aufstellung seiner Gattung *Enneacystis* that. In der Gesammtform zeigen die Arten dieser Gattung eine normale Becherform, insofern die Wölbung der Seitenwand eine ziemlich gleichartige ist, und die Kelchdecke einen flachen oberen Abschluss der Theca bildet. Die Platten der Kelchdecke sind relativ gross, ihre Form und Anordnung ist aus der Abbildung Taf. XVII fig. 2 zu ersehen, in die leider die Ansätze der genitalen Nebenfinger nicht eingetragen sind. Die sämmtlichen Finger waren, nach der Neigung ihrer Gelenkflächen an der Theca zu urtheilen, von dieser zunächst seitlich abgespreizt.

In ihrem weiteren Verlauf mögen sie sich nach oben gewendet haben, wie dies die Abbildung HALL's und die nach dieser gezeichnete Figur 1 auf Taf. XVII zeigt. Die einzigen bisher bekannten Arten sind auf das Obersilur der Vereinigten Staaten von Nord-Amerika beschränkt und bilden damit die jüngsten Vertreter der Familie.

C. Roemeri JKL. 1894 (II, 105), pro *C. ornatus* F. ROEMER 1860 (II, 33). Obersilur des Staates Tennessee (? und Kentucky) U. S. Theca ziemlich gross, bis 65 mm hoch und 50 mm dick. Unteres Kelchende scharf, oberes schwach verjüngt; Kelchdecke mässig gross. After am Oberrand des zweiten Lateralkranzes. Armansätze relativ klein, zahlreich, circa 20, individuell wechselnd an Zahl. (Mehrere Ex. Mus. Berlin.) Taf. XVII fig. 3, Fig. 70 pag. 302.

C. ornatus SAY 1825 (I, 9) (Syn. *C. loricatus* SAY, *Enneacystis buchiana* HAECKEL). Obersilur (Clinton und Niagara group) Nord-Amerika. Theca becherförmig, unten gerundet,

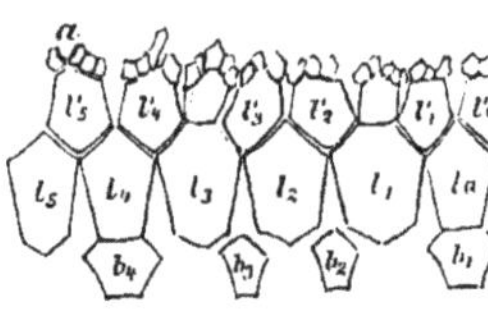

Fig. 76.

Diagramm von *Caryocrinites ornatus* SAY.

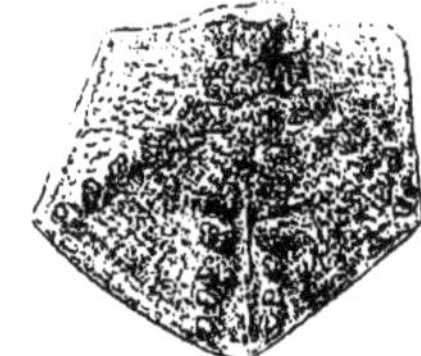

Fig. 77.

Ein Mediolaterale von *Caryocrinites ornatus* Mus. Berlin mit den Siebhügeln der Poren. Vergrössert.

oben kaum verjüngt. Kelchdecke breit, flach, mit wenigen grossen Platten getäfelt, zwischen den Armansätzen eingesenkt. After über dem dritten Lateralkranz mit kräftiger Pyramide gedeckt. Skulptur zierlich, koncentrische Anwachsstreifen, centrale Buckel auf den Platten der Kelchdecke, bisweilen radiäre Leisten zwischen den Porenreihen. Poren erhaben isolirt, im Basalkranz und zweiten Lateralkranz siebartige Häufchen von Buckeln bildend. (Zahlr. Ex. Mus. Berlin.) Taf. XVII fig. 1—2, Textfiguren 76 und 77 pag. 314.

Die Caryocriniden des englischen Untersilur bedürfen noch genauerer Durcharbeitung. Die von FORBES (1848, II, 510, T. XX fig. 1) als *Hemicosmites squamosus* abgebildete Kelchplatte passt nicht in den Kelchbau der bisher bekannten Gattungen, da die Oberseite derselben drei Platten trägt und demnach unter einer Schaltplatte liegen musste, aber nicht wie diese bei den Caryocriniden unten zugespitzt, sondern quer abgestutzt ist und also auf einem der grösseren Basalia hätte ruhen müssen.

Einige andere Thecalplatten der Caradoc-Schichten Englands sind von E. FORBES zuerst 1848 (II Part I p. 302) als *Hemicosmites ? rugatus* FORB. bezeichnet worden. In der l. c. Part II pag. 511 folgenden Beschreibung dieser Platten sind dieselben von FORBES mit *Hemicosmites pyriformis* BUCH offenbar irrthümlich identificirt worden. SALTER hat dann 1881 (II, 479) den Namen *rugatus* (FORB.) wieder aufgenommen, so dass er nun als

Autor der Species *Hemicosmites rugatus* gelten muss. Obwohl die Abbildungen dieser Platten keine Poren zeigen, stehen dieselben doch in ihrem gesammten Habitus dem *Hemicosmites rudis m.* (Fig. 74 pag. 310) so nahe, dass ihre Zugehörigkeit zu den Caryocriniden sicher erscheint. Ob sie zu *Hemicosmites* gehören, oder sich die Skulptur von *H. rudis* nicht auch bei jüngeren Typen noch einmal wiederholte, ist dabei vorläufig nicht zu entscheiden. Auch ist die Möglichkeit nicht ganz ausgeschlossen, dass die betreffenden Platten einem stark skulpturirten Chirocriniden entstammen. Im letzteren Falle müsste man allerdings annehmen, dass die Umrisse der Platten unrichtig gezeichnet sind, da die Radialleisten hier wie bei *Hemicosmites* nach den Ecken und nicht wie bei *Chirocrinus* nach den Plattenseiten verlaufen. Wahrscheinlich dürfte aber zu *Chirocrinus* die von E. Forbes l. c. T. XX f. 5 als *Hemicosmites pyriformis* abgebildete Platte gehören. Dieselbe würde dann den schwedischen Chirocriniden nahe stehen. Ob der von Forbes l. c. T. XX p. 511 f. 6) und Salter (l. c. p. 478 T. XX f. 11) als *Hemicosmites ? oblongus* (Pand.) abgebildete Steinkern zu Caryocriniden oder in die Verwandtschaft von *Caryocystites* gehört, wage ich nicht zu entscheiden. Herr v. Koenen verglich 1886 (II, 254) eine der von Salter als *Hemicosmites rugatus* beschriebenen Platten mit seinem *Juglandocrinus crassus*. Auch diese Beziehung bleibt zweifelhaft, da bei letzterem die Oberflächenskulptur unbekannt ist.

Fragliche Caryocrinidenreste liegen schliesslich auch aus dem oberen Untersilur Chinas vor. Dieselben sind bereits von Herrn Prof. v. Loczy, der mir die betreffenden Stücke freundlichst zur Ansicht zugesandt hatte, 1898 (I, 21) erwähnt worden. Da die Reste nur aus einzelnen Platten bestehen, ist eine generische Bestimmung derselben ausgeschlossen. Ihrem Vorkommen nach dürften sie dem russischen *Hemicosmites* am nächsten stehen. Leider wissen wir über die Ausdehnung der Silurmeere in jenen Gebieten noch zu wenig, um daraus bestimmte Schlüsse über faunistische Beziehungen so weit getrennter Gebiete abzuleiten. Anscheinend sind die betreffenden Reste jünger als die ältesten Hemicosmiten Russlands. Das schliesst aber natürlich die Möglichkeit nicht aus, dass die Heimath der Caryocriniden in Gebieten östlich von Esthland lag. Da die chinesische Art mit keiner bisher bekannten zu identificiren ist, schlage ich vor, sie *Hemicosmites* (?) *Loczyi* zu benennen.

Fam. Echinosphaeridae m.

Vorbemerkung. In diese Familie gehören die häufigsten und längst bekannten Cystoideen. Einzelne derselben sind stellenweise wie namentlich *Echinosphaerites* im baltischen Untersilur so häufig, dass Exemplare derselben in allen Sammlungen verbreitet sind. Diese Formen können aber nur insofern als Typus der Cystoideen gelten, weil sie sich unter diesen, wie L. v. Buch sagte, „von Allem, was an Crinoiden erinnern könnte", am weitesten entfernen.

Definition. Theca kuglig, oval oder schlauchförmig, durchaus apentamer; Stiel stichal: Arme in geringer Zahl (meist 3) am Munde koncentrirt, zweizeilig, lang, ungetheilt; After ziemlich klein, mit einer einfachen, in der Regel fünftheiligen Klappenpyramide. Ausserdem ein grosser Parietalporus mit dreitheiliger Klappe, der als Genitalöffnung fungirte. Ein äusserer Madreporit fehlt. Dichoporen über das ganze Thecalskelet gleichmässig vertheilt, ohne Innenfalten, mit runden Porenkanälen, die meist durch tangentiale Röhren verbunden werden.

In vorstehender Fassung enthält die Familie folgende Gattungen, von denen die eingeklammerten als synonym eingezogen werden sollen:

Echinosphaerites WAHLENBERG 1821.
Caryocystites L. v. BUCH.
(*Heliocrinus* EICHWALD.)
(*Orocystites* BARRANDE 1887.)
(*Deutocystites* BARRANDE 1887.)
(*Arachnocystites* NEUMAYR 1889.)
(*Trinemacystis* HAECKEL 1896.)
(*Citrocystis* HAECKEL 1896.)
Stichocystis n. g.
Amorphocystis n. g.

Die allgemeine Körperform ist in dieser Familie insofern sehr konstant, als die Theca sich nur ausnahmsweise von der Kugel- oder Eiform entfernt und stets nur einige wenige Finger von deren Scheitel ausgehen. Ein Wechsel entsteht nur dadurch, dass die Länge des Stieles in weiteren Grenzen schwankt. Bedeutende Länge scheint derselbe zwar selten besessen zu haben, aber gelegentlich obliterirt derselbe so stark, dass die Theca unmittelbar auf Fremdkörpern aufgewachsen ist (*Echinosphaerites granulatus* MC.COY). Die Theca bewahrt die Kugelform bei *Stichocystis* und in der Regel bei *Echinosphaerites*, während sie bei *Caryocystites* oval und bei *Amorphocystis* noch mehr, aber unförmlich, in vertikaler Richtung gestreckt ist (Taf. VIII fig. 3, 5, 19, 20. Taf. IX. X fig. 5). Eine ganz abweichende Birnform entsteht als Abnormität durch Verjüngung des unteren Thecalendes bei *Echinosphaerites pirum* (Taf. VIII fig. 1).

Die Theca ist aus einer grossen Zahl von Plättchen unregelmässig zusammengesetzt. Nur an der Basis bilden die untersten Thecalplatten noch einen horizontalen Kranz und es ist sehr bemerkenswerth, dass derselbe sehr häufig, ja bei einigen Formen nahezu regelmässig, aus vier Stücken besteht. Wenn auch die Form der einzelnen Stücke keine gesetzmässige ist, so ist es doch morphogenetisch von hoher Bedeutung, dass sich hier noch dieselbe Viertheilung erhalten hat, die wir ausnahmslos bei allen regulären Dichoporiten und den Caryocriniden antrafen. Im übrigen finden wir die grösste Zahl und unregelmässigste Anordnung der Thecalplatten bei *Echinosphaerites*. Der bekannte *E. aurantium* (Taf. VIII fig. 5) wird darin von einigen jüngeren Arten dieser Gattung, wie z. B. *E. pirum* (Taf. VIII fig. 1. 2), einigen böhmischen Arten und dem belgischen *E. belgicus* n. sp. aus dem oberen Untersilur weit übertroffen. Wesentlich geringer ist die Plattenzahl bei *Caryocystites* (= *Orocystites* BARR.) (Taf. IX fig. 1, 3, 4, 7, X fig. 5), wo demgemäss die einzelnen Platten erheblich grösser sind. Die geringste Zahl finden wir bei *Caryocystites granatum* v. BUCH (Taf. IX fig. 2), bei dem über den Basalien sich nur wenige, wenn auch unregelmässige Plattenkränze zählen lassen. Der untere dieser den Lateralien entsprechenden Kränze enthält 6—7, der nächst höhere 6—8, der folgende 7—9; die obersten Platten unter den Fingeransätzen sind dann ganz regellos gelagert, so dass nicht einmal festzustellen ist, ob sie einem oder zwei Kränzen angehören.

Aus diesem Vergleich der Plattenzahl ergiebt sich, dass die Zahl derselben innerhalb der Familie zugenommen hat, derart, dass deren jüngste Vertreter die höchsten Zahlen erreichen. Andererseits sind solche Typen wie *Caryocystites granatum* mit der geringsten Plattenzahl derjenigen der Caryocriniden und der regulären Dichoporiten so genähert, dass der Sprung in dieser Hinsicht kein grosser ist.

Nur bei den jüngsten Vertretern der Familie geht im Gegensatz zu allen älteren Mitgliedern derselben, die Einheitlichkeit der Theca insofern verloren, als die Basis nicht mehr scharf vom Stiele abgesondert ist. In ausgezeichneter Weise ist der hierbei entstehende allmähliche Uebergang der Theca an dem Stiel bei *E. pirum* (Taf. IX fig. 1, 2) zu sehen. Man wird durch diese Bilder erinnert an die Auffassungen NEUMAYR's (1889, II. 411), der in dem analogen Zustande von *Dendrocystites Sedgewicki* den Beginn der Sonderung eines Stieles von dem Körper erblickte. Der hier vorliegende Befund würde übrigens erst vollkommen den Vorstellungen NEUMAYR's entsprechen, da bei dem genannten Carpoideen der Basalkranz thatsächlich noch scharf von dem oberen Stielende geschieden ist. Hier nun, wo der Stiel wirklich nur als ungesonderte Ausstülpung der Theca erscheint, liegt der Fall nun aber ganz unzweifelhaft so, dass die Grenze zwischen Theca und Stiel sekundär verloren gegangen ist. Bei allen älteren Echinosphaeriden ist die Grenze ganz scharf; bei *Stichocystis, Caryocystites* und *Amorphocystis* ist die Ansatzfläche des Stieles an der Theca sehr deutlich (Taf. IX fig. 3a, 5). Bei einigen Arten von *Echinosphaerites* tritt dann die innerhalb der *Regularia* und der Caryocriniden erworbene Koncentration der Basis nicht ein, die Basalia bleiben dünn und rücken auseinander, wobei sie vielfach eine Vermehrung erfahren. Der Stiel geht dann wieder wie bei den ältesten Dichoporiten mit weitem Lumen in die Theca über (Taf. VIII fig. 3, X fig. 7). Die letzten Etappen dieses Processes sind durch die beiden Taf. VIII fig. 1 und 2 abgebildeten Individuen von *Echinosphaerites* gekennzeichnet.

Eine besondere Veränderung erfährt die Theca noch innerhalb der Familie durch die Bildung einer verkalkten Epithek, unter welcher nicht nur die Poren, sondern auch die Plattengrenzen überdeckt werden. Am auffälligsten wird diese Erscheinung bei *Echinosphaerites aurantium* (Fig. 79 pag. 331), wo mindestens drei Kalkschichten die Stereothek überlagern. Die seitliche Verschmelzung der stereothecalen Thecalelemente wird dadurch bisweilen eine so vollkommene, dass man deren Contouren nur noch aus den koncentrischen Anwachsstreifen oder der Lage der Porenrauten rekonstruiren kann (Taf. VIII fig. 5, IX fig. 6, X fig. 5). Bei *Echinosphaerites aurantium* treten die Plattengrenzen nur an abgeriebenen oder angeätzten Exemplaren hervor. An gut erhaltenen Individuen dieser Art zeigt die Oberfläche keine Spur von Plattengrenzen.

Die Stielbildung der Echinosphaeriden ist uns bisher nur von *Echinosphaerites* und im Zusammenhang mit der Theca auch nur bei einigen böhmischen Arten dieser Gattung bekannt geworden. Das Stielskelet bildet hier ein ziemlich dünnwandiges Rohr, welches aus mehreren (meist 5) Reihen schmaler übereinander liegender Plättchen zusammengesetzt ist (Taf. VIII fig. 1, 4, X fig. 7). Eine derartige Gliederung der Stielwand bezeichne ich als stichal (στίχος = Reihe) im Gegensatz zu der Zusammensetzung aus mühlsteinartigen Gliedern. Ich hob schon pag. 215 hervor, dass aller Wahrscheinlichkeit nach auch der Stiel der älteren *Regularia* unten eine stichale Anordnung der Stielglieder besass. Es muss unter diesen Umständen zweifelhaft bleiben, ob das von Barrande 1887 (I, 180) als *Cystidea nugatula* beschriebene und l. c. T. 31 f. 3—5 abgebildete Fragment, welches in Wahrheit, wie ich aus einem Guttapercha-Abdruck ersehen konnte, aus einer kleinen dickwandigen Wurzelblase und zerfallenen stichalen Gliedern besteht, zu *Echinosphaerites* oder etwa zu *Chirocrinus alter* gehört. Nach dem Vorkommen spricht die grössere Wahrscheinlichkeit dafür, dass uns darin die Wurzel einer *Echinosphaerites* vorliegt. Bei dem Erhaltungszustand dieser Reste bin ich überzeugt, dass es dem Eifer unserer dortigen Kollegen bald gelingen wird, vollständige Stiele verschiedener Cystoideen aus dem Gestein freizulegen. Ueber die morphogenetische Auffassung derartig skeletirter Stielbildungen habe ich mich zwar schon pag. 215 und 216 ausgesprochen und möchte hier nur noch darauf hinweisen, dass die stichale Art der Skeletirung für den unteren Stielabschnitt der ältesten Echinodermen charakteristisch ist, und die ausschliessliche Erhaltung dieses Abschnittes bei den Echinosphaeriden auf eine Entwicklungshemmung zurückzuführen ist. Der Stiel ist ja nicht eine sekundäre Ausstülpung des Echinodermenkörpers, sondern als der zum Träger der Krone verengte mittlere Körperabschnitt aufzufassen. Dadurch, dass sich der distale Theil als Haftorgan differenzirt, wird das Auswachsen des Stieles von diesem Theil auf den oberen den Tragefunktionen angepassten Theil verlegt und erfolgt allgemein am proximalen Abschnitt unterhalb der Krone. Wenn dieser obere Theil des Stieles also zuletzt entsteht, muss das Ausbleiben der für diesen Abschnitt charakteristischen Anlagen als Hemmung des normalen Entwicklungsprocesses aufgefasst werden. Bei *E. granulata* Mc. Coy ist die Stielbildung ganz obliterirt, derart, dass diese Form mit dem unteren Thecalpol unmittelbar auf Fremdkörpern festwächst.

Die Entfaltung der Ambulacra ist eine ziemlich einförmige. Die Radiärstämme bleiben meist ungetheilt, treiben nur je einen Finger, der am Munde lokalisirt bleibt, und sind in der Regel einzelne Radien ganz unterdrückt. Das Normale ist, dass nur drei Radien zur Entfaltung kommen, so dass dann nur 3 relativ grosse Finger den Mund umstehen (Taf. VIII fig. 3, IX fig. 3, 4). Nur bei einigen specialisirten Formen kommen entweder, wie es scheint, regelmässig nur zwei Finger vor (*Amorphocystis* Taf. IX fig. 8), oder die Zahl derselben wird wie bei *Echinosphaerites aurantium* innerhalb der Species inkonstant, so dass wenn auch abnorm 2, 4 und 5 Ambulacra mit je einem, nach Angelin sogar gelegentlich mehreren Fingern entfaltet werden (Taf. VIII fig. 3, 8, 10). Dass Haeckel diese individuellen Anomalien, die den letzten Zerfall althergebrachter Ordnung kennzeichnen, als phylogenetische Etappen einer vorschreitenden Ausbildung der Pentamerie innerhalb des Echinodermenstammes auffasste, habe ich bereits erwähnt. Es genügt zur Widerlegung dieser Auffassung, sich an die Thatsache zu erinnern, dass die Pentamerie im Cambrium bereits für die Thecoideen und Cladocrinoideen, im Untersilur auch für Pentacrinoideen, Asteroideen bereits Konstanz erlangt hatte, ehe die zwei-, drei- und vierstrahligen Echinosphaeriten erscheinen.

Die Koncentration der Finger am Mund wird in der Regel noch auffallender dadurch, dass sich die Fingeransätze auf einem halsartigen Vorsprung der Theca von deren normalen Fläche absondern. Die sie tragenden Thecalplatten fallen dabei in der Regel durch besondere Form und Grösse auf, so dass schon dadurch die Vorstellung nahe gelegt wird, dass diese Elemente noch eine morphologische Sonderstellung im Skelet der

Theca einnehmen. Ich halte sie für homolog den Radiolateralien von *Chirocrinus*. Die ältesten Diploporiten bieten ähnliche Verhältnisse.

Der Bau der Finger ist aus den Abbildungen Taf. VIII fig. 3, X fig. 6 zu ersehen. Die Zweizeiligkeit erleidet keinerlei Störung und besondere Differenzirung. Die Glieder sind etwa ebenso so hoch als dick, so dass sie der primären Kugelform am nächsten stehen. Es scheint, dass auch die Saumplättchen ziemlich gleichmässig geformt sind, da in der Regel 2 zu einem Fingerglied gehören. Die Dickenabnahme der Finger ist eine äusserst geringe; bei dem primitiven Charakter des ganzen Fingerbaues wird aber daraus nicht auf eine wesentlich grössere Länge, als sie Taf. VIII fig. 3 zeigt, sondern auf eine ziemlich plötzliche Verjüngung des distalen Endes zu schliessen sein.

Die Fingeransätze von ***Echinosphaerites aurantium*** aus der Umgebung Petersburgs lassen die Gelenkflächen für die Finger deutlich erkennen: dieselben sind queroval und weisen auf der Innenseite den Einschnitt der Wimperrinne auf. Von sonstiger Modellirung in der Fläche lassen sie nur eine flache Depression längs des Aussenrandes erkennen; gesonderte Ligament- und Muskelgruben sind nicht vorhanden, ebenso fehlt die bei dem Mangel letzterer sich sonst bisweilen einstellende radiale Streifung. Die Gelenkfläche ist also noch auf dem primitivsten Entwicklungsstadium und wäre eigentlich eher als Syzygialfläche zu bezeichnen, da ihr alle typischen Elemente echter Gelenkflächen fehlen. Wenn das aber auch der Fall ist, stellt sie doch physiologisch entschieden das „Fingergelenk" dar, weil unmittelbar über dieser obersten Kelchplatte der zweizeilige Finger beginnt. Jedenfalls ergiebt sich aus dieser geringen Differenzirung der Fläche, dass die Beugungsfähigkeit der Finger dem Körper gegenüber eine minimale gewesen sein muss. Die Kelchplatten, welche die Finger tragen, sind einheitlich über den Körper erhoben und stellen namentlich bei *Echinosphaerites* einen etwa handförmigen Auswuchs des Körpers dar (Taf. VII fig. 1). Der Raum zwischen den Finger tragenden Platten wird im analen Interradius je nach der Grösse des Raumes von einer oder mehreren Platten ausgefüllt.

Der Darmtractus der Caryocystiden ist seinen Endpunkten nach immer leicht zu kontrolliren, da die Lage des Mundes durch die Armansätze, der After als grosse polygonale Oeffnung oder bei günstiger Erhaltung durch den charakteristischen Klappenverschluss leicht kenntlich ist. Da der Mund immer apical und der After in $^2/_3$ der Höhe seitlich oder noch näher dem Munde gelegen ist, so musste der Darm eine wesentlich abwärts gewendete Schleife bilden.

Der Mund zeigt infolge der passiven Nahrungsaufnahme wie überall bei den Pelmatozoen auch hier sehr einfache Verhältnisse. Er liegt stets am Scheitel der Theca, in der Mitte der eng um ihn zusammengedrängten Fingeransätze (Taf. IX fig. 4a). Seine Ueberdachung durch Saumplättchen erfolgt in ganz ähnlicher Weise wie bei *Hemicosmites*. Wie dort vergrössern sich die Saumplättchen über dem Mund, zumal ihre Zahl sehr gering ist, da sich die Finger so nahe am Mund von der Theca abheben.

Der für die Cystoideen so charakteristische Verschluss der Afterlücke durch eine skeletirte Klappenpyramide zeigt sich bei den Echinosphaeriden in typischer Ausbildung. Die Platten haben die Form gleichschenkliger Dreiecke, deren Spitze dem Centrum der Oeffnung zugekehrt sind, und deren unpaarer Winkel von der Zahl der Platten abhängt, d. h. mit ihrer steigenden Zahl zunimmt. Bei jüngeren Individuen von *Echinosphaerites* erscheinen die Platten der Klappenpyramide eben, bei älteren sind sie an den Seitenrändern nach der Aftermitte aufgewulstet, so dass sie etwa in der Mitte ihrer Fläche eingesenkt erscheinen. Dadurch wurde der vielfach verbreitete Irrthum L. v. Buch's veranlasst, dass sie an dieser Stelle von einem Porus durchbohrt seien (vergl. Taf. VII fig. 6). Die Zahl der Klappen hängt von den die Afterlücke umgrenzenden Skeletplatten ab. Bei *Echinosphaerites*, bei dem die Pyramide selten ausgefallen ist, sind fast regelmässig 5 Platten vorhanden, nur vereinzelt liegen mir in der Sammlung der Petersburger Academie (Coll. v. Volborth) Exemplare mit 4, 6, 7 und sogar 8 Platten vor. Die Pyramide des letztgenannten Exemplares habe ich Taf. VIII fig. 6 vergrössert abgebildet. Eine auffällige Aehnlichkeit mit dieser Analpyramide zeigen kleine Bryozoenstöcke, die sich auf *Echinosphaerites* z. Th. in der Höhe des Afters ansiedeln und in ihrem ganzen Auftreten den Eindruck einer Mimikry erwecken. Da es sich aber hier um Thierkolonien handelt und deren Form sehr variirt, so kann es sich meines Erachtens nicht um individuelle Nachahmung, sondern nur um eine zufällige Aehnlichkeit handeln. Die Thierkolonie wurde erst nach Sprossung vieler Individuen der Analklappe ähnlich, konnte also während ihrer Entstehung unmöglich einer diesbezüglichen „Zuchtwahl" unterliegen.

Ein Primärporus ist bei den Echinosphaeriden wohl entwickelt. Er liegt ausnahmslos in der Nähe der Fingeransätze an normaler Stelle, aber vom Mund aus — in der Richtung nach dem After gesehen — etwas links. Das Lumen des Porus ist ziemlich gross, bei Individuen von 30 mm Durchmesser etwa 1 mm; sein Umriss ist gerundet. Da er meist in dem Grenzpunkte dreier Kelchplatten liegt, wird er dementsprechend meist von einer dreiseitigen Klappenpyramide geschlossen. Taf. VII fig. 5 habe ich eine solche von *Echinosphaerites aurantium* und Taf. VIII fig. 1, 3, 4 und 4a solche an Exemplaren von *Caryocystites* abgebildet. Bei *Echinosphaerites globosus* Taf. VIII fig. 20 habe ich einen viertheiligen Klappenverschluss abgebildet. Auch bei *Caryocystites* und *Amorphocystis* ist der Porus deutlich zu erkennen (vergl. Taf. VIII fig. 7 und 8).

Ich habe schon früher pag. 139 die Gründe auseinandergesetzt, weshalb ich diesen Porus für den Parietalporus, d. h. für die Ausmündung der Geschlechtsdrüsen ansehe. Bei der nahen Anlehnung der Madreporenöffnung an den Parietalporus bei den *Regularia* liegt es nahe, anzunehmen, dass sich die Kanäle beider unterhalb der Thecalwand vereinigt haben. Diese Auffassung, die ich noch pag. 140 für sehr wohl möglich erklärte, möchte ich nach weiteren Erwägungen nun doch für unwahrscheinlich halten. Der Klappenverschluss deutet auf einen gelegentlichen Austritt von Stoffen, würde aber mit einer dauernden aufsaugenden Funktion dieser Körperöffnung schwer in Einklang zu bringen sein. Zudem finde ich an einigen Steinkernen von *Echinosphaerites* eine Narbe oberhalb des Parietalporus unmittelbar am Mund. Diese unregelmässig verwachsene Stelle der Thecalwand würde kaum anders als durch die Obliteration eines primären Steinkanales zu erklären sein. Ausserdem bot die Betrachtung der diesbezüglichen Organisation der Caryocriniden (pag. 302) einige weitere Gründe dafür, dass die starke Ausbildung gerade des Genitalporus bei den Echinosphaeriden eine besondere Erklärung findet.

Der Porenbau zeigt sehr eigenthümliche Modifikationen des Dichoporitentypus. Das wesentliche Kennzeichen der letzteren, die radiale Einlagerung der Poren zwischen die Centren je zweier Thecalplatten, ist auch bei den Echinosphaeriden ausnahmslos gewahrt, desgleichen die Anordnung der Einzelporen zu Porenrauten. Die letzteren erwecken bei oberflächlicher Betrachtung sogar ganz das Bild der Porenrauten regulärer Dichoporiten und der Caryocriniden. Betrachtet man aber den Bau der Einzelporen genauer, so findet man diese wesentlich anders organisirt als bei den genannten Dichoporiten. Der Hauptunterschied liegt in dem Mangel einer inneren Skeletfalte. Ich habe schon pag. 111 die Gründe auseinandergesetzt, weshalb ich glaube, dass auch bei den Echinosphaeriden Innenfalten vorhanden waren und nur infolge unterbliebener Skeletirung nicht mehr nachweisbar sind. Morphogenetisch betrachtet bezeichnet diese Erscheinung übrigens nur den Endpunkt eines Differenzirungsweges, dessen Richtung schon innerhalb der regulären Dichoporiten klar erkennbar ist. Wenn wir uns erinnern, dass die einfache Vollpore der älteren *Regularia* (vergl. Fig. 21 pag. 106) aus einer korrespondirenden Einfaltung benachbarter Plattenränder dadurch entstand, dass deren eingesenkter Theil dünnwandiger wurde, ist bis zum schliesslichen Verlust aller Skeletbildungen in diesem Theil nur noch ein Schritt: die Wand bleibt dann eben weichhäutig. Wie bei allen jüngeren Regulären und den Caryocriniden bleibt der supponirte Innenraum der ursprünglichen Falte durch Porenkanäle mit der Oberfläche der Theca verbunden. Die Bildung dieser Porenkanäle ist natürlich auch hier als die Folge einer Ueberbrückung des centralen Theiles der Pore anzusehen. Die Brückenbildung selbst erfolgt wie bei den regulären Dichoporiten und bei den Caryocriniden in der Regel auch hier einheitlich, derart, dass nur an den distalen Enden der ursprünglichen Respirationsfalte deren Kommunikation mit der Oberfläche bestehen bleibt. Wie bei den Regulären in *Chirocrinus interruptus* (Taf. X fig. 9) bleibt auch hier bei einem Typus die Brückenbildung unterbrochen, in der Art, dass mehrere Porenkanäle von einer Falte aus nach aussen münden. Das ist der Fall bei der Gattung *Stichocystis* (Fig. 22 pag. 107, Taf. IX fig. 6). Bei allen übrigen Formen finden sich dagegen nur je 2 Kanäle distal einander gegenübergestellt.

Die Porenkanäle sind im Gegensatz zu denen der *Regularia* und der irregulären Tetracystiden, aber in Uebereinstimmung mit denen der Caryocriniden rund im Querschnitt (vergl. Fig. 22 pag. 107). Der Gegensatz gegenüber der Schlitzform bei den erstgenannten ist so durchgreifend, dass es vielleicht zweckmässig wäre, die Caryocriniden und Echinosphaeriden als „Rundporer" den *Regularia* und Tetracystiden als „Schlitzporer" entgegenzustellen.

Zu den genannten Modifikationen der ursprünglichen Porenfalte tritt nun bei den meisten Echinosphaeriden noch ein sehr bemerkenswerthes Moment in Gestalt tangentialer Porengänge. Bei *Amorphocystis, Caryocystites* und *Echinosphaerites* sind die Porenkanäle aussen durch Kanäle verbunden, die in der Skeletfläche ausgebreitet sind. Bei *Echinosphaerites* sind die verbindenden Kanäle ganz in die Stereothek eingebettet und von der Epithek überzogen. Ausserdem werden hier gewöhnlich je 2–3, bei *Amorphocystis* oft 3—6 Porenkanäle durch mehrere Röhren verbunden. Die Porenbildung dieser Formen stellt sonach den höchsten Grad diesbezüglicher Specialisirung dar. Zugleich machen sich aber dabei Anzeichen gänzlicher Verkümmerung geltend. Der totale Abschluss der Poren an der Oberfläche ist durch die Ueberlagerung der tangentialen Röhren durch eine mehrschichtig verkalkte Epithek nachgewiesen (vergl. Fig. 79 pag. 331), und es scheint fast, dass bei den von Barrande 1887 (I, 146) als *Deutocystites* beschriebenen Echinosphaeriden die Poren gänzlich obliterirt sind. Möglicherweise beruht diese Erscheinung, wie ich schon pag. 112 hervorhob, auf einer abweichenden Art des Erhaltungszustandes, durch den auch sonst, wie z. B. bei den französischen *Corylocrinus*-Arten, gelegentlich die Poren ganz unsichtbar werden. Jedenfalls stimmt die Organisation von *Deutocystites* in allen übrigen Punkten so genau mit der von *Echinosphaerites* überein, dass ich auf Grund jenes einen zweifelhaften Merkmales eine generische Trennung nicht vornehmen möchte. Auch bei einer jüngeren Art von *Amorphocystis* scheinen die Poren zu verkümmern. Ueberdies finden wir ja auch sonst innerhalb einzelner Gattungen wie *Hemicosmites* (vergl. pag. 299) eine weitgehende Reduktion der Porenbildung, so dass diese Erscheinung selbst im Extrem nicht fremdartig erscheint.

Während nun die eigenartige Ausbildung der Poren von *Stichocystis* einen Anschluss an die normale Dichoporenform vermittelt, zeigt sie doch zugleich einen Uebergang zu dem zunächst fremdartigen Porenbau der typischen Echinosphaeriden. Innerhalb der Dichoporen von *Stichocystis* (Fig. 78 A) sind die distalen Porenkanäle vielfach so schräg gestellt, dass sie an Länge die mittleren weit übertreffen. Erwägt man, dass die Leistenbildung dieser Verlängerung der äusseren Kanäle in erster Linie zu statten kommt, so ist wohl ersichtlich, dass die weitere Steigerung dieser Differenzirungstendenz zur Ausbildung tangentialer Röhren führte, wie sie bei *Caryocystites* unter dem Oberrand der Porenleiste vorliegen.

Fig. 78.
Schematische Ableitung des Porenbaues der Echinosphaeriden.

Das Verhalten von *Caryocystites granatum* nähert sich dem von *Stichocystis* dabei noch insofern, als hier zwischen grösseren Leisten mit langen Porenkanälen öfters kürzere liegen, die in Fig. 78 B dem inneren Porenbogen b—b entsprechen. Es scheint mir sogar bei dieser Art nicht selten vorzukommen, dass die Röhren a—a noch in ihrem mittleren Verlauf direkt durch Kanäle wie b—b oder c—c der Fig. 78 A nach innen geöffnet sind. Leider ist der Erhaltungszustand der mir vorliegenden Exemplare nicht günstig genug, um hierüber jeden Zweifel auszuschliessen. Indessen ergiebt sich wohl aus diesem Vergleich, dass wir den einfachen tangentialen Porengang als Modifikation convergirender Porenkanäle aufzufassen haben, und demnach den Mangel äusserer Porenleisten (*Echinosphaerites*) und die Existenz mehrerer Porengänge zwischen distalen Porenkanälen als weitere Specialisirungen des Porentypus von *Caryocystites granatum* aufzufassen haben.

Die phyletische Gliederung innerhalb der Familie muss so lange problematisch bleiben, als das geologische Altersverhältniss der einzelnen Gattungen noch nicht geklärt ist. Bei der weitgehenden Entfernung der Echinosphaeriden von allen übrigen Dichoporiten erscheinen die Differenzen der Organisation innerhalb der Familie fast zu klein, um sie in eine Stufenleiter engerer oder näherer Beziehungen zu den übrigen Dichoporiten zu bringen.

Zunächst ist es von Wichtigkeit und nicht besonders schwer, in einigen Punkten den höchsten Grad der Specialisirung festzustellen. Aus früher (pag. 181) erörterten

Gründen muss der Mangel eines Stieles als ein sekundär eingetretener Verlust betrachtet werden. Da nun von den Echinosphaeriden nur die Gattung *Echinosphaerites* selbst den Stiel verliert, rückt diese darin an das Ende der Differenzirung. Die vergleichende Betrachtung der verschiedenen Porenformen (pag. 115) liess uns ferner nicht im Zweifel darüber, dass die Ausbildung einer und sogar mehrerer Tangentialröhren zwischen den Porenkanälen die höchste Specialisirung des Porenbaues bedeute. Das Gleiche gilt von der Verkalkung der die Poren überdeckenden Epithek. In diesen Punkten mussten *Echinosphaerites* und *Amorphocystis* am Endpunkt stehen. Während durch diese und einige weitere Momente wie die grosse Zahl und Ungleichheit der Thecalplatten die phyletische Stellung von *Echinosphaerites* sichergestellt scheint, sind die übrigen Vertreter nicht ohne Weiteres in eine Reihe zu bringen. Vor Allem scheint es schwierig zu entscheiden, welche Gattung wir als den primitivsten Typus der Echinosphaeriden zu betrachten haben. Einerseits kommt dabei die Form und Zusammensetzung der Theca und andererseits die Ausbildung der Poren in Betracht. In ersterer Beziehung bieten Formen wie *Caryocystites granatum* v. Buch die einfachsten Verhältnisse. Die Zahl der Thecalplatten ist hier nur unwesentlich grösser als bei den regulären Dichoporiten und den Caryocriniden; die Form des Körpers entfernt sich dabei wenig von der Kugelform (Taf. IX fig. 2). Sowohl die übrigen Arten dieser Gattung (Taf. IX fig. 1, 3, 4), wie *Amorphocystis* (Taf. IX fig. 8), zeigen sich hierin specialisirter, erstere besonders in der Zahl der Platten, letztere in der verzerrten Gestalt der Theca. So lange man die Cystoideen als die Stammformen der Pelmatozoen betrachtete, schien diese Schlauchform von *Amorphocystis* Beziehungen zu den Holothurien zu involviren; im Rahmen der hier begründeten Auffassungen bedarf diese Anschauung wohl keiner besonderen Widerlegung mehr. P. und F. Sarasin (1887, I, 144) sprachen in obigem Zusammenhang die Vermuthung aus, dass (*Caryocystites testudinarius* v. Buch =) *Amorphocystis Buchii* ein bewegliches Plattenskelet besass. Diese Auffassung ist u. A. auch von E. Koken (1893, II, 134) übernommen worden aber sicherlich unbegründet, da die Platten fest aneinanderliegen und ihrer Dichoporen wegen auch liegen mussten. Im Porenbau erweist sich *Caryocystites* und *Amorphocystis* specialisirter als *Stichocystis*. Bei ersteren sind wohlausgebildete Tangentialröhren vorhanden, während bei letzterer die Poren sich noch direkt in Kanälen auswärts öffnen. Bei *Echinosphaerites* und *Amorphocystis* sind die Tangentialröhren meist zu Bündeln zwischen je zwei Porenkanälen vereinigt, während bei *Stichocystis* und *Caryocystites* die Individualität der Einzelporen schärfer gewahrt bleibt. Schliesslich ist auch bei jenen beiden die Epithek als verkalkte Deckschicht über die Poren ausgebreitet, während eine solche bei *Stichocystis* entweder ganz fehlt oder mindestens am Skelet die äusseren Porenöffnungen frei liess. So erscheint *Stichocystis*, dessen Platten auch relativ gering an Zahl und untereinander an Grösse ziemlich gleichartig sind, als der primitivste Typus der Echinosphaeriden. *Caryocystites* leitet in einer bestimmten Differenzirungsrichtung zu *Echinosphaerites*, dem Endglied der Familie, über, während sich *Amorphocystis* von dieser Reihe seitwärts unter gewissen Rückbildungserscheinungen der Differenzirungstendenz abgezweigt hat. Das ergiebt folgenden Stammbaum:

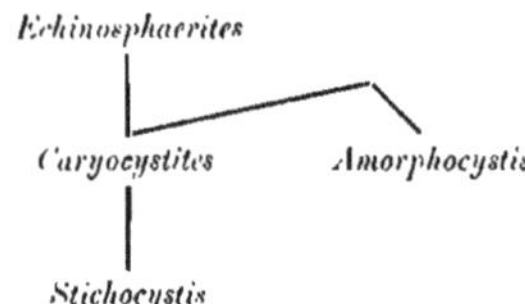

Trotzdem sich, wie wir sahen, *Stichocystis* in verschiedenen Punkten der Organisation der regulären Dichoporiten nähert, muss die Abstammung der Echinosphaeriden doch auf einer sprungweisen Entfernung von den reguläreren Typen beruht haben. Die Art der Zusammendrängung der ambulacralen Organe am Mund, die Aufgabe der regulären Anordnung des Thecalbaues und die rudimentäre Entwicklung des Stielbaues entfernen die Echinosphaeriden weit von allen übrigen Dichoporiten. Immerhin wurde der Gegensatz wenigstens in den ersten zwei Punkten gegenüber der Organisation der *Regularia* überbrückt durch die Caryocriniden. Mit diesen verband die Echinosphaeriden ausserdem die Zusammendrängung der Ambulacra am Mund, die ja erst sekundär innerhalb der Caryocriniden wieder aufgegeben wurde, und die Vertheilung der Poren über das ganze Thecalskelet. Nur für die verkümmerte Ausbildung des Stieles gab es kein Homologon unter den übrigen Dichoporiten. Wenn wir aber diese und die obengenannten Besonderheiten der Echinosphaeriden vom physiologischen Standpunkt aus betrachten, so beruhen sie im Grunde auf einer Hemmung der phyletischen Formentfaltung.

Für die Art ihrer Stielbildung wurde das bereits früher (pag. 181) erläutert, ebenso gilt dies unstreitig für die Entfaltung der ambulacralen Anhangsorgane und der gänzlichen Unterdrückung einzelner Radiärstämme. Auch die Vermehrung der Porenrauten und deren Ausbreitung über das ganze Thekalskelet beweist eine Persistenz auf frühen Entwicklungsphasen, da ursprünglich die ganze Oberfläche des Echinodermenkörpers respiratorische Funktionen ausübt und sicherlich immer ausübte. Dass die Persistenz dieses Zustandes sich in der Weise an die Dichoporenbildung anlehnte, dass solche überall zu Stande kam, aber im Einzelnen räumlich beschränkt blieb, kann nicht auffallend erscheinen. Die hierdurch veranlasste Anlage zahlreicherer Porenrauten mochte aber ihrerseits Veranlassung zu einer Vermehrung der Plattenzahl geben, da die Verkalkungscentren der Thecalplatten offenbar mit der Anlage der Porenrauten in inniger Wechselwirkung stehen. Nur hatte sich innerhalb dieser durch verschiedene Beeinflussung der ontogenetischen Entwicklung der betreffenden Organe der Eintritt ihrer Anlagen verschoben. Indem hier der Reiz zur Ausbildung respiratorischer Organe vorherrschte, ordnete sich die Plattenanlage in der bisherigen Wechselbeziehung der ersteren unter. Wir werden später finden, dass eine noch stärkere Störung dieser Lagebeziehung bei den Diploporiten zu einem Zerfall der Porenrauten führt (vergl. Fig. 26 pag. 118).

Wenn wir eine weitgehende Verschleppung schwimmender Larven etwa durch Meeresströmungen annehmen, so erfahren alle diese Hemmungserscheinungen eine einheitliche Erklärung. Eine Verzögerung der Anheftung verlangsamte die Stielanlage wie die radiäre Entfaltung der erst im sessilen Zustand ernährenden Ambulacralorgane. Dadurch müsste einerseits der Respiration der Haut eine wesentliche erhöhte Bedeutung für die Ernährung zukommen und dadurch wieder die Vermehrung der Porenrauten und der Thecalplatten als sekundäre bezw. tertiäre Momente veranlasst sein. Andererseits wird dadurch eine radiäre Verlagerung der Genitaldrüsen auf die ambulacralen Anhangsorgane verhindert und so die Erhaltung der primären in der Theca gelegenen Genitaldrüse und des Parietalporus motivirt.

Da nun die genannten Hemmungen in Stadien der ontogenetischen Entwicklung eingetreten sein müssen, wo sich noch kaum die Charaktere der *Regularia* und der Caryocriniden gesondert haben konnten, sondern z. B. in der Art der Hautrespiration nur der Typus der Dichoporiten festgelegt war, wird man auch keineswegs als sicher annehmen können, dass die Uebereinstimmung einiger Hemmungserscheinungen bei Caryocriniden und Echinosphaeriden eine Abstammung der letzteren von den ersteren nothwendig mache. Wenn durch Hemmungen der Ontogenien überhaupt so frühe Entwicklungsphasen zur Persistenz gelangen konnten, müssen wir jedenfalls mit der Möglichkeit rechnen, dass sich derartige Erscheinungen in verschiedenem Grade von Intensität selbständig wiederholten. Immerhin wird aber die Grösse des Sprunges erheblich verringert, wenn wir annehmen, dass der Zerfall der Regularität zunächst zu der Organisation der ältesten Caryocriniden (*Hemicosmites*) führte und dann erst in weiterer Etappe zu der Entstehung der Echinosphaeriden Veranlassung gab. Die historischen Dokumente, die uns die Geologie hier an die Hand geben sollte, stehen leider zur Zeit noch aus. In Russland, wo die Schichtenfolge am genauesten bekannt ist, scheint ja allerdings *Hemicosmites* den ältesten Echinosphaeriden voranzugehen. Aber so lange diese Verhältnisse in anderen Gebieten noch so wenig geklärt sind, und in Böhmen (vergl. pag. 192) möglicherweise sogar widersprechende Daten liefern, ist es zwecklos, sich hier in Spekulationen zu ergehen. Es muss uns vorläufig genügen, zu wissen, dass die Echinosphaeriden äusserst specialisirte und durch Hemmung ihrer ontogenetischen Entfaltung gehemmte Dichoporiten sind.

Stichocystis n. g.

Syn. *Caryocystis* z. Th. Angelin 1878.

Die scharfe geometrische Zeichnung der Oberflächenskulptur haben den Resten dieser Gattung schon früh Beachtung verschafft und machen deren Abbildungen sofort kenntlich. Ein Fragment der Theca ist schon von Knorr 1773 I. Suppl. T. Xa f. 3, 4 abgebildet worden. Auch Angelin's Iconographia Crinoideorum bringt mehr als 100 Jahre später wieder nur eine Abbildung und keine Beschreibung dieses sonderbaren Typus, dessen Fragmente sich übrigens bisher nur sehr vereinzelt in diluvialen Glacialgeschieben Norddeutschlands gefunden haben. Ich war anfangs geneigt, die hierher gehörige Form zu *Caryocystites* v. Buch zu stellen, und habe dieselben auch pag. 110 und 111 der allgemeinen Besprechung der Cystoideen unter diesem Namen aufgeführt. Andererseits ist auf diesen Seiten *Heliocrinites* Eichw. von *Caryocystites* v. Buch auseinander gehalten, was ich gleichfalls nicht aufrecht erhalten möchte.

Definition. Theca kuglig, aus etwa 60—100 ziemlich gleich grossen Platten zusammengesetzt. Stielansatz eng, aus der Kugelwölbung nicht vortretend.

Fingeransätze anscheinend ebenfalls nicht vorgewölbt. Dichoporen in oberflächlichen Parallelleisten scharf isolirt und von mehreren in einander geschalteten Paaren nach aussen konvergirender Porenkanäle durchbohrt, die aussen weder durch Tangentialkanäle verbunden, noch durch eine Epithek überdeckt sind. Stiel und Finger unbekannt.

Die Form der Theca scheint ganz kugelrund gewesen zu sein; der Stielansatz liegt ganz in der normalen Wölbung der Kugelfläche und auch die Fingeransätze schienen sich nicht merklich am Scheitel vorzuwölben. Bemerkenswerth ist an der Skeletirung der Theca, dass die Grenzen der einzelnen Platten so fest verschmolzen sind, dass man sie nur mehr aus der Porenstellung und koncentrischen Anwachslinien der Platten feststellen kann.

Der After und der Parietalporus bieten keine Besonderheiten, sehr eigenthümlich ist dagegen die Ausbildung der Einzelporen. Dieselben bilden an der Oberfläche scharf gesonderte Leisten, die von aufsteigenden Kanälen durchbohrt sind. Ganz klar ist dieses Verhalten bei *S. geometrica* ausgeprägt, auf dessen Oberfläche dadurch ein sehr zierliches Ornament entsteht (Taf. IX fig. 6). Man bemerkt nun an den Steinkernen dieser Art sowohl am Abdruck der Aussenfläche der Theca wie am Steinkern selbst d. h. an der Innenfläche der Theca aufsteigende Kanäle, von denen etwa 10—14 die längsten Leisten durchsetzen. Da sie bei dem Erhaltungszustand der letztgenannten Art mit Gesteinsmasse ausgefüllt sind, treten sie auf der Oberfläche des Steinkernes und des äusseren Schaalenabdruckes als dünne cylindrische Zäpfchen hervor, die natürlich alle beim Herausnehmen des Steinkernes aus dem Gestein abgebrochen sind. An dem Taf. IX fig. 6 abgebildeten Guttapercha-Abdruck der Aussenseite zeigen sie natürlich wieder das Bild, welches die Oberfläche der Theca ursprünglich bot. Aus der Stellung der genannten cylindrischen Zäpfchen ergiebt sich nun, dass die Poren die Leisten nicht radial durchsetzten, sondern nach einem über der Mitte der einzelnen Leiste gelegenen Punkte konvergirten (Fig. 23 k pag. 109). Bezüglich der morphologischen Auffassung dieser Porenausbildung erinnere ich nur noch daran, dass wir die Kanäle als Ausmündungen einer nicht skeletirten und deshalb nicht mehr nachweisbaren Innenfalte zu betrachten haben und bei *Chirocrinus interruptus* eine ganz analoge Ausbildung der Porenkanäle fanden (Taf. X fig. 9).

Die einzige Art ist bisher nur in isolirten Diluvialgeschieben gefunden, die dem sog. Backsteinkalk angehören. Dieser entstammt in der Hauptsache dem mittleren Untersilur und dürfte seine Heimath etwa zwischen den Inseln Oeland und Gothland gehabt haben.

Für die phylogenetische Stellung von *Stichocystis* ist, wie ich glaube und pag. 322 betonte, die Ausbildung der Poren bestimmend. Es ist keine andere Möglichkeit einzusehen, den Porenbau der übrigen Echinosphaeriden auf den ursprünglichen Dichoporentypus zurückzuführen. In den übrigen Eigenschaften, wie Fingerstellung, Lage des Parietalporus und Afters verhält sich *Stichocystis* allem Anschein nach durchaus indifferent. Nur in der Zahl der Thecalplatten steht sie den regulären Dichoporiten etwas ferner als *Caryocystites granatum*. Man muss aber in Rechnung ziehen, dass eine stärkere Vermehrung der Plattenzahl auch z. Th. von der Intensität des körperlichen Wachsthums abhängt, da klein bleibende Echinodermen durchweg wenige und daher relativ grosse Platten aufweisen. Es scheint mir also, dass die geringe Plattenzahl bei *Caryocystites granatum* ebenso wenig wie die von *Amorphocystis* und einigen degenerirten Echinosphaeriten (*Deutocystites* BARR.) nothwendig als primitiv aufzufassen sei. Immerhin spricht die relativ hohe Plattenzahl von *Stichocystis geometrica* dafür, dass diese Art nicht die primitivste innerhalb der Gattung sei. Da wir von der Existenz derselben bisher überhaupt nur durch isolirte Gesteinsblöcke Kenntniss haben, wird mit der Lückenhaftigkeit der geologischen Ueberlieferung hier besonders stark zu rechnen sein.

St. geometrica (ANG.) n. sp. Syn. *Caryocystis geometrica* ANGELIN 1878 (I, T. XII f. 22—24, XIII f. 14—16, XIV f. 22—28; Name ohne Beschreibung). Mittleres Untersilur (sog. Backsteinkalk). Skandinavien, nur diluvial in Norddeutschland. Theca 40 bis 50 mm dick. Porenleisten gerade und breit gesondert und scharf parallel, ein regelmässiges Ornament bildend. (2 Ex. Mus. Berlin; 2 Ex. geol. Landesanstalt, Berlin; 1 Ex. Coll. JAEKEL.) Taf. IX fig. 6.

Caryocystites v. Buch 1844 (I, 128; 1845, I, 105).

(Syn. *Echinosphaerites* WAHLENBERG, *Sphaeronites* HISINGER, *Heliocrinites* EICHWALD, *Heliocrinus* EICHWALD, *Caryocystis* ANGELIN, *Orocystites* BARRANDE, *Orocystis* HAECKEL, *Heliocystis* HAECKEL.)

Die frühe Kenntniss, die starke Variabilität und die verschiedene Erhaltung in getrennten Verbreitungsgebieten lassen im Verein mit der ganzen Unklarheit in der Beurtheilung der Cystoideen das obige Synonymen-Verzeichniss begreiflich erscheinen. Wenn man den Typus der Gattung *Caryocystites granatum* zum Angelpunkt dieses Kreises macht, ist aber die Abgrenzung desselben gegenüber *Stichocystis* einerseits, *Echinosphaerites* und *Amorphocystis* andererseits durchführbar, wenngleich die letztgenannten Gattungen anscheinend in sehr engem morphogenetischen Konnex zu *Caryocystites* standen.

Definition. Theca eiförmig, mit dünnem Stiel und wenigen (in der Regel 3) Fingern, mit zahlreichen (etwa 100) Skeletplatten, deren Poren in deutlichen Leisten vortreten, die in der Regel nur je einen Porengang besitzen und quer zur Längsaxe der Rauten seitlich zusammengedrängt sind.

Wenngleich die Eiform für den äusseren Habitus dieser Formen sehr charakteristisch ist (Taf. IX fig. 1—4, 7), liegt ihr wesentliches Kennzeichen doch in ihrem Porenbau. Durch die seitliche Zusammendrängung der äusserlich vortretenden Porenleisten unterscheidet sich *Caryocystites* leicht von *Stichocystis*, bei der dieselben durch breite Zwischenräume isolirt waren. Andererseits theilt sie die Aneinanderdrängung der Porengänge mit *Echinosphaerites* und *Amorphocystis*, unterscheidet sich aber von beiden dadurch, dass die Individualität der Einzelporen hier im Wesentlichen gewahrt bleibt. Die Porengänge erscheinen hier noch als die mediane oberflächliche Verbindung der je zwei distalen Porenkanäle einer Sperrpore (vergl. Fig. 22e pag. 107), insofern nur je ein tangentialer Kanal je zwei vertikale Porenkanäle verbindet. Ausserdem treten die letzteren in Leisten auf der Aussenfläche hervor. Bei den primitiveren Arten kommt das auch trotz der seitlichen Annäherung der Leisten klar zum Ausdruck (Taf. IX fig. 2, 4b). Bei specialisirten

Formen Taf. IX fig. 3, 5; X fig. 1, VIII fig. 22) wird die seitliche Zusammendrängung der Poren freilich so stark, dass sie nur noch in der Einheit der Raute an der Oberfläche hervortreten. Dann ist es auch bei normaler Verkalkung der Thecalwand meist unmöglich, das Verhältniss der Porengänge zu den Einzelporen festzustellen.

An Steinkernen, die also Ausgüssen des Innenraumes der Theca entsprechen würden, erscheinen die Porenkanäle entweder als kurze abgebrochene Stümpfe der distal aufsteigenden Theile der Porenkanäle (Taf. IX fig. 7, X fig. 2), oder es sind bei günstigster Erhaltung auch die verbindenden Porengänge noch mit Gesteinsmasse ausgefüllt und im Zusammenhang mit obigen Stümpfen erhalten. Letzteres ist öfters bei böhmischen Formen zu beobachten.

An den Taf. IX fig. 1, 3, 4, 4a abgebildeten Caryocystiten aus der Umgebung von Reval in Esthland (Acad. Petersburg) sind am Mund drei Fingeransätze deutlich wahrzunehmen. Auch andere Exemplare, die mir aus Esthland vorlagen, zeigen immer nur drei Fingergelenke und, falls diese abgerieben sind, wenigstens den Mund in 3 Ecken ausgezogen, wie in Taf. IX fig. 4a. Auch die böhmischen Arten tragen nach Barrande's diesbezüglichen Darstellungen, von deren Richtigkeit ich mich persönlich in vielen Fällen überzeugt habe, drei Finger am Scheitel zusammengedrängt.

Leider ist das Oralfeld bei den mir vorliegenden Berliner Exemplaren der primitivsten Art, *C. granatum*, so abgerieben, dass die Zahl und Form der Fingeransätze nicht mehr deutlich zu erkennen ist, doch scheinen auch hier 3 Ansätze vorzuliegen. Angelin bildete (1878, 1, T. XIV f. 27) allerdings als *C. granatum* ein Exemplar von der Oberseite ab, welches anscheinend 5 oder 6 Finger getragen haben müsste. Es ist mir aber erstens fraglich, ob die betreffende Form hierher gehört und zweitens, ob diese Darstellung ganz korrekt ist, da die Zeichnungen bei Angelin vielfach schematisch stark restaurirt sind. Bis nicht klarere Belege für eine andere Auffassung vorliegen, möchte ich glauben, dass *Caryocystites* normal drei Finger besass, deren Ansätze eng am Scheitel zusammengedrängt waren.

Die vertikale Verbreitung der Gattung ist auf die mittleren Schichten des Untersilur beschränkt. In Schweden erscheint *C. granatum* in dem sog. Cystideenkalk über dem dortigen Orthocerenkalk, in Esthland zu gleicher Zeit in der Schicht C_1, dem sog. Echinosphaeritenkalk. Wenn man in Böhmen von den im Alter und paläontologischen Charakter zweifelhaften Resten aus $D\,d_1$ absieht, treten uns auch hier als erste sichere Echinosphaeriden Arten unserer Gattung in D_2 entgegen, welches den mittleren Schichten des Untersilur entspricht. In diesen und anderen Provinzen des mediterranen Untersilurmeeres erhält sich *Caryocystites* aber noch in jüngerer Zeit als im nordischen Silurgebiet Europas. So begegnet uns die Gattung in Frankreich und Spanien noch in den Schichten mit Orthis Actoniae, die der englischen „Caradoc Series" entsprechen. In ihrer horizontalen Verbreitung stehen die Arten der Gattung einander räumlich nahe, da sie auf die nordwestliche Hälfte von Europa beschränkt sind. Durch Missionare der Herrenhuter Brüdergemeinde kamen allerdings zwei Stücke von *C. granatum*, der sich bisher anstehend nur im südlichen Schweden fand, in meine Hände, welche angeblich auf Treibeis an der Ostküste Grönlands gesammelt sind (2 Exempl. Mus. Berlin). Abgesehen von der allgemeinen Unsicherheit solcher Angaben, ist hierbei noch mit der Möglichkeit zu rechnen, dass die betreffenden Stücke als Schiffsballast schwedischer oder dänischer Fahrzeuge dorthin gelangt und mit diesem auf die Eisdecke ausgeworfen wurden. Anderenfalls wäre es nach den Entdeckungen NANSEN's denkbar, dass die betreffenden Fossilien auf Treibeis von der Nordküste Sibiriens dorthin entführt sind.

Ueber die systematische Stellung der Gattung *Caryocystites* habe ich mich bereits pag. 323 dahin ausgesprochen, dass sich dieselbe in ihrem Porenbau am engsten unter den specialisirteren Echinosphaeriden an *Stichocystis* und damit an die diesbezügliche normale Ausbildungsform der Dichoporiten anschliesst. Auch in der Form der Theca sowie der Zahl und Anordnung ihrer Platten erscheint *Caryocystites* indifferenter als die im Folgenden besprochenen Gattungen, so dass ich sie auch phylogenetisch zwischen diese und die besprochene *Stichocystis* einschalten möchte. Dabei nimmt *C. granatum* entschieden eine eximirt primitive Stellung innerhalb der Gattung ein.

Die Zahl der Arten ist sehr gross, aber ihre Unterscheidung schwierig, weil diese wesentlich auf die Differenzen der Plattenskulptur basirt sind. Diese nimmt aber allem Anschein nach in einzelnen Formenreihen ab und in anderen zu, unter gleichzeitiger Entwicklung starker individueller Variation.

Innerhalb der Gattung lassen sich, wie mir scheint, drei Differenzirungsrichtungen auseinanderhalten. Die erste derselben kennzeichnet sich dadurch, dass sich die Porengänge innerhalb der einzelnen Raute einander nähern. Dadurch werden die Porenleisten seitlich zusammengedrängt, so dass sie bei extremen Vertretern dieser Richtung aussen zu einer einheitlich erscheinenden kräftigen Leiste verschmelzen (Taf. X fig. 1, VIII fig. 22, IX fig. 3, 5). An Steinkernen solcher Formen (Taf. X fig. 2) sieht man indess, dass die Porenkanäle an der Innenseite der Thecalwand noch in normalen Rauten angeordnet sind. Bei dieser Art der Differenzirung wird der Gesammthabitus der typischen Art *C. granatum* relativ wenig alterirt, weshalb ich diese Entwicklungsrichtung auch als typisch für die Gattung ansehen möchte. Eine zweite Differenzirungsrichtung führt dagegen zu einer Verflachung der Porenleisten, wie z. B. bei der Taf. IX fig. 1 abgebildeten Art und verschiedenen Caryocystiten des mediterranen Untersilurgebietes. Derartige Formen nähern sich gelegentlich Vertretern von *Echinosphaerites* so, dass ihre Zutheilung zur einen oder anderen dieser Gattungen fast willkürlich ist, und derartige Formen als Ausgangspunkt von *Echinosphaerites* erscheinen. Eine dritte Richtung macht sich darin geltend, dass mit einer geringen Plattenzahl eine Verlängerung der Theca in der Vertikalaxe eintritt (Taf. X fig. 5). Derartige Formen nähern sich *Amorphocystis* und sind ebenfalls nicht als typisch für *Caryocystites* anzusehen, da sie eben bei weiterer Steigerung zu einer vollständigen Entfremdung vom Typus dieser Gattung führen.

C. granatum WAHLENBERG sp. 1818 (I, 53 sub *Echinosphaerites*). Syn. *Echinus novus* HIS., *Sphaeronites granatum* und *testudinarius* HIS. z. Th. Untersilur (Cystideen-Kalk), Böda, Oeland; Dalekarlien, Schweden. ? Exempl. auf Treibeis Ostküste Grönlands, vielleicht von Sibirien. Theca klein, kuglig, etwa 20 mm dick, aus etwa 50 Tafeln zusammengesetzt. Porenleisten deutlich von einander getrennt, scharf vortretend. Zahlr. Exempl. Mus. Berlin. (Taf. IX fig. 2.

C. balticus EICHWALD 1829 (I, 231 sub *Echinosphaerites*; 1840, III, 189 sub *Heliocrinites*; 1860, I, 630 sub *Heliocrinus*). Untersilur (Echinosphaeritenkalk C_1). Esthland. Oberes Untersilur (Caradoc beds), Pembrokeshire und Bala, Wales. Theca oval, etwa in Grösse eines Taubeneis. Porenrauten zwischen den Plattencentren zu dicken Leisten erhoben. (Zahlr. Exempl. Acad. Petersburg, Mus. Berlin.) Taf. IX fig. 3—5.

Die von FORBES 1848 (I. 512, 513) aus dem mittleren und oberen Untersilur von Wales beschriebenen Arten *C. granatum* und *C. Davisii* stehen den einzelnen Varietäten des *C. balticus* in Esthland sehr nahe, sind aber zu mangelhaft abgebildet und beschrieben, als dass sie danach genauer bestimmt werden könnten.

C. confortatus BARRANDE sp. 1887 (I, 153 sub *Echinosphaerites*, syn. *Ech. rexatus* BARR., *Ech. quaerendus* BARR. l. c. p. 156). Oberes Untersilur (D_4), Straschnitz, Böhmen, diverse Fundorte in Thüringen. Theca circa 40 mm dick, kuglig, unteres Ende verjüngt. Platten ziemlich klein und unregelmässig. Porenleisten sehr fein, das Plattencentrum freilassend. Thecalplatten aussen mit stark vortretenden peripheren Anwachsstreifen. (Mehrere Ex. Mus. Prag und geol. Landesanstalt Berlin.)

C. ovum v. SCHLOTHEIM 1826 (I, 312 sub *Echinosphaerites*). Untersilur, Gegend von Reval in Esthland. Die zwei Original-Exemplare SCHLOTHEIMS sind leider stark abgerieben, sie zeigen aber eine äusserst dicke Theca, eine flache Abstumpfung des einen und eine gerundet kegelförmige Verjüngung des anderen und so feine gleichmässig vortretende Porenleisten, dass ich glaube, diese Art aufrecht erhalten zu müssen. (2 Ex. Coll. SCHLOTH. Mus. Berlin.)

C. aranea v. SCHLOTHEIM sp. 1826 (I, 312 sub *Echinosphaerites*, Syn. *Heliocrinus radiatus* EICHW., ? *Caryocystis prominens* ANG. Untersilur (Echinosphaeritenkalk C_1), Reval, Esthland und Diluvium Norddeutschlands. Theca oval, circa 40 mm dick. Porenleisten fein und dicht gedrängt, die mittleren nur an ihren Enden stärker vortretend und dadurch auf den Plattencentren einen Stern vertiefter Radialrinnen bildend. (Zahlr. Ex. Acad. Petersburg, Orig. SCHLOTHEIM Mus. Berlin.) Taf. IX fig. 1.

C. burdigalensis n. sp. Oberes Untersilur, Bussaco bei Coimbra, Portugal. Theca oval, von der Grösse eines Hühnereis. Porenleisten fein und dicht, in der Raute gleichmässig vortretend, zwischen den Rauten nur feine tiefe Furchen. (1 Ex. Univ. Breslau.)

C. Rouvillei v. KOENEN 1886 (I, 248). Oberes Untersilur. Gr. Glanzy, Roujan, Frankreich. Theca länglich, oval. Platten ziemlich gross und regelmässig geordnet. Porenleisten fein und dicht. Porenrauten in der längeren Diagonale zu radialen Leisten vorgewölbt. (Mehrere Ex. Univ. Göttingen, Breslau, Strassburg, Berlin.) Taf. X fig. 5.

C. Helmhackeri BARRANDE sp. 1887 (I, 168 sub *Orocystites*). Oberes Untersilur (d_4), Zahorzan, Böhmen. Theca von der Grösse und Form eines Hühnereies mit sehr stark vortretenden Radialrippen. After nach oben vorgewölbt, Finger auf einem engen Hals. Poren auch neben den Leisten in der Fläche ausgebreitet. (Zahlr. Ex. Mus. Prag, 1 Mus. Berlin.) Taf. IX fig. 7. Taf. X fig. 1, 2, 3.

var. Thuringiae m. Oberes Untersilur (Quarzitknollen im Thonschiefer), Döschnitz, Thüringen. Radialleisten sehr kräftig, aber schmal. Plattengrenzen deutlich hervortretend. (1 Orig.-Ex. geol. Landesanstalt Berlin*), 1 Ex. Univ. Halle.) Taf. XIII fig. 22.

*) Die Sammlung der Kgl. Landesanstalt und Bergacademie zu Berlin bewahrt noch eine Anzahl anderer Echinosphaeridensteinkerne aus gleichaltrigen Schichten Thüringens. Dieselben scheinen mindestens noch eine weitere Art zu repräsentiren, die ich aber nach den schlecht erhaltenen Objekten nicht klarstellen kann.

Echinosphaerites Wahlenberg 1821 (I, 52).

Syn. *Ostracion* Walch, *Echinus* Gyllenhahl, *Leucophthalmus* Koenig, *Sphaeronites* Hisinger z. Th., *Echinosphaera* Angelin, *Deutocystites* Barr., *Deutocystis* Haeckel, *Arachnocystites* Neumayr, *Arachnocystis* Haeckel, *Trinemacystis* Haeckel, *Citrocystis* Haeckel.

Theken dieser Gattung sind seit sehr alter Zeit bekannt und, wie vorstehendes Synonymen-Verzeichniss beweist, sehr verschieden benannt und beurtheilt worden. Wenn man den von Gyllenhahl 1878 (I. 245) ziemlich genau beschriebenen *Echinus aurantium* mit Wahlenberg zum Typus der Gattung macht, so ergiebt sich für diese folgende

Definition. Theca kuglig oder birnförmig, ungestielt oder mit einem kurzen mehrzeiligen Hohlstiel versehen, mit zahlreichen, ungleichartigen, ungeordneten Plättchen getäfelt. Ambulacra mit je einem langen Finger am Munde zusammengedrängt. After im oberen Drittel der Theca. Parietalporus etwas kontrasolar oberhalb desselben. Dichoporen mit mehreren nebeneinander ausgebreiteten tangentialen Porengängen, die innerhalb der Stereothek liegen und von einer Epithek überzogen werden.

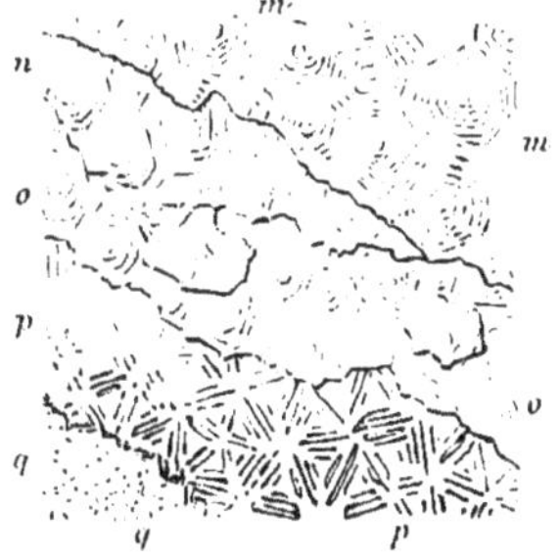

Fig. 79.

Die Skeletschichten der Theca von *Echinosphaerites aurantium*. Vergrossert.

m—o die Lagen der Epithek, p die Stereothek mit den Porengängen, q der Abdruck der Innenfläche am Steinkern.

Eine Abgrenzung dieser Gattung von *Caryocystites* ist bei typischen Vertretern beider sehr leicht. Von Formen wie *Caryocystites granatum* ist *Echinosphaerites aurantium* nicht nur durch die wesentlich grössere Zahl und Regellosigkeit der Thecalplatten, sondern auch durch die Porenbildung scharf unterschieden. Während die Poren des ersteren Typus normal nur je einen tangentialen Porengang aufweisen und diesen in einer Leiste an der Aussenfläche scharf hervortreten lassen, sind die Porengänge bei *Echinosphaerites aurantium* in der Regel in zwei bis drei zerlegt, ganz flach in der Stereothek ausgebreitet und von einer mehrschichtigen Epithek glatt überzogen. Ich hob aber schon bei Besprechung von *Caryocystites* hervor, dass sich verschiedene von dessen Arten durch Verflachung der Porenleisten *Echinosphaerites* nähern, zumal nicht alle Arten dieser Gattung eine so glatte Oberfläche wie *E. aurantium* besitzen. So zeigen sich bei der *var. suecica*, die der genannten Art sonst sehr nahe steht, schwache radiale Aufwölbungen der Platten, die deren Centren mit einander verbinden. Es ist aber sehr wahrscheinlich, dass diese radialen Verdickungen der Thecalplatten nichts mehr mit der Porenbildung zu thun haben, sondern lediglich der Verfestigung des sonst sehr verdünnten Skeletes dienen. Das Verhältniss der Epithek zur Stereothek habe ich bereits pag. 73 besprochen und beschränke mich hier darauf, diese Verhältnisse noch einmal im Rahmen der Gattungsbeschreibung zu veranschaulichen.

Das Thecalskelet ist durchaus irregulär und in der Regel mit einer sehr grossen, oft mehrere Hundert betragenden Zahl von Plättchen getäfelt. Ein Anklang an den Thecalbau der *Regularia* zeigt sich nur noch darin, dass die Basis in der Regel viertheilig ist. Schon A. v. VOLBORTH hatte sein überaus reiches Material von *E. aurantium* daraufhin durchgesehen und nur vereinzelt Individuen mit einem mehrtheiligen Basalkranz gefunden. Im übrigen sind die Platten nicht nur noch zahlreicher als bei den bisher besprochenen Echinosphaeriden, sondern auch untereinander sehr ungleich entwickelt, so dass zwischen grösseren polygonalen Platten vielfach sehr kleine drei- oder vierseitige Plättchen eingeschaltet sind.

Das Auftreten einzelner besonders grosser Platten im Thecalskelet wurde von BARRANDE als Kennzeichen seiner Gattung *Deutocystites*, von NEUMAYR für *Arachnocystites* angeführt, es kommt aber auch nordischen Arten von *Echinosphaerites* zu, nur ist ihr Vorkommen bei diesen weniger auffällig, weil die böhmischen Steinkerne die Plattengrenzen auf der Innenseite der Theca klarer hervortreten lassen. Bei Formen, die stark in ihrer ontogenetischen Grössenentwicklung zurückgeblieben sind, ist die Erscheinung meist besonders deutlich. (Taf. VIII fig. 17.)

Die grösste Mannigfaltigkeit zeigt sich in der Ausbildung des Stieles. Bei *E. aurantium* ist nur der Stielansatz bekannt. Aus dem regelmässigen Vorhandensein eines solchen ist auch auf dasjenige eines Stieles zu folgern. Derselbe dürfte aber bei der geringen Grösse der Stielöffnung und der sehr geringen Deutlichkeit der Ansatzfläche nur sehr dünn und schwach gewesen sein. Bei *E. granulatum* aus England fehlt aber zweifellos ein Stiel gänzlich, da sich hier an der sonstigen Insertionsstelle des Stieles der Eindruck einer Brachiopodenschaale in das Thecalskelet zeigt. Das letztere war also unzweifelhaft ohne Vermittelung eines Stieles unmittelbar auf einem Fremdkörper aufgewachsen. Wesentlich anders liegen aber die Verhältnisse bei einigen jüngeren Arten Esthlands, dem Taf. VIII fig. 2 abgebildeten *E. difformis* und dem fig. 1 derselben Tafel dargestellten *E. pirum*. Bei ersterem ist eine trichterförmige Ausstülpung des unteren Thecalendes kenntlich, die sich offenbar über die Bruchstelle hinab in einen Stiel mit weitem Lumen fortsetzte. Eine Grenze zwischen Theca und Stiel lässt sich hier höchstens darin finden, dass etwa in der Mitte der genannten Fig. 2 (Taf. VIII) die Plättchen sehr niedrig werden und darunter umgekehrt eine Streckung in der Vertikalaxe zeigen. Auch die Porenbildung wird an der Zone der niedrigen Platten auffallend schwächer, wie wohl sie sich noch auf den oberen Theil des Stieles ausdehnt. Etwas anders liegen die Verhältnisse bei *E. pirum* (Taf. VIII fig. 1), bei dem sich der Stiel auch ohne die Vermittlung niedriger Plättchen deutlich von der Theca absetzt und bei einer unregelmässigen Täfelung sehr viel geringere Dicke besitzt. Die Ausbildung dieses Stielansatzes macht es wahrscheinlich, dass einige isolirte Stielfragmente, die sich in der VOLBORTH'schen Sammlung der Petersburger Academie fanden und Taf. VIII fig. 12 abgebildet sind, zu derartigen Echinosphaeriten gehören. Sie sind stichal, d. h. aus mehreren (5 oder 4) Reihen zusammengesetzt; die Glieder der einzelnen Reihen korrespondiren in der Regel so mit einander, dass sie horizontale Kränze bilden, die nur zu verschmelzen brauchten, um normale Ringglieder zu bilden. Gelegentlich wird aber hier wie in fig. 12b diese Ordnung durch zwischengeschaltete Plättchen unterbrochen, auch setzen benachbarte Reihen bisweilen treppenförmig an einander ab. Jedenfalls ist zwischen Stielformen, wie sie

E. pirum an der Theca ansitzend und die letztgenannten Fragmente isolirt zeigen, kein wesentlicher Unterschied mehr gegenüber denjenigen, welche böhmische Arten aufweisen (Taf. VIII fig. 3, 3a, 4, 4a). Ich kann es daher auch nicht für angezeigt halten, die letztgenannten Formen wegen ihrer Stielbildung von *Echinosphaerites* zu trennen, wie dies seitens M. Neumayr's durch Aufstellung der Gattung *Arachnocystites* (= *Arachnocystis* Haeckel) 1889 (II, 408) geschah, zumal sich die übrigen von dem genannten Autor für seine Gattung angegebenen Kennzeichen mit denen typischer Arten von *Echinosphaerites* decken.

Die Organisation des Oralfeldes ist in ihren wesentlichen Punkten aus den Abbildungen Taf. VIII fig. 3, 5, 8, 9, 10 zu entnehmen, doch bemerke ich zu den beiden letztgenannten Figuren, dass in ihnen die Grenzen der Thecalplatten am Oralfeld nicht eingetragen worden sind. Die Anordnung der Saumplättchen, die Form und Zahl der Gelenkflächen für die Finger bedarf wohl keines weiteren Kommentares, dagegen möchte ich hervorheben, dass bei anderen als den abgebildeten Individuen auch eine grössere Zahl von Fingern beobachtet wurde. So glaube ich in der Volborth'schen Sammlung in Petersburg noch ein Oralfeld mit 5 Gelenkflächen gesehen zu haben; Angelin aber bildet ausser einem solchen auch Individuen ab, in denen einige solcher Ambulacralstrahlen noch eine wiederholte Gabelung erfahren, so dass in einem Falle (1878, I, T. XIV f. 8) sogar 7 oder 8 Finger vorhanden gewesen sein müssten. Haeckel hat l. c. aus diesem Material einige ihm phyletisch wichtig erscheinende Ausbildungsformen herausgegriffen und zum Typus seiner Gattungen *Trinemacystis* und *Citrocystis* gemacht. Es kann aber keinem Zweifel unterliegen, dass die hier berührten Unterschiede bei *Echinosphaerites aurantium* in die Grenzen der individuellen Variation fallen. Die Variabilität in wichtigen Organisationsverhältnissen entspricht hier der Dekadenz des ganzen Typus. Dieselbe hat nichts zu thun mit den specifischen Charakteren, die gerade bei derartigen Endformen sehr scharf ausgeprägt zu sein pflegen.

Dadurch, dass sich das fingertragende Oralfeld meist von der normalen konvex gewölbten Theca etwas abschnürt und über dieselbe erhebt, wird die Gabelung der Ambulacralstrahlen, die eine sekundäre Erholung der radiären Entfaltung bedeutet, von der Thecalfläche scheinbar auf die Finger selbst verlegt. Da bei geringer Fingerzahl der einzige von jedem Ambulacralstrahl entfaltete Finger nur den primus inter pares bedeutet und nur durch Hemmung der Uebrigen zum alleinigen Träger eines Ambulacralstrahles wird, sind bei reicherer Entfaltung eines solchen wieder alle seine Finger als morphologisch gleichwerthig zu betrachten.

Bezüglich der Lage und Ausbildung der fingertragenden Platten möchte ich darauf hinweisen, dass dieselben durch ihre Grösse nicht unerheblich von den sonstigen Thecalplatten abweichen. Sie erscheinen z. B. bei dem Taf. VIII fig. 5 abgebildeten Exemplar als Elemente *sui generis* gegenüber dem sonstigen Thecalskelet und erinnern mit diesem Gegensatz lebhaft an die fingertragenden Costalplatten von *Acrocrinus*, unter denen das Kelchskelet sekundär zu einem regellosen Agglomerat kleiner Plättchen zerfallen ist (vergl. Wachsmuth & Springer 1897, IV, T. LXXX f. 1, 5, 6, 7). Ich werde auf die morphogenetische Bedeutung derartiger Erscheinungen mit reicherem Material im allgemeinen Theile dieses Werkes zurückkommen und möchte hier nur betonen, dass meiner Ansicht nach die Erhaltung der Funktion des Fingertragens den betreffenden Platten etwas von dem ancestralen Charakter der Radiolateralia regulärer Dichoporiten gewahrt hat.

Eine bemerkenswerthe Erscheinung zeigen Steinkerne von *Echinosphaerites*, und zwar sowohl solche aus baltischem wie aus böhmischem Untersilur hinsichtlich des Verlaufs der Septen an der Innenwand der Theca. Wie Taf. VIII fig. 15 und 16 zeigen, verläuft vom Mund (o) eine Leiste nach dem Parietalporus (Pp) und von da weiter nach dem After (a). Ausser dieser zeigt sich nun aber eine bogige Leiste, die über den mit y bezeichneten Punkt verläuft und in dem Mund und Parietalporus die Basis ihres annähernd dreieckigen Verlaufes hat. Ich bezeichne den von diesem Septum umgrenzenden Innenraum der Leibeshöhle als „Suboralsinus". An dem Fig. 16 abgebildeten Steinkern bemerkt man vom Parietalporus und vom After ausgehend Septen nach links verlaufen, die sich in kurzer Entfernung vereinigen und dann in stark solarer Richtung abwärts gewendet sind. Wenn man das Bild dieses Verlaufes mit dem pag. 125 Fig. 27 gegebenen Bilde von *Glyptosphaerites* vergleicht, wird man nicht fehlgehen, in dem letztgenannten Septum das pag. 126 besprochene Parietalseptum zu erblicken. Der Verlauf desselben würde beweisen, dass der Enddarm das Parietalseptum zu einer starken solaren Ausbiegung veranlasst hat, und wir werden kaum irren, wenn wir hierin eine Irrelation der Raumvertheilung im Innern des Körpers erblicken. Vielleicht ist durch diese das Aussterben der Echinosphaeriden, die sonst offenbar eine grosse Freiheit in der Anlage ihres Körpers erlangt hatten, veranlasst worden.

Der After ist sehr regelmässig mit 5 Klappen verschlossen. Unter Hunderten von gut erhaltenen Exemplaren des *E. aurantium* habe ich nur wenige gefunden, die eine abweichende Zahl von Analklappen besassen. Unter diesen waren die Zahlen 4, 6, 7 und 8 vertreten. Den einzigen achtklappigen After habe ich Taf. VIII fig. 6 abgebildet. Wie die Platten dieser, so zeigen auch die anderen Klappenpyramiden dieser Art im Alter eine Vorwöllung der central gelegenen Plattenränder und dadurch eine winklige Einbiegung auf den Klappencentren. Diese Vertiefungen sind von L. v. Buch irrthümlich für Poren gehalten worden, eine Darstellung, die in die meisten Lehrbücher übergegangen ist. Von innen gesehen zeigt die Analpyramide das Taf. VIII fig. 18 gezeichnete Bild.

Der Parietalporus ist meist mit drei (Taf. VIII fig. 7), selten mit vier (Taf. VIII fig. 20a) Klappen geschlossen; meist sind dieselben bei der Fossilisation ausgefallen.

Der Porenbau von *Echinosphaerites* zeigt gegenüber *Caryocystites* insofern eine Steigerung der Differenzirung, als hier regelmässig die distalen Kanäle einer Dichopore von mehreren — meist zwei — tangentialen Röhren verbunden werden. Dieselben lösen sich im mittleren Bereich der Theca und überhaupt bei normaler Entwicklung in sehr spitzen Winkeln von den Porenkanälen ab und verlaufen eng gedrängt neben einander (Taf. VIII fig. 11). Im obersten und untersten Theile der Theca (Taf. VIII fig. 2) oder durchweg bei kümmerlich entwickelten Vertretern der Gattung (Taf. VIII fig. 20, 20b) breiten sich die Porengänge mehr in der Fläche aus, so dass sie einen elliptischen Verlauf erhalten. Dass diese Gänge in der Stereothek liegen und von der Epithek vollständig überzogen wurden, ergiebt sich aus der Abbildung Fig. 79 pag. 331.

Die unter dem Namen *Deutocystites* von BARRANDE abgesonderten Echinosphaeriten stimmen in allen sicher kontrollirbaren Organisationsverhältnissen mit *Echinosphaerites* überein, nur fehlt denselben nach BARRANDE jede Spur von Poren. Nach eigener Prüfung seiner Exemplare kann ich diese Angabe bestätigen, möchte aber darauf hinweisen, dass hier vielleicht — wie an anderen Fundpunkten sicher — bisweilen die Porenbildung durch den Fossilisationszustand vollkommen unkenntlich wird. Immerhin halte ich es nicht für ausgeschlossen, dass am Ende der Specialisirung der Dichoporiten eine totale Rückbildung der Poren eintritt, zumal sich ein solcher Process bereits in der starken Verdickung der Epithek bei den Echinosphaeriden anbahnt.

Morphogenetisch steht sonach *Echinosphaerites* weit über den typischen Arten von *Caryocystites*. Die Vermehrung der Thecalplatten scheint mir dabei weniger wichtig als die Ausbildung der tangentialen Porengänge und die gleichmässige Ueberdeckung der letzteren durch die Epithek. Die Vermehrung der Porengänge dürfte dadurch veranlasst sein, dass bei *Caryocystites* bei den primitiven Arten selten, bei den specialisirten häufiger eine Einschaltung kürzerer Dichoporen zwischen die normalen Elemente der Porenraute stattfand. In einigen Fällen drängen sich dadurch verschieden lange Porengänge so regellos nebeneinander, dass, wie ich glaube, das harmonisirende Vereinfachungsbestreben ontogenetischer Anlagen mit einem Schlage aus der genannten Ausbildungsform der Poren bei *Caryocystites* diejenigen von *Echinosphaerites* schaffen konnte. Die Rückbildung der Poren, die in der starken Ausbildung der Epithek zum Ausdruck kommt, beweist jedenfalls einen starken Rückgang ihrer Funktion. Vollständig ausgeschlossen ist dabei die Möglichkeit, dass dieselben zur Wasserzufuhr für das Ambulacralsystem bezw. die Leibeshöhle dienten; dagegen glaube ich nicht, dass durch die Ueberdeckung mit der Epithek ihre respiratorische Funktion sofort und vollständig erlosch. In der Jugend hat sie sicher und jedenfalls länger als in anderen Echinodermenklassen bestanden; das wird schon durch die fortschreitende Differenzirung der Porengänge bewiesen. Dass die Abscheidung zunächst dünner Kalklagen in der Epithek eine Respiration vollständig verhindert habe, ist durchaus nicht wahrscheinlich. Dagegen bot einerseits die kräftige Entwicklung der Finger bezüglich der Respiration und andererseits vielleicht die Persistenz einer direkten Wasserzufuhr durch den Steinkanal die Möglichkeit, die Poren der Körperhaut obliteriren zu lassen.

In phylogenetischer Hinsicht stellt *Echinosphaerites* also allem Anschein nach einen sehr specialisirten Typus innerhalb der Familie dar. Wie sich im Besonderen sein Stammbaum gestaltet haben mag, ist nach den bisher vorliegenden geologischen Daten kaum zu beantworten. Ob er auf dem für seine Morphogenie zu supponirenden Vorstadium phyletisch überhaupt Halt gemacht hat, bleibt zunächst eine offene Frage. Dieselbe würde zu verneinen sein, falls sich ergiebt, dass *Echinosphaerites* älter ist als *Caryocystites*. So lange aber hierfür keine unzweideutigen Belege vorliegen, müssen die Daten der vergleichenden Anatomie Geltung behalten, nach denen *Echinosphaerites* von *Caryocystites* abzuleiten ist.

Die Arten der Gattung *Echinosphaerites* sind im nördlichen und mittleren Europa verbreitet und z. Th. äusserst individuenreich. In Esthland z. B. sind die kugligen Theken von *Echinosphaerites aurantium* geradezu schichtbildend, so dass ihre Individuen nach Millionen zählen dürften. Die Arten sind im Besonderen beschränkt auf das baltische und englische Silurgebiet und Böhmen; die einzelnen Arten sind in der Regel in kleinen Ablagerungsgebieten lokalisirt. Da ihr geologisches Vorkommen auf die mittlere und obere Abtheilung des Untersilur beschränkt ist, so ist die Gattung ein ausgezeichneter Leittypus dieser Schichten. Die Unterscheidung der Arten ist hier sehr schwierig, weil uns meist nur Thecalkapseln ohne Stiel und Fingeransatz vorliegen. Dazu kommt, dass die Formen in verschiedenen Schichten sehr verschiedenen Erhaltungszustand zeigen und dann eine specifische Vergleichung mit einander kaum ermöglichen. Erst wenn an den verschiedenen Fundorten Steinkerne und Aussenflächen gesammelt und durch Guttapercha-Abdrücke letzterer anschaulich gemacht werden, wird eine genaue Durcharbeitung der Arten möglich sein. Bei dem jetzigen Zustand unserer Kenntnisse schien es daher zweckmässig, die Vorkommnisse nach den einzelnen Verbreitungsgebieten zu ordnen, wo die Individuen bei gleichem Erhaltungszustand noch am ehesten einen Vergleich unter sich gestatten.

a) In dem baltischen Silurgebiet lassen sich folgende Arten auseinanderhalten:

E. aurantium (Gyllenhahl sp. 1772 (I, 253 sub *Echinus*), Syn. *Leucophthalmus Strangwaysii* König, *Echinosphaerites aleyonium* Schloth., *Sphaeronites citrus* His. Untersilur Echinosphaeritenkalk bis Brandschiefer (C_1—D, Fr. Schmidt), Esthland; Christiania, Norwegen. Theca kuglig, etwa 25 mm dick, mit 4 Basalien und sehr kleinem Stielansatz. 3 (selten 2, 4, 5) Radiärstämme entwickelt und normal mit je einem Finger versehen, deren Ansatz von der Theca halsartig abgeschnürt wird. After mit 5 (selten 4, 6, 7, 8), Parietalporus mit 3 (selten 4) Klappen geschlossen. Epithek stark verkalk, aussen fast glatt. (Mehrere Hundert Exemplare, Acad. Petersburg, Mus. Berlin etc.) Taf. VIII fig. 5—11. Textfig. 79 pag. 331.

var. suecica m. Untersilur, oberer Orthocerenkalk, Schweden, wie vorige, aber Theca mehr oval. Thecalplatten mit radialen Verdickungen, unteres Ende nach dem Stielansatz verjüngt. (Zahlreiche Exempl. Acad. Stockholm, Mus. und Coll. v. Goldbeck, Berlin.)

E. grandis n. sp. Untersilur, Umgegend von Reval, diluvial in Norddeutschland bis Rügen. Theca kuglig, sehr gross, bis 70 mm im Durchmesser. Aussenfläche glatt. Basis in dem einen beobachteten Fall 6theilig, Analpyramide 5theilig. (Mehrere Ex. Mus. Berlin, 1 geol. Landesanstalt Berlin.)

E. globosus n. sp. Untersilur, Esthland. Theca etwa 18 mm dick, nach den Fingeransätzen allmählich vorgewölbt, Stielansatz grösser als bei *E. aurantium*. Poren meist auf die Peripherie der Platten beschränkt, mit wenigen, meist zwei Porengängen. Parietalporus wohl nur ausnahmsweise mit vier Klappen versehen. (2 Ex. Acad. Petersburg.) Taf. VIII fig. 20.

E. Kloedeni n. sp. (Syn. *Echinosphaerites ? citrus* Kloeden 1834, I. 243 non *E. citrus* His.) Mittleres Untersilur, sog. Backsteinkalk des norddeutschen Diluvium. Theca umgekehrt birnförmig, nach oben allmählich verjüngt, unten eingedrückt, mit sehr zahlreichen kleinen Platten. Analpyramide fünftheilig, Parietalporus und Septalverlauf normal. (Orig.-Ex. Kloeden's in Steinkernerhaltung, geol. Landesanst. Berlin von Kl. Luckow in Brandenburg.)

E. difformis n. sp. Mittleres Untersilur (C_3, Itfersche Schicht), Kochtel-Mühle bei Jewe, Esthland. Theca kuglig, etwa 35 mm dick, unten mit niedrigen Plattenreihen in einen weiten Hohlstiel übergehend. (1 Ex. durch Friedr. v. Schmidt Acad. Petersburg.) Taf. VIII fig. 2.

E. pirum n. sp. Mittleres Untersilur (C_3, Itfersche Schicht), von Itfer, Esthland. Theca birnförmig, etwa 35 mm dick, unten in unförmlicher Weise in einen engen Stiel mit hohen Plättchen übergehend. (1 Ex. durch Fr. v. Schmidt, Acad. Petersburg. Taf. VIII fig. 1.

b) In England sind zwar verschiedene Echinosphaeriden gefunden, aber nach den bisher vorliegenden Beschreibungen sehr schwer zu deuten. Material liegt mir nur vor von

E. granulatus Mc. Coy 1846, III, 59. Mittleres Untersilur, Irland, Schottland. Die Theca bei flacher Zusammendrückung etwa wallnussgross, mit sehr kleinen Plättchen getäfelt und ohne Stiel unmittelbar auf Fremdkörpern, in dem einen Falle einer Orthis-Schaale aufgewachsen. (1 Ex. Acad. Petersburg.)

E. globosus var. anglica m. Ein Exemplar aus dem mittleren Untersilur Irlands steht dem obengenannten *E. globosus* sehr nahe, nur dass sein Stielansatz noch etwas dicker war als bei dieser Art. (1 Ex. Mus. Berlin.)

Von anderen durch Mc. Coy (1846, III), Forbes (1848, I, 518) und Salter (1881, III, 478) z. Th. unter dem Namen *Sphaeronites* beschriebenen Arten lassen sich *Sphaeronites arachnoides* Forb. 1848 (I, 518) und *Sphaeronites stellulifcrus* Salter 1881 (III, 477) wohl als Vertreter der Gattung *Echinosphaerites*, aber innerhalb dieser kaum näher bestimmen.

c) In dem mediterranen Untersilur-Gebiet sind zu nennen:

E. infaustus Barrande 1887 (I, 155 z. Th.). Oberes Untersilur Böhmens. Theca oval, circa 35 mm dick, gegen den Stiel scharf abgesetzt, letzterer lang, mit circa 5 Reihen niederer Plättchen getäfelt. Drei Finger auf relativ grossen Platten, die einen dicken Hals bilden. (Zahlr. Ex. Mus. Prag. Mus. Berlin.) Taf. VIII fig. 3.

Als Typus dieser Art betrachte ich diejenigen Individuen, an denen Barrande 3 Finger ansitzend fand, da er dieses Merkmal bei Beschreibung der Art besonders hervorhebt. Von diesen sind aber die l. c. Taf. XXII abgebildeten Individuen wesentlich durch ihre Stielbildung und ihre Grösse unterschieden, weshalb ich dieselben zum Typus einer neuen Art mache:

E. Barrandei n. sp. Syn. *E. infaustus* Barr., l. c. T. XXII. Oberes Untersilur, Zahorzan, Böhmen. Theca circa 70 mm dick, 80 mm hoch, mit sehr zahlreichen, etwa 3—4 mm grossen Platten getäfelt, nach unten allmählich in den Stiel übergehend, der aus relativ hohen hexagonalen Plättchen zusammengesetzt ist. After etwa in mittlerer Höhe der Seitenwand. Finger und deren Ansätze unbekannt. (Mehrere Exempl. Mus. Prag. Mus. Berlin.)

E. belgicus n. sp. Oberes Untersilur, Gembloux, Belgien. Theca und deren Platten fast doppelt so gross als bei voriger Art. Vielleicht nur eine Varietät der letzteren. (1 Ex. Univ. Breslau.)

Amorphocystis n. g.

Syn. *Caryocystites* v. Buch z. Th. 1844 (I, 128).

Als Typus der neuen Gattung betrachte ich die Form, welche L. v. Buch unter dem Namen *Caryocystites testudinarius* His. beschrieb. Wie inzwischen F. A. Bather in einer Liste berichtete (1893, I, 12), entspricht diese Species nicht dem *testudinarius* His., sondern dessen *Sphaeronites citrus* z. Th., und muss, da sie nicht dessen Typus zu bilden scheint, neu benannt werden. Wegen ihrer Entfernung von den typischen Arten der Gattung

Caryocystites v. Buch habe ich sie zugleich zum Typus einer neuen Gattung gewählt und dieselben nach ihrer verzerrten unförmlichen (ἄμορφος) Gestalt *Amorphocystis* benannt. Ausser der genannten ordnet sich noch eine weitere Art dem Gattungstypus unter.

Definition. Theca vertikal meist unförmlich verlängert und in der Mitte angeschwollen. Die Porenkanäle durch zahlreiche Tangentialröhren verbunden, die an der Oberfläche keine oder nur eine sehr schwache Leistenbildung hervorrufen. Mund im Scheitel schlitzförmig, anscheinend regelmässig, nur mit 2 Fingern an den Enden des Schlitzes versehen. After in mittlerer Höhe der Theca. Stiel und Finger unbekannt.

Die Theca von *Amorphocystis* ist so unregelmässig schlauchartig verlängert, dass verschiedene Autoren in derselben eine Uebergangsform zu den Holothurien erblickten, ja ihr sogar ein bewegliches Plattenskelet zuschrieben. Von alledem kann aber keine Rede sein. Die Platten sind bei allen Arten von *Amorphocystis* zu einem starren Thecalskelet vereinigt, und eine Ableitung der Holothurien von derartigen Formen ist ebenso unmöglich, wie ich hoffe, dass die Ableitung unserer Gattung von Holothurien im Rahmen der hier erläuterten Stammesgeschichte keiner Widerlegung bedarf. Die erstere Auffassung wird unhaltbar durch die Thatsache, dass die Holothurien ihre ambulacralen Radiärgefässe normal und primär bis zum aboralen Pol ausgedehnt zeigen, während dieselben hier mit Unterdrückung mehrerer Strahlen auf die Austrittsstelle am Scheitel beschränkt sind. Eine Fortbildung dieses Zustandes führt, wie überall bei Cystoiden, nur zu einer Ausdehnung der ambulacralen Organe über dem Skelet, während dieselben bei den Holothurien ausnahmslos wie bei den Echinoiden vom Körperskelet überdeckt werden, welches nur deren Füsschen hindurchtreten lässt.

Die Form der Theca ist aus der Abbildung Taf. IX fig. 8 ersichtlich und entfernt sich auch bei *A. Esthoniae* wenig von diesem Typus. Von ersterer Art liegen mir im Berliner Museum (Coll. L. v. Buch) zahlreiche Exemplare vor, die beweisen, wie ausserordentlich konstant diese Form trotz ihrer formalen Irregularität ist. Die letztere beruht weniger auf einer positiven Verlängerung des unteren und oberen Endes, als auf einer mehr negativen Verengerung aller Theile der Theca auf deren geringstes Maass, wobei der zur Beherbergung des Darmes dienende mittlere Abschnitt relativ dick bleibt. Der After liegt immer an dem oberen Ende dieser mittleren Anschwellung. Die Zahl der Platten ist bei beträchtlicher Grösse der letzteren ziemlich gering bei *A. Buchi*, erheblich grösser aber bei *A. Esthoniae*.

Der Porenbau zeigt insofern eine charakteristische Eigenthümlichkeit, als die Zahl der Tangentialröhren zwischen je zwei Porenkanälen grösser wird als bei allen anderen Echinosphaeriden. Dabei hört natürlich die Einwirkung der Einzelporen auf die Skulptur der Thecaloberfläche auf; eine Aufwölbung der letzteren beschränkt sich dann meist auf die distalen Enden der Dichoporen, wo sich die Porenkanäle der tangentialen Röhren abzweigen. Da die letzteren nebeneinander ausgebreitet sind, so verflacht sich die ganze Porenraute in der Fläche der Stereothek.

Der Parietalporus hat die für Echinosphaeriden normale Lage und Form. Der After liegt diesem gegenüber ebenfalls normal, insofern er von ihm abwärts in solarer Richtung gelegen ist. Durch die Verjüngung des ganzen oberen Thecalabschnittes und die

Aenderung des Verhältnisses von Höhe und Dicke überhaupt erscheint nun aber der After nicht unerheblich nach unten verschoben.

Das Oralfeld zeigt bei *A. Buchi* regelmässig eine schlitzartige verlängerte Oeffnung etwa wie *Aristocystites* (Taf. III fig. 10) und an deren Enden abgestumpfte Flächen. Hiernach lässt sich nur auf die Existenz zweier Finger folgern, die am Ende der schlitzartigen Oeffnung angebracht sein mussten. Auch bei *A. Esthoniae* finde ich eine schlitzartige Einsenkung, wenn auch nur theilweise erhalten, am oberen Ende der Theca. Auch diese lässt sich nur im gleichen Sinne deuten, so dass ich bis auf Weiteres die Existenz zweier Finger für die Gattung als charakteristisch ansehen muss.

In morphogenetischer Hinsicht erscheint sonach *Amorphocystis* als sehr specialisirter Vertreter der Echinosphaeriden. Im Besonderen entfernen sich seine Poren durch die Entwicklung mehrerer Tangentialröhren viel weiter von dem Typus der Dichoporen als *Stichocystis* und *Caryocystites*, ja durch die gelegentliche Steigerung der Röhrenzahl bis auf 5–6 auch weiter als *Echinosphaerites*. Aehnliches gilt von der Entfaltung der ambulacralen Organe, die in *Amorphocystis* auf die geringste Fingerzahl (2) heruntergesunken ist, die überhaupt bei Cystoideen vorkommt und auch innerhalb der Echinosphaeriden meines Wissens nur einmal als Anomalie bei *Echinosphaerites aurantium* (Taf. VIII fig. 9) beobachtet worden ist. In der Plattenzahl scheint *Amorphocystis* allerdings relativ einfache Verhältnisse darzubieten, insofern bei *A. Buchi* nur etwa 40 bis 60 Platten im Thekalskelet zu zählen sind. Bei *A. Esthoniae* hat sich das Verhältniss allerdings wieder geändert, da die relative Plattengrösse hier derjenigen von *Echinosphaerites* nicht nachsteht. Leider habe ich über das genauere Alter von *Amorphocystis Buchi* keine sicheren Angaben erhalten können. Wenn diese Form geologisch jünger ist als *Caryocystites* und anderwärts noch in *Echinosphaerites* einen Vorläufer hatte, würde die geringe Plattenzahl bei dem ältesten Vertreter unserer Gattung nur durch individuelle Entwicklungshemmung sekundär zu einfacheren Zahlen zurückgekehrt zu sein. Am auffallendsten fanden wir diese Erscheinung ja auch an kleinen Individuen des sog. *Deutocystites modestissimus* Barr. ausgeprägt (vergl. Taf. VIII fig. 17). Primitiv ist der Bau des Thekalskelets hier wie dort übrigens nicht, da mit der geringen Plattenzahl keineswegs die Regularität der Plattenlage Hand in Hand geht, die wir für die Vorfahren der Echinosphaeriden voraussetzen mussten. Nach alledem erscheint *Amorphocystis* in ähnlichem Maasse, aber in anderer Richtung specialisirt wie *Echinosphaerites*. Wie für diese Gattung bietet sich auch für die *Amorphocystis* nach dem heutigen Stand unserer Kenntnisse nur die Möglichkeit einer Ableitung von *Caryocystites*, der in *C. alutacea* bereits eine Hinneigung nach dem Typus von *Amorphocystis* erkennen liess.

A. Buchi n. sp. (Syn. *Caryocystites testudinarius* v. Buch non His., *Sphaeronites citrus* His. z. Th., *Caryocystis testudinaria* Ang.). Mittleres Untersilur (Cystideen-Schichten), Böda, Oeland. Theca 40 bis 70 mm hoch, 15 bis 25 mm dick, aus grossen, meist hexagonalen Platten zusammengesetzt. Unteres Ende der Theca fast stielartig verjüngt.

A. Esthoniae n. sp. ? Untersilurisches Diluvialgeschiebe bei Pajus, Esthland. Theca etwa 75 mm hoch, 30 mm dick, allmählich nach oben und unten verjüngt, aus sehr zahlreichen kleinen Platten zusammengesetzt. Nach dem Stielansatz zu ordnen sich an einige in Reihen unter gleichzeitiger Verdickung. Epithek stark entwickelt, die Porenrauten äusserlich ganz verdickend. Der Schlitz des Mundfeldes lang. (1 Ex. Mus. Berlin durch Herrn A. v. WAHL in Pajus.)

! Fam. Tetracystidae m.

Unsere Kenntniss der hier zusammengefassten Formen ist noch so unvollständig, dass sie uns kein Urtheil über die phyletischen Beziehungen derselben ermöglicht. Die beiden Gattungen ***Rhombifera*** BARR. z. Th. und ***Tiaracrinus*** SCHULTZE (= ***Staurosoma*** BARR.) zeigen einen ähnlichen ausgesprochen viertheiligen Bau, der dem aller übrigen Cystoideen fremdartig gegenübersteht. ***Rhombifera*** zeigt noch typische Porenrauten des Dichoporitidentypus, ***Tiaracrinus*** solche von einem abweichenden an ***Caryocystites*** erinnernden Typus.

Auf Grund des Porenbaues erfolgte die Einreihung dieser Formen bei den Dichoporiten, und auf Grund der irregulären Tetramerie ihres Thecalbaues die Zusammenfassung beider in eine Familie und deren Benennung als ***Tetracystidae***. Meine ursprüngliche Absicht, die Familie nach der bekannteren Gattung ***Rhombifera*** als ***Rhombiferidae*** zu bezeichnen (vergl. pag. 66), habe ich schliesslich fallen lassen, da der Name ***Rhombiferae*** für die gesammten Dichoporiten Verwendung fand, und jedenfalls nach dieser Richtung leicht zu Missverständnissen Veranlassung giebt. Ich betonte bereits bei Gegenüberstellung der Regularia und Irregularia, dass ***Rhombifera*** als der ältere Typus der Tetracystiden in keinem nachweislichen phylogenetischen Zusammenhange mit den übrigen irregulären Dichoporiten steht.

Rhombifera BARR. 1887 (I, 175).

BARRANDE hatte diese Gattung wegen ihrer äusseren Form ursprünglich zu den Conularien gestellt (1867 Syst. Silur. du Centre de la Bohême, Vol. III p. 175). Später stellte er sie zu den Cystoideen, nachdem er die Aehnlichkeit ihres Porenbaues mit ***Echinosphaerites*** erkannt hatte, und brachte sie in nähere Beziehungen zu den Blastoideen. In der vorläufigen Drucklegung seines Manuskriptes über die böhmischen Cystoideen (vergl. pag. 59) 1889 pag. 275 stellte BARRANDE nur eine Art: ***Rh. bohemica*** BARR. zu dieser Gattung, als deren Typus man sie demnach betrachten muss. In seinem definitiven ebenfalls von 1889 datirten Werk stellte er p. 80 noch eine zweite Species zu ***Rhombifera***, nämlich ***Rh. mira***, die sich nunmehr mit Hülfe von Guttapercha-Abdrücken als Vertreter der Gattung ***Stephanocrinus*** CONR. erwies.

Definition. Theca wesentlich höher als dick, von vierseitigem Umriss, unten verjüngt, oben ziemlich flach abgestutzt. Drei Seitenflächen werden von je zwei übereinanderliegenden grossen Sperrrauten eingenommen, am Oberrande der vierten befindet sich anscheinend der After. Fingeransätze in geringer Zahl am Seitenrand der oberen Abflachung.

Die allgemeine Form der Theca ist nicht unmittelbar festzustellen, da sämmtliche Exemplare in einem thonig schiefrigen Gestein stark zusammengepresst sind. Barrande nahm an, dass der Umriss der Theca triangulär war, weil er auf deren Seitenfläche stets zwei Rauten in der Mitte und je zwei halbe an den Seiten beobachtete. Diese Schlussfolgerung ist aber meines Erachtens nicht begründbar, da bei einem vierseitigen Umriss dieselbe Vertheilung der Porenrauten in der Seitenansicht entstehen muss und sogar leichter zu erklären wäre als bei dreiseitigem Umriss. Dadurch, dass mir Herr Prof. Ant. Fritsch in Prag freundlichst gestattete, Abgüsse der Steinkerne und Hohldrucke zu machen, die Barrande von der Theca dieser Gattung vorlagen, glaube ich ein klareres Bild von der Gesammtform derselben erlangt zu haben. Es scheint, dass die Theca eine vierseitige abgestutzte Spindel bildete, deren drei Seiten von je zwei übereinanderliegenden Porenrauten eingenommen wurden, während die vierte Seite von solchen frei blieb. Die Kanten der Theca waren stumpf abgerundet. Ein derartiges Bild zeigt übrigens auch das l. c. T. VI f. 4, 5 von Barrande selbst abgebildete Fragment. Ueber das untere Ende der Theca habe ich kein klares Bild bekommen. An einem der Barrandeschen Originale liegt ein trichterförmiges Stück, welches als Basis der Theca aufgefasst werden könnte. Es ist nicht einheitlich, liess aber nicht erkennen, ob die es durchsetzenden Trennungslinien sekundäre Sprünge des Kalkspathskeletes sind oder ursprüngliche Plattengrenzen anzeigen. Erstere Auffassung scheint mir indess mehr für sich zu haben. An einem anderen Stück des böhmischen Museums in Prag liegt ein Stielfragment unmittelbar neben einer Theca von *Rhombifera bohemica*, welches sich aus pentagonalen einfach geformten Ringgliedern zusammensetzt. Da es nicht ohne Weiteres auf eine andere dort bekannte Form bezogen werden kann, steigt die Wahrscheinlichkeit, dass es zu *Rhombifera* gehört. Es erinnert in seiner äusseren Form an fünfkantige Stielfragmente der jurassischen Crinoiden-Gattung *Millericrinus*, dürfte aber ein wesentlich weiteres Stiellumen gehabt haben, und den Stielen von Caryocriniden ähnlich gewesen sein.

Die Porenrauten sind echte Sperrauten, wie sie bei *Echinoencrinites* u. a. *Regularia* vorkommen und pag. 203 Fig. 39a skizzirt sind, nur dass dieselben quer zu dem Verlauf der Dichoporen ungewöhnlich gestreckt sind. Die Zahl der beiderseits geöffneten Poren beträgt in den unteren Rauten des von Barrande l. c. T. VI f. 21 abgebildeten und hier Taf. X fig. 8 restaurirten Exemplares 74, in den oberen 45. Bei der Steinkernerhaltung der böhmischen Exemplare ist auch der innere Bau der Poren gut zu beobachten. Danach zeigen die Innenfalten verkalkte Wände wie bei den *Regularia* und den Caryocriniden, sind aber so eng an die Aussenwand der Theca angelagert, dass sie röhrenförmig erscheinen.

Die Porenkanäle, durch welche die Innenfalten an der Oberfläche ausmünden, sind sehr deutlich länglich oval, also so geformt wie bei den *Regularia*.

Der normale Gesammtbau der Porenrauten lässt schon vermuthen, dass dieselben in ihrer vertikalen Axe durch die Plattengrenzen zerlegt sind. Man sieht denn auch in der hat, dass die Theca in diesen Richtungen relativ oft zerlegt ist, trotzdem die Thecalwand viele bruchlose Biegungen aufweist und also offenbar eine bemerkenswerthe Elasticität besessen haben muss. Dieselbe hat allem Anschein nach ihren Grund darin, dass die Stereothek ähnlich wie bei *Echinosphaerites* dünn war und bei schwacher Verkalkung fast lederartig biegsam blieb.

Trägt man sich hiernach die Plattengrenzen in die Queraxen der Rauten ein, und lässt sie an deren spitzem Winkel endigen, so ergiebt sich eine Zusammensetzung der Theca, abgesehen von den noch fraglichen Basalien, aus zwei Lateralkränzen, deren jeder vier hohe porentragende Platten enthielt. Innerhalb der oberen konnte vielleicht eine schmale fünfte Platte selbständig sein, die sich scheinbar bald links, bald rechts von den nur eine Rautenhälfte tragenden Platten abhebt. Da über derselben eine Vertiefung zu beobachten ist, betrachte ich diese als Afteröffnung und die vermuthete Platte als supplementäre Analplatte. Unter derselben habe ich keine Anhaltspunkte für die Existenz einer entsprechenden Platte finden können. Auf die anderen mussten sich die Rauten in der Weise vertheilen, dass zwei derselben je zwei, die beiden anderen nur je eine Rautenhälfte trugen. Vielleicht verschmälerte sich die Seitenfläche hier nach unten so, dass die Theca an der Basis einen mehr triangulären Querschnitt annahm. Bei der Irregularität des ganzen Baues wäre auch diese sonst unwahrscheinliche Anomalie nicht überraschend.

Von der flach abgesetzten Oberseite der Theca kann ich mir nach dem vorliegenden Material noch keine klare Vorstellung machen. Es scheint, dass über der oberen Zone grosser Platten kleine Plättchen den oberen Abschluss der Theca und die Gelenke für eine beschränkte Zahl von Fingern bildeten. Von letzteren ist nichts erhalten; ihre Gelenke liegen in geringer Zahl am Aussenrande der oberen Abflachung, also nahe über den grossen Platten der oberen Rautenzone.

In morphogenetischer Hinsicht giebt uns ***Rhombifera bohemica*** schwer zu lösende Räthsel auf. In der Ausbildung der Porenrauten eng an die Regulären angeschlossen, entfernt sich die Gattung in ihrem Thecalbau unvermittelt von allen übrigen Dichoporiten. Dieser Gegensatz ist ein so scharfer, dass man in keinem der übrigen Dichoporiten irgend eine direkte Annäherung an ***Rhombifera*** feststellen könnte. Der Typus der letzteren erscheint als eine Anomalie, zu deren Erklärung man nur einen vollständigen Zerfall althergebrachter Eigenthümlichkeiten annehmen kann. Wie ein solcher allmählich stattgefunden haben sollte, ist kaum einzusehen, da die Entfernung vom normalen Bau keine allgemeine, sondern eine sehr partielle ist, indem sie sich wesentlich auf die Neuordnung des Thecalbaues beschränkt. Diese Umgestaltung in einem einzigen Punkte macht einen pathologischen Eindruck und lässt sich viel eher durch einseitige Störung der individuellen Ontogenie als durch allmähliche, vom Nutzen geregelte Umformung erklären. Die Gattung ist wie gesagt durch eine einzige Art den Typus derselben vertreten, da ***Rhombifera mira*** BARR. zu ***Stephanocrinus*** zu stellen ist.

Rh. bohemica BARRANDE 1887 (I A, 269; I B, 178). Oberes Untersilur (d_4). Zahorzan, Böhmen. Theca etwa 40 mm hoch, 20 mm dick. Obere Rauten mit etwa 50, untere mit etwa 70 Poren. Epithek mit vertikalen Streifen versehen. (Mehrere Ex. Mus. Prag, 1 Mus. Berlin.) Taf. X fig. 8.

Tiaracrinus Schultze (1866) 1867 (II, 114).

Syn. *Staurosoma* Barr. non Will.

Dass ***Tiaracrinus quadrifrons*** L. Sch. aus der Eifel ein Echinodermenrest ist, unterliegt wegen der späthigen Erhaltung seines Skeletes keinem Zweifel. Seine Zurechnung zu den dichoporiten Cystoideen beruht auf den eigenthümlichen Röhren oder Falten, die die Oberfläche seines Körperskeletes auszeichnen. Wenn man für diese die einzig naheliegende Deutung wählt, sie als dichopore Porenrauten anzusprechen, ist die Deutung des kuppelförmigen Körpers als Cystoideen-Theca gegeben. K. v. Zittel sprach in seinem Handbuch (1879, I, 420) die Vermuthung aus, dass in der Darstellung von L. Schultze Ober- und Unterseite derselben verkehrt sei. Cl. Schlüter bestätigte das (1881, IV, 2) auf Grund einiger Original-Exemplare Schultze's und einer neuen Art *T. Oehlerti*. Was Barrande 1887 (I, 124; Ia, 81) als ***Staurosoma rarum*** aus der Schicht F_2 in Böhmen beschrieb, ist, wie schon Neumayr 1889 (II, 408) annahm, ident mit ***Tiaracrinus*** und stellt Steinkerne der Theca dar. Haeckel stellte beide in die Verwandtschaft von ***Staurocystis***.

Definition. Theca umgekehrt kuppelförmig, unten mit kleinem Stielansatz, oben mit einer breiteren Fläche abgestutzt, aus einem dreitheiligen Basalkranz und vier Lateralien gebildet, die mit grossen, fast ihre ganze Fläche einnehmenden Porenrauten versehen sind. Stiel, Oralfeld und Finger unbekannt.

Der anatomische Bau der Theca ist erst durch Cl. Schlüter in der kurzen oben citirten Notiz klargestellt worden durch die Feststellung eines vorher übersehenen kleinen, dreitheiligen Basalkranzes, den röhrigen Bau der Porenfalten und die Gliederung des dieselben tragenden Lateralkranzes.

Er fand, dass die Leisten in den vier Feldern von *T. Oehlerti* Röhren enthielten, die sich an den beiden Enden der Leisten als Porenkanäle nach innen öffneten. Ein offenbar jugendliches Exemplar von ***T. quadrifrons*** der Berliner Sammlung lässt diese Röhren ebenfalls mit voller Deutlichkeit erkennen, dagegen erscheinen die Leisten der grösseren Individuen nahezu massiv zu sein, was aber durch nachträgliche Infiltration mit Calcit erklärt werden kann. Eine Differenz ergiebt sich aus den Angaben und Abbildungen hierbei insofern, als L. Schultze am Ende der Falten von ***T. quadrifrons*** Poren zeichnet, die sich nach aussen öffnen, während Schlüter angiebt, dass dieselben bei *T. Oehlerti* nach innen münden und die Röhren ihrem ganzen Verlauf nach aussen geschlossen seien. An den mir vorliegenden Exemplaren von ***T. quadrifrons*** bestätigt sich bei guter Erhaltung die Schlüter'sche Angabe, nur bei stärkerer Corrosion der Oberfläche werden gelegentlich die nach innen verlaufenden Porenkanäle an den distalen Enden der Leisten frei gelegt. Damit findet wohl auch die abweichende Angabe Schultze's ihre Erklärung.

Die Zahl der zu einem Felde vereinigten Dichoporen beträgt bei ***T. quadrifrons*** etwa 9—13, bei ***T. rarus*** nach den Abbildungen von Barrande 15—25 und bei *T. Oehlerti* nach den Angaben Schlüter's etwa 20.

Die Porenfelder bilden keine normalen Rauten: ihr unteres Ende ist allerdings spitzwinklig, indem die überwiegende Zahl der Falten eine allmähliche Breitenabnahme nach unten zeigt, über der breitesten folgen aber oben bei ***T. quadrifrons*** und ***rarus*** nur eine bis zwei kürzere Leisten, die obere Hälfte der Raute repräsentirend. Bei *T. Oehlerti* sind die Rauten nach SCHLÜTER's Angaben erheblich höher als breit, während dies bei *T. quadrifrons* nur in geringem Maasse der Fall ist. Die Rauten werden durch aufsteigende Furchen getrennt, die bei *T. Oehlerti* und *rarus* mit Granulationen und Knotenreihen verziert, bei *T. quadrifrons* grösstentheils glatt sind. BARRANDE hatte diese Furchen mit den Ambulacren anderer Cystoideen verglichen, ein Vergleich, der um so weniger zutreffend ist, als der Punkt, wo sie zusammenstossen, nicht der Scheitel mit dem Mund, sondern der Stielansatz ist. Die Porenrauten werden in normaler Weise durch Plattengrenzen zerlegt, die zwar selten deutlich, aber schon nach der Lage der Rauten leicht vollständig zu rekonstruiren sind. Hiernach sind also über den 3 Basalien vier Lateralien vorhanden, die jederseits von der Vertikalrinne je eine Rautenhälfte tragen. Ueber einer derselben giebt L. SCHULTZE noch eine kleine, quergestellte Platte an, die SCHLÜTER nicht erwähnt, und die auch an den mir vorliegenden Stücken nicht zu sehen ist.

Die Thecaloberseite ist bisher nur bei *T. quadrifrons* erhalten gefunden. Sie bildet hier ein kreisförmiges erhabenes Plateau über den rautentragenden Platten. Nähte sind innerhalb desselben bisher nicht beobachtet, so dass seine Morphogenie durchaus unklar bleibt. Die Oberseite dieses Plateau ist runzlig skulpturirt, die Mitte etwas eingesenkt und nach L. SCHULTZE mit einem (?) fünfstrahligen Stern versehen. Am Seitenrande des Plateau befinden sich anscheinend 4 Oeffnungen, die in das Innere der Theca führen. Wenn man diese, was ja an sich nahe liegt, für Fingeransätze hält, lässt sich die eigenthümliche Skulpturirung der Oberfläche jenes Plateau kaum erklären. So lange von diesen Theilen nicht besseres Material vorliegt, scheinen mir weitere Spekulationen über diese Organisationsverhältnisse unberechtigt.

Die Gattung ist auf die devonische Zeit beschränkt. *T. rarus*, aus F_2 des böhmischen Devons stammend, dürfte noch dessen untersten Schichten angehören, während *T. quadrifrons* aus dem oberen Mitteldevon der Eifel stammt. Das Alter des *T. Oehlerti* wird von SCHLÜTER nur als devonisch ohne nähere Altersbestimmung angegeben, aus morphologischen Gründen scheint sie der unterdevonischen Art Böhmens näher zu stehen.

Ich betonte bereits bei Besprechung der Gattung *Rhombifera*, dass derartige Krüppelformen nicht das Resultat einer allmählichen Auslese des Tüchtigsten sind, sondern auf erblicher Persistenz einer pathologischen Anomalie beruhen. Das scheint mir auch bei *Tiaracrinus* nicht einen Augenblick zweifelhaft. Die mit pathologischen Anomalien einhergehenden Hemmungen der phylogenetischen Entwicklung in der Ontogenie eröffnen die Möglichkeit, dass *Tiaracrinus* sich plötzlich von irgend einem Typus der specialisirteren Dichoporiten abgesondert habe. Da auch die Blastoideen deren Grundorganisation übernommen haben, ist sogar die Möglichkeit nicht ganz ausgeschlossen, dass auch von so specialisirten Typen aus ein so weitgehender pathologischer Rückschlag erfolgt sei. Ich erinnere z. B. an die totale Umgestaltung, welche einer der jüngsten Blastoideen, *Astrocrinites*, erfahren hat.

Immerhin wird gegenüber derartigen Möglichkeiten die Wahrscheinlichkeit dafür sprechen, dass *Tiaracrinus* mit solchen Dichoporiten in genetischem Konnex steht, welche einen ähnlichen Zerfall der althergebrachten Ordnung aufweisen. In dieser Hinsicht kommen wegen der Porenbildung Formen wie *Caryocystites granatum* und hinsichtlich der Gesammtorganisation die eben besprochene *Rhombifera* BARR. in Betracht. Die Beziehungen zu *Caryocystites* beschränken sich, wie gesagt und ohne Weiteres ersichtlich ist, auf ein ähnliches Vortreten der Porenleisten auf der Oberfläche der Theca und eine Ausbildung von tangentialen Porenröhren. Mit *Rhombifera* theilt dagegen *Tiaracrinus* aber nicht nur den Besitz dichoporiter Rauten, sondern auch den viertheiligen Bau und die exceptionell geringe Zahl von Thecalplatten. Immerhin bleibt die phylogenetische Stellung von *Tiaracrinus* innerhalb der Dichoporiten noch sehr fraglich.

T. rarus BARRANDE sp. 1887 (I, 124: Ia, 82). Unterdevon (F_2) von Konieprus in Böhmen. Theca etwa erbsengross. Etwa 22 Porenleisten in den grossen Porenrauten, die unten scharf rechtwinklig, oben gerundet zusammenlaufen und von flachen Furchen getrennt werden. (Mehrere Ex. Mus. Prag.)

T. Soyei OEHLERT 1882, I. 359 (syn. *Oehlerti* SCHLÜTER 1882 [1881], IV, 2). Devon des nordwestlichen Frankreich.

Durch die Freundlichkeit des Herrn OEHLERT in Laval erhalte ich eben noch ein Exemplar dieser Art zugesandt. An demselben weist der Basalkranz aber deutlich 4 Nähte auf, die genau unter der Vertikalaxe der 4 Porenrauten liegen, also eine Gliederung des Basalkranzes bedeuten, die genau der Gliederung des darüber liegenden Lateralkranzes entspräche. Danach müsste man den Basalkranz von *Tiaracrinus* dem unteren Rauten tragenden Kranz von *Rhombifera* gleichsetzen. Letzterer würde dann dem Basalkranz der *Regularia* entsprechen, der ja ebenfalls viertheilig ist und wenigstens zwischen den Basalien 1, 2 und 3 vertikale Porenrauten aufweist. Dann würde aber naturgemäss *Rhombifera* unterhalb dieses unteren Rautenkranzes keinen weiteren basalen Plattenkranz mehr besessen haben können. Jedenfalls würde hierdurch die Ableitung der Tetracystiden von den Chirocriniden sehr an Wahrscheinlichkeit gewinnen.

T. quadrifrons L. SCHULTZE (1866) 1867 (II, 114). Mitteldevon Nollenbach bei Kerpen. Theca etwa 7–10 mm dick, 6–8 mm hoch. 8–13 Porenleisten stark vortretend, zwischen denselben glatte aufsteigende Rinnen. Scheitelfläche etwas abgesetzt von den leistentragenden Platten. (Mehrere Ex. Mus. Berlin.)

Von JAMES HALL wurde 1852 (I, 229) unter dem Namen *Heterocystites armatus* ein Fragment einer Theca abgebildet, welches allem Anschein nach zu den Dichoporiten zu stellen, aber so unvollständig erhalten und beschrieben ist, dass ich eine bestimmte Meinung über dasselbe nicht aussprechen möchte. Man könnte noch am ehesten geneigt sein, dasselbe bei den Echinosphaeriden einzustellen, da diese aber sonst in Amerika gänzlich fehlen, ist auch diese Möglichkeit sehr unwahrscheinlich. Das betreffende Fragment fand sich überdies in der obersilurischen „Niagara group" bei Lockport im Staate New-York, während die Echinosphaeriden sonst auf das mittlere und obere Untersilur beschränkt sind.

II. Ord. Diploporita.

Vorbemerkung. Es ist das Verdienst des unsterblichen Joh. Müller, auf Grund der Porenbildung die hier als Diploporita bezeichnete Abtheilung von Cystoideen als systematische Einheit erkannt zu haben (1853, 1, 231). Von Angelin (1878, 1, 30) als *Gemellipora* sonst in der Regel als Cystoideen mit Doppelporen oder kurz als Diploporideen bezeichnet, sind dieselben bis in das letzte Jahrzehnt als systematische Einheit anerkannt worden. Dann liess man diese fallen, nicht aus bestimmter Erwägung innerer Gründe, sondern aus Verlegenheit, weil man nicht mehr in der Lage war, verschiedene inzwischen bekannt gewordene Formen, die man für Cystoideen hielt, den entscheidenden Begriffen der Müller'schen Eintheilung unterzuordnen. Statt nun die neuen Zugänge zunächst auf ihre Zugehörigkeit zu den Cystoideen zu prüfen, zog man es vor, die bisherige Gliederung dieser Klasse einem auf äusserliche Momente basirten rein willkürlichen Systeme zu opfern. Die nachstehenden Ausführungen sollen einer vergessenen Schöpfung unseres Landsmannes wieder zu voller Ehre verhelfen.

Definition. Diploporita sind Cystoideen, deren Thecalporen mit ihren kommunicirenden Porenkanälen innerhalb einer Thecalplatte liegen, deren Ambulacralrinnen und Finger den Platten des Thecalskeletes unmittelbar aufruhen.

Besprechung. In die vorstehende Definition habe ich nur diejenigen Eigenschaften aufgenommen, die für die Diploporiten entscheidend wichtig sind. Alle übrigen Organisationsverhältnisse zeigen so grosse Unterschiede innerhalb dieser Ordnung und so viele Annäherungen an die Dichoporiten, dass sie keine diagnostische Bedeutung beanspruchen können.

Die hier angeführten Eigenschaften genügen aber vollständig zur klaren Umgrenzung des Begriffes, da sie schon am Skelet der ältesten Formen nachweisbar sind und in der späteren Entwicklung der Ordnung unentwegt beibehalten werden. Unter diesen Umständen ist diese Abtheilung auch bezüglich ihres Umfanges unzweideutig umgrenzt; sie umfasst die pag. 66 bereits aufgezählten Gattungen, deren Namen allerdings grossentheils als Synonyma in Wegfall kommen.

a) Die allgemeine Körperform.

Wir sind bei Cystoideen gewöhnt, die Form der Theca mit der Körperform für ident zu halten, da uns gewöhnlich nur Reste der ersteren bekannt sind. Wir haben uns aber bei Besprechung der Dichoporiten überzeugt, wie wesentlich und mannigfaltig das Bild der Theca durch die Stielbildungen und die Finger ergänzt und modificirt wird.

Durch beiderlei Organe wird nun freilich das Gesammtbild hier bei den Diploporiten besonders wenig beeinflusst. Da denselben mit Ausnahme der beiden ältesten Formen eine typische Stielbildung ganz fehlt oder nur durch eine Verjüngung des unteren Körperabschnittes ersetzt wird, so beschränkt sich die Existenz von Anhangsorganen hier meist auf die Finger, die überdies bei den meisten Formen nur sehr geringe Dimensionen erreichten. Bei den Sphaeroniden umstehen sie zu 10 bis 30 den oberen Körperpol, der den Mund einschliesst. Bei *Glyptosphaerites*, *Protocrinites*, *Dactylocystis* und *Mesocystis* sind Reihen kleiner Finger in 5 Radien gerade, bei *Gomphocystites* in spiralen Bögen über das Skelet ausgedehnt. Bei *Asteroblastus* ist die Zahl der radiär auf breite Felder gestellten Finger geringer, deren Grösse im Einzelnen aber beträchtlich (vergl. Taf. VII fig. 1). Die bedeutendste Grösse gegenüber dem Körper zeigten jedenfalls die Finger bei den Aristocystiden, wo die geringste Zahl — bisweilen wie bei *Aristocystites bohemicus* (Taf. III fig. 10a) — nur zwei Finger vorhanden waren, diese aber gemäss der Grösse ihrer Gelenkflächen die stärksten Dimensionen erreichten.

Die Grössenverhältnisse steigen z. Th. nicht unerheblich über die normalen der Dichoporiten. Sehr klein bleibt nur *Eucystis* Ang., dessen Thecaldurchmesser bei erwachsenen Formen bisweilen nur 6–7 mm erreicht, während *Mesocystis* bis 70 mm dick und *Aristocystites* mit seinen westeuropäischen Verwandten gelegentlich eine Thecalhöhe von 100 mm erreichen mochte. Im übrigen ist die Normalgrösse etwa die einer Wallnuss.

b) Die Theca.

Die Form der Theca entfernt sich relativ wenig von der einer Kugel. Sie entspricht ziemlich genau einer solchen bei *Glyptosphaerites* (Taf. IV fig. 3), sie wird durch eine Einbiegung der Ansatzfläche apfelförmig bei *Mesocystis*, durch breitere Anheftung am Untergrund sackförmig bei *Codiacystis*, *Sphaeronites*, *Eucystis*, durch Streckung in der Höhenaxe eiförmig bei *Protocrinites* (Taf. V fig. 6), *Dactylocystis Schmidti* (Taf. V fig. 7), *Aristocystites* (Taf. III fig. 11), *Allocystites* (Taf. IV fig. 2) und durch allmähliche Verjüngung des unteren Endes birnförmig bei *Gomphocystites* (Taf. II fig. 9) und *Dactylocystis Mickwitzi* (Taf. V fig. 8). Nur bei *Asteroblastus* besitzt die Theca eine differenzirtere Form, insofern deren untere Hälfte konisch gewölbt, die obere aber durch 5 dreieckige Felder abgestumpft wird (Taf. VII fig. 2).

Die Skeletirung weist über der Stereothek, die aus der Lederhaut hervorgeht, gelegentlich Reste einer verkalkten Epithek auf. Dieselbe überzieht bei *Aristocystites bohemicus* (Taf. III fig. 11) als dünne Lage die eigentliche, von Poren durchsetzte Skeletschicht. An dem Taf. IV Fig. 11a abgebildeten Fragment der Thecaloberfläche von *Calix Sedgewicki* sieht man, dass diese Epithek aus einem losen, aber ziemlich regelmässigen Netz besteht. Die Stereothek ist im Allgemeinen recht kräftig, so dass ihre einzelnen Plättchen fast halb so dick wie breit sind. Namentlich bei *Codiacystis bohemica* wird das Skelet sehr dickwandig. Die Intensität der Kalkausscheidung nimmt dabei nach dem unteren Körperpol so zu, dass sich unförmliche Fortsätze nach dem Innern der Theca erstrecken. Bei *Aristocystites bohemicus*, der sich oft auf kleinen Fremdkörpern, wie kleinen Gastropodenschaalen ansetzt, werden diese im Alter durch die basalen Kalkausscheidungen der Theca ganz umhüllt. *Sphaeronites* sass gewöhnlich Pflanzenresten auf, die allerdings selbst nicht erhalten sind; die Eindrücke derselben erinnern bei günstiger Erhaltung an die korrodirte Oberfläche von Holzfragmenten.

Die Gliederung des Thecalskeletes in einzelne Elemente ist bei den niedrig organisirten Formen (*Sphaeronidae, Glyptosphaerites, Aristocystidae*) regellos (Taf. III fig. 6, 11, IV fig. 3). Bei solchem durchaus indifferenten Verhalten unterliegt die Zahl der Ossifikationspunkte und demgemäss die Grösse und Form der Platten einer weitgehenden, individuellen Variation. Wenn auf dieser Grundlage BARRANDE für die in D_4 bei Zahorzan gefundenen Exemplare von *Codiacystis bohemica* 14 Arten aufstellte und der gefürchtete „Species-Man" S. A. MILLER (1889, III, 253—255) in dem sog. Niagara limestone 26 neben einander gleichartig lebende Arten von *Holocystites* unterschied, so darf man wohl auf das Studium solcher systematischer Begriffe unbedenklich verzichten.

Eine Differenzirung zeigen die Thecalplatten bei den höheren Formen besonders in zwei Richtungen. Einerseits werden die in dem obersten Stielabschnitt gelegenen Platten vertikal zusammengedrückt, so dass sie seitlich in die Breite gezogen erscheinen, wie dies z. B. bei *Dactylocystis Mickwitzi* (Taf. V fig. 8) in ausgesprochener Weise, bei *Gomphocystites* gelegentlich aber in geringerem Maasse der Fall ist. Andererseits erfahren diejenigen Platten eine Differenzirung, welche Finger tragen. Bei *Glyptosphaerites* macht sich eine Einwirkung der Finger nur insofern bemerkbar, als die Platten unter deren Ansatz schwach verdickt und durch die zu der Gelenkfläche führende Ambulacralrinne leicht eingeritzt sind (Taf. IV fig. 5). Bei den Dactylocystiden (Taf. V) wird diese Einwirkung stärker, indem die Gelenkfläche grösser und in sich modellirt wird (Taf. V fig. 7a), die Poren sich mehr regelmässig um die Gelenkfläche ordnen (Taf. V fig. 7a, 8a), und die Form dieser Platten gleichartig wird. Der erste Process ist bei *Mesocystis* (Taf. VI fig. 8) und *Asteroblastus* (Taf. VII fig. 5) zu einer starken Modellirung der Fläche gesteigert und von einem gänzlichen Mangel an Poren begleitet, so dass diese Plättchen stark von den normalen Thecalplatten abweichen. Ebenso auffallend ist die Wirkung dieses Faktors auf die Anordnung der Platten im Gesammtskelet, da sich bei Ausbildung eines regulirten Gabelungssystemes der Radiärgefässe die fingertragenden Platten in regelmässige radiäre Reihen ordnen. Wo das der Fall ist (*Gomphocystidae, Dactylocystidae, Mesocystidae*) können wir radiale und interradiale Felder in dem Thecalskelet unterscheiden (Taf. V fig. 7, VI, VII fig. 1, 2). Die Bezeichnung der ersteren als ‚ambulacral' könnte missverständlich sein, wenn man daraus auf eine volle Homologie mit den ambulacralen Skeletplatten der Dichoporiten und Blastoideen folgern würde. Eine solche kann aber im Einzelnen deshalb nicht durchgeführt werden, weil den Ambulacralfeldern der Diploporiten die charakteristischen Parambulacralia der regulären Dichoporiten und Blastoideen fehlen. Wenn sich also auch der Habitus des Skeletes dem verschiedener Dichoporiten und Blastoideen auffällig nähert, so kann doch nur von einer allgemeinen Homologie der Ambulacralfelder die Rede sein. Eine solche scheint nun allerdings bei den Mesocystiden gegenüber den Chirocriniden und Cystoblastiden entschieden vorzuliegen. Die ambulacralen Platten der Mesocystiden sind nicht nur höchst auffällig von ihren interradialen Platten unterschieden, sondern auch durch ihre Form, ihre Skulptur und Anordnung sowie den Mangel aller Poren den Ambulacralien der Chirocriniden und Cystoblastiden ausserordentlich ähnlich, so dass ich annehmen muss, dass die fingertragenden Platten der Diploporiten denen der ältesten Dichoporiten homolog sind und also ursprünglich nicht zu dem eigentlichen Thecalskelet gehörten, sondern erst allmählich durch schwache Ausbildung der Finger den Habitus der eigentlichen Thecalplatten annahmen. Beachtenswerth ist auch die Erhaltung der Deltoideen bei den Mesocystiden (Taf. VI u. VII).

c) Der Stiel.

Ueber das morphologische Verhältniss des Stieles zu dem übrigen Körper habe ich bereits pag. 77–79 einige einleitende Bemerkungen gemacht, und betone hier nur noch einmal, dass bei den Pelmatozoen der Besitz eines Stieles allem Anschein nach als primär, dessen gelegentlicher Mangel innerhalb dieser und dessen regelmässiger innerhalb der übrigen Abtheilungen der Echinodermen als sekundär anzusehen ist. Ich erinnere ferner daran, dass die Stammform der Cystoideen und deren älteste Vertreter — die regulären Dichoporiten — wohlentwickelte Stiele besassen, während aberrante Vertreter dieser Ordnung (*Echinosphaeridae*) ein solches Organ z. Th. vermissen liessen. Unter diesen Umständen werden wir auch den Mangel eines Stieles bei Diploporiten nur einem nachträglichen Verlust zuschreiben müssen.

Ein Mangel eines Stieles macht sich in zweierlei Fällen bemerkbar. Einerseits finden wir niedrig organisirte Diploporiten wie *Sphaeronites* im Untersilur von Böda auf Oeland in der Regel auf holzartigen Pflanzenresten mit ziemlich breiter Fläche aufgewachsen. Bei *Aristocystites bohemicus* im Untersilur Böhmens findet man nicht selten am unteren Pol der Theca den Eindruck einer relativ kleinen Schnecke (*Pleurotomaria?* sp.), die unter der späteren Ausbreitung der Theca vollständig überwachsen wurde, so dass sie sicherlich der voll erwachsenen Theca keine feste Stütze mehr am Boden gewähren konnte. Die betreffende Form musste sich also selbst in aufrechter Stellung erhalten, und dies geschah wahrscheinlich dadurch, dass ihr Körper theils durch das Gewicht seiner Wand, theils durch die Sedimentation in seiner Umgebung in den Boden einsank und so durch diesen in aufrechter Stellung erhalten wurde. Bei *Codiacystis bohemica* war die Kalkausscheidung am unteren Pol der Theca noch erheblich stärker und in *Eucystis* resultiren dann Formen, die sich wie *Cyathocystis* (cf. Taf. I fig. 3) mit einer fassartigen Verbreiterung des Thecalskeletes am Boden anhefteten.

Der zweite Fall eines Stielmangels findet sich nur bei einer Form, *Protocrinites oviformis* (Taf. V fig. 2). An erwachsenen Individuen zeigt sich auf der Unterfläche auch bei günstigster Erhaltung keine Spur einer Anheftungsstelle oder einer Stielbildung. Durch ein Versehen des Zeichners ist von Taf. V fig. 1 nicht die Unter-, sondern die Oberseite abgebildet worden. Erstere sollte zum Vergleich mit der fig. 2 abgebildeten dienen und zeigen, wie verschieden und regellos die Anordnung der Platten am unteren Pol ist. Nun zeigt aber ein junges Individuum der genannten Art im Centrum der Unterseite eine Narbe, die wohl als Ansatzstelle eines kleinen Stieles gedeutet werden kann, zumal die 4 ziemlich grossen Platten um diesen Punkt eine auffallend regelmässige Stellung und Form zeigen. Ein noch kleineres, nur 7 mm grosses Individuum, welches v. Volborth abbildete (1846, II, T. X f. 11) und ebenso deutete, zeigt die Stielnarbe noch deutlicher im Centrum von 4 stark vorgewölbten basalen Plättchen. Es scheint hiernach, wie auch v. VOLBORTH annahm, eine sekundäre Ablösung des Körpers von einem in der Jugend vorhandenen Stiele stattgefunden zu haben. Warum ein solcher sich nicht mit der Zunahme der Körpergrösse kräftigte, ist schwer zu sagen. Vielleicht lag es daran, dass die Fremdkörper, auf denen er sass, wie bei *Aristocystites*, relativ klein waren und den erwachsenen Körper nicht mehr halten konnten. Jedenfalls dürfte die Aufgabe des Stieles für das erwachsene und durch seine schwere Skeletirung gehaltene Thier physiologisch keinen bemerkenswerthen Wechsel bedeutet haben. Schon die starke Abflachung der Unterseite dieser Form beweist, dass das Thier damit dem Boden flach aufruhte. Ich werde im allgemeinen Theile, auf reicheres Material gestützt, den Nachweis versuchen, dass derartig „freie" Pelmatozoen, wie *Protocrinites* unter den Cystoideen, *Stromatocystites* unter den Thecoideen, *Astylocrinus*, *Marsupites* und *Uintacrinus* unter den Pentacrinoideen eine sitzende Lebensweise führten und nicht, wie F. A. BATHER kürzlich von *Uintacrinus* behauptete, frei schwebten oder gar schwammen. Nur *Saccocoma* macht, wie ich früher nachzuweisen versuchte (1892, III, 687), als pelagisch lebende Form eine auch morphologisch scharf begründete Ausnahme.

Eine birnenförmige Verjüngung des unteren Thecalendes ist leider immer unvollständig bei den Gomphocystiden zu beobachten. *Gomphocystites* selbst zeigt bisweilen (Taf. II fig. 9) diesen Abschnitt in einer Form, dass man auf eine beträchtliche Länge des Stieles folgern muss. In anderen Fällen freilich ist die Theca über dem Stiel so geneigt (Taf. II fig. 8), dass der letztere nur geringe Dimensionen erreicht haben kann. Bei dem untersilurischen *Pyrocystites pirum* (Taf. III fig. 6), der neben direkten Beziehungen zu *Protocrinites* solche zu *Gomphocystites* erkennen lässt, muss ebenfalls schon eine beträchtliche Stielbildung vorhanden gewesen sein. Eine ähnliche distale Verjüngung wie die Gomphocystiden zeigt andererseits einer der specialisirtesten Vertreter der Dactylocystiden und jüngerer Nachkomme von *Protocrinites*, die neue Form *Dactylocystis Mickwitzi*.

Bei den übrigen Diploporiten ist ein mehr oder weniger ausgedehnter Stielabschnitt nachweisbar. Ich deutete schon an, dass bei *Glyptosphaerites* eine basale Aussackung vorhanden ist, die, wenigstens bei dem russischen *G. Leuchtenbergi*, anscheinend regelmässig in einen Hohlstiel überging. Das Lumen desselben ist mehrere Millimeter weit, aber schon die Apfelform und dann auch die stets einseitige Neigung der Theca gegenüber diesem Ansatz deuten darauf hin, dass die Stielbildung hier nur kurz gewesen sein mochte.

Der gemeinsame Charakter der zuletzt besprochenen Stielbildungen beruht darin, dass sich ihre Wand nicht scharf von der Theca absetzt. Das ist nun aber unzweifelhaft der Fall bei *Mesocystis* und *Asteroblastus*. Von beiden Formen liegt mir jetzt je eine ausgezeichnet erhaltene Unterhälfte der Theca vor, die durch freundliche Bemühungen des Herrn Dr. v. WÖHRMANN im letzten Sommer an der Südseite des Ladoga-Sees gesammelt worden sind. Beide zeigen, wie Taf. XVIII Fig. 8 und 10 darstellen, einen geschlossenen Basalkranz, von dem der Stiel scharf abgesetzt sein musste, wie es denn auch das Taf. VII fig. 1 abgebildete Exemplar von *Asteroblastus* bei seitlicher Ansicht thatsächlich zeigt. Die wenigen hier erhaltenen Glieder lassen leider genauere anatomische Feststellungen nicht zu; man überzeugt sich aber sofort, dass hier echte Ringglieder vorliegen, die den Stielfragmenten der bisher besprochenen Diploporiten durchaus fremd sind. Hier haben wir also eine normale Sonderung von Stiel und Theca vor uns, und dieser Befund lässt sich noch am ehesten an die Stielbildungen der Dichoporiten, und zugleich an die besprochenen niederen Formen der Diploporiten anknüpfen, die auch sonst in jeder Hinsicht schwächer differenzirt sind als *Asteroblastus*. *Mesocystis* wird voraussichtlich durch ihre Stielbildung die der ältesten Dichoporiten mit der von *Asteroblastus* vermittelt haben, ist uns aber leider bisher noch unbekannt. Ihr Stielansatz ist im Gegensatz zu dem von *Asteroblastus* in die Theca eingesenkt (Taf. XVIII fig. 10), was auch wieder auffällig an die ältesten Dichoporiten erinnert. Trotz der dünnen Stielwand scheint hier das Stiellumen ziemlich eng gewesen zu sein.

Nach alledem scheint der Stiel bei den Diploporiten zuerst normal entwickelt gewesen zu sein, um allmählich in den Familien der Glyptosphaeriden, Gomphocystiden und Dactylocystiden eine unvollkommene, dagegen innerhalb der Sphaeroniden und Aristocystiden eine vollständige Unterdrückung zu erfahren.

d) Die Entfaltung der Ambulacra.

Die Pentamerie des Ambulacralsystems bleibt bei allen Diploporiten mit Ausnahme der relativ jungen *Aristocystidae* streng gewahrt. *Aristocystites bohemicus* zeigt normal zwei Gelenkflächen, die allerdings nur bei guter Erhaltung zu erkennen sind. Da aber der Mund dieser Form regelmässig schlitzförmig, d. h. in einer Richtung verlängert ist, so wird man die Anlage zweier am Ende dieses Schlitzes angebrachten Finger auch bei den übrigen Individuen voraussetzen müssen. Nur an einem Exemplar des böhmischen Museums in Prag, welches Herr Prof. Ant. Fritsch gefunden hat (Taf. III fig. 11 a) sah ich die Mundöffnung in drei Zipfel ausgezogen und am Ende derselben von je einer schwach kenntlichen Gelenkfläche besetzt. Hier waren also 3 Radien entwickelt, doch möchte ich diese Abweichung von der normalen Entwicklung auf individuelle Ablenkung zurückführen. Bei *Trematocystis* im Obersilur der Vereinigten Staaten sind an den mir vorliegenden und einigen von S. A. Miller abgebildeten Exemplaren 4 Gelenkflächen vorhanden; das scheint für diese Gattung die normale Zahl zu sein.

Die einzelnen Radien waren bei den Diploporiten überall gleichmässig entwickelt, da die Fingergelenke an den verschiedenen Strahlen stets gleich an Zahl sind und sich untereinander an Grösse entsprechen (Taf. II fig. 10, III fig. 4, 5, IV fig. 3, V fig. 3, VII fig. 2). Auch bei den Formen mit weniger als 5 Radien scheinen diese untereinander gleichartig gewesen zu sein (Taf. III fig. 10, IV fig. 2).

Die Entfaltung der einzelnen Radiärgefässe bietet insofern ein grosses Interesse, als sich deren Entwicklungsprocess in verschiedenen Richtungen schrittweise verfolgen lässt und z. Th. aufsteigende Tendenzen zeigt.

Einen sehr einfachen Typus bildet das Verhalten der Sphaeroniden. Eine der ältesten Diploporiten Böhmens, die von Barrande unter dem Namen *Pyrocystites desideratus* beschriebene Art der Gattung *Archegocystis* (Taf. III fig. 4, 5) zeigt eine eigenthümliche Zerlegung der Radien unmittelbar am Mund in 5 bis 6, die älteste Diploporitide des skandinavischen Silurgebietes *Sphaeronites* in 2 bis 3 Aeste. Dem Verhalten von *Archegocystis desiderata* schliessen sich in Böhmen die Arten der Gattung *Codiacystis* an (Taf. IV fig. 12). Barrande hat Ambulacralplatten dieser irrthümlich an die Innenseite der Thecalwand verlegt und sie unter der Bezeichnung ‚*Hydrophores palmés*' mit den inneren Porenfalten der Blastoideen und gewisser Cystoideen in Beziehung bringen wollen. M. Neumayr betrachtete sie 1889 (II, 409) ebenfalls unter der Annahme, dass sie an der Innenseite der Thecalwand lägen, als „subtegminal gelegene Ambulacralrinnen, welche der Verbindung nach aussen durch Ambulacralporen entbehrten". Haeckel endlich sprach sie 1896 (II, 151) den Diploporiten, bei denen seine Hypothesen keine Verwendung für sie hatten, ganz ab und verlegte sie an die Innenfläche der Kelchdecke von *Chirocrinus* (non *Glyptocystites!**). Nur des historischen Interesses wegen erwähne ich diese Deutungen; auf eine Diskussion derselben brauche ich wohl nicht näher einzugehen, da die Thatsachen nunmehr klar liegen. Die von Barrande gefundenen *Hydrophores palmés* gehören der Aussenseite an, da sie die äussere Ausmündung zahlreicher Doppelporen zeigen und mit den ambulacralen Thecalplatten anderer Sphaeroniden vollständig übereinstimmen. Taf. IV fig. 8a habe ich eine Platte mit diesen *Hydrophores palmés* von *Codiacystis* nach einem Guttapercha-Abdruck zeichnen lassen. Dieselbe zeigt wesentlich das gleiche Bild wie die entsprechenden Theile von *Archegocystis desiderata*, nur dass die Gabelung der einzelnen Radien etwas verschieden ist.

Die Gabelung der Radiärgefässe bei den genannten Formen ist übrigens nicht so einfach, als es die Abbildungen von **Barrande** und noch weniger deren Kopie bei M. Neumayr 1889 (II, 409) zeigen. Es handelt sich, wo mehr als 3 Aeste vorliegen, bei deren Gabelung niemals um eine einfache oder wiederholte Dichotomie, sondern um folgende sehr charakteristische Form der Theilung, deren eine Taf. III fig. 4, 5, IV fig. 8a wiedergegeben ist. Bei dieser (*Archegocystis*) zweigen sich die ersten Aeste immer nach links ab, so dass der Hauptast, der noch weitere absondert, immer rechts abbiegt; nur bei der letzten Theilung bleibt das unentschieden, da diese Theiläste bei der Enge des Raumes einander ungefähr gleich sind. Wenn man sich diesen Theilungsmodus fortgeführt denkt, so entsteht die Gabelungsform, die *Gomphocystites* aufweist (Taf. II fig. 10, Textfig. 13 G). Diese Erscheinung begleitet ja in auffälligster Weise alle Cystoideen, dass nämlich die erste Abgliederung eines Seitenzweiges ausnahmslos vom Mund aus gesehen nach links, also kontrasolar, erfolgt. Ich wies bereits pag. 86 darauf hin, dass wir die gleiche Erscheinung nicht nur bei den Dichoporiten, sondern auch aufs genaueste übereinstimmend bei den primitivsten Cladocrinoideen, z. B. *Ascocystites*, finden.

Eine besondere Modifikation dieses Sphaeronidentypus und der „*Hydrophores palmés*" im besondern bietet die Gabelung der Radien bei *Codiacystis* (= *Craterina* Barr.) *bohemica*, indem sich dieselben in zwei Gruppen zu je 3—4 Theilästen sondern. Die besondere Form dieser Gabelung ist aus Taf. IV fig. 8a gut zu entnehmen. Durch dieses System der Theilung tritt die sonst normale erste Abzweigung nach links hier nicht in die Erscheinung. Bei der engen Zusammendrängung der Gabelung auf so winzigem Raum (vergl. die Abbildung in natürlicher Grösse Taf. IV fig. 8 x) verliert die Nichtbetonung jenes Principes natürlich sehr an morphologischer Bedeutung.

Wenn Barrande bei *Aristocystites* noch solche Organe zu beobachten glaubte, beruht

Haeckel bezieht sich dabei auf eine angeblich ähnliche Darstellung einer Kelchdecken-Innenseite von *Glyptocystis penniger* F. Schmidt. Dieser bildet aber in der citirten Figur die Oberseite der Kelchdecke ab.

das auf einem Irrthum, da *Aristocystites* ganz anders organisirte Ambulacra besitzt (Taf. III fig. 10a, 11a). Dieser Irrthum erklärt sich leicht daraus, dass untere Thecalfragmente von *Aristocystites* und *Codiacystis* (= *Craterina*) schwer zu unterscheiden sind, und Barrande die Ambulacra beider nicht kannte.

Die genannte Entfaltungsform der Ambulacra bei den Sphaeroniden erweist sich in einem weiteren Punkte einfach, insofern nämlich die zu einem Radiärstamm gehörenden Ambulacralrinnen am Munde und zwar auf je einer adoralen Thecalplatte koncentrirt bleiben. Bei *Archegocystis desiderata* (Taf. III fig. 4, 5) veranlassen sie eine besondere Anschwellung und Vorwölbung der adoralen Platten, während diese bei *Codiacystis* zu einem einheitlichen Kranz anschwellen (Taf. IV fig. 8a). Der Unterschied erklärt sich daraus, dass sich bei letzteren die Rinnen vertieft haben und die Fingeransätze in gleiche Entfernung vom Munde gerückt sind. Diese Regelmässigkeit beruht offenbar auf sekundärer Korrelation der Finger mit den Thecalplatten.

Bei den jüngeren Sphaeroniden modificirt sich dieses Verhalten in verschiedener Weise. Bei *Eucystis* wird die Zahl der Gabelungen unbestimmt, so dass gelegentlich neben fünf nur drei Aeste vorhanden sind; zugleich wird die Gabelung selbst unregelmässiger (Taf. IV fig. 10). Dieses Verhalten steigert sich bei den jüngeren devonischen Arten dieser Gattung (*Proteocystites* Barr.) zu einer nahezu regellosen Anordnung der Aeste, wobei der Theilungspunkt noch näher an den Mund heranrückt. Gleichzeitig wird die Länge der Aeste sehr verschieden und einzelne derselben rücken gelegentlich über die adoralen Platten, auf denen sich die Theilung vollzogen hat, hinaus (Taf. IV fig. 7).

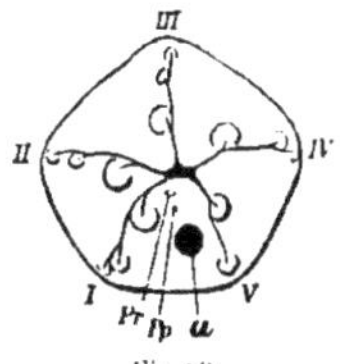

Fig. 80.
Die Gabelung der Ambulacr. von *Glyptosphaerites ferrigenus* Barr. sp.

Das Verhalten der Rinnen bezw. Finger zu den Platten der Theca wird für die übrigen Formen auch in systematischer Hinsicht von grosser Bedeutung.

Das Verhalten der Ambulacra von *Glyptosphaerites* schliesst sich morphologisch dem der Sphaeroniden auf das engste an. Bei *Glyptosphaerites ferrigenus* Barr. sp., der von Barrande irrthümlich abgebildet und der Gattung *Echinosphaerites* zugezählt war, sind von den Radien einer einmal und 4 zweimal gegabelt (Fig. 80). Dabei sitzt die relativ grosse Gelenkfläche des ersten Astes auf einer der adoralen Platten, während der andere der morphogenetisch dominirende Hauptast — über diese Platte hinausgreift, so dass die ihm angeschlossenen Finger auf seitlichen Thecalplatten ruhen. Bei *Glyptosphaerites Leuchtenbergi* schiebt sich der Hauptstrahl in radiärer Richtung weiter vor und zweigt nach der ersten Gabelung eine grössere Zahl von Aesten meist alternirend links und rechts ab (Taf. IV fig. 3). Im Allgemeinen biegt aber auch hier der Hauptast nach rechts ab, und die Zahl der links abgesonderten Aeste überwiegt die der rechts abgehenden oft um mehr als einen (Taf. IV fig. 5); ganz abnorm fand ich hier in einem Falle sämmtliche Seitenzweige nach links abgesondert (Taf. IV fig. 6). An dem in Taf. IV fig. 3 rechts unten gelegenen Strahl sieht man bei y eine Unregelmässigkeit, die allem Anschein nach durch die Nähe des Afters (a) veranlasst ist. Auch in diesem Falle kehrt der letzte abnorme Zweig zu der solaren Drehung zurück. Das Verhalten von *Glyptosphaerites* nähert sich zwar formal demjenigen der jüngsten Sphaeroniden (*Eucystis flava* Barr. sp.), aber abgesehen davon, dass *Glyptosphaerites* auch wesentlich früher auftritt als diese Form, kann er für sie nicht den Ausgangspunkt bilden, da bei ihr der rechts gewendete Hauptast seine Bedeutung verloren hat, während er bei *Glyptosphaerites* scharf dominirt.

Zu weiterer Ausgestaltung und Regelmässigkeit gelangte der Typus von *Glyptosphaerites* in der ziemlich spät auftretenden Familie der Dactylocystiden. Indem die Gabelung links und rechts regelmässig und häufiger wurde, und die Finger mit zunehmender Grösse einen grösseren und ontogenetisch früher eintretenden Reiz auf die Gestaltung der sie tragenden Thecalplatten ausübten, wurden die Finger links und rechts neben der Hauptrinne in zwei Reihen geordnet und diese letztere auf die Grenze der fingertragenden links und rechts alternirenden Platten verlegt.

Einen entscheidenden Einfluss auf die Form der fingertragenden Platten finden wir bei *Dactylocystis* insofern, als die Platten breit hexagonal werden und der die ambulacralen Organe aufnehmende Theil derselben erhaben und durch einen Wall von dem übrigen Theil der Platten abgesondert wird (Taf. V fig. 7, 7a, 8). Diese Einflüsse erscheinen aber wesentlich stärker bei *Mesocystis* und *Asteroblastus*. Bei ersterer ist die äussere Form der ambulacralen Platten derjenigen bei *Dactylocystis* ziemlich ähnlich (Taf. VI fig. 8), aber bei *Asteroblastus* (Taf. VII fig. 2, 3) waren die proximalen Platten wenigstens sehr viel breiter als hoch und sehr wesentlich von den interambulacralen unterschieden. Bei der mancherlei Missdeutungen ausgesetzten *Mesocystis* werden die sehr kleinen ambulacralen Plättchen von den Nachbarplatten gewissermaassen auf die Schultern genommen, so dass sie letzteren unterhalb der Fingeransätze fest aufruhen, während sie in der Mitte mehr oder weniger hohl aufliegen (Taf. VI fig. 4). Das hat zu der Annahme eines subthecalen Kanales geführt, dem man ambulacrale Bedeutung zuschrieb. Davon kann aber natürlich keine Rede mehr sein, nachdem die Gelenkflächen für die Finger und die Rinnen für die Ambulacralgefässe oberhalb der Platten ‚Ra' der bezeichneten Figur erkannt sind. Falls sich ein Kanal unterhalb der ambulacralen Platten bei ua ausgebildet haben sollte, könnte derselbe also nicht ambulacralen Organen zur Aufnahme gedient haben, sondern wäre etwa unter denselben Gesichtspunkten zu beurtheilen wie die subcostalen Rinnen einiger Cladocrinoideen und die sog. Axialkanäle der Pentacrinoideen. Es scheint übrigens, dass diese Aufdrängung der ambulacralen Plättchen auf die Nachbarplatten nach dem distalen Ende der Ambulacra abnimmt. Das neue Exemplar von *Mesocystis* (Taf. XVIII) zeigt dort nur eine Rinne an der Innenseite der Thecalwand.

Einen ganz anderen und beim ersten Blick für Cystoideen recht überraschenden Typus vertritt die Gattung *Gomphocystites* Hall. Bei ihr sendet wie bei *Archegocystis* der Hauptstamm nur nach links Seitenzweige ab; dadurch, dass er sich selbst dabei verlängert und die Zahl der Seitenzweige entsprechend vermehrt, entstehen spiral gedrehte Ambulacralrinnen, welche auffallend an verschiedene Thecoideen erinnern. Sie liegen aber im Gegensatz zu deren Ambulacren über dem Thecalskelet und lassen deutlich die Seitenrinnen erkennen (Taf. II fig. 10), während sich allerdings Gelenkflächen an deren Ende nicht oder wenigstens nicht scharf markiren. An Steinkernen von *Gomphocystites* (Taf. II fig. 8, 9) sieht man die Thecalplatten unter den Rinnen in einfache spirale Reihen geordnet.

Den morphologisch einfachsten Typus der Ambulacralentfaltung finden wir schliesslich bei den Aristocystiden. Man ist im Allgemeinen geneigt, derart einfache Verhältnisse als primitiv anzusehen und an den Ausgangspunkt der Differenzirungsreihen zu stellen. Das hat auch z. B. in diesem Falle HAECKEL in ausgiebiger Weise gethan (1896, II), indem er Formen mit ungetheilten Radiärstämmen als die phyletisch ältesten ansah. Er war von der Richtigkeit dieser Ansicht so überzeugt, dass er dieses noch nie gefundene Ausbildungsstadium bereits als Gattung *Pomonites* beschrieb und an die Spitze der Sphaeroniden stellte, die er noch durch weitere ebenso hinfällige Gattungen belastete. Wenn wir auch den umgekehrten Weg der Differenzirung, d. h. die Reduktion der Finger bei den Dichoporiten nicht als sekundär nachweisen könnten, müsste uns schon die Unterdrückung einzelner Strahlen bei den Aristocystiden und deren spätes geologisches Auftreten davon überzeugen, dass dieser formal einfache Typus auf einer sekundären Reduktion komplicirterer Urzustände beruht.

c) Die Finger.

Die Finger der Diploporiten sind noch wenig bekannt. Es lagen solche bisher nur von *Asteroblastus* vor; in ausgezeichneter Erhaltung habe ich sie bei der neuen Gattung *Dactylocystis* an der Theca ansitzend gefunden. Bei allen übrigen können wir sie nur nach ihren Ansatzflächen an der Theca beurtheilen; diese genügen aber bei der Einförmigkeit der Cystoideen-Finger, über ihre Zahl, Grösse und Differenzirung den nöthigen Aufschluss zu geben. Der Bau der Finger bei *Asteroblastus* ist von FR. SCHMIDT 1874 (I, 29) als zweizeilig angegeben. An einem mir vorliegenden Exemplar war dies nicht mit wünschenswerther Schärfe zu erkennen. Um so mehr ist der Fund von Fingern bei *Dactylocystis* von Bedeutung. An dem Taf. V fig. 7 abgebildeten Typus der Gattung konnte ich sie im oberen Theile zweier Ambulacra ganz frei herauspräpariren. An einem anderen von mir selbst in Uxnorm bei Reval gesammelten Stück der Berliner Sammlung und einem dritten der Petersburger Academie-Sammlung sind sie ebenfalls gut *in situ* erhalten. Sie sind kurz nach dem Ende ziemlich schnell verjüngt, typisch zweizeilig, wie die Finger der Dichoporiten, und entbehren wie diese der Pinnulae. Die Thatsache ist insofern von Bedeutung, als bei *Asteroblastus* die Möglichkeit einer abweichenden Differenzirung vorliegt. Bestätigt sich diese, so würde durch obigen Befund bei *Dactylocystis* doch der unzweideutige Nachweis erbracht sein, dass sich die Finger der Diploporiten mindestens bei den einfacheren Formen wie die der Dichoporiten verhalten.

Die Gelenkflächen erfahren innerhalb der Diploporiten eine weitgehende Aenderung ihrer Differenzirung und offenbar also auch ihrer Bedeutung für die Beweglichkeit der Finger. Wo dieselben nahezu eben sind, wie bei den Sphaeroniten (Taf. IV fig. 8a Gf), müssen die Finger wohl steif und nahezu unbeweglich der Theca angesessen haben. Bei den Glyptosphaeriden und Dactylocystiden machen sich dagegen flache Muskelgruben (Taf. IV fig. 4a, V fig. 6a) und bei *Dactylocystis* die Bildung eines Querriffes (Taf. V fig. 7a Gq) bemerkbar. Bei *Mesocystis* (Taf. VI fig. 8) prägen sich diese Theile und eine äussere Ligamentgrube (Gl) stärker aus und bei *Asteroblastus* schliesslich liegt eine Form der Gelenkfläche vor (Taf. VII fig. 3, 4), die sich dem Typus derselben, wie ihn die jüngeren Pentacrinoideen zeigen (vergl. JAEKEL 1891, III, 583), durchaus anreiht. Die paarigen Muskelgrübchen (Gm), das Querriff (Gq) und die aussen gelegene Ligamentgrube

61) sind hier zu voller Ausbildung gelangt und beweisen die grosse Gelenkigkeit der Finger von *Asteroblastus*. Dieselben konnten hier offenbar weit zurückgelehnt und vollständig an das Ambulacralfeld angezogen werden.

Die aus den Gelenkflächen ersichtliche Zahl der Finger schwankt bei den Diploporiten sehr. Die geringste Zahl, die aber, wie wir sahen, auf sekundärer Reduktion beruht, zeigt *Aristocystites bohemica* Barr. mit 2 und gelegentlich mit 3 Fingern. Ihr Nachkomme, die amerikanische Gattung *Trematocystis* (*Holocystites* Hall z. Th.) scheint ziemlich regelmässig 4 Finger besessen zu haben. Wir finden also hierin eine vollständige Analogie zu der Fingerzahl verschiedener Dichoporiten (vergl. pag. 83 Fig. 13 A—C). Bei solchen Formen, wie *Pleurocystites*, *Erinocystis*, liess sich mit Sicherheit der Nachweis erbringen, dass ihre Vorfahren die 5 Radiärstämme normal entfaltet zeigten, die geringe Zahl also auf einer nachträglichen Verkümmerung einzelner Ambulacra beruht. Wie dort sind auch bei den Diploporiten die Finger bei geringer Zahl gross und unmittelbar an den Mund gestellt. Bei allen übrigen Diploporiten treten die Finger in einem Multiplum von 5 auf, da die 5 Radien gleichartig entfaltet sind. So finden wir bei den Sphaeroniden 10 bis 30 Finger, u. zw. bei den ältesten (*Archegocystis*) 30, dann bei *Sphaeronites* und *Eucystis* 10—25, und bei deren jüngsten devonischen Vertretern (= *Proteocystites* Barr.) wieder 25—30 Finger. Bei *Glyptosphaerites* ist diese Zahl nur wenig erhöht, etwa auf 35, innerhalb der Dactylocystiden steigt sie auf etwa 35×5 (Taf. V fig. 7), bei *Mesocystis* auf etwa 50×5, während sie bei *Asteroblastus* auf einer Gesammtsumme von 65—80 zurückbleibt (Taf. VII fig. 2, 3).

Die Auflagerung der ambulacralen Organe auf die Theca weicht von derjenigen bei den Dichoporiten insofern ab, als dieselbe hier bei radiärer Ausbreitung unmittelbar auf die Oberfläche der Thecalwand erfolgt. Darin liegt ein auffallender Unterschied gegenüber den dichoporiten Callocystiden, bei denen sich die Ambulacra auf 4 Reihen besonderer Ambulacralia und Paramambulacralia über das eigentliche Thecalskelet schoben. Das Verhalten, wie es die Sphaeroniden und Aristocystiden zeigen, findet unter den Dichoporiten sein Analogon bei den Scoliocystiden, bei denen die Ambulacra ebenfalls auf den adoralen Radialplatten den „Radiolateralien“ koncentrirt blieben. Die Ambulacra von *Mesocystis* und *Blastoidocrinus* erinnern so auffallend an die von *Cystoblastus* und die von *Asteroblastus* an die von *Chirocrinus*, dass bei dem hohen Alter und der engen räumlichen und zeitlichen Beziehung dieser letztgenannten Formen wohl in ihrer Organisation der Schlüssel zum Verständniss der Ambulacralentfaltung der Diploporiten zu suchen ist.

Dass die Lokalisirung der Ambulacralentfaltung auf einen adoralen Plattenkranz bei Sphaeroniden und Aristocystiden ebenso sekundär ist wie bei den Scoliocystiden, bedarf keiner Begründung mehr. Die Frage ist also nur die, ob diese Hemmung, wie ich ursprünglich glaubte, bei der Entstehung der Diploporiten eintrat, also für diese primär war, oder ob die Fälle geringerer Koncentration oder — positiv gesprochen — ob die stärkere radiäre Ausbreitung der Ambulacra bei anderen Formen als ursprünglicher aufzufassen ist. Die Entscheidung für diese Frage liegt in dem geologischen Auftreten der dabei betheiligten Typen und hier bestätigen nun die allerneuesten Funde von *Mesocystis* und *Asteroblastus*, dass diese Formen mindestens im baltischen Silur allen übrigen Diploporiten vorangehen. Wenn damit die so auffallend an die niedersten Dichoporiten erinnernde Ausbildungsform der Ambulacra bei den Mesocystiden an die Spitze der Differenzirungen rückt, so müssen die Entfaltungsformen bei den übrigen Familien auf Rückbildung (*Sphaeronidae*, *Aristocystidae*) oder auf sekundärer Modifikation einer dieser Rückbildungsetappen beruhen (*Glyptosphaeridae*, *Dactylocystidae*, *Gomphocystidae*). Die schwache Entwicklung der zuerst vorgeschobenen distalen Finger muss ganz ähnlich wie bei den Scolicystiden zu einer Verkümmerung der sie ursprünglich tragenden ambulacralen Platten geführt haben. Sekundär muss sich dieses Verhältniss aber wieder geändert haben, indem bei einigen Formen die nunmehr indifferenten Thecalplatten in verschiedener Weise durch die Auflagerung von Fingern modificirt wurden (*Dactylocystidae*, *Gomphocystidae*). Eine Form, wie *Protocrinites fragum* (Taf. V fig. 3), deren Thecalplatten noch alle gleichartig sind, leitet zu *Protocrinites oviformis* (Taf. V fig. 6) und *Dactylocystis* (Taf. V fig. 7, 8) mit specialisirten Ambulacralplatten unmittelbar über. Nicht nur die Form der fingertragenden Platten ändert sich in dieser Reihe ganz allmählich ab, sondern auch die Vertheilung der Poren auf ihnen, wie später noch bei Besprechung dieser erläutert werden soll. Auch embryologisch lässt sich dabei die allmähliche Differenzirung der ambulacralen Platten verfolgen. Bei *Protocrinites fragum* sind die äussersten Ambulacralrinnen und Fingergelenke oft noch so undeutlich, dass man gar nicht feststellen kann, wie viele Thecalplatten bereits in den Bereich der ambulacralen Organe gezogen sind. Bei *Dactylocystis* aber sind die ambulacralen anscheinend bereits besonders präformirt, wie an Taf. V fig. 8 die distalen Enden der Ambulacra beweisen. An Taf. V fig. 7 b ist das unten rechts gelegene dreieckige Plättchen offenbar im Bereich der ambulacralen Platten gelegen und morphologisch als solches aufzufassen, obwohl es thatsächlich keinen Fingeransatz zeigt und auch durch keine Ambulacralrinne eingeritzt ist.

Bei *Gomphocystites* gelang es mir erst mit Hülfe des Taf. II fig. 10 abgebildeten Gothländer Exemplares die gleichen Verhältnisse nachzuweisen. An den Steinkernen, wie sie HALL und mir aus den obersilurischen Dolomiten von Chicago vorlagen, sieht man fünf Plattenreihen in spiraler Drehung, das übrige Thecalskelet unterbrechen (Taf. II fig. 8, 9). Bei *Gomphocystites gotlandicus* (Taf. II fig. 10) bemerkte ich dann, wie gesagt, dass jeder der links abgehenden Zweige einem besonderen Thecalelement aufruhte und diesem also eine besondere Lage und Form gegeben hatte. Das Ende der ambulacralen Rinnen war bei *Gomphocystites* (vergl. Taf. II fig. 8, 9) ebenso wenig festzustellen wie bei *Pyrocystites* (Taf. III fig. 6), der im übrigen eine noch grössere Indifferenz des Thecalskeletes gegenüber den Ambulacralrinnen verrieth.

Das beweist deutlich, dass die reihenweise Regulirung der Plattenanlage lediglich durch die Finger bewirkt wird, die sonst wie gesagt in zwei Reihen geordnet sind. Die Ambulacralrinne als solche bleibt wie auch bei *Glyptosphaerites* auf die Anordnung der Platten offenbar ohne Einfluss. Würden nicht die Finger, sondern irgend ein ursprüngliches Lageverhältniss wie bei den Mesocystiden die Platten neben den Ambulacren ordnen, so müssten wir auch bei *Gomphocystites* diese zwei Reihen erwarten. Da das abweichende Verhalten der Fingerstellung hier auch in der einreihigen Anlage der ambulacralen Platten zum Ausdruck kommt, muss man die vorhandene Grundlage, d. h. die Plattenlage in der Seitenwand der Theca für ursprünglich indifferent halten. Das extreme Verhalten, welches *Gomphocystites* zeigt, wird an dasjenige von *Archegocystis* vermittelnd angeschlossen durch *Pyrocystites pirum*, dessen Ambulacralrinnen wohl mehrere Seitenzweige links absondern, aber anscheinend in ihrem ganzen Verlauf noch sehr indifferent sind (Taf. III fig. 6).

f) Die Thecalporen.

Ueber die morphologischen Eigenschaften und physiologische Bedeutung der Doppelporen habe ich pag. 113—119 das zusammengestellt, was zu ihrer allgemeinen Beurtheilung und zur Beleuchtung ihrer Beziehungen zu den Dichoporen dient. Es kommt uns hier wesentlich darauf an, die Differenzirungen der Doppelporen innerhalb der Diploporiten zu verfolgen und den physiologischen Sinn dieser Aenderungsprocesse zu ermitteln.

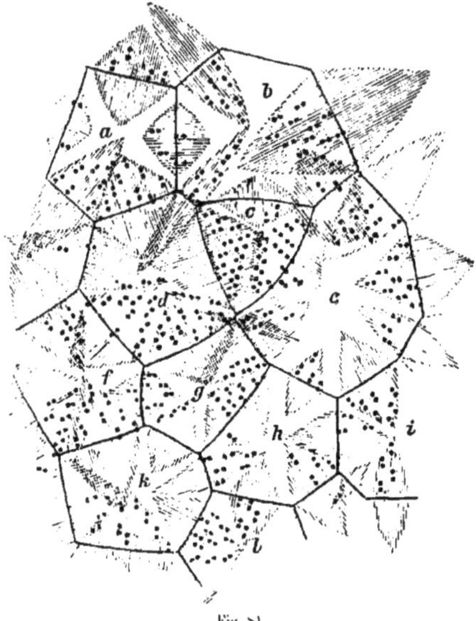

Fig. 81.

Porenstellung bei *Glyptosphaerites Mariae* Jkl. Vergrösserung 7 : 1.

Der charakteristische Unterschied der Doppelporen gegenüber den Dichoporen liegt wie erinnerlich in dem Mangel einer geregelten Beziehung zu dem Thecalskelet, doch fanden wir bei *Glyptosphaerites Mariae* den unverkennbaren Anschluss an die gesetzmässige Vertheilung, welche die Poren der Dichoporiten aufwiesen. Unter Hinweis auf das pag. 118 Gesagte gebe ich vorstehend eine nochmalige Abbildung der äusserst bemerkenswerthen Porenvertheilung und bemerke nur noch, dass auch bei dem neuen Exemplar von *Mesocystis* eine radiäre Stellung der Doppelporen zu konstatiren war (vergl. Taf. XVIII).

Die Vertheilung der Doppelporen auf den Elementen des Thecalskeletes ist im Allgemeinen eine nahezu regellose. Bei den Sphaeroniden, Gomphocystiden und Aristocystiden hat diese Regel nahezu uneingeschränkte Geltung, insofern die Poren erstens über alle Thecalplatten ungefähr gleichmässig vertheilt, zweitens auf den einzelnen Thecalplatten durchaus ungeordnet sind (Taf. III fig. 10, V fig. 3). Unerhebliche Modifikationen dieses Zustandes zeigen sich bei den Gomphocystiden darin, dass die Poren mehr auf das Centrum der Platten lokalisirt sind. Das ist deutlich zu sehen bei *Pyrocystites pirum* BARR. (Taf. III fig. 6). Bei *Gomphocystites gotlandicus* ANG. sp. ist ihre Zahl erheblich verringert, so dass diese Erscheinung zumal bei der starken Skulptur der Platten nicht so deutlich hervortritt, besser ist sie an den Steinkernen von *Gomphocystites* aus dem Dolomit von Chicago zu beobachten (Taf. II fig. 8).

Bei *Mesocystis* sind die fingertragenden Thecalplättchen wie ihre Finger selbst bei grosser Zahl sehr klein geblieben, so dass es fast selbstverständlich erscheint, dass diese Plättchen (Taf. VI fig. 8) keine Poren aufweisen, da ihre Oberfläche durch die Tentakelrinnen und die Gelenkfläche fast ganz eingenommen wird. Auf den ersten Blick scheint dieser Zustand auf einer Arbeits- bezw. Raumtheilung zu beruhen, die also sekundär sein würde, gegenüber einem indifferenten Zustand und hier bei *Mesocystis* wahrscheinlich durch die grosse Zahl und entsprechend geringe Grösse der Fingerträger morphogenetisch ermöglicht wäre. Auch die interradialen Plättchen, welche den Fingerträgern anliegen (Taf. VI fig. 3, 7) und sie wie gesagt auf ihre Schultern genommen haben (fig. 4), zeigen wenig Poren und diese meist nur an der ihrer Last abgewendeten Seite. Verschiedene solcher Plättchen entbehren der Poren gänzlich und zeigen, dass hier keine principiellen Vertheilungsgesetze vorliegen, sondern dass die Platten von Fall zu Fall je nach dem mechanischen Druck, unter dem sie angelegt sind und verkalken, den Durchtritt von Poren ausschliessen, die ihrer Festigkeit und dadurch ihrer besonderen Leistungsfähigkeit Eintrag thun würden.

Was nun aber das Fehlen der Poren in den Ambulacralfeldern betrifft, so lässt sich die Erklärung, die bei *Mesocystis* möglich erschien, auf den auch sehr alten *Asteroblastus* nicht übertragen, da bei ihm die Grösse der betreffenden Platten wieder reichlich Raum zur Aufnahme von Poren böte (Taf. VII fig. 3, 4). Hier erfährt übrigens die Lokalisirung der Poren auch in den Interradien die höchste Steigerung, insofern dieselben sich noch innerhalb der Entwicklungsreihe der Gattung in den höchsten suboral gelegenen Platten der Interradialfelder koncentriren (Taf. VII fig. 2, 6).

Ein ganz anderer Lokalisirungsprocess hat sich innerhalb der Familie der Dactylocystiden bei deren specialisirteren Formen ausgebildet. Hier sind bei geringer Fingerzahl die einzelnen Platten relativ gross (Taf. V), bei *Protocrinites fragum* (fig. 6) sind die fingertragenden Platten sogar grösser wie die zwischen ihnen gelegenen, interradialen. Bei dieser Form sehen wir nun die Poren auf den grossen radialen Platten um die Fingeransätze radial geordnet (fig. 6, 6a) und auch wohl im Durchschnitt etwas grösser als die Poren der interradialen Platten. Von dieser Ausbildung ist zu der eigenthümlichen Lokalisirung der Poren bei *Dactylocystis* (fig. 7, 8) nur ein Schritt. Mit der Vergrösserung und Kräftigung der Fingergelenke sind hier die ausserhalb derselben gelegenen Theile der Platte von Poren frei geblieben (fig. 7a, 8a). Der Druck der Finger ist hier schon aus der Vorwölbung der Platten hinter den Gelenken deutlich zu ersehen. Dadurch sind nun die Poren hier auf die adradiale Seite der fingertragenden Platten gedrängt. Indem sie sich hier vergrössert und vervollkommnet haben, mögen sie die für den Organismus nothwendige Gesammtleistung allein aufgebracht und dadurch die Reduktion der Poren in den Interradialfeldern veranlasst haben (fig. 7, 8).

Ein solches Ambulacralfeld erinnert unter diesen Umständen bei flüchtiger Betrachtung ausserordentlich an das regulärer Echiniden, nur dass hier die Armansätze auf den Ambulacralplatten jeden Gedanken an eine Homologie der Bildungen ausschliessen. Aber es ist naturgemäss äusserst interessant zu sehen, dass ganz verschiedene Organsysteme, hier die Thecalporen, dort der Durchtritt der Ambulacralfüsschen, in der Skeletbildung so ähnliche Bilder hervorrufen. Bemerkenswerth ist noch für die physiologische Beurtheilung der Lokalisirung der Poren an den Radien die Uebereinstimmung, welche die Dactylocystiden hierin mit den typischen Blastoideen aufweisen.

Wir können also gegenüber einer gleichmässigen indifferenten Vertheilung der Poren zwei diametral verschiedene Lokalisirungsprocesse derselben hier auf den Radien, dort auf den Interradien konstatiren. Ich erinnere daran, dass die Lokalisirung der Poren bei den *Dichoporita* auf ganz abweichenden Wegen erfolgte. Während sie sich bei diesen durchaus nicht an die Pentamerie hält, sondern an irregulär gelegenen Stellen der Theca zu physiologisch und räumlich bedeutsamen Organen differenzirt wird, bleibt ihre Anlage bei Diploporiten ohne solche Specialisirungen anscheinend auch räumlich indifferent oder jedenfalls nicht störend der Pentamerie des Körpers eingefügt. Vielleicht ist dadurch eine Vorbedingung mehr für eine höhere Entwicklung der Formen erfüllt, während bei den Dichoporiten trotz aller Specialisirungen im Einzelnen ein Abwärtsgleiten der Gesammtorganisation in morphogenetischer Folge unverkennbar hervortrat.

Was nun den Bau und die Differenzirung der Doppelporen selbst betrifft, so hob ich schon pag. 113 hervor, dass ihre Bildung auf einer Kombination zweier Porenkanäle beruht, die mit gerundetem Lumen in divergentem Verlauf die Thecalwand nach innen durchsetzen, aber durch keine innere Faltenbildung mit einander verbunden sind (vergl. Fig. 24 pag. 114). Bei den meisten Dichoporiten fanden wir Falten, welche an der Innenfläche der Theca die inneren Mündungen der zusammengehörigen Kanäle verbanden. Wie wir dort bei Dichoporiten, bei denen solche Falten nicht durch eine Skeletbildung nachweisbar waren, deren weichhäutige Persistenz annahmen, so mussten wir auch bei den Diploporen eine innere Verbindung der zusammengehörigen Porenkanäle voraussetzen.

In einfachster Form liegt wohl die Kombination zweier Kanäle bei einem der ältesten Diploporiten *Archegocystis* vor. Die glatte Oberfläche der Theca wird hier von runden Poren durchsetzt, deren Kombination zu Doppelporen nur aus ihrer räumlichen Annäherung hervorgeht (Taf. III fig. 4, 5). Eine solche Kombination liegt aber regelmässig vor, wenn auch der gegenseitige Abstand der Poren nicht konstant zu sein scheint.

Die entschieden typische Differenzirung der Doppelporen beruht darauf, dass die zusammengehörigen Kanäle bezw. deren äussere Mündungen sich durch eine gemeinsame Umwallung von der übrigen Thecaloberfläche abgrenzen. So entstehen besondere, von einer schwachen Aufwölbung umgebene flache Grübchen, die ich als „Porenhöfchen" bezeichnet habe. Solche sind für die Doppelporen der meisten Diploporiten charakteristisch, erfahren aber in deren Entwicklung eine mannigfaltige Ausbildung.

Einfach und normal ausgebildet sind die Doppelporen in dieser Hinsicht bei *Mesocystis, Glyptosphaerites* und *Codiacystis*, wo die Höfchen flache Gruben bilden, in denen die beiden Poren nicht sehr eng zusammengedrängt sind und ein rundes Lumen besitzen (Taf. IV fig. 5a, 8a, VI fig. 2). Diese Porenform wird bei *Asteroblastus* dadurch zur höchsten Ausbildung gebracht, dass sich das Höfchen vertieft und stärker umwallt und die Porenöffnungen enger aneinander rücken (Taf. VII fig. 7). Die stärkere Umwallung lässt dann innerhalb des normalen Porenwalles (Pw) noch einen inneren Porenkranz (Pk) unterscheiden. Die Annäherung der Porenöffnungen (Po) veranlasst eine Verkürzung ihres Querschnittes in der Axe des Höfchens und die Erhaltung einer nur schmalen Porenbrücke (Pb).

Bei den Dactylocystiden (Taf. V) wird das Porenhöfchen in die Länge gezogen und stärker aus der Oberfläche der Thecalplatten herausmodellirt (Taf. V fig. 3a, 6a, 7a). Gleichzeitig sehen wir gelegentlich statt zweier, drei Porenkanäle in einem Höfchen vereinigt.

Eine weitere Differenzirung stellt sich bei *Aristocystites* ein. Die Porenhöfchen werden hier unter Biegungen ihrer Längsaxe in die Länge gezogen, wobei die Porenkanäle sich mehr oder weniger weit von einander entfernen. Auch Kombinationen einer grösseren Zahl von Kanälen in einem Höfchen kommen vor. Gleichzeitig sehen wir die gesammte Oberfläche der Theca und also auch die der Porenhöfchen überzogen von einer verkalkten Epithek, die bei der Erhaltung der böhmischen Formen (*Aristocystites*) dicht erscheint, bei *Calix* des portugiesischen Untersilur aber eine ziemlich grobmaschige Gitterstruktur erkennen lässt (Taf. IV fig. 11a). Die Höfchen der Doppelporen (Pd) sind dabei also nach aussen durch eine poröse Schicht abgeschlossen. Abgesehen davon, dass dieser Verschluss sich erst sekundär bei weitgehender Specialisirung der Poren einstellt, dürfte er bei der nunmehr nachgewiesenen Porosität seiner Skeletirung eine respiratorische Funktion der Poren schwerlich ausschliessen. Der Parallelismus in dieser Porenbildung im Verein mit der Entfaltung weniger hoch entwickelter Finger am Mund bei den Echinosphaeriten ist unverkennbar und kommt noch schärfer zum Ausdruck bei den jüngsten Verwandten von *Aristocystites*, der amerikanischen Gattung *Trematocystis*. Bei dieser sind genau wie bei *Echinosphaerites* die Höfchen zu langen Rinnen ausgezogen und zwischen den Porenkanälen zu komplicirten Systemen kombinirt und werden gleichzeitig nicht nur durch eine skeletirte Epithek überzogen, sondern durch eine starke Aufwellung der Stereothek aussen fast ganz abgeschlossen. Immerhin bleiben auch hier die Charaktere der Doppelporen streng gewahrt, die Aehnlichkeit ihrer Ausbildung mit derjenigen der Echinosphaeren beruht also lediglich auf einer analogen Differenzirung, die weder die fundamentalen Gegensätze im Bau der Dichoporen und Diploporen überbrückt, noch die in anderen Organisationsverhältnissen bestehenden Differenzen übersehen lässt.

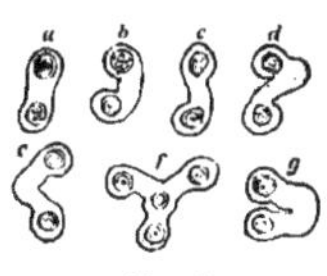

Fig. 82.
Verschiedene Porenformen von *Aristocystites bohemicus* vergrössert.

Weniger wichtige Veränderungen vollziehen sich in der Grössenentwicklung der Doppelporen. In stärkstem Maasse macht sich dieselbe in der Familie der Sphaeroniden geltend, wo sie bei den jüngeren Formen (*Eucystis*) mit einer sehr starken Reduktion ihrer Zahl Hand in Hand geht. Geringere Steigerungen der Grösse entsprechend einer geringeren Reduktion ihrer Zahl zeigen die Poren bei den Dactylocystiden (Taf. V) und *Asteroblastus* (Taf. VII fig. 6, 11).

Zusammengenommen bleiben demnach die Differenzirungen der Diploporen in engen Grenzen, namentlich wenn wir sie mit denen der Dichoporen vergleichen. Den mannigfachen Formen der Brückenbildung der Innenfalten, der Porenkanäle und der Porengänge bei den Dichoporiten steht als wesentliche Differenzirung bei den Diploporiten fast nur die Verzerrung der Höfchen zu Porengängen gegenüber. Auch die Vertheilung der Doppelporen ist viel weniger mannigfaltig als die der Dichoporen. Ihre Zahl bleibt hier immer sehr gross und eine aktive Lokalisirung derselben seitens des Organismus findet dabei eigentlich nur in zwei Fällen statt, einerseits auf den ambulacralen Platten bei *Dactylocystis* und andererseits in den oberen Ecken der Interambulacra bei *Asteroblastus*. Die geringe Specialisirung namentlich der Einzelporen erklärt sich bei den Diploporiten wie ich glaube daraus, dass ihre Poren eben bereits am Ende einer langen Differenzirungsreihe standen, die durch den Entwicklungsgang der Dichoporen gekennzeichnet war.

g) Der Madreporit und Steinkanal.

Der Madreporit als Ausmündung des primären Steinkanales zeigt bei den Diploporiten gelegentlich äusserst primitive Verhältnisse. Er ist typisch entwickelt bei den Sphaeroniden, Glyptosphaeriden und Aristocystiden, während er bei den übrigen mehr oder weniger undeutlich ist. Unter den erstgenannten Familien zeigen ihn besonders deutlich *Archegocystis* (Taf. III fig. 4, 5), *Glyptosphaerites* (Taf. IV fig. 4, Pr), *Codiacystis* (Taf. V fig. 12) und *Aristocystites* (Taf. III fig. 10, 11). Er hat bei den zwei erstgenannten Gattungen die Form eines horizontal lang gezogenen Dreiecks, dessen breite Seite kontrasolar nach dem Radius V und dessen Spitze solar dem Radius I zugewendet ist. Innerhalb dieses meist unregelmässigen Dreiecks bemerkt man radial oder wellig, aber wirr verlaufende Schlitze (Taf. IV fig. 4), wie sie die typischen Madreporenplatten der Echiniden und Asteriden besitzen. Bei *Aristocystites* ist der Madreporit einfach spindelförmig in horizontaler Richtung ausgezogen. Innerhalb des vertieften Schlitzes sieht man bei *Aristocystites bohemicus* (Taf. III fig. 11a) nur noch unregelmässig quer verlaufende kurze Septen. Man wird also in dem Verhalten des Madreporiten bei *Aristocystites* bereits die Zeichen einer Rückbildung erblicken müssen. Bei anderen Formen macht sich dieselbe noch deutlicher bemerkbar. Bei *Sphaeronites* konnte ich ihn bei mangelhafter Erhaltung der mir vorliegenden Individuen in dem engen Raum zwischen Mund, Parietalporus und After überhaupt nicht finden (Taf. IV fig. 9). Ob das an der korrodirten Erhaltung der Oberfläche liegt, oder ob er durch die starke Andrängung des Afters an den Mund aus Raummangel obliterirt ist, wage ich hier nicht zu entscheiden. Bei der jüngeren *Eucystis*, bei welcher der After weiter vom Munde entfernt ist und der Parietalporus an die Gelenkflächen des Radius I heranrückt (Taf. IV fig. 7, 10), ist oberhalb des genannten Porus (Pp) gelegentlich eine kleine längliche undichte Skeletbildung (Pr) als Madreporit zu erkennen. Hier liegt derselbe auch nicht mehr auf der Grenze dreier oder zweier Platten, sondern schneidet in zwei Platten rechtwinklig auf deren Grenze ein (Taf. IV fig. 10).

Bei *Gomphocystites* habe ich einen Madreporiten nicht erkennen können. Vielleicht ist sein Mangel auch hier wie bei *Sphaeronites* durch die Zusammendrängung des Afters und Parietalporus am Munde zu erklären. Bei der starken Skulpturirung der Oberfläche der gotländer Art (Taf. II fig. 10) lässt sich aber hierüber kein sicheres Urtheil fällen, noch weniger bei den Steinkernen nordamerikanischer Arten, während bei der ältesten Form der Gomphocystiden, *Pyrocystis pirum* BARR., bei dem die typische Ausbildung eines Madreporiten zu erwarten wäre, leider die Mundpartie und das anale Interradialfeld nicht erhalten sind (Taf. III fig. 6).

Bei den russischen *Protocrinites* konnte ich einen Madreporiten nicht finden, wohl aber bei deren isolirtem Vertreter in Böhmen (Taf. III fig. 9); bei den übrigen Mitgliedern der Familie der Dactylocystiden ist die Mundregion der Theca nicht zu beobachten. Bei *Mesocystis* finden sich im analen Interradius unmittelbar unter dem Peristom eigenthümliche Poren (Taf. VI fig. 6, Pp, Pr), die wir höchst wahrscheinlich als Parietalporus und Madreporit anzusprechen haben. Bei *Asteroblastus* war von dem primären Steinkanal bezw. dem Madreporiten nichts zu sehen. Wir sehen also, dass bei Sphaeroniden, Glyptosphaeriden und Aristocystiden, deren Ambulacra am stärksten unter allen Diploporiten in ihrer Entfaltung gehemmt sind, ein einfacher Madreporit persistirte und folglich auch ein einfacher Steinkanal als Hydrophor für das Ambulacralsystem funktionirte, dass aber der Madreporit bei den übrigen Typen mehr oder weniger obliterirt war.

b) Der Parietalporus.

Als solchen bezeichnete ich diejenige Oeffnung, welche in einfacher Weise als gerundetes Loch die Thecalwand zwischen Mund und After durchsetzt und theils als After, theils als Genitalporus, theils als „dritte" Oeffnung der Cystoideen bezeichnet worden war. Ich begründete ihre neue Benennung mit dem Hinweis auf die unzweideutigen Beziehungen, die sie zu dem primären Rückenporus und dem sog. Parietalorgan der Embryonen lebender Echinodermen und speciell derjenigen der Crinoiden erkennen lässt (vergl. pag. 137—143).

Dieser Parietalporus liess sich nahezu bei sämmtlichen Formen der Diploporiten nachweisen als runde Oeffnung (Pp), die meist etwa in halber Höhe zwischen Mund und After und wo ein Madreporit vorhanden ist, unterhalb desselben gelegen ist. Bemerkenswerth für die Diploporiten gegenüber den Dichoporiten ist die Thatsache, dass der Parietalporus dem Madreporiten niemals so stark genähert ist wie bei den Dichoporiten, ja bei *Aristocystites* sich sogar recht weit von demselben entfernt, indem er bei einzelnen Individuen bis an die Afteröffnung herunterrückt (Taf. III fig. 11). *Archegocystis* (Taf. III fig. 4, 5) zeigt beide sehr genähert, dasselbe gilt auch für die übrigen Sphaeroniden und Glyptosphaeriden (Taf. IV fig. 4).

i) Das Coelom.

Das Coelom und dessen innere Gliederung ist nur aus den die letzteren trennenden Mesenterien zu beurtheilen. Solche sind nur bei einer Steinkernerhaltung der fossilen Objekte nachweisbar, da man die späthige Wandsubstanz nicht künstlich von ihrer Ausfüllungsmasse befreien kann. Leider sind nun gut erhaltene Steinkerne von Diploporiten ziemlich selten. Die von *Gomphocystites* aus den Dolomiten von Chicago zeigen die Oberfläche mit kleinen Krystallen überzuckert und lassen daher keine Einzelheiten klar erkennen. Nur das eine bereits pag. 118 besprochene Individuum von *Glyptosphaerites Leuchtenbergi* aus der Umgebung Petersburgs lässt den Verlauf der Septen erkennen, wie es Fig. 83 zeigt. Wie pag. 125 genauer erläutert wurde, schliesst sich das eine Mesenterium offenbar als seinen Hauptstützpunkt an die Umgegend des Parietalporus (Pp) und des Madreporiten (Pr) an und verläuft dann (auf der Unterseite punktirt!) nach dem Stielansatz (St). Man wird schwerlich fehlgehen, wenn man dieses Mesenterium dem Parietalseptum der Dichoporiten und der übrigen Pelmatozoen gleichsetzt. Das zweite löst sich unten am Stielansatz von dem genannten ab und verläuft über die Punkte y, z fast in einer Ebene, um dann über den Punkt m unterhalb des Afters (a) zu verschwinden. Wir werden sehen, dass wir aus dem Verlauf dieser Septen Anhaltspunkte für den ursprünglichen Verlauf des Darmtractus gewinnen. Das zuletzt erwähnte Septum ist mir bisher nur hier bekannt geworden, es scheint aber, dass Aequivalente desselben auch bei Steinkernen von Echinosphaeriten vorkommen.

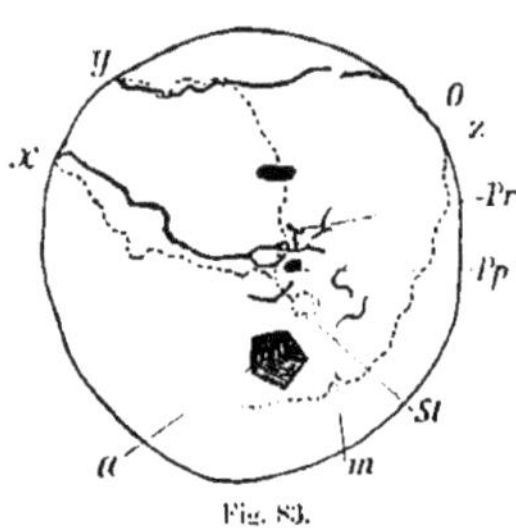

Fig. 83.

Verlauf der Mesenterialsepten bei *Glyptosphaerites Leuchtenbergi* aus dem Untersilur von Petersburg (Coll. v. Volb. Akad. Petersbg.).

Der Verlauf der Septen auf der oberen Hälfte des Steinkernes ist mit vollen, der auf der Unterseite mit punktirten Strichen gezeichnet. O Mund. a After. Pp Parietalporus. Pr Madreporit. St Ansatzstelle des Stieles.

k) Der Darmtractus.

Der Mund (o) als Anfang des Darmtractus nimmt die Mitte des Peristomes ein, dessen Form und Umriss wesentlich durch die Zahl und Vereinigungsart der Radiärrinnen bestimmt ist. Da die pentamere Entfaltung der Radien nur bei den Aristocystiden unterdrückt ist, stellt das Peristom und demgemäss auch der Mund im Allgemeinen eine pentagonale Oeffnung dar, deren Ränder schräg nach innen abfallen. So sehen wir sie überall da, wo die den Mund ursprünglich überdeckenden Saumplättchen ausgefallen sind (Taf. II fig. 10, III fig. 5, IV fig. 10, VII fig. 2). Der Innenrand des Mundes ist, wie gelegentlich an Steinkernen zu beobachten ist, etwas verdickt. Bei guter Erhaltung ist das Peristom überdacht von Saumplättchen, die gewöhnlich an dieser Stelle etwas grösser werden als im Verlauf der schmalen Radiärrinnen, und im Alter zu interradial gelegenen einheitlichen Plättchen verschmelzen. An vorzüglich erhaltenen Jugendformen von *Glyptosphaerites* (Taf. IV fig. 4) sieht man diese „Mundplättchen", wie ich sie kurz bezeichne, noch unregelmässig geformt und gestellt, während sie bei erwachsenen Individuen dieser (Taf. IV fig. 5) und anderer Gattungen (Taf. III fig. 4, IV fig. 9*)) zwischen den Austrittsstellen der Radien zu einheitlichen Platten verschmelzen. Dass das anale Interradialfeld nicht nur durch den After, sondern in unmittelbarer Nähe des Mundes durch den Madreporiten und Parietalporus verbreitert wird, so ist diese Mundplatte grösser als die übrigen (Taf. III fig. 5, IV fig. 4, 9) und tritt an alle übrigen 4 Platten heran. Das so entstandene Bild hatte M. Neumayr zu dem Irrthum veranlasst, dass hier eine primäre Anlage von 3 Radien vorliege, und dass die 5 Strahlen der Echinodermen aus einer Gabelung zweier dieser Primärstrahlen hervorgingen. Es ist klar, dass diese Mundplättchen mit der Gabelung der unter ihnen in das Peristom mündenden Radiärrinnen und deren Gefässen nichts zu thun haben.

Bei *Protocrinites*, bei welchem das Peristom stark in die 5 Radien ausgezogen ist bezw. sich äusserlich überhaupt gegenüber dieser wenig individualisirt, wird es nur von zahlreichen unregelmässig geordneten Plättchen bedeckt, die sich auch an Grösse wenig von den normalen Saumplättchen der Radiärrinnen unterscheiden (Taf. V fig. 1, 3, 4). Bei *Mesocystis* liegt der Mund vertieft unter der Vereinigungsstelle der Radiärrinnen (Taf. VI fig. 6).

Der After (a) der Diploporiten zeigt sehr einfache und konstante Verhältnisse. Er liegt immer in demselben Interradius wie der Parietalporus und der Madreporit. Die Radien I und V nehmen bei ihrer Ausbreitung über die Theca offenbar auf seine Existenz und Lage Rücksicht, während dies, wie wir sahen, bei den Dichoporiten, wo die Lage des Afters in Höhen- und Seitenrichtung vielfach wechselt, nicht der Fall ist. Bei den älteren und den meisten jüngeren Formen liegt der After etwa in zwei Dritteln der Seitenhöhe, nur bei *Sphaeronites* (Taf. IV fig. 9) und bei *Gomphocystites* (Taf. II fig. 8, 10) rückt er bis unmittelbar an das Peristom heran, den Parietalporus seitlich an den Radius I herandrängend.

Der After ist immer ziemlich klein, d. h. sein Umriss erweitert sich niemals wie bei vielen Dichoporiten über die Grenzen eines einfachen Afterverschlusses. Es bildet sich also niemals neben dem After ein besonderes Analfeld zur Bedeckung des Enddarmes aus. Während es bei den meisten daraufhin kontrollirbaren Formen, *Sphaeronites*, *Aristocystites* (Taf. III fig. 10, 11), *Glyptosphaerites*, *Protocrinites* (Taf. V fig. 1, 3) und *Mesocystis* (Taf. VI fig. 1) zur Bildung einer echten Klappenpyramide kommt, scheint bei *Pyrocystites pirum* noch ein irregulär skeletirter Verschluss des Anus vorzuliegen (Barrande l. c. Taf. XXIX fig. 17), der ziemlich genau das Bild des Afterverschlusses von *Agelacrinites Dicksoni* (Taf. II fig. 2) zeigt, und bei der niedrigen Organisation dieser Form darin wohl atavistisch einfache Verhältnisse darbietet.

Auf den Verlauf des Darmtractus zwischen den beiden Endpunkten Mund und After können wir aus dem Fig. 83 pag. 261 dargestellten Verlauf der Mesenterien einige Schlüsse ziehen, denen eine gewisse Berechtigung nicht abzusprechen sein dürfte. Wenn wir annehmen, dass auch hier wie bei allen Echinodermen der Darm solar gedreht war

Fig. 12, die nach Barrande gezeichnet war, stellt diese Verhältnisse nicht korrekt dar.

und in diesen Verlauf durch das Parietalseptum gehemmt wurde, dann können wir aus dem genannten Bilde nur den Schluss ziehen, dass sich der Darm vom Munde (o) links wandte, bei x und y zwischen den beiden Septen in die Unterhälfte eintrat und dann dem zweiten über z und m verlaufenden Septum bis unterhalb des Afters folgte. Dem wahrscheinlich besonders expansionsfähigen Enddarm würde dann der ganze übrige Raum im Bilde links unter dem Parietalseptum zur Verfügung gestanden haben. Die starke solare Verschiebung des letzteren lässt sich nicht auf eine kontrasolare Verschiebung des Afters zurückführen, da dieser bei den Diploporiten immer in dem Madreporiten-Interradius (V:I) liegt, ist also wohl nur mit den Expansionsbedürfnissen des Enddarmes zu erklären.

l) Die geologische Verbreitung.

Eine genaue Parallelisirung der untersten silurischen Schichten in den verschiedenen Verbreitungsgebieten derselben steht zur Zeit noch aus; namentlich macht sich für uns dieser Mangel hinsichtlich Böhmens geltend, wo die untersten Lagen des Silur noch eine genaue Altersbestimmung und speciell eine Parallelisirung mit den baltischen Silurschichten vermissen lassen. Bei der rapiden Entwicklung der Cystoideen sind jedenfalls viel genauere diesbezügliche Ergebnisse als die bisherigen nothwendig, um über das frühere oder spätere Auftreten einer Form in diesem oder jenem Gebiet eine Entscheidung zu treffen.

In den geologisch sichergestellten Schichtenfolgen des russischen und schwedischen Silur steht so viel fest, dass die Diploporiten später auftreten als die Dichoporiten. In Schweden war wie gesagt *Chirocrinus* unmittelbar über dem Ceratopygekalk die älteste Cystoidee, darüber folgt ein bestimmtes Lager im Orthoceerenkalk innehaltend als erste Diploporitiden *Sphaeronites* und *Glyptosphaerites* und erheblich später im oberen Untersilur (Leptaenakalk) die Gattung *Eucystis*. Auch in Russland waren Dichoporiten (*Chirocrinus*) an der Basis des Untersilur im sogenannten Glauconitkalk die ersten Cystoideen. Anscheinend noch in dessen oberen Schichten ($Bb_{2\ 3}$) folgen dann die ersten Diploporiten, *Mesocystis*, *Asteroblastus* und *Glyptosphaerites*. In dem jüngeren Untersilur erscheinen ferner in Russland noch *Protocrinites* im Echinosphaeritenkalk und *Dactylocystis* in den sog. Brandschiefern. Die englischen Cystoideen sind wie erwähnt seit der Arbeit von E. FORBES (1848) nicht mehr zusammenfassend untersucht worden und bedürfen einer kritischen Nachprüfung sehr. Die bisher von dort beschriebenen Reste von Diploporiten sind sehr dürftiger Art.

Böhmen hat einen grossen Theil und an Individuen und Arten jedenfalls den reichsten Schatz von Diploporiten geliefert, aber leider ist eben die Altersbeziehung der ältesten Schichten und ihrer Formen noch nicht genauer festgestellt. In BARRANDE's tiefster Silurschicht $D_{1\alpha}$ fehlen noch Cystoideen, die ersten Vertreter derselben erscheinen in den Rotheisensteinen von $D_{1\beta}$, doch findet sich hier von Diploporiten nur ein anscheinend sehr niedrig stehender Vertreter von *Glyptosphaerites*. In den Kiesel-Konkretionen von Osek in $D_{1\gamma}$ treten uns dagegen mehrere Diploporiten entgegen, nämlich *Archegocystis* und *Pyrocystites*. Dann treten im oberen Untersilur in D_4 noch die Gattungen *Codiacystis*, *Protocrinites*, *Aristocystites* und schliesslich im Unterdevon noch *Eucystis* hinzu.

In Nordfrankreich gehören die wenigen dort gefundenen Diploporiten (*Calix*) dem oberen Untersilur (Schistes d'Angers) an, den gleichen Schichten mit *Orthis Actoniae* entstammen auch die spanischen und portugiesischen Vorkommnisse von *Calix* und ? *Aristocystites*. Amerika besitzt erst im Obersilur Diploporiten, die z. Th. von HALL als *Holocystites*, z. Th. von S. A. MILLER als *Allocystites* beschrieben worden sind. Von sonstigen Vorkommnissen von Diploporitiden ist dann nur noch zu erwähnen ein vereinzeltes neues Vorkommen von *Eucystis* im Unterdevon des Harzes und in gleichen Schichten des Rheinlandes das Vorkommen der noch problematischen Gattung *Lodanella*.

Für eine Vergleichung ihres Alters bieten von den genannten nur Schwierigkeiten die Formen, welche in Böhmen aus den Schichten D_1 stammen. Gerade aber für die Entstehung der Diploporiten ist diese Frage von grösster Bedeutung. Nach den vergleichenden Untersuchungen von J. WENTZEL und F. FRECH sollen die genannten Schichten der Basis des englischen und baltischen Untersilur entsprechen. Es scheint mir bei Berücksichtigung der übrigen Fauna jener Schichten (z. B. *Amphion cf. Fischeri*) wahrscheinlicher, dass sie dem unteren Vaginatenkalk Russlands gleichzusetzen sind. Bei dieser Beurtheilung würden die böhmischen Diploporiten aus D_1 jünger als die ältesten russischen Diploporiten (*Mesocystidae*) sein. Damit würden wir die Gattungen *Mesocystis*, *Asteroblastus* und *Glyptosphaerites* als die ältesten bisher bekannten Diploporiten zu betrachten haben. Ob diese in Russland bezw. Böhmen entstanden oder dort als fertige Formen eingewandert sind, muss dabei vorläufig unentschieden bleiben, da wir noch nicht wissen, aus welchen ältesten Silurmeeren das jene Gebiete überfluthende Meer seine Fauna rekrutirt hatte; wir wissen nur, dass Böhmen wie zur Zeit des Obercambrium so auch zur Zeit des ältesten Silur nicht vom Meere bedeckt war. Da wir nun alle Cystoideen von einer Wurzel ableiten und die Diploporiten für jünger halten zu müssen glaubten als die Dichoporiten, so müssen die ältesten Diploporiten innerhalb der zeitlichen Grenzen des Tremadoc (Ceratopyge-, Glaukonitkalk) jedenfalls vor Ablagerung der lower Llandovery-Schichten Englands, dem Orthocerenkalk Schwedens und der Schicht D_1 Böhmens entstanden sein. Das ist aber ein so kurzer Zeitraum, dass wir in denselben kaum den Wechsel sehr vieler Generationen verlegen können, um die Unterschiede der ältesten Diploporiten von den Dichoporiten zu erklären. Ob die nachweisbare Verschiebung der Meere zu jener Zeit durch Verschleppung von Larven gewaltsam und schnell so tiefgreifende Aenderungen des Typus veranlasste, muss in diesem Falle zweifelhaft erscheinen, da *Chirocrinus*, *Mesocystis* und *Asteroblastus* als älteste Cystoideen innerhalb einer faciell gleichartigen Schicht auftreten.

Was das erste Auftreten anderer Gattungen betrifft, so schliesst sich *Sphaeronites* in Schweden offenbar sehr nahe an den böhmischen *Archegocystis* an, der seinerseits in Böhmen, Frankreich und Spanien in *Codiacystis* und *Calix* nahe verwandte Nachkommen hatte. *Protocrinites* tritt in Russland im mittleren, in Böhmen aber soweit bekannt erst im oberen Untersilur auf. In gleichen Schichten erscheint in Schweden *Eucystis* und anscheinend in Nord-Amerika im mittleren Obersilur (? *Allocystites* S. A. MILLER), um dann plötzlich in Böhmen und Mitteldeutschland in der Basis des Devon wiederzukehren. *Aristocystites* erscheint im oberen Untersilur Böhmens und hat sich wahrscheinlich in der ganzen mediterranen Silurprovinz verbreitet, um dann zusammen mit den jüngsten

Caryocriniden nach Nord-Amerika auszuwandern, wo *Trematocystis* (*Holocystites* Mill. z. Th.) sein unzweifelhafter Nachkomme ist.

Was die Lebensdauer der einzelnen Typen betrifft, so finden wir hier dasselbe Bild, wie es uns oft auch anderwärts entgegentritt, dass sich die am einfachsten gebauten Formen (*Sphaeronidae*) am längsten erhalten, nämlich bis ins Devon, während alle übrigen Typen relativ schnell vom Schauplatz verschwinden. Im höchsten Maasse gilt das von *Mesocystis* und *Asteroblastus* und ist hier insofern besonders bemerkenswerth, als andere Genossen von ihnen sich unter gleichen Ortsbedingungen wesentlich länger erhielten.

m) Die phyletische Entwicklung.

Wenn wir die morphogenetischen Ausbildungen der einzelnen Organe mit einander vergleichen, so werden wir diejenigen für die primitivsten halten müssen, die sich am engsten an die der ältesten Dichoporiten als Stammformen der Cystoideen anschliessen. Wir werden danach die scharfe Sonderung der ambulacralen Elemente an der Theca und die Ausbildung eines Stieles, wie sie die Mesocystiden zeigen, für ursprünglich halten müssen. Auch bezüglich der Diploporen wird derjenige Zustand als der älteste anzusehen sein, in dem sich deren Vertheilung relativ eng an die der Dichoporen anschliesst. Dadurch rücken die Mesocystiden in morphogenetischer Beziehung an den Anfang der Diploporiten. Bei ihnen ist ein Stiel wohl entwickelt, ja bei *Mesocystis* auch noch in die Basis eingesenkt wie bei den Chirocriniden. Wie bei diesen ist auch bei *Asteroblastus* die Basis deutlich viertheilig. Ferner sind ihre Ambulacralfelder scharf von dem übrigen Thecalskelet unterschieden und in ihren einzelnen Elementen den Ambulacralien der Chirocriniden und Cystoblastiden sehr ähnlich. Die Poren bei *Mesocystis* sind wenigstens innerhalb der einzelnen Platten noch meist zu Theilrauten angeordnet. Dazu kommt, dass bei den Mesocystiden noch gesonderte Deltoidea vorhanden sind und die ambulacralen Platten etwas von dem Mund fern halten.

Demgemäss wird die Verkümmerung des Stieles, die Rückbildung ambulacraler Elemente gegenüber dem sonstigen Thecalskelet, die zunehmende Regellosigkeit in der Vertheilung der Poren und deren schliessliche Ueberdachung durch eine Epithek in ihren einzelnen Etappen den Grad der Rückbildung ihrer Träger kennzeichnen. Hierdurch werden Formen wie die Sphaeroniden und die Aristocystiden an das Ende einer Rückbildungsreihe gerückt; ihre Einfachheit erscheint nicht mehr primär, sondern sekundär erworben wie die der Echinosphaeriden unter den Dichoporiten. In der Frage, ob der Typus von *Aristocystites* und *Trematocystis* oder der von *Archegocystis*, *Sphaeronites*, *Codiacystis* und *Eucystis* als der primitivere aufzufassen sei, ist erfreulicherweise eine Entscheidung nicht schwer zu treffen. Die Porenbildung von *Aristocystites* und *Trematocystis* zeigt eine so eigenartige Specialisirung gegenüber dem einfachen Diploporentypus der Gattungen *Archegocystis*, *Sphaeronites*, *Codiacystis* und *Eucystis*, dass wir die letzteren schon aus diesem Grunde für primitiver halten müssen. Dazu kommt als zweites Moment, dass bei *Aristocystites* und *Trematocystis* in der Regel mehrere Ambulacralstrahlen unterdrückt sind, was gegenüber einer pentameren Entwicklung derselben für sekundär angesehen werden muss. Schliesslich spricht dabei auch der Umstand noch wesentlich mit, dass *Aristocystites* als ältester Vertreter seines Typus erheblich jünger ist als die älteren Vertreter des anderen, *Sphaeronites* und *Archegocystis*. Während diese im unteren Untersilur erscheinen, begegnet uns *Aristocystites* erst im oberen Untersilur, als die Diploporiten längst in die bisher bekannten Familien zerlegt waren.

Von den übrigen Familien erweisen sich wie gesagt die Dactylocystiden durch die Entfaltung ihrer Ambulacralfelder und die Lokalisirung ihrer Poren auf diesen als ziemlich hoch entwickelt, während die Gomphocystiden durch die einseitige Verzweigung und spirale Drehung ihrer Ambulacra als ein aberranter Seitenzweig der Diploporiten erscheinen. Zwischen alle diese letztgenannten, nämlich die Glyptosphaeriden, Aristocystiden, Dactylocystiden und Gomphocystiden einerseits und die Mesocystiden andererseits schieben sich nun die Sphaeroniden vermittelnd ein.

Von besonderem Interesse ist dabei, den Parallelismus der Rückbildungserscheinungen bei Diploporiten und Dichoporiten etwas näher ins Auge zu fassen. Die vielen Etappen der Entfaltung der Ambulacra geben z. B. folgende Vergleichspunkte:

1. Ambulacra pentamer und radiär auf besonderen Skeletplatten entfaltet.
   Chirocrinidae — *Mesocystidae*
   Cystoblastidae
2. Ambulacra pentamer gegabelt, am Mund zusammengedrängt
   Scoliocystidae — *Sphaeronidae* ausser *Eucystis*
3. Ambulacra wie bei vorigen, aber sekundär über die Theca radiär vorgeschoben
   Callocystidae — *Eucystis*
   Glyptosphaeridae
   Dactylocystidae
   Gomphocystidae
4. Ambulacra z. Th. unterdrückt, in den vorhandenen Radien mit je einem Finger in der nächsten Umgebung des Mundes zurückgehalten
   Pleurocystidae — *Aristocystidae*
   Echinosphaeridae

Hiernach ergiebt sich folgende Gruppirung der Gattungen zu Familien:

I. Besondere zweizeilige Ambulacralfelder radiär und pentamer in das Thecalskelet eingeschaltet, die Poren auf Interambulacra beschränkt; Stiel normal ausgebildet:
   Fam. *Mesocystidae* mit den Gattungen *Mesocystis, Asteroblastus, Blastoidocrinus*.

II. Ambulacralorgane am Munde koncentrirt. Körper sackförmig, ungestielt, Poren regellos über das Skelet vertheilt.
   A. Alle Radien gleichmässig entwickelt und gegabelt. Poren mit einfachen offenen Höfchen:
   Fam. *Sphaeronidae* mit den Gattungen *Archegocystis, Sphaeronites, Codiacystis, Eucystis*.
   B. Einige Radien unterdrückt, die übrigen ungetheilt mit je einem Finger versehen. Porenhöfchen verzerrt und überdeckt:
   Fam. *Aristocystidae* mit den Gattungen *Aristocystites, Trematocystis*.

III. Radiärgefässe des Ambulacralsystemes pentamer über die Theca ausgedehnt und gegabelt, Körper apfel- oder birnförmig. Poren mit offenem ovalen Höfchen.

A. Die Finger in radiäre Doppelreihen geordnet:

a) Die Poren auf allen Platten, diese unregelmässig gelagert:

Fam. *Glyptosphaeridae* mit der einzigen Gattung *Glyptosphaerites.*

b) Die Poren auf den ambulacralen Platten koncentrirt, diese in regelmässige Reihen geordnet:

Fam. *Dactylocystidae* mit den Gattungen *Protocrinites, Dactylocystis.*

B. Die Finger und Ambulacralia in spiralen einfachen Reihen geordnet. Poren gleichmässig vertheilt. Einzige Fam. *Gomphocystidae* mit den Gattungen *Pyrocystites, Gomphocystites.*

Schliesslich bleibt uns noch die Frage zu erörtern, wo wir den Anschluss der Diploporiten an ältere Typen zu suchen haben. Wenn auch die Diploporiten in allen Theilen ihrer Organisation einen durchaus selbständigen Entwicklungsweg eingeschlagen haben, so lässt sich doch nicht verkennen, dass ihre anscheinend ältesten Vertreter, die Mesocystiden, den primitivsten Dichoporiten am nächsten stehen. Gerade diejenigen Ausbildungsformen der verschiedenen Organe, die wir innerhalb der Dichoporiten als primitiv erkannten, finden sich mit einigen Modifikationen bei den Mesocystiden wieder. Die bandförmige Gliederung jedes der 5 Radiärgefässe, deren Koncentration am Munde auf einer einzigen Thecalplatte theilen dagegen die Sphaeroniden mit den Scolioeystiden. Die Erhaltung des Parietalporus und des primären Steinkanales zeigten beide typisch, während diese Merkmale bei den übrigen Familien schrittweise verschwanden. Eine ursprünglich gleichmässige Vertheilung der Poren auf das Thecalskelet, die wir bei den ältesten Dichoporiten supponiren mussten, findet sich typisch bei den ältesten Sphaeroniden, während sie deren jüngeren Nachkommen z. Th. verloren geht.

Diese mit der Primitivität der Formen zunehmenden Beziehungen zwischen Dichoporiten und Diploporiten machen es noch besonders unwahrscheinlich, dass beide nicht von einem gemeinsamen Punkte ausgegangen sein sollten.

Was die ältesten Sphaeroniden von den älteren Mesocystiden trennt, sind ontogenetisch primitive Charaktere. Die grössere Selbständigkeit des Steinkanal- und Parietalporus, die Unterdrückung der Stielbildung, die Erhaltung der respiratorischen Funktion auf der gesammten Körperoberfläche, die indifferente Anlage der Skeletelemente sind sämmtlich Eigenschaften, die den Vorfahren der jüngeren Diploporiten zukommen mussten und jedenfalls in deren Ontogenie auch mehr oder weniger scharf rekapitulirt wurden. Der an sich auffallende Besitz dieser primitiven Eigenschaften auf Seiten der Diploporiten gegenüber den Dichoporiten erklärt sich nun aber vollständig durch die Annahme eines einzigen Vorganges, dessen Möglichkeit in keiner Weise bestritten werden kann. Wir brauchen nur anzunehmen, dass die Bildung einer festen Thecalwand und die Hemmung, die dadurch der ontogenetischen Entwicklung der übrigen Organe erwuchs, in einem früheren Entwicklungsstadium eintrat als bei den Mesocystiden, um uns die Besonderheiten der ältesten Sphaeroniden erklären zu können.

Wenn wir eine stärkere Kalkzufuhr im Aufbau der Theca für die Besonderheiten der jüngeren Diploporiten verantwortlich machen, so ziehen wir damit nur in verstärktem Maasse dasjenige Moment zur Erklärung heran, welches allem Anschein nach die Separation und eigenartige Entwicklung der ganzen Klasse der Cystoideen veranlasst hat.

Für die allgemeinen auf der Selektionstheorie fussenden Anschauungen über Descendenz wird diese Auffassung allerdings manche Schwierigkeiten bieten, aber wir müssen durch dieses kaudinische Joch gehen, wenn wir nicht den morphogenetischen Zusammenhang der Cystoideen zerreissen wollen. Die Diploporiten als Stammformen der Dichoporiten anzusehen, ist ein Ding der Unmöglichkeit. Ich würde nicht das Loos aller bisherigen Cystoideenforscher getheilt und mich so viele Jahre hindurch vergeblich mit der Stammesgeschichte der Cystoideen abgequält haben, wenn ich nicht auch geglaubt hätte, die Frage auf diesem Wege lösen zu können. Je tiefer ich in den Stoff eindrang, um so mehr häuften sich aber bei dieser Auffassung die Schwierigkeiten. Um nur zwei Punkte zu erwähnen, liess sich das Verhältniss der Poren zu dem Thecalskelet, wie es die Dichoporiten zeigen, unter keiner Annahme ableiten von dem der Diploporiten; in gleicher Weise konnte auch die Stiellosigkeit einiger Diploporiten unmöglich primär sein und noch weniger zum Ausgangspunkt der komplicirten Stielbildung älterer Dichoporiten genommen werden. Auch war das erste Auftreten beider Typen mit einer ancestralen Stellung der Diploporiten unvereinbar. Ich war trotz aller dieser Schwierigkeiten nicht kühn genug gewesen, die Dichoporiten als die Stammformen der Cystoideen anzusehen und an eine im Ganzen rückläufige Bewegung der Klasse zu glauben, bis mir das genauere Studium der ältesten russischen Diploporiten einerseits und der Sphaeroniden andererseits die Ueberzeugung brachte, dass die Einfachheit der Sphaeroniden als sekundär zu betrachten sei. Die Spuren des Entwicklungsganges meiner Anschauungen sind leider diesem Bande noch insofern aufgeprägt geblieben, als die Diploporiten in der Reihenfolge der Tafeln den Dichoporiten voranstehen, doch konnte ich den Text noch während des Druckes der Klärung meiner Ansichten entsprechend umarbeiten. Gegenüber obigen Schwierigkeiten erinnere ich noch einmal an die Leichtigkeit einer direkten Ableitung der ältesten Dichoporiten von bestimmten Cladocrinoideen, deren Gesammttypus allein das Ursprungsgebiet der Cystoideen bilden konnte, und an die zwingende Nothwendigkeit einer Ableitung des Diploporentypus von dem der Dichoporen.

Die für die ganze Klärung entscheidende Supposition, dass die Sphaeroniden durch Entwicklungshemmung entstanden seien, giebt auch zugleich eine Erklärung dafür, dass ihre jüngeren Nachkommen im Gegensatz zu dem Gros der Dichoporiten z. Th. aufsteigende Entwicklungsreihen bildeten. Die Indifferenz ontogenetisch früher Stadien verschaffte ihnen unter obiger Annahme leicht die Möglichkeit, beim Ausbau ihres neuen Hauses Fehler zu meiden, von denen sich die Ontogenie der Dichoporiten anscheinend nicht mehr zu befreien vermochte. Als eine besonders bemerkenswerthe Erscheinung möchte ich dabei noch hervorheben, dass eine der ältesten Diploporiten, *Asteroblastus*, dem einzigen, von den Dichoporiten ausgehenden frischen Triebe — dem Typus der Blastoideen — so ähnlich ist, dass sie vielfach, aber ganz sicher mit Unrecht, als Stammform dieser Klasse betrachtet wurde. Es liegt hier einer der eklatantesten Fälle von Konvergenzerscheinungen vor, der aber dadurch verständlich wird, dass die Mesocystiden den ältesten Dichoporiten noch ziemlich nahe stehen.

Fam. Mesocystidae.

Vorbemerkung. Ich glaubte zunächst den auffallenden äusseren Unterschieden der Oberseite von *Mesocystis* und *Asteroblastus* dadurch Rechnung tragen zu müssen, dass ich für jeden von beiden eine besondere Familie errichtete, zumal die bisherige Auffassung die eine zur Stammform der Asteriden, die andere zu der der Blastoideen stempelte. Beides erwies sich bald als Irrthum, ebenso die bisherige weite Trennung beider. Dadurch, dass ich noch soeben durch meinen Freund S. v. Wöhrmann in Petersburg Theken beider Formen erhielt, die deren Unterseite zeigen, ergaben sich nun Gründe für ihre engen verwandtschaftlichen Beziehungen, denen ich nunmehr dadurch Rechnung tragen möchte, dass ich beide in eine Familie vereinige. Als Benennung für diese war der Name *Asteroblastidae* ungeeignet, weil die Formen in keinem genetischen Konnex mit Blastoideen stehen. So musste die andere Gattung in der zutreffenden Neubenennung Bather's (*Mesocystis* pro *Mesites*) zur Bildung des Familiennamens verwandt werden.

Die Kenntniss dieses Formenkreises verdanken wir wesentlich Friedrich v. Schmidt, dessen gründliche und objektive Beschreibung von *Mesocystis* und *Asteroblastus* kaum noch wesentliche Ergänzungen erfahren konnte und eigentlich geeignet gewesen wäre, von den genannten Formen die weitgehenden Missdeutungen fern zu halten, die sie später durch phantastische Spekulation und einseitige Berücksichtigung einzelner Eigenschaften erfuhren.

Ueber *Blastoidocrinus* habe ich mir aus Mangel an eigenen Beobachtungen kein klares Bild machen können, glaube ihn aber provisorisch dieser Familie anreihen zu müssen, wenn es mir auch zweckmässig schien, deren diagnostische Beschreibung auf die beiden sicher bekannten Gattungen *Mesocystis* und *Asteroblastus* zu gründen.

Definition. Theca gerundet, deutlich gegen den cylindrischen, ziemlich dünnen Stiel abgesetzt. Ambulacra auf besonderen ambulacralen Skeletelementen in das Thecalskelet eingeschaltet, erst in einiger Entfernung vom Munde gegabelt, dann links und rechts alternirend mit Seitenästen und Fingern versehen, unter denen die Plättchen regelmässig in radiäre Doppelreihen geordnet sind. Interradialfelder oben mit 5 deltoideenartigen Plättchen versehen, sonst irregulär skeletirt, Poren auf diese Theile der Theca beschränkt, im übrigen mit einfachem, offenem Höfchen normal ausgebildet. After seitlich mit einfacher Klappenpyramide.

Wie sich aus vorstehender Definition ergiebt, zeigen die hierher gehörigen Formen eine Uebereinstimmung in denjenigen Punkten, nach denen wir auch alle übrigen Diploporiten in Familien zerlegten. Wir müssten also die bisher verfolgten Gesichtspunkte aufgeben, um eine Trennung von *Mesocystis* und *Asteroblastus* in Familien zu motiviren. Dazu liegt aber kein Grund vor, denn ihre Zusammenfassung im Rahmen eines Systemes ist ja sehr wohl vereinbar mit der Thatsache, dass beide innerhalb der Familie getrennte Specialisirungswege einschlugen. Das ist allerdings in solchem Maasse der Fall, dass ich die Beschreibungen ihrer Merkmale hier schärfer getrennt halten und nur die gemeinsamen Punkte ihrer Organisation kurz hervorheben möchte. Auf die verschiedenen Irthümer ihrer bisherigen Beurtheilung gehe ich dann ebenfalls erst bei der Besprechung der Gattungen ein.

Die Theca ist zwar bei *Mesocystis* erheblich grösser als bei *Asteroblastus*, aber doch bei beiden gerundet und gegen den Stiel scharf abgesetzt, wie die Abbildungen der beiden neuen Exemplare Taf. XVIII fig. 9 und 10 beweisen. Bei *Mesocystis*, dessen Theca sehr dünnwandig blieb, ist der Boden derselben durch den Stiel eingedrückt, wie wir das auch bei den älteren Dichoporiten fanden. Bei *Asteroblastus* ist das Skelet dagegen sehr verdickt und ebenso wie bei derartigen Dichoporiten ist dann auch hier die Basis konvex dem Stiele aufgesetzt.

Die Elemente der Theca sind in auffallender Weise in radiale und interradiale geschieden. Die ersteren erscheinen wie bei den regulären Dichoporiten und Blastoideen als besondere ambulacrale Skelettheile, und nicht als Thecalplatten, die nur durch die Funktion des Fingertragens und die regulirte Stellung der letzteren eine so besondere und regelmässige Gestalt angenommen haben. Sie sind wie bei Chirocriniden und Cystoblastiden vom Mund her zwischen die Elemente des Thecalskelets eingeschaltet, die letzteren radiär auseinanderdrängend, ebenso werden sie vom Mund durch interradial gelegene besondere Platten getrennt (Taf. VI fig. 6, VII fig. 2, 3, Or, Ors). Dagegen sind sie nicht vergleichbar mit den über das Thecalskelet geschobenen Ambulacralien und Parambulacralien der Callocystiden, denn sie bilden selbst die Thecalwand, wenn sie auch bei *Mesocystis* von den interradialen Nachbarplättchen etwas auf die Schulter genommen werden. Sie unterscheiden sich überdies principiell von den Ambulacralien der genannten Dichoporiten und der Blastoideen dadurch, dass sie jede allein einen Finger tragen wie bei allen Diploporiten mit radiär entfalteten Ambulacren, während bei den genannten Dichoporiten und Blastoideen jeder Finger auf zwei Stücken, einem Ambulacrale und einem Parambulacrale, ruht. Der Bau der Ambulacralfelder der Mesocystiden unterscheidet sich in einem wesentlichen Punkte von dem der Glyptosphaeriden und Dactylocystiden dadurch, dass bei letzteren die fingertragenden Platten echte Thecalplatten sind. Die interradialen Platten der Theca sind im Allgemeinen polygonal, von Diploporen durchsetzt und unregelmässig geordnet, es ist aber hierbei sehr bemerkenswerth, dass die obersten interradialen Platten gewisse konstante Eigenthümlichkeiten in Form und Lage aufweisen. Sie bilden einen fünftheiligen Ring um den Mund; die Furchen auf ihren seitlichen Anlagerungsgrenzen nehmen die ambulacralen Vectakelrinnen auf, die sich erst ausserhalb dieses Ringes gabeln. Bei *Mesocystis* sind diese oralen Platten relativ gross gegenüber den anderen Interradialplatten (Taf. VI fig. 6), bei *Asteroblastus* dagegen erscheinen sie durch die darunter folgenden grossen Porenplatten zu bogigen Stücken zusammengedrängt (Taf. VII fig. 5, 6, Or; Textfigur 85 pag. 385). Auch bei *Blastoidocrinus* sind übrigens diese Stücke vorhanden, wie Abbildungen von Billings beweisen. Auch das russische Exemplar Taf. VII fig. 13 zeigt ein solches adorales Bogenstück *in situ* erhalten. Diese eigenthümliche Stücke, die für den genetischen Zusammenhang der genannten Gattungen sehr ins Gewicht fallen, entsprechen ihrer Lage nach den Deltoidea der regulären Dichoporiten und Blastoideen. Es erscheint nun auf den ersten Blick schwierig, sich vorzustellen, dass diese relativ indifferenten Thecalelemente hier erhalten sein sollen, während die Radiolateralia der Dichoporiten, die wir noch bei den Sphaeroniden antrafen, hier nicht mehr typisch ausgeprägt sind. Diese Erscheinung erklärt sich aber, wenn wir die Thatsache in Betracht ziehen, dass bei *Mesocystis* ein extremes Proliferiren von Fingern in radiärer Richtung erfolgte. Dadurch mussten die Radiolateralia als primäre Träger der Ambulacra ontogenetisch sehr früh ihre Bedeutung verlieren, um so mehr, da die Sprossung vieler Finger die Anlage vieler und deshalb räumlich beschränkter Platten als Träger der Finger veranlasste, wie dies bei *Mesocystis* der Fall war. Gerade in diesem Falle aber, wo sich die Ambulacra ontogenetisch vorschnell, wenn ich so sagen darf, radiär vordrängten, musste interradial in der Umgebung des Mundes ein indifferenter Platz entstehen, in welchem sich sehr wohl die Deltoidea erhalten konnten, die ja wahrscheinlich morphologisch dasselbe Alter haben wie die Radiolateralia, wenn sie ihnen auch bei den Stammformen der Cystoideen funktionell sehr nachstehen. Hier wäre nun der Gegensatz in letzterer Hinsicht aufgehoben, und damit die exceptionelle Möglichkeit für eine besonders vollständige Erhaltung der Deltoidea gegeben. Ich betonte bereits, dass es kaum gelingen dürfte, diese obersten interradialen Elemente von den Oralien der Crinoideen morphogenetisch zu trennen. Eine sog. „weitere" Homologie liegt jedenfalls für diese Skeletelemente vor.

Die Ambulacra zeigen zwar eine sehr verschiedene Zahl von Fingern und sehr verschieden grosse Plättchen als Träger derselben, aber gemeinsam ist ihnen das Princip ihrer Anordnung. Sie stehen, nachdem sich auch der erste Seitenast links abgezweigt hat, alternirend rechts und links an dem Hauptstamm und veranlassten dadurch eine Anordnung der fingertragenden Platten in zwei Reihen, deren Stücke alternirend gestellt sind.

Von den übrigen Diploporiten unterscheiden sie sich durch den Mangel an Poren auf den ambulacralen Platten und eine die Gelenkflächen umfassende starke Skulptur (Taf. VI fig. 8, VII fig. 4). Bei *Mesocystis* sind die Poren auf die unregelmässig zusammengesetzten Interradialfelder beschränkt, und wenn sie auch in diesen bei einer Art von *Asteroblastus* eine ganz eigenartige Lokalisirung erfahren haben, so lässt sich diese doch innerhalb der Gattung *Asteroblastus* schrittweise rückwärts verfolgen bis zu der indifferenten Gleichmässigkeit ihrer interradialen Anordnung bei *Mesocystis*.

Gemeinsam ist ferner den Mesocystiden die Skulptur der Fingergelenke und die offenbar von der Funktion der ambulacralen Organe beherrschte Form der radialen Plättchen. Die Fingergelenke lassen deutlich die charakteristischen Elemente der Armgelenke höherer Pelmatozoen erkennen (Taf. VI fig. 8, VII fig. 4), eine äussere Ligamentgrube (Gl) zur Aufnahme des Streckbandes, zwei innere Muskelgruben (Gm) zur Aufnahme der Beugemuskeln und zwischen diesen beiderlei Gruben ein Querriff (Gq), auf dem der Finger nach aussen und innen balancirt. Die tiefe Ausfurchung der zuleitenden bezw. nach dem Mund ableitenden Veetakelrinne wird bei *Mesocystis* noch begleitet von einer wallartigen Aufwölbung (Taf. VI fig. 8), welche die von den Veetakelrinnen besetzten Theile der Platten (fig. 5) einschliesst und auch die Gelenkflächen umzieht.

Wenn man den morphogenetischen Zustand von *Mesocystis* mit dem von *Asteroblastus* vergleicht, so erscheinen an ersterem die einzelnen Theile in grösserer Zahl, bei letzterem in grösserer Einzelausbildung. Es betrifft das nicht nur die aktiv vortretenden Organe, wie die Finger und Poren, sondern auch die passiven, wie die indifferenten Skeletplatten der Interradialfelder und wahrscheinlich auch die Glieder des Stieles, dessen Zusammensetzung bei *Mesocystis* wahrscheinlich nicht einfach war wie bei *Asteroblastus*.

Es ist nicht ohne Weiteres ersichtlich, wie sich dieses morphogenetische Verhältniss phylogenetisch herausgebildet haben kann. Es liegt ja zunächst nahe, eine Vermehrung der Fingerzahl, wie sie uns bei *Mesocystis* im Vergleich zu den übrigen Diploporiten entgegentritt, bedingungslos für den höchsten Fortschritt anzusehen. Aber eine einfache Berechnung und ein Rückblick auf das Verhältniss von Fingerzahl und Fingergrösse bei den regulären Dichoporiten (pag. 88) lehrt, dass durch Vergrösserung der einzelnen Finger dieselbe Länge und damit dieselbe physiologische Bedeutung der Finger erzielt werden kann wie durch eine grosse Zahl kleiner Finger. Die Entwicklung von *Echinoencrinites* zu *Erinocystis* illustrirt einen solchen Vorgang in deutlichster Schärfe. Was an Theilleistungen bei der Menge gleicher Anlagen gespart wird, kommt diesen selbst zu Gute. Bei *Asteroblastus* macht sich das gegenüber *Mesocystis* namentlich darin geltend, dass die Anlage der übrigen mehr passiven Theile des Körpers eine Vereinfachung ihrer Korrelationsverhältnisse erfährt. Es liegt also vom morphogenetischen Standpunkt ein Verjüngungsprocess in der Anlage von *Asteroblastus* gegenüber *Mesocystis* vor, auf dessen Annahme wir nicht verzichten können, da wir verschiedene Ausbildungserscheinungen von *Asteroblastus* nicht unmittelbar an ältere Typen anschliessen können. Wenn wir darin *Mesocystis* phylogenetisch zwischen beide einschalten, so ist damit nicht gesagt, dass der genannte Verjüngungsprocess des Mesocystidentypus erst am phyletischen Ende von *Mesocystis* eintrat. Es ist vielmehr wahrscheinlich, dass die individuelle Ausprägung der Mesocystidencharaktere bei *Mesocystis* nicht durch den Wechsel vieler Generationen stabilirt, sondern *in statu nascendi* noch eine gewisse jugendfrische Plasticität besass.

Mit diesen Auffassungen scheint die geologische Verbreitung der Gattungen in Einklang zu stehen, insofern beide in nahezu gleichaltrigen Schichten bei Petersburg erscheinen. Es muss freilich sehr fraglich erscheinen, ob eine so genaue Zeitbestimmung ihres ersten Auftretens, was ja nicht nothwendig in jenem Gebiet erfolgt zu sein braucht, möglich sein wird. *Blastoidocrinus*, den ich provisorisch hierher gezogen habe, scheint etwas jünger zu sein, wie er ja wohl auch morphogenetisch ein Endglied der Gruppe bilden würde.

Sehr bemerkenswerth ist schliesslich das schnelle Aussterben dieser höchst entwickelten Diploporiten. Analoge Fälle, die ich später erläutern werde, könnten dafür sprechen, dass die Schnelligkeit ihrer phyletischen Entfaltung zugleich den Grund zu ihrer Kurzlebigkeit bildete. Es würde mich aber zu weit führen, dies schon hier zu begründen, zumal unsere Kenntniss über die Fauna jener Schichten, wenn ich so sagen darf, hinter Petersburg aufhört, und der Lückenhaftigkeit der Ueberlieferung also in diesem Falle ein besonders weiter Spielraum zuzumessen ist.

Nach alledem scheinen mir *Mesocystis* und *Asteroblastus* auf derselben morphologischen Basis zu stehen, und erst auf dieser verschiedene Wege eingeschlagen zu haben, indem *Mesocystis* die Zahl, *Asteroblastus* aber die Grösse der Finger ins Extreme steigerte. Beide entfernen sich durch diese extreme Specialisirung scheinbar sehr weit von den übrigen Diploporiten, unter denen aber die Sphaeroniden ihrem gemeinsamen Ausgangspunkt unzweifelhaft sehr nahe stehen.

Wenn man diese Formen, wie es in der Regel geschieht, lediglich nach dem Grade ihrer morphologischen Differenzirung, also rein vom vergleichend-anatomischen Standpunkt aus, in eine phylogenetische Entwicklungsreihe setzen will, so musste man ohne Frage *Glyptosphaerites* als die Stammform der Mesocystiden betrachten. Man rechnet zunächst immer nur mit der Annahme, dass die Differenzirung phyletisch fortschreite, da es vom Standpunkt der Selektionstheorie im Allgemeinen nur aufsteigende Entwicklungsreihen giebt.

Wir haben uns aber bei Betrachtung der Dichoporiten überzeugt, dass diese allgemeine Vorstellung, dass die Höhe der Organisation ein Maassstab für die phyletische Stellung sei, mit der Thatsache unvereinbar war, dass thatsächlich die einfachsten Formen als die jüngsten anzusehen waren. So ist mir schliesslich durch das neue Material von *Mesocystis* die Ueberzeugung gekommen, dass die Entwicklung der Diploporiten auch in einem rückweisen phyletischen Hinabgleiten zu niedrigen Ausbildungsstufen beruhte. *Mesocystis* steht den ältesten Dichoporiten nicht nur in der Porenbildung nahe, sondern auch in dem Besitz des Stieles, der Eindrückung der Basis und der Erhaltung der Deltoidea. Ich halte es nun für sicher, dass wie die Aristocystiden auch die Sphaeroniden rückgebildete Diploporiten sind; ob der Anschluss der übrigen durch *Glyptosphaerites* vermittelt wurde bleibt dabei fraglich. Bei der Möglichkeit dieser und der den allgemeinen Anschauungen zweifellos näher liegenden Betrachtung der Sphaeroniden als Stammform kann nur das geologische Alter entscheiden. Ist *Mesocystis* in der That bereits im Glaucouitkalk vorhanden, dann ist sie wahrscheinlich die älteste Diploporitide. *Amphion Fischeri*, den wir in Böhmen in den untersten Cystoideen führenden Schichten Böhmens finden, nimmt in Russland ein höheres Niveau ein. Dann wäre aber die bisherige Auffassung des Alters der Schicht D_1 in Böhmen hinfällig, dieselbe würde der Basis des Vaginatenkalkes (B_3 Fr. Schmidt's) entsprechen. In phylogenetischer Hinsicht ergeben sich daraus mancherlei Aenderungen in der Beurtheilung der übrigen Familien, die später erörtert werden sollen. Jedenfalls erscheinen die Mesocystiden geologisch und morphogenetisch als die ältesten Diploporiten und damit als der Ausgangspunkt der ganzen Ordnung.

Mesocystis (Hoffmann) Bather 1898, III, 103.

Syn. *Mesites* Hoffmann (non Boheman non Geoffroy St. Hilaire non Jenyns)
Agelacrinus F. Schmidt.

Der Typus dieser Gattung ist unter dem Namen *Mesites* von Hoffmann 1866 (V, 1) beschrieben und unter diesem Namen in der Litteratur geführt worden, bis F. A. Bather kürzlich (1898, III, 103) darauf hinwies, dass dieser Name bereits 3mal in der zoologischen Litteratur verbraucht war und dafür die Bezeichnung *Mesocystis* vorschlug.

Nur wenige Thierformen haben zu so weitgehenden Missdeutungen Veranlassung gegeben wie diese. Ihre erste Beschreibung war eine einfach sachliche, die aber in mehrfacher Hinsicht eine Klarstellung nöthig machte. Neuere Funde veranlassten solche seitens Fr. v. Schmidt's 1874, I, 34 und Nikitin 1877, I, schufen aber trotzdem eine Quelle neuer Räthsel und Kombinationen über diesen sonderbaren Typus.

Neumayr hat 1881 (I, 15) in seinen kühnen, aber leider auch an Irrthümern reichen „Morphologischen Studien über fossile Echinodermen" *Mesocystis* zu der Verbindungs- und Stammform der Asteriden, Cystoideen und Echinoideen erheben wollen. Seinen diesbezüglichen Ausführungen kann ich aber im Anschluss an RICHARD SEMON (1889, I, 2) den Vorwurf nicht ersparen, dass in denselben nicht nur einzelne Angaben ganz einseitig hervorgezogen, sondern dass andere verschwiegen sind, die mit ganz willkürlichen Schlüssen aus jenen direkt im Widerspruch standen. Die Thatsache, dass SCHMIDT angab, an den „Tentakelrinnen" „ganz deutliche Ansätze von Pinnulae erkannt zu haben", ist von NEUMAYR nicht mit einer Silbe erwähnt, und wäre doch wohl ausreichend gewesen, seinen weitgehenden Spekulationen jeden Boden zu entziehen. Seine zuversichtliche Behauptung, dass der angebliche Kanal unter den Ambulacralien nur zur Aufnahme der radialen Wassergefässe dienen konnte, wurde dadurch absolut unhaltbar, dass jene Ambulacralien auf ihrer Aussenseite armartige und, wie SCHMIDT sogar schon annahm, zweizeilige Anhänge trugen; dann konnten die Radiärgefässe nur ebenfalls auf jenen Ambulacralien und nicht unterhalb derselben gelegen haben. Ich halte es danach unter Hinweis auf die hier gegebene Beschreibung von *Mesocystis* für überflüssig, obige Ansichten NEUMAYR's, denen sich STEINMANN (1890, I, 181) und BATHER (l. c.) anschlossen, zu verfolgen. *Mesocystis* ist in der Entfaltung ihrer Ambulacra eine äusserst specialisirte Cystoideenform, die keinerlei direkte Beziehungen zu Asteroideen und Echinoideen erkennen lässt und auch nicht einmal als Stammform der Agelacrinen oder Cystoideen betrachtet werden kann.

Definition. Körper ballonförmig, Basis eingedrückt, gestielt. Thecalplatten sehr zahlreich. Ambulacralfelder ausserordentlich schmal, aus sehr zahlreichen kleinen Plättchen alternirend zusammengesetzt, nach dem distalen Ende zu vorgewölbt, im proximalen Ende ohne Finger. Der Mund von 5 interradial gelegenen, halbmondförmigen Deltoideen umstellt. After seitlich, mit vieltheiliger Klappenpyramide. Poren als Doppelporen auf die Interambulacra beschränkt. Primärporen nicht sicher zu deuten.

Die Körperform steht im Allgemeinen derjenigen von *Glyptosphaerites* nahe. Dominirend treten aber bei *Mesocystis* die 5 Ambulacra hervor, insofern sie trotz ihrer ausserordentlichen Schmalheit dem sonst ballonförmigen Körper einen pentangulären Querschnitt geben. Die Unterseite ist eingedrückt und zwei neue mir kürzlich zugegangene Exemplare von *Mesocystis* (Taf. XVIII) lassen über die Anwesenheit eines Stieles nicht im Zweifel, dessen Existenz man auch deshalb schon annehmen musste, weil sonst die weit herunterlaufenden Ambulacra fast den Boden berührt haben würden.

Das Thecalskelet besteht aus dünnen Plättchen, die bei einem Körperdurchmesser von etwa 75 mm höchstens etwa 1 mm an Dicke erreichen. Die Ambulacralia und die ihnen anliegenden Interambulacralien erreichen etwa die doppelte bis dreifache Stärke. Die Zahl der Skeletstücke von *M. Pusyrewskyi* ergiebt, wie nachstehende allerdings oberflächliche Berechnung ergiebt, folgende Zahlen:

Ambulacralia circa . .	1 000
Interambulacralia circa	2 000
1000 Finger zu 50 dorsalen und doppelt so viel ventralen Skeletstücken gerechnet	150 000
Dazu kommen die kleinen ventralen Deckplättchen der Ambulacralrinnen, auf ein fingertragendes Plättchen etwa 10 gerechnet, zusammen . .	10 000

Das ergiebt noch abgesehen von den Stieltheilen die stattliche Summe von 163 000 Skelettheilen, womit unter den Cystoideen weitaus die grösste Zahl gegeben sein dürfte.

Die formale Entwicklung der Skelettheile hält sich in engen Grenzen. Die Interambulacralia sind unregelmässig umrandet, aussen glatt, nur von den Poren durchbrochen. Die Ambulacralia sind quer verlängert, sehr klein und stark skulpturirt (vergl. pag. 374). Die oberen proximalen Ambulacralia tragen keine Finger und sind relativ hoch. Die obersten am Zusammentritt der Ambulacra gelegenen Platten sind abweichend geformt. Sie sind halbmondförmig bis winklig zwischen die Radien eingekeilt, kräftig verdickt, ohne Poren und entbehren auch sonst auffälliger Skulptur. Bemerkenswerth ist ihre unverkennbare Uebereinstimmung mit den entsprechenden Skelettheilen von *Asteroblastus*. Isolirt sind sie von denen letzterer Gattung durch ihre glatte Aussenfläche zu unterscheiden (Taf. VI fig. 6, Jo und vergl. Taf. VII fig. 6, Jo). Eine Homologisirung mit den gleich gelagerten Oralien der *Pentacrinoidea* sollte durch ihre Bezeichnung vermieden werden; dagegen liegt eine Homologie mit den Deltoidplatten der Dichoporita, Regularia und Blastoideen wahrscheinlich vor.

Hinsichtlich der Entfaltung ihrer Ambulacra stellt *Mesocystis* ein Extrem nicht nur unter den Cystoideen, sondern auch unter den Pelmatozoen überhaupt dar. An dem Berliner Exemplar glaube ich die Zahl der Ambulacralia in einem Radius auf etwa 200 berechnen zu müssen; das würde in jedem Radius ebenso viele Finger, in Summa also deren 1000 ergeben. Diese Zahl übersteigt noch fast um das Doppelte die höchsten Zahlen von Aermchen oder Fingern, die ich bei Blastoideen gezählt habe. Besonders extrem aber erscheint jene Zahl denen nahe verwandter Formen gegenüber, die wie *Protocrinites* und *Asteroblastus* nur etwa 100 Finger besassen. Gegenüber zweifingrigen Cystoideen, wie wir sie in *Pleurocystites* und *Erinocystis* und unter den Diploporiten bei *Aristocystites* kennen lernten, muss uns die obige Zahl 1000 als Extrem erscheinen, welches zeigt, innerhalb wie weiter Grenzen die Organisationsverhältnisse der Cystoideen schwanken und wie wenig gerade die Fingerentfaltung in dieser Gruppe stabilirt war.

Die Ambulacra stellen ausserordentlich schmale Rinnen mit aufgeworfenen Rändern dar, deren Innenweite kaum den Durchmesser einer gewöhnlichen Stecknadel erreicht. Die erhabenen Seitenwände der Rinne sind ziemlich ebenso breit, und diese Maasse bleiben im ganzen Verlauf der Ambulacra fast genau dieselben; nur gegen das distale Ende stellt sich eine schwache Verschmälerung ein. Die Ambulacra nehmen unter diesen Umständen einen verschwindend kleinen Theil der Thecaloberfläche ein und erreichen in deren halber Höhe nur etwa $^1/_{25}$ von der Breite der Interambulacralfelder. Auch dieses Missverhältniss in der räumlichen Entfaltung von Ambulacral- und Interambulacralfeldern steht einzig da unter den Pelmatozoen nicht nur, sondern unter allen Echinodermen.

Die fingertragenden Plättchen bilden radiäre Doppelreihen und stossen in deren Mittellinie in einer regelmässigen Zickzacklinie aneinander. In der Nähe derselben sind sie vertieft und nach aussen erhaben, so dass sie in ihrer Gesammtheit die Mittelfurche und beiderseits deren Grenzwälle bilden. Von der Zickzacklinie kann man sich an dem Hoffmann'schen Original der Petersburger Universitätssammlung, besonders wenn man das Objekt mit einem ätherischen Oel tränkt, klar überzeugen, wie dies ja auch Schmidt schon deutlich abgebildet hat (l. c. Taf. III fig. 10 c). Während der die Rinne bildende Theil der Plättchen glatt erscheint, ist der erhabene Theil derselben stark skulpturirt.

Man sieht (vergl. Taf. VI fig. 8) von der Hauptrinne aus auf jedem Plättchen eine Seitenrinne (Rs) schräg abgezweigt, welche in schwach gewundenem Verlauf eingeschnitten ist und in einer unzweideutigen Gelenkfläche endigt. Diese Gelenkflächen, die schon Schmidt bemerken zu können glaubte, lassen senkrecht auf die Seitenrinne ein Querriff (Gq) erkennen, ausserhalb dessen sich eine flach ausgehöhlte Ligamentgrube (Gl) befindet. Innerhalb des Querriffes ist anscheinend immer nur die eine proximal gelegene Muskelgrube (Gm) mit voller Deutlichkeit ausgeprägt. Die ganze Gelenkfläche ist mit einem Somma-artigen Wall umgeben, der sich proximal, d. h. nach dem Munde zu hakenförmig umbiegt und sich zwischen der Seitenrinne (Rs) und der Muskelgrube (Gm) bis an das Querriff heranschiebt. Als Fortsetzung dieses oberen Theiles des Walles erscheint eine Erhabenheit, welche dem oberen Plattenrande ungefähr parallel läuft und die Seitenrinne proximal begrenzt. Der distal gelegene Theil des Walles begrenzt die Seitenrinne abwärts viel flacher, fällt aber nach dem unteren Rande der Platte in einem nach oben gekrümmten Bogen steil ab, bis sein innerer Flügel sich an den oberen Theil des Walles der unter ihm gelegenen Platte heranlegt. Durch diese scharfe Einbiegung des unteren Walles und eine schwache des oberen Walles der nächsten Platte entsteht, wenigstens nur mit Ausnahme der ersten dem Munde genäherten Platten (Taf. VI fig. 5), eine scharf umrandete ziemlich tiefe Grube. Ihr Boden ist flach und auf demselben ist der Verlauf der Plattengrenze bei günstiger Beleuchtung noch zu erkennen. Jedenfalls ist an dieser Stelle von einer Durchbohrung der Ambulacralien keine Rede (Taf. VI fig. 8 y). Das geht auch aus der Verflachung dieser Zwischengruben im proximalen Theil der Ambulacra deutlich hervor (Taf. VI fig. 5 y). Da diese Gruben sonst die tiefsten Einsenkungen in der Skulptur der Ambulacralien darstellen, so glaube ich, dass sich auf sie der Irrthum gründete, dass die Ambulacra von *Mesocystis* regelmässig von Poren durchsetzt seien. Von solchen ist also im ganzen Verlauf der Ambulacra nichts zu entdecken.

Das Vorhandensein der Gelenkflächen auf den Ambulacralien lässt über die Existenz von Fingern bei *Mesocystis* nicht im Zweifel. Die Zahl derselben entsprach natürlich der Zahl ihrer Träger und wurde bei Besprechung dieser auf circa 1000 berechnet, die grösste Zahl, die ich bei Cystoideen, Blastoideen und Cladocrinoideen beobachtet habe. Aus der geringen Grösse der Gelenkflächen geht hervor, dass sie ausserordentlich zierlich sein mussten. Ihre Grösse nahm distal und proximal allmählich ab, wie aus der Abnahme ihrer Gelenkflächen hervorgeht. Die Restauration der Finger eines Ambulacrums in Taf. VI fig. 1 ist leider insofern verunglückt, als die Finger sämmtlich zu gestreckt und scharf zugespitzt gezeichnet sind. Es sind mir ferner Zweifel aufgestiegen, ob die Finger so kurz waren, wie es jene Figur darstellt. Nach dem geringen Durchmesser derselben liess sich das allerdings vermuthen, aber wenn man bedenkt, einen wie riesigen Körper diese schmalen Ambulacralrinnen zu ernähren hätten, so möchte ich doch glauben, dass jene Finger bei aller Schlankheit nicht unerheblich länger sein konnten.

Die ventrale Bedeckung der Ambulacralrinnen erfolgt in normaler Weise durch kleine, unregelmässig geformte Plättchen, die am Insertionsrande ziemlich regelmässig aneinandergereiht sind (Taf. V fig. 5, Vr), aber oben für sich allein die Rinne nicht schliessen, so dass zwischen ihnen noch kleinere, unregelmässig gelagerte innere Ventralplättchen zur Ausbildung kommen (Taf. VI fig. 5, Vi). Wo solche vorhanden sind, musste die Rinne dauernd und unbeweglich geschlossen sein, da für ein Aufklappen dieser Plättchen nach keiner Seite gesorgt ist. Dies gilt besonders für den obersten Theil der Ambulacren (Taf. VI fig. 5 und 6), der infolge dessen einen geschlossenen Tunnel bildete, in dem die in den Fingern zusammengewimperte Nahrung dem Munde zugeführt wurde.

Im proximalen Theil der Ambulacra ändert sich deren Habitus nicht unerheblich gegenüber dem geschilderten Typus. Die Fingergelenke werden kleiner, ihre Umwallung wird einfacher, die Zwischengrube verschwindet durch allmähliche Verflachung (Taf. VI fig. 5, y). Schliesslich endigen plötzlich auch die Fingergelenke, so dass der oberste Theil der Ambulacra der Finger ganz entbehrte. Bemerkenswerth ist, dass auch hier (vergl. Taf. VI fig. 5) die erste Abzweigung eines Seitenarmes von der Hauptrinne vom Mund aus gerechnet nach links erfolgt.

Die durch die Ventralplättchen gebildeten Tunnel vereinigen sich im Centrum nicht, sondern bleiben ziemlich scharf individualisirt, wenn auch nicht so scharf wie dies in der Fig. 6 der Taf. VI zum Ausdruck kommt. Da sie sich ausserdem am Munde tief einsenken, so ist das Bild nicht so ungewöhnlich, wie es in genannter Figur erscheint.

Das Verhältniss der Ambulacralrinnen zum Thecalskelet bietet einige für Cystoideen bemerkenswerthe Eigenthümlichkeiten, die uns allerdings schon bei älteren Dichoporiten begegneten. Wenn wir zunächst den normalen mittleren Theil der Ambulacralfelder in dieser Hinsicht betrachten (vergl. Taf. VI fig. 7), so sehen wir, dass die Reihe der Fingerträger in scharfer Linie von den porentragenden Platten des interradialen Thecalskeletes abgesetzt ist. In der Nähe der Grenzlinie weisen die letzteren keine Poren auf. Betrachtet man nun die Anlagerung der Fingerträger an das Thecalskelet im Querschnitt, wie er in angeschliffenen Bruchstellen verschiedener Exemplare klar zu beobachten ist (Taf. VI fig. 4), so sieht man, dass die Fingerträger seitlich den interradialen Platten aufruhen, und dass letztere unter ihnen eine Brücke bilden. Die wesentliche Funktion dieser Platten als Stützen der Fingerplatten erhellt schon aus ihrer ungewöhnlichen Verdickung. Unterhalb der Ambulacralrinne schliessen nun aber diese Platten nicht vollkommen zusammen, sondern lassen z. Th. einen Kanal zwischen sich frei, der weder nach unten mit dem Kelchinnern noch nach oben mit der Ambulacralrinne durch bemerkenswerthe Poren in Verbindung steht (Taf. V fig. 6, Na; fig. 4, Na).

Neumayr hat diesen Kanal als Ambulacralkanal aufgefasst und wegen der hiernach infraskeletären Lage desselben *Mesocystis* mit den Echinoideen in Beziehung bringen wollen. Von einer solchen Auffassung jenes Kanales kann natürlich keine Rede mehr sein. Die radiären Ambulacralgefässe lagen über den Ambulacralien in der durch die Ventralplatten bedeckten Rinne (Taf. VI fig. 4, R). Der infraambulacrale Kanal findet dagegen sein vollständiges Analogon in den Axialkanälen der Blastoideen und Pentacrinoideen, die wahrscheinlich als rudimentäre Verbindungsgefässe der ursprünglich basal bezw. im Stiel gelegenen Genitaldrüsen mit deren definitiver Anlage auf den Ambulacren anzusehen sind. Eine andere Deutung erscheint überdies hier ausgeschlossen, da jener Kanal vollständig in das Skelet eingeschlossen ist und andere Organe wie Nerven, Cirkulations- oder Sekretionsorgane mit den Weichtheilen durch Poren in einer sichtbaren Verbindung stehen würden.

Das distale Ende der Ambulacralrinnen erhebt sich mit den angrenzenden Theilen des Kelchskelets relativ hoch, so dass die Pentamerie noch schärfer in die Erscheinung tritt. In der restaurirten Figur 1 der Tafel VI kommt dies leider nicht so scharf zum Ausdruck, als dies namentlich das NIKITIN'sche Exemplar des geologischen Comité in Petersburg zeigt. Unter dem in Fig. 3 dargestellten Ende der Rinne biegt das Skelet fast rechtwinklig in die konische Unterseite um. Der subambulacrale Kanal geht am Ende der Ambulacra in eine nach innen offene Rinne über.

Wenn man sich nach alledem die Frage vorlegt, wie sich die Ambulacralrinne morphogenetisch zum Kelchskelet verhält, so wird man zu der Ansicht gedrängt, dass sie sich nicht über das bereits entwickelte Kelchskelet hinübergeschoben hat, wie wir dies später als Regel bei einem grossen Theil der Diploporiten finden, sondern dass die Fingerträger von *Mesocystis* ursprünglich als Ambulacralia funktionirten und bei dieser Funktion von dem übrigen Kelchskelet sozusagen auf die Schultern genommen wurden. Die Nachbarplatten wurden zu Trägern derselben, indem sie sich verdickten, nach der Berührungsstelle zu die Poren verloren und sich schliesslich unter der Ambulacralrinne zusammenschlossen. Bei diesem Zusammenschluss nahmen sie wahrscheinlich einen an der Innenwand des Kelchskeletes unter den Ambulacren gelegenen Axialstrang ebenfalls auf ihre Schultern. Die Nothwendigkeit dieser Auffassung glaube ich daraus herleiten zu müssen, dass die ungemein kleinen Fingerträger relativ kräftige, mindestens relativ lange und deshalb stark muskulirte Finger tragen mussten. Wenn man einen aufmerksamen Blick auf die ausserordentlich kräftige und ich möchte sagen scharf gespannte Skulptur der Platten wirft (Taf. VI fig. 5 und 8), so überzeugt man sich von der Masse der Energie, die diese Theile aufzubringen hatten. Machen wir die sonst allein mögliche Annahme, dass sich die Ambulacra mit ihren Plättchen vom Mund aus über das Kelchskelet hinüberschoben, so bliebe das Verhältniss derselben zum Kelchskelet völlig unverständlich.

Die hier angenommene Entfaltung der Ambulacra lässt sich morphophyletisch herleiten aus dem Entwicklungszustand der Ambulacra der Chirocriniden. Die Entfernung von dem Zustande der letzteren beruht wesentlich nur in einer Vermehrung der Finger und ihrer Träger, der Ambulacralia. Dieser Sprossungsprocess muss nicht nur intensiver, sondern auch relativ früher eingetreten sein als bei den genannten und dadurch die Entfaltung einer riesigen Zahl kleiner Träger bedingt haben. Auch auf die Entwicklung der interambulacralen Platten dürfte diese Differenzirung nicht ohne Einfluss gewesen sein, insofern auch hier die Skelethildung in verhältnissmässig viele Centren zerlegt wurde.

Ueber das Darmsystem von *Mesocystis* lässt sich nicht viel sagen. Wir kennen nur die beiden Endpunkte desselben, Mund und After. Ersterer liegt von aussen nicht sichtbar unter dem Vereinigungspunkt der 5 bedeckten Ambulacralrinnen. Im analen Interradius bemerkt man eine Einsenkung unterhalb des Centrums der 5 Radien. Wie schon F. SCHMIDT zeigte, stellt dieselbe aber keine Durchbohrung, sondern wie gesagt nur eine Einsenkung dar. Dieselbe als Mund anzusprechen, wie HOFFMANN wollte, ist völlig ausgeschlossen, da der Mund der Pelmatozoen nichts anderes ist als die Stelle, wo die 5 radiären Wimperrinnen vereinigt in den Körper eintreten, eine an der betreffenden Stelle gelegene Oeffnung (Taf. VI fig. 6 x) aber nicht diesem Zweck gedient haben könnte, sondern eine unmittelbare Kommunikation des Mundes mit der Aussenwelt bedeutet haben würde.

Der After von *Mesocystis* liegt in einem nicht unerheblich breiteren Interradius, etwa $\frac{1}{3}$ der Kelchhöhe vom Munde entfernt. Er ist von einer einfachen etwa 8—10theiligen Klappenpyramide bedeckt. Ueber die Lage des Darmtraktus lässt sich danach keine Vermuthung anstellen, da die Wölbung der Theca eine durchaus gleichmässige ist, und auch die Lage der Afteröffnung auf die Richtung des Enddarmes keinen Schluss gestattet.

Die Poren von *Mesocystis* haben ein ovales Höfchen, dessen Rand bei guter Erhaltung ziemlich hoch war und immer nur zwei Porenkanäle vereinigt zeigt. Ihre Vertheilung auf den Interradialfeldern ist insofern gleichmässig, als nur die obersten Interradialia, die ich als Deltoidea betrachtete, und die den Ambulacren anliegenden Plättchen derselben in der Regel auf der den Ambulacren anliegenden Seite (Taf. VI fig. 3) entbehren. Das Verhältniss der Porenvertheilung auf den einzelnen Platten konnte ich erst an dem mir soeben noch zugegangenen neuen Exemplar von *Mesocystis* erkennen (Taf. XVIII fig. 9 a), da die vorher bekannten Individuen die Plattengrenzen nur schwer feststellen liessen. Hier nun, wo dieselben überall deutlich zu sehen sind, zeigte sich dieselbe charakteristische Stellung der Poren zu den Plattengrenzen, die ich pag. 118 bei *Glyptosphaerites* ausführlich besprochen habe. Diese Uebereinstimmung verweist auf die nahe Verwandtschaft beider Typen und beweist mindestens, dass jene auffälligen Nachklänge an die Anordnung der Dichoporen den Diploporiten tiefer im Blute steckte, als es bisher nach deren vereinzelten Vorkommen bei *Glyptosphaerites* noch scheinen konnte. Bei der sehr grossen Plattenzahl ist die der Poren eine recht beträchtliche. Da gewöhnlich 5—7 auf ein Plättchen kommen, dürfte deren Gesammtzahl 5000 wohl überstiegen haben.

Die Primärporen von *Mesocystis* sind nicht deutlich festzustellen. An dem Exemplar der Petersburger Universitäts-Sammlung bemerkt man (Taf. VI fig. 6, Pp) an dem Aussenrand des analen Deltoid drei Poren, deren mittlerer die seitlichen an Grösse übertrifft. Als Primärporen können diese gelten, aber es fragt sich, wie man sie im Einzelnen auffassen soll. Nach analogen Bildungsvorgängen bei den regulären Dichoporiten glaube ich annehmen zu dürfen, dass der mittlere grosse der Parietalporus ist und die seitlichen die Reste des an ihn herangedrängten Ringkanalschlitzes darstellen.

Zwei Exemplare von *Mesocystis* (Univ. Petersburg) zeigen eigenthümliche Warzen in dem analen Interradialfelde. Schon ihre regellose Vertheilung deutet darauf hin, dass dieselben mit dem Organismus in keinem inneren Konnex stehen, sondern als parasitäre Bildungen aufzufassen sind. Ganz ähnliche Warzenbildungen habe ich auch an obersilurischen Crinoideen Gotlands beobachtet. Die Organismen, die diese Exkretionen seitens des Hautskeletes hervorriefen, sind offenbar nicht mit *Myzostoma* zu identificiren, den v. Graff als Erzeuger von Deformitäten bei lebenden und mesozoischen Crinoiden beschrieb (1888, II, 183). Um bohrende oder stechende Würmer mag es sich wohl aber auch hier gehandelt haben. Bei *Mesocystis* im Besonderen scheint es, als ob die Warzen deformirte Doppelporen seien. Dann liegt die Wahrscheinlichkeit nahe, dass die Parasiten in die Poren eindrangen und eine entzündliche Exostose des Porenwalles veranlassten. Die Nähe des Afters und der dortige Austritt organischer Fäkalien erklärt wohl auch die Niederlassung von Parasiten gerade in dem analen Interradialfelde. Das schliesst aber natürlich die Möglichkeit nicht aus, dass solche Warzen auch an anderen Stellen vorkommen.

Die bisher bekannten Individuen, die ich sämmtlich untersucht habe, lassen sich in eine Art vereinigen.

M. Pusyrewskii Hoffmann sp. (sub *Mesites*) 1866, V, 1. Unteres Untersilur (Glauconit- und Vaginatenkalk) bei Iswos am Wolchow bei St. Petersburg. Theca etwa 50 bis 60 mm hoch und etwa 55 bis 75 mm dick, mit circa 200 Fingern auf etwa 2 mm breiten Ambulacralfeldern. Interradialplatten, abgesehen von den Poren, mit glatter Oberfläche. (2 Exempl., darunter die Orig. von Hoffmann und Fr. Schmidt, in der Univ. Petersburg, 1 Ex. Comité geologique, Orig. Nikitin's, 2 Ex. Acad. ebendort, 1 Ex. Mus. Berlin.) Taf. VI, XVIII, fig. 7, 8.

Asteroblastus Eichwald 1861 (III, 62).

Syn. *Protocrinites* Eichw. z. Th., *Asterocystis* Haeckel.

Die unvollkommene Beschreibung dieses Typus durch Eichwald ist 1874 (I, 29) durch Fr. v. Schmidt in sorgfältigster Weise ergänzt und um die Aufstellung einer neuen Art bereichert worden. Seinen Angaben kann ich nach sorgfältigem Studium der bisher bekannten Exemplare nur wenig hinzufügen. Haeckel trennte 1896 (II, 116) die Art *A. tuberculatus* unter einem neuen Gattungsnamen *Asterocystis* von *Asteroblastus* ab, es liegt aber meines Erachtens kein Grund vor, die Etappen eines einzelnen Differenzirungsprocesses aus einem in jeder andern Hinsicht so eng geschlossenen Rahmen herauszureissen.

Definition. Theca unten gerundet konisch, oben von 5 breiten Ambulacralfeldern flacher abgestutzt; letztere mit wenig zahlreichen, breit gestellten Fingern. Die interradialen Platten polygonal, irregulär geordnet, die fingertragenden in die Breite gezogen, stark skulpturirt, ein breit lancetförmiges Feld bildend. Poren in den Interradialfeldern. After in einem solchen ziemlich hoch gelegen mit einfachem Klappenverschluss. Stiel ziemlich dünn, aus einfachen molaren Gliedern zusammengesetzt.

Die allgemeine Form von *Asteroblastus* ist durchaus blastoideenartig. Der Kelch zerfällt in eine untere schüsselförmige Hälfte, die aus polygonalen Plättchen besteht und von dem in sie nicht eingedrückten Stiele getragen wird. Die obere Hälfte des Kelches wird wesentlich durch die Ambulacralfelder gebildet, welche wie die Petalodien eines Clypeastriden den Mund umgeben. Die Ambulacralfelder waren jederseits mit Fingern besetzt, deren Länge jedenfalls den Scheitel der Theca nicht unerheblich überragte.

Es giebt unter den Cystoideen keinen von so harmonischer Form wie *Asteroblastus*, und keinen Echinodermentypus, bei dem einer vollendet harmonischen Regulirung eines Theiles des Körperskeletes wie der ambulacralen Oberseite von *Asteroblastus* eine so nüchterne Indifferenz der anderen wie hier der unteren Körperhälfte gegenüberstände. Dieser Gegensatz verdient allein schon genauer betrachtet zu werden. Die führenden Linien der Thecaloberseite (Taf. VII fig. 2) habe ich in nachstehender Figur in ihrer ganzen mathematischen Schärfe herausheben wollen. Dieselben sind auf 3 ineinander geschaltete Pentagramme zurückzuführen, von denen das mittelste durch die weiss gelassenen Deltoidea, der übrige Raum des mittleren durch die Poralia, der des dritten durch die

Ambulacralfelder eingenommen wird. Im Centrum liegt der Mund: im übrigen zeigt sich klar aus der Figur, dass das ganze System der Linien bestimmt ist durch den Axenstern, der durch den Verlauf der 5 Radiärstämme des Ambulacralsystemes gebildet wird. Die formgebende Bedeutung des letzteren tritt dadurch klar heraus. Während sich sonst die Seitenäste der Ambulacralstrahlen genau alternirend abzweigen, fügt sich die Abzweigung hier so dem Charakter des Pentagrammes ein, dass die links und rechts korrespondirenden Seitenäste nahezu von einem Punkte ausgehen und dadurch die Deltoidform der Ambulacralfelder stufenweise wiederholen.

Ganz überraschend ist wie gesagt die Aehnlichkeit der Gesammtform mit der der Blastoideen und speciell mit deren Hauptgattung *Pentremites*; sie erstreckt sich aber, wie

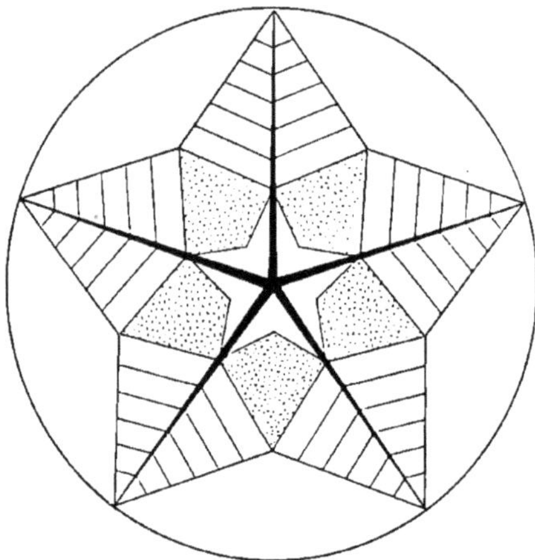

Fig. 84.
Die Leitlinien der Oberseite von *Asteroblastus* schematisirt.

aus nachstehender Beschreibung hervorgeht, nur auf die äussere Form. Dass diese trotz der vollständigen Verschiedenheit der morphogenetischen Grundlage so scharf zum Ausdruck kommt, ist auch wieder ein eklatanter Beweis für die formgebende Bedeutung der ambulacralen Organe, die ja bei Cystoideen und Blastoideen von Haus aus denselben Charakter haben.

Die Ambulacralfelder von *Asteroblastus* sind petaloidisch in ihrem Umriss und bestehen aus zwei Reihen schmal-oblonger Platten, deren distales Ende die Gelenkfläche für den Finger trägt. Sie nehmen nach unten an Grösse ab; die obersten sind die grössten und breitesten. Die Form der letzteren entfernt sich darin von der aller übrigen, dass sie sich median in die radiale Einbuchtung zwischen den Poralien nach oben verbreitern (fig. 3, 4). Die Tentakelrinnen verlaufen bei ihnen in der mittleren Höhe der

Platte, bei den übrigen aber am Oberrand. Die Zahl der Finger schwankt im einzelnen Ambulacrum zwischen 16 bei *A. tuberculatus* und 11 bei *A. Volborthi*. Da diese Formen in anderer Hinsicht die Endpunkte der Differenzirung innerhalb der Gattung bezeichnen und *A. tuberculatus* mit seinen indifferenten Interradialfeldern unzweifelhaft die primitivere Art ist, so ergiebt sich daraus, dass sich die Fingerzahl innerhalb der Gattung *Asteroblastus* verringerte. Das steht im Einklang mit den pag. 375 erläuterten Auffassungen der Morphogenie der Mesocystiden. Die Gelenkflächen für die Finger sind deutlich skulpturirt und zeigen zu beiden Seiten der in sie mündenden Tentakelrinne je einen ovalen Muskeleindruck, ausserhalb derselben ein Querriff, an dessen Innenkante die Tentakelrinne endet, um auf den Finger selbst überzutreten, und dessen Aussenrand die längliche Ligamentgrube vorgelagert ist (Taf. VII fig. 4). Ueber die Finger selbst müssen wir weiteres, besser erhaltenes Material abwarten als das bisher bekannte, von dem zwar das Taf. VII fig. 1 abgebildete Stück die Finger als solche deutlich zeigt, aber über deren feineren Bau keinen klaren Aufschluss giebt. Mir schien es fast, als ob diese Finger einzeilig gebaut waren, dem steht aber die Angabe Fr. v. Schmidt's gegenüber, dass sie anscheinend zweizeilig seien. Ich weiss nicht, ob Schmidt dabei noch anderes Material als mir vorlag. Herr Baron v. Wöhrmann theilte mir auf meine Bitte, diesen Punkt nochmals zu prüfen, mit, dass sich die Frage an dem Petersburger Material nicht mit Sicherheit entscheiden lasse.

Fig. 85.
Ein Fragment von *Asteroblastus tuberculatus* Schm. vergröss. Unter-Silur. St. Petersburg.

Alle Platten der Theca, die nicht als Träger von Fingern specialisirt sind, zeigen ein mehr oder weniger indifferentes Verhalten, allerdings mit Ausnahme der obersten interambulacralen Platten, die ich bereits pag. 373 besprach und mit den Deltoideen der älteren Dichoporiten verglich. Die übrigen sind polygonal, bei den bisher bekannten Arten ziemlich dick und grubig skulpturirt. Bei *A. tuberculatus* reicht diese Indifferenz bis an die obersten Platten unterhalb der Deltoidea oder Oralia (Or), indem auch diese oberen Platten unregelmässig polygonal umrandet sind und Doppelporen besitzen. Bei *A. foveolatus* und *Volborthi* aber werden die obersten interradialen Platten, die genannten Deltoidea oder Oralia (Or) und die darunter liegenden Platten (Ors, Taf. VII fig. 5, 6, 2) durch obere Verbreiterung der Ambulacralfelder von dem übrigen Theil der Interradialfelder abgeschnürt und dadurch zu besonderen Feldern. Diese sekundäre Sonderung wird noch dadurch erhöht, dass sich bei den genannten Arten die Poren auf diesen Suboralien (Ors) lokalisiren (Taf. VII fig. 6), während dieselben auf den übrigen Interradialien verkümmern, indem sie entweder aussen verwachsen (Taf. VII fig. 8, 10) oder ganz verschwinden (fig. 10). Haeckel hatte auf Grund dieser Verschiedenheit von *Asteroblastus* die Gattung *Asterocystis* abgetrennt, aber die vorliegenden Unterschiede sind meines Erachtens zu unwesentlich, um eine Zerlegung der Gattung *Asteroblastus* zu rechtfertigen.

Die Normalform der einzelnen interradialen Platten ist unregelmässig polygonal bei beträchtlicher Dicke und rauher Skulptur, die zwischen einer echten Spannleistenbildung und unregelmässiger Tuberculirung schwankt (Taf. VII fig. 8, 10b, 11). Im übrigen wird die Oberfläche zum Theil beeinflusst durch die Poren, die bei beträchtlicher Grösse grubige Vertiefungen zwischen den Höckern der Oberfläche hervorrufen und diese dadurch noch rauher erscheinen lassen (fig. 11). Diese Erscheinung beschränkt sich aber auf die oberen Platten und findet ihren stärksten Ausdruck in den grossen Porenplatten von *A. foveolatus*, deren Oberfläche durch die Poren ihre Signatur erhält. Die seitliche Anlagerung der Platten aneinander erfolgt selten mit glatten Flächen, sondern meist unter Faltung der Randzone (Taf. VII fig. 10). Die von den Ambulacren nicht beeinflusste Unterseite der Theca ist durchaus regellos zusammengesetzt. Das ist aus der seitlichen Ansicht Taf. VII fig. 2a deutlich zu entnehmen. Nur unter den vorragenden Spitzen der Ambulacralfelder ist regelmässig eine Platte gelagert, deren Form offenbar durch das Ueberragen der Felder bestimmt ist. In Taf. VII fig. 2b bilden diese die Ecken des pentagonalen Umrisses, unterhalb und zwischen denselben sind aber die Platten ohne jedes System angelegt und sehr verschieden in Grösse und Form. Die Abbildung des neuen Exemplares (Taf. XVIII fig. 9) zeigt noch deutlicher den regellosen Wechsel grösserer und kleinerer Plättchen. An allen Individuen markiren sich auf den unteren Thecalplatten Spannleisten, die von den Spitzen der Ambulacralfelder ausgehen und auf den übrigen Platten ein zierliches Netz radialer Leisten hervorrufen.

Die Basis der Theca wird an dem von Fr. Schmidt beschriebenen Original-Exemplar Eichwald's von einem viertheiligen Plattenkranze gebildet (Taf. VII fig. 2b). Das Gleiche ist bei den beiden neuen Taf. XVIII abgebildeten Individuen der Fall, so dass wir diese Zusammensetzung des Basalkranzes für *Asteroblastus* als typisch ansehen können. Diese Thatsache ist wohl nicht ohne morphologische Bedeutung, wenn wir uns vergegenwärtigen, dass diese Vierzahl des Basalkranzes für alle älteren Dichoporiten charakteristisch ist. Wenn auch die meisten Diploporiten hierin regellose Verhältnisse zeigen, so erklärt sich das doch wesentlich daraus, dass bei ihnen der Stiel nicht mehr scharf von der Theca gesondert war. Hier bei *Asteroblastus*, wo diese Vorbedingung erfüllt ist, findet sich nun in der That die alte Zahl wieder. Auffallend bleibt dabei allerdings, dass *Mesocystis* anscheinend hierin abweicht, um so mehr, als der Stiel bei dieser Form tief eingedrückt war und also die Form der Basis, die wir bei den älteren Dichoporiten fanden, noch vollkommener wiederholt.

Vom Stiel sind bisher nur die obersten Glieder an dem Taf. VII fig. 1 abgebildeten Individuum von *A. Volborthi* beobachtet. Dieselben sind mühlsteinartig, haben einen relativ engen Axialkanal und zeigen wie die Stielglieder höherer Pelmatozoen an der Peripherie der Nahtflächen radiale Ligamentfurchen.

Die Poren von *Asteroblastus* ordnen sich im Bau durchaus dem Typus der Diploritiden unter, erlangen aber hinsichtlich der Vertheilung derselben am Körper den specialisirtesten Typus innerhalb jenes Formenkreises.

Die Form der einzelnen Doppelporen (Pd) ist aus Taf. VII fig. 6 und 11 am besten ersichtlich. Innerhalb eines stark vertieften Porenfeldes, dessen Wall (Pw) in halber Höhe noch einen Absatz aufweist, liegen die beiden ziemlich grossen, durch eine schmale Brücke (Pb) getrennten Porenöffnungen (Po). Dieser Typus der Doppelporen, wie er uns in den Poralien (So) entgegentritt, erscheint in den unteren Interradialplatten (vergl. fig. 11) etwas verwischt, ist aber auch dort noch deutlich erkennbar. Die innere Ausmündung der Porenkanäle (Pc) ist aus der Abbildung fig. 5a zu ersehen. Die Innenseite ist hier schwach angeschliffen, da ihre Rauhigkeit die Poren wenig deutlich hervortreten liess. Man bemerkt an diesen Innenöffnungen deren ungleichmässiges Lumen und deren unregelmässige Vertheilung. Nicht selten sind die Porenkanäle an der Seitenwand der Platten in ihrem vertikalen Verlaufe deutlich zu erkennen (fig. 11 a, Pe). Auf den unteren Interradialplatten sind die Poren in der Regel verkümmert, wenigstens auf der Aussenseite der Platten verwachsen; dagegen erkennt man auf deren Innenseite (fig. 9a) noch bisweilen die Oeffnungen (Pe) der Kanäle. Auch vertikale Rillen (y) an der Seitenwand der Platten, wie sie sich in fig. 10 und 4a zeigen, glaubte ich zunächst als Porenkanäle ansprechen zu müssen; ein mir soeben noch zugehendes unteres Thecalfragment belehrt mich aber, dass dieselben Rudimente einer Spannleistenbildung sind, in deren Falten bei genannter Form auch die Poren randlich eingelagert sind. Ihre Zahl ist gering, sodass meist nur 2—3 auf einer Plattengrenze liegen, aber ihre Einlagerung zwischen die Spannleisten scheint hier ein sehr primitives Stadium der Porenbildung überhaupt zu reproduciren.

Die Lokalisirung der Poren auf den sog. Poralien geht offenbar Hand in Hand mit der Abschnürung dieser Platten von dem übrigen Interradialfeld. Bei *A. tuberculatus* (Textfig. 85) sind mindestens noch die drei oberen Interradialplatten unterhalb der Deltoidea mit Poren besetzt, wie Taf. VII fig. 11 zeigt, die eines dieser Plättchen vergrössert darstellt. Die Anreicherung der Poren in den Poralien von *A. foveolatus* schwankt um mehr als das Doppelte, wie ein Vergleich der Figuren 3, 5 und 6 der Tafel VII beweist. Die Lokalisirung der Respiration erfolgt dabei hier an denselben Stellen, wo bei den Echiniden die Mundkiemen liegen, deren Lage wir ja auf Grund der sog. Peristomschlitze stammesgeschichtlich weit zurückverfolgen können.

An einem der Exemplare der Petersburger Universitäts-Sammlung glaube ich die bisher nicht bekannte Afteröffnung unmittelbar unter einer der grossen Porenplatten erkannt zu haben. Die letztere wurde durch den Anus bogig angeschnitten. Dieser ist in vertikaler Richtung etwas höher als breit und nimmt in letzterer Richtung etwa $^{1}/_{10}$ des Thecaldurchmessers ein.

Der wichtigste Entwicklungsprocess innerhalb der Gattung ist die Abschnürung der obersten porentragenden Platten von dem übrigen Interradialfelde. Da sich das Thecalskelet bei allen Differenzirungen als passiv erweist, so ist die Abschnürung offenbar auf die Verbreiterung der Ambulacralfelder als Ursache zurückzuführen. Diese letztere aber kennzeichnet den Abschluss der Verbreiterung der fingertragenden Platten, die gegenüber *Mesocystis* für *Asteroblastus* in erster Linie charakteristisch ist. Den physiologischen Zweck dieser Differenzirung erblicke ich darin, dass den ernährenden Fingerrinnen ein möglichst breites Aktionsfeld eingeräumt wurde.

Dass eine so ausgeprägt blastoideenartige Form mit diesen in phylogenetischen Konnex gebracht wurde, kann nicht befremden, und dass man *Asteroblastus* unter diesen Umständen zur Stammform der Blastoideen machen wollte, ist auch erklärlich, da er seinem geologischen Alter nach den ältesten Vertretern der Blastoideen vorangeht. Nun fanden wir aber die Charaktere der letzteren Punkt für Punkt vorbereitet bei der Gattung *Cystoblastus*, und wir werden uns später bei Betrachtung der Blastoideen überzeugen, dass diese unter allen Umständen als phyletisches Durchgangsstadium eine Organisation durchlaufen haben müssen, wie sie uns real in *Cystoblastus* entgegentritt. Gegenüber den engsten Homologien, die hier zu Tage treten, ist die Aehnlichkeit zwischen *Asteroblastus* und *Cystoblastus* bezw. den Blastoideen nur auf die äussere Form beschränkt. Die Zusammensetzung ihres Skeletes, der Bau der Ambulacralfelder, die Organisation und Vertheilung der Poren bieten nicht die geringste Uebereinstimmung. Zudem sind die formalen Beziehungen von *Asteroblastus* zu *Cystoblastus* noch geringer als zu den Blastoideen, die ihm durch das Verschwinden der äusseren Porenrauten und durch Vereinfachung der oberen Thecalhälfte entschieden näher gerückt sind. Da die in sich so einheitlichen Blastoideen aber nur entweder von *Cystoblastus*- oder von *Asteroblastus*-artigen, nicht aber von zwei so verschiedenen Typen abstammen können, so scheidet damit *Asteroblastus* ohne jede Frage aus der Stammreihe und näheren Verwandtschaft der Blastoideen aus.

Uebrigens würde auch seine geologische Verbreitung einer solchen Beziehung viel weniger das Wort reden als die von *Cystoblastus*. Denn letzterer geht in wesentlich höhere Schichten des Untersilur hinauf als *Asteroblastus*, der nach den bisherigen Daten bereits im Vaginatenkalk des tieferen Untersilur ausstarb und also durch eine sehr beträchtliche Lücke von dem ersten Auftreten der Blastoideen getrennt war.

Ueber das Verhältniss von *Asteroblastus* zu *Mesocystis* im Rahmen der Familie habe ich mich bereits pag. 374 ausgesprochen und betone nur noch einmal, dass *Asteroblastus* allem Anschein nach seine höhere Organisation gegenüber *Mesocystis* durch harmonische Ausgestaltung eines indifferenten Durchgangsstadium seiner Ontogenie erreicht hat. Dabei dürfte die höhere Energie und die verhältnissmässig frühe Anlage der ersten Finger eine entscheidende Bedeutung für die Formung des Körpers gehabt haben. Während wir uns die Entstehung zahlreicher Cystoideen nur durch eine Hemmung ihrer Ontogenie durch umgebende Lebensbedingungen erklären konnten, ist hier die Ursache der Aenderung wohl in einer Steigerung der individuellen Leistungskraft zu erblicken.

Durch die letzten seitens der Academie der Wissenschaften in St. Petersburg veranlassten Aufsammlungen ist ein neues Exemplar von *Asteroblastus* gefunden, welches offenbar den Grenzschichten von Glauconitkalk und Vaginatenkalk angehört.

Von den bisher bekannten Individuen der Gattung war das geologische Altersniveau nicht direkt beobachtet. Fr. v. Schmidt vermuthet, dass zwei derselben (*A. foveolatus* und *Volborthi*) aus dem Chloritkalk und die dritte Art (*A. tuberculatus*) aus dem Orthocerenkalk stammt. Nun erscheinen die beiden ersteren morphologisch entschieden specialisirter und deshalb jünger als *A. tuberculatus*, so dass sich daraus Bedenken gegen die Altersangabe entwickeln.

Die bekannteste der Arten ist von Eichwald als *Asteroblastus stellatus* zum Typus der Gattung gemacht worden. Auch Schmidt hat die Art unter diesem Namen übernommen, welcher aber nach den Regeln der Priorität der Benennung *foveolatus* weichen muss, die Eichwald (1860 I, 623) für eine isolirte, aber unzweifelhaft kenntliche Porenplatte (Taf. VII fig. 5) mit ansitzendem Deltoid eingeführt hatte. Dass er dieses Fragment zunächst zu *Protocrinites* stellte, berührt ja die Benennung der Species nicht. Ich zähle die ersten 3 Arten nach dem Grade ihrer Specialisirung auf.

A. tuberculatus Fr. Schmidt 1874 (I, 33). Unteres Untersilur (Vaginatenkalk), Pawlowsk bei St. Petersburg. Mehrere porentragende Platten zwischen den Deltoideen und den Ambulacralfeldern, letztere oval, Oberfläche der nicht fingertragenden Thecalplatten granulirt. (1 Orig.-Ex. mehrerer Platten Acad. Petersburg.) Fig. 85 pag. 385, Taf. VII fig. 11.

A. Volborthi Fr. Schmidt 1874 (I, 32). Unteres Untersilur von Pawlowsk bei St. Petersburg. Nur je ein grosses längliches Porale zwischen den Deltoiden und den ovalen Ambulacralfeldern. Interradiale Kelchplatten relativ gross, wenig zahlreich, radial gerippt. (2 Orig.-Ex. Coll. v. Volborth Acad. Petersburg.) Taf. VII fig. 1.

A. foveolatus Eichwald sp., sub *Protocrinites* 1860 (I, 625) (syn. *A. stellatus* Eichw.). Unteres Untersilur (Vaginatenkalk) bei Petersburg. Je ein Porale von ovaler Form zwischen den schmalen Deltoidea und den geradseitig zugespitzten Ambulacralfeldern. Interradiale Thecalplatten zahlreich, unregelmässig gerippt. (1 Ex. Univ. Petersburg, mehrere Fragmente Acad. Petersburg.) Taf. VII fig. 2—7.

A. sublaevis n. sp. Unteres Untersilur (unterer Vaginatenkalk) von Obuchowo, St. Petersburg. Nur Unterseite bekannt; deren Platten fast glatt und dick vorgewölbt, die vier Basalia relativ gross, Poren in geringer Zahl besonders an den Plattengrenzen. (1 Orig.-Ex. Acad. Petersburg.) Taf. XVIII fig. 10.

Ueber die Gattung *Blastoidocrinus* Billings 1859 (I, 18) habe ich mir noch kein abschliessendes Urtheil bilden können. Canadische Exemplare dieses Typus lagen mir nicht vor, und von den russischen sind mir leider die vollständigsten Taf. VII fig. 12, 13 nach Fr. Schmidt kopirten Stücke nicht zu Gesicht gekommen. So lagen mir nur einzelne Fragmente aus der Volborth'schen Sammlung der Petersburger Academie vor, die kein vollständiges Bild der Organisation lieferten. Die Ambulacralfelder sind anscheinend nur aus einer Doppelreihe fingertragender Plättchen zusammengesetzt, also nicht wie bei den Blastoideen aus 4 Reihen. Poren wurden von Fr. Schmidt (vergl. Taf. VII fig. 12) als kurze Faltenporen am Rand einer Platte gezeichnet, es scheint mir aber, dass diese nur randliche Einfaltungen der Thecalplatten sind, wie wir sie auch bei *Asteroblastus* antrafen. Bemerkenswerth ist ferner die Existenz der scheerenförmigen Deltoidea, wie wir sie bisher nur von den Mesocystiden kennen. Das übrige Kelchskelet wird von grossen Platten gebildet, über deren Zusammensetzung aber aus den bisherigen Beschreibungen kein klares Bild zu gewinnen ist. Die Unterseite soll nach Billings durch den Stielansatz eingedrückt sein, auch diese Eigenthümlichkeit würde mit *Mesocystis* im Einklang stehen. Wenn Fr. Schmidt dagegen angiebt, dass die Unterseite eher konisch nach dem Stielansatz verjüngt sei, so würde diese Ausbildung zwar zu *Asteroblastus* passen, aber jedenfalls beweisen, was ja auch wahrscheinlich ist, dass die russische Form nicht mit der canadischen specifisch ident ist. So wahrscheinlich mir auch vorläufig die Zugehörigkeit von *Blastoidocrinus* zu den Mesocystiden ist, so möchte ich doch weiteres Material abwarten, ehe ich über seine morphologische Stellung ein bestimmtes Urtheil ausspreche.

Fam. Sphaeronidae.

Der Name Sphaeronitiden wurde von M. Neumayr 1889 (II, 412) für eine Ordnung gebraucht, die ausser den meisten Diploporitiden auch verschiedene Thecoideen enthalten sollte. Innerhalb dieser Ordnung fasste er dann etwa als ‚Familie' der Sphaeronitinen die Gattungen *Sphaeronites*, *Glyptosphaerites*, *Eucystis*, *Proteocystites* und *Protocrinus* zusammen, Formen, die hier auf drei verschiedene Familien vertheilt sind. Der hier aufgestellte Begriff deckt sich also mit keinem der von Neumayr ähnlich bezeichneten Formenkreise. Dass ich trotzdem auf den Namen *Sphaeronites* als Träger der Familienbezeichnung nicht verzichten wollte, hat darin seinen Grund, dass diese weitaus die bekannteste Gattung der Familie ist, und die systematischen Abtheilungen von Neumayr von ihm selbst nur als provisorische betrachtet worden sind. E. Haeckel benannte 1896 (II, 94) einige der hier zusammengefassten, sowie einige hypothetische und sachlich unhaltbare Gattungen als *Pomocystida* nach einer von ihm für eine Species von *Sphaeronites* aufgestellten Gattung *Pomocystis*. Da ich letztere nicht für berechtigt halte, konnte ich auch den darauf gegründeten Familiennamen nicht übernehmen.

Definition. Theca stiellos, mit der Unterfläche aufgewachsen, mit Ausnahme der 5 adoralen die Ambulacra tragenden Platten ganz irregulär skeletirt. Ambulacra pentamer, die Radiärstämme unmittelbar am Munde gegabelt, die Fingeransätze auf die den Mund umgebenden Platten beschränkt, so dass die Finger eines Radius nebeneinander auf einer Platte ruhen. After ziemlich hoch, Madreporit und Parietalporus meist getrennt erhalten. Thecalporen einfach gebaut und regellos vertheilt.

Die allgemeine Form der Theca ist, soweit überhaupt vollständige Exemplare vorliegen, eiförmig, wobei das untere Ende zur Anheftung abgestutzt, das obere aber halbkuglig gewölbt ist. Die Grösse der Theca unterliegt beträchtlichen Schwankungen. *Eucystis* überschreitet in seinen älteren schwedischen Arten kaum die Grösse einer Erbse, während seine devonischen Vertreter etwa Haselnussgrösse erreichen. *Sphaeronites* wird etwas grösser, die böhmischen Formen (*Archegocystis*, *Codiacystis*) werden mehr als walnussgross, und die französischen Arten der Gattung *Calix* erreichen die Grösse stattlicher Birnen.

Die Zusammensetzung der Theca ist durchaus irregulär. Die Zahl der Platten unterliegt dabei weitgehenden Schwankungen. Bei *Eucystis* beträgt deren Zahl bisweilen nur etwa 15, während bei *Codiacystis*, *Archegocystis* und *Calix* deren Zahl wohl auf mehrere Hundert steigen kann. Man ersieht dabei schon aus dem Alter der betreffenden Formen, dass die geringeren Zahlen nicht ohne weiteres als primär aufzufassen sind.

Die Ambulacra entsprechen mit den sie tragenden Platten den *„Hydrophores palmés“* Barrande's, die nichts anderes als solche isolirte ambulacrale Plattenkränze sind. Die Ambulacra sind stets pentamer entwickelt, aber radiär sehr wenig ausgedehnt. Ihre regelmässige Gabelung erfolgt immer in unmittelbarer Nähe des Mundes, aber verschieden oft und in etwas verschiedener Weise. Bei *Archegocystis* (Taf. III fig. 4, 5) sind 6 bis 7 Theiläste vorhanden, an deren jedem ein Fingergelenk sass. Die Theilungsart ist dabei eine sehr eigenthümliche, indem sich die ungetheilten fingertragenden Aeste immer links abzweigen. Bei der letzten Gabelung ist das natürlich nicht mehr zu entscheiden, da hier beide Theiläste gleichwerthig sind. Bei *Codiacystis* (Taf. IV fig. 8a) erfolgt zunächst eine Hauptheilung in zwei Astgruppen, deren jede etwa 3 Aeste und eben so viele Finger aufweist. Die Ansätze der letzteren liegen dabei dichtgedrängt in einer Linie und haben bei flacher Oberfläche einen vierseitigen Umriss. Bei *Sphaeronites* sind diese Verhältnisse nicht so klar zu erkennen und wohl von ANGELIN 1878 (I, T. XI) zum Theil schematisch dargestellt worden. An den mir bekannt gewordenen Exemplaren von *Sphaeronites* ist die Oberfläche meist abgerieben, die Zahl ambulacraler Rinnen kaum und Fingergelenke überhaupt nicht zu erkennen. Das ist auch an den böhmischen Formen nicht wesentlich besser, obwohl diese etwa zwei- bis dreimal so gross sind wie die nordischen Sphaeroniten. Die ausnahmsweis günstige Erhaltung des Taf. IV fig. 8a abgebildeten ambulacralen Plättchens erklärt sich dadurch, dass dieses beim Zerfall der Theca in diese hineingesunken und durch diese geschützt war. Taf. IV fig. 8x zeigt dasselbe in natürlicher Lage und Grösse nebst einigen anderen isolirten Thecalplättchen auf der Innenfläche des Thecalbodens. Gewöhnlich erscheint das Bild so, wie es Taf. IV fig. 12 zeigt, und ich halte es auch nicht für ausgeschlossen, dass die Theilung der beiden Astgruppen nicht immer so scharf zum Ausdruck kommt, wie bei dem Taf. IV fig. 8a abgebildeten Radiärstamm. Bei *Sphaeronites* dürfte jedenfalls die minimale Grösse nicht ohne Einfluss auf die ontogenetische Reproduktion derartiger mechanisch schwieriger Organanlagen geblieben sein. Sicher ist aber, dass gelegentlich bei *Sphaeronites pomum* nur eine einmalige Theilung der Radiärstämme eintrat, und also in Summa 10 Finger vorhanden waren (Taf. IV fig. 9). Daneben kommen aber sicher auch Formen mit je drei Theilästen und also 15 Fingern vor. Bei *Sphaeronites sulciferus* ANG. konnte ich mich persönlich hiervon überzeugen. Diese Zahl scheint für die Formengruppe charakteristisch zu sein, die ANGELIN mit den Artnamen *oblongus, minutus uva* und *sulciferus* bezeichnete. Mit ANGELIN möchte ich aber auf die Fingerzahl kein zu grosses Gewicht legen, da diese bei anderen Sphaeroniden unstreitig individuell, ja sogar an den einzelnen Radien desselben Individuums Schwankungen unterliegt. E. HAECKEL glaubte in der Ausbildung der Ambulacra bei den Sphaeroniden den ersten Anfang einer radiären Vorschiebung ambulacraler Organe erblicken zu müssen und betrachtete die Fingergelenke als die Ansatzstellen von „Pinnuletten“ als ersten Vorläufern armartiger Organe. Diese Auffassung bleibt aber nicht haltbar, wenn man erwägt, dass typische Arm- bezw. Fingerbildungen bereits im Cambrium bei den Vorfahren der Cystoideen vorhanden waren, und dass sich die betreffenden Gelenke bei guter Erhaltung (Taf. IV fig. 8a) nicht wesentlich von denen verwandter Diploporiten unterscheiden, bei denen wir die typischen Finger noch ansitzen sehen (Taf. V fig. 7). Da ferner die Entfaltung der einzelnen Radiärstämme bei älteren Cystoideen eine reichere war als bei *Sphaeronites*, so muss die Entfaltung einer geringen Zahl von Theilästen und Fingern bei dieser Gattung als eine sekundäre Unterdrückung in der Anlage der Ambulacra aufgefasst werden. Unter diesen Umständen stellen auch die Fingerzahlen 10 und 15 nicht, wie HAECKEL annahm, wichtige Etappen einer aufsteigenden Entwicklung, sondern unwesentliche Degenerationsverschiedenheiten dar. Bis zu der hypothetischen Gattung *Pomonites* HAECK. mit ungetheilten Radiärstämmen, die also mit 5 Pinnuletten den Ausgangspunkt der Ambulacralentfaltung und der Cystoideen bilden sollte, schreitet die Degeneration übrigens soweit bekannt nicht vor. Seine

Sphaeronis und *Pomocystis* mit 10 und 15 Fingern fallen in jeder Beziehung unter den alten Begriff *Sphaeronites*, und das angeblich 20 Finger tragende Original seiner Gattung *Pomosphaera* lässt nichts weniger als deutliche Fingeransätze erkennen, besass deren aber nach dem Gesammtumriss der zusammengehörigen Gelenkflächen deren je drei in einem Radius (vergl. *Sphaeronis oblonga* ANGELIN l. c. T. XI fig. 18). Auch HAECKEL's Angabe, dass *Eucystis* je 5, also in Summa 25 Finger besass, ist völlig aus der Luft gegriffen, da ANGELIN diese Verhältnisse wesentlich anders und durchaus deutlich dargestellt hat. Die Zahl der Fingeransätze variirt hier ungewöhnlich stark in den einzelnen Radien, erreicht wohl aber nur ganz ausnahmsweise die Zahl 5. Das nach einem Exemplar des Berliner Museums gezeichnete Bild Taf. IV fig. 10 dürfte dem normalen Typus der Ambulacralentwicklung bei den älteren Arten von *Eucystis* entsprechen. Bei den jüngeren und vor allem bei der devonischen Art Böhmens *E.* (*Proteocystites*) *flavus* BARR. sp. (Taf. IV fig. 7) erfährt der Typus der Sphaeroniden allerdings insofern eine bemerkenswerthe Modifikation, als wiederum einzelne der Theiläste über die Grenze der ambulacralen Platte herausrücken, die bei den älteren Sphaeroniden die gesammten Theiläste eines Radiärstammes und deren Fingeransätze auf ihrer Fläche vereinigen (Taf. IV fig. 8a). Trotzdem dadurch eine wesentliche und charakteristische Eigenschaft der Familie verloren geht, habe ich jene Formen doch bei der Gattung *Eucystis* belassen, da jene Modifikation weder in sich weitere Differenzirung erfährt, noch andere Neubildungen einleitet. Wie in den meisten Fällen, so setzt eben auch hier die phyletische Degeneration individuell an neuen, nur kurze Zeit festgehaltenen Charaktereigenschaften ein, umsomehr, wenn die Aufgabe derselben zugleich eine Rückkehr zu ancestralen Entwicklungszuständen bedeutet. Eine morphogenetische und systematische Bedeutung glaube ich aber solchen Verfallserscheinungen nicht beimessen zu dürfen.

Das Peristom oder der Mund, wie die ganze Oeffnung am Scheitel meistens bezeichnet wird, ist von 5 Platten überdacht, von denen 4 kleiner sind, die fünfte im analen Interradius aber wesentlich breiter ist und alle anderen berührt. Diese Mundplatten weisen an der Stelle, wo die Ambulacralrinnen an sie herantreten, keine Oeffnungen auf; sie mussten also bei normaler Funktion der Ambulacralrinnen aufgeklappt sein, um das zusammenströmende Nährmaterial dem Munde zufliessen zu lassen. Die leichte Beweglichkeit dieser Klappen erklärt wohl genügend den Umstand, dass dieselben bei der Verwesung häufig ausgefallen sind, so dass das ganze Peristom offen liegt. (Taf. III fig. 4, 5; IV fig. 7, 9, 10, 12.)

Der After liegt in der Regel auch hier an der unteren Grenze des oberen Drittels der Theca, nur bei *Sphaeronites* ist er so hoch hinaufgerückt, dass er fast an das Oralfeld stösst. Hierdurch werden die Primärporen beeinflusst, die sonst in einem breiteren Raum des Interradius I:V liegen (Taf. III fig. 4, 5; IV fig. 7, 10, 12), bei *Sphaeronites* aber in den engen Raum zwischen Mund und After so zusammengedrängt sind, dass höchstens die Oeffnung des Parietalkanales (Taf. IV fig. 9, Pp) noch sichtbar wird, der Madreporit aber verkümmert zu sein scheint.

Die Thecalporen zeigen bei den Sphaeroniden eine nur geringe Differenzirung. Bei *Archegocystis* habe ich echte Höfchen noch nicht beobachten können, obgleich die Taf. III fig. 4 und 5 abgebildeten Guttapercha-Abdrücke von BARRANDE's Original-Exemplaren die Oberfläche sonst ziemlich intakt zeigen. Bei *Codiacystis*, *Eucystis* und einem Theil der Arten von *Sphaeronites* bildet das Höfchen eine ovale flache Schüssel (Taf. IV fig. 8a), während bei anderen Arten der letztgenannten Gattung zierliche, netzartig verbundene Wälle die Doppelporen von einander trennen und ihnen dabei unregelmässig polygonale Einsenkungen zuweisen (Taf. IV fig. 9, vergl. ANGELIN 1878, 1, T. XI f. 8, 11, 12). Auf den Vereinigungspunkten der Grenzwälle scheinen sogar zapfenartige Anschwellungen vorzukommen. Die Vertheilung der Poren ist im Ganzen gleichmässig, indess werden die Poren bei *Sphaeronites* z. Th. auf die mittleren Theile der Platten und bei *Eucystis* auf die obere Hälfte der Theca koncentrirt. Bei einer Art von *Sphaeronites* (*oblongus* und *minutus* ANG.) bereitet sich die letztgenannte Erscheinung wohl schon dadurch vor, dass die Poren bei verstärkter Grösse eine radiäre Gruppirung nach dem Scheitel der Theca erhielten.

Die geologische Verbreitung der Sphaeroniden zeigt die für viele indifferente Typen grösserer Abtheilungen charakteristische Erscheinung, dass sie alle differenzirteren Verwandten überleben. Sie treten in Böhmen mit *Archegocystis* in $D_1 \gamma$, in Schweden mit *Sphaeronites* im Orthocerenkalk auf und halten sich bis in das untere Devon des Harzes und Böhmens (*Eucystis flava* BARR. sp. in F_2). In horizontaler Richtung sind die Sphaeroniden auf Centraleuropa, England und Skandinavien beschränkt. Es ist fraglos, dass zur Zeit des Vaginatenkalkes ein gewisser Austausch von Formen sich zwischen diesen Silurgebieten vollzogen hat und es ist wahrscheinlich, dass derselbe im Westen der genannten Gebiete erfolgte. Der Uebergang zu den jüngsten Sphaeroniden muss soweit bekannt durch *Eucystis* vermittelt worden sein, dessen Arten in Schweden bis an die obere Grenze des Untersilur nachgewiesen sind. Die devonischen Vertreter dieser Gattung sind nun freilich noch durch das ganze Obersilur von ihrem älteren Verwandten getrennt. Wo sich der Typus in dieser Zeit erhalten hat, ist bisher noch nicht bekannt. Im Obersilur des baltischen Gebietes und Englands fehlt jede Spur von Sphaeroniden, dagegen scheint es mir nicht unwahrscheinlich, dass die von S. A. MILLER aus dem Niagara limestone der Vereinigten Staaten beschriebene Gattung *Allocystites* (1889, III. 222) zu *Eucystis* gehört. Bestätigt sich diese Vermuthung — mehr kann man auf Grund MILLER's Beschreibung nicht sagen —, dann würde dadurch eine Verbindung zwischen den untersilurischen und devonischen Arten Europas hergestellt sein.

Die morphogenetische Stellung der Sphaeroniden bietet nach zwei Richtungen Interesse, erstens hinsichtlich ihrer Stellung unter den anderen Diploporiten, zweitens hinsichtlich atavistischer Rückschläge zu den Dichoporiten. Bezüglich des ersten Punktes liegen die Verhältnisse scheinbar klar, da wir die Organe der Sphaeroniden durchgängig auf einer sehr niedrigen Entwicklungsstufe finden. Das galt namentlich von der Entfaltung der Ambulacra, ferner von der Regellosigkeit des Thecalbaues und drittens von der geringen Specialisirung und indifferenten Vertheilung der Thecalporen. Während sich hierin ein Mangel formaler Specialisirung des Diploporitentypus geltend machte, bewiesen andere Organisationsverhältnisse dadurch eine Indifferenz, dass sie allem Anschein nach ontogenetisch unvollständig entfaltet waren. Das zeigt sich in dem Mangel eines Stieles und der Erhaltung der Primärporen, insbesondere eines wohl ausgebildeten Madreporiten. Hinsichtlich der Porenvertheilung, der Entfaltung der Ambulacra und Stielbildung mussten aber *Mesocystis* und *Asteroblastus* primitiver sein. Jedenfalls müssen die Sphaeroniden rückschreitend deren Organisationsstufe durchlaufen haben. Sicher ist also vorläufig das, dass die Sphaeroniden die Einfachheit ihrer Organisation innerhalb der Diploporiten nur durch Rückbildung bezw. Hemmung ihrer ontogenetischen Entfaltung erlangt haben können.

Mit diesem Ergebniss wird nun die weitere Frage rege, ob die Sphaeroniden den ältesten Diploporiten, den Mesocystiden, am nächsten stehen. Dass wir die letztgenannten als Ausgangspunkt der Diploporiten betrachten müssen, wurde bereits pag. 369 erläutert und zugleich darauf hingewiesen, dass als Stammformen der letzteren nur die ältesten Dichoporiten (Chirocriniden) in Betracht kommen können, da die Diploporiten geologisch unmittelbar nach diesen erscheinen. Auf den ersten Blick scheinen andere Diploporiten mit wohl entwickeltem Stiel und reicher entfalteten Ambulacren, wie *Glyptosphaerites*, den Mesocystiden näher zu stehen als die Sphaeroniden. Erwägt man aber, dass sich die Stielbildung z. Th. sicher erst innerhalb der Diploporiten erholte und bei *Dactylocystis* eine Ausbildung erreichte, die der der Mesocystiden sehr fern steht, dass ferner die Entfaltung der Ambulacra bei letzteren auf einer komplicirten Einschaltung besonderer Ambulacralia zwischen die Thecalplatten beruht, wird man zugeben müssen, dass die radiäre Entfaltung der Ambulacralia bei den Glyptosphaeriden, Gomphocystiden und Dactylocystiden auf einer nachträglichen Ausbreitung von einem Sphaeroniden-Stadium aus beruhen muss und keinerlei direkte Verwandtschaft ihrer Träger mit den Mesocystiden involvirt.

Trotz dieser Umstände gewinnt ein Merkmal, welches die Sphaeroniden mit den Chirocriniden und einigen älteren Dichoporiten theilen, insofern Bedeutung, als es allem Anschein nach auf einer primären Beziehung beruht. Ich meine die Thatsache, dass wie bei jenen auch bei den Sphaeroniden die einzelnen Ambulacra bei ihrer Fingerentfaltung auf die 5 den Mund radiär umgebenden Platten beschränkt sind. Es liegt nicht der geringste Grund vor, die Homologie der 5 ambulacralen Platten der Sphaeroniden mit den 5 Radiolateralien von *Chirocrinus* zu bezweifeln, um so mehr, als bei den Scoliocystiden (vergl. z. B. *Echinoencrinites* Taf. XIII) durch apikalen Zusammenschluss der Thecalwand die Ambulacra auf verkümmernden Radiolateralien eine ähnliche schwache Entwicklung zeigen, wie bei den Sphaeroniden. Auch bei den Echinosphaeriden fanden wir die obersten fingertragenden Platten kaum noch morphologisch unterschieden, und eine analoge Erhaltung lediglich des obersten armtragenden Plattenkranzes beim Zerfall des übrigen Kelches werden wir auch unter den Cladocrinoideen bei *Acrocrinus* wiederfinden.

Wir sahen ferner, dass die Unterschiede zwischen Dichoporiten und Diploporiten nur unter der Voraussetzung erklärlich wurden (pag. 371), dass die Diploporiten relativ lange auf einem Entwicklungsstadium gehemmt wurden, in welchem die gesammte Körperoberfläche zur Respiration diente (pag. 121). Demgemäss liegt es aber wiederum nahe, die starke Entwicklungshemmung, die wir bei Sphaeroniden im Mangel eines Stieles und der Erhaltung der Primärporen fanden, für die Entwicklung der übrigen Diploporiten als wichtig anzusehen. Nach alledem glaube ich also, dass die Sphaeroniden nächst den Mesocystiden innerhalb der Diploporiten die niederste Stelle einnehmen und den Ausgangspunkt für die Entwicklung der übrigen Diploporiten bilden.

Archegocystis n. g.

(Syn. *Pyrocystites* BARR. z. Th.)

Als Typus seiner Gattung *Pyrocystites* bezeichnete BARRANDE 1889 (I, 170) den *P. pirum*. Da sich von diesem (Taf. III fig. 6) nun die hier zu besprechende Form (Taf. III fig. 4, 5) erheblich unterscheidet, musste für sie ein neuer Name gewählt werden. Derselbe soll auf die ancestrale Stellung dieses Typus (ἀρχηγός = Anführer, Ahnherr) innerhalb der Sphaeroniden Bezug nehmen.

Definition. Theca oben gerundet, schwach verkalkt; die Radiärstämme der Ambulacra senden mit rechtsseitiger Drehung je 4—5 kurze Aeste nach links ab, die auf einer Platte vereinigt bleiben. Madreporit beilförmig in geringer Entfernung vom Munde, darunter der Parietalporus. Poren anscheinend ohne deutliche Höfchen.

Die Theca und somit auch die Gesammtform dieses Typus sind noch nicht vollständig bekannt. Es scheint, dass die Skeletirung der Theca schwach war, wenigstens treten ihre Elemente nicht gesondert hervor und ihre Oberfläche zeigt ein lederartiges Aussehen. Entscheidend für ihre Selbständigkeit und ihre morphogenetische Stellung ist die Entfaltungsart ihrer Ambulacra. Ueber die Zuverlässigkeit der Taf. III fig. 4 und 5 dargestellten Theilungsform der Radiärstämme kann kein Zweifel bestehen, da die Guttapercha-Abdrücke, die mir Herr Prof. A. FRITSCH in Prag freundlichst zu machen gestattete, durchaus klare Bilder lieferten. Die Abbildungen derselben Objekte in den negativen Abdrücken bei BARRANDE l. c. T. XXIX f. 29–34 waren in dieser Beziehung ungenau. Die Absonderung von Theilästen nach links halte ich deshalb für ein Zeichen niedriger Organisation, weil die Rechtsbiegung des Hauptastes eine allen Cystoideen zu Grunde liegende Eigenthümlichkeit ist. Ueber die übrigen Organe ist wenig bekannt. Der Madreporit ist eine längliche Grube, die an dem kontrasolaren Ende verbreitert und quer abgestutzt ist. Als Parietalporus deute ich den Porus, der unterhalb des Madreporiten liegt. Derselbe ist zwar nicht sehr gross, aber immerhin grösser als die Thecalporen und auch seiner Lage nach sehr wohl als Parietalporus zu deuten. Die Doppelporen sind wenig deutlich zu erkennen. Die beiden Porenkanäle sind anscheinend einander sehr genähert und eine typische Höfchenbildung scheint hier zu fehlen. Inwieweit diese Ausbildung der Poren primitiv oder früh aberrant specialisirt ist, wage ich noch nicht mit Sicherheit zu entscheiden, weil das Lageverhältniss der Poren zu den Thecalelementen hier nicht klar ist. Rein morphologisch und für sich betrachtet könnte der Mangel eines Höfchens primitiv sein, wenn wir die Doppelporen auf eine zerfallene Reihe von Porenkanälen eines ursprünglich einheitlichen Porenschlitzes zurückführen. Jedenfalls findet sich bei *Archegocystis* kein Organ in merklicher Specialisirung, so dass kein Grund dagegen spricht, dieser Gattung die primitivste Stellung innerhalb der Familie anzuweisen. Dass sie sich bereits in D_1 des böhmischen Untersilur findet, welches meiner Ansicht nach dem unteren Vaginaten- bezw. Orthocerenkalk des baltischen Silurgebietes entspricht, hob ich bereits hervor.

A. desideratus BARRANDE 1887 (I, 265; Ia, 172, sub *Pyrocystites*, ? syn. *Pyrocystites ? incertus* BARR., *Pyrocystites patulus* BARR. ebendort, *Aristocystites bohemicus* BARR. z. Th. l. c.

T. XXV f. 15). Unteres Untersilur (D₁) Wosek, Böhmen. Theca oben gerundet, etwa 35 mm dick, Mund gross, fünfeckig, die ambulacralen Platten sind hügelartig vorgewölbt, mit je 6—7 Fingern versehen. (Orig.-Ex. BARRANDE's Mus. Prag.) Taf. III fig. 4, 5.

Sphaeronites HISINGER 1828 (f. 195).

Syn. *Echinus* GYLL., *Echinosphaerites aut.*, *Sphaeronis* ANG., *Pomocystis*, *Pomosphaera* HAECKEL.

Die von HISINGER aufgestellte Gattung *Sphaeronites* ist in erster Linie basirt auf den von GYLLENHAHL 1778 beschriebenen *Echinus pomum*, den WAHLENBERG zuerst 1818 wie viele Autoren später noch zu *Echinosphaerites* gestellt hatte. Von E. FORBES und anderen Autoren ist der Name *Sphaeronites* andererseits auf verschiedene Echinosphaeriden angewendet worden. Ueber die von HAECKEL konstruirten Gattungen *Pomonites*, *Pomocystis* und *Pomosphaera* habe ich mich bereits pag. 391 ausgesprochen.

Definition. Theca oval, mit breitem Ansatz aufgewachsen, Oralfeld sehr klein, mit 5 wenig gegabelten Ambulacralstrahlen. After mit einfacher Klappenpyramide dem Oralfeld sehr genähert. Zwischen beiden nur der Parietalporus rudimentär erhalten. Poren mit offenem, bisweilen unregelmässig umgrenztem Höfchen.

Die ziemlich kleine, selten die Grösse einer Haselnuss überschreitende Theca ist gerundet, aber meist in der Höhenaxe etwas länger als in der Breite. Ihr unteres Ende zeigt gewöhnlich eine breite Anwachsfläche. In derselben bemerkt man gelegentlich Spuren einer unregelmässigen Streifung, die den unverkennbaren Eindruck erweckt, dass die Formen sich auf Pflanzen oder Holzresten angesetzt haben, die natürlich zur Fossilisation weniger geeignet waren als das Echinodermenskelet und deshalb nur mehr im Abdruck erhalten sind. Vielleicht setzten sich die Larven dieser Gattung mit Vorliebe auf Tang fest, der ihnen zugleich die Nothwendigkeit ersparte, sich durch einen Stiel über den verschlammenden Boden zu erheben. Die Theca ist kräftig skeletirt; trotz der meist starken Abreibung der Oberfläche beträgt die Dicke der Wand in der Regel 1—2 mm. An der Basis tritt noch eine besondere Verdickung ein, durch welche die Ansatzfläche — wenn ich so sagen darf — allmählich überquollen wird.

Das Oralfeld ist ganz ungewöhnlich klein, so dass die zierlichen Rinnen, die nach den Fingeransätzen verlaufen, und diese selbst mit blossem Auge kaum sichtbar sind. Die Pentamerie ist bei der Entfaltung der Radien genau gewahrt; die Zahl der Theiläste und Finger an jedem Radiärstamm beträgt, wie es scheint, regelmässig zwei oder drei. Weder der Mangel einer Theilung, die somit zur Existenz von nur 5 Fingern geführt hätte (*Pomonites* HAECKEL), noch eine grössere Zahl von Theilästen, wie sie HAECKEL annimmt (*Pomosphaera* mit je 4 Fingern), ist innerhalb der Gattung nachweisbar. Die Variabilität zwischen je 2 und 3 Theilästen der Ambulacra giebt aber zu einer Zerlegung in zwei Genera (*Sphaeronites* HAECKEL und *Pomocystis* HAECKEL) keine Veranlassung, da diese Zahlen auch bei anderen Sphaeroniden, ja bei anderen Gattungen derselben sogar an demselben Individuum variiren. So zeigt das Taf. III fig. 4 abgebildete Oralfeld von *Archegocystis* in drei Radien 6, in zweien nur 5 Theiläste, das Taf. III fig. 5 abgebildete sogar in zwei Radien 6, in zwei anderen 5 und in einem nur 4 Theiläste. Eine noch grössere Variabilität zeigt in dieser Hinsicht *Eucystis*, die wir als Nachkomme von *Sphaeronites* betrachten müssen. Die Theiläste sind ausserordentlich kurz, nur etwa 1 mm lang, und ihre Gabelung erfolgt unmittelbar an den 5 Ecken des Mundes bezw. der Oralpyramide. Die letztere ist aus 5 Platten zusammengesetzt, wie Taf. IV fig. 9 zeigt.

Der After ist unmittelbar an die Vorwölbung des Oralfeldes herangedrängt und mit einer 5—7theiligen halbkuglig vorgewölbten Klappenpyramide geschlossen. Zwischen dem After und dem Oralfeld ist von Primärporen nur eine winzige Oeffnung zu konstatiren, die wir nach Analogie anderer Formen als Parietalporus deuten müssen (Taf. IV fig. 9 Pp). Der sonst bei den Sphaeroniden schlitzartige Madreporit ist also hier anscheinend verkümmert. Dass diese Reduktion durch Raummangel veranlasst ist, wird auch dadurch bekräftigt, dass bei *Eucystis*, die in jeder Hinsicht als Nachkomme von *Sphaeronites* erscheint, der Madreporit in dem breiteren Raum zwischen Mund und After wieder erscheint (Taf. IV fig. 10).

Die Thecalporen zeigen insofern eine Besonderheit, als ihre Höfchen bisweilen durch das Vorwachsen mauerartiger Grenzen ihre normale elliptische Schüsselform verlieren und in Folge der unregelmässigen Lage der Doppelporen nebeneinander zu unregelmässig geformten Einsenkungen werden. Die Taf. IV fig. 9a gezeichneten Poren zeigen noch relativ normale Höfchen, bei anderen, die Angelin l. c. T. XI f. 8, 11, 12 abgebildet hat, werden die Grenzmauern regelmässiger und die Höfchen dadurch eckig umrandet. Bei *S. pomum* bilden die Grenzmauern ein ziemlich regelmässiges Netz hexagonaler Maschen, deren Knotenpunkte sogar zu kurzen Zapfen vorquellen. Es kann nicht zweifelhaft sein, dass in dieser Ausbildung der Höfchen eine weitgehende Specialisirung der Doppelporen bezw. ihres Verhältnisses zu dem Thecalskelet liegt. Die Zahl und relative Grösse der Poren unterliegt bei den verschiedenen Arten beträchtlichen Schwankungen. Bei *S. globulus* sind die Thecalplatten dicht übersät mit Poren, während deren Zahl bei anderen wie *S. oblongus* wohl auf ein Drittel heruntersinkt. Zugleich sind diese dann in auffälliger Weise um das Oralfeld radial gruppirt, eine Differenzirung, die wir bei *Eucystis* wiederfinden, wo die Poren schliesslich ganz auf die obere Hälfte der Theca beschränkt werden.

Für die phylogenetische und systematische Stellung von *Sphaeronites* innerhalb der Familie werden verschiedene Momente von Bedeutung sein. Die Differenzirung der Porenhöfchen und die eigenthümlich radiäre Koncentration der Poren nach dem Scheitel müssen als Specialisirungen erscheinen. Auch die extreme Herandrängung des Afters an das Oralfeld und die augenscheinlich dadurch veranlasste Reduktion des Madreporiten entfernen die Gattung von dem normalen Typus der niedrig organisirten Diploporiten. In der äusserst schwachen Entfaltung der Radiärstämme des Ambulacralsystemes bietet die Gattung wohl nur scheinbar primitive Verhältnisse, da wir sonst allgemein die Abgabe des ersten Seitenastes nach links für das Kennzeichen einer primären Gabelung der Radiärstämme halten mussten. Andererseits ist die Entfernung von einem solchen Ausbildungstypus offenbar sehr gering, so dass sich *Sphaeronites* in der Ausbildung dieser wichtigen Organe wohl nur wenig von dem Ausgangstypus der Familie entfernt hat. Nach alledem scheint *Sphaeronites* specialisirter als *Archegocystis*, von dieser etwa eben so weit entfernt wie *Codiacystis* und seinerseits den Ausgangspunkt für *Eucystis* zu bilden, die in der Entfaltung der ambulacralen Organe noch wesentlich specialisirter erscheint, aber im Uebrigen *Sphaeronites* nicht nur geologisch, sondern auch morphogenetisch sehr nahe stehen dürfte. Die Gattung ist bisher auf Schweden beschränkt. Die im südwestlichen England vorkommenden Sphaeroniden bedürfen noch einer brauchbaren Beschreibung, scheinen aber *Eucystis* näher zu stehen als unserer Gattung.

S. pomum GYLLENHAHL 1772 sp. (I. 242 sub *Echinus*; *Sphaeronis pomum* ANG.). Unteres Untersilur (mittlerer Orthocerenkalk). Kinnekulle, Westgotland, Schweden. Poren auf die mittleren Theile der Platte beschränkt, auf diesen regellos vertheilt und durch Grenzwälle getrennt. 10 Finger.

S. globulus ANGELIN 1878 (I, 30). (Syn. *S. pomum* v. BUCH, JOH. MÜLLER, *ovalis* ANG.) Unteres Untersilur (mittl. Orthocerenkalk), Böda, Oeland, Dalekarlien. Poren klein und gleichmässig dicht über das ganze Thecalskelet vertheilt, Höfchen von Grenzmauern umschlossen. 10 Finger. (Zahlr. Ex. Mus. Berlin.) Taf. IV fig. 9.

S. oblonga ANGELIN 1878 (I, 30). Syn. *S. minuta* ANG., ? *uva* ANG.) Untersilur, Dalekarlien, Schweden. Theca klein, etwa 10—15 mm dick, Poren nach dem Scheitel radiär geordnet , mit isolirten elliptischen Porenhöfchen. 15 Finger. Die von ANGELIN l. c. p. 31 als *S. sulcifera* benannte Theca ist anscheinend stark abgerieben, aber wohl nur als individuelle Varietät dieser Art zu betrachten.

Allocystites S. A. MILLER 1889 (III, 222).

Diese Gattung ist l. c. nur sehr kurz beschrieben, und dieser Beschreibung ist als charakteristische Eigenthümlichkeit eigentlich nur das zu entnehmen, dass ihre Theca irregulär skeletirt und von Poren durchsetzt ist. Dass diese Doppelporen sind, ist nicht angegeben, aber wahrscheinlich. Die Abbildung der typischen und einzigen Art *A. Hammelli* lässt aber annehmen, dass die Form einen Sphaeroniden darstellt, dessen Theca eiförmig, unten sehr verjüngt und aus mässig zahlreichen Platten zusammengesetzt, dessen Ambulacra pentamer entwickelt, auf ein enges Oralfeld beschränkt und im einzelnen nur schwach gegabelt sind, und dessen After mit aufgeworfenem Rand etwas unterhalb des Mundes gelegen ist. Zwischen diesen beiden Organen giebt die Zeichnung MILLER's noch einen Schlitz an; derselbe dürfte wohl aber kaum mit den Primärporen in Beziehung zu bringen sein, sondern auf einer nachträglichen Verletzung des Fossils beruhen.

A. Hammelli S. A. MILLER 1889 (III, 222) stammt aus den obersilurischen Niagara-Schichten von Jefferson Cty, Indiana U. S., und hat bei einer Thecalhöhe von 25 mm eine Dicke von 13 mm. Die Theca scheint unten in einen schmalen, nur 2,5 mm dicken Ansatz zu enden, der wohl unmittelbar in die Anwachsungsfläche überging.

Codiacystis n. n.

Syn. *Craterina* BARRANDE 1887 (I, 185; Ia, 121), non BORY 1824.

Der bereits früher von BORY verbrauchte Name *Craterina* ist durch eine neue Benennung zu ersetzen, wofür ich *Codiacystis* vorschlage wegen der Aehnlichkeit der Theca mit einem Mohnkopf (*κώδεια*).

Definition. Theca oval oder sackförmig, dick skeletirt. Unterfläche nach Art eines Flaschenbodens eingedrückt. Ambulacra auf einem rundlichen Oralfelde koncentrirt, Radiärstämme wiederholt dichotom gegabelt, auf je einer adoralen Platte koncentrirt, Fingeransätze auf diesen in einer Linie, alle vom Scheitel etwa gleich weit entfernt. Poren mit einfachen ovalen Höfchen. Madreporit und Parietalporus in geringer Entfernung von einander und vom Munde.

An diese von Barrande als *Craterina* bezeichnete Gattung knüpfen sich einige Missverständnisse, die durch die sog. *Hydrophores palmés* veranlasst waren. Eine vollständige Theca dieser Gattung liegt auch jetzt noch nicht vor, aber die Gesammtform derselben ist aus den zahlreichen unteren Enden und einem oberen Theil der Theca leicht zu restauriren. Das untere Ende gleicht einem Flaschenboden: das Centrum derselben ist als breiter Zapfen nach innen vorgewölbt und stellt anscheinend die ursprüngliche Aufwachsungsstelle der Theca auf Fremdkörpern dar. Da diese nun an ausgewachsenen Exemplaren anscheinend regelmässig in das Kelchinnere eingedrückt ist, so müssen sich die Individuen wohl mit Vorliebe auf kleinen vorragenden Körpern aufgesetzt haben, über die bei weiterem Wachsthum die Thecalwand sich abwärts ausbreitete, bis sie durch diese hohle Ausbreitung auf dem Boden der Theca eine genügende Stützfläche bot. Eine andere Erklärung, für die auch die Organisation von *Aristocystites* ein Analogon bietet, weiss ich gegenüber der Ausbildung der Unterfläche von *Codiacystis* nicht zu finden. Die Oberseite war rundlich vorgewölbt, das Oralfeld als Ganzes erhaben und abgestutzt, wie ein gut erhaltenes von Herrn Dr. J. Perner in Prag gefundenes Exemplar (Mus. Prag. Abdruck Mus. Berlin) anschaulich macht. Hiernach muss die Gesammtform der Theca etwa den Abbildungen Taf. IV fig. 1 und 2 entsprochen haben.

Die Theca ist stark verkalkt, ihre Aussenwand ist nur durch die Poren skulpturirt, ihre Innenwand aber zwischen den Porenkanälen rauh nach innen verdickt. Dadurch, dass sich die Porenkanäle nach innen vielfach vereinigen (Fig. 24 C pag. 114), erscheinen dann an der Innenwand der Theca besonders in deren unterem Theil relativ grosse Oeffnungen, wie Taf. IV fig. 8 erkennen lässt.

Die Plattengrenzen sind aussen ziemlich deutlich ausgeprägt und scheinen im oberen Theil der Theca nur eine sehr lockere Verbindung der Platten gebildet zu haben. Nur dadurch erklärt sich, dass von sehr zahlreichen Individuen fast immer nur der untere Theil der Theca vorliegt, während die obere Hälfte in ihre einzelnen Elemente zerfallen ist. Das Taf. IV fig. 8 abgebildete Fragment (Mus. Berlin) bietet hierfür einen treffenden Beleg, insofern die Platten der Oberseite isolirt in dem zusammenhängenden Boden der Theca liegen. Ein ähnliches Stück ist auch von Barrande abgebildet worden.

Das Oralfeld liegt mir in einem Guttapercha-Abdruck in vollständigem Zusammenhang mit dem oberen Theil der Theca vor (Orig. Mus. Prag). Dasselbe zeigt eine gleichmässige Entfaltung der 5 Radiärstämme an den Ecken der gerundeten Mundöffnung, nur scheint die Zahl der Theiläste kleinen Schwankungen zu unterliegen. Jeder Radiärstamm ruht mit seinen Theilästen und seinen Fingergelenken auf je einem Plättchen, die also in der Fünfzahl den Mund umranden. Der Kranz derselben ist nur in dem Interradius V : I unterbrochen durch Einschaltung mehrerer kleiner Plättchen, die den Madreporiten und den Parietalporus umgeben. Die Entfaltung des einzelnen Radiärstammes ist am klarsten aus dem Taf. IV fig. 8a vergrösserten Plättchen x der fig. 8 derselben Tafel zu entnehmen, weil dieses anscheinend am Boden der Theca besonders gut vor Abrollung und Zerstörung geschützt war. An dem stärker vergrösserten Bilde dieser Platte ist der Theilungsmodus des Radiärstammes genau zu beobachten. Derselbe tritt bei Rr schon getheilt auf die Platte, diese erste Theilung muss also, falls die Platte nicht auf dieser Seite am Rande verletzt sein sollte, unmittelbar am Austritt aus dem Peristom erfolgt sein. Auf der betreffenden Platte sind die Theiläste durch niedrige, oben zugeschärfte Leisten (y) getrennt. Die rechts abgezweigte Gruppe von Theilästen schliesst sich bei ihrer weiteren Theilung dem Modus an, den wir bei *Archegocystis* kennen lernten, dass nämlich die Seitenzweige links abgehen und der Hauptast also rechts gewendet ist. Bei der links abgezweigten Gruppe ist dieses Princip dagegen nicht festgehalten, dieselbe scheint vielmehr symmetrisch zu der rechts liegenden Gruppe ausgebildet und zwei Theiläste demnach rechts abgezweigt zu sein. Die Rinnen dieser Theiläste enden auf deutlich ausgeprägten Gelenkflächen, deren Auffindung deshalb von Bedeutung war, weil dadurch die sog. *„Hydrophores palmés“* als Ambulacra sichergestellt und die Homologie in der Ausbildung der ambulacralen Organe mit denen anderer Cystoideen erwiesen wird.

Die zusammengehörigen Gelenkflächen liegen in einer Reihe auf den ambulacralen Platten und da diese um den Mund einen Kranz bilden, so mussten die sämmtlichen Finger in einer elliptischen Linie den Mund umstehen. In ihrer Fläche zeigen diese Ansatzstellen der Finger (Gf) kaum eine nennenswerthe Modellirung. Ihr vierseitiger Umriss, der an sich befremdlich erscheinen könnte, ist offenbar auf ihre seitliche Drängung zurückzuführen.

Der After von *Codiacystis* ist bisher unbekannt; wahrscheinlich setzte der Zerfall der oberen Thecalhälfte gerade an dieser Lücke ein, so dass deren Verschluss und Umrandung besonders früh zerfiel.

Die Thecalporen zeigen an der Aussenfläche der Theca einfache ovale Höfchen in dichter und ziemlich gleichmässiger Vertheilung auf der gesammten Theca (Taf. IV fig. 8a). Nach innen divergiren die beiden Porenkanäle; dieselben vereinigen sich dann bisweilen mit Kanälen von Nachbarporen. Im Boden der Theca, wo deren Wand bedeutend verdickt wird, und die Kanäle infolge dessen einen längeren Weg bis zur Innenwand zu verfolgen haben, treten auch wiederholt Vereinigungen der Porenkanäle ein, so dass dann von innen aus betrachtet eine baumartige Verzweigung der relativ grossen, innen ausmündenden Sammelkanäle stattfindet.

Einige Schwierigkeiten bietet die Unterscheidung von Fragmenten dieser Gattung von solchen der Gattung *Aristocystites*. Man kann aber auf Grund folgender Kriterien eine Unterscheidung meist durchführen. Die Poren zeigen an der Aussenfläche bei *Codiacystis* einfache ovale Höfchen, bei *Aristocystites* aber verzerrte, oft wurmförmig verlängerte und gekrümmte Höfchen. Der Thecalboden von *Codiacystis* ist wie der Boden einer Flasche nach innen verdickt und erhält durch die Vereinigung der Porengänge nach innen und die dadurch veranlasste Bildung grosser Kanäle in der Umgebung des nach innen eingestülpten Bodens eine sehr rauhe Innenfläche. *Aristocystites* scheint dagegen unten stärker verjüngt und dünnwandiger gewesen zu sein. Sind die Ambulacra erhalten, so ist, wie wir sehen werden, eine Verwechselung beider Typen ganz ausgeschlossen.

Die phyletische Stellung der Gattung ist hiernach im Wesentlichen klar. Die Ausbildung ihrer einzelnen Organe verräth keine nennenswerthe Specialisirung mit alleiniger Ausnahme der Ambulacra, deren Theilung nach einem besonderen Modus erfolgt, der sich sonst nicht wiederfindet. Die strenge Koncentration der Fingeransätze auf den 5 adoralen Thecalplatten und die relativ grosse Zahl von Fingern schliesst sich dabei im Besonderen eng an *Archegocystis* an. Auch die Differenzirung der übrigen Organe steht einer Ableitung von dieser Gattung nicht im Wege. Dass sich die Poren mit der Ausbildung einfacher ovaler Höfchen etwas höher differenzirt haben als bei *Archegocystis*, ist nicht befremdlich, insofern diese Differenzirung in der allgemein von den Doppelporen eingeschlagenen Entwicklungsrichtung erfolgt. Das Gleiche gilt für die stärkere Verkalkung des Skeletes. Es fehlt den Poren übrigens eine Specialisirung, wie sie bei *Sphaeronites* eintrat. Dieser letztere Umstand spricht dagegen, *Codiacystis* von dieser letztgenannten Gattung abzuleiten und andererseits der räumliche geologische Anschluss an *Archegocystis* dafür, diese bis auf Weiteres als Stammform von *Codiacystis* zu betrachten. Barrande hat innerhalb seiner Gattung *Craterina* nicht weniger als 14 Arten unterschieden. Schon der Umstand, dass alle diese auf dem vertikal und horizontal so ausserordentlich eng begrenzten Gebiet seiner Schicht D_4 vorkommen, macht es unwahrscheinlich, dass den einzelnen Arten die Möglichkeit einer räumlichen Separation gegeben war, die meines Erachtens eine wesentliche Vorbedingung für die Bildung von Arten ist. Das hindert natürlich nicht, dass derart entstandene Arten später an einem dritten Orte nebeneinander leben, wenn die von ihnen erlangten Verschiedenheiten eine sexuelle Separation aufrecht erhalten lassen. Derartige Unterschiede lassen sich aber an den von Barrande unterschiedenen Arten kaum nachweisen. Die angegebenen beziehen sich auf kleine Differenzen in der Form des unteren Thecalabschnittes, der naturgemäss infolge der Anheftung von den individuell besonderen Verhaltnissen des Untergrundes sehr abhängig war. Andere Differenzen beruhen auf der Anordnung der Porenausmündung an der Innenfläche der Basis, die bei ihrer Regellosigkeit natürlich ebenfalls individuellen Schwankungen unterliegen. Eine andere Frage ist, inwieweit die z. Th. recht kümmerlichen Fragmente, die Barrande zur Aufstellung von Arten veranlassten, wirklich zu *Codiacystis* und nicht vielmehr zu *Aristocystites* gehören. Ich fand während meines Aufenthaltes in Prag leider keine Zeit, die sämmtlichen Originale Barrande's nach dieser Richtung einer Kritik zu unterziehen. Ohne eine solche damit als überflüssig erklären zu wollen, möchte ich doch die Annahme aussprechen, dass alle wirklich zu *Codiacystis* gehörenden Reste aus D_4 der *C. bohemica* zugerechnet werden können, die Barrande als Typus seiner Gattung *Craterina* bezeichnete. Von den einzigen nicht in Zahorzan gefundenen Arten zeigt *C. embryo* Barr. nichts als die äussere Form und ist also unbestimmbar, *C. simulans* aber dürfte eher zu *Aristocystites* als zu *Codiacystis* gehören. Alle übrigen Arten Barrande's fanden sich bei Zahorzan, einige zugleich auch in anderen benachbarten Lokalitäten. Andererseits gehören wohl einige zu *Aristocystites* gestellte Arten hierher, wie z. B. *A. subcylindricus* Barr. Ausserdem ist daran zu erinnern, dass die von Barrande l. c. T. XIV zu *Aristocystites* gerechneten „*Hydrophores palmés*" zu *Codiacystis* gehören.

C. bohemica Barrande sp. 1887 (I, 129 sub *Craterina*). Oberes Untersilur (D_4 Barr.), Umgegend von Beraun, namentlich Zahorzan, Böhmen. Theca sackförmig, etwa 35 mm dick, 45 mm hoch. Die Oberseite gerundet, die den Mund umgebenden ambulacralen

Platten etwas eingesenkt. Die aufgewachsene Unterseite individuell sehr variabel, aber meist stark verdickt und mit grossen vertikalen Porenkanälen versehen. (Zahlr. Ex. Mus. Prag, Mus. Berlin. Taf. IV fig. 8, 8a.

C. sp. ind. Oberes Untersilur Frasno, Spanien. (2 Ex. Mus. Berlin.)

Calix Rouault 1851 (I, 358).

Syn. *Echinosphaerites* Rouault non Wahlb.

Die Gattung *Calix* ist zuerst 1851 (I) von Rouault als eine neue Gattung der Cystoideen aufgestellt worden, später aber von diesem Autor in sehr phantastischer Weise als Vertreter eines ausgestorbenen Typus der Amorphozoen gedeutet worden. Diese Auffassungen sind 1878 (III) von ihm vorläufig besprochen und nach seinem Tode 1883 (II von P. Lebesconte in einem äusserlich recht ansehnlichen Werke veröffentlicht worden. Aus den zahlreichen dieser letzten Publikation beigegebenen Abbildungen ersieht man, dass Rouault die untere Hälfte der Theca für das becherförmige Skelet eines Schwammes ansah, zwischen dessen Aussen- und Innenwand allein die Weichtheile des Organismus enthalten sein sollten. Den bekannten Vertretern der „*Spongiaires*“ stellte er seine Familie der *Calicidae* als „*Apodospongiaires*“ gegenüber (l. c. p. 43).

Der Name dieser Unterklasse ist auf den Irrthum basirt, dass *Calix* im Gegensatz zu den festgewachsenen Spongien „frei“ war. Es hat keinen Zweck, diese absonderlichen Vorstellungen zu widerlegen. Barrande, der dieselben 1887 (1, 106) kurz besprach, erkannte, dass die porendurchsetzte Schaale nicht das Thier selbst, sondern nur die Wand desselben gebildet haben konnte, folgte aber Rouault in der Auffassung, dass die Wand einen oben offenen Becher bildete. Infolge dessen bereitete ihm der Anschluss von *Calix* an seine sonst ähnlichen Cystoideen (*Aristocystites, Codiacystis*) Schwierigkeiten, die er durch einen Vergleich mit den geschlossenen Wohnkammern eines *Gomphoceras* und *Phragmoceras* gegenüber den offenen der *Nautiliden* zu umgehen suchte. Durch die Freundlichkeit meines verehrten Kollegen Ch. Barrois in Lille wurde ich in den Stand gesetzt, Material von *Calix* zu untersuchen und mich davon zu überzeugen, dass dessen Reste in keinem wesentlichen Punkte von den Sphaeroniden abweichen, allerdings weit davon entfernt sind, uns ein vollständiges Bild ihrer Gesammtorganisation zu geben.

Definition. Theca stark verlängert, unten konisch verjüngt, aus sehr zahlreichen Platten unregelmässig zusammengesetzt und von einer maschig verkalkten Epithek überzogen. Die Thecalplatten aussen mit einfachen, selten gegabelten Höckern versehen. Diploporen mit einfachem, ovalem Höfchen von der Epithek überdeckt.

Da die Oberseite der Theca wie bei fast allen Individuen von *Codiacystis* offenbar infolge lockerer Verkalkung leicht zerfiel und deshalb bisher noch nicht im Zusammenhange bekannt ist, bleiben uns auch die ambulacralen Organe, Mund, After und Primärporen, unbekannt. Wir sind also bezüglich der morphogenetischen Beurtheilung dieser Form auf die anatomischen Kennzeichen der Thecalstruktur und des Porenbaues angewiesen.

Von der Theca liegen mir mehrere grosse Fragmente vor, aus denen die durchaus irreguläre Anordnung der Thecalplatten zu ersehen ist. Die letzteren sind meist in der

Höhenaxe des Thieres etwas länger als breit, im Mittel etwa 8—10 mm gross und unregelmässig eckig begrenzt. Ihre Dicke ist meist beträchtlich und beträgt etwa 1.5—2 mm. Nach dem unteren Ende nimmt die Dicke der Stereothek und damit auch die Festigkeit und Erhaltungsfähigkeit des Skeletes zu, wie wir das auch bei *Codiacystis* fanden. An der Aussenseite tragen die Platten von *C. Sedgewicki* vereinzelte Vorragungen, die als ungetheilte rundliche Höcker erscheinen, ja gelegentlich sogar in zwei Zapfen gegabelt sein können (Taf. IV fig. 11). Sie sind bei dem mir vorliegenden Material entschieden höher, als es die Darstellungen von ROUAULT erkennen lassen (vergl. 1883. II. T. XI f. 1. 2). Bei anderen Formen, deren Zugehörigkeit zu *Calix* aber nicht zu beweisen ist, fehlen diese Höcker nach den Abbildungen von ROUAULT. Ich kenne derartige Formen nicht und halte es für möglich, dass ROUAULT die Rekonstruktionen dieser Formen auf Grund von Innenflächen obiger Art vornahm, die natürlich jener Höcker entbehren. Andererseits ist ja selbstverständlich die Möglichkeit nicht zu bestreiten, dass sich jene Buckel erst innerhalb der Gattung *Calix* entwickelt haben, oder dass jene buckellosen Fragmente zur Gattung *Codiacystis* gehören, der *Calix* anscheinend sehr nahe steht.

Das grosse Interesse, welches die Struktur der Epithek von *Calix* bietet, habe ich bereits pag. 72 betont und verweise hier nurmehr auf die Taf. IV fig. 11a gegebene Abbildung derselben. In systematischer Hinsicht lässt sich dieser Befund zunächst nicht verwerthen; da ich eine netzartige Struktur bisher aber bei keinem anderen Diploporiten erhalten fand, aber, wie pag. 72 auseinandergesetzt wurde, auch bei anderen Formen vermuthen muss.

Die Doppelporen zeigen ein ovales, flach gewölbtes Höfchen, dessen Umriss aus der stark vergrösserten Figur 11a Taf. IV zu entnehmen ist. Innerhalb desselben liessen sich überall, wo die Epithek fehlte, die zwei Porenkanäle deutlich sehen; dieselben wurden schon von ROUAULT bemerkt, aber in seinem Schematisirungseifer offenbar irrthümlich durch eine Rinne verbunden gezeichnet. Die Porenkanäle verhalten sich im Innern der Stereothek wie bei *Codiacystis*, verbinden sich also vielfach mit denen der Nachbarporen zu grösseren Bäumchen, deren Stamm innen als relativ grosser Kanal ausmündet. Die Doppelporen sind klein und in grosser Zahl auf der Fläche der Platten vertheilt. Sie umgeben bei *C. Sedgewicki* die Buckel und sind auf der diese umgebenden Plattenfläche oft unregelmässig radial geordnet.

Die systematische Stellung von *Calix* muss so lange fraglich bleiben, bis wir seine ambulacralen Organe kennen. Immerhin verweist uns die Becherform des unteren Theiles der Theca, die Zusammensetzung der letzteren und allseitige Vertheilung der Poren, schliesslich auch ihr Vorkommen in der mediterranen Provinz des oberen Untersilur auf die Verwandtschaft der Gattungen *Craterina* und *Aristocystites*. Dass ich sie vorläufig in die Nähe der ersteren stelle, glaube ich damit begründen zu können, dass ihre Porenhöfchen einfach oval sind und die komplicirte Verzerrung derselben, die *Aristocystites* zeigt, vermissen lassen. Es kommt dazu, dass dieser letztere Typus auf seinem Wege von Böhmen nach Nord-Amerika bis zu dem Typus *Trematocystis* anscheinend eine Steigerung in der genannten Differenzirung der Poren erfuhr, die ovale Ausbildung der letzteren bei der westeuropäischen *Calix* also ausserhalb dieses Weges liegen würde. Bei der schlechten Erhaltung und unserer mangelhaften Kenntniss des Materiales ist zunächst eine Scheidung in Arten kaum angebracht. Sichergestellt ist wohl zur Zeit nur

C. Sedgewicki ROUAULT 1851 (1, 358). Oberes Untersilur Guichen, Saint Sanoux, Vitré, Ille et Villaine, Brétagne; Almadenejos, Spanien, Bussaco, Portugal. Theca schlank, konisch, etwa 150—200 mm hoch, 50—60 mm dick. Unteres Ende der Theca einen knopfartigen kurzen Zapfen bildend, der allem Anschein nach zur Anheftung diente. Platten mit je einem, selten mehreren Höckern versehen. Doppelporen mit ovalen Höfchen. (Mehrere Exempl. aus der Brétagne Coll. BARROIS, Lille; 1 Exempl. von Bussaco Univ. Breslau.) Taf. IV fig. 11.

Zu vorstehender Art gehören wahrscheinlich als Abdrücke oder Reste der Aussenseite die von ROUAULT als *Calix Barrandei* (1883, II. T. IX f. 1) und als Steinkerne bezw. Abdrücke der Innenfläche die l. c. T. XVI als *Echinosphaerites Murchisoni* BARR. et VERN. bezeichneten Reste. Die von ROUAULT als *Calix Davidsoni* beschriebenen „*Corythes cupulaires*" sind nur einzelne Thecalplatten, die wahrscheinlich den stärker gewölbten Wandtheilen des unteren Thecalendes angehörten. Die l. c. als *Calix Halli* beschriebenen und sehr kühn restaurirten Thecalfragmente könnten wie gesagt zu *Craterina* oder zu einer Form von *Calix* gehören, die aussen keine Höcker trug, wenn sie nicht auch Innenflächen der Theca von *Calix Sedgewicki* bilden.

? **Lodanella** KAYSER 1885 (1, 207).

Unter dem Titel ‚*Lodanella mira*, eine unterdevonische Spongie' beschrieb E. KAYSER 1885 (1, 207) ein eigenthümliches Fossil aus unterdevonischen Schichten von Singhofen an der Lahn (Lodana = Lahn). Es war als Steinkern erhalten, d. h. es waren nur der äussere und innere Abdruck des Körpers im Gestein abgedrückt und die Hohlräume und Kanäle seines Skeletes durch Gesteinsmasse ausgefüllt, so dass sie ein natürliches Injektionspräparat bilden. Das Fossil besteht bei diesem Erhaltungszustand aus einem inneren becherartigen Körper, der in einem weiteren ähnlich gestalteten Raum steckt. Die einander zugewendeten Flächen beider sind durch anastomosirende Ausfüllungen ursprünglicher Kanäle verbunden. KAYSER glaubte in diesen die Cirkulationskanäle und in dem inneren Kegel die Ausfüllung des centralen Ostiums einer Spongie erblicken zu sollen. Zu den Bedenken, die KAYSER selbst dieser Deutung l. c. p. 212 beifügte, möchte ich nur noch hinzufügen, dass RAUFF in Bonn, der wohl unbestritten als bester Kenner palaeozoischer Spongien gilt, mir auf eine diesbezügliche Anfrage erwiderte, dass er *Londanella* bei den Spongien nicht unterzubringen vermöchte. Nachdem das fragliche Fossil damit wieder für vogelfrei erklärt ist, möchte ich darauf hinweisen, dass es als unteres Ende einer Theca aufgefasst mit den entsprechenden Theilen von *Craterina* und *Calix* enge Uebereinstimmung zeigt. Der innere becherförmige Körper würde dann die Ausfüllung des Thecalbodens, die vermeintlichen Spongienkanäle die Porenkanäle von Diploporen sein, die sich ja auch bei *Codiacystis* und *Calix* innen zu negativ baumförmigen Gestalten vereinigen. Ausserdem glaube ich an der Aussenwand des Hohlraumes Andeutungen plattiger Absonderungen zu bemerken. Dieselben würden auf ziemlich grosse, die untere Seitenwand bildende Thecalplatten schliessen lassen. Ich darf hierbei daran erinnern, dass auch bei *Calix* die Porenkanäle von M. ROUAULT für Innenräume eigenthümlicher spongienähnlicher Amorphozoen gehalten wurden. Das geologische Auftreten von *Lodanella* würde bei ihrer Deutung als Sphaeronide keine Schwierigkeiten bieten, da auch andere Sphaeroniden sich noch bis in das Unterdevon Mitteleuropas erhalten haben.

L. mira KAYSER 1885 (I, 207). Unterdevon (untere Coblenzschichten) Singhofen, Nassau. Nur die untere Hälfte der Theca bekannt, diese oben etwa 15 mm dick. Platten gross. Innenwand mit vertikal verlängerten Gruben, von denen baumartig verzweigte Porenkanäle nach der Aussenfläche verlaufen. (4 Ex. Mus. Berlin.)

Eucystis ANGELIN 1878 (I, 31).

Syn. *Caryocystites* FORBES z. Th. non BUCH, *Proteocystites* BARR., *Proteocystis* HAECK.

Mit der von ANGELIN aufgestellten Gattung stimmt die von BARRANDE 1887 für eine jüngere Form Böhmens errichtete Gattung *Proteocystis* in allen wesentlichen Punkten überein, so dass sich eine generische Trennung beider nicht aufrecht erhalten lässt. Der Name *Proteocystis* war von HAECKEL nur als sprachliche Verbesserung für *Proteocystites* BARR. vorgeschlagen und fällt also mit diesem. Die aus England beschriebenen von E. FORBES zu *Caryocystites*, später zu *Sphaeronites* gerechneten Formen bedürfen noch der Durcharbeitung.

Definition. Theca oval, mit der Unterfläche aufgewachsen, aus wenigen, relativ grossen Platten zusammengesetzt. Die 5 Radiärstämme des Ambulacralsystemes mehrmals in unregelmässiger Weise gegabelt, wobei die längsten Theiläste gelegentlich über die 5 adoralen Platten hinausgreifen. After in einiger Entfernung vom Munde, zwischen ihnen der Madreporit und der an das Ambulacrum I gedrängte Parietalporus. Die Thecalporen mit einfachem Höfchen, gross, wenig zahlreich, oft auf den oberen Theil der Theca koncentrirt.

Die Theken von *Eucystis* sind kleiner als bei den bisher besprochenen Sphaeroniden und scheinen die Grösse einer Haselnuss nicht zu übersteigen; sie haben dabei eine ovale Form, deren unteres Ende mit einer einfachen Abstumpfungsfläche oder einer kurzen fussartigen Ausbreitung auf Fremdkörpern aufgewachsen war. Für ihren Gesammthabitus kam gegenüber den anderen Sphaeroniden noch in Betracht, dass ihre Finger meist in unregelmässiger Anordnung auf die ganze Oberseite der Theca vertheilt waren.

Die 5 Ambulacra von *Eucystis* sind nahe am Munde mehrmals gegabelt; zweigen sich aber selten nach einander ab, so dass ein Hauptast mit einigen wenigen Zweigen entsteht (Taf. IV fig. 10). In der Regel erfolgt die Gabelung unregelmässig, wobei auch die Theiläste sehr verschiedene Länge erreichen, bis sie sich von Gelenkflächen auf Finger erheben (Taf. IV fig. 7). Diese Irregularität nimmt anscheinend mit der zeitlichen Entwicklung der Gattung zu, denn ihre jüngsten Vertreter zeigen dieselben am stärksten (Taf. IV fig. 7); zur Aufstellung einer besonderen Gattung für derartige Typen (*Proteocystites* BARR.) liegt aber keine Veranlassung vor, da sich die gleiche Irregularität, wenn auch in geringerem Maasse, schon bei den silurischen Vertretern erkennen lässt. Dieselben stimmen mit den jüngeren auch darin überein, dass die Ambulacra der einzelnen Radien untereinander sehr variiren (Taf. IV fig. 7, 10). Die Abbildung, die E. HAECKEL von dem Ambulacralfeld der silurischen Eucystiden gegeben hat (l. c. pag. 97 f. 10), ist durchaus willkürlich restaurirt und verleugnet gerade die überall auch an ANGELIN's Vorlagen kenntliche Verschiedenheit in der Entfaltung der einzelnen Ambulacralstämme.

In morphogenetischer Hinsicht äusserst bemerkenswerth ist, dass bei dieser Irregularität einzelne Theiläste mit ihren Fingergelenken über die adoralen Platten hinausrücken, die sonst bei den Sphaeroniden die ausschliesslichen Träger der Ambulacra sind. Diese Erscheinung kommt vereinzelt bei den silurischen Arten Schwedens und nahezu regelmässig bei der unterdevonischen Art Böhmens (*E. flava*) vor. Diese Erscheinung gewinnt dadurch besondere Bedeutung, dass sie bei *Glyptosphaerites* früher verstärkt einsetzte und bei den specialisirtesten Dactylocystiden eine hohe Differenzirung erfährt. Man könnte nun geneigt sein, ihre indifferentere Ausbildung bei *Eucystis* für den Ausgangspunkt jener Differenzirungsreihe zu halten, aber das ist unmöglich, weil *Eucystis* später auftritt als die genannten Typen und noch später die genannte Erscheinung bei sich zur vollen Durchführung bringt. Wir haben es also offenbar hier mit einem bemerkenswerthen Parallelismus der Entwicklungsvorgänge zu thun, der sich daraus erklärt, dass in beiden Fällen der gleichen Tendenz zur reicheren Entfaltung der Finger in beiden Fällen eine ähnliche Organisationsbasis gegenüberstand. Der Unterschied liegt nur darin, dass der betreffende Process bei *Glyptosphaerites* und seinen Verwandten sofort energisch einsetzte, während er sich hier sehr allmählich entwickelte und auf sehr niedriger Stufe stehen blieb. Der letztere Umstand ist auch der Grund, weshalb ich die Gattung noch den Sphaeroniden anreihte. Sie rüttelt zwar an deren Familiencharakteren, vermag aber dabei keine neuen Wege einzuleiten.

Der After liegt im Gegensatz zu *Sphaeronites* in einiger Entfernung vom Munde, die dem Madreporiten und Parietalporus wieder Raum zur Entfaltung bietet. Allerdings scheint die schwache Ausbildung der letzteren kaum noch auf eine lebenslängliche aktive Funktion derselben hinzuweisen.

Die Respirationsporen zeigen wie bei allen Sphaeroniden einfache ovale Höfchen und die Neigung, sich auf den oberen Theil der Theca zu koncentriren. Diese Beschränkung des Verbreitungsgebietes steht offenbar damit im Zusammenhang, dass die Poren selbst grösser geworden sind und also jedenfalls das Maass ihrer individuellen Leistungen für den Organismus erhöht haben. Ein Analogon dieser Erscheinung konnten wir auch bei *Asteroblastus* wiederfinden.

Die phyletische Beurtheilung von *Eucystis* bietet hiernach nur eine unbedeutende Schwierigkeit. Die Gattung erweist sich in jeder Hinsicht als ein specialisirter Vertreter des Sphaeronidentypus und schliesst sich in dem allgemeinen Habitus und geologischem Vorkommen eng an ältere Sphaeroniden wie *Codiacystis* und *Sphaeronites* an. Die bisher naheliegende Annahme, dass sich *Eucystis* an *Sphaeronis* anschliesst, der ihm in Schweden vorangeht, kollidirt mit der Thatsache, dass der After des letzteren wesentlich näher an den Mund gerückt war als bei *Eucystis*. Zudem fehlen meines Wissens Sphaeroniden im Mittelsilur Schwedens, während sie sich im mediterranen Gebiet bis zum oberen Untersilur erhalten und von dort sehr gut über England in das nordische Gebiet gelangt sein konnten. Danach würden wir *Eucystis* wie auch den amerikanischen *Allocystites* von *Codiacystis* ableiten können.

? *E. Litschi* FORBES sp. 1848 (I, 514 sub *Caryocystites*). Oberes Untersilur, Bala und Shole's Hook, Wales, könnte noch zu *Sphaeronites* gehören, bildet aber wahrscheinlich mit den l. c. 515 von FORBES aus den gleichen Schichten beschriebenen (*Caryocystites*) *pyriformis* und *minutus* Uebergangsformen zu *Eucystis* ANG.

E. raripunctata ANGELIN 1878 (I, 31). Typus der Gattung. Oberes Untersilur. Leptaenakalk, Osmundsbergen. Dalekarlien, Schweden. Theca klein, etwa 10–15 mm hoch. 7–10 mm dick. Ambulacra sehr variabel, in 2–5 Aeste getheilt, von denen wohl höchstens einer die adoralen Radiolateralia überschreitet. Poren gross, meist auf die obere Hälfte der Theca beschränkt. (Mehrere Ex. Mus. Berlin.) Taf. IV fig. 10.

E. hercynica n. sp. Oberes Unterdevon Sprakelsbach, Zorge, Harz. Theca 20 mm hoch, 15 mm dick. Die Ambulacra schwach gegabelt, die Aeste und Finger auf buckelartige Vorragungen der Radiolateralia beschränkt; unter diesen nur zwei Kränze hoher Platten, deren Oberfläche rauh granulirt. (1 Orig.-Ex. geol. Landesanstalt Berlin.)

E. flava BARRANDE 1887 (Ia, 121; Ib, 80). Unteres Unterdevon (F_2), Konieprus und Mnienian, Böhmen. Typus von *Protocystites* BARR. Theca etwa 25 mm hoch, 20 mm dick, mit breiter Ansatzfläche oder kurzem, dickem Stielansatz. Ambulacra sehr irregulär gegabelt, oft mehrere Finger über die Radiolateralia herausgerückt. (Zahlr. Ex. Mus. Prag, mehrere Mus. Berlin und Coll. FRECH Breslau.) Taf. IV fig. 7.

Fam. Aristocystidae m.

Vorbemerkung. Die nomenklatorische Regel, die Familien nach einer typischen Gattung derselben zu benennen, bringt uns auch hier in Konflikt mit dem Umstande, dass der Typus derselben, *Aristocystites*, bereits einmal zur Benennung einer Familie Verwendung fand, deren Inhalt sich mit dem unserer *Aristocystidae* nicht deckt. E. HAECKEL fasste 1896 (II, 49) unter dem Namen *Aristocystida* — in zwei Unterfamilien, die *Pirocystida* und *Orocystida*, vertheilt — folgende Gattungen zusammen: *Aristocystis*, *Deutocystis*, *Amphoracystis*, *Pirocystis*, *Craterina*, *Dendrocystis*, *Achradocystis*, *Orocystis*, *Heliocystis*, *Caryocystis*, *Holocystis*. Ueber den morphologischen Werth dieser Gruppe habe ich mich bereits an anderer Stelle (1897, III, 388) ausgesprochen und brauche hier wohl nur darauf hinzuweisen, dass sich 4 ihrer Mitglieder auf dichoporite, 2 auf diploporite Cystoideen, 2 auf Carpoideen vertheilen und eine wahrscheinlich den Cladocrinoideen zuzurechnen ist. Da nun auf Familiennamen die Regeln der Synonymie und Priorität keine Geltung haben, und die einzige ausser *Aristocystites* zu unserer Familie gehörende Gattung neu zu benennen und deshalb als unbekannt schwer zur Bildung des Familiennamens zu verwenden ist, so glaube ich berechtigt zu sein, den Namen Aristocystiden in einem neuen Sinne wieder aufnehmen zu können.

Definition. Theca oval, unregelmässig zusammengesetzt, nach unten verjüngt und ohne Stiel auf Fremdkörpern aufgewachsen. Radiärstämme des Ambulacralsystemes z. Th. unterdrückt, die übrigen sehr kurz und ungetheilt, mit je einem grossen, dem Munde eng genäherten Finger. Madreporit und Parietalporus zwischen Mund und After. Thecalporen unregelmässig über das ganze Skelet vertheilt, mit wurmförmig verlängerten Höfchen, von einer verkalkten Epithek überzogen.

Die Familie umfasst in diesem Sinne ausser *Aristocystites* nur eine einzige Form des nordamerikanischen Obersilur, die von S. A. Miller der Gattung *Holocystites* Hall zugerechnet wurde. Dieselbe habe ich mit dem Namen *Trematocystis* neu benannt.

Die allgemeine Körperform beider beschränkt sich auf eine unregelmässig sackförmige Theca und einige wenige deren Scheitel aufsitzende Finger. Ein Stiel fehlt diesen Formen, die sich mit dem distalen Ende auf Fremdkörpern, wie z. B. Schneckengehäusen, festsetzten. Ihre Grösse ist bei *Aristocystites* für Cystoideen nicht unbeträchtlich; die Theca erreicht etwa die Dimensionen einer normalen Birne. *Trematocystis* scheint stets kleiner geblieben zu sein.

Die Theca ist mit sehr zahlreichen Skeletplatten durchaus unregelmässig getäfelt und von einer die Oberfläche glättenden Epithek überzogen. Die letztere ist bei *Aristocystites* schon von Barrande beobachtet und ausführlich beschrieben worden. Ich habe an ihr auch nicht mehr als eine glatte dünne strukturlose Schicht erkennen können, welche die Poren spurlos verdeckt und die Plattengrenzen der Stereothek undeutlich werden lässt, verweise aber auf die pag. 72 über die entsprechende Schicht anderer Diploporiten gemachten Bemerkungen. Bei *Trematocystis* erlaubte der Erhaltungszustand der mir vorliegenden Exemplare nicht, ganz sichere Beobachtungen über die Epithek zu machen.

Die Ambulacra waren, wie sich aus ihren Fingeransätzen ergiebt, in ihrer radiären Entfaltung sehr stark gehemmt. Bei *Trematocystis* scheinen 4 Finger vorhanden gewesen zu sein, bei *Aristocystites* dagegen in der Regel nur zwei. Nur in einem Falle habe ich bei letzterer Gattung drei Fingeransätze beobachtet. Es liegt somit hier unter den Diploporiten der einzige Fall vor, dass das Ambulacralsystem nicht pentamer entfaltet ist, sondern dass ein, zwei oder drei Radien desselben vollständig unterdrückt sind. Unzweifelhaft trug jeder dieser Radien nur einen Finger, wie aus deren Ansatzflächen deutlich zu entnehmen ist. Bei *Aristocystites* waren dieselben bisher unbekannt. Barrande glaubte irrthümlich auch dieser Gattung seine bereits wiederholt erwähnten „*Hydrophores palmés*" als subthecale Ambulacralorgane zuschreiben zu müssen, während dieselben thatsächlich als epithecale Ambulacra nur den Sphaeroniden zukamen. An einigen Stücken des böhmischen Museums in Prag, die ich dank der Freundlichkeit des Herrn Prof. Ant. Fritsch genau untersuchen konnte, fanden sich nun unverkennbare Gelenkflächen für die Finger. Dieselben liegen, wie Taf. III fig. 10a zeigt, an den Enden des schlitzförmigen, in zwei Zipfel ausgezogenen Peristomes und umgreifen dessen Endpunkte fast kreisförmig so, dass die Ambulacralrinnen in diesen Gelenken offenbar ihren Abschluss auf der Theca fanden und sich von ihnen auf freien Fingern erheben mussten. Nach der Grösse dieser Gelenkflächen zu urtheilen, müssen die Finger eine Dicke von etwa 3 mm gehabt haben, also fast so kräftig wie bei *Pleurocystites* (Taf. XII fig. 3) gewesen sein. An einem der genannten Exemplare von *Aristocystites* habe ich zwei, an einem anderen drei Fingergelenke beobachtet (Taf. III fig. 11a). Da deren Zahl nun die Form des Peristomes genau entspricht, d. h. das letztere also je nachdem in zwei oder drei Zipfel ausgezogen ist, so lässt sich in jedem Falle aus seiner Form auch die Zahl der Finger folgern. Da an den diesbezüglich kontrollirbaren Individuen das Peristom der Regel nach schlitzförmig zu sein scheint, so dürfte auch die Existenz von zwei Fingern die Regel für *Aristocystites*, und das Taf. III fig. 11 abgebildete Individuum eine Ausnahme gebildet haben. Da das letztere sonst keine Besonderheiten aufweist, glaube ich diese Unterschiede in der Fingerzahl auf Rechnung der individuellen Variation setzen zu müssen: das scheint mir um so nothwendiger, als nur eine relativ geringe Zahl von Individuen auf dieses Merkmal hin geprüft werden konnte. Bei *Trematocystis* scheinen in der Regel 4 Fingeransätze das in 4 Ecken auslaufende Peristom umstanden zu haben. Ob sich alle Vertreter dieser Gattung hierin ebenso verhielten, vermag ich nicht zu entscheiden. Wie bei *Aristocystites* finde ich auch bei den mir vorliegenden Exemplaren von *Trematocystis* die Fingergelenke ohne jede Skulptur und glaube daraus auf eine sehr geringe Beweglichkeit der Finger folgern zu müssen. S. A. MILLER giebt (1889, III, 254) an, dass bei seinem (*Holocystites*) *Trematocystis Hammeli*, der vom Mund an der Unterseite der Theca gelegen sei: falls diese Angabe nicht auf einer falschen Deutung des Stielansatzes beruhen sollte, könnte es sich dabei nur um eine pathologische Anomalie handeln.

Die Thecalporen zeigen eine Eigenthümlichkeit, die bisher nicht als Charakteristicum der hier zusammengefassten Formen erkannt war, wenngleich BARRANDE von den Poren von *Aristocystites* schon richtige Bilder gegeben hatte. Der Typus der Doppelpore erfährt in dieser Familie insofern eine eigenartige Specialisirung, als sich die Porenhöfchen wurmartig verlängern und unterhalb der Epithek geschlossene Respirationsräume bilden. Die Specialisirungen der Höfchen bei *Aristocystites* sind aus nebenstehender Figur ersichtlich, die Bedeckung derselben durch die Epithek daraus zu entnehmen, dass die letztere eine glatte Oberfläche zeigt (Taf. III fig. 11a links) und erst bei deren Zerstörung (vergl. dieselbe Figur rechts) die Poren sichtbar werden. Bei *Trematocystis* sind diese Erscheinungen noch wesentlich gesteigert, insofern die röhrige Verlängerung der Höfchen zunahm, zu einer Verdoppelung und Kombination derselben führte und indem sich offenbar auch die Stereothek an der Umhüllung der so modificirten Höfchen betheiligte (Taf. IV fig. 2). Ich kann aus den Beschreibungen und Abbildungen S. A. MILLER's (cf. 1889, III, 253–255) nicht entnehmen, ob der von mir bei einer Art von *T.* beobachtete Porenbau in dieser Weise für die Gattung charakteristisch ist, lege aber jedenfalls auf die Komplikation der Poren besonderen systematischen Werth. Uebrigens dürften die zahlreichen von S. A. MILLER unterschiedenen Arten, soweit sie überhaupt zu den Aristocystiden gehören, wahrscheinlich in eine einzige Art zu vereinigen sein.

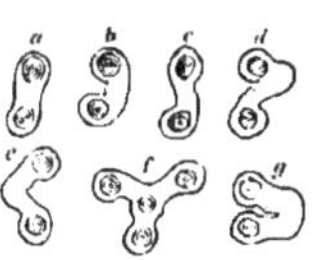

Fig. 86.
Verschiedene Porenformen von *Aristocystites bohemicus* vergrössert.

Auffallend sind bei *Aristocystites* tiefe Grübchen, die in Reihen geordnet an dem Innenrande des Peristomes angebracht sind. Ich habe sie sowohl an dem Exemplar mit zwei, wie bei dem mit drei Fingern beobachtet und von letzterem in Taf. III fig. 11b vergrössert dargestellt. Es liegt nahe, anzunehmen, dass diese Grübchen die Ansatzstellen der adoralen Saumplättchen bildeten. Ihre starke Ausprägung würde dann dafür sprechen, dass die Saumplättchen erstens sehr schlank — etwa fingerförmig — waren und einen bemerkenswerthen Grad von Beweglichkeit erlangt haben müssten. Bei Cystoideen habe ich derartige Erscheinungen sonst nicht beobachtet und bin zweifelhaft, ob diesen eigenartigen Organen nicht noch eine besondere Funktion zukam.

Die Madreporenöffnung ist bei *Aristocystites* schon durch die Darstellungen BARRANDE's bekannt geworden als die sog. „vierte Oeffnung". E. HAECKEL hat in ihr dann richtig die Ausmündung des primären Steinkanales („*Hydroporus?*") vermuthet 1896. II. 16). Bei *Aristocystites* ist die Oeffnung schlitzförmig und im Grunde mit unregelmässigen Trabekeln quer durchsetzt. Sie liegt hier nahe an dem Peristom, dessen Haupterstreckung nahezu parallel.

Der Parietalporus liegt bei *Aristocystites* auffallend weit von dem Madreporiten entfernt und dem After mehr oder weniger genähert (Taf. IV fig. 10, 11, 11 b). Sein Lumen ist eng aber deutlich, und dessen Rand stets erhaben, so dass der Porus wohl zeitlebens in Funktion geblieben sein muss.

Die geologische Verbreitung der Aristocystiden zeigt ein sehr einfaches Bild. *Aristocystites* ist auf das mediterrane Meeresbecken des oberen Untersilurs beschränkt und mit Sicherheit sogar nur in dessen östlichen Gebieten in Böhmen nachgewiesen. *Trematocystites* erscheint dagegen im Obersilur Nord-Amerikas, ist aber bisher nur in dessen mittleren Schichten, die vorzugsweise an Pelmatozoen reich sind, gefunden worden. Die Einwanderung nach den jüngeren amerikanischen Silurgebieten muss also während der sich daraus ergebenden Zeitdifferenz erfolgt sein. Es ist bis jetzt unmöglich, den genaueren Zeitpunkt der Verschiebung anzugeben; der Weg über das heutige Gebiet der Atlantis dürfte aber sichergestellt sein, da ihn auch andere Pelmatozoen verfolgt haben.

In der Morphogenie der Aristocystiden treffen Momente aus sehr verschiedenen Entwicklungsstufen des Cystoideenkörpers zusammen. Die Ausbildung der Respirationsporen, die an diejenige der Echinosphaeriden erinnert, beweist ihre extreme Specialisirung. Die starke Hemmung in der Entfaltung des Ambulacralsystemes zeigt eine scharfe Abbiegung von dem Wege, den die Entwicklung des Ambulacralsystemes bei allen übrigen Diploporiten genommen hat. Dass die Unterdrückung einzelner Radiärstämme als sekundärer Process aufzufassen ist, habe ich schon zu oft betonen müssen, um hier noch einmal auf diesen Punkt einzugehen. Diesen Differenzirungsprocessen steht nun aber die auffallend deutliche Erhaltung der Primärporen gegenüber als ein Moment, dem man eine hohe ancestrale Bedeutung innerhalb der Cystoideen nicht absprechen kann. Einer individuell niedrigen Entwicklungsstufe dagegen entspricht die stiellose Abstutzung des distalen Endes der Theca. Diese beiden Momente erklären sich nun wie in anderen Fällen auch hier durch ontogenetische Entwicklungshemmung, wobei diese Formen aber nicht hinter den diesbezüglichen Ausbildungsstadien der Sphaeroniden zurückbleiben. Während sie den letzteren also hierin etwa gleichstehen, zeigen sie in der starken Unterdrückung der Ambulacralentfaltung eine wenn auch rückschreitende Specialisirung.

Die phyletische Stellung der Aristocystiden scheint mir bei dieser morphologischen Grundlage im Wesentlichen klar zu sein. Sie stehen in ihrem Gesammthabitus den Sphaeroniden am nächsten, entfernen sich aber von ihnen einerseits durch die starke Hemmung ihrer Ambulacralentfaltung, andererseits durch die eigenthümliche Specialisirung ihrer Porenhöfchen. Dadurch ist ihnen auch im System unschwer ein geeigneter Platz anzuweisen. Sie entfernen sich abseits von dem Wege, den die übrigen Diploporiten durch Vermehrung und Ausbreitung ihrer Finger über die Theca eingeschlagen haben. Man hat danach die Wahl, sie entweder an den Schluss der Diploporiten zu stellen oder sie zwischen die Sphaeroniden und die übrigen Familien einzuschalten. Dadurch wird zwar die Entwicklungsreihe, die von den Sphaeroniden zu den Glyptosphaeriden, Dactylocystiden und Gomphocystiden führt, in der systematischen Aufzählung der Familien unterbrochen, aber diesen Nachtheil hat mehr oder weniger jede systematische Aneinanderreihung verschiedener Typen, da letztere in der Regel nicht Etappen nur einer streng innegehaltenen Entwicklungsrichtung bilden, sondern sich mindestens in ihren jüngeren Gliedern mehr oder weniger weit seitwärts von der Hauptentwicklungsrichtung der ganzen Phyle abzweigen. Das gilt, wie wir pag. 369 sahen, für alle Familien der Diploporiten, die wir eben deshalb einander als gleichwerthig gegenüberstellten. Wenn wir diese Thatsache aber zugeben, dann bietet die unmittelbare Anreihung der Aristocystiden an die Sphaeroniden den erheblichen Vortheil, dass dadurch nicht nur ihrer sehr engen Beziehung zu diesen, sondern auch ihrer niedrigen Differenzirungshöhe Ausdruck verliehen wird.

Aristocystites BARRANDE 1887 (Ia, 145; Ib, 95, 730).

Definition. Theca eiförmig. Radiärstämme z. Th. unterdrückt, Porenhöfchen unregelmässig in die Länge gezogen. Primärporen wohl entwickelt, auf den Raum zwischen Mund und After gleichmässig vertheilt.

Durch die Güte des Herrn Prof. ANT. FRITSCH in Prag konnte ich die besten Exemplare BARRANDE's sowie einiges neu hinzugekommene Material eingehend untersuchen. Hierbei ergab sich als wichtigstes Novum, dass *Aristocystites* nicht die ihm von BARRANDE zugeschriebenen „*Hydrophores palmés*" besass, sondern an den Enden eines schlitzförmigen Mundes je ein Fingergelenk aufwies (Taf. III fig. 10a, 11a). Es scheint, dass der Mund in der Regel einen einfachen Schlitz bildete, wie ihn fig. 10a darstellt, und dass demgemäss auch nur zwei Finger vorhanden waren. Das relativ kleine, fig. 11a von oben abgebildete Individuum, welches durch Herrn Prof. ANT. FRITSCH gefunden wurde, scheint mit seinen drei Fingern und einem entsprechend dreitheiligen Mund eine Ausnahme zu bilden.

Die Gelenkflächen für die Finger sind nicht skulpturirt und wölben sich auch aus der Fläche der Thecalwand wenig hervor, so dass es erklärlich ist, dass sie bisher ganz übersehen würden. Auf diesem Missverständniss beruht wohl hauptsächlich die Gründung der *Amphoridea* HAECKEL's, denn zu der Vorstellung, dass es Cystoideen ohne Arme bezw. Finger gegeben habe, gab wohl keine Form scheinbar so viel Grund wie gerade *Aristocystites*.

Recht eigenthümlich sind an den Rändern der Mundöffnung kleine Grübchen, die an fig. 11a in natürlicher Grösse und in fig. 11b der Tafel III vergrössert dargestellt sind. Ich kann sie mir nur so erklären, dass daran relativ starke und kräftig bewegliche Saumplättchen zum Verschluss der Mundöffnung ansassen. Gegenüber den breiteren Plättchen einer *Archegocystis* (Taf. III fig. 4) müssten dieselben hier schmal und etwa fingerförmig gewesen sein.

Der After liegt seitwärts etwa auf der Grenze des zweiten und dritten Drittels der Thecalhöhe. Er hat bei mässiger Grösse einen rundlichen Umriss und ist durch eine einfache, meist 6—7theilige Klappenpyramide geschlossen. Nahe am Munde, und zwar der solaren Ecke desselben genähert, liegt der Madreporit als einfacher kurzer Schlitz, innerhalb dessen sich wirre Querleisten bemerkbar machen (Pr der fig. 10a, 11a). Der Parietalporus liegt ziemlich tief unterhalb des Madreporiten dem After genähert. Seine Position gegenüber dem letzteren variirt übrigens etwas. Er hat ein ziemlich enges Lumen, verräth aber seine Activität auch durch eine kraterartige Aufwölbung seines Randes. Besondere Klappen, wie wir sie bei specialisirten Dichoporiten fanden, scheinen ihn nicht verschlossen zu haben.

Die Struktur der Thecalporen habe ich bereits pag. 115 und 409 besprochen und füge daher nur noch hinzu, dass die Höfchen innerhalb der Familie hier eine wesentlich geringere Specialisirung verrathen als bei *Trematocystis*. Sie bilden flache, wenn auch wurmartig verzerrte Grübchen in der Stereothek, sind aber nicht wie bei *Trematocystis* durch seitliche Vorwölbung der Stereothek fest geschlossen. Sie wurden also bei *Aristocystites* nur durch die Epithek überzogen, durch welche allem Anschein nach ihre respiratorische Funktion nur modificirt, aber nicht behindert wurde. Ausserdem sind auch die Höfchen nicht zu so schmalen Gängen ausgebildet und nicht zu mehreren zwischen je zwei Porenkanälen ausgespannt wie bei *Trematocystis*. Durch diese geringere Differenzirung der Poren ist die Stellung von *Aristocystites* innerhalb der Familie gegenüber *Trematocystis* in erster Linie bestimmt. Die übrigen Merkmale bleiben sich ziemlich gleich. Auch in geologischer Hinsicht erscheint *Aristocystites*, wie wir pag. 410 sahen, als Vorfahr von *Trematocystis*. Wir kennen *Aristocystites* bisher mit Sicherheit nur aus dem böhmischen Untersilur und zwar dessen oberen Schichten (D_4), da die von Barrande aus D_1 erwähnte und l. c. T. XXV f. 15 abgebildete Form nicht hierher — vielleicht zu *Archegocystis* — gehört*). Barrande unterschied aus D_4 7 Arten, von denen *A. bohemicus* den Typus bildet, die übrigen aber auf unvollständige Fragmente basirt sind, die zum grösseren Theil (*A. desideratus, idealis, potens* und *sculptus*) zu *Codiacystis* gehören dürften. Soweit sie zu *Aristocystites* zu stellen sind, und das gilt wohl mit Sicherheit nur von *A. grandiscutum* und *rudis* l. c. T. XVII, lassen sie sich wohl vorläufig alle in die folgende zuerst beschriebene Art zusammenfassen, zumal sie sich auf einem räumlich und faciell eng geschlossenen Gebiete fanden.

A. bohemicus Barrande 1887 (Ia, 165; Ib, 108). Syn. *Arist. ? grandiscutum* Barr., *Arist. ? rudis* Barr. Oberes Untersilur (D_4). Zahorzan etc., Böhmen. Theca etwa 55 mm hoch, 40 mm dick, meist mit kleiner Fläche auf Fremdkörpern aufgewachsen. Anscheinend meist zwei, selten drei Finger. (Die Orig.-Exempl. Barrande's Mus. Prag, mehrere Ex. Mus. Berlin.) Taf. III fig. 10, 11.

*) Ganz sicher zu *Codiacystis* gehört z. B. sein „*Aristocystites? subcylindricus var. de Bohemicus*", da dieser das Ambulacralfeld von *Codiacystis* im Abdruck deutlich erkennen lässt.

Ein unbestimmbares Fragment eines Sphaeroniden oder Aristocystiden aus dem oberen Untersilur von Paulhan, Dép. Hérault, findet sich in der Univ.-Sammlung in Strassburg.

Trematocystis n. g.

Syn. *Holocystites* S. A. MILLER z. Th. non HALL.

Die Pelmatozoen, die J. HALL 1864 (I, 311) als Vertreter seiner l. c. aufgestellten Gattung *Holocystites* bezeichnete, scheinen aller für Cystoideen charakteristischen Eigenschaften zu entbehren und mit *Saccocystis* einen aberranten Typus der Cladocrinoideen zu bilden, der bei dieser Klasse behandelt werden soll. Eine mir vorliegende Diploporitenform gehört aber offenbar, zumal sie auch mit entsprechender Bezeichnung MILLER's versehen ist, zu Formen, die der genannte Autor zur Gattung *Holocystites* HALL rechnete (1889, III, 253—255). Für sie stelle ich eine neue Gattung auf, der ich wegen der bohrlochartigen Porengänge den Namen *Trematocystis* (τρῆμα = Bohrloch) gebe.

Definition. Theca unregelmässig, oval oder birnförmig, mit ziemlich kleiner Fläche aufgewachsen. Platten ziemlich gross und wenig zahlreich. Anscheinend normal 4 Finger an den Ecken des Peristoms. Doppelporen mit langen, vielfach unregelmässigen Porengängen untereinander zu Gruppen verbunden.

Diese Gattung ist im Rahmen der Familie gegenüber *Aristocystites* wesentlich dadurch gekennzeichnet, dass ihre Theca durch weniger zahlreiche Platten zusammengesetzt ist, dass anscheinend regelmässig vier Finger ihren Mund umstehen und ihre Porenhöfchen zu langen Porengängen differenzirt und vielfach untereinander verbunden sind. Zu den beiden ersten Punkten genügt ein Hinweis auf die Abbildung Taf. IV fig. 2, nur bemerke ich, dass in dieser Darstellung das Peristom zu dunkel schattirt ist, so dass die sich nach innen allmählich vertiefenden Wände desselben zur Mundöffnung zu gehören scheinen. Die letztere nimmt thatsächlich nur etwa zwei Drittel des dunkel schattirten Raumes ein.

Zur Illustrirung der eigenthümlichen Differenzirung der Poren habe ich Taf. IV fig. 2a einige Thecalplatten vergrössert dargestellt. Man ersieht daraus, dass die als schwarze Punkte gezeichneten Porenkanäle an der Oberfläche nicht mehr zu zweien durch ein Höfchen verbunden sind, sondern dass zwischen ihnen in unregelmässiger Weise Porengänge verlaufen, die sich in einfachen Fällen, wie z. B. an der kleinen rechts bei Pf gelegenen Doppelpore, ohne Weiteres als Modifikation eines einheitlichen ovalen Porenhöfchens erweisen. Diese Porengänge treten erst bei starker Verwitterung oder künstlicher Anätzung der Oberfläche klar hervor. Sie sind ursprünglich durch seitliche Verwachsung der Stereothek fast ganz geschlossen, genau so, wie wir dies bei *Echinosphaerites* fanden (vergl. Fig. 79 pag. 331). Es liegt also hier eine vollständige Analogie zu der Specialisirung der Dichoporen vor, und es ist sicher für die Beurtheilung der Porenfunktion der Cystoideen höchst bemerkenswerth, dass beide Porentypen am Schluss ihrer Entwicklung die gleiche Ausbildung zeigen.

Trematocystis gehört dem Obersilur an und ist in diesem der einzige Repräsentant der Diploporiten. Er wird nur überlebt durch die unterdevonischen Vertreter der Sphaeroniden und gehört somit zu den jüngsten Typen der Ordnung. Nur ist die Form mit Sicherheit nur aus den Niagara-Schichten der centralen Theile der Vereinigten Staaten bekannt. S. A. MILLER unterscheidet in diesen nach der äusseren Form, der Grösse der Anwachsfläche, zufälligen Bohrlöchern von Parasiten und derartigen Erscheinungen nicht weniger als 22 Arten. Einen wissenschaftlichen Werth braucht man wohl einer derartigen Liebhaberei in Namengebung nicht beizumessen. Da mir eine Kontrolle aller dieser zahlreichen Artbeschreibungen unmöglich ist, mache ich diejenige Form zum Typus der Gattung, die mir mit der MILLER'schen Bezeichnung *Holocystites subglobosus* vorliegt und anscheinend dieser Benennung auch entspricht. Ich muss es aber den Fachgenossen in Amerika überlassen, das Synonymen-Verzeichniss für diese Art festzustellen, die allem Anschein nach älteren von S. A. MILLER aufgestellten Arten ident ist.

T. subglobosus (S. A. MILLER 1889 III. 255). Mittl. Obersilur (Niagara group), Jefferson Cty, Indiana, U. S. Theca etwa 50 mm hoch, 35 mm dick, oval oder sackförmig. 4 Finger. After in der Nähe des Mundes. Porengänge schmal, in unregelmässigen Bögen die Porenkanäle verbindend. (3 Ex. Mus. Berlin.) Taf. IV fig. 2.

Fam. Gomphocystidae m.

Vorbemerkung. Die obersilurische Gattung *Gomphocystites* ist wegen der spiralen Drehung ihrer Ambulacra gern für einen nahen Verwandten von *Agelacrinites* gehalten worden. Obwohl sie von ANGELIN 1878 (I, 31) den Diploporiten eingereiht wurde, blieb doch ihre bisherige Beurtheilung sehr unbestimmt. NEUMAYR und BERNARD liessen sie in ihren Systemen unberücksichtigt, S. A. MILLER vereinigte sie mit *Hemicosmites* in eine Familie der *Gomphocystidae*, die mit so heterogenem Inhalt natürlich keinen Anspruch auf inneren Werth machen kann. HAECKEL stellte sie 1896 (II. 111) in eine Familie der *Agelacystida* und speciell mit verschiedenen Thecoideen, *Asteroblastus* und *Mesocystis* zu einer Unterfamilie der *Asterocystida* zusammen. Dass derartige Beziehungen von *Gomphocystites* undenkbar sind, brauche ich wohl nicht mehr näher zu begründen. Ich habe im Folgenden in die nächste Verwandtschaft von *Gomphocystites* einen untersilurischen Diploporiten Böhmens gestellt, den BARRANDE 1887 unter dem Namen *Pyrocystites* beschrieben hat. Eine von BARRANDE zu diesem gerechnete Form *P. desideratus* habe ich bereits pag. 395 zum Typus der neuen Gattung *Archegocystis* gemacht.

Definition. Theca birnförmig, allmählich in einen weiten, aber wahrscheinlich kurzen Stiel verjüngt. Ambulacra pentamer, spiral gedreht und nur links Seitenzweige absondernd. Diploporen mit offenem, ovalem Höfchen.

Die Theca von *Gomphocystites* wechselt etwa in den Grenzen der Birnenform, wie aus Taf. II fig. 8—9 zu ersehen ist; nur ist das untere Ende in einen relativ dicken Stiel ausgezogen. Eine ähnliche Form hat wohl auch *Pyrocystites pirum* (Taf. III fig. 6) gehabt. Der Uebergang in den Stiel ist in keiner Weise markirt. Die durch nichts beeinflusste irreguläre Täfelung des unteren Thecalabschnittes setzt sich unmittelbar in den bisher allein bekannten oberen Theil des Stieles fort. Auch der Mangel an Doppelporen stellt sich so allmählich ein (Taf. II fig. 8, III fig. 6), dass auch hierbei eine Grenze nicht zu ziehen ist. Die starke Neigung der Theca gegen deren Stielabschnitt bei dem Taf. II fig. 8 abgebildeten Individuum lässt ebenfalls auf einen kurzen Stiel schliessen.

Das Ambulacralsystem ist pentamer entfaltet und seine Radiärstämme spiral über den oberen Theil der Theca ausgedehnt. Bei *Gomphocystites* ist dies in ausgezeichneter Weise ausgeprägt, indem die Radien hier in beträchtlicher Länge die ganze Oberseite der Theca umziehen (Taf. II fig. 8, 10). Aus beistehenden Textfiguren ist zu entnehmen, wie gross der Gewinn an Längenausdehnung der Radien durch die spirale Drehung ist. Bei geradem radiären Verlauf würden die Radien die Grenze der Oberseite in weniger als der halben Länge erreicht haben und infolge dessen entsprechend weniger leistungsfähig gewesen sein. Bei *Pyrocystites pirum* entdeckte ich die Ambulacralrinnen erst an Guttaperchaabdrücken, die ich Dank der Freundlichkeit des Herrn Prof. ANT. FRITSCH in Prag von den negativen Gesteinsabdrücken einiger BARRANDE'scher Original-Exemplare nehmen konnte. Die Oberfläche des Taf. III fig. 6 abgebildeten Individuums zeigt allerdings nur ein Ambulacrum, aber dieses doch so deutlich, dass daran die spirale Drehung, die Form und Stellung der Fingeransätze deutlich zu erkennen sind. In der Annahme, dass auch die übrigen Ambulacra wesentlich die gleiche Ausbildung zeigen, glaube ich *Pyrocystites*, dessen Typus jener *P. pirum* ist, den Gomphocystiden zurechnen zu können.

Die Entfaltungsart der einzelnen Ambulacra hat die Eigenthümlichkeit, dass ihre fingertreibenden Seitenzweige sämmtlich nach links abgehen. Dadurch, dass also bei jeder Gabelung der kräftigere Ast rechts liegt, erfährt der ganze Stamm naturgemäss eine Drehung nach dieser Seite. In diesem für die Familie wesentlichen Punkte stimmen *Pyrocystites* und *Gomphocystites* also vollkommen überein (Taf. II fig. 10, III fig. 6). Beide unterscheiden sich durch die Konsequenz dieser rechtsseitigen Drehung von den Agelacriniden, wie pag. 20 auseinandergesetzt wurde. Das Princip dieser Gabelungsart lässt sich unmittelbar aus derjenigen ableiten, die wir unter den Sphaeroniden bei *Archegocystites* fanden und pag. 391 eingehend würdigten. Der Unterschied beider Typen besteht nur darin, dass die Gabelung bei *Archegocystites* (Taf. III fig. 5) ganz auf je eine adorale Platte beschränkt war, hier aber radiär über diese hinausgeschoben wird. Bei *Gomphocystites* nimmt dabei jeder Seitenzweig mit seinem Fingeransatz eine eigene Platte als Träger in Anspruch, die dadurch innerhalb der Ontogenie in eine spirale Längsreihe rücken. Bei dem älteren *Pyrocystites* (Taf. III fig. 6) scheint diese Wachsthumsbeziehung noch keine festen Formen angenommen zu haben und dadurch zu *Gomphocystites* in demselben primitiven Verhältniss zu stehen, wie *Glyptosphaerites* (Taf. IV fig. 5) zu *Protocrinites* (Taf. V fig. 3). Der Unterschied der Gomphocystiden diesen gegenüber beruht aber darauf, dass bei letzteren die Seitenzweige eben nicht nach beiden Seiten, sondern nur nach links abgehen. Es kann sich also bei den genannten Regulirungen nur um analoge Entwicklungsvorgänge handeln. Wenn *Archegocystites*, wie wir annahmen, der Ausgangspunkt der bisher bekannten Sphaeroniden ist, dann steht demselben die Entfaltungsart der Gomphocystiden näher als die der genannten

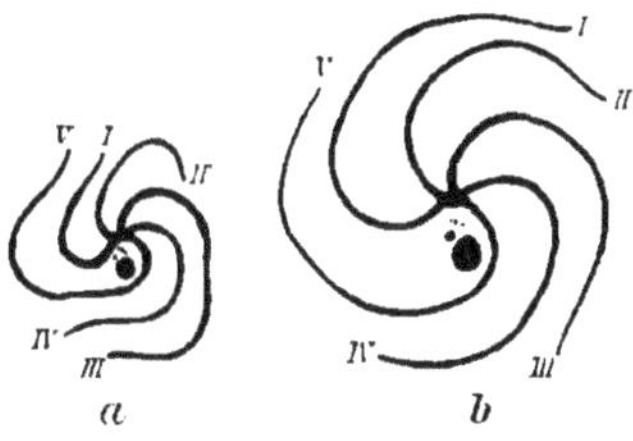

Fig. 87.
Verlauf der Radiarstämme von *Gomphocystites*. a eines kleineren, b eines grösseren Individuums.

Glyptosphaeriden und Dactylocystiden, die den Modus der letzteren noch weiter specialisirt haben.

Die Fingeransätze sind bei *Pyrocystites* in dem proximalen Theil des Ambulacrum deutlich ausgeprägt (Taf. III fig. 6), dann aber werden sie undeutlich, bis man bald auch die Ambulacralrinne nicht mehr verfolgen kann. Die Ueberschiebung ist also hier in einem Wachsthumsstadium erfolgt, in welchem die Thecalelemente bereits fest angelegt waren, so dass die Auflagerung der Radiärstämme keinen nennenswerthen Eindruck auf ihrer Skeletunterlage hervorrief. Bei *Gomphocystites* haben die Finger die Skeletirung der subambulacralen Thecalelemente auf lange Erstreckung geregelt (Taf. II fig. 9, 10), schliesslich haben aber auch hier die Ambulacra distal bereits gefestigte Lageverhältnisse der Thecalplatten vorgefunden und nicht mehr zu beeinflussen vermocht, so dass auch hier an Steinkernen, wie Taf. II fig. 9 und 10 die ambulacralen Platten am Ende nicht mehr klar zu verfolgen sind. Mit der stärkeren Ausbildung des Stammes haben übrigens bei *Gomphocystites* dessen Seitenzweige entschieden an physiologischer und morphologischer Bedeutung verloren; sie sind kurz und ihre Eindrücke sehr zart; auch die Fingeransätze sind kaum noch zu erkennen.

Der After ist bei *Gomphocystites* ganz eng an den Mund herangedrängt (Taf. II fig. 10), sein Verschluss übrigens bisher unbekannt. Bei *Pyrocystites* liegt er etwas weiter von dem Munde entfernt (vergl. BARRANDE l. c. T. XXIX f. 12–15). An dem Steinkern tritt hier die Innenausfüllung der Analpyramide mamma-artig hoch hervor und scheint nach BARRANDE's Abbildung l. c. f. 15 mit mehreren nach oben kleiner werdenden Plattenkränzen bedeckt gewesen zu sein. Das würde eine sehr primitive Form des Afterverschlusses darstellen, über die wir aber noch weitere Klärung abzuwarten haben.

Von Primärporen ist bisher nur ein Parietalporus beobachtet. Bei *Gomphocystites* liegt derselbe in dem engen Raum zwischen Mund und After, wo für die Erhaltung eines Madreporiten kaum Platz war. Bei *Pyrocystites* liegt der Parietalporus oberhalb des Afters, etwas höher, als es das Bild von *Aristocystites* (Taf. III fig. 11) zeigt. Leider ist der Scheitel des genannten Exemplares von *Pyrocystites pirum* über jenem Porus abgebrochen, so dass sich nicht entscheiden lässt, ob darüber ein äusserer Madreporit vorhanden war; an Raum fehlte es ihm jedenfalls nicht und so mag er wohl hier vorhanden gewesen sein.

Die Doppelporen zeigen keine wesentlichen Abweichungen, nur dass sie bei *Pyrocystites* von einem ziemlich starken Walle umgeben (Taf. III fig. 8) und anscheinend bei beiden Gattungen auf die mittleren Theile der Thecalplatten lokalisirt sind (Taf. III fig. 6, 7).

Die geologische Verbreitung weist uns zunächst noch eine Lücke in zeitlicher Folge auf, insofern *Pyrocystites* im tieferen D_1, vielleicht allerdings auch im oberen (D_4) Untersilur Böhmens vorkommt, während *Gomphocystites* auf das mittlere Obersilur beschränkt ist. Letztere findet sich in der nördlichen Obersilurprovinz von Nord-Amerika bis zur Insel Gotland. Da verschiedene der europäischen Formen dieser Schicht aus Amerika eingewandert sind, so ist es wahrscheinlich, dass die Gomphocystiden wie auch die Aristocystiden, Sphaeroniden, Agelacriniden, Caryocriniden und Chirocriniden aus dem mediterranen Untersilur Europas nach Nord-Amerika wanderten und dann im Obersilur von dort wie die Apiocystiden und wahrscheinlich auch die Sphaeroniden in die nordische Meeresprovinz Europas zurückkehrten.

Die phyletische Stellung der Familie scheint mir auf Grund ihrer Gesammtorganisation sehr klar bestimmt. Entscheidend ist dabei einerseits die Indifferenz gewisser Organisationsverhältnisse, wie der allgemeinen Körperform, der schwachen Neubildung eines Stieles, der Skeletanlage und des Porenbaues, vor Allem aber die besondere Differenzirung der ambulacralen Organe. Die lediglich linksseitige Abzweigung der Finger verbindet die Familie mit einem der ältesten Diploporiten *Archegocystis* und dadurch mit der Familie der Sphaeroniden, während die Verschiebung der Ambulacra über die adoralen primären Ambulacralplatten hinaus die Gomphocystiden den jüngeren Diploporiten nähert. Der äussere Habitus ihrer Ambulacra steht deren Ausbildung bei *Glyptosphaerites* so nahe, dass man geneigt sein könnte, ihn mit dieser Gattung zu vereinigen. Bei dieser Gattung, wie bei den ältesten Gomphocystiden, *Pyrocystites*, verlaufen die Ambulacra über das Thecalskelet, ohne dass dessen Elemente besondere Rücksicht auf die ambulacralen Organe nähmen. Dazu kommt, dass auch bei *Glyptosphaerites* in der Regel mehr Finger links als rechts abgezweigt sind, ja sogar, wie namentlich bei der einfachsten Form *Gl. ferrigena* Barr. sp., der einzige vorhandene Seitenzweig nach links abgeht. Dann ist hierin kein Unterschied gegenüber *Glyptosphaerites* gegeben. Aber von solchen Anomalien abgesehen, zeigt sich doch ein tiefgreifender Unterschied zwischen den Gomphocystiden und den letztgenannten Diploporiten darin, dass alle Finger links abgezweigt sind. Bei *Pyrocystites* ist das ja bisher nur an dem einen erhaltenen Ambulacrum nachgewiesen, aber bei *Gomphocystites* ist dieses Princip entschieden voll ausgebildet. Da wir es nach der Erkenntniss, dass sich allgemein bei Cystoideen mindestens der erste Finger links abzweigt und der Hauptast also rechts gerichtet ist, und nach dem Vorgange von *Archegocystis* diese Entfaltung der Ambulacra für den specialisirten Ausdruck eines sehr primitiven Entwicklungsstadiums halten müssen, so glaube ich durch sachliche Gründe berechtigt zu sein, die Gomphocystiden an die Spitze derjenigen Diploporiten zu stellen, deren Ambulacra sich radiär über das Thecalskelet vorschieben. Ihre ältere Gattung *Pyrocystites* steht dabei mit der Indifferenz ihrer Charaktere *Glyptosphaerites* so nahe, dass man vielleicht berechtigt wäre, sie für den Ausgangspunkt dieser und damit aller folgenden Familien der Diploporiten zu halten.

Pyrocystites (Barr.) Jkl.

Pyrocystites Barrande z. Th. 1887 Ia. 262; Ib. 170. Syn. *Pyrocystis* Haeckel.

Die Barrande'sche Gattung *Pyrocystites* lässt sich dem Namen nach beibehalten, da sie zur binomen Bezeichnung des *Pyrocystites pirum* diente, der der folgenden Beschreibung als Typus zu Grunde gelegt ist. Barrande's Definition der Gattung ist dagegen wesentlich umzugestalten, da sie gerade in dem entscheidenden Punkte auf Organisationsverhältnisse basirt ist, die der typischen Art *P. pirum* fremd sind. Barrande ging von der Voraussetzung aus, dass die „*Hydrophores palmés*“, die er bei seinem *P. desideratus* gefunden hatte, auch bei *P. pirum* vorhanden waren. Diese Annahme beruht jedoch auf einem Irrthum und bedingt, eine neue Definition mit dem Gattungsnamen *Pyrocystites* zu verbinden. Barrande's *P. desideratus* ist bereits pag. 395 zum Typus der Gattung *Archegocystis* gemacht worden.

Definition. Theca birnförmig, aus mässig zahlreichen, ganz ungeordneten Platten zusammengesetzt. Ambulacra ohne Beziehung zu den Thecalplatten, spiral verlaufend mit mässig zahlreichen, links abgezweigten Fingern. Poren auf die mittleren Theile der Platten beschränkt.

Dass die Gesammtform der Theca ziemlich regulär birn- oder ballonförmig war, zeigen einige von Barrande l. c. T. XXIX abgebildete Steinkerne von *P. pirum*. An diesen und an dem unteren Ende des *P. incertus* Barr. verlängern sich die Porenkanäle so, dass es scheint, dass das unterste bisher bekannte Ende der Theken in der That die distale Endigung bezw. Ansatzfläche des Körpers darstellt und ein besonderer Stiel unter jener Verjüngung der Theca nicht vorhanden war.

An verschiedenen Steinkernen von *P. pirum* war von Barrande seitlich vom Scheitel eine rundliche Erhabenheit von der Form einer Brustwarze beobachtet. Dieselbe schien ihm (l. c. p. 171) „correspondre à l'ouverture dite ovarienne dans la plupart des Cystidées". Damit ist nach unserer jetzigen Auffassung der After gemeint. Der Verschluss desselben ist insofern bemerkenswerth gewesen, als jene Klappenpyramide offenbar aus mehreren Plättchenkränzen, also wesentlich reicher zusammengesetzt war als bei den übrigen Diploporiten. Wir finden darin einen gewissen Anschluss an den Verschluss des Anus bei den älteren Dichoporiten und den zweifellos noch älteren Thecoideen (vergl. Taf. II fig. 2, XII fig. 5, XV fig. 11). Oberhalb dieses Afters und von dessen Richtung gegen den Scheitel etwas links gerückt zeigen einige Abbildungen von *P. pirum* Barr. l. c. Taf. XXIX einen kleinen runden Porus, den wir als Parietal- bezw. Genitalporus ansprechen müssten. Barrande sagt nun freilich in der Beschreibung von *Pyrocystites* pag. 171, dass sein Lithograph diesen Porus deutlicher gezeichnet habe, als er in Wahrheit zu sehen ist. Die gleiche Angabe macht er bezüglich der Scheitelöffnung, die nach seinen l. c. f. 7 und 8 aus sechs regelmässig dreieckigen flachen Klappen zusammengesetzt wäre. Dieselben würden dann den 5 Klappen entsprechen, die auch bei anderen Cystoideen (Taf. III fig. 4, IV fig. 3–5) die Mundöffnung überdachen. Ich habe bei meinen zeitlich beschränkten Studien in Prag dieses Original Barrande's leider nicht genauer untersucht, erzielte aber durch einen Guttapercha-Abdruck der Aussenfläche des von Barrande l. c. fig. 21 als Steinkern abgebildeten Exemplares von *P. pirum* ein zuverlässiges Bild, welches über die Organisation der ambulacralen Organe am Mund Klarheit schafft (Taf. III fig. 6). Dasselbe ist ein Ambulacrum, welches als feine Rinne ähnlich wie bei *Glyptosphaerites* über die Thecalplatten verläuft, ohne zu deren Lageverhältniss in bestimmte Beziehung zu treten. Das einzige sichtbare Ambulacrum verläuft im Bogen vom Mund aus nach rechts, ist also solar gedreht wie bei *Gomphocystites* (Taf. II fig. 8, 10). Auf der in der Richtung seines Verlaufes linken Seite, also contrasolar, zweigen sich einige Seitenrinnen ab, die in schwachen Gelenkflächen für Finger endigen. Drei solcher Seitenrinnen und Gelenkflächen sind deutlich zu bemerken (Taf. III fig. 6), die Existenz weiterer in gleicher Stellung aber zu vermuthen, da nur durch diese Stellung der Seitenrinnen die spirale Biegung des Ambulacralstammes ihre Erklärung findet (vergl. pag. 354). Die Ursache ihrer Nichterhaltung ist offenbar darin zu suchen, dass diese Theile der Ambulacra sich so spät über die Theca vorschoben, als deren Skelet schon vollkommen gefestigt war. Wir finden analoge Erscheinungen auch bei anderen Diploporiten. Schon nach der starken Drehung des besprochenen Ambulacrum kann dasselbe übrigens bei

Weitem nicht die Länge derjenigen von *Gomphocystites* erreicht haben, sondern muss auf die nähere Umgebung des Mundes beschränkt geblieben sein. Der primitive Charakter in der Entfaltung dieser Ambulacra kommt auch darin zum Ausdruck, dass die Seitenrinnen kurz sind.

Dass BARRANDE irrthümlich seiner Gattung *Pyrocystites* die „*Hydrophores palmés*" von *Archegocystis* zuschrieb, habe ich bereits pag. 417 bemerkt.

Die Thecalporen sind an dem von mir abgebildeten Individuum auf die mittleren Theile der Platten beschränkt (Taf. III fig. 6); bei anderen von BARRANDE abgebildeten Individuen der gleichen Art tritt das nicht so deutlich hervor. Die Poren sind relativ gross und vielfach, besonders die mehr peripherisch gelegenen, der Platte ungefähr radial eingelagert. Sie sind von einem starken Walle umgeben, der ein auffallend enges Porenhöfchen umschliesst (Taf. III fig. 8).

Ein Madreporit ist bei *P.* bisher nicht beobachtet. Die geologische Verbreitung ist mit Ausnahme eines systematisch noch unsicheren Fragmentes aus D_4 auf die Etage D_1 des Untersilur in Böhmen beschränkt.

In morphogenetischer Hinsicht steht *Pyrocystites* offenbar am Ausgangspunkt der Familie und gehört in Böhmen, wo er sich bisher allein fand, den unteren Schichten ($D_1 \gamma$) des Untersilurs an. Die specifische Entfaltung von *Pyrocystites* ist nur gering; von den 4 von BARRANDE hierher gerechneten Arten gehört wie gesagt ***P. desideratus*** zu ***Archegocystis***, ***P. incertus*** und ***patulus*** stellt unbestimmbare Steinkerne unterer Thecalabschnitte dar. Sicher bleibt also zunächst nur der Typus der Gattung:

P. pirum BARRANDE 1887 (Ia, 268; Ib, 174). Unteres Untersilur (D_1, Kieselknollen, Wosek), ? oberes Untersilur, Sterbohol, Böhmen. Theca birnförmig, etwa 40 mm hoch mit einer grössten Dicke von 25 mm. Thecalplatten annähernd gleich gross, aber unregelmässig gelagert. Poren relativ gross, etwa 10–20 auf einer Platte. (Mehrere Ex. Mus. Prag; Guttapercha-Abdrücke Mus. Berlin.) Taf. III fig. 6–8.

Gomphocystites HALL 1865 (I. 309).

Syn. *Gomphocystis* ANGELIN.

Vom 24. December 1864 ist l. c. eine mir vorliegende Schrift J. HALL's datirt, in welcher sich pag. 309 die Beschreibung von *Gomphocystites* als neuem Genus und die Beschreibung dreier Species findet. Es ist mir unverständlich, warum S. A. MILLER 1889 (III, 249) die Aufstellung der Gattung durch HALL auf das Jahr 1869 in dem 20. Report des New York State Museum of Albany p. 351 verlegt, während jene citirte Schrift als vorläufiger Auszug aus dem 18. Report des New York State Cabinet bezeichnet ist. Als selbstverständlich darf man wohl aber ansehen, dass eine Schrift, deren Druck am 24. Dec. 1864 begann, frühestens im Beginn des folgenden Jahres erschien und erst von da ab Priorität beanspruchen kann. Der Name *Gomphocystites* wurde von ANGELIN 1878 (I, 31) in *Gomphocystis* abgekürzt.

Definition. Theca birnförmig, in einen weiten, aber ziemlich kurzen Stiel verjüngt. Die Ambulacra lang, mit zahlreichen Fingern, unter denen die

Thecalplatten in spirale Reihen geordnet sind. Die interambulacralen Platten regellos. Parietalporus und After unmittelbar am Mund.

Die Organisation von *Gomphocystites* ist bisher insofern verkannt worden, als man die in Finger auslaufenden Seitenzweige der Ambulacra übersehen und das Verhältniss der letzteren zum Thecalskelet nicht klargestellt hatte. Unter diesen Umständen ist es erklärlich, dass verschiedene Autoren in *Gomphocystites* einen nahen Verwandten von *Agelacrinites* erblicken wollten (cf. Haeckel 1896, II, 111). Es unterliegt aber keinem Zweifel, dass 1. die Ambulacra von *Gomphocystites* auf der Theca liegen und deren Skeletbildung nicht wie bei den Thecoideen unterbrechen, 2. dass die Ambulacra in regelmässiger Folge links Seitenzweige abgaben, deren Rinnen deutlich zu sehen sind und deren endständige Finger je eine Thecalplatte zur Unterlage haben. Der Unterschied gegenüber *Pyrocystites* liegt darin, dass sich zwischen den Seitenrinnen und Fingern eine bestimmte Beziehung zu der Anlage der sie tragenden Skeletelemente ausgebildet hat. Die Dichtigkeit der Aufeinanderfolge der Seitenzweige bestimmt damit die Grösse und reihenweise Anordnung der nunmehr „ambulacralen“ Thecalplatten. Die Anlage der „interambulacralen“ Skeletplatten wird dadurch nur insofern beeinflusst, als die sämmtlichen Thecalelemente als morphologisch gleichwerthige und gleichzeitige Gebilde die Neigung haben, sich gleichartig zu gestalten. Je früher sich freilich die Ambulacra über die Theca vorschoben und ihre Seitenzweige und Finger festlegten, wird auch der Reiz zur Anlage ihrer Träger eingetreten und schliesslich derjenigen der interambulacralen Platten vorangegangen sein. In diesem Entwicklungsstadium wird die Ausbildung der letzteren in den Interradialfeldern nur deren Seitengrenzen nach bestimmt sein durch die früher angelegten ambulacralen Plättchen. Ich glaube mir so erklären zu können, dass bei *G. tenax* die interambulacralen Platten zwar die Höhe der ambulacralen haben, zwischen denen sie alternirend eingekeilt sind, aber so breit geworden sind, dass sie in einer Reihe den ganzen Raum zwischen zwei ambulacralen Spiralreihen ausfüllen. In diesem Falle war Hall berechtigt, zur Charakteristik der Gattung anzugeben, dass sein Skelet aus spiralen Plattenreihen zusammengesetzt war. Für andere Arten gilt das nicht. Bei diesen sind die interambulacralen Platten bei gleicher Grösse wie die ambulacralen regellos geordnet, so dass nur die fingertragenden subambulacralen Platten in spiralen Reihen das Chaos der Thecalelemente unterbrechen. Das ist an den Steinkernen aus dem Dolomit der Niagara-Schichten von Chicago sehr deutlich zu erkennen.

Für die rein passive Abhängigkeit der subambulacralen Thecalelemente von den ihnen aufruhenden Fingern bietet die Organisation von *Gomphocystites* einen drastischen Beleg, indem sich bei ihm eben die Thecalplatten gemäss der einseitigen Stellung der Finger an den Ambulacren nur in einzeiligen Reihen ordnen. Worauf sich die von Haeckel 1896 (II, 115) aufgestellte Behauptung gründet, dass die „ventrale Kelchdecke von dem umgekehrt kegelförmigen dorsalen Kelche durch einen kreisrunden Gürtel getrennt“ sei, ist mir unverständlich.

Der After ist stets deutlich unmittelbar neben dem Munde in demselben Interambulacrum, welches auch den Parietalporus enthält und also als Ambulacrum V : I zu betrachten ist. Die hohe Lage des Afters findet ihr Analogon bei *Sphaeronites* unter den Sphaeroniden und ist auch hier gegenüber *Pyrocystites* als sekundär aufzufassen. Diese Lage mag bedingt sein durch die Drehung der Ambulacra, von denen A V ihm den Raum unterhalb seiner gegenwärtigen Position versperrte. Ein Porus ist etwas solar gerückt zwischen Mund und After sichtbar. Ich glaube, dass man ihn auch hier als einzigen Primärporus als Parietalporus ansprechen muss. Von einem Madreporiten ist bei obiger Deutung nichts zu bemerken.

Die Thecalporen sind normale Doppelporen, wie schon von ANGELIN (1878, I, 31) klar erkannt wurde.

Die Gattung ist bisher nur im Obersilur bekannt. Dass HAECKEL (l. c. p. 145) die amerikanischen Arten in das Untersilur verlegt, ist einem der vielen „lapsus calami" dieses Werkes zuzuschreiben. *Gomphocystites* ist aber nicht auf Amerika beschränkt, sondern auf der Insel Gotland wiederholt, allerdings als Seltenheit, gefunden worden. Ein zeitlicher Anschluss dieser Gattung an den untersilurischen *Pyrocystites* ist also noch nicht nachweisbar. Die Lücke verliert aber jede Bedeutung, wenn *Pyrocystites pirum* nach den Angaben BARRANDE's in der That bis in das obere Untersilur (D_4) Böhmens reicht, da uns dann in der Verbreitung der Aristocystiden und Caryocriniden ganz analoge Verhältnisse vorliegen, die zu dem Schluss drängen, dass aus dem mediterranen Meeresbecken des jüngsten Untersilur verschiedene Typen nach Nord-Amerika wanderten, die uns dann dort erst wieder in mittleren Schichten des Obersilurs begegnen. Wahrscheinlich wird dabei auch, dass *Gomphocystites* mit anderen Typen, z. B. unter Cystoideen den Apiocystinen und Staurocystinen, erst im Obersilur wieder nach Europa zurückgekehrt ist.

G. indianensis S. A. MILLER 1889 (III, 249). Obersilur (Niagara group), Jefferson, County, Indiana, U. S. Theca anscheinend mit sehr kleinen und sehr zahlreichen Plättchen in den Interambulacren. Ambulacra schmal und lang.

G. glans HALL 1864 (I, 310), Syn. ? *G. clavus* HALL ebendort. Obersilur (Niagara group), Racine Wisconsin, Chicago, Illinois, U. S. Theca von wechselnder, aber meist typisch birnförmiger Gestalt, bisweilen auf den Stiel seitlich überhängend. Interambulacrale Thecalplatten mässig gross, meist in 2–3 unregelmässigen Reihen zwischen den Ambulacren. (Mehrere Ex. Coll. JAEKEL, Nat.-Mus. Washington.) Taf. II fig. 8, 9.

G. tenax HALL 1864 (I, 310). Obersilur, Lockport, N.-Y. Die interambulacralen Platten in der Regel erheblich grösser als die ambulacralen und meist in einer Reihe geordnet. Das von HALL abgebildete Fragment scheint ein Steinkern zu sein, an dem die einzelnen Thecalplatten zu Calcitkrystallen ausgewachsen sind.

G. gotlandicus ANGELIN 1878 (I, 31). Obersilur Farö, Gotland. Kleiner als vorige Arten, etwa 15—20 mm dick. Thecalplatten ungefähr gleich gross, rauh vorgewölbt. (1 Ex. Acad. Stockholm, 1 Univ. Upsala.) Taf. II fig. 10.

Fam. Glyptosphaeridae.

Vorbemerkung. Der Name *Glyptosphaeridae* als Bezeichnung einer Familie ist bereits von BERNARD 1895 (II), aber in viel weiterem Sinne wie hier, verwandt worden. BERNARD vereinigte darunter *Protocrinites*, *Glyptosphaerites*, *Ascocystites* und *Proteocystites*, von denen allerdings die erste und letztere Gattung Beziehungen zu *Glyptosphaerites* aufweisen, allen diesen aber *Ascocystites* BARR. zweifellos sehr fern steht. Wie ich schon pag. 369 auseinandersetzte, schien es mir zweckmässig, den Typus von *Glyptosphaerites* auch von den übrigen Diploporiten zu trennen. Da er aber als solcher bisher auf die genannte Gattung *Glyptosphaerites* beschränkt ist, lässt sich auch die für ihn basirte Familie nicht wohl anders bezeichnen.

Definition. Thecalskelet, abgesehen von den 5 adoralen Platten, irregulär. Ambulacra pentamer, in feinen Rinnen über das Thecalskelet ausgedehnt, links und rechts mit Seitenzweigen und Fingern versehen, die zu den Thecalplatten in keine geregelte Beziehung treten.

Es scheint mir zweckmässig, die vorstehenden Charaktere zur Aufstellung einer Familie zu verwenden, obwohl dieselbe bisher nur durch eine Gattung vertreten ist. Mit den Gomphocystiden, Dactylocystiden und Mesocystiden unterscheiden sich die Glyptosphaeriden von den Sphaeroniden und Aristocystiden durch die radiäre Entfaltung ihrer Ambulacra auf dem Thecalskelet. Das Bild, welches sie dabei zeigen, ist äusserst charakteristisch und immer als typisch für Cystoideen gehalten worden. Die feinen Rinnen, in denen die ambulacralen Gefässe und Wimperrinnen verliefen, sind vom Mund aus weit vorgeschoben und mit ihren Seitenästen über die obere Hälfte der Theca ausgebreitet. Die distalen Fingergelenke, die die letzteren abschliessen, vervollständigen das eigenthümliche Bild, welches schon vom Herzog von Leuchtenberg 1843 (1, T. II f. 19) klar dargestellt und von Joh. Müller 1853 (1, 232) richtig gedeutet wurde. Durch letzteren wurde dieser Typus von *Sphaeronites* getrennt, mit dem ihn die älteren Autoren auf Grund seiner Doppelporen vereinigt hatten. Später warf man dann wieder mit *Glyptosphaerites* eine andere Form zusammen, die schliesslich von Eichwald als *Protocrinites* generische Selbständigkeit erlangte. Von diesem wie überhaupt von allen Diploporiten mit radiär ausgebreiteten Ambulacralrinnen unterscheidet sich aber unser Typus dadurch, dass die Zweige und Finger der Ambulacra in keiner geregelten Beziehung zu den Platten der Theca stehen. Die Rinnen verlaufen über die Platten ohne Rücksicht auf deren Centren oder deren Grenzen, und auch die Finger sind nicht immer auf den Plattencentren lokalisirt. Es kommt einerseits vor, dass sie der Peripherie der Platten genähert sind und andererseits, dass zwei Gelenke auf einer Platte liegen (Taf. IV fig. 3. 5). Diese Regellosigkeit beweist, dass die fingertragenden Platten hier keine besonderen Ambulacralia wie bei den Mesocystiden, sondern echte und in grosser Indifferenz erhaltene Thecalplatten sind. Die Zahl der Seitenäste ist überdies so gering, dass sich diese nicht drängen und dadurch in ein regelmässiges Lageverhältniss kämen. So verlaufen sie planlos über die Theca, der erste Ast sondert sich allerdings auch hier von links ab, aber die übrigen folgen unregelmässig, so dass nicht selten auch der nächste Seitenast nach links abgezweigt wird, ja in einem Falle (Taf. IV fig. 6) sogar alle Zweige nach links abgehen.

Dass diese Indifferenz als primitiv anzusehen ist, dafür sprechen auch noch andere Kennzeichen der bisher bekannten Vertreter, vor Allem die Ausbildung des Madreporiten, des Parietalkanales und des Stieles. Auf diese für die Selbständigkeit der Familie nebensächlich erscheinenden Organisationsverhältnisse will ich aber erst bei der Besprechung der einzigen Gattung *Glyptosphaerites* eingehen. Mit dieser ist die Familie auf das untere Untersilur beschränkt. Ihre phyletische Stellung ist dadurch bestimmt, dass sie durch die Ausbreitung ihrer Ambulacra entschieden höher organisirt ist als die Sphaeroniden und Aristocystiden, dass sie aber durch die Indifferenz dieser Ausbreitungsart den Dactylocystiden vorangeht und den Gomphocystiden zur Seite steht.

Glyptosphaerites Joh. Müller 1853 (I, 232).

Syn. *Sphaeronites* Volb. non His., *Protocrinites* Eichw. z. Th., *Glyptosphaera* Angelin, *Echinosphaerites* Barr. (non Gyll.) z. Th.

Definition. Theca apfelförmig, mit relativ grossen dünnen Platten irregulär skeletirt, mit kurzem, mehrzeiligem Stiel. Ambulacra mit wenigen, meist alternirend geordneten Seitenzweigen und Fingern versehen. Ambulacralrinnen sehr schmal. Fingeransätze klein, kaum merklich skulpturirt. Madreporit gross, dreieckig, schwammig skeletirt. Parietalporus nahe darunter; After in weiterem Abstande kontrasolar abwärts gerückt, gross, mit einfacher Klappenpyramide. Mund mit grossen Deckplättchen. Poren mit einfachen ovalen Höfchen.

Die Theken dieser Gattung sind ziemlich gross, indem sie etwa die Grösse eines Apfels erreichen. Ihre Oberseite ist genau halbkuglig gewölbt, die Unterseite ungefähr in der Mitte trichterförmig ausgebuchtet. Diese den Stielansatz bildende Ausbuchtung ist meist etwas nach der Seite gerückt und bildet an zwei Exemplaren einen ganz kurzen Zapfen mit unverkennbarer Anwachsfläche. Die Wand einer grösseren trichterartigen Ausstülpung ist bei den baltischen Arten in der Regel durch kantige Verdickungen versteift. Einen Stiel habe ich selbst an keinem der Exemplare ansitzend gefunden, doch bildet A. v. Volborth den obersten Theil eines solchen in natürlichem Zusammenhang mit einer Theca und einige Stielfragmente ab, die er auf *Glyptosphaerites* bezieht. Ich habe nebenstehend die Abbildung Volborth's kopiren lassen und möchte dazu bemerken, dass mir auch isolirte Stielfragmente aus der Volborth'schen Sammlung in grösserer Zahl vorliegen und in der That zu *Glyptosphaerites* zu gehören scheinen. Sie sind sehr dünnwandig und aus 5 Reihen leistenförmiger Plättchen zusammengesetzt: nach unten gehen dieselben in eine blasig ausgeweitete Wurzel über. Diese ganze Stielbildung muss derjenigen des distalen Endes der Chirocriniden sehr ähnlich gewesen sein. Ich erinnere daran, dass auch die Echinosphaeriden diesen Typus des Stielbaues zeigten, dessen alleinige Ausbildung im Bereich des ganzen Stieles wir auf eine Entwicklungshemmung zurückführten.

Fig. 88.
Glyptosphaerites Leuchtenbergi Ang. mit Stielansatz (Cop. nach Volborth).

Die Furchen der 5 Ambulacra verlaufen ohne Rücksicht auf die Tafeln des Körperskeletes quer über diese hinweg, sie nur leicht einritzend, und auch die Armansätze stehen wie gesagt noch in keinem ausgeprägten Verhältniss zu den einzelnen Täfelchen des Skeletes. Wenn man diese hier vorliegenden Verhältnisse mit den Taf. VI—VII abgebildeten Mesocystiden vergleicht, so springt der Gegensatz der Ambulacralentfaltung scharf in die Augen. Dass sich hier die Finger noch nicht eine Platte des Körperskeletes zu ihrem Träger herausgebildet haben, beweist, wie schwach sie sein mussten und wie passiv das ganze Skelet den ambulacralen Organen gegenüberstand. Dass die 5 den Mund bedeckenden Plättchen nichts anderes als normale Saumplättchen der Radiärgefässe sind, beweist ihre Entstehung an jugendlichen Individuen, deren ich eines von *Glyptosphaerites*

Taf. IV fig. 1 dargestellt habe. Dasselbe zeigt seine Verwachsungsnähte innerhalb der interradialen Platten und zeigt dadurch, dass diese aus mehreren ventralen Saumplättchen hervorgegangen sind. Dass sie bei erwachsenen Individuen einheitlich verschmolzen sind, erklärt sich daraus, dass sie zwischen je zwei Radien zu gemeinsamer Funktion veranlasst waren.

Die Saumplättchen der Ambulacralrinnen sind bisher nicht beobachtet. Da die Rinnen so ausserordentlich fein sind, muss die Grösse und Stärke dieser Skeletbildungen sich in sehr bescheidenen Dimensionen gehalten haben. Bei *Glyptosphaerites* beobachte ich an sehr gut erhaltenen Exemplaren feine Querkerben an den Seitenwänden der Ambulacralrinnen. Dieselben zeigen noch die Ansatzstellen der Saumplättchen, über deren ursprüngliche Existenz ja nach Analogie aller übrigen Pelmatozoen kein Zweifel bestehen konnte.

Die Zahl der Finger bezw. Seitenzweige der Ambulacra schwankt nicht unerheblich. Bei *G. ferrigena* Barr. sp. theilen sich die einzelnen Ambulacra nur ein- bis zweimal, bei *G. Mariae* etwa 4mal, während bei den esthländischen Exemplaren von *G. Leuchtenbergi* gewöhnlich 5—7 Finger an den Ambulacren stehen. Ich bemerkte schon bei Besprechung der Familiencharaktere, dass der erste Seitenzweig immer nach links abgezweigt ist, und die übrigen dann meist alternirend rechts und links folgen, dass aber oft auch von den weiteren die Mehrzahl nach links gewendet ist. Als Ausnahme erschien ein Fall (Taf. IV fig. 6), wo alle Finger an der linken Seite einer Ambulacralrinne standen.

Der Madreporit ist schon von Volborth klar beschrieben worden als ein „mehr oder weniger über die Asseln*) erhobenes Organ, dessen Mittelpunkt dem Berührungspunkt dreier Asseln entspricht. Er besteht nur aus gewässerten, den Seiten parallelen, nach der Mitte kleiner werdenden Linien oder Fältchen. Obgleich ich die Funktion dieses sonderbaren Organs nicht anzugeben weiss, so ist die Stellung desselben doch so konstant, dass es nicht übergangen werden konnte. Sollte es nicht ein Aequivalent der Madreporenplatte vorstellen?" Ich habe diese treffliche Beschreibung Volborth's wörtlich angeführt, um die sorgfältige und nüchterne Forschungsmethode dieses trefflichen Cystoideenforschers in das richtige Licht zu setzen. Zur Sache selbst habe ich nichts weiter zu bemerken, als dass die Vermuthung Volborth's, dass es sich hier um den Madreporiten handelt, einer ausdrücklichen Bestätigung wohl nicht mehr bedarf.

Der Parietalporus, der ganz nahe unter dem Madreporiten liegt, bildet eine runde Oeffnung, die bei *G. Leuchtenbergi* den Durchmesser eines Millimeters erreicht, jedenfalls mit einem Klappenverschluss versehen war und unter diesen Umständen wohl zeitlebens als Genitalporus in Funktion blieb.

Der After ist ziemlich gross, wie aus Taf. IV fig. 3 zu ersehen ist, und irregulär von einer grösseren Zahl von Thecalplatten umgrenzt. Der Zahl der letzteren entsprach die Zahl der beweglichen Verschlussklappen, die eine einfache Pyramide bildeten, aber bei der Fossilisation in der Regel ausgefallen sind.

Die Doppelporen zeigen ein flaches ovales Höfchen von sehr regelmässiger Form. Ueber die Anordnung derselben in radiären Linien der Thecalplatten habe ich mich schon pag. 116 und 358 ausgesprochen und möchte hier nur noch bemerken, dass auch die

*) Gemeint sind damit die Thecalplatten.

schwedischen und russischen Exemplare von *G. Leuchtenbergi* mehr oder weniger deutlich die radiäre Anordnung nach Art der Dichoporiten erkennen lassen.

Die geologische Verbreitung der Gattung ist in vertikaler Richtung beschränkt auf die tieferen Schichten des Untersilur nur in Böhmen, wo dieselbe der Schicht $D\,d_1\gamma$. in Schweden und Russland dem sog. Orthoceren- bezw. Vaginatenkalk angehört. Die eine nur in diluvialen Geschieben Norddeutschlands gefundene Form *G. Mariae* scheint etwas mittleren Schichten anzugehören, eine unvollkommen erhaltene Art des spanischen Untersilurs dessen oberer Abtheilung.

Die Beurtheilung der phyletischen Stellung fällt mit der der Familie zusammen, da *Glyptosphaerites* zunächst deren einzigen Vertreter bildet.

G. ferrigena Barrande sp. (sub *Echinosphaerites*) 1887 (I, 237, Ia, 154), unteres Untersilur $D\,d_1$ Barr. aus dem Eisenglanz der Ausken-Zeche, Holubka. Böhmen. Theca gerundet, etwa 15 mm im Durchmesser. Ambulacra lang, aber nur wenige Male gegabelt. (1 Orig.-Ex. Mus. Prag.) Fig. 80 pag. 355.

G. Leuchtenbergi v. Volborth sp. (sub *Sphaeronites*) 1846 (II. 27). Syn. *Sphaeronites pomum* Eichw. und Leuchtbg. non His. Unteres Untersilur (Vaginatenkalk), Gegend von Petersburg, Schweden. Theca gerundet, 20—40 mm dick, Ambulacra mit etwa 5 bis 7 Fingern. Taf. IV fig. 3—6.

G. Mariae n. sp. Untersilurische Diluvialgeschiebe. Theca oval, etwa 27 mm hoch. 22 mm dick. Plattencentren buckelartig vortretend, Ambulacra schwach gegabelt. Ich habe diese Form zu Ehren meiner Frau benannt. (Mehrere Ex. Mus. Berlin, geol. Landesanstalt Berlin.) Fig. 26 pag. 118.

G. ind. n. sp. Oberes Untersilur. Frasno, Spanien. (Orig. Mus. Berlin.)

Fam. Dactylocystidae.

Vorbemerkung. Unter diesem Namen fasse ich die Gattungen *Protocrinites* Eichw. und ***Dactylocystis*** **n. g.** zusammen. Dass ich für ihre Bezeichnung den letzteren Namen verwandte. hat darin seinen Grund, dass die Endigung des Wortes *Protocrinites* auf Crinoideen verweist, mit denen die vorliegenden Cystoideen in keinem näheren Zusammenhange stehen.

Definition. Theca oval, birn- oder apfelförmig, mit dicken Platten skeletirt, gestielt oder im Alter frei. Ambulacra pentamer über das Thecalskelet vorgeschoben, alternirend links und rechts mit Seitenästen und Fingern versehen, die regelmässig die Centren von Platten einnehmen und diese dadurch in zwei Plattenreihen ordnen, auf deren Grenze das ambulacrale Stammgefäss und dessen Vectakelrinne verläuft. Madreporit rückgebildet, Parietalporus, soweit bekannt, als kleine Oeffnung erhalten. After mässig gross, mit einfacher 5—6theiliger Klappenpyramide. Doppelporen meist in der Hauptaxe etwas verlängert, sonst mit einfachen offenen Höfchen und der Neigung, sich auf den fingertragenden Platten zu lokalisiren.

Die allgemeine Form der Dactylocystiden unterscheidet sich von der der Glyptosphaeriden und Mesocystiden nur insofern, als bei ihnen eine ovale Form der Theca vorherrscht, die entweder allmählich in einen weiteren Stiel übergeht (*Dactylocystis Mickwitzi*) oder von einem engeren Stiel ziemlich scharf abgesetzt ist (*Dactylocystis Schmidti*, *Protocrinites oviformis*) oder bei sekundärem Verlust des sehr verdünnten Stieles basal abgeplattet wird (*Protocrinites fragum*).

Die Theca besteht aus ziemlich kräftigen Platten, die meistens im Centrum vorgewölbt sind. Sie erlangen mässige Grösse, derart, dass bei *Protocrinites* etwa 100—150, bei *Dactylocystis* etwa 300 den Körper umschliessen. Sie sind, wie schon bemerkt, in den 5 Radien in regelmässige Doppelreihen, sonst unregelmässig geordnet. Auch hier ist deutlich ersichtlich, dass die fingertragenden Platten der Thecalwand angehören, also dieser selbst angehören und erst unter dem Druck der Finger ihrer Lage und Grösse nach bestimmte Form annehmen.

Die Unterseite des Körpers zeigt sehr verschiedenen Bau, immer aber ist sie in unregelmässiger Weise skeletirt. *Protocrinites* ist in der Jugend mit einem kleinen, aber in sich massiven Stiele versehen, wie ein junges Exemplar von *Pr. Volborthi* (Coll. Acad. Petersburg) beweist, später, bei grösseren Individuen der gleichen Art, ist die bisher gewölbte Unterseite abgeflacht und im Stielansatz kaum noch sicher zu erkennen. Es scheint also, dass dieser primitive Stiel sich nicht mit zunehmendem Alter kräftigte, sondern verkümmerte, so dass der Körper direkt dem Meeresboden auflag. Zu einer umfangreichen Stielbildung kam es dagegen bei *Dactylocystis*, deren Körper sich nach unten ganz allmählich verjüngt und unmerklich in einen Stiel übergeht. Dieser Uebergang markirt sich, abgesehen davon, dass die Ambulacra vor ihm endigen, bei *Dactylocystis Mickwitzi* nur dadurch, dass die Skeletplatten sehr niedrig werden und in die Breite gedrängt erscheinen. Der Innenraum des Stieles hat hier noch ein Viertel vom Durchmesser des Kelches und muss also einen an Masse sehr beträchtlichen Theil der Weichtheile in sich aufgenommen haben.

Der Mund liegt immer oben im Scheitel, erscheint aber nicht so pentagonal wie bei den Sphaeroniden, sondern — wenigstens soweit er beobachtet ist — von Seiten des Analinterradius aus in die Breite gezogen. Sein Verschluss ist nur bei *Protocrinites* beobachtet und besteht dort aus unregelmässig gestellten Saumplättchen, die nicht erheblich grösser sind als die, welche die ambulacralen Hauptrinnen bedecken (vergl. Taf. V fig. 3). Die Afteröffnung ist ziemlich gross, kreisförmig ausgeschnitten und mit einer einfachen 6- oder mehrtheiligen Klappenpyramide geschlossen. Sie liegt an der Seite des Körpers etwas oberhalb seiner halben Höhe.

Die Pentamerie des Ambulacralsystemes tritt bei den Dactylocystiden in scharfer Weise hervor, und es ist deshalb besonders bemerkenswerth zu sehen, wie sie trotzdem den Skeletbau noch wenig beeinflusst. Ausser den fingertragenden Plättchen ist das Skelet irregulär geordnet.

Die Beziehungen zwischen dem Ambulacralsystem und dem Rumpfskelet sind aber insofern geregelt und befestigt, als die Radialgefässe sich nicht mehr regellos über die Platten des Rumpfskeletes hinüberschieben, sondern eine reihenförmige Anordnung der den Radien unterliegenden Platten herbeiführen. Jede derselben trägt auf ihrer Mitte nur ein Fingergelenk. Dadurch, dass diese Armansätze entsprechend der reihenförmigen Anordnung der sie tragenden Platten ziemlich gleich weit von der Grenzlinie der beiden Reihen entfernt sind, werden die zu ihnen führenden Zweige der Ambulacra zu nebengeordneten Seitenzweigen der in geradem Verlauf scharf hervortretenden 5 Hauptstämme. Nach unten nehmen die fingertragenden Platten und mit ihnen die Finger an Grösse ab. Das äusserste kleinste dieser Plättchen ist dem Hauptstrahl quer vorgelagert und schliesst das Ambulacralfeld dadurch ab. In dieser Regulirung dokumentirt sich offenbar ein bedeutender Fortschritt, denn der Druck und die Spannung, die die Finger auf das Körperskelet ausüben, wird unzweifelhaft leichter und deshalb für den Organismus vortheilhafter übernommen, wenn er vom Centrum einer Platte ausgeht, als wenn er auf einem beliebigen Punkt eines Plättchen ruht oder wenn gar mehrere Finger auf einer Platte stehen. Wie gross das Maass der Einwirkung eines Fingers auf die ihn tragende Platte ist, ersehen wir daraus, dass die Doppelporen auf den fingertragenden Plättchen eine den neuen Spannungsrichtungen entsprechende Orientirung erhalten (vergl. Taf. V fig. 6a).

Historisch dürfte die Herstellung des hier vorliegenden Korrelationsverhältnisses sich so gestaltet haben, dass die Theile, die den ersten Vortheil von der Aenderung hatten, auch den Anstoss zu derselben gegeben haben mögen. Die Tendenz zur Verlängerung bezw. Kräftigung der Finger veranlasste einen stärkeren und ontogenetisch früher hervortretenden Reiz auf die an sich passive Skeletbildung der Körperoberfläche. So bildete sich unter jedem der regelmässig von den Hauptstämmen abgezweigten Finger dessen Druck und Spannung entsprechend als Stützcentrum ein besonderes Skeletplättchen. Dass diese Auffassung richtig ist, scheint mir dadurch bewiesen zu sein, dass die interambulacralen Skeletplättchen bei sämmtlichen Vertretern der Familie irregulär angeordnet sind, während die ambulacralen Platten dem Verlauf der 5 doppelten Armreihen entsprechend sich überall zu regelmässigen Reihen zusammenschieben (Taf. V fig. 3, 6, 7, 8). Auch in radialer Richtung hört unterhalb der Fingerträger die Regelmässigkeit der Plattenanordnung sofort auf (Taf. V fig. 8).

Die Finger habe ich bei *Dactylocystis* am Körper ansitzend gefunden. Sie sind klein, d. h. sie erreichen etwa an Länge ein Viertel oder Fünftel des Körperdurchmessers. Sie sind ganz regelmässig ausgeprägt und zweizeilig, ventral natürlich mit kleineren Saumplättchen besetzt. Dorsal mochten in jeder der zwei Zeilen etwa 15—20 Glieder stehen; natürlich weisen die äussersten jüngsten Finger weniger Glieder auf.

Die Summe der Finger ist sehr verschieden und bedeutet in ihren Zahlen den Differenzirungsgrad der betreffenden Form. Bei dem Taf. V fig. 3 abgebildeten Exemplar von *Protocrinites* zähle ich in den 5 Radien 8, 10, 11, 10, 9, in Summa also 48 Finger. Das Taf. V fig. 2 abgebildete Exemplar liefert folgende Zahlen: 5, 5 oder 6[*]), 7, 5, 5, in Summa sind also nur 27 oder 28 Finger vorhanden. Das Taf. V fig. 1 abgebildete Stück lässt 4, 4, 5, 4, 4, in Summa also sogar nur 21 Armansätze erkennen. Ein junges Exemplar zeigt 3, 3, 4, 3, 3, zusammen also 16, ein noch kleineres 2, 2, 3, 2 oder 3, 2, also nur 11 oder 12 Fingeransätze. Aus diesen Zahlen ergiebt sich, dass erstens die dem After benachbarten Radien I und V immer die geringste, der dem After gegenüberliegende Radius III immer die grösste vorhandene Zahl von Fingern aufweist. Zweitens ergiebt sich aus einem Vergleich der jüngeren mit den erwachsenen Exemplaren, dass bei den Individuen einer Art die Zunahme der Finger sehr allmählich erfolgte, da das kleinste

*) Die äussersten Rinnen und Gelenkflächen sind so wenig markirt, dass sich daraus die Unsicherheit der Beobachtung erklärt.

oben erwähnte Exemplar doch immerhin schon beinahe den halben Durchmesser des grössten Exemplares erreicht. Bei *Protocrinites oviformis* Eichw. zähle ich an dem der Fig. 6 zu Grunde gelegten Exemplar der Universität Dorpat an den unverletzten Radien I und V je 10 deutlich ausgeprägte Gelenke, aber über die letzten hinaus lässt sich die Ambulacralrinne undeutlich noch weiter verfolgen. Danach wären hier mindestens 50 Finger vorhanden gewesen. An einem Exemplar gleicher Art der Petersburger Sammlung zähle ich in zwei Radien je 13 deutliche Ansätze, wonach hier etwa 65 Finger vorhanden waren. Bei *Dactylocystis Schmidti* (Taf. V fig. 7) ergiebt eine Zählung in einem Radius 35, in Summa also etwa 175 Aermchen. Bei *Dactylocystis Mickwitzi* (Taf. V fig. 8) dürfte diese Zahl noch grösser gewesen sein.

Von den Primärporen ist bei *Protocrinus* nur eine Oeffnung deutlich erhalten, die ich nach pag. 103 erläuterten Gesichtspunkten als Parietalporus betrachte (Taf. V fig. 3 Pp). Dieselbe liegt ziemlich genau zwischen Mund und After, also im analen Interradius, und zeigt in dieser Hinsicht dieselben Verhältnisse wie bei Sphaeroniden (vergl. pag. 392). Die Oeffnung selbst ist sehr klein, kreisförmig und von einem schwach aufgeworfenen Rande umgeben. Eine zweite Oeffnung ist als Narbe bei jungen Individuen von *Protocrinites* noch deutlich zu beobachten (vergl. pag. 432). Dass in jungen Entwicklungsstadien beide Primärporen noch wohl entwickelt waren, erscheint durchaus normal; wann und in welchem Grade der eine derselben verkümmerte, ist von keiner wesentlichen Bedeutung. Bemerkenswerth ist aber, dass sich der obere Porus bei seiner Rückbildung nicht an den Parietalporus eng herandrängt, sondern seitlich u. zw. dem Radius V genähert liegt.

Die Doppelporen erreichen als solche eine beträchtliche Grösse. Wie ich schon im allgemeinen Theile hervorhob, liegen aber bei *Protocrinites* nicht selten 3 Poren innerhalb eines Porenwalles. Physiologisch ist das wohl ohne tiefere Bedeutung, aber morphologisch ist es insofern bemerkenswerth, als dadurch ein Anklang an eine Porenbildung entsteht, wie wir sie bei *Stichocystis* und *Chirocrinus interruptus* antrafen. Dieses Verhalten schliesst sich ferner auch an dasjenige bei *Glyptosphaerites Mariae* an, wo die Doppelporen in Reihen lagen, die einer ursprünglichen Dichopore entsprechen.

Was die Vertheilung der Kelchporen anbetrifft, so ist zunächst zu bemerken, dass dieselbe schon innerhalb der Gattung *Protocrinites* keine gleichmässige mehr bleibt, insofern bei *P. oviformis* die Poren auf den armtragenden Platten eine eigenthümliche, vom Armgelenk aus radiale Anordnung erhalten. Dazu beobachtet man, dass bei genannter Art die Poren auf den interradialen Platten seltener werden, durch unregelmässige Form das normale Aussehen verlieren und schliesslich auf den untersten interradialen Plättchen ganz verschwinden. Von diesem Beginn einer anderen Porenvertheilung ist dann nur ein Schritt zu derjenigen, welche wir bei *Dactylocystis* antreffen. Bei diesen sind die Poren ganz auf die radialen fingertragenden Platten beschränkt; die Interradialia sind ganz undurchbohrt und aussen glatt.

Diese Beschränkung der Poren auf die radial gelegenen Platten ist morphologisch und physiologisch gleich bemerkenswerth, morphologisch schon insofern, als sie in dieser Weise bei Cystideen sonst nie vorkommt. Im Gegentheil fehlen bei diesen die Poren in der Regel auf den fingertragenden Platten und bleiben auf die interradialen Skeletfelder beschränkt. Ein Blick auf die Tafeln VI, VII, XV, XVI wird dies veranschaulichen. Ebenso lag der Fall bei den Callocystiden, nur dass bei diesen die fingertragenden Platten vom Mund aus über das eigentliche Thecalskelet hinübergeschoben sind, so dass dieses infolge der Unterlagerung gar keine Poren tragen konnte. Bemerkenswerth ist aber die Koncentration der Poren auf die radialen Platten auch insofern, als dieselbe beweist, dass innerhalb des Körperskeletes unter den Ambulacren keine Organe von grösserer Ausdehnung gelegen waren. Die äusseren Theile der Poren dürften sich hier ähnlich so angelegt haben wie bei den Blastoideen, bei denen durch die skeletirten Porenfalten die Lage dieser Organe genau festzustellen ist. Andererseits ist es auffallend, dass die Poren in radialer Richtung nicht über die armtragenden Platten hinweg fortsetzen, sondern auf diese beschränkt bleiben. Die letzten derselben entbehren sogar der Poren, wie Taf. V fig. 7b zeigt. Ich möchte hierbei nicht unterlassen, darauf hinzuweisen, dass bei *Dactylocystis* die Aehnlichkeit mit einem Echinidenskelet, die durch die Poren entschieden hervorgerufen wird, eine ganz äusserliche ist und nicht etwa, wie es wiederholt in ähnlichen Fällen geschehen ist, zu weiteren Vergleichen zwischen Echiniden und Cystoideen verwendet und zu etwaigen Schlüssen auf phyletische Beziehungen zwischen diesen Klassen verwendet werden darf. Die Poren auf den radialen Platten dienten hier unter keinen Umständen wie bei Echiniden zum Durchtritt von Ambulacralfüsschen, sondern waren echte Respirationsporen. Die radiären Ambulacralgefässe mit den Tentakeln lagen, wie die Finger und deren Zuleitungsrinnen beweisen, auch hier über dem Körperskelet.

Die geologische Verbreitung der Dactylocystiden ist räumlich und zeitlich sehr beschränkt. Die Mehrzahl der Formen entstammt dem esthländischen Silurgebiet und ist in diesem auf die mittleren Schichten (C—D, Fr. Schmidt) beschränkt. Dadurch, dass sich die von Barrande als *Fungocystites rarissimus* beschriebene Diploporitide als ein Mitglied der Gattung *Protocrinites* erwies, wird die horizontale Verbreitung der Familie auf Böhmen erweitert. Da sie sich dort in der Schicht D_4 Barr. gefunden hat und somit der oberen Abtheilung des Untersilur zuzurechnen ist, scheint die Familie in der mediterranen Meeresprovinz dieser Zeit ihr Dasein länger als im nordischen Untersilur gefristet zu haben.

In morphogenetischer Hinsicht nimmt die Familie entschieden eine höhere Stellung ein als alle bisher besprochenen Diploporiten. Die Entfaltung der Ambulacra, die bei den Sphaeroniden und Aristocystiden auf die adoralen Platten beschränkt blieb, ist hier reicher als bei den Glyptosphaeriden, da die Zahl der Theilungen und Finger erheblich zugenommen hat, und steht auch höher als die der Gomphocystiden, bei denen die linksseitige Abgabe von Theilästen seitens der Hauptstämme einseitig utrirt war. Eine weitere hohe Differenzirung spricht sich ferner aus in der Lokalisirung der Poren auf den fingertragenden Platten. Darin dokumentirt sich zugleich die selbständige Differenzirungsrichtung der Familie gegenüber den Glyptosphaeriden, bei denen die Poren auch auf den interradialen Feldern nicht fehlen.

Die phylogenetische Ableitung der Dactylocystiden von Glyptosphaeriden erscheint mir zweifellos, da diese und zwar diese allein in allen Organen die Ausbildung zeigen, die wir auf morphogenetischem Wege den nächsten Vorfahren von *Protocrinites*, dem älteren Vertreter der Dactylocystiden, zuschreiben müssen. Man könnte nun geneigt sein, die Entstehung der Familie auf Grund des *P. rarissimus* BARR. sp. in das böhmische Untersilur zu verlegen, da in diesem der niederste und anscheinend auch älteste Vertreter der Glyptosphaeriden gefunden ist. Einer solchen Annahme stände aber eine entscheidende Thatsache gegenüber. Der genannte *P. rarissimus* erscheint in Böhmen erst in BARRANDE's Schicht D_4, die wir bereits der oberen Abtheilung des Untersilur zurechnen müssen, während *Protocrinites* in Esthland bereits unmittelbar über dem Echinosphaeritenkalk erscheint. Zudem liegt zwischen dem böhmischen *Glyptosphaerites ferrigenus* BARR. und dem *Protocrinites rarissimus* BARR. auch in morphogenetischer Hinsicht ein grösserer Sprung als zwischen den baltischen Glyptosphaeriden und dem dortigen *Protocrinites fragum*. Dieser schliesst sich in der Entwicklung seiner Ambulacra und der Vertheilung seiner Poren so eng an *Glyptosphaerites* an und erscheint so primitiv innerhalb der Dactylocystiden, dass ich ihn als Stammform der letzteren ansehen und diese durch ihn von den Glyptosphaeriden ableiten zu müssen glaube. *Protocrinites rarissimus* würde danach wahrscheinlich nach Böhmen eingewandert sein, eine Annahme, die wir ja unter den gleichen Umständen auch für den *Chirocrinus* (*Homocystites*) *bohemicus* machen mussten. *Dactylocystis* hat sich jedenfals in ruhiger Specialisirung aus *Protocrinites* in Esthland selbst entwickelt und bedeutet nach den bisherigen Funden das Endglied dieser Familie und der dieselbe charakterisirenden Differenzirungsrichtung.

Protocrinites EICHWALD 1840 (1, 185).

Syn. *Protocrinus* EICHW. et aut., *Fungocystites* BARRANDE 1887 (1, 241: Ia, 157).

Die von BARRANDE l. c. aufgestellte Gattung *Fungocystites* ist auf ein Exemplar gegründet, welches im Steinkern und Abdruck vorliegt. Die Abbildung der letzteren durch BARRANDE 1887, Ia, T. XVII fig. 1–8 ist nicht ganz korrekt, wie Guttapercha-Abdrücke bewiesen, die ich mit Erlaubniss des Herrn Prof. ANT. FRITSCH in Prag davon anfertigen konnte. Ein solcher ist hier Taf. III fig. 9 genauer abgebildet, nachdem ich bereits früher Taf. IV fig. 1 eine der Abbildungen BARRANDE's hatte kopiren lassen. Die erstere Taf. III fig. 9 und 9a zeigen eine Uebereinstimmung mit dem russischen *Protocrinites* in allen wesentlichen Punkten. Geringe Differenzen ergeben sich nur hinsichtlich der Erhaltung des Madreporiten und der Höhenlage des Afters. Da diese Verhältnisse aber auch bei den russischen Arten variiren, geben sie zu einer generischen Trennung keine Veranlassung. Das untere Ende der Theca ist allerdings bei der böhmischen Form noch unbekannt. Die Abstutzung des unteren Endes, die BARRANDE zeichnet, und in der Gattungsdiagnose als wichtig hervorhebt, beruht anscheinend auf einer Verletzung. Auch wenn der Körper übrigens sackförmig endete, würde darin zu einer generischen Abtrennung noch kein zwingender Grund liegen, da auch die russischen Arten von *Protocrinites* und ebenso die von *Dactylocystis* hinsichtlich der Stielbildung erheblich divergiren.

Definition. Theca apfel- oder eiförmig, schwach gestielt oder im Alter frei. Ambulacra mit mässig zahlreichen (4–10) Fingern. Primärporen rudimentär unmittelbar am Munde. Doppelporen auf allen Thecalplatten.

Die Theca ist gerundet bei *P. fragum*, anscheinend sackförmig bei *P. rarissimus* und oval bei *P. oviformis*. *P. fragum* entbehrt im erwachsenen Zustande des Stieles; seine abgeflachte Unterseite lässt dann keine Spur eines Ansatzes erkennen, so dass hier unzweifelhaft eine stiellose Form vorliegt. Das Interesse und die Deutung, die man derartigen Pelmatozoen gegeben hat, veranlasst mich, mit einigen Worten die Bedeutung des hier vorliegenden Fundes zu erläutern. Die Skeletirung der Theca ist eine so kräftige, dass der ganze Körper sehr schwerfällig und zu einer schwebenden Lebensweise ganz ungeeignet war. Die Finger waren als einzige Anhangsorgane des Körpers so schwach und überdies so steif, dass sie unmöglich durch Bewegungen wie bei Saccocomiden die Last des Körpers heben konnten. Dieser musste also dem Meeresboden aufruhen, und dafür spricht ausser der Abflachung seiner Unterseite auch der Umstand, dass die Respirationsporen auf dieser Unterseite stark verwachsen und obliterirt sind. Diese Auflagerung auf dem Meeresboden hat zur Voraussetzung, dass der Boden fest genug war, um ein Einsinken der Theca zu verhindern. Diese Bedingungen trafen nun allem Anschein nach auch zu, da sich *P. fragum* in kalkigem Gestein findet und solches, wie ich an anderer Stelle (1894, I) zeigte, auch unter Wasser bei der Sedimentation so schnell erhärtet, dass sich sogar Kriechspuren und andere vorübergehende Eindrücke auf demselben erhalten konnten.

Ebenso sicher wie sich nun in diesem Falle die freie, aber sessile Lebensweise einer Pelmatozoe nachweisen lässt, so sicher ist, dass dieselbe in der Jugend gestielt war und erst mit grösserer Wachsthums- und Gewichtszunahme auf die schwache Stielbildung verzichtete. Es liegen mir junge Individuen in verschiedenen Altersstadien vor, die hierüber nicht im Zweifel lassen, aber später auch ihrer sonstigen Eigenschaften wegen im Zusammenhang beschrieben werden sollen. Dieser Fund ist nun von grosser Bedeutung einerseits für die Beurtheilung der stiellosen Thecoideen, die z. B. in *Stromatocystites* ganz analoge Verhältnisse zeigen, und einiger Pentacrinoideen wie *Uintacrinus* und *Marsupites*, die meines Erachtens die gleiche Lebensweise führten, aber in verschiedener Richtung anders beurtheilt worden sind. Die stiellose Zusammensetzung der Basis für *Marsupites* hielt man für primitiv und *Uintacrinus* wurde kürzlich von F. A. Bather (1896, VI) für eine schwimmende Form erklärt, obwohl die Schwerfälligkeit seiner dicken Armglieder in schärfstem Gegensatz steht zu derjenigen des jurassischen *Saccocoma*, dessen flottirende Lebensweise durch eine ganze Anzahl unzweideutiger Eigenthümlichkeiten sichergestellt sein dürfte (vergl. Jaekel 1892. III, 687).

Die Ambulacra und deren Einfluss auf das Thecalskelet habe ich bereits pag. 348 eingehend besprochen und beschränke mich darauf, hinzuweisen, dass bei *P. fragum* und anscheinend noch mehr bei *P. rarissimus* Unregelmässigkeiten in der Gabelung der Ambulacra vorkommen, derart, dass einer oder sogar gelegentlich alle Seitenäste eines Ambulacrum nach links abgehen. Taf. V fig. 3 zeigt deutlich am Radius I links unten zuerst zwei Finger rechts, d. h. also vom Mund aus links gestellt und dann erst ein Alterniren der folgenden. Bei *P. rarissimus* Taf. III fig. 9 zeigt das rechts gelegene Ambulacrum sogar vier Finger kontrasolar, also alle auf einer Seite, wie wir dies bei *Pyrocystites* und gelegentlich bei *Glyptosphaerites* fanden (Taf. IV fig. 6). Bei dem älteren *P. fragum* mag hierin ein direkter Anschluss an *Glyptosphaerites* erblickt werden, bei *P. rarissimus* dürfte es sich wohl aber nur um einen Atavismus durch sekundäre Entwicklungshemmung handeln. Dafür spricht, abgesehen von dem späteren Auftreten dieser Form, auch der Umstand, dass die unregelmässige Gabelung der Ambulacra, z. B. des mittleren Ambulacrum in der Fig. 9 auf Tafel III und die unförmliche Ausbildung der Poren für eine Degeneration sprechen.

Der Madreporit ist an jungen Exemplaren von *P. fragum* als Narbe kenntlich, deutlicher noch bei *P. rarissimus* erhalten, wo er als Schlitz in zwei Platten eingeschnitten ist Taf. III fig. 9, 9a). Der Parietalporus ist bei den baltischen Arten als feine kraterartig erhobene Oeffnung unterhalb etwas solar unter dem Madreporiten kenntlich. Der After liegt bei *P. fragum* in normaler Position (Taf. V fig. 1a. 3, 5), um 1—2 Platten unterhalb des Mundes dem Radius I genähert. Bei *P. oviformis* ist er etwas nach unten, bei *P. rarissimus* etwas nach oben verschoben. Er ist kreisrund und von Klappen geschlossen, deren Zahl bei *P. fragum* der Zahl der angrenzenden Thecalplatten entspricht. Bei dem Taf. V fig. 6 abgebildeten Exemplar von *P. oviformis* ist der After nur von 3 Platten umgeben, dürfte aber wohl, nach der Rundung des Randes zu urtheilen, eine grössere Zahl von Klappen besessen haben.

Die Poren sind bei *P. fragum* an der Peripherie der Platten noch vielfach radiär geordnet (Taf. V fig. 3a), bei *P. oviformis* auf den interradialen Platten ziemlich regellos, auf den fingertragenden aber mit ihrer Längsaxe um die Fingergelenke geordnet. Bei *P. rarissimus* ist die Zahl der Poren gegenüber den genannten reducirt und eine bestimmte Anordnung derselben nicht zu bemerken. Dass die radiäre Koncentration der Poren auf den fingertragenden Platten von *P. oviformis* zu derjenigen bei *Dactylocystis* überleitet, habe ich bereits hervorgehoben.

Von *Protocrinites Volborthi* liegen mir einige Jugendformen vor, deren Originale der Petersburger Academie gehören und aus der Kollektion Volborth stammen. Das kleinste Individuum hat einen Kelchdurchmesser von 9 mm. Sein Körper ist noch kugelrund, eine Abplattung der Unterseite ist nur ganz schwach angedeutet: dieselbe genügt aber, beiläufig bemerkt, um dieses Individuum mit Sicherheit unserer Art zuzurechnen. Die Platten des Kelches sind im Allgemeinen der geringeren Grösse entsprechend kleiner als bei den Taf. V fig. 1, 2 und 5 abgebildeten, erwachsenen Exemplaren, aber ein Unterschied macht sich gegenüber den letzteren insofern geltend, als die obersten und die untersten Platten relativ bedeutend grösser sind als die seitlich in mittlerer Höhe gelegenen. An der Unterseite des Kelches ist hier noch ein Stielglied in natürlicher Position erhalten; es hat eine niedrig tonnenförmige Gestalt und ist von einem feinen, im Querschnitt runden Axialkanal durchbohrt. Die distale, von unten sichtbare Gelenkfläche ist leider etwas abgerieben, so dass sie keine Oberflächenskulptur mehr erkennen lässt. Das Stielglied artikulirt auf der Grenze zweier ziemlich grosser Platten, zu denen eine dritte kleinere in nächste Beziehung tritt. Die Ambulacra sind nur wenig weit über den Kelch ausgedehnt und reichen kaum bis zur Mitte der Seitenhöhe. Die Zahl der Fingeransätze ist gering, indem nur 3—4 an den einzelnen Radien vorhanden sind. Der After ist dem Munde näher als bei erwachsenen Exemplaren. An der Stelle, wo der Primärporus liegen muss, findet sich ein Höcker von ziemlich beträchtlicher Grösse; derselbe ist aus einer Anzahl kleiner Skeletstücke zusammengesetzt, leider aber wie das ganze Skelet etwas abgerieben, so dass nicht sicher festzustellen ist, ob die erkennbaren Grenzen zwischen den einzelnen Stückchen natürlich oder durch Verschiebung ursprünglich anders gelagerter Skelettheile entstanden sind. Möglich ist auch, dass hier eine monströse Ausbildung bezw. ein abnormer Persistenzprocess des Madreporiten vorliegt. Die Verwachsungsprocesse desselben bei anderen Cystoideen, wie z. B. *Glyptosphaerites*, machen eine derartige Deutung nicht unwahrscheinlich. Als Parietalporus wäre dann eine kleine Oeffnung zu deuten, die am Fuss des Tuberkels auf der dem After zugewendeten Seite — allerdings nur sehr undeutlich — zu erkennen ist. Die normalen Kelchporen sind auch auf den unteren Kelchplatten noch durchaus normal wie auf den oberen entwickelt. Auf den einzelnen Platten stehen die Poren nicht dichter als bei erwachsenen. Auch hier beobachtet man gelegentlich je drei Poren in einem Feld.

Von den beiden anderen mir vorliegenden Jugendexemplaren misst das kleinere im Durchmesser 11 mm. Seine Unterseite erscheint bereits etwas abgeplattet. Die Platten der Unterseite sind gross; in der Mitte liegen 4, darüber folgt ein Kranz von 9 Platten. Ueber diesen zwei Kränzen, welche fast die ganze untere Hälfte des Körpers bedecken, folgen zwei Kränze von etwa je 25 kleinen Plättchen, deren Form und Stellung ganz unregelmässig ist. Darüber folgen in jedem Interradius ungefähr je 7 grössere Plättchen, von denen die 3–5 an den Ambulacralrinnen gelegenen Armgelenke tragen. Arme waren 3, 3, 4, 3, 3 vorhanden, aber die Rinnen laufen distal noch zu einem Plättchen, auf welchem sich indess noch keine deutliche Gelenkfläche beobachten lässt. Der Stielansatz ist in diesem Entwicklungsstadium anscheinend schon verkümmert; zwischen den 4 unteren Kelchplatten glaube ich aber noch 2 winzige Plättchen beobachten zu können, die ich ihrer unregelmässigen Form und Lage wegen als Reste des einstigen Stielansatzes deute. An dem Primärporus ist das Skelet leider etwas beschädigt, so dass sich über das eventuelle Vorhandensein eines zweiten Primärporus nichts Sicheres sagen lässt. Die Doppelporen auf der Unterseite sind so stark umwallt, dass sie kaum noch ihre Oeffnungen deutlich erkennen lassen und jedenfalls der völligen Verwachsung entgegengehen.

Das grösste der drei Jugendexemplare misst etwa 14 mm im horizontalen und 11 mm im vertikalen Durchmesser, so dass es an Inhalt etwa 4mal so gross wie das vorher besprochene Exemplar und etwa halb so gross als die erwachsenen ist. Seine Form ist nur wenig gewölbter als die der letzteren. Zwischen zwei grösseren und einer kleineren Basalplatte liegen eng zusammengekeilt drei winzige Plättchen, die entschieden die Stelle bezeichnen, wo sich der Stielansatz befand, aber von diesem selbst keine Spur mehr erkennen lassen. Die Höcker auf den Platten der Unterseite lassen grösstentheils noch eine, selten zwei verwachsene Porenöffnungen an deren dunklerer Färbung erkennen. Etwas oberhalb und seitwärts auf der Grenze dreier Plättchen zeigt sich neben dem Primärporus noch eine Verwachsungsnarbe des Ringkanalporus. Auch an erwachsenen Exemplaren lassen sich an der gleichen Stelle noch Narben derselben Art beobachten. Bei *Protocrinus oviformis* ist diese Narbe etwas weiter abwärts neben dem freien runden Primärporus gelegen. Die übrigen Verhältnisse dieses Exemplares sind aus der Abbildung Taf. IV fig. 5 und 5a ersichtlich.

Protocrinites ist in Esthland auf das untere und mittlere Untersilur vom Vaginatenkalk aufwärts verbreitet, in Böhmen auf die Schicht D_4 beschränkt, welche bereits dem oberen Untersilur angehört.

P. fragum Eichw. 1860 (I. 621). Körper flach, kuglig, erwachsen ungestielt, in der Jugend kuglig, mit schwachem Stiel. Ambulacra auf die halbkuglige Oberseite beschränkt. Arme wenig zahlreich, im Alter etwa 7 in jedem Radius. Kelchporen unregelmässig gestellt, im Alter auf der Unterseite obliterirt. Unteres Untersilur (Vaginatenkalk) von Petersburg und Pulkowa. Etwa 12 Exemplare bekannt, grösstentheils in der Sammlung der kais. Academie in Petersburg.

P. oviformis Eichw. 1840 (III, 185). Untersilur an der Küste von Spitham bei Reval. Körper eiförmig, mit kleinem, massivem Stiel. Ambulacra fast bis zum Stielansatz ausgedehnt, mit etwa 11 Armen in jedem Radius. Kelchplatten kräftig herausgewölbt, an den Grenzen verdünnt. Kelchporen auf den ambulacralen Platten um die Fingeransätze radial geordnet, auf den interradialen Platten nicht selten besonders auf den untersten verkümmert. (Nicht allzu selten: mehrere Ex. Acad. Petersburg, Univ. Dorpat, Königsberg, Mus. Berlin.) Taf. V fig. 1–6.

P. rarissimus Barrande sp. 1887, I, 243; Ia, 158 (sub *Fungocystites*, syn. ? *Fungocystites solitarius* Barr.). Oberes Untersilur (D_4, Barr.), Chrustenitz, Böhmen. Theca etwa 15 mm hoch und 13 mm dick. Ambulacra unregelmässig gegabelt. Wenig Poren mit sehr verdicktem Porenwall. (Orig.-Ex. Barrande's Mus. Prag.) Taf. III fig. 9, 9a.

Dactylocystis n. g.

Die Auffindung dieser neuen Formen verdanken wir dem unermüdlichen Eifer Fr. v. Schmidt's, der sie mir aus der Sammlung der Petersburger Academie zur Beschreibung übersandte. Später habe ich selbst bei einer Exkursion in der Umgebung Revals einige weitere Exemplare dieser Formen gefunden, welche sich nun im Berliner Museum für Naturkunde befinden.

Definition. Theca oval oder birnförmig, gestielt. Ambulacra mit zahlreichen regelmässig links und rechts alternirenden Seitenrinnen und kräftigen kurzen Fingern. Doppelporen auf die fingertragenden Platten lokalisirt.

Die allgemeine Form ist bei *D. Schmidti* eiförmig gewesen, wenn auch das einzige vorliegende Exemplar im Zustande seiner Fossilisation seitlich stark komprimirt ist. Bemerkenswerth ist, dass bei dieser Art die Theca gegenüber dem Stiel sehr scharf individualisirt ist. Der letztere, der selbst nicht erhalten ist, muss ziemlich eng und scharf gegen die Theca abgesetzt gewesen sein. An letzterer kommt diese Individualisirung auch darin scharf zum Ausdruck, dass die 5 Ambulacralfelder hier in gleicher Länge fast bis zum Stielansatz ausgedehnt sind (Taf. VI fig. 7). Bei *D. Mickwitzi* geht dagegen die Theca mit birnförmiger Gestalt so allmählich in den Stiel über, dass eine Grenze zwischen beiden nicht festzustellen ist. Offenbar infolge dieses Mangels ist auch die Länge der Ambulacralfelder nicht geregelt, die sehr verschieden weit an der Theca heruntergreifen (Taf. V fig. 8). Der Gesammtkörper von *D. Mickwitzi* muss also keulenförmig gewesen sein.

Der Stiel zeigt bei dem abgebildeten Exemplar von *D. Mickwitzi* in seinem obersten Theil niedrige breite Glieder, die anscheinend ziemlich starr und fest mit einander verbunden waren. Sie haben eine durchaus unregelmässige Gestalt und sind also grundverschieden von den Stielbildungen der Dichoporiten, stimmen aber gut überein mit derjenigen von *Gomphocystites* und *Pyrocystites*. Bei dem von mir gefundenen Exemplar des Berliner Museums für Naturkunde sind die Platten am Uebergang der Theca in den

Stiel anscheinend sehr viel weniger zusammengedrängt. Hierbei scheinen also die specifischen und individuellen Schwankungen recht beträchtlich gewesen zu sein.

Wie ich schon pag. 355 betonte, bietet die Erhaltung von Fingern an den Ambulacren ein besonderes Interesse, weil diese Organe bisher nur bei einem Diploporiten (*Asteroblastus*) gefunden waren und bei diesen die Zusammensetzung nicht klar zu ermitteln war. Dieselben liegen bei beiden Arten *in situ* vor und vervollständigen unsere Kenntniss von der Organisation der Diploporiten ausserordentlich, da sie die nämlichen Charaktere zeigen wie diejenigen der Dichoporiten. Ihre Form entspricht dabei z. B. genau derjenigen von *Callocystites Jewetti* (Taf. XVI fig. 1, 1c). Sie setzen sich deutlich aus zwei Reihen von Stücken zusammen, die auf der Mittellinie ihrer Aussenseite in einer Zickzacklinie zusammenstossen. Die Zahl der Glieder wechselt mit der Länge der Finger, dürfte aber etwa 20 jederseits betragen haben. An der Innenseite sind als Bedeckung der Tentakelrinne kleine Saumplättchen nachweisbar, von denen etwa je 1—2 auf ein Fingerglied kommen. Ueber den Verlauf und die Gabelungsart der Ambulacralstämme habe ich bereits pag. 354 das Wichtigste hervorgehoben.

Die nur durch zwei Arten vertretene Gattung ist in erster Linie vor *Protocrinites* dadurch ausgezeichnet, dass seine Kelchporen auf die Ambulacra beschränkt sind. Diese Eigenthümlichkeit verleiht der Form einen ganz eigenthümlichen Charakter, der verleiten könnte, dieselbe für eine Echinide zu halten, wenn die Finger auf den Ambulacralplättchen nicht eine solche Annahme sofort widerlegten. Immerhin ist diese Koncentration der Kelchporen für Cystoideen durchaus ungewöhnlich, da eine solche bei diesen, falls sie überhaupt stattfindet, gerade auf den interambulacralen Platten zu erfolgen pflegt. Innerhalb der Familie ist allerdings der Vorgang insofern nicht überraschend, als er sich bereits bei *Protocrinites oviformis* angedeutet zeigt. Auffällig bleibt aber die scharfe Durchführung dieses Koncentrationsprocesses bei *Dactylocystis*. Dadurch, dass die interradialen Plättchen aussen ganz glatt sind, lassen sie über das vollständige Verschwinden der Kelchporen in ihnen nicht im Zweifel. Auch nicht die zarteste Spur einer in Rückbildung begriffenen Pore ist in den Interradien zu entdecken. Es scheint also, dass sie ontogenetisch schon vor der Bildung des Skeletes aus den Interradien verschwanden. Der Abschluss des Aenderungsprocesses macht sich auch darin geltend, dass die Lagerung der Doppelporen auf den Ambulacralien durchaus geordnet, wenn auch nicht ganz gleichmässig ist. Gewöhnlich stehen drei Doppelporen auf einer ambulacralen Platte. Am distalen Ende der Ambulacra verringert sich die Zahl der Poren je nach der Form der Platten (vergl. Taf. V fig. 7b). In der Regel liegt die Fingerrinne auf der Grenze je zweier ambulacraler Platten, die Doppelporen daher unterhalb derselben. Nur ausnahmsweise zeigt sich ein Bild, wie es Fig. 7a der Tafel V darstellt, wo eine Doppelpore oberhalb der Armrinne Platz fand, letztere also die Mitte der Platte einnahm. Die Doppelporen sind immer, soweit ich gesehen habe, normal zweitheilig. Das anale Interradialfeld ist an dem Exemplar von *D. Schmidti* leider nicht sichtbar; es lässt sich daher über den After und die Primärporen nur so viel mit Sicherheit sagen, dass sie eben im analen Interradius gelegen haben, da die anderen Interradialfelder keine Spur davon erkennen lassen.

Dactylocystis ist auf die sogen. Hemicosmitenschichten, Wesenberg'sche Schicht (Fr. Schmidt's) beschränkt und bisher nur in der Nähe von Reval in Esthland gefunden.

Dass sie zeitlich und morphologisch das Endglied in der Differenzirungsreihe der Familie bildet, bemerkte ich bereits und füge nur noch hinzu, dass sie sich anscheinend auch räumlich unmittelbar an *Protocrinites* anschliesst, der sich ja ebenfalls in Esthland in etwas älteren Schichten findet.

D. Schmidti n. sp., zu Ehren des Herrn Academiker Fr. v. Schmidt in Petersburg benannt. Mittleres Untersilur, Hemicosmitenschichten. Uxnorm bei Reval. Esthland. Theca oval, etwa 23 mm hoch, 18 mm dick, scharf gegen den dünnen Stiel abgesetzt. Ambulacralfelder gleich lang, mit etwa 180 Fingern. (1 Exempl. Acad. Petersburg.) Taf. V fig. 7.

D. Mickwitzi n. sp., zu Ehren des Herrn Ingenieur Mickwitz in Reval benannt. Mittleres Untersilur (Wesenberger Schicht Fr. v. Schmidt's). Sack bei Reval, Esthland. Theca grösser als bei voriger Art, birnförmig, allmählich in einen weiten Stiel übergehend. Ambulacralfelder ungleich lang. (2 Ex. Acad. Petersburg, 1 Ex. Mus. Berlin.) Taf. V fig. 8.

Litteratur-Verzeichniss.

1772 I. Joh. Abr. Gyllenhahl: Beserifning pa de så kallade Crystall-äplen och kalkbollar, sasom petreficerade Djur af Echini genus, eller dess nar maste slägtingar. Kgl. Vetenskap Academiens Handlingar. Vol. XXXIII Stockholm pag. 239.)

1773 I. G. W. Knorr: De Naturerlyke Historie der Versteeningen of uitvoerige Afbeelding en Beschryvning van de versteende Zaaken. Herausgegeb. von J. E. J. Walch. Amsterdam.

1802 I. Hisinger: Notiz über Echinus novus. Kgl. Vetensk. Acad. Handl. pag. 189.

1821 I. Wahlenberg: Acta Upsaliensia VIII pag. 52.

II. J. S. Miller: Natural history of the Crinoidea, or lily-shaped animals with observations on the genera Asterias, Euryale, Comatula, Marsupites illustrated with fifty plates. Bristol.

1826 I. A. Goldfuss: Petrefacta Germaniae. Theil I. Düsseldorf.

II. E. F. v. Schlotheim: Beschreibung einiger abgebildeten Arten von Echinosphaeriten und Trilobiten. (Isis herausgeg. von Oken. 1826 Bd. 1 Heft 3 pag. 309.)

III. H. v. Meyer: Beschreibung des Echino-Encrinites Senckenbergii. Karsten's Archiv für Naturlehre Bd. VII pag. 185.)

1828 I. Hisinger: Anteckningar i Fysik och Geognosi. IV. Stockholm.

1829 I. E. Eichwald: Zoologia specialis . . . potissimum Russiae . . . et Poloniae in specie. Wilna. 1829.

1830 I. Christian Pander: Beiträge zur Geognosie des russischen Reiches. St. Petersburg.

1834 I. K. F. Klöden: Die Versteinerungen der Mark Brandenburg. Berlin.

II. G. B. Sowerby: On Pentatrematites orbicularis, P. acuta and pentangularis. (Zool. Journ. Vol. V No. 20 pag. 456.

1837 I. Hisinger: Lethaea Suecica pag. 93.

1840 I. L. v. Buch: Beiträge zur Bestimmung der Gebirgsformationen in Russland. Berlin.

II. T. Conrad: Third Ann. Rep. on the palaeontological dep. of the Survey. New York. Geol. Surv. 1. Ann. Rep. Albany 1840 pag. 207.

III. E. Eichwald: Ueber das silurische Schichtensystem in Esthland. Zeitschr. f. Natur- u. Heilkunde der medicinischen Academie zu St. Petersburg.

IV. G. Troost: Fifth geological report to the 23. general assembly of the state of Tennessee, made November 1839. Nashville.

1841 I. J. Müller: Ueber den Bau des Pentacrinus Caput-Medusae. (Phys. Abhandl. K. Acad. Wissensch. Berlin pag. 177–218.

1842 I. Vanuxem: Geology of New York. pt 3, comprising the survey of the third geol. district. Albany. 1842.

II. Eichwald: Die Urwelt Russlands. Petersburg. Bd. II pag. 78.

III. A. v. Volborth: Ueber die Echino-Encrinen und die Identität des contractilen Theiles ihres Stieles mit dem Cornulites serpularius. (Bull. Acad. Sciences Petersburg Tome X No. 19.

1843 I. Herzog v. Leuchtenberg: Beschreibung einiger neuen Thierreste der Urwelt aus den silurischen Kalkschichten von Zarskoje Selo. St. Petersburg.

II. J. Ch. Pearce: On an entirely new form of Encrinite from the Dudley limestone. Proc. geol. Soc. London. Vol. IV Pt. 1 No. 94 p. 160.

1844 I. L. v. Buch: Ueber Cystideen, eingeleitet durch die Entwicklung der Eigenthümlichkeiten des Caryocrinus ornatus. Bericht über die zur Bekanntmachung geeigneten Verhandlungen der kgl. preussischen Academie der Wissenschaften. Berlin. März.)

1845 I. L. v. Buch: Ueber Cystideen, eingeleitet durch die Entwicklung der Eigenthümlichkeiten von Caryocrinus ornatus Say. Abhandl. d. kgl. preuss. Acad. d. Wiss. Berlin.

II. Alex. v. Volborth: Ueber die Arme der bisher zu den armlosen Crinoiden gezählten Echino-Encrinen. (Bull. de l'Acad. Imp. des Sciences de St. Pétersbourg. Tome III No. 6. 1844.)

III. E. Eichwald: Die Urwelt Russlands. Heft 2.

IV. Murchison, de Verneuil und Graf Keyserling: Géologie de la Russie et des Monts Ourals pag. 384.

1846 I. E. Beyrich: Ueber Agelacrinites in Böhmen. (Neues Jahrbuch f. Mineralogie etc.

II. Alex. v. Volborth: Ueber die russischen Sphaeroniten, eingeleitet durch einige Betrachtungen über die Arme der Cystideen. (Bull. de l'Acad. Imp. des Sciences de St. Pétersbourg. Tome X No. 19.) [Besonders abgedruckt: Verhandlungen der mineralogischen Gesellschaft zu St. Petersburg Jahrg. 1845–1846.]

III. Mc. Coy: Synopsis ot the silur. Fossils of Ireland.

1847 I. J. Hall: Palaeontology of the State of New York. Vol. I. Albany.

1848 I. H. G. Bronn: Index Palaeontologicus. Stuttgart.

II. E. Forbes: On the Cystidea of the silurian rocks of the British Islands. Mem. Geol. Survey Gt. Britain. vol. II pt. 2 pag. 483–538.

1851 I. Marie Rouault: Terrain paléozoique des environs de Rennes. (Bull. Soc. géol. de France, 2. Sér. t. VIII p. 358.)

II. J. Hall: Palaeontology of New York. Vol. II bez. 1851 vide 1852.

III. F. Roemer: Beiträge zur Kenntniss der fossilen Fauna des devonischen Gebirges am Rhein. Verh. d. naturhist. Ver. f. Rheinlande u. Westfalen Bd. VIII pag. 372.)

IV. Monographie der fossilen Crinoidenfamilie der Blastoideen und der Gattung Pentatrematites im Besonderen. Arch. f. Naturgesch. Jahrg. XVII Bd. I pag. 323–397.)

1852 I. J. Hall: Palaeontology of New York. Vol. II. Albany.

1853 I. Joh. Müller: Ueber den Bau der Echinodermen. Verhandl. d. kgl. Acad. d. Wissensch. Berlin. (Vorläufiger Sitzungsbericht.))

1854 I. Joh. Müller: Ueber den Bau der Echinodermen. Abhandl. d. kgl. Acad. d. Wiss. zu Berlin 4°, 1853.)

II. E. Billings: mir nicht zugänglich. Canad. Naturalist and Geologist Vol. II.

1856 I. Billings: On fossils from anticosti and their geological relations. (Report of Progress 1853–56 geological Survey Canada [1856 pag. 247.

II. Ferd. Roemer: Lethaea geognostica. 3. Aufl. Bd. II.

III. E. Eichwald: Beitrag zur geographischen Verbreitung der fossilen Thiere Russlands. (Bull. Soc. Naturalistes de Moscou. 1855–57.

1858 I. E. Billings: Figures and descriptions of Canadian organic remains. Decade III p. 85. Montreal. (Geological Survey of Canada.

1859 I. E. Billings: Figures and descriptions of Canadian organic remains. Decade IV. Montreal. Geological Survey of Canada.

1860 I. Ed. v. Eichwald: Lethaea Rossica ou Paléontologie de la Russie. Band I. Stuttgart.

II. F. Roemer: Die silurische Fauna des westlichen Staates Tennessee. Breslau.

1861 I. J. Hall: Palaeontology of the state of New York. Vol. III pag. 125–132. Albany.

II. Report of the Geological Survey of Wisconsin 8°, ebendort reproducirt 4° mit Abbild. 1862.

III. E. Eichwald: Ein Brief publicirt in Bull. de la Soc. Geol de France. 2. Sér. Tome XIX pag. 62.

1862 I. J. Hall: Report of the geological Survey of Wisconsin 4°.

II. E. v. Eichwald: Asteroblastus stellatus, eine neue Sippe und Art untersilurischer Blastoideen von Pulkowa. Bull. géol. 1861 Bd. XIX p. 62.)

1864 I. J Hall: Account of some new or little known species of fossils from Rocks of the Age of the Niagara group. 18. Ann. Rep. on the New York State Cabinet Separat.) Albany.

1865 I. Kjerulf: Veiviser ved geologiske Excursioner i. Christiania Omega Univ.-Progamm Christiania 1865 pag. 4.)

1866 I. J. Hall: Description of new species of Crinoidea and other fossils. (Advance sheets of the twentieth Report on the New York State Cabinet Natural History. [Abgedruckt mit einigen Zusätzen 1872.]

II. F. B. Meek and A. H. Worthen: Contributions of the Palaeontology of Illinois and other western states. Proc Acad. Nat. Scient. Philad. pag. 251–278.)

III. E. Billings: Geological Survey of Canada: Catalogue of Silurian fossils of Anticosti. Montreal 1866 pag. 90.

IV. Salter: On the fossils of North Wales. (Mem. Geol. Surv. Great. Britain III.)

V. E. Hoffmann: Mesites, eine neue Gattung der Crinoideen. (Verh. d. k. russ. mineral. Ges. St. Petersburg. 2. Ser. Bd. 1 p. 1.)

1867 I. E. v. Eichwald: Asteroblastus stellatus. (Bull. Soc. Imp. Natur. de Moskou 1867 II p. 200.)

II. L. Schultze: Monographie der Echinodermen des Eifler Kalkes. Denkschr. K. k. Acad. Wissensch. Wien. Bd. XXVI Abth. 2 pag. 113–230.

III. C. Grewingk: Ueber Hoplocrinus dipentas und Baerocrinus Ungerni. Dorpat.

1868 I. J. Hall: Reprod. des ‚Rep. of the Regents' von 1861 mit Abbild.

1869 I. E. Billings: Note on the structure of the Blastoidea. Americ. Journ. Sc. vol. XLVII pag. 353.)

1870 I. E. Billings: Notes on the structure of the Crinoidea, Cystidea and Blastoidea. (Americ. Journ. Sc. vol. XLIX pag. 51–58.)

II. A. v. Volborth: Ueber Achradocystis und Cystoblastus, zwei neue Crinoideen-Gattungen, eingeleitet durch kritische Betrachtungen über die Organe der Cystideen. Mém.) (Acad. Imp. Sciences St. Petersbourg. VII. Ser. XVII. 2.

1873 I. F. B. Meek and Worthen: Palaeontology. (Geological Survey of Illinois Vol. V.)

II. F. B. Meek: Descriptions of invertebrate fossils of the silurian and devonian system. (Report of the Geological Survey of Ohio. Vol. I Part. II Palaeontology Sect. 1.

1874 I. F. Schmidt: Miscellanea Silurica; II. Ueber einige neue und wenig bekannte baltisch-silurische Petrefacten. (Mém. Acad. Imp. Sc. St. Pétersb. tome XXI Mém. II pag. 47.

1876 I. M. de Tromelin: Etude de la faune du Grès silur. de May.

II. A. Quenstedt: Petrefactenkunde Deutschlands. Bd. IV pag. 705. Die Asteriden und Encriniden etc. Leipzig 1874–76.

1877 I. S. Nikitin: Ueber Mesites Pusyrewskii, eine merkwürdige Cystideenart. (Bull. Soc. Imp. d. Naturalistes de Moskou Pt. I.)

1878 I. N. P. Angelin: Iconographia Crinoideorum in stratis Sueciae siluricis fossilium. Regia Academia scientiarum suecica. Holmiae (Stockholm).

II. H. Ludwig: Die Bursae der Ophiuriden und deren Homologon bei den Pentatrematiten. (Nachr. kgl. Ges. Wissensch. Göttingen No. 6 pag. 215–220.)

III. P. Lebesconte: Notice préliminaire sur les Amorphozoaires du Silurien de la Brétagne. Extr. d. Compte rendu d. Congr. internat. de Géologie.) Paris.

IV. S. A. Miller and C. B. Dyer: Contributions to Palaeontology. Journ. Cincinnati Soc. Nat. Hist. vol. I No. 1 pag. 24–39.)

1879 I. K. v. Zittel: Handbuch der Palaeontologie I. Band Lieferung 3 pag. 308–437.

II. Fr. Schmidt: Ueber Cyathocystis Plautinae, eine neue Cystideenform aus Reval. (Verh. d. Mineralog. Gesellsch. St. Petersburg Okt. 1879.)

III. W. P. Sladen: On Lepidodiscus Lebouri a new Species of Agelacrinitidae from the carboniferous series of Northumberland. Quart. Journ. geol. Soc. XXXV 1879 p. 711.

1881 I. Melchior Neumayr: Morphologische Studien über fossile Echinodermen. (Sitz.-Ber. d. k. k. Acad. d. Wiss. in Wien. Band 84 pag. 1.)

II. M. W. C. Brögger: Die silur. Etagen II und III im Christiania-Gebiet und auf Eker.

IV. Cl. Schlüter: Ueber den Bau der Gattung Tiaracrinus. Sitzungsberichte der niederrheinischen Gesellschaft für Natur- und Heilkunde. Bonn.

V. Ch. Wachsmuth and Fr. Springer: Revision of the Palaeocrinoidea, part II family Sphaeroidocrinidae, including the sub-families Platycrinidae, Rhodocrinidae and Actinocrinidae. Proceed. of the Acad. of Nat. Sc. of Philadelphia.

VI. R. Etheridge jr.: On the occurrence of the genus Pentremites (Say in the carboniferous limestone series of the east of Scotland. (Proceed. Nat. Hist. Soc. Glasgow vol. IV pt. 2 p. 260 269 pls 5 u. 6.

1883 I. S. A. Miller: The American Palaeozoic fossils, a catalogue of genera and species. (Eds. 1 u. 2 Cincinnati 1877 and 1883.

II. Mar. Rouault: Oeuvres posthumes publiées par P. Lebesconte. Rennes-Paris.

III. Worthen u. Miller: Description of new Carboniferous Echinodiscus. Geol. Surv. of Illinois Vol. VII p. 327.)

1885 I. E. Kayser: Lodanella mira, eine unterdevonische Spongie. Zeitschr. d. deutsch. geol. Gesellsch. Berlin. Bd. XXXVII pag. 207.

II. L. v. Graff: Ueber einige Deformitäten an fossilen Crinoiden. Palaeontographica XXXI p. 183.

1886 I. A. v. Koenen: Ueber neue Cystideen aus den Caradoc-Schichten der Gegend von Montpellier. (Neues Jahrb. f. Mineral. etc. 1886 Bd. II p. 246.)

II. R. Etheridge jun. and P. H. Carpenter: Catalogue of the Blastoidea in the geological department of the British museum (natural history with an account of the morphology and systematic position of the group and a revision of the genera and species. London.

III. Joh. Walther: Untersuchungen über den Bau der Crinoiden mit besonderer Berücksichtigung der Formen aus dem Solenhofener Schiefer und dem Kelheimer Dieeraskalk. (Palaeontographica Bd. XXXV.)

IV. Ch. Wachsmuth and Fr. Springer: The summit plates in Blastoids, Crinoids and Cystids, and their morphological relations. (Proceedings of the Academy of Natural Sciences of Philadelphia.

1887 Ia. J. Barrande: Système silurien du centre de la Bohême 1 ère partie: Recherches paléontologiques, continuation éditée par le Musée Bohême vol. VII; Classe des Echinodermes, Ordre des Cystidées. In Octavformat mit einem Theil der Tafeln Ende des Jahres 1887 von der Verwaltung des böhmischen Museums herausgegeben.

Ib. — derselbe Text, bald darauf veröffentlicht und vom gleichen Jahre datirt, in Quartformat, eine der grossen Monographien Barrande's. Falls nichts Besonderes bemerkt, beziehen sich die Citate auf diese Ausgabe.

1888 I. P. und F. Sarasin: Ergebnisse naturwissenschaftlicher Forschungen auf Ceylon. Bd. I Heft 3: Ueber die Anatomie der Echinothuriden und die Phylogenie der Echinodermen. Wiesbaden.

1889 I. Richard Semon: Die Homologien innerhalb des Echinodermenstammes. Morphol. Jahrb. Bd. XV pag. 15—28.)

II. M. Neumayr: Die Stämme des Thierreiches. I. Band Wien u. Prag.

III. S. A. Miller: North American Geology and Palaeontology. Cincinnati, Ohio.

1890 I. G. Steinmann und L. Döderlein: Elemente der Palaeontologie. Leipzig 1890.

1891 I. S. A. Miller: Palaeontology. (Advance sheets of the 17. Rep. Geol. Surv. Indiana pag. 611.

II. Jeffrey Bell: On the arrangement and inter-relations of the classes of the Echinodermata. (Ann. & Mag. Nat. Hist. Ser. 6 Vol. VIII pag. 206.

III. O. Jaekel: Ueber Holopocriniden mit besonderer Berücksichtigung der Stramberger Formen. (Zeitschr. der deutschen geolog. Gesellschaft Berlin. Bd. XLIII pag. 558 670.

IV. Jos. Wentzel: Ueber die Beziehungen der Barrande'schen Etagen C, D und E zum britischen Silur. Jahrb. d. k. k. geol. Reichsanstalt Wien Bd. 41 Heft 1

1892 I. G. Sharman and E. T. Newton: A new form of Agelacrinites Lepidodiscus Milleri n. sp. from the lower carboniferous limestone of Cumberland. Quarterly Journal of the Geological Society for may Vol. XLVIII.

II. S. A. Miller: Paleontology. (Advance sheets 18. Rep. geol. Surv. Indiana p. 257.)

III. O. Jaekel: Ueber Plicatocriniden, Hyocrinus und Saccocoma. Zeitschr. d. Deutsch. geol. Ges. Berlin. Bd. XLIV p. 619.

IV. Oswald Seeliger: Studien zur Entwicklungsgeschichte der Crinoiden Antedon rosacea. Zool. Jahrbücher, herausgegeb. v. J. W. Spengel Bd. VI pag. 161 441.)

V. S. A. Miller: Appendix zu 1889. III.
1893 I. F. A. Bather: The Crinoidea of Gotland. Part I. The Crinoidea Inadunata. Kongl. Svenska Vetenskaps Akademiens Handlingar. Bandet 25 No. 2. Stockholm.)
II. E. Koken: Die Vorwelt und ihre Entwicklungsgeschichte. Leipzig.
1894 I. O. Jaekel: Ueber Encrinus Carnalli Beyr. Gesellschaft naturforschender Freunde Berlin. 19. Juni.
II. Entwurf einer Morphogenie und Phylogenie der Crinoiden. (Sitz.-Ber. der Ges. naturforsch. Freunde Berlin No. 4.)
III. G. Steinmann: Ueber das Ambulacralfeld von Pentremites. (Separat-Abdruck aus dem neuen Jahrbuch für Mineralogie. Bd. II.)
IV. Arnold Lang: Lehrbuch der vergleichenden Anatomie 4ter Theil (Echinodermen und Enteropneusten). Jena 1894.
V. Th. Mortensen: Zur Anatomie und Entwicklung der Cucumaria glacialis. (Zeitschrift für wiss. Zoologie herausgegeb. v. A. v. Kölliker und E. Ehlers. Bd. 57 pag. 704.
1895 I. O. Jaekel: Beiträge zur Kenntniss der palaeozoischen Crinoiden Deutschlands. (In Dames und Kayser, Palaeontologische Abhandlungen. Jena.)
II. Ueber die Organisation der Cystoideen. (Verh. der Deutsch. zool. Gesellschaft Pfingsten 1895.)
III. v. Zittel: Grundzüge der Palaeontologie pag. 152.
IV. Ernst Haeckel: Die cambrische Stammgruppe der Echinodermen. (Jenaische Zeitschr. f. Naturwissensch. Bd. XXX.)
V. S. A. Miller a. Gurley: Description of new species of palaeozoic Echinodermata. Bull. No. 6 of the Illinois State Mus. of Nat. Hist. Springfield.)
1896 I. J. F. Pompeckj: Die Fauna des Cambrium von Tejřovic und Skrej in Böhmen. Jahrb. d. k. k. geol. Reichsanstalt 1895 Bd. 45 Heft 2 u. 3.
II. E. Haeckel: Die Amphorideen und Cystoideen, Beiträge zur Morphologie und Phylogenie der Echinodermen. Festschrift für C. Gegenbaur.)
III. F. Bernard: Elements de Paléontologie. Paris 1895.
IV. O. Jaekel: Ueber die Abstammung der Blastoideen. Zeitschrift d. Deutsch. geol. Gesellsch. Berlin.)
V. Ernst Koken: Die Leitfossilien. Leipzig.
VI. F. A. Bather: On Uintacrinus, a morphological study. Proc. zool. Soc. London 1895 pag. 974.
1897 I. O. Jaekel: Ueber das Darmsystem der Pelmatozoen. Sitz.-Ber. der Ges. naturforschender Freunde Berlin No. 3).
II. J. W. Gregory: On Echinocystis and Palaeodiscus, two genera of Echinoidea. (Quart. Journ. geol. Soc. Vol. LIII pag. 123—136.)
III. O. Jaekel: Referat über E. Haeckel: Die Amphorideen und Cystoideen. (Neues Jahrb. f. Min., Geol. u. Palaeont. Jahrg. 1897 I pag. 386—395.
IV. Ch. Wachsmuth & Fr. Springer: The north American Crinoidea Camerata. Mem. Mus. Comp. Zool. Harvard College. Cambridge U. S.)
1898 I. L. v. Lóczy: Beschreibung der fossilen Säugethier-, Trilobiten- und Molluskenreste und die palaeontologisch-stratigraphischen Resultate der Reise des Grafen Béla Szechenyi in Ostasien 1877—80. Budapest.
II. O. Jaekel: Descendenzlehre und Darwinismus. Berlin.
III. F. A. Bather: Mesites. Ann. u. Mag. Nat. Hist. Ser. 7 Vol. I pag. 192.

Alphabetisches Namen-Register.

Die in diesem Werke gültigen Namen sind cursiv gedruckt, ebenso diejenigen Seitenzahlen, welche sich auf die systematische Besprechung der Formen beziehen.

Agelacrinidae 47.
Agelacrinites 49.
Agelacrinus 49.
Agelacystida 411.
Agelacystis 49.
Allocystites 398.
Amorphocystis 337.
Amphoridea 111.
Anthocystis 289.
Apiocystinae 277.
Apiocystis 279.
Apiocystites 279, 286.
Arachnocystis 331.
Arachnocystites 331.
Archegocystis 395.
Aristocystida 407.
Aristocystidae 407.
Aristocystites 411.
Asteroblastus 383.
Asterocystis 383.
Blastoidocrinus 389.
Calix 402.
Callocystidae 266.
Callocystinae 286.
Callocystis 275.
Callocystites 289.
Caryocrinidae 292.
Caryocrinites 313.
Caryocystis 325.
Caryocystites 257, 327, 337, 405.
Chirocrinidae 242.
Chirocrinus 212.
Citrocystis 331.
Codiacystis 398.
Corylocrinus 311.
Craterina 398.
Cyathocystis 42.
Cyclaster 44.
Cystaster 43.
Cystoblastidae 222.
Cystoblastus 223.
Cystocrinoidea 293.
Cystoidea 53.
Dactylocystidae 425.
Dactylocystis 431.
Dendrocystis 331.
Dendrocystites 331.
Dichoporita 178.
Dinocystis 46.
Diploporita 346.
Discocystis 47.
Echinocystis 263.
Echinodiscus 47.
Echinoencrinites 212, 242, 249, 260, 263, 307.
Echinoencrinus 242.
Echinosphaera 331.
Echinosphaeridae 315, 327.
Echinosphaerites 212, 331, 396, 402, 423.
Echinus 331, 396.
Edrioaster 41.
Edriocystis 41.
Enneacystis 313.
Erinocystis 249.
Eucystis 405.
Fungocystites 430.
Glaphyrocystis 253.
Glyptocystites 212, 275.
Glyptosphaera 433.
Glyptosphaeridae 421.
Glyptosphaerites 423.
Gomphocystidae 117.
Gomphocystis 119.
Gomphocystites 119.
Gonocrinites 242.
Hallicystis 287.
Haplocystites 49.
Heliocrinites 327.
Heliocrinus 327.
Heliocystis 327.
Hemicosmites 307, 311, 313.
Hemicystites 49.
Heterocystites 345.
Hexalacystidae 293.
Hexalacystis 307.
Holocystites 413.
Homocystites 242.
Irregularia 291.
Juglandocrinus 311.
Lepadocrinus 279.
Lepidodiscus 49.
Lepocrinites 277, 279.
Lepocrinus 279.
Leucophthalmus 331.
Lodanella 101.
Lysocystites 267.
Macrocystella 171.
Malocystis 277.
Mesites 376.
Mesocystidae 372.
Mesocystis 376.
Mimocystites 172.
Orocystida 407.
Orocystis 327.
Orocystites 327.
Ostracion 331.
Pirocystida 407.
Pirocystis 417.
Pleurocystidae 230.
Pleurocystis 231.
Pleurocystites 231.
Pomocystida 390.
Pomocystis 396.
Pomosphaera 396.
Proteocystites 405.
Proteocystis 405.
Protocrinites 383, 430.
Protocrinus 423, 430.
Prunocystites 260.
Pseudocrinites 283, 285.
Pseudocrinus 283.
Pyrocystites 395, 417.
Regularia 193.
Rhombifera 340.
Rhombiferidae 66.
Schizocystis 263.
Scoliocystidae 235.
Scoliocystis 257.
Sphaerocystis 288.
Sphaerocystites 288.
Sphaeronidae 390.
Sphaeronis 396.
Sphaeronites 331, 396, 425.
Sphaeronitidae 390.
Staurocystinae 282.
Staurocystis 285.
Staurosoma 313.
Stichocystis 325.
Streptaster 49.
Stribalocystites 311, 312, 313.
Stromatocystites 36.
Sycocystis 242, 249.
Sycocystites 242, 249.
Tetracystidae 340.
Thecocystidae 35.
Thecoidea 9.
Thecocystis 43.
Tiaracrinus 313.
Trematocystis 413.
Trinemacystis 331.

Tafel I.

Tafel I.

fig. 1. ***Thecocystis sacculus*** Jkl., oberes Untersilur (Hudson River group). Cincinnati, Ohio, U. S. 1a von der Seite und oben mit dem After (a), 1b von der anderen Seite mit der im Bilde unten gelegenen, unregelmässig pentagonal umrandeten Ansatzfläche. (Orig. Coll. Jaekel, Berlin) $^2/_1$ pag. 13.

fig. 2. ***Cystaster granulatus*** Hall, ebendaher. 2 von oben gesehen mit dem After (a). 2a von unten gesehen mit der undeutlich erhaltenen Anheftungsfläche (x). (Orig. Univ. Göttingen) [illegible] pag. 11.

fig. 3. ***Cyathocystis Plautinae*** F. Schmidt, mittleres Untersilur (Echinosphaeritenkalk C_1 Schm.). Laaksberg bei Reval, Esthland. 3 zwei Individuen in seitlicher Ansicht auf einer Monticuliporide aufgewachsen, 3a eines derselben von oben gesehen. a After, y die Randplatten der Kelchdecke. (Orig. Acad. Petersburg) $^3/_1$ pag. 13.

fig. 4. 5. ***Hemicystites bohemicus*** F. Roemer *sp.*, Untersilur (D_2 Barr.). Wesela, Böhmen. 2 Exemplare verschiedener Grösse von oben gesehen. V das fünfte Ambulacrum, a After. (Orig. Mus. Berlin) $^3/_1$ pag. 19.

fig. 6. ***Agelacrinites pileus*** Hall, oberes Untersilur (Hudson River group). Cincinnati, Ohio, U. S. 1 V die fünf Ambulacra, a der mit unregelmässigen Plättchen geschlossene After. (Cop. nach Hall). $^4/_1$ pag. 50.

fig. 7. ***Agelacrinites Lebouri.*** Percy. Sladen. Unterer Kohlenkalk. Waterhead, River Irthing, Cumberland, Engl. (Cop. nach Sharman und Newton). (Orig. Mus. pract. Geology London) $8^1/_2$: 1. pag. 51.

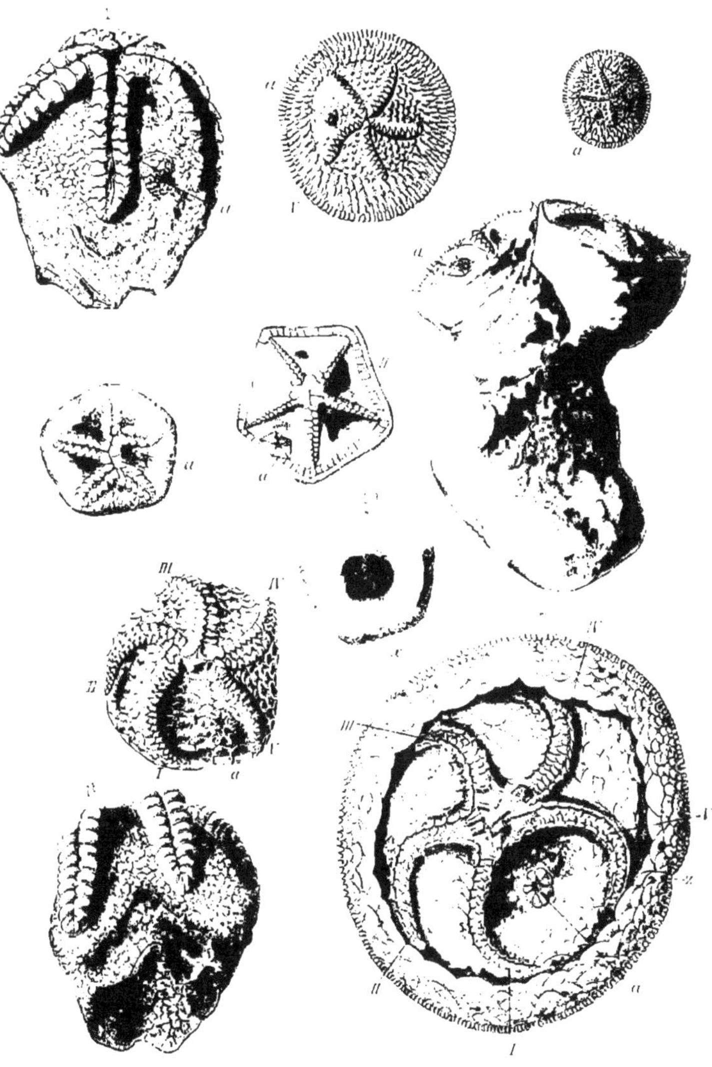

Tafel II.

Tafel II.

fig. 1. ***Agelacrinites cincinnatiensis*** F. Roemer, oberes Untersilur (Hudson River group), Cincinnati, Ohio, U. S. Der anale Interradius mit dem After (a), den anliegenden Ambulacren I und V und den im Bilde oben gelegenen Randplättchen. (Orig. Coll. Jaekel, Berlin) $^{3}/_{1}$ pag. 50.

fig. 2. ***Agelacrinites Dicksoni*** Billings, Untersilur (Trenton limestone), Ottawa, Canada. Ein unvollständiges Exemplar von oben (Coll. Frech, Breslau) $^{3}/_{1}$. 2a zwei Ambulacralia vergrössert, y Sculpturgrübchen. pag. 50.

fig. 3. ***Dinocystis Barroisi n. sp.*** Diese Form ist in einem mir inzwischen von F. A. Bather zugegangenen Manuscript mit reicherem Material unter dem pag. 47 bereits gedruckten Namen beschrieben worden, und dabei die das Berliner Exemplar begleitende Altersbestimmung „Untersilur" wohl mit Recht in Devon berichtigt worden. Devon (?) Condroz, Ardennen. 3 von oben, 3a von unten, z Gestein auf der Ansatzfläche, 3b von der Seite. (Orig. Mus. Berlin) $/_{1}$ pag. 47.

fig. 4. ***Edrioaster Bigsbyi*** Billings, Untersilur (Trenton limestone), Ottawa, Canada. 4a die distalen Enden zweier Ambulacra vergrössert. (Cop. nach Billings; Orig. Geol. Survey Montreal, Canada) pag. 46.

fig. 5 und 6. Zwei Copien nach Pompeckj's Beschreibung von ***Stromatocystites pentangularis*** Pomp. aus dem mittleren Cambrium Böhmens; dieselben sind überholt durch die Textfiguren Fig. 5—8 auf pag. 37—40, welche ich nach neuerem mir von Prag zugegangenem Material gezeichnet habe.

fig. 7. ***Stromatocystites balticus*** Jkl., mittl. Cambrium (Sandstein mit Paradoxides Tessini aus Schweden), im Diluvium von Rostock. Das Original war nicht zu ermitteln, die Zeichnung ist nach einem Guttapercha-Abdruck der Univers.-Sammlg. Breslau angefertigt. pag. 42.

fig. 8, 9. ***Gomphocystites glans*** Hall, oberes Obersilur (Niagara Dolomit), Chicago. Steinkerne, also nur Ausfüllungen des Innenraumes der Theca. fig. 8 ein Exemplar in seitlicher Ansicht, o Lage des Mundes, a des Afters, Pp des Parietalporus (Orig. Coll. Jaekel, Berlin); fig. 9 ein jüngeres Individuum vergrössert. (Orig. Smithonian Institution Washington, U. S.) $^{2}/_{1}$ pag. 421.

fig. 10. ***Gomphocystites gotlandicus*** Angelin *sp.*, Obersilur, Farö Gotland. Exemplar mit Skelet von oben gesehen. (Orig. Univ. Upsala) $^{2}/_{1}$ pag. 421. fig. 10a schematischer Querschnitt durch eine Ambulacralrinne. Sf irrthümlich für Gf die Ansatzstelle der Finger. Rr die Radiärrinne.

Tafel III.

Tafel III.

fig. 1–2. ***Hemicystites bellulus*** BARR. *sp.*, oberes Untersilur (D_4 BARR.). Zahorzan, Böhmen. fig. 1 Guttapercha-Abdruck eines Exemplares von oben, z. Th. restaurirt, fig. 2 ein anderer eine Oberseite von innen zeigend, mit den subambulacralen Platten (rsa). *a* After, x grübchenartige Vertiefungen, deren Natur an den Sandstein-Abdrücken nicht näher festzustellen war. (Beide Orig. Mus. Prag) $^6/_1$. pag. 49.

fig. 3. ***Agelacrinites rhenanus*** F. ROEMER (Typus seines *Haplocystites*), oberes Unterdevon. Unkel am Rhein. Guttapercha-Abdruck der Innenfläche der Oberschale mit den subambulacralen Platten (rsa) und der Innenseite der Analpyramide (a). (Orig. Univ. Bonn) $^2/_1$ pag. 50 und 19.

fig. 4–5. ***Archegocystis desiderata*** BARR. *sp.*, unteres Untersilur ($D_{1\gamma}$ BARR.). Wosek, Böhmen. Guttapercha-Abdruck des Scheitels. fig. 1 Exemplar mit den Mundplatten, fig. 2 ein anderes ohne diese. I–V die 5 Ambulacra, Pr der Madreporit, Pp der Parietalporus. (Orig. Mus. Prag) $^2/_1$ pag. 395.

fig. 6–8. ***Pyrocystites pirum*** BARR., unteres Untersilur ($D_{1\gamma}$ BARR.). Wosek, Böhmen. fig. 6 die vollständigste Theca von der Seite mit einer spiralen Radiärrinne (Rr) mit einseitig ansitzenden Fingergelenken (fg), y eine Bruchstelle des Fossils. $^2/_1$. fig. 7 die Innenfläche eines Thecalfragmentes. fig. 8 eine Thecalplatte, deren Umrandung nicht klar ist, von aussen gesehen stärker vergrössert. Sämmtliche Abbildungen nach Guttapercha-Abdrücken. (Orig. Mus. Prag) pag. 419.

fig. 9. ***Protocrinites rarissimus*** BARR. *sp.*, oberes Untersilur. Chrustenitz, Böhmen. Guttapercha-Abdruck des Original-Exemplares zu Barrande's *Fungocystites rarissimus* l. c. T. f., dessen Abbildung von mir Taf. IV, fig. 1 copirt war, bevor mir durch die Güte des Herrn Prof. ANT. FRITSCH in Prag die Möglichkeit gegeben war, den hier abgebildeten Abdruck anzufertigen. Das untere Ende der Theca ist undeutlich erhalten, wahrscheinlich theilweise zerstört. fig. 9 von der Seite, 9a von oben. (Orig. Mus. Prag) $^2/_1$ pag. 434.

fig. 10–11. ***Aristocystites bohemicus*** BARR., oberes Untersilur (D_4 BARR.). Umgegend von Lodenitz, Böhmen. fig. 10 ein grösseres Individuum mit zwei Fingern und entsprechend schlitzförmigem Mund. fig. 10 von der Seite, 10a von oben; fig. 11 ein kleineres Individuum mit drei Fingern von der Seite links, mit erhaltener Epithek. 11a von oben; a After, fg Fingergelenke, Pr Madreporit, Pp Parietalporus. (Orig. Mus. Prag) Nat. Grösse. pag. 112.

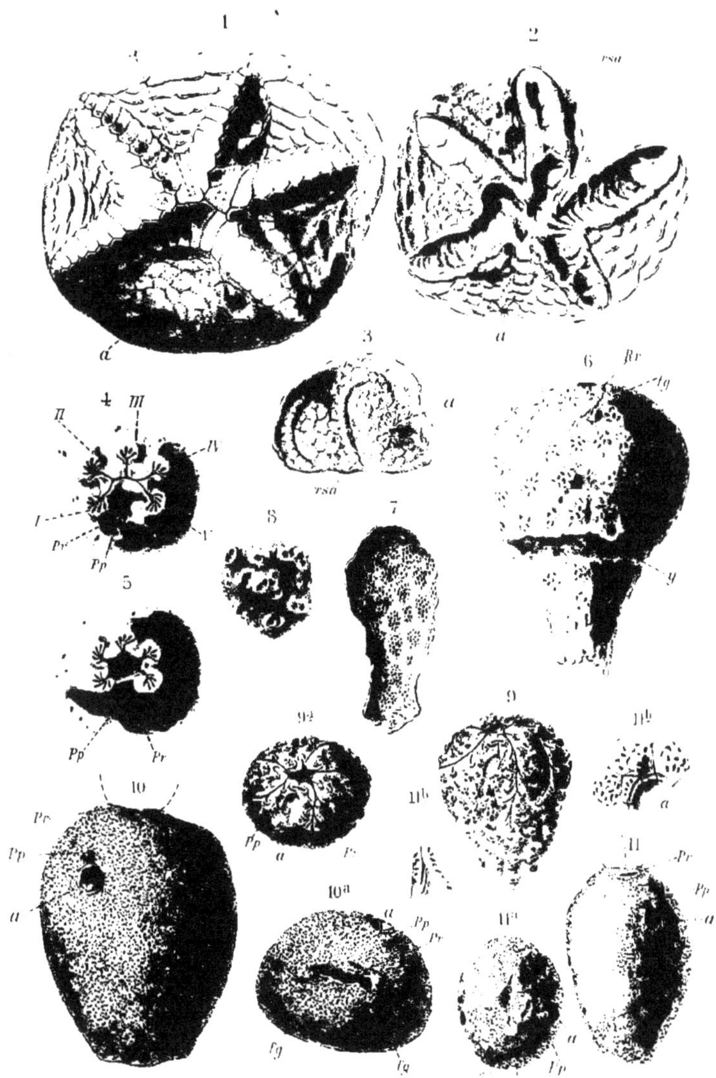
1
2
rsa
a
3
a
rsa
6
Rr
fg
g
4
II
III
IV
I
V
Pr
Pp
5
Pp
Pr
8
7
9
9a
Pp
a
11b
11b
a
10
Pr
Pp
a
10a
a
Pp
Pr
fg
fg
11a
a
Pp
11
Pr
Pp
a

Tafel IV.

Tafel IV.

fig. 1. Copie einer Abbildung von BARRANDE's ***Fungocystites rarissimus***, die durch die später angefertigten besseren Darstellungen Taf. III fig. 9 inzwischen überholt ist.

fig. 2. ***Trematocystis subglobosus*** (? S. A. MILLER *sp.*). Oberes Obersilur restaurirt nach 2 Exemplaren in seitlicher Ansicht, in welcher der Mund zu gross gezeichnet ist. a After, gf Fingergelenke. 2a ein Stück der corrodirten Oberfläche der Theca eines dritten Exemplares, vergrössert, um den Verlauf tangentialer Porencanäle zu zeigen, y Plattengrenzen, Po Öffnung der Doppelporencanäle, Pf die in Falten ausgezogenen Porenhöfchen. (Orig. Mus. Berlin) pag. 414.

fig. 3–6. ***Glyptosphaerites Leuchtenbergi*** Angelin. Unteres Untersilur (Vaginatenkalk), Umgebung von Pulkowa bei Petersburg. fig. 3 Ein sehr vollständiges grosses Exemplar (Acad. Petersburg), von oben gesehen. a After, bei y eine Unregelmässigkeit in der Gabelung des Ambulacrum V. fig. 4 der Scheitel eines jungen Individuums (Acad. Petersburg), sechsmal vergrössert, um die Zusammensetzung der Mundplatten zu zeigen. fig. 5 Mund und Ambulacrum IV der ***var. suecica Ang.*** (Orig. Mus. Berlin) aus dem rothen Orthocerenkalk von Hutterstädt im südlichen Schweden etwa 3 mal vergrössert. 5a eine Doppelpore, vergrössert. fig. 6 ein abnormes Ambulacrum mit einseitig gestellten Fingern des typischen *Glyptosphaerites* LEUCHTENBERGI Ang. von Petersburg (Acad. Petersburg). pag. 425.

fig. 7. Scheitelfeld von ***Eucystis flava*** BARR. *sp.*, Unterdevon (F_2 BARR.). Konieprus, Böhmen. Cop. nach BARRANDE. (Orig. Mus. Prag) pag. 407.

fig. 8. ***Codiacystis bohemica*** BARR. *sp.* Oberes Untersilur. Beraun, Böhmen. fig. 8. Die Kelchunterseite von innen mit einigen darein gefallenen Plättchen der Thecaloberseite. x ein ambulacrales Plättchen, y ein normales Thecalplättchen von innen, z ein anderes mit den Doppelporen von aussen gesehen. (Orig. Mus. Berlin.) fig. 8 nat. Grösse. fig. 8a das mit x bezeichnete Plättchen stärker vergrössert; Pd Doppelporen, Rr ambulacrales Radiärgefäss, Gf Fingergelenke, Gm Muskelgruben innerhalb derselben, y erhabene Leisten zwischen den ambulacralen Theilrinnen. pag. 401.

fig. 9. ***Sphaeronites pomum*** GYLL. *sp.* Untersilur (grauer Orthocerenkalk). Oeland. Scheitelorgane. I–V die 5 Ambulacra, Pp Parietalporus, a After, beide nahe an das Oralfeld herangedrängt. 9a Thecalporen vergrössert. (Orig. Mus. Berlin) 3/1. pag. 398.

fig. 10. ***Eucystis raripunctata*** ANG. Oberes Untersilur (unterer Leptaenakalk). Schoonen, Schweden. Scheitelfeld mit den 5 windmühlenflügelartig gedrehten Ambulacren, dem After a und den Primärporen (Pr. Pp). (Orig. Coll. Stolley, Kiel) 5/1. pag. 407.

fig. 11. ***Calix Sedgwicki*** ROUAULT. Oberes Untersilur. Laredo bei Coimbra, Portugal. 11 Thecalplatten von der Oberseite in nat. Gr. y einfache, z ein zweitheiliger Zapfen. 11a ein Fragment einer Thecalplatte mit der siebartigen Epithek, unter der Doppelporen (Po) im Umriss markirt sind. Etwa 35/1. (Orig. Mus. Breslau) pag. 401 und 71.

fig. 12. Copie einer ungenauen Abbildung der *„Hydrophores palmés"* von *Codiacystis* nach BARRANDE. Siehe deren genauere Darstellung in der der Tafel später eingefügten fig. 8a.

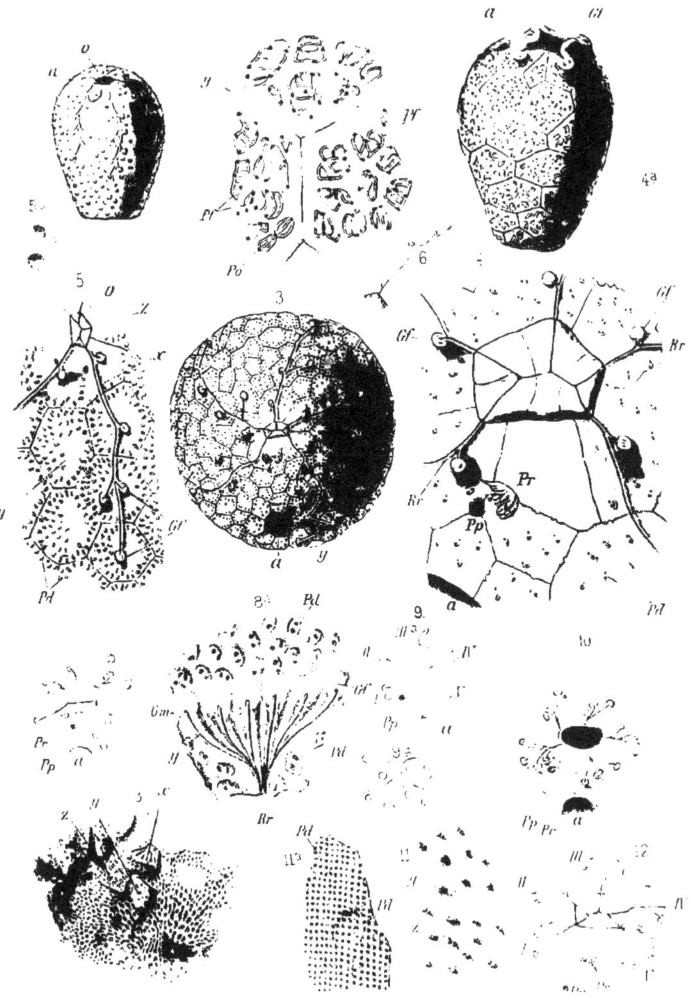

Tafel V.

Tafel V.

Die Originale sämmtlich in der Academie in Petersburg. In allen Figuren bedeutet a After, Rr Radiärrinne, Gf Gelenkfläche für die Finger, Pd Doppelpore, Po Porenöffnung, Pb Porenbrücke.

fig. 1—5. ***Protocrinites fragum*** EICHWALD. Untersilur. (Oberer Vaginatenkalk, Echinosphaeritenkalk und sog. Brandschiefer) Gegend von Reval und Odinsholm in Esthland. 1 ein mittelgrosses Individuum von oben und von der Seite (1a). 2 ein anderes von unten. 3 ein grosses Individuum, etwas stärker vergrössert von oben, 3a eine interradiale Platte desselben, vergrössert, 4 ein kleineres Individuum von oben, 5 ein anderes von der Seite. pag. 433.

fig. 6. ***Protocrinites oriformis*** EICHWALD, ebendaher. Ein Exemplar der Petersburger Academie-Sammlung von der Seite gesehen, die Finger eines Ambulacrum restaurirt. 6a drei fingertragende Platten vergrössert, um die Anordnung der Doppelporen zu zeigen. pag. 434.

fig. 7. ***Dactylocystis Schmidti*** JKL. Mittleres Untersilur (Hemicosmitenschichten). Uxnorm bei Reval in Esthland $^{2}/_{1}$ 7a einige fingertragende Platten, stärker vergrössert. Gm Muskelgrube, Gq Querriff, Gl Streckbandgrube der Gelenkfläche. 7b die äussersten Platten eines Ambulacrum ebenso vergrössert. pag. 346.

fig. 8. ***Dactylocystis Mickwitzi*** JKL. Sack bei Reval. Das untere Ende einer Theca mit dem obersten Theile des Stieles. $^{2}/_{1}$ (Orig. Acad. Petersburg.) 8a eine fingertragende Platte stärker vergrössert. pag. 436.

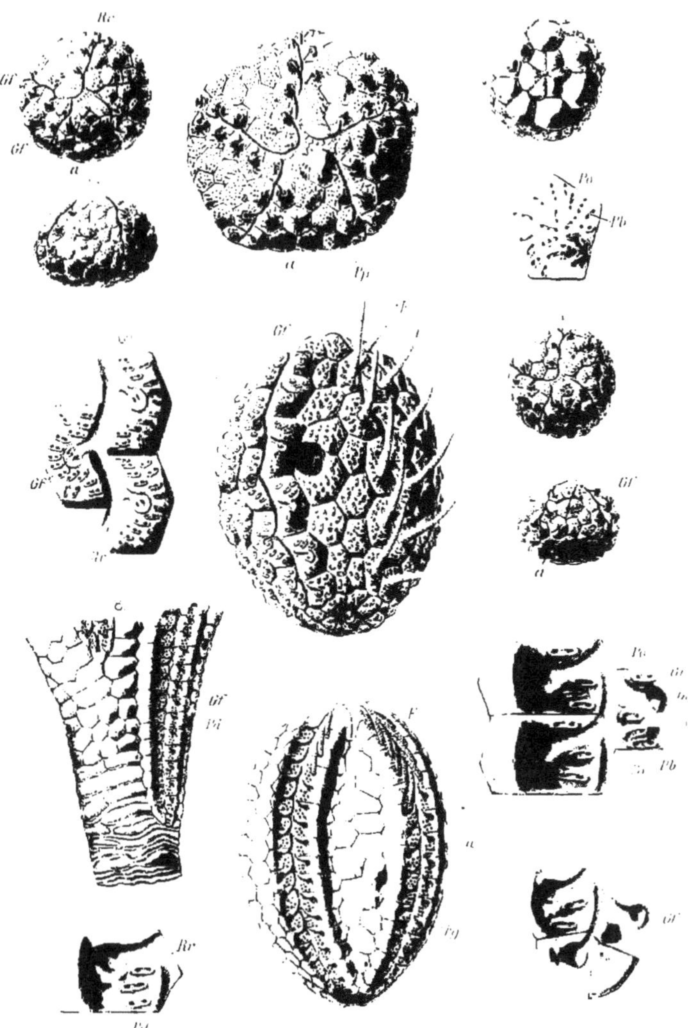

Tafel VI.

Tafel VI.

Mesocystis Pusyrewskyi HOFFMANN *sp.*

fig. 1. Versuch einer Restauration der Theca, bei welcher die Finger wahrscheinlich zu kurz und jedenfalls zu steif gezeichnet sind. Die Unterseite ist übrigens, wie das neueste Tafel XVIII fig. 7 abgebildete Exemplar beweist, conisch nach unten vorgewölbt und nur am untersten Ende durch den Stiel eingedrückt.

fig. 2. Eine Anzahl Platten aus dem oberen Theil eines Interradialfeldes. Die Poren sind hier in geringer Zahl vorhanden und unregelmässig geordnet. [Vergl. hierzu die Abbildung tiefer gelegener Interradialplatten mit radiärer Porenstellung Tafel XVIII fig. 7 b.] (Orig. Mus. Berlin) pag. 380.

fig. 3. Das Ende eines Ambulacralfeldes, welches über die porentragenden Interradien scharf hervortritt. Gf Gelenkflächen für die Finger, z das äusserste Ambulacrale, x die Bruchfläche des interradialen Thecalskeletes. (Orig. geol. Comité Petersburg)

fig. 4. Querschnitt durch den mittleren Theil eines Ambulacrum und die ihm angelagerten Interradialplatten. F die Lage der Finger andeutend. Rr ambulacrale Radiärrinne, Rv deren Bedeckung durch Saumplättchen andeutend. Ra Ambulacralia, y die sie stützenden Interradialplatten, Pe deren Porencanäle, na der sogenannte Subambulacralcanal, stark vergrössert.

fig. 5. Das oberste Ende eines Ambulacrum, stark vergrössert nach dem Exemplar der Petersburger Universität gezeichnet. Ra Ambulacralia, Gf deren Gelenke für die Finger, Rr die Lage der Radiärrinne, Rv deren Deckplättchen, x die mehr regelmässig gelagerten Saumplättchen (Orig. Univ. Petersburg) pag. 380.

fig. 6. Der Scheitel des Exemplares der Petersburger Universität, vergrössert. O eine neben dem Mund gelegene grubige Vertiefung im obersten Punkte des analen Interradius. Pr und Pp die wahrscheinlichen Rudimente der Primärporen. Rr die Radiärrinne. Nc der sog. Subambulacralcanal, Gf die Ansatzflächen der Finger. pag. 380.

fig. 7. Ein Ambulacrum in seitlicher Ansicht mit den angrenzenden Interradialplatten, deren adambulacrale (x) gewöhnlich der Poren entbehren. Ra Ambulacralia, Gf deren Fingergelenke. pag. 380.

fig. 8. Einige Ambulacralia, stärker vergrössert. Rr Radiärrinne, Rrs deren Seitenrinnen, Gm die inneren Muskelgruben, Gq das Querriff, Gl die äussere Streckbandgrube, y Zwischengruben. (Nach dem Ex. der Petersburger Universität) pag. 378.

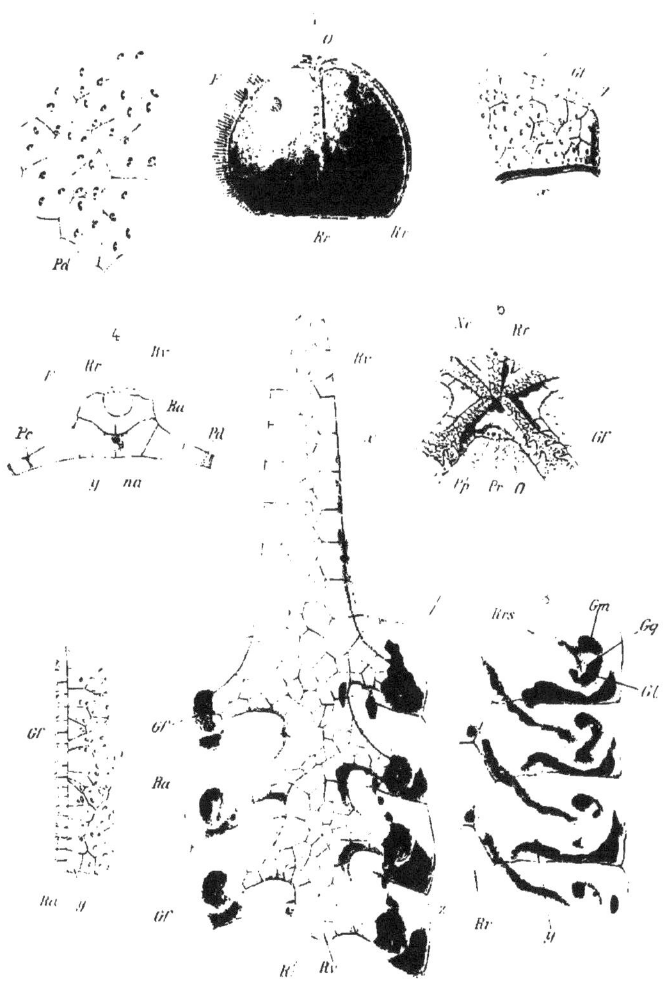
O
F
Rr
Pd
4
Ra
Pc
na
5
Pr
O
Gf
Rrs
Gm
Gq
Gl
Ra
Gf
Rr

Tafel VII.

Tafel VII.

fig. 1. ***Asteroblastus Volborthi*** **Fr. Schmidt.** Unteres Untersilur (Vaginatenkalk von Pawlowsk bei St. Petersburg in seitl. Ansicht mit Fingern (F) und Stielansatz, etwas vergrössert. (Orig. Acad. Petersburg) 1a die Finger eines Ambulacralfeldes vergrössert. (Die hier gezeichnete scheinbare Einzeiligkeit ist unsicher.) pag. 389.

fig. 2. ***Asteroblastus foveolatus*** Eichw. *sp.* Vaginatenkalk von Pawlowsk. Theca von oben gesehen ohne Finger, etwas vergrössert. (Orig. Univ. Petersburg) pag. 389.

fig. 3. Ein Ambulacralfeld mit oben ansitzenden Porenplatten (Ors) und Deltoideen (Or) ebendaher, stärker vergrössert. Rr Radiärrinne des Ambulacrum. Rrs Seitenrinne derselben. Gf Gelenkfläche für die Finger. Gm Muskelgruben. Gq Querriff. Gl Ligamentgrube. (Orig. Acad. Petersburg)

fig. 4. Ein Ambulacrale derselben Art, noch stärker vergrössert, ebendaher. Bezeichnungen wie in fig. 3. 4a dasselbe von der Seite. y Randfalten.

fig. 5. Eine Porenplatte (Ors) mit ansitzendem Deltoid (Or) von ***Asteroblastus foveolatus*** Eichw. *sp.* Vergröss. 2/1. 5a dieselbe von innen gesehen flach angeschlossen. Pc Porencanäle. Vaginatenkalk bei St. Petersburg. (Orig. Acad. Petersburg)

fig. 6. Dieselben Platten der gleichen Art isolirt. Pd Doppelporen. Vergr. 5:1. (Acad. Petersburg)

fig. 7. Zwei Doppelporen der Porenplatte aus fig. 6 stärker vergrössert. Pw Porenwall. Pk Porenkranz. Pb Porenbrücke. Po Porenöffnung.

fig. 8, 9. Isolirte Thecalplatten der Thecalunterseite von ***Asteroblastus tuberculatus.*** Vaginatenkalk. (Acad. Petersburg.) fig. 10 eine isolirte Thecalplatte von ***Asteroblastus sp. ind.***, vergrössert, wahrscheinlich die unter einem Ambulacralfeld gelegene, in verkehrter Stellung. y Randfalten. 10 von der Seite, 10a von innen, 10b von aussen. (Acad. Petersburg)

fig. 11. Eine isolirte Thecalplatte, wahrscheinlich eine der drei obersten von ***Asteroblastus tuberculatus*** Fr. Schmidt, vergrössert. 11 von aussen. 11a von der Seite; y Randfalten. Pc Porencanäle, Po Porenöffnung. Pb Porenbrücke. pag. 389; vergl. auch Fig. 85 pag. 385.

fig. 12, 13. ***Blastoidocrinus sp.*** Untersilur. Vaginatenkalk von Pulkowa bei St. Petersburg. (Copie der beiden anscheinend verloren gegangenen russischen Fragmente nach Fr. Schmidt) fig. 12 das unvollständigere Fragment von der Seite mit einem Ambulacralfeld rechts und den unteren Randfalten des sog. dreieckigen Stückes in der Mitte. pag. 389. fig. 13 das vollständigere Exemplar von oben gesehen. Gf sind die Fingergelenke. Das mit Pf bezeichnete Ambulacralfeld zeigt die ansitzenden Finger noch in situ, deren Bau Fr. Schmidt für zweizeilig hält.

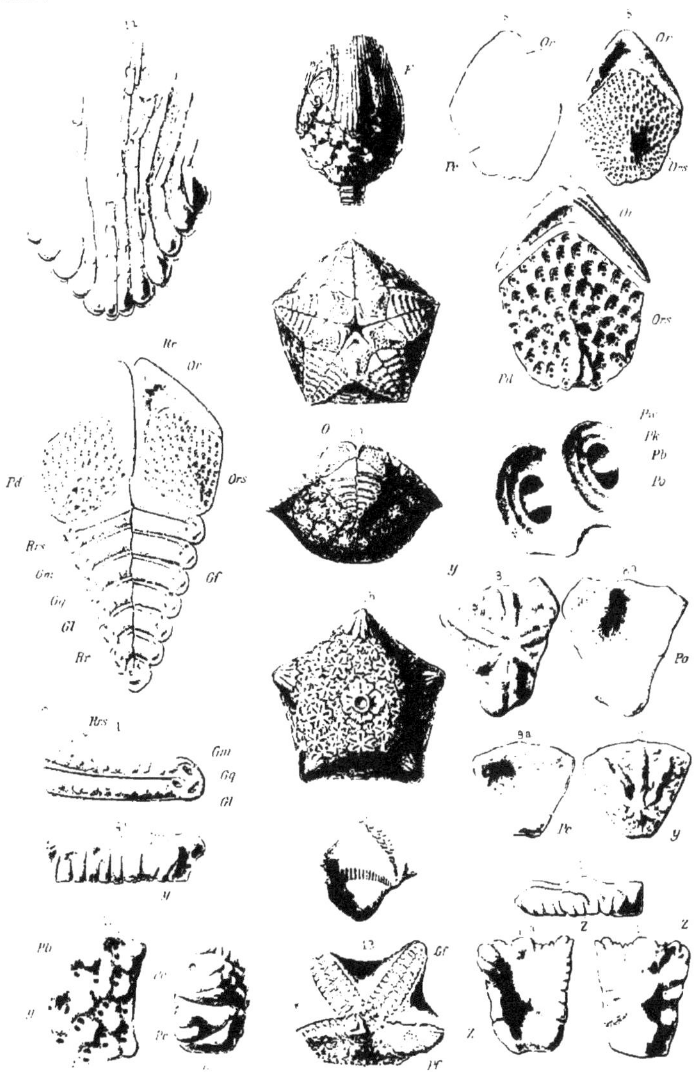

Tafel VIII.

Tafel VIII.

fig. 1. ***Echinosphaerites pirum*** JKL. Mittl. Untersilur (Itfersche Schicht. C_3 F. SCHMIDT.) Itfer. Esthland. a Analpyramide, Pp Parietalporus. x eine Ein-, y eine Ausbuchtung der unteren Thecalhälfte. (Orig. Acad. Petersburg) Nat. Gr. pag. 336.

fig. 2. ***E. difformis*** JKL. Mittl. Untersilur. (Itfersche Schicht. C_3 F. SCHMIDT. Kochtel-Mühle bei Jewe. Esthland. Unteres Ende der Theca und Stielansatz. (Orig. Acad. Petersburg) pag. 336.

fig. 3. ***E. infaustus*** BARR., oberes Untersilur (D_4 BARR.). Böhmen. Restaurirte Figur. nat. Gr. 3a ein Abschnitt des Stieles vergrössert.

fig. 4. Dieselbe Art: ein längeres Stielfragment aus D_5 BARR. von Trubin, Böhmen. Cop. nach BARRANDE (XXV 20). Nat. Gr. 4a ein Theil davon vergrössert. (Orig. Mus. Prag) pag. 337.

fig. 5–11. ***E. aurantium*** GYLLENHAHL *sp.* Untersilur (Echinosphaeritenkalk), baltisches Silurgebiet. fig. 5 Theca mit drei Fingeransätzen oben und kurzem Stielansatz rechts unten, aus den Brandschiefern von Kuckers. Esthland. (Orig. Mus. Berlin.) 6 eine abnorme 8theilige Analpyramide: 7 eine normale dreitheilige Klappenpyramide über dem Parietal- bezw. Genitalporus (Pp). fig. 8—10 Oralfelder von vier-, zwei- und dreifingerigen Individuen. (Orig. von 6–10 Acad. Petersburg) fig. 11 Rauten tangentialer Porencanäle. vergrössert.

fig. 12. Stielfragmente vielleicht von Echinosphaeriten. Untersilur. Esthland oder Pulkowa bei Petersburg. (Ohne nähere Fundortsangabe Acad. Petersburg) 12 von oben, 12a von der Seite, $^2/_1$; 12b die obersten Glieder stärker vergrössert. pag. 332.

fig. 14. Lage der Porencanäle auf einer Platte von ***Echinosphaerites*** *sp.* vergrössert.

fig. 15. Verlauf der subthecalen Mesenterialsepten zwischen Mund (o) und After (a); Pp Parietalporus. y der Suboralsinus. x eine undeutlich skeletirte Stelle Nach einem Steinkern aus Backsteinkalk. Diluvial-Geschiebe Flensburg. (Orig. Mus. Hamburg) $^2/_1$ pag. 126.

fig. 16. Steinkern eines ***Echinosphaerites.*** Cop. von BARRANDE's „*Deutocystites modestus*" l. c. T. XVI f. 5. Oberes Untersilur (D_4 BARR.). Böhmen. (Orig. Mus. Prag) Nat. Gr. pag. 331.

fig. 17. Jugendexemplar eines ***Echinosphaerites.*** Steinkern. Cop. des „*Deutocystites irregularis*" BARR. l. c. T. XV f. 1. (Orig. Mus. Prag) Nat. Gr. pag. 332.

fig. 18. Analpyramide von ***E. infaustus*** BARR. Cop. nach BARRANDE l. c. T. XXIII f. 7. Oberes Untersilur (D_4 BARR.). Zahorzan. Böhmen. (Orig. Mus. Prag) $^3/_1$ pag. 320 und 321.

fig. 19. Steinkern eines ***Echinosphaerites.*** Oberes Untersilur (D_4 BARR.). Chrustenitz. Böhmen. Cop. nach BARRANDE's „*Deutocystites modestus*" l. c. T. XV f. 6. (Orig. Mus. Prag) $^1/_1$ pag. 337.

fig. 20. ***E. globosus*** JKL. Untersilur (dunkelgrauer Kalk ohne genauere Angaben): Esthland. 20 von der Seite, 20a der viertheilige Verschluss des Parietalporus. 20b Porenrauten aus dem unteren Theile der Theca. (Orig. Acad. Petersburg) fig. 20 $^1/_1$, 20a und 20b vergrössert. pag. 336.

fig. 21. Porenrauten von ***Caryocystites alutaceus*** ANG. Untersilur (sog. Backsteinkalk) Diluvial-Geschiebe. Kreuzberg bei Berlin. (Orig. Mus. Berlin) p. 339.

fig. 22. ***Caryocystites Thuringiae*** JKL. Oberes Untersilur. Döschnitz. Thüringen. Fragment des oberen Theiles der Theca: o Mund. (Orig. geol. Landesanst. Berlin) $^1/_1$ pag. 330.

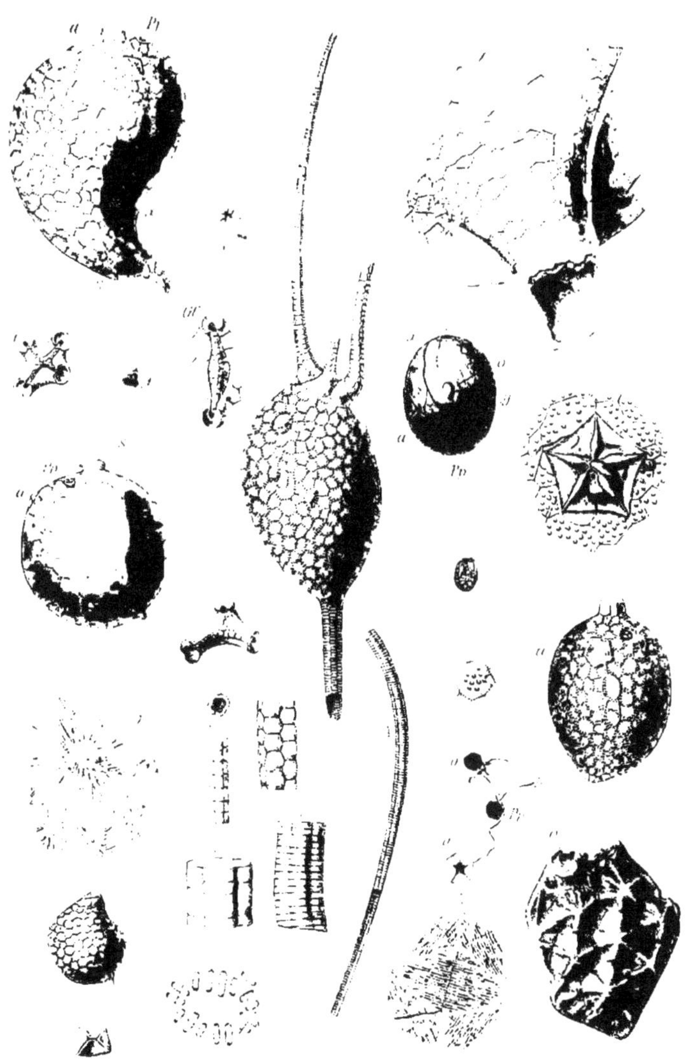

Tafel IX.

Tafel IX.

fig. 1. ***Caryocystites aranea*** v. SCHLOTHEIM. Untersilur (Echinosphaeritenkalk, C_1 FR. SCHMIDT). Laaksberg bei Reval, Esthland. (Orig. Acad. Petersburg.) $^1/_1$ pag. 330. 1a einige Porenrauten vergrössert, Po Porenöffnungen, Pf äussere Porenfalten, z Plattengrenzen zu scharf gezeichnet.

fig. 2. ***Caryocystites granatum*** WAHLENBERG *sp.* Untersilur (Cystoideenkalk). Böda, Oeland. (Orig. Mus. Berlin.) $^1/_1$ pag. 329.

fig. 3—5. ***Caryocystites balticus*** EICHWALD *sp.* Untersilur (Echinosphaeritenkalk). Reval, Esthland. 3 von der Seite, 3a von unten, 4 ein anderes Exemplar ebendaher von der Seite, 4a dessen Scheitel vergrössert, 4b dessen Porenrauten vergrössert, 5 ein drittes Exemplar von unten. (Sämmtl. Orig. Acad. Petersburg.) pag. 329.

fig. 6. Die Poren von ***Stichocystis geometrica*** (Ang.) JKL. Untersilur (Backsteinkalk im Diluvium). Erkelsdorf b. Neusalz a. Oder. (Orig. Coll. JAEKEL, Berlin) $^3/_1$ pag. 327.

fig. 7. ***Caryocystites Helmhackeri*** BARRANDE *sp.* Oberes Untersilur (D_4). Chrustenitz, Böhmen. Cop. nach BARRANDE l. c. T. VII f. 9a. (Orig. Mus. Prag) $^1/_1$ pag. 330. Vergl. hierzu die Abbildungen Tafel X fig. 1—3.

fig. 8. ***Amorphocystis Buchi*** JKL. Untersilur (Cystoideenkalk). Böda, Oeland. Die Plattengrenzen sind auch hier deutlicher gezeichnet, als sie an den Exemplaren hervortreten. (Orig. Mus. Berlin) $^1/_1$ pag. 339.

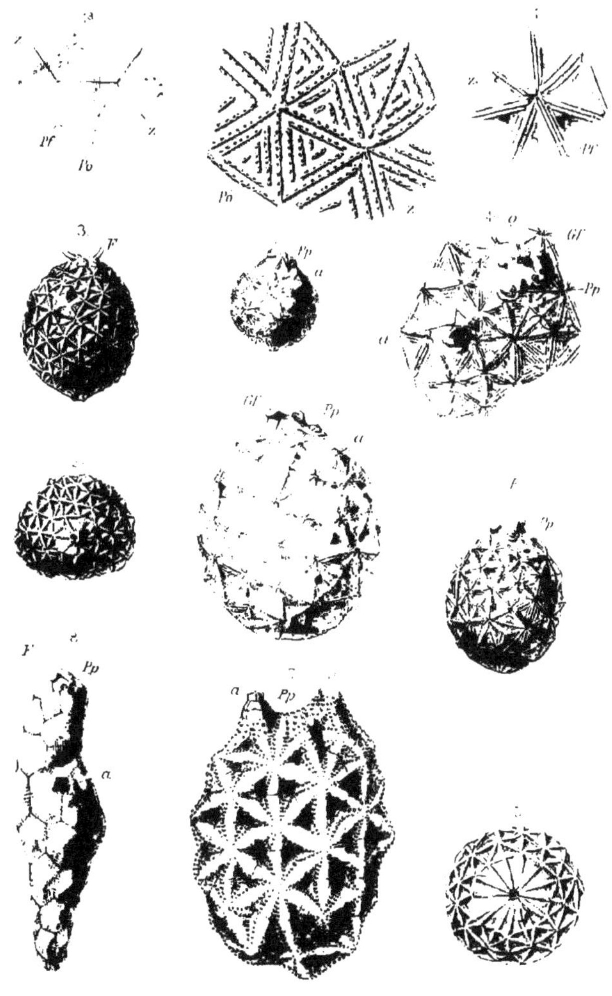

Tafel X.

Tafel X.

fig. 1—3. ***Caryocystites Helmhackeri*** Barr. *sp.* Oberes Untersilur. Chrustenitz. Böhmen. Zeichnungen nach Guttapercha-Abdrücken von Steinkernen. (Orig. Mus. Prag) fig. 1 unteres Ende der Theca mit Stielansatz. $^1/_1$. fig. 2 Innenfläche der Theca vergrössert, fig. 3 Oberflächenfragment eines alten Exemplares mit stark verkalkter, runzlicher Epithek. vergrössert. pag. 330.

fig. 4. Porenrauten eines ***Caryocystites*** *sp.* Oberes Untersilur. Grand Glaney. Montpellier. Südfrankreich. (Orig. Mus. Berlin) $^3/_1$. zeigt die Beziehungen zwischen Porencanälen und Porengängen.

fig. 5. ***Caryocystites Rouvillei*** v. Koenen. Oberes Untersilur, Grand Glaney, Montpellier. (Orig. Mus. Berlin) $^1/_1$ pag. 330.

fig. 6. 7. ***Echinosphaerites infaustus*** Barr. Oberes Untersilur (D_4 Barr.). Zahorzan. Böhmen. fig. 6 die drei Finger einer Theca, 6a der Querschnitt eines derselben mit den Saumplättchen (rr). fig. 7 das untere Ende der Theca und dessen Stielansatz eines anderen Exemplares. (Orig. Mus. Prag) $^2/_1$ pag. 337.

fig. 8. ***Rhombifera bohemica*** Barrande. Oberes Untersilur (D_1 Barr.). Chrustenitz. Böhmen. Restaurirte Seitenansicht. fg Fingeransatzstellen. fig. 8a schematischer Querschnitt durch den oberen Theil der Theca. um die Anordnung der Platten zu zeigen. deren Grenzen durch Unterbrechung der Linien gekennzeichnet sind. (Nach Orig. Barrande's Mus. Prag) $^1/_1$ pag. 312.

fig. 9. ***Chirocrinus interruptus*** Jkl. Untersilur (genaueres Alter unbekannt). Umgegend von Petersburg. Eine ziemlich stark gedrückte Theca; oben die Radiolateralia noch in situ, rechts die Analläcke bei a. (Orig. und 1 Platte Acad. Petersburg) $2^1/_2 : 1$, pag. 220.

fig. 10. ***Chirocrinus cf. sculptus*** F. Schmidt *sp.* Unteres Untersilur (Vaginatenkalk). Popowka bei Pawlowsk bei St. Petersburg. Oberer Theil der Theca. (Orig. Acad. Petersburg) $^1/_1$ pag. 221.

fig. 11. ***Chirocrinus sp. ind.*** Unteres Untersilur (Vaginatenkalk). Pulkowa. Petersburg. ein gebrochenes Laterale einem Trilobitenfragment aufliegend. (Mus. Berlin) $^2/_1$, pag. 220.

fig. 12. ***Chirocrinus nodosus*** Jkl. Mittleres Untersilur (Ogygia-Schichten). Hedenstadt bei Hillestadt, Schweden. Eine Thecalplatte. (Orig. geol. Undersökning. Stockholm durch Herrn O. S. Holm). $^1/_1$. pag. 221.

fig. 13. ***Chirocrinus striatus*** Jkl. Unteres Untersilur (Vaginatenkalk). Pulkowa. Petersburg. Eine fragmentäre Theca in Seitenansicht. (Orig. Acad. Petersburg) $2^1/_2 : 1$. pag. 221.

fig. 14. ***Chirocrinus alter*** Barrande *sp.* Oberes Untersilur (D_4 Barr.). Zahorzan (pag. 222 irrthümlich als „mittleres" Untersilur bezeichnet). Theca mit ansitzendem Stiel nach einem Guttapercha-Abdruck. Bei y ist der Stiel aufgebrochen und die dünne Wand und der weite Innenraum derselben zu sehen. (Orig. Mus. Prag) $^1/_1$. pag 221.

fig. 15. ***Echinoencrinites reticulatus*** Jkl. Unteres Untersilur (Vaginatenkalk) bei Petersburg. Seitenansicht einer Theca mit ansitzenden Fingern. (Orig. Acad. Petersburg) $^3/_1$. pag. 248.

fig. 16. ***Glaphyrocystis Wöhrmanni*** Jkl. Oberes Untersilur. (F. Fr. Schmidt.) Hohenholm. Esthland. (Orig. Acad. Petersburg) $^2/_1$. pag. 256.

2
3
4
9
a
St
6a
6
10
12
a
7
11
14
8a
16
15
a
8
fg
13
g
a

Tafel XI.

Tafel XI.

fig. 1–3. ***Chirocrinus penniger*** EICHWALD. Mittleres Untersilur (Brandschiefer), Esthland. fig. 1 Exemplar von der abanalen Seite mit restaurirten Fingern der vorn gelegenen Ambulacralfelder: fig. 2 das Orig.-Ex. EICHWALD's und FRIEDR. SCHMIDT's von der analen Seite: fig. 3 ein Ambulacralfeld eines anderen Exemplares vergrössert. (Orig. Acad. Petersburg) fig. 1 u. 2. $^1/_1$. pag. 220.

fig. 4. ***Chirocrinus granulatus*** JKL. Mittleres Untersilur (Brandschiefer). Kuckers, Esthland. Seitenansicht des unteren Theiles der Theca mit dem ansitzenden oberen Theile des Stieles. (Orig.-Ex. z. FR. SCHMIDT's Glyptocystites penniger l. c. T. II fig. 2. Acad. Petersburg) $^1/_1$. pag. 220.

fig. 5—7. ***Chirocrinus atavus*** JKL. Unteres Untersilur (unt. Vaginatenkalk und Glauconitkalk.) fig. 5 eine Theca mit ansitzendem Stiel, $^1/_1$: fig. 6 zwei Ambulacra mit der zwischen und unter ihnen gelegenen Porenraute, $^3/_1$: fig. 7 ein Thecalfragment mit Stielansatz von unten gesehen. (Cop. nach FR. SCHMIDT's Orig.-Ex. z. Glyptocystites giganteus l. c. T. II f. 11. 12. Acad. Petersburg) pag. 219.

fig. 8. ***Chirocrinus alter*** BARANDE. *sp.* Oberes Untersilur. Zahorzan, Böhmen. Restaurirte Darstellung der Theca mit den Fingern (letztere nach einem Exempl. Coll. JAEKEL Berlin).

fig. 9. ***Chirocrinus Walkotti*** JKL. Mittleres Untersilur (Trentonkalk). Trenton Falls U. S. Restaurirte Ansicht (nach Orig. Coll. JAEKEL Berlin).

fig. 10. ***Scoliocystis Thersites*** JKL. Untersilur (genaueres Lager unbekannt). Umgegend von Petersburg. fig. 10 Seitenansicht der analen Seite, fig. 10a der antianalen. Die Bezeichnung der Platten ist aus Fig. 50 pag. 258 ersichtlich. (Orig. Acad. Petersburg) $^5/_1$. pag. 260.

fig. 11–12. ***Scoliocystis pumila*** JKL. Untersilur ohne genauere Angabe (wahrscheinlich Vaginatenkalk) bei Petersburg. fig. 11 zwei isolirte Platten. fig. 12 ein Thecalfragment. (Orig. Acad. Petersburg) $^5/_1$. vergl. hierzu die Abbildung des vollständigen Exemplares Fig. 52 pag. 260 und dessen Diagramm Fig. 51 pag. 258.

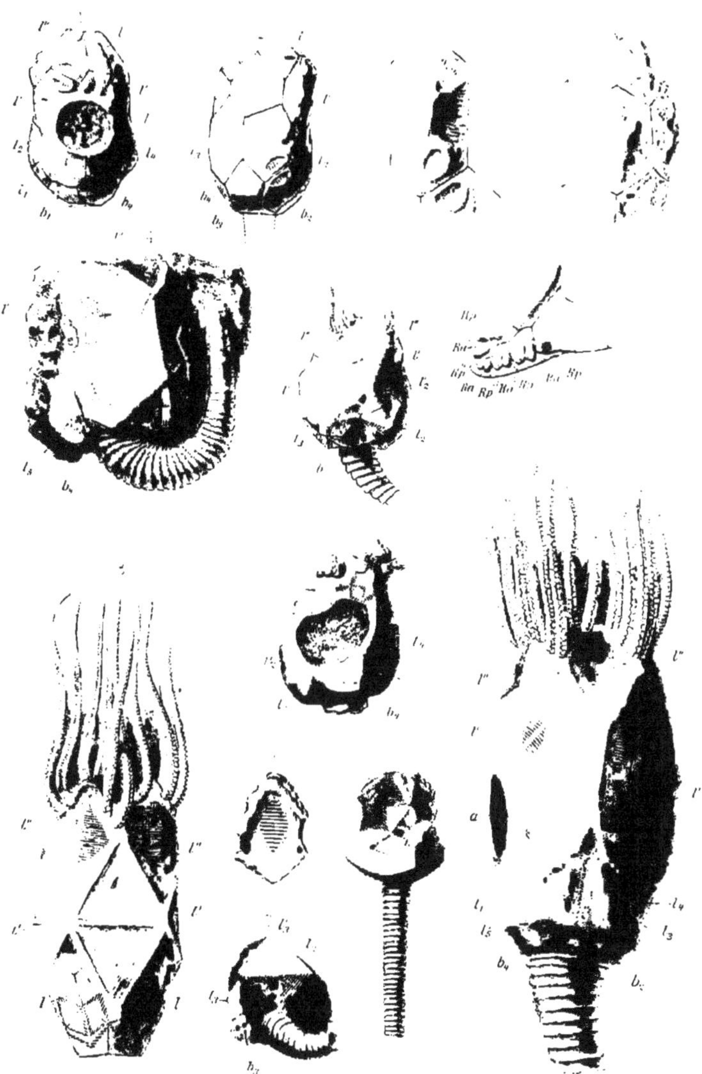

v. Julius Springer in Berl

Tafel XII.

Tafel XII.

fig. 1—2. ***Schizocystis armata*** Forbes *sp.* Mittleres Obersilur (Wenlock shale). Walsall bei Dudley, England. fig. 1 Theca von oben, fig. 1a von unten, 1b dasselbe in natürlicher Grösse von der Seite gesehen, 1c der Afterverschluss stärker vergrössert. (Orig. Coll. Jaekel, Berlin) $^{3}/_{1}$, pag. 266.

fig. 2. Ein anderes Individuum ebendaher mit dem oberen Theil des Stieles, links der After (a), oben die ursprüngliche Stellung der Finger durch punktirte Linien angedeutet. (Orig. Coll. Jaekel, Berlin) $^{3}/_{1}$, pag. 266.

fig. 3—5. ***Pleurocystites filitextus*** Billings Mittl. Untersilur (unterer Trentonkalk). Ottawa, Canada. fig. 3 restaurirte Ansicht eines nahezu vollständigen Exemplares, 3a ein Fingerabschnitt stark vergrössert; Fd digitalia, Rv Saumplättchen, 3b eine der oberen Porenrauten stärker vergrössert, Pw Rautenwall. fig. 4 eine kleinere Theca von der Analseite mit dem After (a). fig. 5 eine andere grössere in derselben Ansicht. (Sämmtl. Orig. Coll. Frech, Breslau) $^{2}/_{1}$, pag. 234.

fig. 6. ***Pleurocystites anglicus*** Jkl. Oberes Untersilur, angeblich Schottland, vielleicht Süd-Wales. fig. 6 eine oben zerstörte Theca mit Stiel von der abanalen Seite, 6a der untere Theil einer anderen von der analen Seite. (Orig. Acad. Stockholm) $^{2}/_{1}$, pag. 235.

Für die Plattenbezeichnung der fig. 1—2 vergl. das Diagramm fig. 53 pag. 264; für die Figuren 3—6 das Diagramm fig. 15 pag. 232.

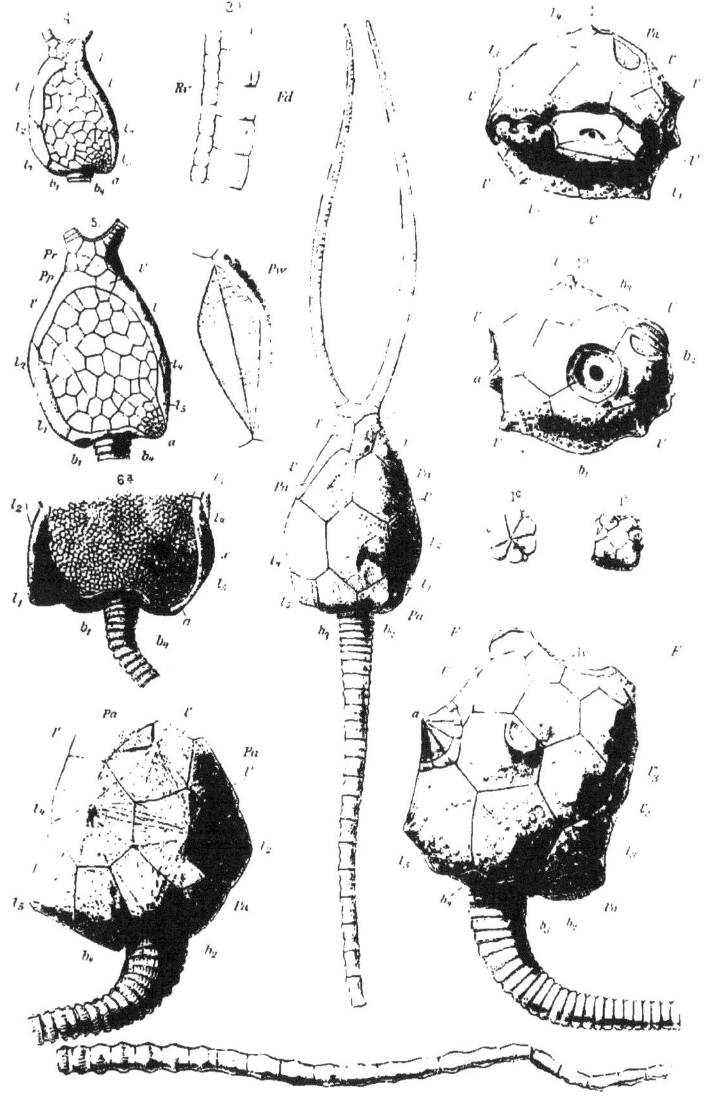

Verlag von Julius Springer in Berlin

Tafel XIII.

Tafel XIII.

fig. 1—2. ***Echinoencrinites Senckenbergii*** v. Meyer. Unteres Untersilur (Vaginatenkalk) am Sjass und Wolchow, St. Petersburg. Theca mit Stielansatz 1a von praeanaler, 1b von prostanaler Seite. (Orig. Mus. Berlin) $^1/_1$ pag. 218.

fig. 3. Dieselbe Art. Unteres Untersilur (Orthoceerenkalk). Kungsnorby, Schweden. (Orig. Acad. Stockholm) $^1/_1$ pag. 218.

fig. 4, 5, 8, 9. ***Erinocystis sculpta*** Jkl. Unteres Untersilur (gelbröthlicher Vaginatenkalk) bei Petersburg. fig. 4 oberes Thecalfragment mit Fingeransätzen (Fd) vergrössert, daneben in natürlicher Grösse. fig. 5 ein Laterale mit einer Porenrautenhälfte. fig. 5 von aussen, 5a von innen $^5/_1$. fig. 8 und 9 ein Fingerfragment. 8 von der Seite, 9 von innen mit den Saumplättchen, vergrössert, daneben in natürlicher Grösse. (Orig. Acad. Petersburg) pag. 252.

fig. 6, 7. ***Erinocystis Volborthi*** Jkl., ebendaher. fig. 6 Theca mit Stiel und einem Fingeransatz von der Seite mit links gelegenem After (a). fig. 6a dieselbe von unten $^1/_1$. fig. 7 ein anderes Thecalfragment mit beiden Fingern, stärker vergrössert, der linke verschoben, aussen die äusseren Fingerglieder (Fd), der rechts gelegene auf der inneren Seite auch die Saumplättchen (Rv) zeigend. (Orig. Acad. Petersburg) pag. 253.

fig. 10—12. Mittlere Stielfragmente von ***Erinocystis***, ebendaher, von der Seite. fig. 13 eines derselben im Querschnitt. (Orig. Acad. Petersburg) $^5/_1$ pag. 251.

fig. 14. ***Echinoencrinites laevigatus*** Jkl. Untersilur (wahrscheinlich Vaginatenkalk) bei Petersburg. 14a eine Platte, vergrössert. $^1/_1$ pag. 248.

fig. 15. ***Echinoencrinites reticulatus*** Jkl., ebendaher. Theca eines sehr jungen Individuums von unten, in der Mitte der Stielansatz (st), links der After, links oben die vorragende Porenraute (Pa) ($I'_2 : I''_1$). (Orig. Acad. Petersburg) $^8/_1$ pag. 248.

fig. 16, 16a. ***Erinocystis angulata*** Jkl., ebendaher. Seitenansichten einer Theca, deren Scheitel abgebrochen ist. (Orig. Acad. Petersburg) $^2/_1$ pag. 255.

fig. 17. Kümmerer eines ***Echinoencrinites angulosus*** mit embryonalem Habitus, rechts oben der Scheitel, links unten der After, rechts von beiden ein aus einer Pore (Pa) mit zwei correspondirenden Porenöffnungen (Po) bestehende Porenraute. (Orig. Acad. Petersburg) $^{10}/_1$ pag. 248.

fig. 18. ***Echinoencrinites angulosus*** Pander ***sp.***, ebendaher; Jugendexemplar mit dem oberen und einem Theile des mittleren Stieles. (Pa Porenraute.) (Orig. Acad. Petersburg) $^3/_1$ pag. 248.

fig. 19. Dieselbe Art ***var. quadrata*** Jkl., ebendaher. Thecalplatte eines erwachsenen Exemplares. (Orig. Acad. Petersburg) $^2/_1$ pag. 248.

fig. 20, 21. ***Echinoencrinites Lahuseni*** Jkl. Unteres Untersilur (unterer Vaginatenkalk). Pulkowa bei Petersburg. fig. 20 Seitenansicht einer Theca mit Stielansatz. fig. 21 Scheitel derselben. (Coll. Lahusen, Petersburg) $^1/_1$ pag. 247.

fig. 22. Die unteren Porenrauten eines stark abgeriebenen ***Echinoencrinites*** von aussen gesehen und 22a dieselben von innen angeschliffen, ebendaher. (Orig. Mus. Berlin) $^1/_1$.

fig. 23—26. Scheitel von ***Echinoencrinites*** mit den Fingeransätzen bezw. den zu ihm führenden Ambulacralrinnen z. Th. angeschliffen, in allen Bildern unten im analen Interradius die Primärporen, an deren Stelle bei stärkerem Anschleifen sich eine Lücke im Skelet zeigt (fig. 26). fig. 23 und 24 von *E. Senckenbergii*, fig. 25 und 26 von *E. angulosus*. (fig. 24 von fig. 1 Orig. Mus. Berlin, die übrigen Acad. Petersburg) $^3/_1$ pag. 248.

Die Plattenbezeichnung vergl. fig. 17 pag. 243 und fig. 18 pag. 250.

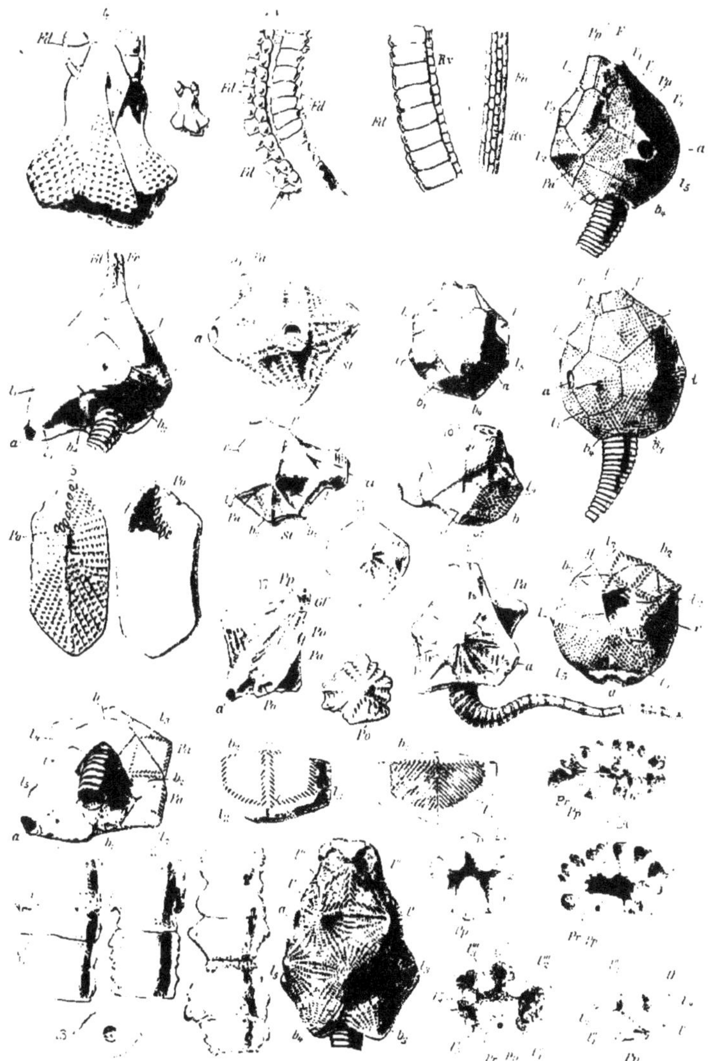

Verlag von Julius Springer in Berlin

Tafel XIV.

Tafel XIV.

fig. 1. ***Staurocystis quadrifasciatus*** PEARCE *sp.* Mittl. Obersilur (Wenlock limestone), Dudley, England. Restaurirte Gesammtansicht, in welcher der Stiel ergänzt, aber nur die vorn gelegenen Fingerreihen in natürliche Lage versetzt, die übrigen fortgelassen sind. Nach einem Ex. Coll. JAEKEL und einem Mus. Berlin) [illegible]/1 pag. 286.

fig. 2. Die auf die Theca eingedrückten Grenzlinien der Platten eines Ambulacrum derselben Art. Ra Ambulacralia, Rp Parambulacralia. (Orig. Mus. Berlin) 10/1 pag. 271.

fig. 3. ***Pseudocrinites bifasciatus*** PEARCE. Mittl. Obersilur (Wenlock limestone), Dudley, England. Ein einzelner Finger mit dem ihn tragenden Ambulacrale (Ra) und Parambulacrale (Rp). (Orig. Mus. Berlin.) 6/1 pag. 271.

fig. 4. ***Pseudocrinites magnificus*** FORBES. Mittl. Obersilur (Wenlock limestone), Dudley, Engl. Restauration nach Forbes. 1/1 pag. 285.

fig. 5–7. ***Apiocystites Angelini*** JKL. Obersilur. Gotland. Verschiedene Altersstadien. 6a zwei Ambulacra, stärker vergrössert. Bezeichnungen vergl. pag. 197 fig. D. (Orig. Acad. Stockholm) 6/1 pag. 282.

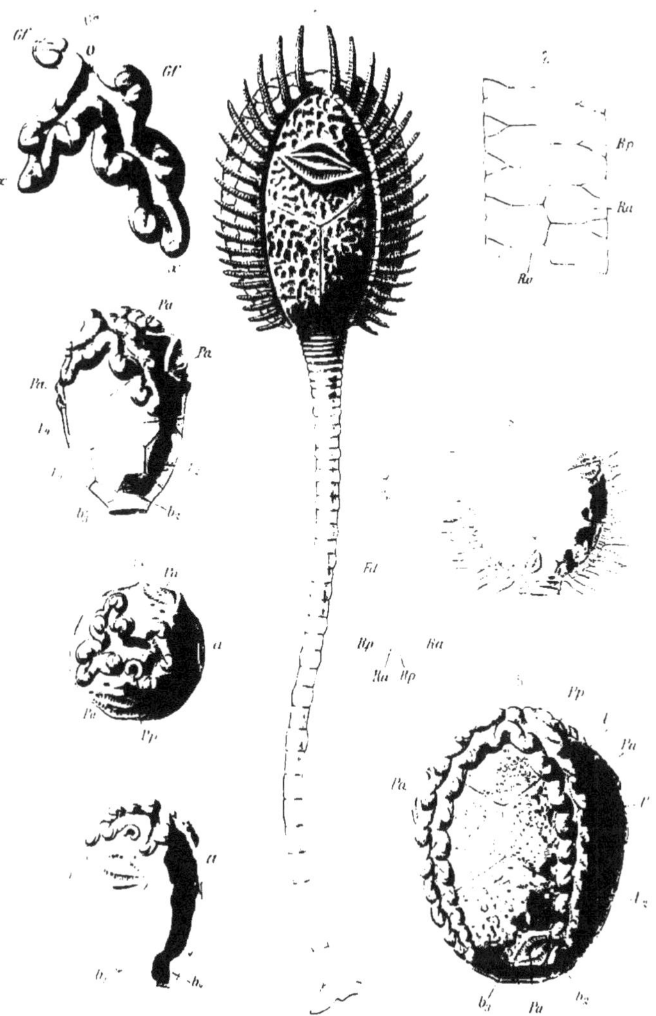
Gf
o
Gf
x
x
Rp
Ra
Ra
Pa
Pa
Pa
b3
b2
Pa
a
Pa
Pp
Fd
Rp
Ra
Ra
Rp
a
Pp
Pa
Pa
Pa
b3
Pa
b2

Tafel XV.

Tafel XV.

fig. 1. ***Callocystites Jewetti*** Hall. Obersilur (Niagara Shales). Lockport, N. Y. fig. 1 von der Seite: an dem rechts gelegenen Ambulacrum sind auf der rechten Seite die Finger in ursprüngliche Lage versetzt, links der After. Plattenbezeichnung wie in Fig. 61 pag. 290. fig. 1a dasselbe Individuum vom Scheitel gesehen, der After (a) rechts, Pa Porenrauten. Rr Radiärrinne, y die Stelle, wo sich das Ambulacrum II gabelt. 1c der Analverschluss, stärker vergrössert; 1c das Ende eines Ambulacrum stärker vergrössert mit einem aufliegenden Finger, Ra Ambulacralia. Rp Paramibulacralia, Rr Radiärrinne. Gf Gelenkfläche, z der letzte vorgeschobene Seitenzweig der Radiärrinne, der noch nicht in einen Finger endigt. (Orig. Coll. Jaekel, Berlin) fig. 1 u. 1a vergr. $^{3}/_{1}$ pag. 291.

fig. 2. ***Apiocystites pentrematoides*** Forbes. Mittl. Obersilur (Wenlock limestone). Dudley, England. Restaurirt (nach einem Exemplar Coll. Jaekel, Berlin) $^{1}/_{1}$ pag. 282.

fig. 3. ***Hallicystis imago*** Hall *sp.* Obersilur (Niagaradolomit). Chicago, U. S. Steinkern, Seitenansicht. Links der After, Plattenbezeichnung siehe Fig. 62 pag. 287. (Orig. Coll. Jaekel, Berlin) $^{1}/_{1}$ pag. 288.

fig. 4. ***Glyptocystites multiporus*** Billings. Mittleres Untersilur (Trenton limestone). Ottawa, Canada. fig. 1 eine unvollständige Thera in Seitenansicht, 4a dieselbe in Scheitelansicht. 4b ein anderes Exemplar von unten gesehen. (Orig. Coll. Frech, Breslau) $^{3}/_{1}$ pag. 277.

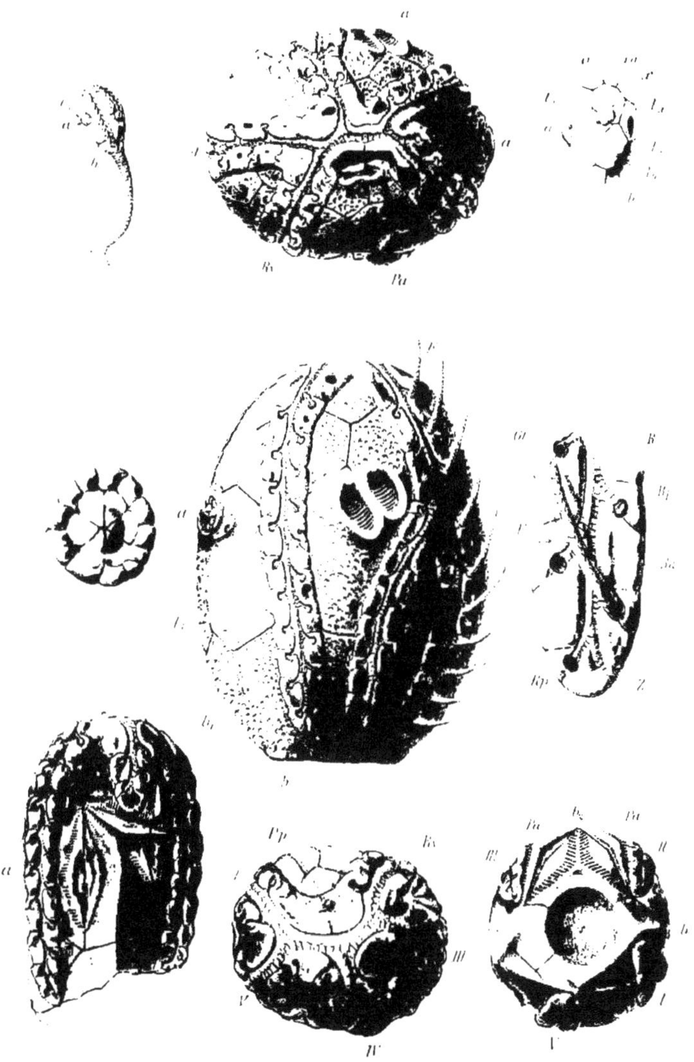

Tafel XVI.

Tafel XVI.

fig. 1. ***Cystoblastus Leuchtenbergi*** v. Volborth. Untersilur (? Vaginatenkalk). Katlino bei Pawlowsk, Petersburg. Copie nach Volborth. 1 von der Seite. 1a von unten. Pp Parietalporus. a After. bezüglich der Plattenbezeichnung vergl. das Diagramm pag. 197. (Orig. anscheinend verloren) $^{6}/_{1}$ pag. 230.

fig. 2. ***Cystoblastus Kokeni*** Jkl. Untersilur (Brandschiefer C_2 F. Schmidt). Kuckers, Esthland. 2 der Scheitel. I—V die 5 Radien. a die ausserhalb des Bildes befindliche Lage des Afters. $^{6}/_{1}$. 2a ein Fragment eines Ambulacrum stärker vergrössert. Rr Radiärrinne, Rrs Seitenrinne. Gf Fingergelenke. Rd Ambulacralia. Rp Parambulacralia. 2b das untere Ende der Porenschlitzreihe auf der Platte I'_3 (pag. 225) stärker vergrössert; bei y die Umbiegung der Reihe in die untere Rautenhälfte. (Orig. Univ. Königsberg) pag. 230.

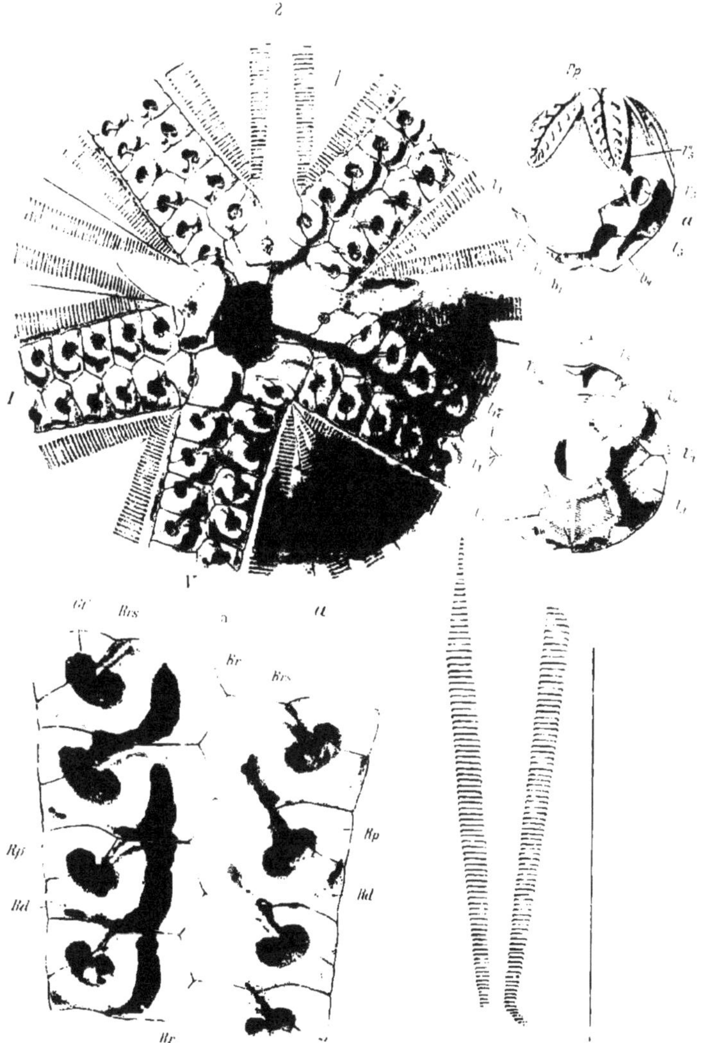

Tafel XVII.

Tafel XVII.

fig. 1. ***Caryocrinites ornatus*** Say. Obersilur (Niagara group). Lockport, N. Y. Restauration nach J. Hall 1852. I. T. II. f. 1a und i). b_1 und b_4 das erste und vierte Basale, a After. 1a ein Stielabschnitt vergrössert. (Orig. Mus. Albany. N. Y.) $^1/_1$ pag. 314.

fig. 2. Dieselbe Art, ebendaher. Ein kleineres Individuum mit einer links von b_1 eingeschalteten überzähligen Platte. 2a von oben gesehen. der After (a) innerhalb des Kranzes der Fingeransätze. (Orig. Mus. Berlin. Orig. zu Buch 1845. I, T. I f. 6.) $^1/_1$ pag. 314.

fig. 3. ***Caryocrinites Roemeri*** Jkl. Obersilur, Perry Cuty, Tennessee, U. S. 3 von der Seite, 3a von oben. a After. (Orig. Mus. Berlin) $^1/_1$ pag. 314.

fig. 4. ***Corylocrinus elongatus*** Jkl. Oberes Untersilur, Grand Glaucy, Montpellier. Seitenansicht. (Orig. Mus. Berlin) $^1/_1$ pag. 312.

fig. 5. ***Hemicosmites extraneus*** Eichwald. Mittl. Untersilur (Jewe'sche Schicht, D_1 F. Schmidt). Scheitelansicht. (Orig. Acad. Petersburg) $^1/_1$ pag. 310.

fig. 6. ***Hemicosmites pyriformis*** v. Buch. Untersilur ohne genauere Angabe, jedenfalls Gegend zwischen Petersburg und Reval, angeblich Pulkowa bei Petersburg. In fig. 6, welche die Analseite mit dem After nach vorn wendet, sind die Finger restaurirt. 6a Scheitelansicht desselben Exemplares ohne Finger. (Orig. Ex. L. v. Buch's, Mus. Berlin) $^1/_1$ pag. 309.

Vergleiche noch die Tafel XVIII fig. 3 - 6 hinzugefügten Abbildungen von Caryocriniden.

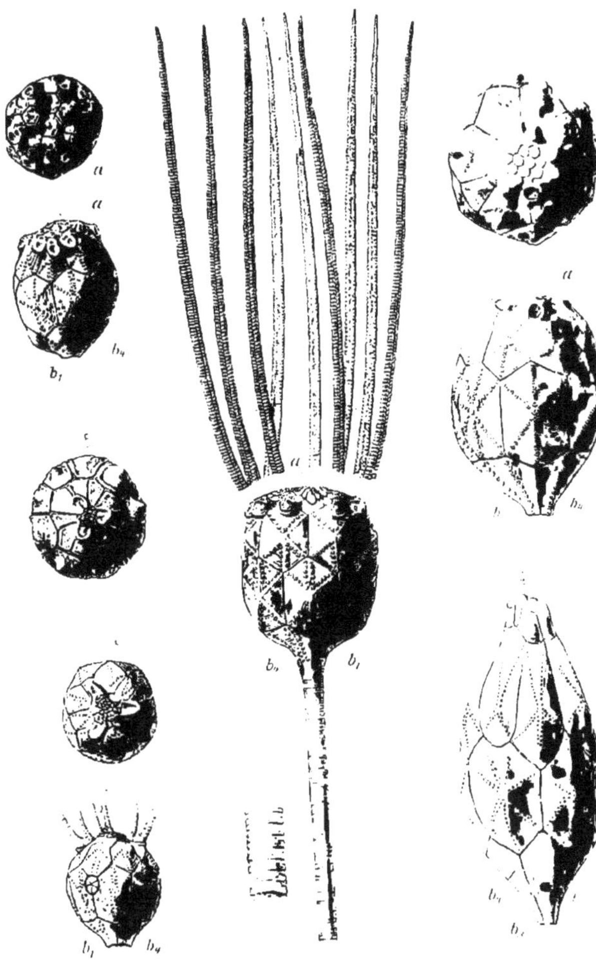

Tafel XVIII.

Tafel XVIII.

fig. 1. ***Chirocrinus radiatus*** JKL. Unteres Untersilur (unterster Vaginatenkalk) am Wolchow- und Ladoga-See von der abanalen Seite. Das nach vorn gerichtete Ambulacralfeld ist abgebrochen. Zur Erklärung der Buchstaben vergleiche das Diagramm fig. 10 pag. 213 und fig. 36 B pag. 196. (Orig. Acad. Petersburg) $^2/_1$, pag. 220.

fig. 2. ***Chirocrinus insignis*** JKL. Unteres Untersilur (Vaginatenkalk). Wolchow. Links die grosse Anallücke, deren Plättchenbedeckung ausgefallen ist, rechts von der Anallücke zieht eine Zone glatter Porenfelder nach rechts oben. (Orig. Acad. Petersburg) $^2/_1$, pag. 221.

fig. 3. ***Hemicosmites pulcherrimus*** JKL. Mittleres Untersilur (ob. Abth. d. JEWE'schen Schicht, D_3 F. SCHMIDT). Sack bei Reval. Der untere Theil der Theca ist undeutlich erhalten und hier nur in seinem ungefähren Umriss markirt. (Orig. Acad. Petersburg) $^2/_1$, pag. 310.

fig. 4. ***Hemicosmites pyriformis*** v. BUCH, ein „Kümmerer“ mit abnorm hochgelegenem After unmittelbar unter dem Munde. Esthland oder Petersburg, genauerer Fundort unbekannt. (Orig. Acad. Petersburg) $^3/_1$, pag. 296 und 309.

fig. 5. ***Hemicosmites verrucosus*** EICHWALD. Oberes Untersilur (Lyckholmer Schicht, F_1 F. SCHMIDT). Kunda? Esthland. Die Stellung der Finger ist gegenüber den diesbezüglichen Angaben E. HAECKEL's durch punktirte Linien angedeutet. (Orig.-Ex. EICHWALD's Univ. Petersburg) $^2/_1$, pag. 310.

fig. 6. ***Hemicosmites tricornis*** JKL. Oberstes Untersilur (Borkholmer Schicht, F_2 F. SCHMIDT). Nömmküll. Esthland. Der Scheitel ist mit Gestein und Resten von Fingern bedeckt, deren ursprüngliche Stellung durch punktirte Linien markirt ist. (Orig. Acad. Petersburg) $^2/_1$, pag. 310.

fig. 7. ***Mesocystis Pusyrewskyi*** HOFFMANN *sp.* Unteres Untersilur (unterster Vaginatenkalk). Gagarino am Sjass, Ladoga-See. Neues Exemplar mit vollkommen erhaltener Unterseite, 7a eine Platte in $^1/_3$ Kelchhöhe vergrössert, 7b einige Poren mit sehr erhabenen Porenwällen stärker vergrössert. (Orig. Acad. Petersburg) $^1/_1$, pag. 383.

fig. 8. Dieselbe Art. After des Exemplares der Petersburger Universität. Daneben einer der pag. 382 besprochenen grösseren Poren, die wahrscheinlich auf äussere parasitische Verletzungen zurückzuführen sind.

fig. 9. ***Asteroblastus foveolatus*** EICHWALD. Unteres Untersilur (unterer Vaginatenkalk), Iswos. Petersburg. Unterseite etwas schief gedrückt, sodass von der Oberseite der Theca nur ein halbes Ambulacralfeld sichtbar wird. $^2/_1$. 9a Ein daneben liegendes, offenbar distales Stielfragment. 9b Das in fig. 9 sichtbare Ambulacralfeld stärker vergrössert. (Orig. Acad. Petersburg) pag. 389.

fig. 10. ***Asteroblastus sublaevis.*** Unteres Untersilur (unterer Vaginatenkalk), Obuchowo. Unteres Thecalfragment mit viertheiliger Basis und ziemlich glatten Platten. (Orig. Acad. Petersburg) $^3/_2$, pag. 389.

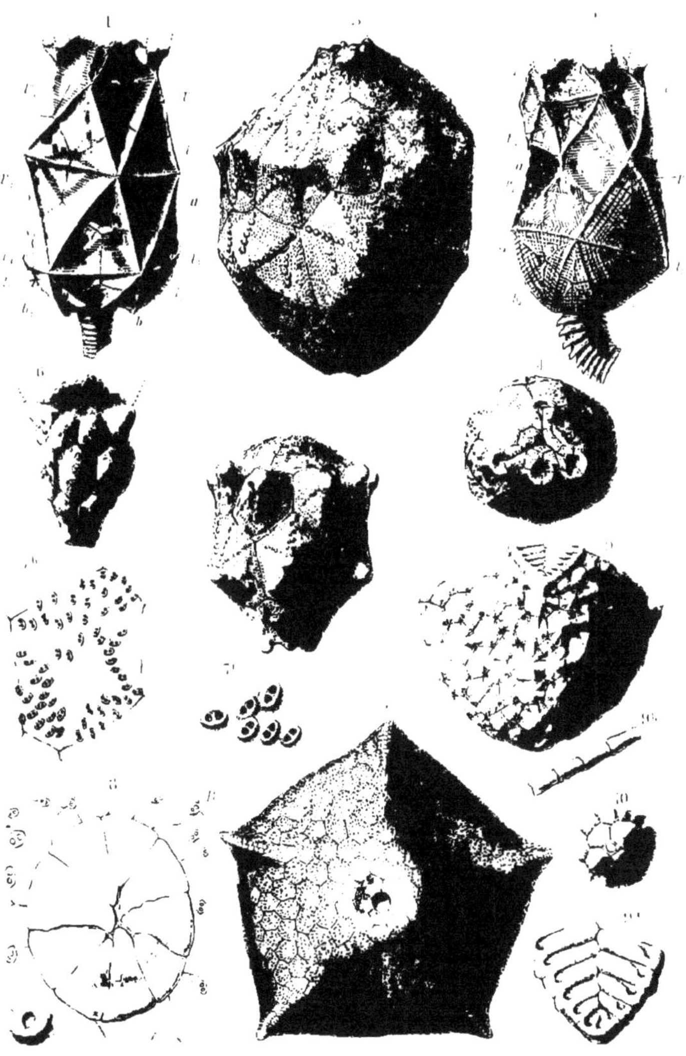

Verlag von Julius Springer in Berlin